예루살렘의 멸망과
토라의 등장

The Fall of Jerusalem and the Rise of the Torah (Tübingen: Mohr Siebeck, 2016)

All rights reserved.

Korean Translation Copyright © 2025 Living with Scripture Publishers, Seoul, Korea.

이 책의 한국어판 저작권은 Mohr Siebeck와 독점 계약한 '성서와함께'에 있습니다. 저작권법의 보호를 받는 저작물이므로 무단 전재와 복제를 금합니다.

일러두기

1. 원서에서 주로 사용하는 번역본은 《새 미국 성경 개정판 *NABRE*》인데, 이 책에서는 의미의 차이가 크지 않는 한 한국 천주교회 공용 번역본인 《성경》(2005)으로 옮긴다. 의미가 다른 경우는 원문을 옮긴 뒤 그 차이를 역자주로 밝히거나 저자의 의도에 따라 달리 적거나 수정하기도 하였다. 다른 번역본을 사용한 경우는 그대로 옮긴다. 단, "주", "주님"은 원문 그대로 "야훼"로 옮긴다. 성경 본문 구절의 표기에 붙은 *표시는 제시된 성경 구절 전체가 아니라 일부만 해당됨을 의미한다.
2. 성경 각 권의 순서와 약어, 성경 구절의 줄임 표기는 모두 한국 천주교회 공용 번역본의 사용 예를 따른다. 보기) 창세 1,1-2,4ㄱ – 창세기 1장 1절부터 2장 4절 전반부까지 우리말 표기는 정부의 어문 규정인 '한글 맞춤법', '표준어 규정', '외래어 표기법'을 따른다. 단, 성경과 교회, 신학 관련 용어는 한국 천주교회 《성경》과 《주석 성경》의 표기를 우선으로 하되 《가톨릭 교회 교리서》 등과 관용 표현을 참고한다.
3. 인용된 외국어 중에서 성경 원어인 히브리어와 그리스어 그리고 고대근동어는 알파벳으로 음역하여 이탤릭체(사체)로 표기한다.
4. 한국어판에서는 색인을 넣지 않는다.

예루살렘의 멸망과 *The Fall of Jerusalem and*

토라의 등장 *the Rise of the Torah*

페테르 두보프스키 ― 도미니크 마클 ― 장피에르 소네 엮음

최안나 옮김

소소의책

서문

이 책의 구상과 그 결과로 나온 학술회의는 고고학과 역사학을 비롯한 다양한 문학비평 전문가들이 참여한 광범위한 학제적 접근을 통해 오경 연구가 촉진되리라는 희망을 불러일으켰다. 우리는 무엇보다도 먼저, 2015년 3월 27일부터 28일까지 로마 교황청립 성서대학(PBI)에서 열린 학술회의에서 개방적이고 솔직하며 영감을 주는 토론을 통해 잊지 못할 경험을 만들어 준 논문 발표자와 다른 참석자들, 회의에 기여한 모든 분에게 감사드린다.

인류와 이스라엘의 원시 역사로서 오경의 자기-표현self-presentation은 어느 정도 '실제' 역사적 배경(들)을 드러내기보다는 감추는 것으로, 다양한 가설의 만만찮은 전쟁터임이 입증되었다. 따라서 국제적 관점으로 볼 때, 문제가 되는 본문의 역사적 발전을 재구성하는 데 사용된 기준조차 거의 일치하지 않는다. 논의된 핵심 쟁점 중 하나는 오경의 얼마나 많은 부분이 유배이전 시기의 문학 활동에서 이뤄졌으며, 어느 정도가 유배와 유배 이후 시대에 확장된 문서인지이다. 이와 관련된 경향을 유럽으로, 다른 한편으로는 북미와 이스라엘로 지역을 나누어 기술할 수 있다. 즉, 유럽의 많은 학자가 오경의 상당 부분을 이른 시기보다는 후대 시기 문서로 받아들인 반면, 북미와 이스라엘의 학자들은 오경을 대체로 유배 이전 문서로 가정하는 경향이 있다. 그러나 이런 경향들이 예외 없는 원칙으로 간주될 수는 없으며, 지나치게 강조되어서도 안 된다. 우리는 모두 같은 증거에 기초한 문학적·역사적 주장들에 의존하고 있다. 이의가 제기된 가설의 영역에서, 우리는 가장 강력한 역사적 주장이라 생각하는 것에 집중해야 한다.

그래서 우리는 히브리 성경에 대해 가장 광범위한 문학적 숙고를 촉발한 위기인 기원전 587년 예루살렘의 멸망을 이번 학술회의의 출발점으로 선택했다. 기원전 587년의 트라우마가 오경에 반영되어 있는가? 아니면 그 반대를 입증할 수 있는가? 우리는 다양한 배경을 가진 뛰어난 학자들을 초대하여 이와 관련된 역사적·문학적 주장을 바탕으로 토론에 참여하도록 했다. 그러므로 이 책에 담긴 의견들이 이질적이고 논란의 여지가 있다는 점에 놀라서는 안 된다. 그렇지만 우리는 논문 발표자들과 다른 참가자들의 피드백을 통해 이 학회가 상충되는 견해들이 서로 깊이 만나도록 허용함으로써 일부 쟁점을 좀 더 정확하게 다루는 데 도움이 되었다고 확신한다.

이 책은 고찰한 주제를 바탕으로 주요한 네 부분으로 나뉜다. 첫 부분은 이스라엘 핑켈스타인Israel Finkelstein, 레스터 그라베Lester Grabbe, 페테르 두보프스키Peter Dubovský, 장 피에르 소네Jean-Pierre Sonnet의 기고문을 통해 예루살렘 멸망에 대한 고고학적·역사적·문학적 관점을 한데 모아 무대를 설정한다. 두 번째 부분에서는 안젤리카 베를레융Angelika Berlejung, 장 루이 스카Jean Louis Ska, 콘라트 슈미트Konrad Schmid, 에카르트 오토 Eckart Otto, 닐리 와자나Nili Wazana의 소논문 5편에서 창세기부터 신명기로 옮겨가며 예시된 본문들과 주제들이 논의된다. 세 번째 부분은 네이선 맥도널드Nathan MacDonald, 제프리 스테커트Jeffrey Stackert, 도미니크 마클Dominik Markl, 크리스토프 니한Christophe Nihan이 기고한 논문에서 사제계 본문들과 제의의 (불-)연속성에 집중하고, 마지막 부분은 게오르그 피셔Georg Fischer, 버나드 레빈슨Bernard Levinson, 로널드 헨델Ronald Hendel의 논문에서 오경과 예언서들 사이의 관계에 대한 관점을 열어 준다. 이 책을 끝맺는 장 피에르 소네의 논고는 성서대학 옥상 테라스에서 학술회의의 즐거운 경험을 경축하며 시작한 첫 편집회의에서 비롯되었으며, 그날 우리는 문학에 반영된 트라우마에 대한 열띤 토론으로 모임을 마쳤다.

많은 질문이 해결되지 않은 채 남아 있을지라도, 어떤 쟁점들은 토론 중에 더 명확하고 예리하게 구체화되었다. 여기서는 발표자들의 회고적 진술에서 강조한 세 영역을 나누고자 한다.

첫째, 이스라엘 핑켈스타인이 지적했듯이 초기 페르시아 시대의 예루살렘과 예후드Yehud에서 서기書記 문화에 대한 고고학적 증거가 부족하다는 주장은, 이 시대에 오경 안팎의 여러 본문이 생성되었다고 추정하는 주석가들의 방향과 극명하게 대조된다. 네이선 맥도널드는 "이것은 우리 모두에게 중요한 문제임이 분명합니다. 그 본문들이 대부분 이 시대에 전승되었다고 생각하든, 혹은 (전승되었을 뿐 아니라) 작성되었다고 생각하든 말입니다"라고 말한다. 증거가 부족한 점은 예루살렘 성전의 결정적인 구역에 대한 고고학적 접근이 매우 제한적이기 때문인가? 아니면 여러 본문의 기원에 대해 다른 설정을 고려해야 하는가?

둘째, 장 루이 스카는 다음과 같이 제안한다.

한 문화의 소멸은 특정 문학 유형을 촉발한다. 메소포타미아에서는 베로수스가, 이집트에서는 마네토가 이 경우다. 그들은 문명의 영광이 이미 과거에 속했던 헬레니즘 시대에 작품을 썼다. 토라도 어느 정도는, 예루살렘과 유다 왕국의 최후에 대한 동일한 유형의 대답일 수 있다.

그러나 버나드 레빈슨의 질문은 여전히 해결되지 않은 채 열려 있다. "오경에서 예루살렘이 한 번도 언급되지 않았다는 사실은 본문의 사회적 세계에 대한 직접적 진술로 해석되는가, 아니면 본문의 문학적 줄거리와 무대(모세가 그 땅에 들어가기 전에 위서僞書로 귀속함)를 반영할 뿐인가?"

셋째, 일부 동료들에게 중요한 사안인 언어의 연대 설정에 관한 쟁점이 우리 학술회의에서도 제기되었으나 체계적으로 논의되지는 않았다. 히브리 성경에서 언어 변화가 드러난 증거를 의심하는 사람은 거의 없겠지만, 주요 변화가 발생한 시점과 고전 언어가 언어 발전의 후기 단계에서도 특정 유형에서 보수적으로 사용되었는지에 대해서는 여전히 논쟁의 여지가 많다.

우리는 여러 사람과 기관의 도움을 받았다. 이들의 지원이 없었다면 학술회의와 이 논문집은 실현될 수 없었다. 학회를 지원한 성서대학 학장 마이클 콜라르식Michael Kolarcik과 다니엘서에 대한 논문을 기고한 성서대학 동양학부의 부학과장 아구스티누스 갼토Agustinus Gianto에게 감사드린다. 학회 구성의 수많은 세부 사항을 처리해 준 성서대학 사무국장 카를로 발렌티노Carlo Valentino와 200명이 넘는 국제 참가자들의 참석을 조직하는 데 도움을 준 박사과정 학생 사이몬 웨이링거Simon Weyringer에게 감사한다. 우리는 성서대학에서 발표자와 참가자들을 환영해 준 박사 및 석사 과정의 학생들의 귀중한 지원에 감사를 드린다. 발표자들은 성서대학 예수회 공동체의 환대를 받았으며, 로마의 유서 깊은 유대인 구역에 있는 소라 마르게리따

Sora Margherita 레스토랑에서 마지막 만찬을 즐겼다.

엘리자베스 로크Elizabeth Lock(옥스퍼드)는 이 책의 편집자로서 비원어민의 영어를 윤문하고 모든 복잡한 서식을 처리하는 귀중한 작업을 했다. 모어 지베크Mohr Siebeck 출판사 직원들, 특히 헤닝 지브리츠키Henning Ziebritzki와 도미니카 즈골리크Dominika Zgolik의 친절하고 구체적인 협력에 감사드린다. 색인을 작성하고 교정한 박사과정 학생 찰스 샘슨Charles Samson과 김승애Seung ae Kim에게 감사한다.

학술회의와 선행 절차 준비는 조지타운 대학교(워싱턴 D.C.)와 그레고리오 대학교 재단(뉴욕)이 공동 후원했다. 관대한 지원을 해 주신 두 대학과 대표 존 J. 데지오이아John J. DeGioia 총장과 앨런 포가티Alan Fogarty 신부(예수회)에게 각각 감사드린다. 마지막으로, 이 책을 《구약성서 연구*Forschungen zum Alten Testament*》 총서의 하나로 출판하도록 초대해 준 콘라트 슈미트 Konrad Schmid, 헤르만 스피커만Hermann Spieckermann, 마크 스미스Mark Smith에게 감사드린다. 이 책이 우리가 로마에서 즐겼던 활발한 토론을 이어가는 데 도움이 되기를 바란다.

2016년 성령 강림 대축일, 로마에서
페테르 두보프스키, 도미니크 마클, 장 피에르 소네

차례

서문 · 4

I. 예루살렘의 멸망: 고고학적·역사적·문학적 관점

1장 예루살렘과 유다, 기원전 600-200년
  오경 본문의 이해를 돕는 시사점
   — 이스라엘 핑켈스타인   · 17

2장 유다의 마지막 날들과 오경의 근거들
  역사는 우리에게 무엇을 말하는가?
   — 레스터 그라베   · 45

3장 의심스러운 유사성
  사마리아와 예루살렘의 함락에 대한 비교 연구
   — 페테르 두보프스키   · 93

4장 예루살렘의 포위 공격
  수사학적 최대주의(신명 28장)와
  내러티브 최소주의(2열왕 25장) 사이에서
   — 장 피에르 소네   · 137

II. 토라의 등장: 예시 본문들과 쟁점들

5장 신아르 땅에 살기

　　　　창세 11,1-9에서 유배를 숙고하기?

　　　　　　— 안젤리카 베를레융　　　　　　· 163

6장 오경은 왜 토라에 대해서는 그렇게 많이,
　　　예루살렘에 대해서는 그렇게 적게 말하는가?

　　　　　　— 장 루이 스카　　　　　　　　· 203

7장 후기 유다와 신바빌로니아의 맥락에서 본
　　　오경에 나타난 신적 입법

　　　　　　— 콘라트 슈미트　　　　　　　· 233

8장 폐허에서의 탄생

　　　　신명기에서 오경의 산파로서 예루살렘의 재앙

　　　　　　— 에카르트 오토　　　　　　　· 277

9장 제국과 멸망에 비추어 본 임금의 법(신명 17,14-20)

　　　　　　— 닐리 와자나　　　　　　　　· 303

III. 사제계 본문과 제의의 (불-)연속성

10장 아론의 실패와 히브리 왕국들의 멸망
    — 네이선 맥도널드   · 349

11장 사제계 출전의 정치적 알레고리
    예루살렘의 파괴와 유배, 그 대안
    — 제프리 스테커트   · 371

12장 유배 이전과 유배 이후 예루살렘 성전을 잇는
    연속성의 원형인 광야 성소
    — 도미니크 마클   · 401

13장 역대기에서 제의 중앙집중화와 토라의 전승
    — 크리스토프 니한   · 441

IV. 예언서의 변형

14장 예루살렘의 멸망을 잊지 마라!
예레미야서의 관점
— 게오르그 피셔 · 499

15장 바빌로니아인들의 예루살렘 포위 동안 치드키야의 종 해방
예레 34장과 오경의 형성
— 버나드 M. 레빈슨 · 535

16장 대재앙의 여파 속에서 탈출을 기억하다
— 로널드 헨델 · 559

재난: 성찰과 전망

17장 재난을 쓰다
트라우마, 회복력과 속기
— 장 피에르 소네 · 593

기고자 명단 · 610

I

예루살렘의 멸망:

고고학적·역사적·문학적 관점

1장

예루살렘과 유다, 기원전 600-200년
오경 본문의 이해를 돕는 시사점

이스라엘 핑켈스타인

수십 년 전 고고학은 오경 연구에서 중요한 역할을 했는데, 주로 성조들과 관련된 삶의 자리Sitz im Leben를 단일한 역사 시기에서 찾으려는 시도였다.[1] 이러한 노력이 실패하고(오늘날에는 순진했다고 말할 수밖에 없는 시도였다), 본문들은 다층적이며 단일 저작 기간을 나타내지 않는다는 것을 깨달은 뒤 고고학은 현대의 오경 연구 분야에서 제외되었다. 하지만 성경 본문 뒤에 가려진 역사적 현실을 밝힐 수 있는 능력이 있는 고고학을 배제한 것은 실수였다.[2] 오경의 경우, 고고학이 밝힐 수 있는 역사적 현실은 이야기들의 역사성보다 저자들의 배후에 있는 역사적 배경을 의미한다. 사실 고고학은 저작의 다른 층들을 식별하는 데도 도움을 줄 수 있다. 그러므로 본 연구에서는 성경 본문의 변화에 대한 연구의 미래가 본문 분석과 고고학 전문가들 사이

---

1. Albright, "Abraham"; Gordon, "Customs"; De Vaux, *Early History*, 161-287.
2. 이미 Thomson, *Historicity*; Van Seters, *Abraham*.

의 협력에 있다고 제안한다.³

그래서 이 논문은 두 부분으로 나뉜다. 첫 부분에서는 철기 시대 후기와 바빌론, 페르시아 및 초기 헬레니즘 시대의 예루살렘과 유다에 대한 고고학적 자료를 간략히 조사하고자 한다. 두 번째 부분에서는 여러 오경 본문 편찬의 역사적 배경을 이해하는 데 이 자료들이 지닌 예상 가능한 영향을 설명하고자 한다. 서론으로 두 가지 요점을 강조하겠다. 첫째, 본 연구는 유다*Judah* / 예후드*Yehud* / 유대*Judea*의 고고학에⁴ 대한 전반적인 진술을 제시하는 데에 있지 않다. 나는 이 책에서 논의된 주제에 적용할 수 있는 것으로 보이는 몇 가지 발견을 소개할 것이다. 둘째, 제목에 기원전 600-200년을 언급하기는 하지만, 나는 장기적인 접근 방식을 선호하기 때문에 기원전 720년 북 왕국의 멸망으로 시작하여 기원전 2세기까지 다소 넓은 기간에 대해 논의하겠다.

1. 자료

철기 IIB-C 시대

내가 판단하기에, 여기서 가장 중요한 쟁점은 정착의 유형이다. 후기 철기 시대 IIA기(기원전 8세기 초까지)에 유다 산악 지대의 유적지 수는 대략 80곳으로 추정된다. 유다 지역에서 번영의 절정은 기원전 8세기

---

3. Finkelstein / Römer, "Jacob"; 같은 저자, "Abraham"; 같은 저자, "Moab".
4. 예를 들면 Stern, *Archaeology* 참조.

후반부인 철기 IIB기에 시작되어 기원전 7세기 후반 철기 IIC기로 이어졌고, 이 무렵 반半 건조 지역인 남부 헤브론 산지를 포함한 전 지역에 120곳이 넘는 주거지와 인구가 밀집되어 있었다. 기원전 701년 산헤립의 원정으로 큰 타격을 입은 평원 지대(세펠라)는 철기 IIC기에 일부 회복되었는데 규모가 작고 정착 유형이 이전과 달랐다. 브에르 세바 골짜기 역시 철기 IIB-C기에 정착이 절정에 달했다.[5] 남쪽으로 더 나아가 기원전 630-625년경 아시리아가 그 지역에서 철수할 때까지 유다인들은 아마도 엔 하체바 *En Hazeva*와 카데스 바르네아와 같은 광야 길을 따라 아시리아 요새(또는 아시리아가 지배하는 요새)에서 일했을 것이다. 특히 카데스 바르네아에서 이루어진 고고학적 발견과, 아랏에서 출토된 오스트라카*ostraca*에 적힌 남부의 군대 이동과 상품 운송에 관한 정보를 통해, 아시리아가 그 지역에서 철수한 후에도 유다와 유다인들이 브에르 세바 골짜기 남쪽의 건조한 지역에 계속 존재했음을 알 수 있다.[6]

예루살렘에 관하여, 먼저 고대 도시의 중심부는 성전산 아래에 있으며, "다윗 성"을 고대 예루살렘의 텔tell로 간주할 수 없다는 제안에 주목하고 싶다.[7] 이 이론은 예루살렘의 고고학과 역사에서 가장 감질나게 하는 문제의 일부를 해결한다. 곧 무엇보다도 아마르나 서신 같은 문서를 토대로 예루살렘의 주거가 확실하게 입증된 시기에 "다윗 성" 산등성이에서 활동한 증거가 부재하다는 문제 말이다.[8] 따라서

---

5. 이 모든 것에 대해 개정된 자료 Finkelstein, "Migration" 참조.
6. 예를 들면 Cohen / Bernick-Greenberg, *Kadesh-Barnea*.
7. Finkelstein *et al*., "Mound on the Mount".
8. Na'aman, "Contribution"에 나오는 토론 참조.

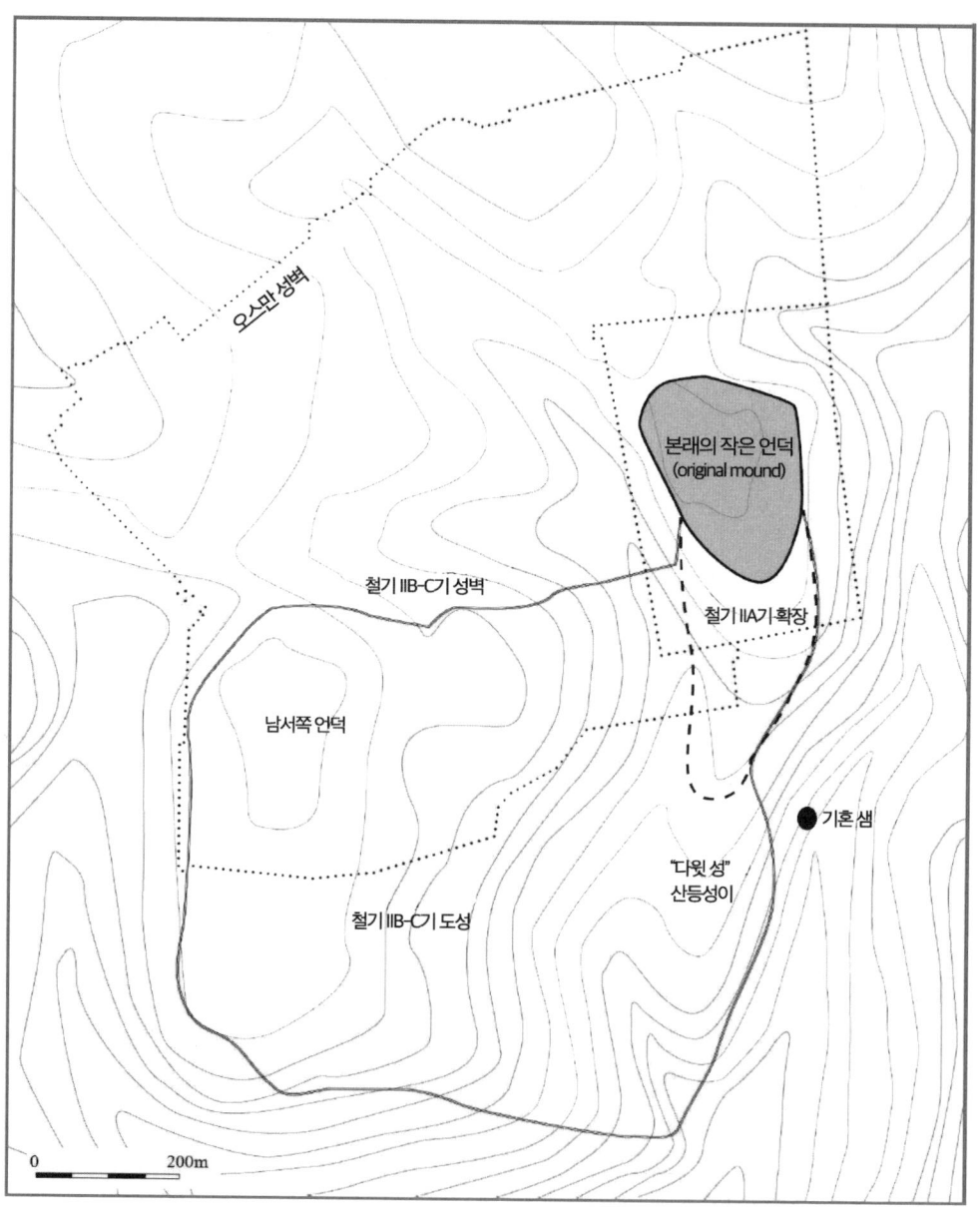

'산 위의 언덕Mound on the Mount'이 청동기 시대와 철기 시대 초기의 고대 예루살렘이었다. 도성은 남쪽 곧 "다윗 성" 산등성이의 윗부분으로 확장되기 시작했는데, 후기 철기 IIA기, 즉 기원전 9세기 후반이었다.[9] 예루살렘의 '위대한 도약'은 기원전 8세기 비교적 짧은 기간에 이루어졌는데, "다윗 성" 산등성이 전체와 서쪽 언덕(오늘날 아르메니아와 유대인 구역)을 덮을 정도로 커졌다.[10] 불과 몇십 년 안에 8.5헥타르(약 25,700평)에서 60헥타르(181,500평) 이상으로 확장된 것이다(좌측 지도 참조).

유다, 특히 예루살렘에서 인구가 갑작스럽게 또 극적으로 증가한 이유가 논의되어 왔다. 10년 전에 닐 실버만과 나는 이 현상을,[11] 브로시, 슈니데윈드, 반 데르 투른과[12] 같은 학자들의 의견대로 기원전 720년 이후 이스라엘 사람들이 유다로 이주한 배경을 고려하여 해석할 것을 제안했다. 나다브 나아만은 이 관점에 반대하며,[13] 최근에 그 문제에 관한 다른 논고를 출간했다.[14] 이에 대응하여 나는 예루살렘과 유다의 인구통계학적 자료를 갱신했고, 이스라엘 사람들이 유다로 이주로 발생한 물질적·문화적 징후들을 다루었다.[15]

오경 연구에서 아주 중요한 사항이 글쓰기의 확장이다. 벤자민 사스Benjamin Sass와 나는 최근 기원전 8세기 이전 레반트Levant에서

---

9. Finkelstein, "Migration".
10. 예를 들면 Reich / Shukron, "Urban Development"; Geva, "Western Jerusalem".
11. Finkelstein / Silberman, "Temple and Dynasty".
12. Broshi, "Expansion"; Schniedewind, *How the Bible*; Van der Toorn, *Family Religion*, 339-372.
13. Na'aman, "When and How"; 그에 대한 답변 Finkelstein, "Settlement History".
14. Na'aman, "Dismissing the Myth".
15. Finkelstein, "Migration"(후반부의 뒷쪽).

쓰인 선형線形 알파벳 비문들을 조사했다.[16] 우리는 특히 비문들이 발견된 환경의 단층과 상대 연대기를 강조했고, 최근에 이것을 탄소 방사성 동위원소 연구의 방대한 정보를 사용하여 절대 연대기로 고쳤다.[17] 우리는 후기 철기 IIA기의 후반, 곧 기원전 9세기 후반 이전에는 이스라엘과 유다 영토에 비문들이 없다는 것을 보여 주었다. 글쓰기가 기원전 8세기에 와서야 퍼진 것은 확실한데 이스라엘에서는 기원전 8세기 상반기, 유다에서는 기원전 8세기 후반기이다. 이스라엘에서 복잡한 문학작품은 기원전 8세기 초 데이르 알라*Deir Alla*와 쿤틸렛 아즈루드*Kuntillet Ajrud*에서 처음 나타난다.[18] 이것이 기본적인 증거다. 해석과 관련하여, 사스는 파피루스에 기록된 글이 기원전 9세기 전반부터 영토 왕국, 특히 이스라엘 왕국의 행정에 틀림없이 존재했으리라고 생각한다. 이는 가능한 일이나, 나는 그 이론의 증거를 파피루스 형태가 아니라면 불라(bulla; 역자주: 인장을 찍어 문서를 봉한 점토 덩이 또는 점토 덩이 봉투)와 인장seals과 같은 다른 기록 매체의 확장에서 보고자 한다. 현재로서는 이 증거가 부족하다.

아무튼 유다에서 필사와 읽고 쓰는 활동의 확장은 주로 기원전 7세기에 이루어졌다. 아랏, 라키스, 우짜, 말하타, 카데스 바르네아에서 발굴된 도기 조각들*ostraca*에 쓰인 글의 대부분이 이 시기에 속한다.[19] 읽고 쓰기의 확산은 봉인 자국과 인장의 확산에서도 입증되는데, 약간 더 이른 시기인 기원전 800년경 예루살렘에서 발굴된 방대한 양

---

16. Finkelstein / Sass, "West Semitic".
17. Sharon *et al.*, "Report"; Toffolo *et al.*, "Absolute Chronology".
18. 후자에 대해 최근 자료로 Ahituv *et al.*, "Inscriptions", 105-120; Na'aman, "Inscriptions" 참조.
19. 예컨대 Ahituv, *Echoes*.

의 불라에 새겨진 글자가 없다는[20] 사실은 주목할 만하다. 기원전 7세기는 유다를 수도의 궁전과 성전을 넘어서 '글 쓰는 사회'라고 묘사할 수 있게 되는 시기이다. 이것은 아마도 유다가 아시리아의 지배를 받고 아시리아의 세계 경제, 행정, 문화 영역에 편입되었던 세기(기원전 730-630년경)의 결과였을 것이다.

텔아비브 대학교의 한 연구팀은 필적筆跡을 비교하는 디지털 방법을 연구하고 있다.[21] 그 팀의 수학자들은 최근에 아랏 오스트라카에서 (글을 쓴) '손들'의 수를 확인하는 데 도움이 되는 방법을 개발했다. 우리는 글쓴이가 여럿이라는 증거를 찾았는데, 조사한 도기 조각에 새겨진 여러 글을 통해 읽고 쓰기가 브에르 세바 골짜기의 가장 작은 요새까지 퍼졌으며, 제일 말단 관료까지 읽고 쓸 수 있었다는 사실을 알 수 있었다.[22] 여기서 논의된 주제와 관련해 이 정보의 중요성을 강조할 필요는 없다. 다만, 글쓰기의 힘에 대한 인식이 성전과 궁전을 훨씬 넘어서 유다 관료 체제의 모든 계층에 침투했다고 말하는 것으로 충분하다.

바빌로니아, 페르시아와 초기 헬레니즘 시대

바빌로니아 시대의 고고학은 분리하여 연구하기가 어렵다. 통치 기간이 짧고 발견물들이 직전의 철기 IIC기와 직후인 페르시아 시대의 것과 구별하기 어렵기 때문이다. 그럼에도 여기에서 논의되는 사항과 관련하여 강조할 수 있는 바빌로니아 시대에 관한 쟁점이 몇 가지 있다.

---

20. Reich *et al.*, "Recent Discoveries".
21. 이 팀의 이전 업적을 요약한 Faigenbaum-Golvin *et al.*, "Computerized" 참조.
22. Faigenbaum-Golvin *et al.*, "Algorithmic Handwriting Analysis".

첫째, 예루살렘의 멸망: 그곳의 여러 발굴지에서 나온 자료를 철저히 조사한 결과, 불에 의한 파괴는 성전산과 기혼 샘에 가까운 지역에서만 뚜렷하게 나타나며[23] 한 곳을 제외하고[24] 서쪽 언덕의 지면에는 화재의 흔적과/또는 부서진 용기 더미의 흔적이 거의 없다.[25] 예루살렘 근처 시골 유적지들에서도 대규모 파괴의 흔적은 보이지 않는다.[26] 도성이 황폐해졌다는 사실이 분명할지라도, 대부분의 영역에서 장기간 점령의 공백이 두드러지며, 일부 장소에는 기원전 586년 직후에 활동이 미미했다는 단서가 있다.[27] 네부카드네자르의 공격 이후 예루살렘에서 특정 활동이 계속되었다는 또 다른 증거도 있다. 예루살렘에서 발견된 *mwsh*(Mozah모차)와 사자 봉인 자국인데, 이것들은 유다-예후드의 관료 체제에서 철기 시대의 장미 봉인 자국들과 페르시아 시대 초기 예후드 인장 자국들 사이를 연결한다. 달리 말해, 그것들은 기원전 586년 이후 속주의 행정을 대표할 것이다.[28] "다윗 성"에는 여러 *mwsh* 봉인 자국과 수많은 사자 봉인 자국이 있으며, 후자는 전체 지역 유물군의 상당 부분을 차지한다.[29] "다윗 성" 산등성이에서 바빌론 시대 건물이 하나도 발견되지 않았기 때문에 도성의 중심부인 성전산에서 주로 활동했을 것이다. 이 발견물들을 이해하는 다른 방

---

23. Barkay, "King's Palace", 세부 사항은 Shiloh, *Excavations*, 14, 18-19, 29; Mazar / Mazar, *Temple Mount*, 16, 21, 43; Steiner, *Excavations*, 108-109, 114; 샘 남쪽의 파괴 증거는 제한적이다. De Groot, "Discussion", 164.
24. Geva / Avigad, "Area W", 134, 155.
25. 예컨대 Geva / Avigad, "Area A", 42; Geva / Avigad, "Area X-2", 215.
26. 예를 들어 Mazar, "Abu et-Twein", 237; Mazar *et al.*, "Boarder Road", 241; Edelstein, "Terraced Farm", 57.
27. Barkey, "king's Palace", 27.
28. Zorn *et al.*, "Stamp Impressions"; Lipschits, *Fall and Rise*, 149-152.
29. 나의 학생 Erin Hall의 세미나 발표문.

법은 없다. 라맛 라헬의 남쪽에서는 *mwsh*와 사자 봉인 자국이 발견되지 않았는데, 이는 속주가 북쪽의 미츠파에서 남쪽의 라맛 라헬까지 제한된 지역에 걸쳐 있었음을 나타낸다(아래 참조).

그래서 나는 베텔이 예후드 밖의 유적지이긴 하지만 여기서 아주 중요하게 논의해야 할 장소라고 생각한다. 몇 년 전에 릴리 싱거아비츠Lily Singer-Avitz와 나는, 예루살렘과 피츠버그 수장고에 보관된 이 유적지에서 출토된 유물들을 다시 살펴보았다. 출판된 보고서와 아직 공개되지 않은 자료 모두를 포함한 조사였다. 조사 결과에 따르면[30] 이 유적지의 정착 역사는 발굴자들이 주장한 것처럼 연속적이지 않았다.[31] 오히려 몇 차례 변동이 있었다. 곧 철기 I기, 철기 IIB기, 헬레니즘 시대에는 강력한 활동이 있었고, 철기 IIA기의 후반과 철기 IIC기에는 두 차례 쇠퇴기를 거쳤으며, 철기 IIA기의 초반과 가장 중요하게는 바빌로니아와 페르시아 시대에는 성읍이 버려졌을 가능성이 있다. 작은 (언뜻 보아 짐작할 수 있는 것보다는 큰) 언덕의 중요한 부분들이 발굴되었기 때문에, 이 증거는 발굴의 결함에서 비롯된 것으로 일축될 수 없다(아래 참조).

페르시아 시대로 돌아가서, 예루살렘에서 활동한 증거는 주로 기혼 샘 위 "다윗 성" 산등성이의 중심 부분에서 나온다. 초기 예후드 시기의 인장 자국이 비교적 많이 나왔다는 점이 특징적이며, 그중 대부분은 돋운 흙 속에서 발견되었다. 고대 예루살렘의 어느 곳에서도 단 한 채의 건물이나 단 하나의 건물터도 발견되지 않았다. 헬레니

---

30. Finkelstein / Singer-Avitz, "Bethel".
31. Kelso, *Bethel*.

즘 시대 초기에도 비슷한 양상을 보인다.[32] 바빌로니아 인장 자국들의 사례와 예후드 시대의 인장 자국들이 많고 건물 유적이 없다는 자료들을 종합해 보면, 페르시아 시대 예루살렘 활동의 중심지가 성전산에 있는 도성의 오래된 중심부에 있었음을 알 수 있다. 하지만 여기에서도 정착 활동은 매우 저조했을 것이다. 얼마 되지 않는 페르시아 시대의 토기 조각들만이 성전산 부근, 곧 알악사*Al-Aqsa* 사원 구역, 성전산 동쪽 경사면과 성전산 남쪽 '오펠*Ophel*' 유적에서 잔해를 체로 걸러 내는 과정에서 발견되었다.[33]

게다가 예루살렘에서 페르시아 시대의 요새 흔적은 발견되지 않았다.[34] 내가 판단하기에, 느헤 3장의 묘사는 하스몬 사람들이 시행한 첫 성벽 건설을 반영한다. 예루살렘과 그 성채들의 비참한 상태에 관해 일반적으로 언급한 느헤미야의 초기 회고록은 아마도 성전산에 있는 언덕mound을 가리킬 것이다.

페르시아 시대 예후드의 영토는 전통적으로 속주에 속한 하위 지역을 언급한 느헤 3장에 따라 재구성되었다.[35] 물론 이 목록의 배경과 날짜가 여전히 결정되지 않았으므로, 이 주장은 순환논증(역자주: 논증되어야 할 명제를 논증의 근거로 하는 잘못된 논증)이다. 그리고 내가 몇 년 전에 지적한 대로, 에즈라기와 느헤미야기에 나오는 귀환자 명단도 도움이 될 수 없다. 거기에 언급된 장소로 확실하게 식별된 유적지도

---

32. 요약은 Finkelstein, "Wall of Nehemiah"; 자료 참조는 Lipschits, "Persian Period Finds".
33. Barkey / Zweig, "Sifting", 222; Dvira (Zweig) / Shilov, "Secondary Refuse", 68; Eliat Mazar 와의 개인 간 소통.
34. Finkelstein, "Wall of Nehemiah".
35. 다른 의견에 대한 요약은 Stern, *Material Culture*, 247-249; Carter, *Emergence of Yehud*, 79-80; Lipschits, *Fall and Rise*, 168-174 참조.

고고학 조사에 의하면 헬레니즘 시대 배경을 암시하기 때문이다.[36]

그러므로 속주의 영토 범위를 연구하는 유일한 독립적인 방법은 예후드 인장 자국의 분포 지도를 그리는 것이다.[37] 이 지도는 느헤 3장에 묘사된 영역과 다르다. 예후드는 북쪽의 미츠파에서 남쪽의 라맛 라헬까지 확장된 것으로 보이며, 아마도 조금 더 멀리 갔을 법한데 그럼에도 벳 추르는 영역 밖에 남아 있었을 것이다. 그리고 동쪽의 예리코와 엔 게디로부터 서쪽 세펠라의 경계까지이다(세펠라 상부 유적지 어느 곳에서도 예후드 봉인 자국이 발견되지 않았다). 몇 년 전에 나는 페르시아 시대 이 지역의 정착 패턴을 보여 주는 고고학 자료를 모은 적이 있다. 이를 토대로 예후드의 총 건축 면적을 약 60헥타르(181,500평)로 추정했는데, 이는 전에 제안된 최저 숫자의 약 절반인 약 12,000명으로 전환할 수 있다.[38] 이 추정값은 철기 IIC기의 상황에 비해 정착과 인구가 급격히 감소했음을 시사한다. 그것은 기원전 586년에 유다에 닥친 재앙의 범위를 경시하는 학자들의 주장과 모순되며,[39] 예후드로의 '귀환'이 홍수라기보다 실개천에 가깝다는 개념을 지지한다.

오퍼Ofer는 페르시아 시대에 예후드의 경계 너머 헤브론 남쪽의 정착 체제는 "거의 사라졌다"고 보고했다.[40] 그 시기의 브에르 세바 골짜기에는 주거 증거가 거의 없고,[41] 브에르 세바 골짜기의 남쪽 광

---

36. Finkelstein, "List of Returness".
37. 유형 1-12 Lipschits / Vanderhooft, *Yehud Stamp Impressions*.
38. Finkelstein, "Territorial Extent"와 Carter, *Emergence of Yehud*, 195-205 비교; Lipschits, "Demographic Changes", 364.
39. Faust, *Judah*와 대조, 예를 들어 Barstad, *Myth*.
40. Ofer, "Hill Country", 106.
41. 예를 들어, 골짜기의 동쪽 부분에서는 페르시아 시대의 유적지가 하나도 발견되지 않았다. Beit - Arieh, *Map of Tel Malhata*, *12.

야에 있는 중심 유적지의 활동 역시 약했다.[42] 에돔 고원도 마찬가지다.[43] 남쪽의 저조한 정착 체제는 아마도 텔아비브 대학교의 고고학자 다프나 랑구트Dafna Langgut와 내가 주도한 사해의 화분학적(花粉學的, palynological) 연구에서 알 수 있듯이, 건조 기후의 국면에 접어든 결과일 것이다.

물질문화와 관련하여 바빌로니아와 페르시아 시대를 입증하는 결정적인 단서는 충분히 주목받지 못했다. 나는 고고학 기록에서 히브리어 문자가 사라진 점을 언급한다. 앞에서 제시했듯이, 철기 IIC기에 유다 왕국의 가장 낮은 관료 계층까지 침투한 필사 활동과 문해력이 전례 없이 증진되었던 것과 비교할 때, 바빌로니아와 페르시아 시대에 남쪽 고지대는 히브리어 비문의 증거를 거의 보여 주지 않는다. 사실, 유일한 (빈약한) 증거는 기원전 4세기에 속하는 적은 수의 예후드 주화 정도인데, 주화는 진정한 필사 활동을 증명하기 어렵다. 이 사실은 기원전 586년에서 기원전 350년경 사이로 확실한 연대를 가진 비문은 단 하나도, 글을 새긴 도기 조각이나 인장이나 봉인 자국이나 불라 역시 단 하나도 발견되지 않았다는 것을 의미한다(우리는 이 시기에 대해 아람어가 페르시아 제국의 문자라는 정도만 안다). 이 점은 거의 우연일 수 없다. 물론 나는 히브리어를 쓰는 지식이 사라졌다고 제안하는 것이 아니다. 다만 필사 활동이 현저하게 감소했다는 것이다.

---

42. Finkelstein, "Wilderness Narrative".
43. Bienkowski, "New Evidence".

2. 오경 연구를 위한 몇 가지 시사점

여기서 다룰 의견은 고고학과 역사 자료에 기반하며 특정한 주제에 한정된다. 게다가 그것들은 예시에 불과한데, 현대 고고학 연구와 본문 분석을 결합하면 더 많은 통찰력을 얻을 수 있다.

연대순으로, 베텔에서 시작하고자 한다. 학자들은 베텔 성소가 야곱 대목Jacob cycle과 판관기에 담긴 구원자들의 책과 같은 북부 성경 전승의 "저장소"이자 구성 장소 역할을 했다고 제안했다.[44] 제안된 필사 활동은 기원전 8세기 철기 IIB기에 있었던 베텔의 번영기와 가장 잘 연관된다. 고고학은 그 기간이 북 왕국의 멸망 전인지, 후인지를 결정하는 데에 도움이 되지 않는다. 예로보암 2세 치하에서 왕국을 개혁하기 위해 제기된 북부의 건국 신화를 장려하는 일 같은 역사적으로 고려할 사항을 살펴보면 전자의 가능성을 지지할 수도 있다.[45] 북부와 관련이 있고 기원전 8세기 상반기로 추정되는 데이르 알라와 아즈루드의 회반죽 벽에 적힌 글들은 이것이 실행될 수 있었음을 드러낸다. 북 왕국 멸망 후라는 의견은 그다지 중요하지 않은데, 학자들은 베텔이 바빌로니아 시대에 탁월한 예배 장소이며 배움의 중심지였다고 주장해 왔다.[46] 이 견해는 기원전 7세기 후반과 기원전 6세기 초에 그곳의 활동이 저조했고, 바빌로니아의 대부분의 지역에서는 아마

---

44. Knauf, "Bethel," 319-322.
45. 그 시대에 북부에서 제의 활동의 집결이 가능했는지에 대해 Na'aman, "Abandonment" 참조.
46. Pakkala, "Jeroboam's Sin"; Blenkinsopp, "Bethel"; Knauf, "Bethel"; Gomes, *Sanctuary of Bethel*.

도 활동이 없었으며, 페르시아 시대에는 확실히 활동이 없었다는 사실을 보여 준 고고학적 증거와 모순된다.[47]

토마스 뢰머Thomas Römer와 나는 최근에 드 퓨리와 블룸의[48] 견해를 따라 야곱 대목의 초기 층이 철기 시대에 비교적 일찍 시작되었고 기원전 8세기 초 베텔에서 기록되었다고 제안했다. 달리 말해, 북 왕국은 자신들의 시조가 되는 조상의 전승을 처음에는 구전으로, 다음에는 글로 써서 가지고 있었다는 것이다. 우리는 이 전승이 길앗의 한정된 지역, 즉 야뽁강 유역과 그 남쪽에서 발전했고, 후대 즉 예로보암 2세 시기에서야 왕국 개혁과 관련되어 북쪽의 '국가' 신화가 되어 베텔로 '옮겨졌다'고 보았다.[49] 이러한 관찰들은 남쪽에도 주의를 기울이게 한다. 철기 IIB-C기에서 유다에서 이루어진 정착, 인구통계 및 필사 활동의 번영을 고려할 때, 두 히브리 왕국이 나란히 존재하는 동안에, 그리고 이스라엘 왕국의 멸망 이후에 경쟁하는 전승을 가진 남쪽 성소가 없었다고 상상하기는 어려운 일이다. 이것이 뢰머와 내가 본래 아브라함 전승이 헤브론 부근 제의 장소에서, 아마도 마므레의 성스러운 참나무 근처에서 발전했다고 제안하는 이유 중 하나였다.[50] 철기 시대에 마므레는 신성한 나무나 작은 숲과 연결된 성소였을 수 있다. 조상을 기념하는 장소가 그의 무덤과 관련된 성소인 경우가 많다는 점을 고려할 때, 이미 왕정 시대에 헤브론 지역에 아브라함의 매장 전승이 있었을 가능성도 있다. 막펠라 아쉐르 알 프네(*asher al*

---

47. Finkelstein / Singer-Avitz, "Bethel".
48. De Pury, "Cycle de Jacob"; Blum, "Jacob Tradition".
49. Finkelstein / Römer, "Jacob".
50. Finkelstein / Römer, "Abraham".

penei: 정면; 동쪽; 내려다보이는?) 마므레는 다른 이야기다. 이 개념의 기원은, 조금 더 후대가 아니라면, 페르시아 시대의 지정학적 상황에서 찾을 수 있다. 원래 예배 장소(그리고 아마도 신성한 무덤)는 예후드 속주 밖에 남겨졌을 것이고, 그래서 전승은 헤브론 어딘가에 마므레가 있었고, 북쪽으로 약간 올라간 막펠라에 무덤이 있었다는 것으로 발전했다. 헤로데 대왕이 하나는 무덤을 위해, 다른 하나는 성소를 위해 두 개의 기념물을 건설했다는 점에 주목하라.

오경과 역대기의 족보 밖에서, 이사악은 아모 7,9.16에서만 세 사람의 성조와 별개로 언급된다. 거기서 그는 북부와 대치하거나 병행하며 남부를 대표하는 인물로 보인다. 만일 이사악 전승이 정말 브에르 세바 골짜기에서 유래했다면,[51] 철기 시대에 기원해야 했을 터이다. 그 지역은 예후드에서 멀리 떨어져 있고, 기원전 586년 이후에는 사람이 거의 거주하지 않았기 때문이다(아마도 사람이 전혀 살지 않았을 수도 있다). 그러므로 남부에 두 번째 조상이 있었고, 브에르 세바 성소에서 숭배되었다는 주장이 더 그럴듯하다. 기원전 7세기 아브라함에게 '아들'이 둘 있었는데, 이사악은 브에르 세바 골짜기에 이스마엘은 남쪽으로 더 내려가 '깊은' 광야에 살았다.[52] 이것이 그 시절의 실제 상황을 묘사한 표현일 수 있다. 브에르 세바 골짜기의 유다인 정착은 기원전 8세기 후반과 7세기에 절정에 달했다. 같은 시기에 그보다 더 남쪽에서 유다인들은 카데스 바르네아와 아마도 아라비아 무역로를 따라 있는 아시리아 요새에서도 일했을 것이다.

---

51. Noth, *Pentateuchal Traditions*, 103-107.
52. Finkelstein / Römer, "Abraham".

철기 II기 유다에 아브라함 전승이 존재할 가능성은, 후기 왕정 시대의 남부 아브라함 전승과 더 오래된 북부의 야곱 전승이 단일한 유다 전승으로 통합되는 문제를 제기한다. 그리고 이것은 다시 한번 북부 전승의 유다 '이주'에 대한 문제를 제기한다.

기원전 8세기 후반과 7세기 초반에 유다에서 급격한 인구 변화가 일어났다는 고고학적 증거를 피할 수는 없다.[53] 이 변화는 자연적인 인구 증가, 경제적 번영 또는 유다 내 백성의 이주 결과로는 결코 설명할 수 없다. 그러므로 나는 예루살렘과 유다 산악 지대에 새로 정착한 많은 사람이 이스라엘 영토에서, 주로 사마리아 산악 지대 남쪽에서 옮겨 갔다고 주장한다. 그곳을 조사한 결과는 기원전 720년 이후 정착 활동이 저하되었음을 보여 준다. 기원전 8세기 후반부터 북이스라엘의 물질문화를 보여 주는 물건들이 유다에 나타난 것도 이런 역사적 재구성을 지지한다. 올리브기름을 추출하기 위한 석조 설비, 북부의 도자기 형태, 마름돌 벽돌, 원시 이오니아식 기둥들, 마구간 역할을 했던 세로 기둥 건물과 바위를 깎아 만든 무덤들을 말한다. 유다에 있는 이스라엘 사람들의 수는 아마도 성경의 저자들이 북부의 가장 중요한 전승들을 염두에 두게 할 만큼 충분히 많았을 것이다. 물론 이 전승의 일부는 후대에 유다에 다다랐을 수 있다. 예를 들면 이스라엘 문서가 베델에 보존되어 있었고, 기원전 7세기 후반에 유다가 이 성소를 차지했을 때 예루살렘으로 전해졌을 수 있다. 아무튼 야곱과 아브라함 이야기의 통합은 기원전 720년 이후에서 기원전 586

---

53. Broshi, "Expansion"; Finkelstein / Silberman, "Temple and Dynasty"; 개정 자료는 Finkelstein, "Migration".

년 이전에 이루어졌다고 가정하는 것이 합리적이다.[54]

민수기는 후기 편찬 부분에 담긴 수 세기 전의 기억과 관련된 흥미로운 사례를 제시한다. 고고학과 성경 외 역사 자료, 특히 메사 비석Mesha Stele에 따르면, 오경에서 가장 후대의 책이 민수기이지만[55] 헤스본에서 통치했던 후기 가나안 임금에게 대항해 평야를 정복한 사건과 관련된 아르논강 남쪽에 있었던 초기 모압 왕국에 관한 '기억'과 이스라엘 전승의 단편들을 보존하고 있다는 것이다. 이 전승들은 이스라엘이 북부 모압의 영토를 통치했던 유일한 기간인 오므리 시대에서만 올 수 있다.[56] 만일 그렇다면, 이 전승이 어떻게 그리고 언제 유다에 유입됐으며, 민수기 같은 후대 본문에 들어왔는가? 이야기들은 북 왕국에서 먼저 구전으로 전해진 게 분명하고 (그것들은 메사 비문에 언급된, 느보에 있는 야훼 성소에서 유래했을 수 있다) 아마도 기원전 8세기 상반기에 (다른 곳에서) 글로 쓰였을 것이다. 북부 모압에 이스라엘인이 존재했다는 기억을 널리 알리는 일은 예로보암 2세 시기에 북부 영토를 확장하려는 야망을 펼치는 데에 도움이 되었을 것이다. 실제로 민수기의 다른 층은 후기 왕정 시대 상황에 맞추어 사해 북단을 모압과의 경계선으로 설정한다. 모압에 관한 북이스라엘의 초기 전승은 기원전 720년 이후 수십 년에 걸쳐 유다에 알려졌고, 우리에게 알려지지 않은 방식으로 그곳에서 보존되었으며, 훨씬 뒤에 예후드/초기 유대 문헌에 편입되어 남부 지향성이 생겨났다.

민수기에서 요르단 건너편에 관해 언급한 부분 가운데 가드 지

---

54. Finkelstein / Römer, "Abraham".
55. Römer, "Israel's Sojourn".
56. Finkelstein / Römer, "Moab".

파와 르우벤 지파가 건설한 성읍 목록인 민수 32,34-38에도 주의를 기울여야 한다. 언급된 장소 중 6곳이 발굴되었고, 디본, 아타롯, 아로에르, 야제르, 헤스본과 느보가 충분히 확인되었다. 모든 곳에서 철기 시대와 헬레니즘 시대의 유물이 풍부히 발견됐으나 페르시아 시대 유물은 없었다. 이 증거 역시 오경 본문의 편찬 과정을 살필 때 가볍게 다룰 수 없다. 우리는 철기 시대 후기 단계의 상황에 대한 기억 또는 후대(헬레니즘 시대?) 상황과 결합된 오래된 기억을 마주하는 것이다.

이제는 민수기에 나오는 광야 여정 목록을 보자. 이 자료는 원천과 편집을 둘러싼 각종 쟁점을 포함하여 집중적인 연구 주제였다.[57] 노트, 프리츠, 데이비스 같은 학자들은 그 여정이 초기 자료들을 기반으로 한다고 가정했다.[58] 만일 그렇다면, 이 지명들이 유래된 시대는 두 가지 방법으로 찾을 수 있는데, 분명하게 확인할 수 있는 유적지의 고고학적 자료와 성경 저자들이 남부 광야에 대해 알고 있던 지식이다.[59] 후자의 방법으로 찾기 위해 나는 사제계나 사제계-이후 서기관들에 의해 이뤄진 가장 늦은 본문 편집(들) 시기로 여겨진 페르시아 시대부터 시작해서 연대순으로 올라가겠다. 앞서 지적한 대로, 정착민이 희박하고 인구통계적으로 고갈된 예후드 속주는 남쪽으로 벳추르까지밖에 뻗지 못했다. 당시 유다인들은 남부 헤브론 산지나 브에르 세바 골짜기에 거주하지 않았고 남부의 주요 유적지들에서 이루어진 활동도 미미했다. 이런 상황에서 사제계 저자(들)가 파악한 남

---

57. 예를 들면 Noth, "Sinal"; 같은 저자, *Numbers*, 242-246; Caats, "Widerness Itineraries"; Davies, "Wilderness Itineraries"; Römer, "Israel's Sojourn".
58. Noth, *Numbers*, 243; 같은 저자, *Pentateuchal traditions*, 224-227; Fritz, *Israel*, 116-117; Davies, "Wilderness Itineraries".
59. 양쪽의 세부 사항은 Finkelstein, "Wilderness Narrative".

쪽 광야 관련 지식은 기껏해야 단편적이었을 것이다. 광야를 떠도는 내러티브와 거기에 등장하는 지명들은 페르시아 시대의 실제를 거의 드러내지 못한다.

아시리아가 물러난 이후, 유다는 역사의 마지막 수십 년 동안 브에르 세바 골짜기에 여전히 강건하게 존재했다. 남서쪽으로 더 나아간 곳에 위치한 요새는, 카데스 바르네아에서 발굴된 유물들에서 드러나듯, 아시리아 철수 후에도 유다의 후원을 받아 계속 유지되었을 것이다.[60] 기원전 600년경으로 추정되는 아랏 오스트라카에는 남쪽, 아마도 브에르 세바 골짜기 너머로의 이동과 상품 운송에 대한 언급이 나온다.[61]

대략 기원전 730-630년에 걸친 '아시리아 세기'는 남부 광야에서 유다인들의 활동이 가장 강력했음을 입증했다. 이때가 브에르 세바 골짜기의 번영이 최고조에 달했다. 그곳의 성읍, 요새, 그리고 특히 시장과 대상 숙박소에서 유다인 상인과 관료들이 에돔인과 광야에서 온 아랍인을 만났다.[62] 브에르 세바 골짜기를 넘어서는 아시리아인들이 여러 중추적 거점에서 사막 무역로를 관리했는데, 그곳에 배속된 지역민 중에 에돔인, 아랍인, 그리고 아마도 유다인이 포함되었을 것이다. 남쪽에 대한 정보는 예루살렘을 방문했던 아랍 상인들에 의해 전달되었을 수도 있다.[63] 고찰을 통해 분명히 안 것은, 지명 목록을 수반하는 남쪽에 대한 상세한 지식은 아마도 기원전 586년 이전의 실제

---

60. Cohen / Bernick-Greenberg, *Kadesh Barnea*.
61. Aharoni, *Arad Inscriptions*, 15.
62. Thareani-Sussely, *Tel 'Aroer*, 301-307.
63. Shiloh, "South Arabian Inscriptions"; Lemaire, "New Perspectives".

상황을 나타낸다는 것이다. 말할 필요도 없이, 이 자료를 성경 본문에 통합하는 일은 나중에 일어났을 것이다.

이제까지 논의한 사항 대부분에서 알 수 있듯이, 오경에는 철기 시대에서 유래한 중요한 전승들이 포함되어 있으며, 그중 적어도 일부는 철기 시대 후기 단계에 처음으로 기록되었을 것이다. 이 오래된 자료는 페르시아 시대와 어쩌면 헬레니즘 시대에도 여러 단계의 수정 작업을 거쳤으며, 그때마다 많은 자료가 추가되었다. 그런데 이 일이 어디에서 이루어졌을까?

이 질문은 페르시아 시대 예후드에서, 사실상 헬레니즘 시대 초기 유대에서 이루어진 성경 본문의 편찬 문제와 이어진다. 이미 언급한 대로, 기원전 586-350년경에 예후드에서 히브리어로 기록한 증거는 거의 없으며, 기원전 200년경까지도 마찬가지다. 이것은 놀라운 일이 아니다. 유다의 파괴로 왕국의 관료 체제는 붕괴되었고 교육받은 많은 지식인-학자들은 유배되는 결과를 맞았다. 그 땅에 남아 있던 '포도 재배자들과 쟁기질하는 이들'은 문서를 제작할 능력이 거의 없었다. 이것은 많은 성경 자료의 편찬 시기와 장소를 페르시아 시대 예후드에 두는 사람들에게 경고 신호가 될 것이다. 그러므로 나의 소박한 조언은 두 가지이다.

첫째, 유다/유대에서 각종 매체와 모든 형태의 비문을 통해 광범위한 필사 활동과 문해력을 보여 주는 시기인 철기 시대의 말기 단계와 기원전 200년경 이후의 후기 헬레니즘 시대의 것으로 가능한 한 많은 자료의 연대를 추정하려는 것이다. 후자의 가능성은 해명이 필요하다. 기원전 2세기처럼 후대에 오경에 자료가 추가되었을 가능성이 있는가? 창세 14장의 멜키체덱 에피소드가 좋은 예인데, 이것은 하스몬 시대를 배경으로 이해할 수 있다.[64] 토라가 그리스어로 번역된 시기를 일반적으로 기원전 3세기로 추정하는데, 최초의 번역본이 후에 전체 장이 추가된 히브리어 본문을 기반으로 했다고 상상하기 어려울 수 있다. 한편, 번역된 히브리어 본문이 아직 고정되고 안정적인 것으로 간주되지 않았으며, 그리스어 토라 본문이 하스몬 시대까지 지속된 수정의 결과인 것은 분명하다.[65] 따라서 그리스어로 처음 번역된 후에도 짧은 구절들이 추가되거나 수정되었을 가능성이 있다.[66]

두 번째 조언은 기원전 600-200년 사이, 특히 바빌로니아와 페르시아 시대에 많은 자료가 바빌로니아에서 편찬되었다고 설정하라는 것이다.[67] 물론 나는 예후드에서 문학작품의 저술이 지속적으로 이어졌다는 주장을 받아들인다(어쨌든 히브리어 본문을 쓰는 능력은 어떻게든 보존되어 기원전 2세기에 히브리어의 부흥이 가능했을 것이다). 예를 들어, 성전 근처에서 분리되어 교육받은 사제 집단을 상상할 수 있다. 그러나 일상생활에 무언가가 스며들기를 기대했기 때문에 이것도 우아한 해결책은 아니다. 간단히 말해, 나 역시 이 사실에 감질이 나서 학자들에게 단지 고고학적 증거를 무시하지 말라고 촉구하는 것뿐이다. 비록 때로는 그 사실이 주로 부정적임에도 불구하고, 심지어 매끄럽고 유행에 따른 이론을 산산조각 낼 것처럼 위협적이라 해도 말이다.

---

64. Soggin, "Abraham".
65. Tilly, *Septuaginta*, 57-58, 81-87.
66. Finkelstein / Römer, "Abraham".
67. 예를 들면 Albertz, *Israel in Exile*. 그러나 이 주장은 유배자들의 공동체에서 히브리어가 어떻게 보존되었는지에 대한 의문을 불러일으킨다.

참고문헌

AHARONI, Y., *Arad Inscriptions*, Jerusalem 1981.

AHITUV, S., *Echoes from the Past: Hebrew and Cognate Inscriptions from the Biblical Period*, Jerusalem 2008.

AHITUV, S. et al., "The Inscriptions", in: Z. Meshel (ed.), *Kuntillet 'Ajrud* (Horvat Teman): *An Iron Age II Religious Site on the Judah–Sinai Border*, Jerusalem 2012, 73–142.

ALBERTZ, R., *Israel in Exile: The History and Literature of the Sixth Century B.C.E.*, Atlanta 2003.

ALBRIGHT, W. F., "Abraham the Hebrew: A New Archaeological Interpretation", *BASOR* 163 (1961) 36–54.

BARKAY, G., "The King's Palace and 'The House of the People' in Jerusalem at the Time of the Babylonian Conquest", *New Studies on Jerusalem* 9 (2003) 21–28 (Hebrew).

BARKAY, G. / ZWEIG, I., "The Project of Sifting Soil from the Temple Mount – Preliminary Report", *New Studies on Jerusalem* 11 (2006) 213–237 (Hebrew).

BARSTAD, H. M., *The Myth of the Empty Land*, Oslo 1996.

BEIT-ARIEH, I., *Archaeological Survey of Israel, Map of Tel Malhata* (144), Jerusalem 2003.

BIENKOWSKI, P., "New Evidence on Edom in the Neo-Babylonian and Persian Periods", in: J. A. Dearman / M. P. Graham (eds.), *The Land That I Will Show You. Essays in the History and Archaeology of the Ancient Near East in Honour of J. Maxwell Miller*, Sheffield 2001, 198–213.

BLENKINSOPP, J., "Bethel in the Neo-Babylonian Period", in: O. Lipschits / J. Blenkinsopp (eds.), *Judah and the Judeans in the Neo-Babylonian Period*, Winona Lake 2003, 93–107.

BLUM, E., "The Jacob Tradition", in: C. A. Evans et al. (eds.), *The Book of Genesis: Composition, Reception, and Interpretation* (VT.S 152), Leiden 2012, 181–211.

BROSHI, M., "The Expansion of Jerusalem in the Reigns of Hezekiah and Manasseh", *IEJ* 24 (1974) 21–26.

CARTER, C. E., *The Emergence of Yehud in the Persian Period*, Sheffield 1999.

COATS, G. W., "Wilderness Itineraries", *CBQ* 34 (1972) 135–152.
COHEN, R. / BERNICK-GREENBERG, H., *Excavations at Kadesh Barnea (Tell el-Qudeirat) 1976–1982* (IAA Reports 34), Jerusalem 2007.
DAVIES, G. I., "The Wilderness Itineraries and the Composition of the Pentateuch", *VT* 33 (1983) 1–13.
DE GROOT, A., "Discussion and Conclusions", in: idem / H. Bernick-Greenberg, *Excavations at the City of David 1978–1985 Directed by Yigal Shiloh*, vol. 7A, *Area E: Stratigraphy and Architecture, Text* (Qedem 53), Jerusalem 2012, 141–184.
DVIRA (ZWEIG), Z. et al., "Secondary Refuse Aggregates from the First and Second Temple Periods on the Eastern Slope of the Temple Mount", *New Studies on Jerusalem* 17 (2011) 63–106.
EDELSTEIN, G., "A Terraced Farm at Er-Ras", *Atiqot* 40 (2000) 39–63.
FAIGENBAUM-GOLOVIN, S. et al., "Computerized Paleographic Investigation of Hebrew Iron Age Ostraca", *Radiocarbon* 57 (2015) 317–325.
_____, "Algorithmic Handwriting Analysis of Judah's Military Correspondence Sheds Light on Composition of Biblical Texts", *PNAS* 113 (2016) 4664–4669.
FAUST, A., *Judah in the Neo-Babylonian Period: The Archaeology of Desolation*, Atlanta 2012.
FINKELSTEIN, I., "The Settlement History of Jerusalem in the Eighth and Seventh Centuries BCE", *RB* 115 (2008) 499–515.
_____, "Jerusalem in the Persian (and Early Hellenistic) Period and the Wall of Nehemiah", *JSOT* 32 (2008) 501–520.
_____, "The Archaeology of the List of Returnees in Ezra and Nehemiah", *PEQ* 140 (2008) 7–16.
_____, "The Territorial Extent and Demography of Yehud / Judea in the Persian and Early Hellenistic Periods", *RB* 117 (2010) 39–54.
_____, "The Wilderness Narrative and Itineraries and the Evolution of the Exodus Tradition", in: T. E. Levy et al. (eds.), *Israel's Exodus in Transdisciplinary Perspective: Text, Archaeology, Culture, and Geoscience*, New York 2015, 39–54.
_____, "Migration of Israelites into Judah after 720 BCE: An Answer and an Update", *ZAW* 127 (2015) 188–206.
FINKELSTEIN, I. et al., "The Mound on the Mount: A Solution to the 'Problem with Jerusalem?'" *JHS* 11 (2011).

FINKELSTEIN, I. / RÖMER, T., "Comments on the Historical Background of the Jacob Narrative in Genesis", *ZAW* 126 (2014) 317–338.

_____, "Comments on the Historical Background of the Abraham Narrative: Between 'Realia' and Exegetica", *HeBAI* 3 (2014) 3–23.

_____, "Early North Israelite 'Memories' on Moab", in: J. C. Gertz et al. (eds.), *The Formation of the Pentateuch: Bridging the Academic Cultures between Europe, Israel and North America* (FAT), Tübingen, (forthcoming).

FINKELSTEIN, I. / SASS, B., "The West Semitic Alphabetic Inscriptions, Late Bronze II to Iron IIA: Archeological Context, Distribution and Chronology", *HeBAI* 2 (2013) 149–220.

FINKELSTEIN, I. / SILBERMAN, N. A., "Temple and Dynasty: Hezekiah, the Remaking of Judah and the Rise of the Pan-Israelite Ideology", *JSOT* 30 (2006) 259–285.

FINKELSTEIN, I. / SINGER-AVITZ, L., "Reevaluating Bethel", *ZDPV* 125 (2009) 33–48.

FRITZ, V., *Israel in der Wüste: Traditionsgeschichtliche Untersuchung der Wüstenüberlieferung des Jahwisten*, Marburg 1970.

GEVA, H., "Western Jerusalem at the End of the First Temple Period in Light of the Excavations in the Jewish Quarter", in: A. G. Vaughn / A. E. Killebrew (eds.), *Jerusalem in Bible and Archaeology: The First Temple Period*, Atlanta 2003, 183–208.

GEVA, H. / AVIGAD, N., "Area A: Stratigraphy and Architecture, Introduction", in: H. Geva (ed.), *Jewish Quarter Excavations in the Old City of Jerusalem*, vol. 1, *Architecture and Stratigraphy: Areas A, W and X-2, Final Report*, Jerusalem 2000, 37–43.

_____, "Area W: Stratigraphy and Architecture", in: H. Geva (ed.), *Jewish Quarter Excavations in the Old City of Jerusalem*, vol. 1, 131–197.

_____, "Area X-2: Stratigraphy and Architecture", in: H. Geva (ed.), *Jewish Quarter Excavations in the Old City of Jerusalem*, vol. 1, 199–240.

GOMES, J. F, *The Sanctuary of Bethel and the Configuration of Israelite Identity*, Berlin 2006.

GORDON, C. H., "Biblical Customs and the Nuzu Tablets", in: E. F. Campbell / D. N. Freedman (eds.), *The Biblical Archaeologist Reader*, vol. 2, Garden City 1964, 21–33.

KELSO, J. L., *The Excavation of Bethel (1934–1960)* (AASOR 39), Cambridge 1968.

KNAUF, E. A., "Bethel: The Israelite Impact on Judean Language and Literature", in: O. Lipschits / M. Oeming (eds.), *Judah and the Judeans in the Persian Period*, Winona Lake 2006, 291–349.

LEMAIRE, A., "New Perspectives on the Trade between Judah and South Arabia", in: M. Lubetski (ed.), *New Inscriptions and Seals Relating to the Biblical World*, Atlanta 2012, 93–110.

LIPSCHITS, O., "Demographic Changes in Judah between the Seventh and the Fifth Centuries B.C.E.", in: O. Lipschits / J. Blenkinsopp (eds.), *Judah and the Judeans in the New Babylonian Period*, Winona Lake 2003, 323–376.

_____, *The Fall and Rise of Jerusalem*, Winona Lake 2005.

_____, "Persian Period Finds from Jerusalem: Facts and Interpretations", *JHS* 9 (2009) art. 20.

LIPSCHITS, O. / VANDERHOOFT, D. S., *The Yehud Stamp Impressions: A Corpus of Inscribed Impressions from the Persian and Hellenistic Periods in Judah*, Winona Lake 2011.

MAZAR, A., "The Excavations at Khirbet Abu et-Twein and the System of Iron Age Fortresses in Judah", *EI* 15 (1981) 229–249.

MAZAR, A. et al., "The 'Boarder Road' between Michmash and Jericho and Excavations at Horvat Shilhah", *EI* 17 (1984) 236–250 (Hebrew).

MAZAR, E. / MAZAR, B., *Excavations in the South of the Temple Mount: The Ophel of Biblical Jerusalem* (Qedem 29), Jerusalem 1989.

NA'AMAN, N., "The Contribution of the Amarna Letters to the Debate on Jerusalem's Political Position in the Tenth Century B.C.E.", *BASOR* 304 (1996) 17–27.

_____, "The Abandonment of Cult Places in the Kingdoms of Israel and Judah as Acts of Cult Reform", *UF* 34 (2002) 585–602.

_____, "When and How Did Jerusalem Become a Great City? The Rise of Jerusalem as Judah's Premier City in the Eighth-Seventh Centuries B.C.E.", *BASOR* 347 (2007) 21–56.

_____, "The Inscriptions of Kuntillet 'Ajrud through the Lens of Historical Research", *UF* 43 (2012) 1–43.

_____, "Dismissing the Myth of a Flood of Israelite Refugees in the Late Eight Century BCE", *ZAW* 126 (2014) 1–14.

NOTH, M., "Der Wallfahrtsweg zum Sinai (Nu 33)", *PJb* 36 (1940) 5–28.

_____, *Numbers: A Commentary*, London 1968.

_____, *A History of Pentateuchal Traditions*, Sheffield 1981.

OFER, A., "'All the Hill Country of Judah': From Settlement Fringe to a Prosperous Monarchy", in: I. Finkelstein / N. Na'aman (eds.), *From Nomadism to Monarchy: Archaeological and Historical Aspects of Early Israel*, Jerusalem 1994, 92–121.

PAKKALA, J., "Jeroboam's Sin and Bethel in 1 Kgs 12:25–33", *BN* 112 (2002) 86–93.
PURY, A. DE, "Situer le cycle de Jacob: quelques réflexions, vingt-cinq ans plus tard", in: A. Wénin (ed.), *Studies in the Book of Genesis: Literature, Redaction and History* (BETL 155), Leuven 2001, 213–241.
REICH, R. et al., "Recent Discoveries in the City of David, Jerusalem", *IEJ* 57 (2007) 153–169.
REICH, R. / SHUKRON, E., "The Urban Development of Jerusalem in the Late Eighth Century B.C.E.", in: Vaughn / Killebrew (eds.), *Jerusalem in Bible and Archaeology*, 209–218.
RÖMER, T., "Israel's Sojourn in the Wilderness and the Construction of the Book of Numbers", in: R. Rezetko et al. (eds.), *Reflection and Refraction: Studies in Biblical Historiography in Honour of A. Graeme Auld*, Leiden 2007, 419–445.
SCHNIEDEWIND, W. M., *How the Bible Became a Book: The Textualization of Ancient Israel*, Cambridge 2004.
SHARON, I. et al., "Report on the First Stage of the Iron Age Dating Project in Israel: Supporting a Low Chronology", *Radiocarbon* 49 (2007) 1–46.
SHILOH, Y., *Excavations at the City of David I: 1978–1982, Interim Report of the First Five Seasons* (Qedem 19), Jerusalem 1984.
_____, "South Arabian Inscriptions from the City of David, Jerusalem", *PEQ* 119 (1987) 9–18.
SOGGIN, J. A., "Abraham and the Eastern Kings: On Genesis 14", in: Z. Zevit et al. (eds.), *Solving Riddles and Untying Knots: Biblical Epigraphic, and Semitic Studies in Honor of Jonas C. Greenfield*, Winona Lake 1995, 283–291.
STEINER, M. L., *Excavations by Kathleen M. Kenyon in Jerusalem 1961–1967*, vol. 3, *The Settlement in the Bronze and Iron Ages*, London 2001.
STERN, E., *Material Culture of the Land of the Bible in the Persian Period, 538–332 B.C.*, Warminster 1982.
_____, *Archaeology of the Land of the Bible, vol. 2, The Assyrian, Babylonian, and Persian Periods (732–332 B.C.E.)*, New York 2001.
THAREANI-SUSSELY, Y., *Tel 'Aroer: The Iron Age II Caravan Town and the Hellenistic-Early Roman Settlement*, Jerusalem 2011.
THOMPSON, T. L., *The Historicity of the Patriarchal Narratives: The Quest for the Historical Abraham*, Berlin 1974.
TILLY, M., *Einführung in die Septuaginta*, Darmstadt 2005.

TOFFOLO, M. B. et al., "Absolute Chronology of Megiddo, Israel, in the Late Bronze and Iron Ages: High-Resolution Radiocarbon Dating", *Radiocarbon* 56 (2014) 221–244.

VAN DER TOORN, K., *Family Religion in Babylonia, Syria and Israel: Continuity and Change in the Forms of Religious Life*, Leiden 1996.

VAN SETERS, J., *Abraham in History and Tradition*, New Haven 1975.

VAUX, R. DE, *The Early History of Israel*, Philadelphia 1978.

ZORN, J. et al., "The *m(w)sh* Stamp Impressions and the Neo-Babylonian Period", *IEJ* 44 (1994) 161–183.

2장

유다의 마지막 날들과 오경의 근거들
역사는 우리에게 무엇을 말하는가?

레스터 그라베

본 연구는 역사적 맥락에 초점을 맞춘다. 나는 우리가 알고 있으며, 적어도 내가 안다고 생각하는 것부터 풀어내기를 제안한다. 그래서 먼저 오경이 알려졌을 때부터, 다음에는 오경의 가능한 근원들을 찾기 위해 초기 왕정으로 올라간다. 히즈키야에서 치드키야까지 유다 임금과 유배 시기에 대한 간략한 고찰을 거쳐 마지막으로 오경이 완성되었다고 여겨지는 페르시아 시대를 다루겠다. 언어적 연대 측정에 대한 문제는 다양한 시점에서 논의에 영향을 미칠 것이다.

1. 오경의 첫 징후들[1]

이 연구는 매우 분명한 입장으로 시작한다. 즉, 오경은 페르시아 시대 후반까지 확정된 두루마리들의 모음으로 존재하지 않았다는 것이다. 성경 본문 곳곳에서 "율법서"를 언급하고 있음에도 불구하고, 그러한 책은 기원전 400년 이전의 페르시아 시대 출전들에 알려지지 않았다. 많은 유대인에게 수용된 종교적 문서로서 오경에 대한 확실한 첫 증거는 기원전 200년경의 벤 시라이다. 그는 "조상들에 대한 칭송" 대목에서 다양한 인물과 관련된 히브리 성경의 책 대부분을 섭렵하는데, 때때로 오경을 인용하거나 구절들을 면밀하게 바꿔 쓴 것이 분명하다(집회 44-50장). 그가 오늘날과 같은 형태의 오경을 가지고 있었을 확률은 압도적으로 높은데, 그것이 오늘날의 마소라 본문이나 칠십인역, 사마리아 오경과 정확히 일치할 필요는 없다. 또한, 많은 세부 사항을 의심할 충분한 이유가 있더라도(아리스테아스 서간), 오경이 프톨레마이오스 2세 치세 동안 이집트에서 그리스어로 번역되었다는 전승은 강력한 증거가 된다. 번역되었다고 진술된 글이 모세의 다섯 책이라는 사실에는 의문의 여지가 없다. 조금 더 이른 시기인 기원전 300년경에, 유대인들이 "기록된" 법을 가지고 있었다는 압데라의 헤카테우스 Hecataeus of Abdera의 진술이 있다(디오도로스 시쿨루스, 40.3.6).

그렇지만 페르시아 시대 초기에 유대인들에게 "율법서"가 없었

---

[1] 이 글은 다음에서 더 길게 제시된 논의를 요약한다. Grabbe, *History*, 331-343; "Elephantine". 지면의 제약으로, 나는 상세한 논거와 1차 및 2차 참고 문헌과 함께 이미 출판된 쟁점에 대해서는 요약만 할 것이다.

다는 강력한 증거도 있다. 이것은 엘레판틴 공동체에게서 나타났는데, 그들은 안식일과 파스카를 포함하여 많은 유다인 전통 관습을 준수했고 야후*Yahu* 성전을 가지고 있었으나, 오경에 대해서는 아무것도 알지 못했다. 공동체의 방대한 문서에는 모세나 아론뿐만 아니라, 심지어 토라*tôrāh*라는 단어조차도 언급되지 않았으나, 그들은 당시의 대사제와 다른 주요 인물들을 알았으며 예루살렘의 종교 기관과 긴밀히 접촉했다. 그러니 엘레판틴 공동체가 모르게 예루살렘의 사제들이 오경을 사용했을 가능성은 매우 낮아 보인다. 그러나 최근 수십 년 동안 그다지 유행하지 않았으나 에즈라의 연대는 기원전 400년 이후 페르시아 시대의 마지막 부분으로 오랫동안 추정되어 왔다. 비록 내가 에즈라 전승에 대해 매우 회의적일지라도, 그런 인물이 존재했을 수 있고 오경을 공포한 일과 관련될 수도 있다는 점은 수용한다.[2] 나는 오경이 권위 있는 문서로 받아들여지는 데는 시간이 필요했을지라도, 오경이 편찬되고 공포된 시기를 기원전 4세기로 보는 데에는 충분한 이유가 있다고 본다.

2. 유다인 왕정

2.1. 개요

현대의 인식에도 불구하고 종교에는 책이 필요하지 않다. 전 세계의 모든 종류의 종교가 수천 년간 기록된 '경전' 없이 존재했고, 일부는

---

2. Grabbe, "Penetrating" 참조.

아직도 자신들의 경전이 없다. 그렇다고 이 말이 그들에게 종교적 전승이 없다는 뜻은 아니다. 조로아스터교는 수 세기, 어쩌면 수천 년 동안 전승을 기록하지 않은 채 존재한 것이 분명하다. 이 때문에 이슬람은 조로아스터교를 만났을 때 '책'이 없다고 그들을 평가절하했다. 아직도 일부 조로아스터교 전승은 조로아스터(혹은 고대 페르시아어 형태로는 자라투스트라) 자신에게 소급되는 것으로 보이는데, 메리 보이스의 연대 측정을 받아들인다면 아마도 기원전 이천 년대까지 거슬러 올라갈 것이다.³

지난 세대에 표준적인 견해가 된 바와 같이, 이스라엘과 유다 왕정 초기에 종교는 다신교였으며 예배 장소가 여럿 있었다. 그러나 이웃 민족들의 신들에 속하지 않는 야훼 *Yhwh*를, 민족신 혹은 국가신으로 숭배하기를 선호했다.⁴ (솔로몬 시기로 추정된다고 내가 주장하는) 예루살렘 성전에 더하여 베델, 단, 그리고 아마도 사마리아나 스켐, 또는 다른 어떤 곳에도 주요 성전이 있었던 것으로 보인다. 아무튼 야훼께 봉헌된 지역 '산당'이 많았다. 그런데 나는 '오직 야훼' 운동에 대한 모턴 스미스의 논문에⁵ 뭔가 실체가 있다고 생각한다. 통일된 움직임을 보지 못했는데, 아마도 일부 집단에서는 초점이나 경향에 더 가까운 양상이었을 것이며, 그가 원하는 만큼 그 운동이 일찍이 시작했을 것 같지도 않다. 그러나 야훼 종교가 발전한 방식을 설득력 있게 설명하는 논문의 방식에 나는 놀랐다.

---

3. Mary Boyce, *History*, 181-191 참조; 그러나 현대의 전문가들 사이에서 이 주장은 조로아스터의 시기에 대한 소수 의견으로 보인다.
4. 야훼가 다른 민족이나 국가에 의해서도 숭배되었을 수 있다는 제안은 명백한 증거 부족에 직면했다. 이 내용은 Grabbe, "Many Nations"를 참조하라.
5. Smith, *Palestinian*.

2.2. 구전 대 저술

이스라엘과 유다는 본래 구전 사회였다. 글쓰기는 이른 시기부터 알려졌으나 우선 관료적 목적에 사용되어 간단한 문서와 비문들, 곧 법률 문서, 매매 거래증, 공공 기념물 비문, 목록, 인장 등에 쓰였다. 쓰기만이 아니라 읽기도 극소수에게만, 주로 서기관에 국한되었다. 필기도구가 부족했고 그 필요성은 더 희소했을 뿐만 아니라 대부분의 백성이 접근할 수 있는 문헌도 없었다. 읽을 것이 없었다면 읽기를 배울 의미가 없었다. 책도, 문학작품도, 전자책도 없었다.[6]

서기관들은 대부분 사제였던 것 같다. 사제들은 이스라엘 전통의 저장소이기도 했다. 물론 백성의 일반적인 전통은 가족과 지역 전통을 포함하여 모든 주민에게 전승되었으나, 아마도 백성 전부나 국가 전체와 관련된 전승들도 있었을 것이다. 왕궁이 세워진 뒤에는 궁정 연대기를 포함하여 특정 공적 기록물을 그곳에 보관했다. 하지만 국가, 종교, 기원과 창조에 관한 전승을 보존하고, 정결례 규정과 여러 절차가 따르는 희생 제사 제도 수행에 관한 특별한 책임을 진 쪽은 사제들이었다. 이런 사항 중 많은 부분을 기록할 필요는 거의 없었다. 사제들은 개별 지도와 본보기로 제의의 본질적인 행위를 전수했다.

따라서 이스라엘 전승이 언제부터 기록에 전념하기 시작했는지는 중요한 질문이다. 이른 시기의 시詩 몇 편이 있다. 판관 5장의 드보라의 노래가 기원전 10세기나 11세기로 올라간다는 점에 대해서는 거의 모든 이가 동의하며, 탈출 15장에 나오는 모세의 노래가 적어도 그

---

6. 고대 이스라엘에서 글쓰기와 문해력의 발전에 대해 Grabbe, *Ancient Israel*, 115-118; Niemann, "Kein Ende" 참조.

만큼 오래되었다는 주장도 있다.[7] 그러나 이것들은 시詩여서 구두로 전승될 수 있었다. 프랭크 크로스가 "히브리 서사시"에 대해 말했으나 순전한 가설이고, 이스라엘 전승들이 서사시 형태였다는 증거는 없다.[8] 사정이 그렇다면, 우리는 보존된 문헌에서 문학 형식을 찾을 수 있으리라 예상할 것이다. 아무튼 호메로스와 헤시오도스는 시로 기록되었지 산문으로 옮겨지지 않았다. 만일 서사시 양식이 계속 존재했다면, 이스라엘 서사시가 왜 달라져야 했겠는가?

2.3. 북부 사람들의 유다 이주?

우리 질문과 관련된 쟁점은 아시리아가 사마리아를 멸망시킨 후 많은 이스라엘 사람이 유다로 이주한 사건과 연관되어 있는데, 그때 북부의 종교 전승들이 유다로 전해졌다고 자주 논의되기 때문이다. 예루살렘과 유다의 인구가 증가했다는 데에는 의문의 여지가 없으나, 그것이 북쪽에서 온 사람들이 크게 늘었기 때문이었는가? 나다브 나아만은 강력하게 부인했다.[9] 그도 인구 증가에 대한 고고학 증거에는 의문을 제기하지는 않는다. 그리고 물론 이전 이스라엘 왕국에서 일부 사람들이 그곳으로 이동했을 수도 있지만, 그는 이스라엘인들에 대한 증거를 찾을 수 있는 분야를 고찰한다. 예컨대 -*yahu*라는 신명神名이 붙은 이름의 비율이 증가했는지 여부를 고찰할 수 있다. 이는 북부에서 사용한 이름 야훼*Yhwh*의 형태로 유다에서 발견되는 -*yah*와는 대

---

7. 탈출 15장과 판관 5장에 대해 Robertson, *Linguistic*; 판관 5장에 대해 Knauf, "Deborah's Language" 참조.
8. Cross, *Canaanite*.
9. Na'aman, "Dismissing".

조적이다.

최근에 이스라엘 핑켈스타인은 이러한 해석에 반대했다.[10] 그러나 설령 나아만이 옳다고 판명되더라도 신명기계 전승과 북부의 연결성을 부정하지 않는다. 이 정보를 예루살렘으로 가져오는 데 수많은 이주민이 필요하지 않기 때문이다. 새로운 종교 전승을 새로운 환경에 도입하는 데는 필사본 한 권이나 소수의 전문가로 충분하며, 주민의 대다수가 글을 읽을 수 있어야 할 필요도 없다. 새로운 가르침을 최초로 전파할 책임은 그것을 연구하고, 이해하고, 편집하고, 유포하는 사제와 서기관들에게 있기 때문이다. 예루살렘 사제들은 새로운 전승이 여러 방식으로 그들의 전승과 병행하기 때문에 아마도 상당히 호환될 수 있다고 판단했을 것이다. 다시 말하면, 이 시기에 신명기 자료(D)의 위치는 별개의 문제이고, 우리는 이제 그것을 볼 것이다.

2.4. 오경 중 이른 시기에 기록된 것이 있는가?

이제 질문할 수 있다. 기원전 8세기나 7세기, 이 시기에 오경의 어떤 책이 쓰였는가? 두 가지 요점은 다음과 같다.

(1) 헤로도토스의 글에 유추하여 오경의 구성을 보고자 하는 사람들의 생각은 매력적이다.[11] 우리는 헤로도토스가 그의 《역사서》에서 사용한 다양한 출전 중 대부분은 아마도 구전 자료였다고 믿을 만한 충

---

10. Finkelstein, "Migration".
11. 이것은 반 세터스가 처음 제안한 것 같다. Van Seters, *In Search*, 특히 356-362; 와이브레이는 그의 저술에서 그때까지 진행된 논의를 잘 요약해 놓았다. Whyray, *Making*.

분한 이유가 있다.[12] 그런데 이것으로 적어도 창세기와 탈출기의 구성에 관한 내용 일부를 설명할 수 있다.

(2) 오경의 일부 본문은 기원전 8세기나 7세기 말에 쓰였을 수 있다. 추후 다룰 신명기계 문제는 차치하고서 말이다. 예를 들면, 최근에 쓰인 논고에서 야곱 전승이 기원전 8세기에 기록됐다고 주장했지만, 원래 구전 이야기는 좀 더 이른 시기로 추정되며, 여러 단계의 편집을 거쳐 현재 상태에 이르렀다고 주장했다.[13]

언어 연대 추정 문제는 아래에서 더 길게 논의하겠지만, 이 지점에서 창세기와 탈출기의 첫 부분 내러티브가 출전 사이에서 어떻게 분류되든, 표준 성경 히브리어로 되어 있음을 알 수 있다. 야휘스트(J) 출전이라고 주장된 부분에 대한 최근의 언어학적 연구는 그곳의 모든 특징이 후기 성경 히브리어의 흔적이 없는 표준 성경 히브리어라고 주장했다.[14] 야휘스트의 존재에 대해 논쟁할 수 있으나 야휘스트와 그것이 포함된 산문 자료는 유배 시기보다 훨씬 이전 시대 것임을 시사한다. 최초 평가들에서는 야휘스트를 매우 이른 시기로 추정했지만, 좀 더 최근의 연구는 기원전 8세기 이전 중요한 기록 자료들의 연대를 추정하는 일의 어려움을 입증했다.

---

12. Shrimpton, *History*, 229-265 참조; Lateiner, *Historical Method*, 92-108.
13. Finkelstein / Römer, "Comnets". 나아만이 "Jacob Story"에서는 이야기의 연대를 유배 시기로 설정했는데, 핑켈스타인과 뢰머가 최종 본문의 형성 시기로 본 시기와 대체로 근접하다는 점에 주목해야 한다.
14. Wright, *Linguistic*.

2.5. 기원전 7세기의 종교적 변화

유다를 특징짓는 종교적 다원주의는 아마도 기원전 8세기에 변하기 시작했으나, 그 변화는 특히 기원전 7세기에 분명하게 드러난다. 우리는 이 시기에 이스라엘과 유다의 초기 종교에서 오랫동안 쓰인 형태들이 중단된 징후를 숱하게 발견한다. 특히 중요한 형태 두 가지는 명백하다. 첫째는 기원전 8세기 후반과 7세기에 널리 퍼져 있던 별 형상이 기원전 6세기 초 예루살렘 엘리트층의 봉인과 인장에서 사라졌다. 두 번째는 여러 비문에서 알려진 '야훼의 아세라*Yhwh's Asherah*'가 지닌 축복과 구원의 기능이, 라키스 오스트라카와 아랏 오스트라카가 쓰인 시기에 야훼에게 흡수되었다.[15]

2.6. 신명기의 연대 측정

신명기는 오랫동안 기원전 8세기나 7세기라고 연대가 추정되어 왔다. 이를 지지하는 강력한 논거가 두 가지 있다. 첫째는 신명기의 구조와 관련되어 신명 4,44-28,68이 아시리아의 봉신 조약과 같은 선상에서 구성되었다는 사실이다. 조지 멘델홀이 (지금은 틀린 것으로 보이는) 오경에 대한 히타이트 조약의 영향을 주장했지만 아시리아 봉신 조약 모델은 데니스 매카티가 처음 지적했다.[16] 한스 울리히 스테이만스는 신명 28장 일부가 에사르 하돈의 계승 조약에서 인용되었다고 주장했다.[17] 아주 최근에 텔 타이나트에서 에사르 하돈의 계승 조약의 다

---

15. Uehlinger, "Kultreform"; 같은 저자, "Cult Reform".
16. 히타이트 조약을 제안한 데에 대해 Mendenhall, *Law* 참조. 멘델홀의 논문을 반박하는 설득력 있는 논증으로 McCarthy, *Treaty*, 51-85을, 좀 더 진전된 그의 아시리아 조약 모델에 대해서는 McCarthy, *Treaty*, 157-205 참조.
17. Steymans, *Deuteronomium*. 조약의 사본은 Parpola and Watanabe(SAA II 6) 최신판 참조.

른 사본이 발견되어 해당 본문에 있는 공백 일부를 채우면서 이 주장을 추가로 뒷받침했다.[18] 이 모두가 신명기의 구성이 아시리아 시대, 아마도 티글랏-필에세르 3세 시대 이후에 이뤄졌음을 확고히 한다. 두 번째 주장은 오랫동안 신명기와 긴밀하게 연결되어 온 요시야가 취한 대책들과 관련이 있다(자세한 내용은 3.3. 참조).

2.7. 아시리아 제의가 강요되었는가 하는 물음

성경의 발전 문제와 연관된 또 다른 쟁점은 아시리아 제의가 강요되었는지 여부이다. 설형문자 연구 초기부터 아시리아인들이 정복한 민족들에게 그들의 신 앗슈르를 섬기도록 강요했다는 주장이 있었다.[19] 이 합의된 의견에 도전하는 두 편의 저술이 거의 같은 시기에 나타났다. 첫째, 존 매케이는 아시리아 통치하에 있었던 아하즈, 히즈키야, 므낫세, 요시야 임금에 관한 어떤 기록에도 아시리아 제의를 가리키는 데가 없다고 주장했다.[20] 매케이와는 별개로, 모드데하이 코간 또한 아시리아 제의가 강요되었다는 주장에 반대했는데, 그는 아시리아 관습을 결정하기 위한 설형문자 텍스트에 초점을 두었다.[21]

---

18. Lauinger, "Esarhaddon's Succession Treaty"에 조약 본문이 나온다. 또한 같은 저자, "Some Preliminary Thoughts" 참조; Steymans, "Deuteronomy"는 신명 28장에 대한 저자의 원래 주장을 강화한다. Levinson, "Ursprünge"는 에사르 하돈 조약이 신명 13,1에 사용되었다고 주장한다. 나는 Tell Tayinat에서의 이 새로운 발견에 관심을 갖도록 이끈 장 피에르 소네에게 감사한다.
19. McKay, *Religion*, 1-4에 따르면 George Rawlinson이 처음 제안한 것으로 보인다.
20. McKay, *Religion*. 매케이도 성경 이야기에서 별 숭배의 중요성을 지적했는데, 그는 이를 아시리아보다는 가나안의 관습으로 돌렸다. 매케이가 말한 요점은 므낫세 치하에서 설정되고 요시야가 제거한 제의에 대한 묘사가 가리키는 바는 그것들이 아시리아가 아니라 시로-페니키아의 관습이라는 것이다.
21. Cogan, *Imperialism*. 그는 아시리아가 신에 의해 거룩하게 버려졌다는 개념을 잘 활용했다는 점에 주목했다. 아시리아인들이 때때로 반항적인 민족들의 형상들과 신전들을 파괴했지만, 그들의 일반적인 관행은 토착 신의 형상을 아시리아 영토로 가져가는

헤르만 스피커만은 두 저술에 모두 답변했지만, 그의 주장 대부분은 코간의 논고와 더 관련된다.[22] 코간은 결국 스피커만에게 답했고, 놀랍지도 않게, 제의가 강요되었다는 증거가 없으며 성경에 묘사된 것들은 토착 종교의 관습으로 보인다는 견해를 재확인했다.[23] 더 최근에 스티븐 홀로데이는 논고들을 조사하고, 아시리아학 학자들이 아시리아의 정책과 관습을 조사하여 결정하는 데 어려움이 있음을 지적하면서, 그들이 사안들을 한층 미묘하고 덜 독단적인 방식으로 본다고 적었다. 결국 그는 아시리아가 일반적으로 종속국에 제의적 의무를 부과하지 않았다는 견해를 적절하게 지지하는 것 같다.[24] 그러나 다음 대목에서 볼 수 있듯이, 유다에서 중요한 종교적 변화가 기원전 7세기에 일어난 것은 분명하다.

3. 유다 마지막 시기의 역사적 배경

이 대목의 목적은 유다의 주요 임금들의 통치(히즈키야에서 시작하는데 아몬과 여호아하즈는 제외한다)를 요약하고, 그 통치 시기에 종교 및 오경으로 발전할 가능성과 관련하여 무슨 일이 일어났는지를 설명하는 것이다.

것이었다. 정복된 민족들과의 조약은 앗슈르를 상기시키고, 아시리아는 확실히 아시리아에 대한 복종을 앗슈르에 대한 복종으로 이해했지만, 이것이 제의적 의무를 의미하지는 않는다.
22. Spieckermann, *Juda*.
23. Cogan, "Judah".
24. Holloway, *Aššur*. 이 연구를 친절하게 상기시켜 준 페테르 두보프스키에게 감사드린다.

3.1. 히즈키야

히즈키야의 통치 이야기는 종교와 제의 개혁(2열왕 18,3-6)으로 시작한다. 그의 개혁은 학자들 사이에 널리 수용되었으나,[25] 지금은 요시야 전승에 근거한 문학적 창작물일 뿐이라는 의심도 널리 퍼져 있다.[26] 비록 성경이 지속적으로 이 상황을 혹평할지라도, 성경 본문조차도 히즈키야 이전에는 산당이 제거되지 않았음을 인정한다. 성경이 유다에서 산당을 제거한 첫 사람(2열왕 18,4)으로 히즈키야를 내세우나, 그가 민족주의자가 아니라 종교 개혁가였는지는 논쟁의 여지가 있다. 그가 아시리아의 멍에에서 벗어나려고 노력했던 것은 분명한데, 그 일을 하는 데 종교 개혁이 꼭 필요한 조치는 아니었다.

히즈키야 치하에서 종교와 연관하여 처음 발의된 조치에 대한 증거라면 무엇이든 수용하겠지만, 현재 내 입장은 회의적이다. 문제는 그것이 나중에 요시야에게서 나온 개혁과 무척 흡사해 보인다는 점이다. 요시야가 히즈키야 치하에서 실패한 개혁을 되살리려 했는가, 아니면 성경 작가가 문학적 창작으로 히즈키야의 신심을 높이기 위해 요시야의 이야기에서 빌려 왔는가? 2002년에 발표한 연구에서 나아만은 아랏과 브에르 세바를 특히 강조하며, 제의 개혁의 결과로 이교도의 제의 장소가 버려졌으며, 이런 일들은 왕권을 강화하려는 시도였다고 결론을 내렸다.

제에프 헤르조그는 최근 토론에서 아랏과 브에르 세바의 성전 폐쇄는 히즈키야의 개혁 이야기를 뒷받침한다고 계속 주장한다.[27] 그

---

25. 예를 들면 Albertz, *History*, vol. 1, 180-186.
26. Na'aman, "Debated"; 같은 저자, "Abandonment".
27. Herzog, "Perspectives"; 같은 저자, "Date" 참조.

는 나아만을 비판하며 그가 고고학을 완전히 오해했다고 주장한다. 하지만 그는 성전 폐쇄(뒤를 참조)를 므나쎄 치하의 일로 배치하는 크나우프의 고고학 재구성과 추정 연대의 수정에는 실제로 반응하지 않는다. 데이비드 우시쉬킨이 성소의 연대를 기원전 7세기로 수정하고 폐쇄 시기를 기원전 6세기로 설정했다는 점도 염두에 두어야 한다.²⁸ 리스베스 프리드는 고고학으로 볼 때 산당 bāmôt이 본문에 진술된 제의 개혁을 뒷받침하지 않는다고 주장했다.²⁹ 논쟁의 일부는 고고학의 해석을 중심으로 전개되기 때문에, 이를 고고학자들에게 맡기겠다. 헤르조그는 다음과 같이 말한다.

> 아랏과 텔 브에르 세바의 제의 유적과 관련된 발견물들을 일반적인 제의 개혁, 특히 히즈키야 임금의 개혁의 증거로 해석하자는 제안은 고고학자들의 지지를 얻었으며, 동시에 주로 역사가와 성서학자들에게는 날카로운 비판을 받았다.³⁰

역사가와 성서학자로서 나는 헤르조그가 뭔가를 놓쳤고, 고고학이 논쟁의 전부가 아니라고 느낄 수밖에 없다.³¹ 헤르조그가 요시야의 종교 개혁 사건을 일축했다는 점을 간과해서는 안 된다. 이는 히즈키야의 개혁을 일축하는 것보다 한층 더 급진적으로 보인다.

---

28. Ussichkin, "Date", 특히 156.
29. Fried, "High Places".
30. Herzog, "Perspectives", 179.
31. 나는 그 이야기가 히즈키야 치세에 있었던 어떤 종류의 사건을 반영할 수 있다는 점을 부정하지 않는다. 계속되는 논쟁은 Grabbe, "Like a Bird", 특히 308-323 참조.

3.2. 므나쎄

최근 연구에서 므나쎄 왕국의 중요성이 드러났다. 많은 학자가 그 시대가 타락과 공포의 시대가 아니라, 산헤립이 초래한 황폐화에서 눈에 띄게 회복한 상황을 보여 준다고 생각한다.[32] 그로 인해 많은 유다 사람이 일종의 번영과 미래에 대한 희망을 되찾았을 것이 분명하다. 므나쎄는 에사르 하똔과 앗슈르바니팔이 부과한 (므나쎄의 조공은 이웃 민족들보다 적었다고 지적되었지만) 조공을 바치는 충성스러운 가신으로 지명되었다.[33] 그는 또한 앗슈르바니팔이 이집트를 공격할 때 군사적 지원을 했다. 아시리아식 제의를 강요했다는 증거는 나오지 않았고, 성경에 묘사된 내용은 토착 제의로 보인다.

이것이 그 주제에 대한 마지막 말이 될 것 같지는 않다. 므나쎄는 줄곧 충성스러운 가신이었던 것처럼 보이지만, 그의 치세에 존재했던 제의는 외부에서 부과된 것이라기보다는 오래된 토착 제의일 가능성이 더 크다. 하지만 이 주장이 아시리아-아람의 별 숭배와 같은 외세의 영향까지 배제하지는 않는다. 비록 므나쎄가 통제할 수 없었거나 심지어 그가 바라지 않았을지라도, 그의 치하에서 큰 변화가 일어났다는 것은 분명해 보인다. 크나우프는 므나쎄가 실로암 터널과 라맛 라헬의 궁전을 포함하여 몇 가지 유명한 사업들을 구축했다고 제안했다.[34]

신명기계 운동(들)이나 '오직 야훼' 운동이 당시 유다의 예배 상

---

32. Finkelstein, "Archaeology"; Finkelstein / Silberman, *Bible*, 264-274.
33. Finkelstein / Silberman, *Bible*, 265.
34. 실로암 터널에 대해 Knauf, "Hezekiah" 참조; 라맛 라헬에 대해 같은 저자, "Glorious", 170 참조.

황에 불만을 품고 종교 개혁을 계획했다는 것은 무리가 아니었다. 유다를 독립시키기 위해 고안된 히즈키야의 대책들은 중앙집중 경향을 강화하려 하였는데, 여기에 성전과 다른 종교 기관이 운영되는 방식도 충분히 포함될 수 있었다. 므나쎄 통치하에서 신명기적 전승을 기록하여 미래의 참고 자료로 삼거나 궁극적으로 널리 알기 위한 적절한 동기가 있었을 것이다. 요시야 시대에 있었던 사건에서 그의 개혁 훨씬 이전에 상당한 신명기적 활동이 있었음을 추론할 수 있다. 또한 히즈키야가 추진한 것으로 알려진 제의의 중앙집중화 대책들은 실제로는 므나쎄 치세에 이루어졌다는 크나우프의 제안들을 고려해야만 한다(다음 인용문 직전에 수정된 그의 고고학적 시간표 참조).

> 유용한 보고서에 의하면 아랏 IX는 심하게 파괴되지 않았지만 상업 지구, 시장*suq*처럼 보이는 시설을 만들도록 재조성되었다. 므나쎄 통치 초기에 진행된 이 재조성 과정에서 성전은 경건하게 묻혔다. 고고학 자료에 의하면 일부 지역/농촌 성소들이 버려졌다는 증거는 므나쎄 시대에만 있다. … 므나쎄 통치하에서 전체는 아니지만 일부 제의가 중앙집중화되었다는 것은 당시 정치나 사회경제 발전과 일치한다.[35]

3.3. 요시야

성경 본문에서만 알려진 요시야로 넘어간다. 남아 있는 바빌로니아와 이집트의 기록에는 그에 대한 언급이 전혀 없다. 이집트 자료와 〈바빌로니아 연대기*Babylonian Chronicles*〉가 배경과 맥락에 대한 유용한 정

---

35. Knauf, "Glorious", 184-186.

보를 제공하긴 하지만, 우리에게는 그의 통치를 이해하게 하는 고고학과 성경 본문이 남아 있다. 과거의 재구성이 역대기 하권의 묘사에 의존했는데, 심지어 열왕기 하권의 묘사와 다른 중요한 부분에서도 그러했다.

요시야의 개혁을 액면 그대로 받아들이는 것이 관행이었으나, 현재 이 문제는 많이 논의되고 있다.[36] 성경 본문 외에는 직접적인 증거가 없으므로, 그것이 신명기계 사가의 창작물인지 여부를 물을 수밖에 없다. 핵심 구절은 2열왕 22-23장이다. 이 단락이 신명기계 편집의 주제였음은 널리 받아들여지고 있고, 신명기계의 창작이 어느 정도인지에 대한 의문만 남아 있다. 그런데 크리스토프 하드마이어와 크리스토프 우엘링거는 주로 예루살렘(그리고 아마도 베텔, 아래 참조)에 영향을 미치는 개혁 조치의 간단한 목록이 2열왕 22-23장의 핵심이라고 주장한다. 여기에 신명기계 편집자들이 방대한 상부 구조를 추가하여 원래 목록보다 범위와 지역 면에서 훨씬 더 광범위한 개혁을 만들었다고 주장한다.[37] 우엘링거는 원본 목록(많이 확장된 현재 본문은 아님)이 고고학과 도상학으로 뒷받침된다고 주장한다. 그러나 파괴된 예배 장소들(2열왕 23,15에 따라)에 베텔이 포함될 가능성은 낮아 보인다는 점에 유의해야 한다.[38]

열왕기 하권과 역대기 하권에 기술된 내용에서 주된 차이 하나는 요시야가 기념했을 뿐만 아니라 이전의 북 왕국에 강제하려고 했

---

36. Albertz, *History*, 198-201; 같은 저자, "Why"; Lohfink, "Bewegung"; Davies, "Josiah"; Knauf, "Glorious".
37. Hardmeier, "King Josiah"; Uehlinger, "Kultreform"; 같은 저자, "Cult Reform".
38. Knauf, "Glorious", 184 n. 74; 같은 저자, "Bethel", 306-309.

던 파스카 축제와 연관된다. 2열왕 23,21-23은 요시야가 지낸 파스카 축제를 간단히 언급하는 반면에, 2역대 35,1-19은 그 축제가 어떻게 거행되었는지 상세히 설명한다. 여기에는 옛 사마리아 왕국의 구성원들에게 전달된 초대장도 포함되어 있으며, 많은 이가 초대를 수락했다. 말할 필요도 없이 이 기사는 의심스러우며, 역대기사가의 창작처럼 보인다.

수십 년 동안 상당한 영향력을 미친 한 가지 이론은 요시야가 아마도 다윗 왕국의 모델을 따라 '대大 이스라엘'을 건설하려고 시도했다는 것이다. 요시야와 다윗 사이에는 명백한 유사점이 많으나 통치자의 실제 활동이라기보다 문학적 창작물에서 비롯한 것으로 볼 수도 있다. 두 임금의 '의로움'은 가장 확실한 접점이나, 영토의 정복은 많은 학자가 성경 자료에서 조금씩 수집하려고 한 다른 사안으로, 이전 영광을 회복하고 '위대한 이스라엘'로 복귀하려는 시도이다.

그러나 나다브 나아만은 요시야에게 새로운 다윗 '제국'을 건설할 여지를 주는 정치적 공백이 없었다고 주장했다.[39] 오히려 서쪽에서 아시리아 세력의 쇠퇴와 이집트 세력의 성장이 맞물리면서, 상호 합의로 영토 통제권이 질서 있게 이양되었을 수 있다.[40] 밀러와 헤이스는 요시야가 통치 기간 내내 이집트의 봉신이었다고 이미 주장했다.[41] 나아만은 요시야의 통치 기간 내내, 유다가 처음에는 아시리아 치하에, 나중에는 이집트 치하에 있는 속국이었다고 언급했다. 이 상황에서 영토 확장의 범위는 매우 제한되었을 것이다. 국경이 북쪽으로 베

---

39. Na'aman, "Kingdom"(1991), 33-41; "Kingdom"(2005), 210-217.
40. Na'aman, "Kingdom"(1991), 40.
41. Miller / Hayes, *History*, 383-390.

텔까지 이동했다는 증거가 일부 있으나, 더 북쪽 갈릴래아로 확장하거나 서쪽 필리스티아인 지역으로 확장했다는 주장은 고고학과 문헌 어디에서도 정당화되지 않는다.

3.4. 여호야킴

여호야킴은 성경에만 알려져 있으나, 그의 통치는 당대 고대근동의 국제 정치를 보여 주며, 그것과 잘 어울린다. 이집트가 여호야킴을 왕좌에 앉힌 것으로 볼 때 유다는 분명히 이집트의 봉신이었다. 그러나 여호야킴 제4년에 네부카드네자르가 카르크미스 전쟁 후 그 지역 통제권을 획득했고, 유다는 바빌로니아의 봉신이 되었다. 그는 3년 후에 반기를 들었다. 왜일까? 기원전 601년에 네부카드네자르가 느코와 벌인 전투의 여파로 양군이 모두 상당한 피해를 입었다는 데에 답이 있다. 사실 〈바빌로니아 연대기〉 5장이 가리키듯 바빌로니아가 그 피해를 회복하는 데에는 몇 년이 걸렸다. 여호야킴이 반란을 일으킨 때는 이 전투 후였다. 네부카드네자르가 유다를 습격하도록 조장하여 보복한 것도 2년이 지나서였고, 기원전 598년 말이 되어서야 예루살렘에 군대를 보냈다. 2역대 36,6은 네부카드네자르가 예루살렘을 공격하여 여호야킴을 포로로 잡아 바빌론으로 끌고 갔다고 분명히 말하는 반면, 예레 22,18-19은 그가 '노새의 매장'(즉, 그의 시신은 예루살렘 밖으로 끌려 나와 묻히지 않은 채 남겨질 것이다)을 당하리라고 예언한다. 두 사건 모두 일어났던 것 같지 않다. 2열왕 24장에서 여호야킴은 네부카드네자르가 예루살렘을 포위하기 불과 몇 달 전에 자연사한 것으로 보이며, 반역의 대가를 치른 사람은 그의 아들이었다. 다니 1,1-2에서 이 일은 완전히 혼란스럽게 뒤엉켜졌는데, 열왕기 하권과 역대기 하권의 내러티브를 잘못 읽었기 때문으로 보인다.[42]

3.5. 여호야킨

여호야킨은 아주 잠깐 통치했지만, 잘 알려져 있다. 성경 기록에서 그의 이름은 열왕기 하권과 역대기 하권만이 아니라 다른 곳에서도 언급된다.[43] 여호야킨은 (이름으로는 아니지만) 바빌로니아 연대기에도 나오는데, 네부카드네자르가 예루살렘을 함락하고 유다 임금을 포로로 끌고 온 사건을 이야기한다. 여호야킨의 이름은 바빌론의 여호야킨 토판에도 보존되어 있다.[44] 따라서 단명한 이 젊은 통치자는 유명한 요시야보다 성경 외 텍스트에서 더 잘 알려져 있다.

3.6. 치드키야

〈바빌로니아 연대기〉에 유다의 마지막 임금은 기원전 597년 초 네부카드네자르가 예루살렘을 정복하고 왕위에 올린 임금으로 알려져 있다. 그러나 치드키야의 이름은 성경 본문에만 나온다. 〈바빌로니아 연대기〉가 끝난 기원전 594년 후에는 메소포타미아의 역사 자료가 없다. 그러나 팔레스티나 시찰을 묘사하는 프삼메티쿠스 2세(기원전 595-589)의 비문은 유다 임금이 네부카드네자르의 지배에서 자유로워지는 방법을 끊임없이 찾고 있었던 상황에 부합한다.[45] 반란과 마지막 포위

---

42. Grabbe, "Fundamentalism", 138-140.
43. 예레 22,24.28 참조; 27,20; 28,4; 29,2; 37,1; 52,31; 에제 1,2; 에스 2,6.
44. Weidner, "Jojachin".
45. Grabbe의 논문에서 인용된 본문, *Ancient Israel*, 190-191.

공격과 예루살렘의 함락은 불행하게도 어떤 메소포타미아 출전에도 드러나지 않는다. 이집트인들이 군대를 보내어 치드키야를 일시적으로 도왔고, 이는 바빌로니아가 포위를 해제하는 계기가 되었으나, 이집트가 철수하자 포위는 재개되었다(예레 37,4-11). 우리는 바빌로니아나 이집트 어느 출전에서도 이에 대해 아무것도 알아낼 수가 없다.

당시 파라오는 아프리에스(기원전 589-570, 예레 44,30에서는 호프라라고 부른다)였는데, 그에 관해 이집트 자체 출전에 근거한 지식은 부족하다. 하지만 일반적으로 이집트학 학자들에게 수용된 그리스 출전에서 일부 정보를 입수할 수 있다(헤로도토스 2.161-69; 디오도로스 시쿨루스 1.68.1-6). 여기에서 아프리에스는 페니키아를 굴복시켰다. 예레 27,3은 티로와 시돈이 치드키야의 반란을 지원했다고 지적한다. 아프리에스의 활동은 이 맥락에 들어맞는다. 이 사건 이전 시대에 열왕기 하권과 관련하여 확인된 상세 정보, 열왕기 하권에 묘사된 상황의 (거의 대부분의) 합리성, 그리고 고대근동의 일반적인 정세를 고려할 때, 예루살렘 멸망에 대한 일반적인 묘사와 대략적인 날짜를 받아들이는 데 신앙의 도약(a leap of faith; 역자주: 이성에 근거하지 않는 무언가를 받아들이거나 믿는 행위)이 필요하지는 않다.

4. 유배 시대와 초기 페르시아 시대

예루살렘이 함락되자 대다수 유다인의 삶이 바뀌었다. 사회 상류층의 상당수는 바빌론으로 유배되었다. 유다 자체의 인구는 군사 행동,

기근 및 질병 때문에 급격히 감소했다. 대부분의 개인에게 가장 큰 관심사는 살아남아서 옛 고장에서건 새 고장에서건 살길을 찾는 것이었다. 우리는 바빌로니아 지역의 '유다 도시'와 일부 개별 유다인에 대해 말하는 최근 발표된 토판들을 통해, 바빌로니아에서 그들의 삶을 어느 정도 알고 있다.[46]

대다수 사람의 마음에 문학 활동이 가장 먼저 떠오르지 않았다는 것은 분명하다. 그래도 그 기간에 소수의 사제와 서기관이 구전이든, 기록이든 국가와 종교 전승의 일부를 보존하고 편집하는 일을 사명으로 삼았던 것 같다. 즉, 예루살렘의 함락과 유배의 트라우마는 기록된 다양한 전승을 수집하고 많은 구전 전승을 기록하는 촉매제였다. 이는 여러 갈래의 증거에 근거하여 추정한 결론으로 어림짐작이 아니다.

첫째, 많은 학자가 유배 시기에 신명기계 역사(당신이 그 저작의 특징을 어떻게 정하든지 간에)의 상당 부분이 편찬된 것으로 간주한다.[47] 그러나 오경에서 창세기와 탈출기의 일부는 아마도 유배 시대 또는 페르시아 시대 초기에 속할 것이다. 창세 1장의 창조 이야기는 〈에누마 엘리쉬Enuma elish〉에 대한 응답처럼 보인다. 거기서 활동하는 신화적 세력은 야훼의 손안에서 움직이는 수동적 대상이 되었고 창조는 "번듯한 일"이 되었다.[48] 홍수 이야기는 메소포타미아 전승에서 상당히 차용한 듯하며,[49] 요셉 이야기는 사이스 왕조(역자주: 이집트 26왕조)

---

46. 이 토판들에 대한 토론은 Pearce, "New Evidence"; "Identifying" 참조.
47. 신명기계 역사가 어떻게 편집되었는지에 대한 다양한 견해는 Römer / De Pury, "Deuteronomistic" 참조.
48. 이것은 데이가 사용한 문구이다. Day, *God's Conflict*, 49.
49. Finkel, *Ark*.

와 페르시아 시대의 이집트를 배경으로 한 것으로 보인다. 최근에 나는 탈출기 이야기도 기원전 7세기에서 기원전 5세기의 이집트를 배경으로 한다고 주장했다.[50] 마지막으로 P 문헌(사제계 문서)은 바빌로니아 시대와 초지 페르시아 시대에서 유래한 것으로 보인다(아래 대목 참조).

5. P 문헌(사제계 문서)

나는 결코 문헌 가설을 받아들인 적이 없다. 학생이었던 젊은 시절에는 그것을 거부하는 입장이 내 배경인 텍사스 바이블 벨트(역자주: 성경의 권위를 강조하는 매우 종교적인 지역을 가리키는 별칭으로, 미국 남동부 지역과 중서부의 미주리주를 말하며, 보수적 개신교 세가 강하다)에 적합했고, 물론 그렇게 하기 위해 표면적으로 '과학적 이유'를 항상 제시했다. 그러나 근본주의에서 벗어난 후에도, 나는 여전히 그라프 벨하우젠의 주장이 설득력이 있다고 생각하지 않았다. 나는 그것의 일부가 회색 수염을 가진 현자들이 여러 문서 위에 몸을 굽혀, 여기에 한 문장, 저기에 한 구절, 심지어 한 문서에서 가져온 개별 단어도 다른 문서에 삽입하면서, 자르고 붙여 넣어 새 본문을 만들었다는 개념이라고 생각한다. 내가 성서학계를 더 많이 알게 되면서 문헌-기반 과정이라는 착상은 더욱 문제가 되었다. 예를 들어 타티아누스의 《디아테사론*Diatessaron*》(역자주: 네 복음서 발췌 합본)과 같은 전례가 없지 않다는 것을 알고 있지만, 오경은 복음서들보다 수 세기 앞서 있다.

---

50. 요셉 이야기에 대해 Redford, *Study*; 탈출기에 대해 Grabbe, "Exodus".

5.1. 최근 학술 토론

P 문헌의 연대를 유배 이후로 설정한 것은 문헌 가설의 고전적 형태의 초석이 되었고, 이러한 합의에 대한 주요한 반대 의견이 나타났다. 히브리 대학교 교수 예헤즈켈 카우프만(1889-1963)은 P의 연대를 신명기계 전승보다 훨씬 이전인 유배 이전 시대로 거슬러 올라가는 학계의 경향에 반대했다. 그 결과로 종종 '카우프만 학파'라고 불리는 특정 추종자가 생겼다. 최근에 메나헴 하란은 카우프만이 가정한 것과 유사한 상황을 주장했다. 《고대 이스라엘의 성전과 성전 예배*Temples and Temple-Service in Ancient Israel*》에서 하란은, 이스라엘이 약속의 땅에 들어가기 전 방황하는 40년 동안 지속된 광야 성막에 관한 전승을 조사했다. 이 전승 중 얼마나 많은 부분이 실제로 왕정 시대, 때로는 왕정 시대 초기와 심지어 더 이른 시기에도 관련되었는지를 보이려고 시도하였다. 따라서 그의 견해로는 P가 사제직의 초기 산물이지만 사제들이 주로 자신들이 사용하기 위해 만들고 보존했기 때문에, 요시야의 개혁(전통적으로 신명기 전승과 관련이 있다) 이후인 기원전 620년경까지는 명확하게 증명되지 않는다. 하란에 따르면, P는 훨씬 오래되었고, 요시야보다 거의 한 세기 앞서 있었던 기원전 715년경 실패한 히즈키야 제의 개혁의 기초이기도 했다.

비슷하게, 제이콥 밀그롬의 기념비적인 주석서 3권 레위기(1991-2001)는 P 출전의 핵심이 이스라엘 역사 초, 왕정이 수립되기 직전에 발생했다고 주장했다.[51] 밀그롬은 비록 하란이 이미 내놓은 주장을 발

---

51. 나는 거의 3,000쪽에 달하는 모든 단어를 다 읽지는 못했지만, 대부분을 읽고 마지막 책에 대한 논평을 *Biblica*(Grabbe, review)에 기고했다.

전시키고 있었지만, 논제의 세부 사항은 그 자신에게서 나왔다. 밀그롬은 레위기의 특정 부분은 후대 편집이며, 예배 역사의 발전을 반영한다고 생각했다. 그렇지만, 추정된 예배의 대부분은 주로 다윗 왕권과 예루살렘 성전이 세워지기 이전에 있었던 실로의 성전 예배와 관련하여 성장했다. 밀그롬은 특히 관할 구역이 좁고 한 명의 사제 가족이 관장하는 작은 성소를 가리키는 세 가지 주장을 지적했다. (1) 흘리는 *zav* 사람을 위해 정화 예식을 하루 안에 끝낼 수 있는 여정이 필요했다. (2) 감사 제사 예물은 원래 성소 영내에서 봉헌자가 먹었다. (3) 사제의 몫은 원래 주관하는 사제에게 갔지만, 일부 추가된 진술은 그것을 사제들 전체로 변경한다. 이것은 물론 자료 갱신을 시도한 이후의 편집을 전제로 한다.

P를 정리하려면 두 가지 기본 질문에 답해야 한다. 첫 번째는 P가 문헌인가 아니면 단순히 편집층인가 하는 질문이다.[52] 그라프 벨하우젠의 고전적 논거에 의하면, P는 JE 가닥(들)에 병행하는 독립적인 내러티브 문헌이었다. 그러나 벨하우젠조차도 레위기 제의 자료의 많은 부분이 원래 P 출전의 일부가 아니라고 생각했다. 적어도 프랭크 크로스는 아니지만, 다른 학자들은 P가 주로 편집층이었다고 주장했다. P가 다른 곳에서는 편집층일 수 있으나, 나에게 레위기는 문서로 보인다. 그러나 이 점이 오경의 기원에 관해서 큰 차이를 가져오는 것 같지는 않다.

논의를 더 복잡하게 만드는 것은 일반적으로 P는 물론 이전 법전과도 별개로 간주되는 성결법전(H)에 대한 질문이다. 여러 학자가

---

52. 토론에 대해서는 Nicholson, *Penteteuch*, 196-221 참조.

H가 별개의 문서로 존재했는지를 의심했다.⁵³ 놀은 H의 존재를 받아들이지만 레위 1-16장보다 늦다는 결론에 이르렀고, 사제 학파가 두 개 있었는데, 하나는 초기 P 문서를 작성하고 다른 하나는 나중 문서인 H뿐만 아니라 오경을 편집했다고 주장했다.⁵⁴ H가 P보다 늦다는 것이 전통적-역사적 견해를 지배하게 되었다.⁵⁵

두 번째 질문은 P의 연대는 언제인가이다.

5.2. 언어적 연대 측정과 P

그라프 벨하우젠 이론과 반대로, 카우프만 학파의 일원들은 P가 언어적으로 유배 이전 시기로 추정된다고 주장했다. 언어적 연대 측정은 논란의 여지가 있으며 현대 학계에서 대체로 무시되었다. 그러나 소수의 학자들이 지난 수십 년 동안 이에 대해 격렬한 논쟁을 벌였다. 그 논쟁에서 두드러지게 다루어진 질문은 다음 두 가지다. (1) 언어에 따라 본문의 연대가 정해질 수 있는가? (2) P는 더 이른 시기로 추정되는가 아니면 단순히 후기 성경 히브리어의 또 다른 예인가?

첫 번째 문제와 관련하여 대부분 이안 영의 영향을 많이 받은 소수의 학자가 모였는데, 그들은 표준 성경 히브리어와 후기 성경 히브리어가 연대에 따라 나타난 언어의 양상이 아니라 단순히 문체의 선택이라는 견해를 취했다(특히 Young, Martin Ehrensvärd, Rovert Rezetko, Robyn C. Vern, Philip R. Davies).⁵⁶ 이들 각자가 몇 가지 중요한 질문을 제

---

53. 예를 들면 Gerstenberger, *Leviticus*, 18-19.
54. Knohl, "priestly"; 같은 저자, *Sanctuary*. Milgrom, *Leviticus* 1-16, 26-35, 그의 논지가 세부 사항에서는 놀의 것과 다르지만, H가 P보다 후대라는 주장에서는 놀을 따른다.
55. Shectman / Baden, *Strata*, xi.
56. Young, *Diversity*; Ehrensvärd, "Why"; Young *et al.*, *Linguistic Dating*, vol. 1과 vol. 2; Vern,

기했지만 명백히 소수의 의견이었다. 그들은 주로 히브리어 언어학적 전통 내에서 다른 많은 사람에게 비판을 받았다.[57] 그러나 적어도 몇 가지 중요한 비판이 이론 언어학의 관점에서 제기되었다.[58] 그중 하나는 포브스Forbes의 중요한 방법론적 연구이다. 설명하기 어려운 방법론과 명확하지 않은 기술 전문용어가 많지만, 기본 요지는 발췌한 500 단어를 기반으로 방법을 확립하려는 영Young, 레젯코Rezetko, 에렌스베르드Ehrensvärd의 시도가[59] 통계적 관점에서 부적절하다는 것이다. 다른 하나는 특히 고대 성경 시詩의 언어적 연대 측정에 대한 몇 가지 방법론적 고려 사항을 제시하는 팻 엘N. Pat-El과 윌슨 라이트A. Wilson-Wright의 논평이다. 그래서 회의론자들이 그들의 비평에 대해 답변해야 하는 몇 가지 요점과 쟁점을 제기하지만, 이것은 상대적이고 심지어 절대적인 연대의 유효한 지표인 히브리어에서 연대순 단계를 식별할 수 있다는 기본 원칙을 부정하지 않는다. 문제는 (포브스, 팻 엘, 윌슨 라이트가 주장한 대로) 본문의 연대를 입증하기 위한 적절한 방법론을 확립하는 것이다.

하지만 만일 본문들이 최종적으로 연대순으로 특징지어진다면, P는 어디에 들어가는가? 연대 설정 질문에 대해 광범위한 저술을 한 주요 학자 중 하나는 아비 후르비츠다. 일련의 기고문들과 전문 논문집에서 언어적 기준에 집중했다.[60] 그는 P에서 사용된 특정 어휘들이

Dating; Davies, "Biblical Hebrew".
57. Hurvitz, "Biblical Texts"; 같은 저자, "Recent Debate"; Zevit, "Historical Linguistics"; Eskhult, "Traces"; Joosten, "Distinction".
58. Forbes, "Diachrony" 참조; Pat-El / Wilson-Wright, "Features".
59. Young *et al.*, *Linguistic Dating*, vol. 1과 vol. 2.
60. 예를 들면 Hurvitz, *Linguistic Study*; 같은 저자, "Biblical Texts"; 같은 저자, "Recent Debate".

유배 이후 시기에는 사용되지 않았다고 주장한다. 또한 (전통적으로 유배 시대로 추정되는) 에제키엘서의 언어와 P의 언어를 비교할 때, 사제계 출전의 언어는 명백하게 더 이른 시기이다. 에제키엘서와 유배와 유배 이후 시대의 다른 기록들은 후기 성경 히브리어로 알려진 언어의 더 후대 층의 특징을 가지고 있다. 비록 P에 고대 형태가 많이 있다 할지라도, 후르비츠의 견해로는 후기 형태로만 되어 있는 부분은 없다는 점이 더 중요하다.

P의 연대를 초기로 설정하기 위한 언어적 논거는 논쟁의 여지가 있다. 예를 들어 한 가지 견해는 P의 언어가 고풍스럽다고 보는데, 작가가 언어의 더 오래된 형태를 모방하려고 의식적으로 시도한 것을 의미한다.[61] 그런 경우일지라도 거기에는 항상 작가 당대를 반영하는 후대의 유형이 있다. 후르비츠는 밀그롬이 했던 것처럼, 이 질문을 다루려고 노력했다.[62] 밀그롬은 후르비츠에게 크게 의존했다. 하지만 그는 P의 어휘가 초기의 것이고, 유배 시대 훨씬 전부터 사용되지 않은 일부 용어로 구성되어 있음을 보여 준다고 주장하는 그 이상의 예들을 추가했다. 한편 그는 핵심 용어 중 어떤 것도 유배 이후로 입증되지 않았다는 주장을 견지했다. 그러므로 P의 언어는 예스러운 것이 아니라 (유배 이후 몇 가지 첨가를 인정할지라도) 진정 고대의 것이다. 문제는 '카우프만 학파'의 주장이 상대적으로 도전받지 않았다는 것이다. 조셉 블레킨숍의 유일한 논문은 후르비츠와 그의 지지자들에게 공격받았다.[63]

---

61. Cross, *Canaanite Myth*, 322-323.
62. Hurvitz, *Linguistic Study*; Milgrom, *Leviticus 1-16*, 458-459.
63. Blenkinsopp, "Assessment".

이른 시기 P에 대한 논의들은 적절한 언어적 검토가 필요하다. 또 다른 문제는 P가 언어적 통일체로 간주될 수 있는지 여부이다. 예를 들면, 렌토르프(그는 다른 이유로 사제계 출전에 의문을 제기했다)는 레위기의 언어가 어느 한 특정 시대로 설정할 수 없는 사제계의 특별한 전문용어라고 생각했다.[64] 여전히 이 주제에 대한 주요 연구자인 폴친도 후기 성경 히브리어의 일부 언어적 특성이 P에 들어 있다고 여긴다.[65] 이 점은 '카우프만 학파'의 일원들에게 거부되었으나 아직 더 논의가 필요한 쟁점이다.

너무도 짧은 이 논의를 마치면서 두 가지 요점을 말하고자 한다. 첫째, P의 법률 대목의 언어는 사제계의 특정한 법률 언어로, 아마도 수 세기에 걸쳐 전승되었을 것이다. 우리는 법률 영어를 (특히 법률 영어에 미친 법률 프랑스어의 영향을 고려할 때) 유추해 볼 수 있다.

> 영어 언어권 국가에서 사용하는 오늘날 법률가들의 전문용어는 거의 영어라고 부를 수가 없다. 확실히 영어 단어이지만 그 핵심은 많은 사람이 사용한 적이 없는, 특정 유형의 중세 프랑스어인데, 에드워드 1세와 그 후대의 영국에서 프랑스어를 사용하는 법률가들의 전문용어이다.[66]

나는 P의 언어가 (근접해 있는 언어의 영향이 가끔 나타날지라도) 히브리어가 아닌 다른 언어를 차용했다는 것이 아니라, 그것은 종종 예스러운 언어를 사용하고 구문론과 의미론에서 고유한 발전을 보여 주는 법

---

64. Rendtorff, "Two Kinds".
65. Polzin, *Biblical Hebrew*, 85-122.
66. Woodbine, "Language", 395.

률 전승을 표현한다고 제안하는 것이다. 따라서 우리는 그것을 함께 비교할 병행 본문을 가지고 있지 않기 때문에 성경 본문 가운데 P의 법률 대목에 쓰인 언어의 연대 측정은 어려울 것이다. 아래에서 볼 수 있듯이, P 전승은 페르시아 시대에 편집되었으나, 언어의 많은 부분은 페르시아 시대보다 훨씬 더 오래전 것이다.

두 번째 요점은 표준 성경 히브리어와 후기 성경 히브리어 사이의 구분선 혹은 과도기는 유배 시대가 아니라는 점이다. 이제는 그 구분선을 페르시아 시대 중기로 추정되는 좀 더 늦은 시기에 두어야 한다는 증거가 있다. 크나우프는 다음과 같이 지적한다.

> 폴락이 제시한 세부적인 통계의 연대순 재평가는, BH(성경 히브리어)와 LBH(후기 성경 히브리어)를 구분하는 시기를 '유배'보다는 기원전 400년경으로 보도록 이끈다. … 다시 말하지만, 기원전 400년경은 BH/LBH의 구분 시기로 기원전 586년보다 더 큰 가능성을 가지게 된다. 통시적으로, LBH로 쓰인 텍스트가 기원전 5세기보다 앞서지 않음을 확신할 수 있는 반면에, BH의 텍스트가 그것보다 앞선다고 확신할 수는 없다.[67]

크나우프는 표준 성경 히브리어와 후기 성경 히브리어 사이에 구분선을 유배 시기보다 늦게 설정했다. 그것이 기원전 400년만큼 후대일지에 대해서는 논의할 수 있으나, P의 언어가 그리 늦은 것으로 보이지 않는 이유에 대한 추가 설명은 될 것이다.[68]

---

67. Knauf, "Bethel," 309-318(= 같은 저자, Data, 292-299).
68. Knauf가 'Young 학파'와 같은 지적을 하고 있다고 생각할 수도 있겠으나, 사실은 그렇지 않다. 그는 표준 성경 히브리어와 후기 성경 히브리어가 동시에 존재했다고, 단순히

우리가 동의할 수 있는 한 가지는, 언어적 연대 측정은 훨씬 더 많은 연구와 토론이 필요한 어려운 사안이라는 점이다. 그러나 나는 아직 P가 그 최종 형태에서 언어적으로 초기라는 점을 인정할 준비가 되지 않았다.

5.3. P와 페르시아 맥락

문헌 가설에 대한 회의론적 입장을 표명했는데, P 문서의 존재를 받아들이게 된 것도 사실이다. P가 실제로 어느 부분에서는 편집층일 수 있다. 그런데 탈출기의 마지막 장들과 레위기, 그리고 민수기의 일부를 포함하는 문서도 있었을 것으로 보인다. 이제 우리는 이야기에서 가장 흥미롭지만 아마도 가장 논쟁의 여지가 있는 부분에 도달했다. 곧, P는 언제 그리고 왜 공표되었는가? '카우프만 학파'의 주장에도 불구하고, 우리는 P의 전통적인 후기 연대 설정이 포기되었다고 보는 것과는 거리가 멀다.[69] 내 연구는 P의 구성 연대로 가장 가능성 있는 시기는 더 오래된 전통적인 자료를 통합했을지라도 페르시아 시대라고 가정한다. P가 페르시아 시대에 구성되었든 혹은 페르시아 시대에 와서야 널리 알려지게 되었든 종교에 미친 효과는 거의 같다.

희생 제사 제도를 기록한 지침이 필요하다고 결정적으로 느꼈을 때는 아마도 유배가 끝나고 얼마 되지 않은 시기였을 것이다. 예루살

문체의 선택이었다고 주장하지 않는다. 오히려 그는 후대 작가가 종교적이거나 혹은 다른 이유로 표준 성경 히브리어로 쓰는 선택을 했을 수 있다고 지적한다(그가 후대의 형태 흔적이 안 나게 완전히 자유로이 그렇게 할 수 있는지의 여부는 능력의 문제가 될 것이다). 그러나 이른 시기의 작가는 후기 성경 히브리어를 사용하지 않을 것이다. 후기 성경 히브리어의 일부 특징이 표준 성경 히브리어에 나타날 수 있으나, 그 사용 비율이 다를 수 있는 반면에, 다른 특징들은 오직 후대에야 개발되었을 것이다.

69. Rendtorff, "Two Kind" 참조; Blekinsopp, "Assessment".

렘 성전 예배가 다시 시작되자, 율법을 기록한 책에 대한 물음이 제기되었던 것으로 보인다. 그런데 이때에는 예배와 그 관습이 확실히 끊겨 있었고, 그래서 지침들은 다른 사제들이 아니라 평신도 예배자들을 위한 것이었다. 사제들에게는 책이 필요하지 않았다. 성전 직무를 새로 맡은 사제들은 그들의 역할을 상관에게서 배웠다. 사실 사제만을 대상으로 하는 '안내서'가 작성된 적이 있었는지는 확실하지 않다. 그런 문서는 남아 있지 않으며 어떤 문헌에도 이에 대한 암시가 없다. 한편 새로 재건된 성전에 오는 유다인은 무슨 일이 일어나고 있는지, 어떻게 행동해야 하는지 같은 종교 전통의 필수적인 세부 사항을 배워야 했다. 레위기 같은 책들은 사제가 아니라, 정규적으로 예배하는 이스라엘인들을 위해 쓰였다. 아마도 페르시아 시대 초기에 우리가 '사제계 문서' 또는 P로 알고 있는 세부 사항이 문서로 기록되어 유포된 것 같다.

P 문서는 전통적 제의 관습의 많은 부분을 요약한다. 제의는 시간이 지남에 따라 천천히 변했을 가능성이 커서, 심지어 유배 이전 제의를 묘사한 부분이 아마도 유배 이후 초기에도 여전히 그대로 통용되고 있었을 것이다. 다른 많은 법이 전통적으로 유다 사회에 내려왔다. 예를 들면 음식 금기(레위 11장)는 아마도 수 세기를 두고 지켜졌을 것이다.[70] 그럼에도 불구하고 일반적으로 P, 특히 레위기는 성전 예배 '지침서'가 아니었다.[71] 완성도가 부족하다는 점은(사제들이 알아야 할 필요가 있는 많은 부분이 생략되었다) 별도로 하고, 아마도 레위기는 어느

---

70. Houston, *Purity*, 123 참조.
71. Grabbe, "Priests in Leviticus".

정도 양식화되어 있었을 것이다. 그 이유 중 하나는 그것이 광야에서 모세가 만든 가상의 성막 성소에서 시작하기 때문이다. 그래서 임금과 국가 구조 같은 것을 갖춘 고정된 성전에서 드리는 제의는 다른 점들을 지녔을 것이다. 예를 들면, P 법제에는 임금이나 제의 예언자들을 위한 자리가 없다.[72]

P 내용의 일부 또는 상당 부분이 유배 이전에 속하는지 여부와 상관없이, P가 페르시아 시대에 속한다는 여러 징후가 있다. 그것들을 간략하게 요약하면 다음과 같을 것이다.

(1) 법률의 대부분은 페르시아 시대의 예후드에서 볼 수 있는 것과 같이 작고 독립적인 공동체에 적합하다.

하란과 밀그롬이 가정한 대로, 이것(P 문서)이 이스라엘과 실로 성소에 연결될 수 있다는 개념은 이전 세대의 학자들에게 의미가 있었을 수 있다.[73] 하지만 이스라엘 역사에 대한 최근 연구에 비추어 이 주장은 더 이상 대접받지 못한다.[74] 어쨌든 P가 페르시아 시대의 예후드 맥락에 아주 잘 맞는 좋은 사례가 있다.[75] 일례로, 레위 17,3-7은 가축을 제단에서 죽일 것을 요구하는 도살에 관한 법이다. 만일 도살이나 고기 먹는 행위를 성소 밖에서 할 수 없다면, 실용적인 관점에서 이것이 어떻게 수행될 수 있겠는가? 대답은 레위 17장이 현실과 동떨어진 이상화된 체계이거나 하루 안에 제단에 갔다가 다시 돌아올 수

---

72. Grabbe, *Priests*, 10-40, 112-113 참조.
73. Haran, *Temples*; Milgrom, *Leviticus*, vols 1-3, 참조.
74. Grabbe, *Ancient Israel*, 개요를 위해 참조.
75. Gerstenberger, *Leviticus*, 참조.

있을 만큼 인구와 영토가 충분히 작은 사회를 염두에 두어야 한다는 것이다. 유배 이후 공동체는 바로 그 정도 규모였고, 그래서 학자들 대다수는 이 법을 유배 이후 공동체에 적용한다.[76]

(2) 추가 고려 사항은 페르시아 시대에 오경의 구성과 실로와 관련된 국가 이전 시대 사이의 시간이다.

오백 년 남짓 되는 기간 동안 사제들이 임금의 통치 아래 있는, 곧 국가가 존재하고 국가 성전에서 예배드리는 상황을 고려하여 그들의 규정을 조정하지 않았다고 우리는 믿어야 하는가? 그들은 국가 이전 소규모 단체를 중심으로 그들의 규정을 계속 구축했는가? 특히 왕정 제도 후반에는 상황이 크게 바뀌었다. 유다는 국제 무대의 일부였으며, 상당한 영토와 행정과 국제 경제력을 지닌, 대제국의 봉신이었다. 우리는 예배법들이 중요한 변경 없이, 여전히 실로 성전을 염두에 두고 있다고 믿을 수 없다.

(3) 속죄일의 준수

레위기에 있는 자료의 대부분은 적어도 실제 종교 행위와 관련이 있고, 이스라엘과 유다 사회, 그리고 예루살렘 성전에서 긴 역사를 가지고 있다. 안식일과[77] 해방절은[78] 엘레판틴 문서에서 알 수 있는 두 가지 전통 축제였다. 다른 축제들은 언급되지 않는데, 성막절 혹은 초막절(수콧)이 에즈라기, 느헤미야기와 다른 후대 성경(에즈 3,4; 느헤 8,14-

---

76. Gerstenberger, *Leviticus*, 216-217 참조.
77. *AD* D7.10,5; D7.12,9; D7.16,2; D7.28,4; D7.35.7; D7.48.5.
78. *AD* A4.1; D7.6,9-10; D7.24,5.

18; 즈카 14,16-19; 참조 2역대 8,13)에서 탁월한 위치를 차지하고 있을지라도 말이다. 그러나 정말 놀라운 점은 엘레판틴 문서나 기원전 5세기 후반에 관련되는 어느 자료에도 속죄일이 언급되지 않는다는 것이다. 속죄일은 오래 역사를 가지고 있으며, 유배 이전 시대까지 거슬러 올라가는 것으로 보인다. 레위 23,26-32의 형태가 아주 후대일지라도, 레위 16장은 오래된 예식을 묘사하는 것으로 짐작된다. 성경 문학에서 알 수 있듯 속죄일이 페르시아 시대 초기에서 느헤미야 시대까지 표준적인 관습으로 여겨지지 않았다는 것이 분명하다. 이것은 일곱째 달의 사건 중에 그 거룩한 날을 언급하지 않는 느헤 8-9장에서 볼 수 있다. 느헤 8,1-9에서 백성은 일곱째 달 초에 율법을 듣고 운다. 속죄일은 이 일을 할 수 있는 완벽한 기회가 되었을 것인데, 그들은 그달 24일에 단식하고 회개하는 날에 모이기 전에, 그달 15-22일에 초막절을 지켰다. 속죄일은 완전히 무시되었고, 그들은 그것에 관해 모르는 듯하다. 즈카 7,5은 다섯째 달과 일곱째 달의 단식을 언급하는 반면에 즈카 8,19은 넷째 달, 다섯째 달, 일곱째 달, 열째 달의 단식을 말한다. '일곱째 달의 단식'이 속죄일일 수 있으나, 문맥상 성전 파괴와 관련된 단식을 암시한다.

    이것을 어떻게 설명할 것인가? 내게 가장 논리적인 설명은 속죄의 날에 대사제와 희생양 의식이 포함된 예식이 성전에서 정기적으로 행해졌다는 것이다. 그러나 그날이 공동체의 백성 사이에서 정기적인 단식일과 회개의 날이 된 것은 후대의 일이다. 이는 일단 토라가 공포된 후에 일어났을 가능성이 높으며, 아마도 기원전 400년 이후 페르시아 시대 후기였을 것이다.

(4) 오경의 현재 형태에서 P에 있는 규정 중 몇 가지는 이상적이다. 이는 사제들이 통솔하고 아마도 시간이 지나면서 발전할 수 있다고 생각한 집행 기관에서 가능한 일이다.

여기서 두 가지 예를 다룬다. 첫째는 희년이다. 안식년šěmiṭṭāh과 희년은 레위 25장에 묘사되었다. 실용적이고 이상적인 기획이 나란히 배치되어 있다. 레위 25,1-7.18-22은 안식년을 상당히 간략하게 실제적으로 묘사한다. 한편 25장의 대부분(25,8-17.23-55)은 희년이나 해방의 해에 할애되어 있는데, 따라야 할 다소 정교한 절차가 붙어 있다. 우리는 안식년이 이른 시기에, 아마도 적어도 페르시아 시대에 지켜졌다고 알고 있다. 비록 성경 외 증거는 마카베오 봉기 시대에 시작하지만 말이다.[79]

두 번째 예는 가축의 십일조이다(레위 27,32-33). 동물의 십일조가 한 동물을 다른 동물로 대체하는 맥락에서 지나가는 말로만 언급되지만, 그 구절은 동물들을 십일조로 바쳤다는 것을 강하게 암시한다. 하지만 이 구절은 2역대 31,6을 제외하고 동물의 십일조에 대한 유일한 언급이다. 온갖 질문이 떠오른다. 먼저, 동물의 봉헌은 이미 맏배를 떼어 내는 것으로 이루어졌다. 암소 한 마리가 번식기에 낳는 송아지는 대략 10마리이기 때문에 맏배는 10퍼센트 정도가 될 것이다. 양은 종종 쌍둥이를 낳기 때문에, 달랐을 것이다. 그러나 요점은 가축의 십일조가 가축 사육자에게 큰 부담을 준다는 것이다. 가축 떼 전체를 몰고 다니면서 매번 10퍼센트의 동물이 없어진다면, 그 무리는 말 그대로 매년 줄어들어 점차 사라질 것이다. 그 규정이 단지 새로 낳

---

79. Grabbe, "Maccabean".

은 송아지에게만 적용된다면(그리고 이것은 언급되지 않음) 의미가 더 통할 것이다. 그렇지만 이것은 맏배의 증여에 추가되어 가축 사육자에게 다시금 큰 부담을 줄 것이다. 이런 이유로 십일조에 대한 대부분의 언급은 더 공정한 체계로 이루어지는 작물만을 언급한다(민수 18,21-32; 느헤 10,37-40; 12,44-47). 더 후대에 유대 전승은 가축 사육자와 그의 가족이 연례 축제에서 소비하는 동물을(미쉬나 *Bekh.* 9,7-9), 동물의 십일조 곧 두 번째 십일조의 형태로 만들었다. 맏배(신명 14,22-26) 외에는, 두 번째 십일조 법에 동물의 그런 십일조가 언급되지 않았음에도 불구하고 말이다. 유다인들의 역사에서 이런 동물의 십일조가 실제로 시행된 때가 있었는지 시사하는 예가 우리에게는 없다. 이 규정은 순전히 이론적이고 이상적인 것으로 보인다.

6. 요약과 결론

기원전 8세기 후반에서 기원전 4세기까지 수백 년에 걸친 오경의 편찬에서 이루어진 모든 발전의 배경이 나의 주된 관심이었다. 기록된 토라의 성장에 관한 내 제안에서 몇몇 측면은 문헌 가설에 기반한 기존의 서술에서 크게 벗어나지 않는다. 그러나 다른 측면들은 다소 다르게 구성된다. 그 측면들이 1970년대 이전에 알았던 것과는 어느 정도 차이나게 서술하는 고대 이스라엘의 역사를 이해하는 데에서 이루어진 발전을 고려한다는 점이 가장 중요하다. 그때부터 주요한 변화가 우리의 해석에 영향을 미치기 시작했다.

오경의 최초 기사가 처음 기록된 때를 말할 수는 없지만, 기원전 8세기보다 더 이른 것 같지는 않다. 결국에는 오경으로 들어가게 되는, 특히 창세기와 관련된 초기 이스라엘 전승들을 기록하는 데 서기관(사제로 추정된다)들이 관심을 보였을 수 있다. 태초의 사안들, 우주론, 인간과 문명의 기원은 종종 종교 문헌의 첫 작가를 사로잡은 문제이고, 국가와 민족의 기원도 그러하다. 이 모든 주제는 창세기와 탈출기에서 찾을 수 있으며 기원전 8세기 또는 7세기 여유로운 서기관들의 관심을 끌었을 것이다. 하지만 창세기와 탈출기의 첫 부분의 일부 자료가 신바빌로니아와 페르시아 시대에서 온 것 역시 분명하다.

모든 것을 고려하여, 나는 히즈키야 시대의 종교 개혁을 일축할 수 있다고 생각한다. 그는 통치 기간 동안 국가 차원에서 많은 활동을 도모했지만, 그중 대부분이 아시리아의 지배에서 독립하여 지역의 패권을 행사하려는 목적과 관련된 것으로 보인다. 다른 한편 그의 치하에서 신명기계 전승의 기록이 시작되었을 수도 있지만, 므나쎄 통치 아래에서 시작되었거나 적어도 계속되었을 수도 있다. 므나쎄의 치세는 중요한 종교적 혁신이나 반응을 보이지 않았던 것 같다. 히즈키야가 취한 종교적 대책들을 뒤집거나 새로운 예배나 신들을 세웠을 가능성은 없어 보인다. 봉신들이 아시리아 예배를 도입해야만 했다는 주장은 연구 조사를 견뎌 내지 못할 듯하다. 므나쎄는 확실하게 아시리아 통제하에 있었고 분명히 모범적인 봉신이었으나, 그가 행한 것으로 알려진 종교적 조치(예를 들면 2열왕 21,2-7)는 아시리아의 관습이 아니라 가나안/이스라엘의 것으로 보인다. 그렇지만 그의 치세 동안 '오직 야훼 $YHWH$-alone' 그리고/또는 신명기계 운동이 진행 중이었다면, 그것은/그들은 므나쎄 통치 아래에서 계속된 예배 관습에 반응했을 수 있다.

히즈키야 이야기와 달리 요시야에 대한 직접적인 정보가 성경 본문을 제외하고는 없을지라도 요시야 치하에서 종교 개혁의 증거가 있다고 믿는다. 이유는 기원전 7세기를 거치면서 성경 본문이 역사적 현실과 밀접하게 일치하는 것처럼 보이기 때문이다. 유다 왕국이 끝나 갈 무렵, 우리는 성경 본문을 통해 역사에서 일어나는 일을 거의 매년 아는 때가 있다. 이 말은 내가 성경의 모든 세부 사항(예를 들면 요시야가 느코와의 전투에서 사망했다는 것)을 수용한다는 것을 의미하지 않으나, 개괄적인 윤곽은 그럴듯해 보인다. 그런 이유로 성전에서 두루마리가 발견되면서 종교 개혁이 촉발되었다는 이야기에 어느 정도 신빙성을 부여하게 되어 기쁘다. 일부 사제들이 다른 사람들이 발견하기 좋은 곳에 놓았으리라 의심할 수밖에 없지만 말이다. 그러나 이 책이 신명기 판본(版本, version)의 하나처럼 보인다는 수 세기 동안의 견해는 실체가 있는 것 같다.

예루살렘의 멸망 이후 이어진 시대는 바빌로니아로 끌려간 이들이나 유다 주에 남아 있던 이들 모두에게 트라우마였다. 많은 독자가 신명기계 역사는 바빌로니아에서든 팔레스티나에서든 그 시대에 형성되었다고 믿는 것을 나는 받아들인다. 창세기와 탈출기 일부는 아마도 유배 시대나 페르시아 시대 초기에 속할 것이다. 창세 1장의 창조 이야기는 〈에누마 엘리쉬〉에 대한 응답으로 보이고, 홍수 이야기는 메소포타미아에서 부분적으로 차용한 것으로 보이며, 요셉 이야기는 이집트의 사이스 왕조와 페르시아 시기에서 온 것으로 보인다.

나는 최근에 탈출 이야기는 기원전 7-5세기의 이집트를 배경으로 한다고 주장했다.

문학 활동의 가장 확실한 표지들이 발견되는 것은 페르시아 시대에 이르러서이다. 레위기, 아마도 탈출기의 마지막 장, 어쩌면 민수기의 처음 몇 장까지 포함하는, 다른 말로 P의 법적 내용을 포괄하는 P 문서가 있었을 것이다. 만일 다른 어느 곳에 P 자료가 있었다면 편집되었을 수도 있다. 나는 H가 P의 후기 단계라 할지라도 H를 P의 구성 요소로 포함시키려 한다. P의 언어적 연대 측정은 여전히 논란의 여지가 있는 쟁점이고 앞으로도 그럴 것이다. 현재로서는 P의 법적 내용의 상당 부분이 유배 이전의 것이라는 가정이 잘못되었다고 보지 않는데, 예배와 일반적인 공적 행위에 관한 규정들이 수 세기 동안 크게 바뀌지 않았을 것이기 때문이다. 그러나 P 문서가 페르시아 시대에 한 공동체에서 완성되었고 전달되었다는 몇 가지 좋은 지표가 있다. 따라서 P 자료의 일부, 어쩌면 상당 부분이 초기 것이라 할지라도 페르시아 시대에 그 형태를 갖게 되었다.

그리고 마침내 기원전 400년 이후 페르시아 시대 후반에 우리가 알고 있는 형태와 거의 비슷한 오경이 공포되었다. 나는 에즈라기의 전설을 본질적 사건의 개요를 반영한 것으로 생각한다. 아마도 바빌론에서 작성된 문서가 유다로 전달되었고, 그 속주의 대사제와 지도자들에게 받아들여진 다음 공식적 가르침의 기초가 되기 시작했는데, 이미 존재하는 (아마도) 신명기 역사와 같은 종교 문헌과 함께였을 것이다. 얼마나 빨리 그것이 받아들여졌는지는 논쟁의 여지가 있으나, 프톨레마이오스 시대에는 권위 있는 종교 문서로서 그리스어로 번역되었고, 셀레우코스 왕조 시대 초기에는 벤 시라가 가리킨 대로, 공동체의 권위 있는 글로 널리 받아들여진 유대 저술의 일부가 되었다.

참고문헌

ALBERTZ, R., *A History of Israelite Religion in the Old Testament Period,* vol. 1, *From the Beginnings to the End of the Monarchy;* vol. 2, *From the Exile to the Maccabees,* London 1994. (강성열 옮김, 이스라엘 종교사 1-2, 크리스챤다이제스트, 2004, 2011)

_____, "Why a Reform Like Josiah's Must Have Happened", in: L. L. Grabbe (ed.), *Good Kings and Bad Kings* (JSOT.S 393 = ESHM 5), London 2005, 27–46.

BLENKINSOPP, J., "An Assessment of the Alleged Pre-Exilic Date of the Priestly Material in the Pentateuch", *ZAW* 108 (1996) 495–578.

BOYCE, M., *A History of Zoroastrianism,* vol. 1, *The Early Period* (HdO I.8.1), Leiden 1975.

COGAN, M., *Imperialism and Religion: Assyria, Judah and Israel in the Eighth and Seventh Centuries B.C.E.* (SBLMS 19), Missoula, MO 1974.

_____, "Judah under Assyrian Hegemony: A Re-examination of Imperialism and Religion", *JBL* 112 (1993) 403–414.

CROSS, F. M., *Canaanite Myth and Hebrew Epic,* Cambridge 1973.

DAVIES, P. R., "Biblical Hebrew and the History of Ancient Judah: Typology, Chronology and Common Sense", in: I. Young (ed.), *Biblical Hebrew: Studies in Chronology and Typology* (JSOT.S 369), London 2003, 150–163.

_____, "Josiah and the Law Book", in: Grabbe (ed.), *Good Kings and Bad Kings,* 65–77.

DAY, J., *God's Conflict with the Dragon and the Sea,* Cambridge 1985.

EHRENSVÄRD, M., "Why Biblical Texts Cannot Be Dated Linguistically", *HS* 47 (2006) 177–189.

ESKHULT, M., "Traces of Linguistic Development in Biblical Hebrew", *HS* 46 (2005) 353–370.

FASSBERG, S. E. / HURVITZ, A. (eds.), *Biblical Hebrew in Its Northwest Semitic Setting: Typological and Historical Perspectives* (Publications of the Institute for Advanced Studies 1), Jerusalem / Winona Lake, IN 2006.

FINKEL, I., *The Ark before Noah: Decoding the Story of the Flood,* London 2014.

FINKELSTEIN, I., "The Archaeology of the Days of Manasseh", in: M. D. Coogan et al. (eds.), *Scripture and Other Artifacts: Essays on the Bible and Archaeology in Honor of Philip J. King*, Louisville, KY 1994, 169–187.

_____, "Migration of Israelites into Judah after 720 BCE: An Answer and an Update", *ZAW* 27 (2015) 188–206.

FINKELSTEIN, I. / RÖMER, T., "Comments on the Historical Background of the Jacob Narrative in Genesis", *ZAW* 126 (2014) 317–338.

FINKELSTEIN, I. / SILBERMAN, N. A., *The Bible Unearthed: Archaeology's New Vision of Ancient Israel and the Origin of the Sacred Texts*, New York 2001. (오성환 옮김, 성경: 고고학인가 전설인가, 까치, 2002)

FORBES, A. D., "The Diachrony Debate: Perspectives from Pattern Recognition and Meta Analysis", *HS* 53 (2012) 7–42.

FRIED, L. S., "The High Places (BĀMÔT) and the Reforms of Hezekiah and Josiah: An Archaeological Investigation", *JAOS* 122 (2002) 437–465.

GERSTENBERGER, E. S., *Leviticus: A Commentary* (OTL), Louisville, KY 1996; ET of *Das dritte Buch Mose: Leviticus* (ATD 6), Göttingen 1993.

GRABBE, L. L., "Fundamentalism and Scholarship: The Case of Daniel", in: B. P. Thompson (ed.), *Scripture: Method and Meaning: Essays Presented to Anthony Tyrrell Hanson for his Seventieth Birthday*, Hull 1987, 133–152.

_____, "Maccabean Chronology: 167–164 or 168–165 BCE?" *JBL* 110 (1991) 59–74.

_____, *Priests, Prophets, Diviners, Sages: A Socio-historical Study of Religious Specialists in Ancient Israel*, Valley Forge, PA 1995.

_____, review of J. Milgrom, *Leviticus 23–27*, *Biblica* 84 (2003) 118–120.

_____ (ed.), *"Like a Bird in a Cage": The Invasion of Sennacherib in 701 BCE* (JSOT.S 363 = European Seminar in Historical Methodology 4), Sheffield 2003.

_____, "The Priests in Leviticus – Is the Medium the Message?", in: R. Rendtorff / R. A. Kugler (eds.), *The Book of Leviticus: Composition and Reception* (VT.S 93), Leiden 2003, 207–224.

_____, *A History of the Jews and Judaism in the Second Temple Period,* vol. 1, *Yehud: A History of the Persian Province of Judah*, London / New York 2004.

_____, *Ancient Israel: What Do We Know and How Do We Know It?* London / New York 2007. (류광현·김성천 옮김, 고대 이스라엘 역사, 기독교문서선교회, 2012)

_____, "'Many Nations Will Be Joined to Yhwh in That Day': The Question of Yhwh outside Judah", in: F. Stavrakopoulou / J. Barton (eds.), *Religious Diversity in Ancient Israel and Judah*, London / New York 2010, 175–187.

―, "Omri and Son, Incorporated: The Business of History", in: M. Nissinen (ed.), *Congress Volume Helsinki 2010* (VT.S 148), Leiden 2012, 61–83.

―, "Elephantine and the Torah", in: A. F. Botta (ed.), *In the Shadow of Bezalel: Aramaic, Biblical, and Ancient Near Eastern Studies in Honor of Bezalel Porten* (CHANE 60), Leiden 2013, 125–135.

―, "The Exodus and Historicity", in: T. B. Dozeman et al. (eds.), *The Book of Exodus: Composition, Reception, and Interpretation* (VT.S 164), Leiden 2014, 61–87.

―, "Penetrating the Legend: in Quest of the Historical Ezra", in: M. C. A. Korpel / L. L. Grabbe (eds.), *Open-Mindedness in the Bible and Beyond: A Volume of Studies in Honour of Bob Becking* (LHB 616), London / New York 2015, 97–110.

HARAN, M., *Temples and Temple-Service in Ancient Israel*, Oxford 1978.

HARDMEIER, C., "King Josiah in the Climax of DtrH (2Kgs 22–23) and the Pre-Dtr Document of a Cult Reform at the Place of Residence (23.4–15*): Criticism of Sources, Reconstruction of Earlier Texts and the History of Theology of 2 Kgs 22–23", in: Grabbe (ed.), *Good Kings and Bad Kings*, 123–163.

HERZOG, Z., "The Date of the Temple of Arad: Reassessment of the Stratigraphy and the Implications for the History of Religion in Judah", in: A. Mazar (ed.), *Studies in the Archaeology of the Iron Age in Israel and Jordan* (JSOT.S 331), Sheffield 2001, 156–178.

―, "The Fortress Mound at Tel Arad: An Interim Report", *TA* 29 (2002) 3–109.

―, "Perspectives on Southern Israel's Cult Centralization: Arad and Beer-sheba", in: R. G. Kratz / H. Spieckermann (eds.), *One God, One Cult, One Nation: Archaeological and Biblical Perspectives* (BZAW 405), Berlin 2010, 169–199.

HOLLOWAY, S. W., *Aššur Is King! Aššur Is King! Religion in the Exercise of Power in the Neo-Assyrian Empire* (CHANE 10), Leiden 2002.

HOUSTON, W., *Purity and Monotheism: Clean and Unclean Animals in Biblical Law* (JSOT.S 140), Sheffield 1993.

HURVITZ, A., *A Linguistic Study of the Relationship between the Priestly Source and the Book of Ezekiel: A New Approach to an Old Problem* (CRB 20), Paris 1982.

―, "Can Biblical Texts Be Dated Linguistically? Chronological Perspectives in the Historical Study of Biblical Hebrew", in: A. Lemaire / M. Saebø (eds.), *Congress Volume: Oslo 1998* (VT.S 80), Leiden 2000, 143–160.

―, "The Recent Debate on Late Biblical Hebrew", *HS* 47 (2006) 191–210.

JOOSTEN, J., "The Distinction Between Classical and Late Biblical Hebrew as Reflected in Syntax", *HS* 46 (2005) 327–339.

KIM, D.-H., *Early Biblical Hebrew, Late Biblical Hebrew, and Linguistic Variability: A Sociolinguistic Evaluation of the Linguistic Dating of Biblical Texts* (VT.S 156), Leiden 2013.

KNAUF, E. A., "Hezekiah or Manasseh? A Reconsideration of the Siloam Tunnel and Inscription", *TA* 28 (2001) 281–287 (repr. in E. A. Knauf, *Data and Debates: Essays in the History and Culture of Israel and its Neighbors in Antiquity / Daten und Debatten: Aufsätze zur Kulturgeschichte des antiken Israel und seiner Nachbarn* [ed. H. M. Niemann et al.; AOAT 407]), Münster 2013, 205–210.

_____, "Deborah's Language: Judges Ch. 5 in its Hebrew and Semitic Context", in: B. Burtea et al. (eds.), *Studia Semitica et Semitohamitica: FS R. Voigt* (AOAT 317), Münster 2005, 167–182.

_____, "The Glorious Days of Manasseh", in: Grabbe (ed.), *Good Kings and Bad Kings*, 164-188 (repr. in Knauf, *Data and Debates*, 251–275).

_____, "Bethel: The Israelite Impact on Judean Language and Literature", in: O. Lipschits / M. Oeming (eds.), *Judah and the Judeans in the Persian Period*, Winona Lake, IN 2006, 291–349 (repr. in Knauf, *Data and Debates*, 277–328).

_____, "Observations on Judah's Social and Economic History and the Dating of the Laws in Deuteronomy", *JHS* 9/18 (2009) 1–8.

KNOHL, I., "The Priestly Torah Versus the Holiness School: Sabbath and the Festivals", *HUCA* 58 (1987) 65–117.

_____, *The Sanctuary of Silence: The Priestly Torah and the Holiness School*, Minneapolis 1995.

LATEINER, D., *The Historical Method of Herodotus* (Phoenix Supplement 23), Toronto 1989.

LAUINGER, J., "Some Preliminary Thoughts on the Tablet Collection in Building XVI from Tell Tayinat", *Journal of the Canadian Society for Mesopotamian Studies* 6 (2011) 5–14.

_____, "Esarhaddon's Succession Treaty at Tell Tayinat: Text and Commentary", *JCS* 64 (2012) 87–123.

LEVIN, C., review of R. M. Wright, *Linguistic Evidence for the Pre-Exilic Date of the Yahwistic Source*, *RBL* 01 (2006) 1–5.

LEVINSON, B. M., "Die neuassyrischen Ursprünge der Kanonformel in Deuteronomium 13,1", in: S. Beyerle et al. (eds.), *Viele Wege zu dem Einen. Historische Bibelkritik. Die Vitalität der Glaubensüberlieferung in der Moderne* (Biblisch-theologische Studien 121), Neukirchen-Vluyn, 2012, 23–59.

LOHFINK, N., "Gab es eine deuteronomistische Bewegung?" in: W. Gross (ed.), *Jeremia und die "deuteronomistische Bewegung"* (BBB 98), Beltz 1995, 313–382.

MCCARTHY, D. J., *Treaty and Covenant* (AnBib 21A), 2nd edn, Rome 1978.

MCKAY, J. W., *Religion in Judah under the Assyrians 732–609 BC* (Studies in Biblical Theology, Second Series 26), London 1973.

MENDENHALL, G. E., *Law and Covenant in Israel and the Ancient Near East*, Pittsburg, PA 1955.

MILGROM, J., *Leviticus 1–16: A New Translation with Introduction and Commentary* (AncB 3), Garden City, NY 1991.

_____, *Leviticus 17–22: A New Translation with Introduction and Commentary* (AncB 3A), Garden City, NY 2000.

_____, *Leviticus 23–27: A New Translation with Introduction and Commentary* (AncB 3B), New York 2001.

MILLER, J. M. / HAYES, J. H., *A History of Ancient Israel and Judah*, Minneapolis / London 1986.

NA'AMAN, N., "The Kingdom of Judah under Josiah", *TA* 18 (1991) 3–71.

_____, "The Debated Historicity of Hezekiah's Reform in the Light of Historical and Archaeological Research", *ZAW* 107 (1995) 179–195.

_____, "The Abandonment of Cult Places in the Kingdom of Israel and Judah as Acts of Cult Reform", *UF* 34 (2002) 585–602.

_____, "The Kingdom of Judah under Josiah", in: Grabbe (ed.), *Good Kings and Bad Kings*, 189–247.

_____, "The Jacob Story and the Formation of Biblical Israel", *Tel Aviv* 41 (2014) 95–125.

_____, "Dismissing the Myth of a Flood of Israelite Refugees in the Late Eighth Century BCE", *ZAW* 126 (2014) 1–14.

NICHOLSON, E., *The Pentateuch in the Twentieth Century: The Legacy of Julius Wellhausen*, Oxford 1998.

NIEMANN, H. M., "Kein Ende des Büchermachens in Israel und Juda (Koh 12,12) – Wann begann es?", *Bibel und Kirche* 53 (1998) 127–134 (repr. in: H. M. Niemann, *History of Ancient Israel, Archaeology, and Bible: Collected Essays / Geschichte Israels, Archäologie und Bibel: Gesammelte Aufsätze* [ed. Meik Gerhards; AOAT 418], Münster 2015, 127–138).

PARPOLA, S. / WATANABE, K.,. *Neo-Assyrian Treaties and Loyalty Oaths* (SAA 2), Helsinki, 1988.

PAT-EL, N. / WILSON-WRIGHT, A., "Features of Archaic Biblical Hebrew and the Linguistic Dating Debate", review of Robyn C. Vern, *Dating Archaic Biblical Poetry, HS* 54 (2013) 387–410.

PEARCE, L. E., "New Evidence for Judeans in Babylonia", in: O. Lipschits / M. Oeming (eds.), *Judah and the Judeans in the Persian Period*, Winona Lake, IN 2006, 399–411.

_____, "Identifying Judeans and Judean Identity in the Babylonian Evidence", in: J. Stökl / C. Waerzeggers (eds.), *Exile and Return: The Babylonian Context* (BZAW 478), Berlin 2015, 7–32.

POLAK, F. H., review of D.-H. Kim, *Early Biblical Hebrew, Late Biblical Hebrew, and Linguistic Variability, RBL* 07 (2013) 1–5.

POLZIN, R., *Late Biblical Hebrew: Toward an Historical Typology of Biblical Hebrew Prose* (HSM 12), Missoula, MT 1976.

REDFORD, D. B., *A Study of the Biblical Story of Joseph (Genesis 37–50)* (VT.S 20), Leiden 1970.

RENDTORFF, R., *The Problem of the Process of Transmission in the Pentateuch* (trans. J. J. Scullion; JSOT.S 89), Sheffield 1990; ET of *Das überlieferungsgeschichtliche Problem des Pentateuch* (BZAW 147), Berlin 1977.

_____, "Two Kinds of P? Some Reflections on the Occasion of the Publishing of Jacob Milgrom's Commentary on Leviticus 1–16", *JSOT* 60 (1993) 75–81.

ROBERTSON, D. A., *Linguistic Evidence in Dating Early Hebrew Poetry* (SBLDS 3), Atlanta 1972.

RÖMER, T. / PURY, A. DE, "Deuteronomistic Historiography (DH): History of Research and Debated Issues", in: A. de Pury et al. (eds.), *Israel Constructs its History: Deuteronomistic Historiography in Recent Research* (JSOT.S 306), Sheffield 2000, 24–141.

ROOKER, M. R., *Biblical Hebrew in Transition: The Language of the Book of Ezekiel* (JSOT.S 90), Sheffield 1990.

SHECTMAN, S. / BADEN, J. S. (eds.), *The Strata of the Priestly Writings: Contemporary Debate and Future Directions* (AThANT 95), Zurich 2009.
SHRIMPTON, G. S., *History and Memory in Ancient Greece*, Montreal / Kingston 1997.
SMITH, M., *Palestinian Parties and Politics that Shaped the Old Testament*, New York 1971.
SPIECKERMANN, H., *Juda unter Assur in der Sargonidenzeit* (FRLANT 129), Göttingen 1982.
STACKERT, J., "The Holiness Legislation and Its Pentateuchal Sources: Revision, Supplementation, and Replacement", in: Shectman / Baden (eds.), *The Strata of the Priestly Writings*, 187–204.
STEYMANS, H. U., *Deuteronomium 28 und die adê zur Thronfolgeregelung Asarhaddons: Segen und Fluch im Alten Orient und in Israel* (OBO 145), Freiburg 1995.
_____, "Deuteronomy 28 and Tell Tayinat", *Verbum et Ecclesia* 34/2 (2013), Art. #870, http://www.ve.org.za/index.php/VE/article/view/870/1867 (accessed 19 Jan 2016).
UEHLINGER, C., "Gab es eine joschijanische Kultreform? Plädoyer für ein begründetes Minimum", in: W. Gross (ed.), *Jeremia und die "deuteronomistische Bewegung"* (BBB 98), Beltz 1995, 57–89.
_____, "Was There a Cult Reform under King Josiah? The Case for a Well-Grounded Minimum", in: Grabbe (ed.), *Good Kings and Bad Kings*, 279–316.
USSISHKIN, D., "The Date of the Judaean Shrine at Arad", *IEJ* 38 (1988) 142–157.
VAN SETERS, J., *In Search of History: Historiography in the Ancient World and the Origins of Biblical History*, New Haven / London 1983.
VERN, R. C., *Dating Archaic Biblical Poetry: Critique of the Linguistic Arguments* (PHSC 10), Piscataway 2011.
WEIDNER, E. F., "Jojachin, König von Juda, in babylonischen Keilschrifttexten", in: *Mélanges Syriens offerts a Monsieur René Dussaud par ses amis et ses élèves*, Paris 1939, vol. 2, 923–935.
WHYBRAY, R. N., *The Making of the Pentateuch: A Methodological Study* (JSOT.S 53), Sheffield 1987.
WOODBINE, G. E., "The Language of English Law", *Speculum* 18 (1943) 395–436.
WRIGHT, R. M., *Linguistic Evidence for the Pre-Exilic Date of the Yahwistic Source* (LHB 419), London 2005.
YOUNG, I., *Diversity in Pre-Exilic Hebrew* (FAT 5), Tübingen 1993.
_____ (ed.), *Biblical Hebrew: Studies in Chronology and Typology* (JSOT.S 369), London 2003.

YOUNG, I. et al., *Linguistic Dating of Biblical Texts,* vol. 1, *An Introduction to Approaches and Problems,* London 2008.

_____, *Linguistic Dating of Biblical Texts,* vol. 2, *A Survey of Scholarship, a New Synthesis and a Comprehensive Bibliography,* London 2008.

ZEVIT, Z., "Converging Lines of Evidence Bearing on the Date of P", *ZAW* 94 (1982) 481–511.

_____(ed.), "Symposium: Can Biblical Texts Be Dated Linguistically?" *HS* 46 (2005) 321–376.

_____, "Historical Linguistics and the Dating of Hebrew Texts", *HS* 46 (2005) 321–326.

_____(ed.), "Symposium: Can Biblical Texts Be Dated Linguistically?" *HS* 47 (2006) 83–210.

3장

의심스러운 유사성
사마리아와 예루살렘의 함락에 대한 비교 연구

페테르 두보프스키

1. 입문

북 왕국과 남 왕국의 멸망은 고대 이스라엘 역사에서 가장 충격적인 사건에 해당한다. 본고는 두 사건과 그로 인해 생긴 문학작품 사이의 여러 유사성을 조사한다. 세 부분으로 나누어 보겠다.

본고의 첫 부분은 역사적 사건의 연구, 특히 아시리아의 사마리아 정복과 바빌로니아의 예루살렘 정복 사이의 유사성과 차이점 연구에 초점을 맞춘다. 두 사건 모두 과거에 역사와 종교 양쪽으로 숙고하는 대상이 되었다. 결과적으로 북 왕국의 멸망과 남 왕국의 멸망 사이에 다양한 비교가 이루어졌다. 그러므로 본고의 둘째 부분은 열왕기 하권에 나오는 두 건의 멸망을 비교하는 데에 할애된다. 셋째 부분에서는 열왕기 하권과 오경, 특히 신명 28장에 소개된 두 왕국의 멸망에 대한 해석들 사이의 연관성을 조사할 것이다.

2. 역사적 개요

각 왕국의 정복은 아시리아나 바빌로니아 군대가 시리아-팔레스티나의 통제권을 점차 장악한 오랜 과정의 결과였다. 두 제국은 동쪽에서 서쪽으로 침략하면서 확장했기에, 일련의 군사 원정 순서도 지리적으로 비슷하게 이루어졌다. 서쪽으로 확장하기 위해서 두 제국의 군대 병력은 전략적인 세 지역을 정복해야 했는데, 레반트 북부(시리아 북서부와 튀르키예 남동부), 레반트 남부(레바논, 시리아 남부, 요르단과 이스라엘) 그리고 이집트이다. 레반트 북부의 정복은 극복해야 하는 첫 장애물이었다. 그래서 티글랏-필에세르는 아르파드(기원전 743-740)의 저항을 무너뜨리기 전에 그의 군대를 3년간 진군시켜야 했다. 그 후 그는 운키*Unqi*와 하타리카*Hatarikka*를 정복하기 위한 주요 전쟁을 지휘했다.[1] 비슷하게, 나보폴라싸르와 그의 후계자 네부카드네자르는 하란과 카르크미스를 정복하는 데 거의 5년이 걸렸다(*ABC* 3-5).

레반트 북부를 복속시킨 다음 해결해야 하는 과제는 사마리아와 예루살렘을 포함한 레반트 남부였다. 신아시리아 시대 동안 티로-사마리아-다마스쿠스는 아시리아의 진격을 막았고, 세 번의 전쟁 후에야 티글랏-필에세르 3세는 소위 시리아-에프라임 동맹을 끝장낼 수 있었다. 그의 후계자들은 이스라엘, 페니키아, 필리스티아, 유다를 제압하기 위해 다른 전쟁을 치러야 했다.[2] 반대로 아스클론을 향해 진군하는 네부카드네자르의 군대는 저항을 훨씬 적게 받았다. 두 제국

---

1. Tadmor, *Inscriptions*, 234-237.
2. Olmstead, *History*, 182-336.

모두에 레반트 남부를 복속시키는 것은 실제로 가장 중요한 도성들의 항복을 협상하거나 정복하는 것을 의미했다. 그중 사마리아는 아시리아에 정복되었고, 예루살렘은 바빌로니아에 정복되었다.

    사마리아의 멸망은 여러 단계를 거쳤다. 사마리아는 티글랏-필에세르 3세가 개시한 일련의 침략들(기원전 738-734) 이후 계속된 아시리아의 군사 확장으로 인해 처음으로 피해를 입었다.[3] 사마리아가 아직 독립국으로 남아 있었지만, 므나헴은 아시리아에 조공을 바쳐야 했다(RINAP 1 14:10; 27:3).[4] 티글랏-필에세르 3세의 두 번째 원정(기원전 734-732)으로 북이스라엘은 처음으로 유배를 가게 되었다.[5] 이 침략의 결과로 사마리아는 본격적인 아시리아의 봉신 왕국으로 변모하였고, 지역 군주인 호세아가 통치했다(RINAP 1 42:17'; 49 r. 10). 사마리아의 몰락은 샬만에세르 5세 치세 때에 시작되었고(ABC 1 i 28),[6] 사르곤 2세에 의해 마무리되었는데, 그는 사마리아를 정복하고 주민들을 끌고 갔다고 스스로 자랑했다(기원전 727-716).[7] 사르곤 2세의 간섭 후에 북 왕국은 사라졌고 아시리아인 행정관이 통치하는 아시리아의 새 속주로 변모했다.[8] 티글랏-필에세르 3세가 일으킨 1차 침략부터 사르곤 2세가 시행한 유배까지는 20년 남짓 이어졌다(기원전 738-716년경).

---

3. Kuan, *Inscriptions*, 142-146.
4. 므나헴의 조공이 지닌 의미에 대하여 Cogan / Tadmor, *II Kings*, 176 참조.
5. 사마리아 멸망의 더 세부적인 토론의 예로는 Dubovský, "Tiglath-Pileser III"; Galil, "Years"; Na'aman, "Background"; Tetley, "Date"; Younger, "Fall"; Becking, *Fall* 참조.
6. Dubovský, "Shalmaneser V".
7. Fuchs, *Inschriften*, 197.
8. Weippert *et al.*, *Textbuch*, 312-325. 사마리아의 아시리아 행정관에 대하여 SAAS II, 105-106; SAA VI 147:7'-8'; 148:4'-5' 참조; 므기또 속한 사람들에 대하여 SAA VI 223:r.9; SAAS II, 96 참조.

비슷한 과정이 남쪽에서도 일어났다.⁹ 독립하고 번영하던 유다 왕국은 요시야가 죽은 후(기원전 610/609) 그 독립성을 잃기 시작했다. 새 임금 여호아하즈는 파라오 느코에게 폐위되었고, 새 임금 여호야킴은 이집트의 봉신이 되었다. 하지만 남쪽으로 진군한 네부카드네자르 군대가 남부 레반트에서 승리를 거두면서 유다는 이집트의 봉신에서 바빌로니아의 봉신으로 바뀌었다(기원전 604; ABC 5:15-20). 기원전 601년 이집트를 정복하려는 바빌로니아의 시도가 실패한(ABC 5 r. 5-7) 짧은 기간에 유다는 독립했다.¹⁰ 예루살렘 자체의 몰락은 네부카드네자르의 첫 번째 침공 때 시작되었다. 예루살렘 도성이 정복되었고 그 임금 여호야킨은 바빌론으로 끌려갔다(기원전 598/597; ABC 5 r. 11-13). 느부자르아단 장군에 의해 수행된 네부카드네자르의 두 번째 침공(기원전 586)과 도성의 파괴는 라키스 오스트라카와 성경 자료에서 부분적으로 재구성될 수 있다.¹¹ 그 결과 유다 왕국은 바빌로니아 행정 범위에 완전히 편입되었고, 이를 저지하려는 지역 귀족들의 시도(2열왕 25,25-26)에도 불구하고 더 이상 존재하지 않게 되었다.¹² 이 전 과정에 20년 정도가 소요되었다(기원전 604-586).

두 왕국 모두 마지막 20년간은 그 지역에 대한 아시리아와 바빌로니아 지배력의 부침浮沈과 본질적으로 연결되어 있었다. 사마리아는 레반트에서 아시리아 세력의 약화 혹은 군대의 다른 지역 이동을

---

9. 역사적 사건의 고찰과 고고학적 세부 사항에 대해 Lipschits, *Fall*; Faust, *Judah*; Van der Veen, *Final Phase*; Malamat, "Last Kings"; Roncace, *Jeremiah* 참조.
10. Grabbe, "Kingdom", 110-111.
11. Auerbach, "Nebukadnezar"; *AHI* 1, 405-427; Weippert *et al.*, *Textbuch*, 419-424; Grabbe, *Ancient Israel*, 204-215; Garbini, *Scrivere*, 172-179.
12. Becking, *David*, 147-173.

이용하여 아시리아에 반역했다.[13] 비슷한 역학 관계를 바빌로니아 시대에도 관찰할 수 있다. 바빌로니아 군대가 손실을 입고 있거나 왕국의 다른 지역에서 분주할 때, 유다의 임금들은 주저 없이 반란을 일으켰다.[14]

한편으로는 독립을 위한 반란과 투쟁, 다른 한편으로는 침략해 오는 군대의 위협과 그들로 인한 전 지역 파괴 때문에 두 왕국에서 비슷한 동력이 만들어졌다. 두 왕국은 점령 세력에서 벗어나기 위해 이웃 국가들과 동맹을 체결하였는데, 가끔 얄궂게도 이전의 적과도 동맹을 맺었다. 그래서 이스라엘은 거의 한 세기 동안 싸웠던 아람과 조약을 맺었고, 유다는 여호아하즈를 끌고 가고 유다에 무거운 조세를 부과했던 이집트와 조약을 맺었다. 나아가 두 왕국은 불안정해졌고 자주 그들의 임금을 바꾸었다. 아시리아와 바빌로니아가 이스라엘과 유다에 일으킨 이러한 역학들은 다른 시대에도 레반트에서 흔히 볼 수 있었다.[15]

두 수도가 몰락하기 전에 전국을 휩쓴 일련의 반란과 격변이 있었다.[16] 이들 모두 결정적인 공격에는 장기간의 포위 공격이 수반되었다. 수도가 정복되자 대대적인 강제 이주가 뒤따랐고, 그 지역은 아시리아와 바빌로니아 행정 체계에 흡수되었다.

아시리아와 바빌로니아가 레반트에서 저항과 정복에 대해 비슷한 방식을 취했을지라도, 시리아-팔레스티나에 대한 통제 방식에는

---

13. Tappy, *Archaeology*, 531-579.
14. Liverani, *Israel's History*, 183-199; Kessler, *Sozialgechichte*, 127-132.
15. Dubovský, "Dynamics".
16. Van der Veen, *Final Phase*, 20.

차이가 있었는데, 이는 이집트와의 관계에서 비롯했다. 아시리아의 두 임금 에사르 하똔과 앗슈르바니팔이 완강하게 저항하는 이집트를 정복하기 위해서는 최선의 노력을 쏟아야 했다.[17] 일단 이집트가 아시리아 수중에 들어오자, 사마리아를 포함한 레반트 남부는 이집트로부터 엘람까지 확장된 광대한 제국의 많은 속주 중 하나에 불과했다.[18] 대조적으로 바빌로니아 제국의 확장은 훨씬 좁은 규모에 그쳤고, 이집트는 결코 정복하지 못했다. 이로 인해 바빌로니아와 이집트 사이의 완충국인 유다를 다루는 정략이 바뀌었다.[19] 유다의 지정학적 처지가 달랐기에 바빌로니아 시대의 예루살렘과 신아시리아 시대의 사마리아에 관한 정책 역시 상이했다. 이집트의 파라오 프삼테크 2세와 호프라가 지닌 팽창주의적 성향 때문에, 바빌로니아는 완충국인 유다를 반란을 일으킬 가능성이 없는 실체로 바꾸어야 했다. 그런데 그런 대책이 신아시리아 시대 내내 사마리아에 대해서는 필요하지 않았다. 사마리아가 군사력과 경제력에서 이집트에 필적할 만한 나라와 국경을 접하고 있지 않기 때문이었다. 아마도 이 점이 예루살렘은 완전히 파괴되었으나 사마리아 도성은 파괴되지 않은 이유 중 하나였을 것이다. 립시츠가 이 차이를 요약했다.

    치드키야의 반란에 대한 바빌로니아의 대응을 단순히 유다에 대한 복수나 충동적인 처벌로 간주하면 안 된다. 그 대응은 특별한 정치적 목적

---

17. Kahn, "Assyrian Invasions".
18. Radner, "Provinz".
19. 이어지는 요약은 다음을 기반으로 한다. Vanderhooft, *Neo-Babylonian Empire*; Lipschits, *Fall*.

을 가지고 주의 깊게 계산된 행동이었고, 하티 땅을 향한 바빌로니아 정책이 변경되었음을 처음 표명한 것이었다. 다윗 왕조를 권력에서 제거하려는 의도는 그들이 거듭해서 불충을 드러냈기 때문이고, 예루살렘을 파괴하는 것은 그곳이 바빌로니아 통치를 거듭해서 거스르는 반란의 중심지로 드러났기 때문이다.

레반트 남부를 향한 아시리아와 바빌로니아의 정략이 달랐던 결과로, 아시리아 정복 후에 사마리아는 아시리아의 속주가 되었고,[20] 반면 예루살렘은 유다 지방의 수도 기능을 잃고 바빌로니아 행정의 중심지는 미츠파로 변경되었다.

    신바빌로니아 제국은 확장 범위뿐 아니라 지속 기간도 신아시리아 제국과 달랐다. 신바빌로니아 제국은 반세기를 조금 넘게 지속했을 뿐이지만, 신아시리아 제국은 2세기를 넘게 견뎠다. 사마리아는 100년 이상 아시리아의 평화Pax Assyriaca라는 이점을 누린[21] 반면에 유다는 벤야민 지역을 제외하고는 황폐화되었다.[22] 아시리아인들과 달리, 바빌로니아인들은 무역과 지역 경제 발전에 많은 투자를 하지 않았다. 그들은 아시리아의 속주 제도와 비교할 만한 제국의 행정 제도를 유다에 만들지 않았다. 신바빌로니아 정책은 남부 레반트 전역에, 도시 생활뿐만 아니라 무역과 경제의 급격한 쇠락을 가져왔다.[23] 아시리아인이 무역에 대한 그들의 관심을 입증하면서 므기또, 도르, 텔 킨

---

20. Zertal, "Province".
21. Parker, *Mechanics*, 249-271.
22. Faust, *Judah*, 31-32.
23. 이것은 신바빌로니아 제국의 다른 지역에서는 사실이 아니었다. Jursa, *Aspects*; Baker / Jursa (eds.), *Babylonian Economy* 참조.

네렛, 아얄렛 하샤하르 등에 여러 행정 건물을 남긴 데 반하여, 바빌로니아 제국은 "파괴적인 방법 외에는" 시리아 팔레스티나 지역에 아무 흔적도 남기지 않았다.[24]

마지막으로 각 제국의 국외 추방 정책에도 차이가 있다. 양쪽 지방에서 주민들이 끌려간 반면, 바빌로니아 시대에 유다로 사람들이 유입된 증거는 없다. 반대로 아시리아인들은 사마리아에서 백성을 국외로 추방했을 뿐만 아니라 그곳으로 사람들을 이주시켰다.[25]

요약하면, 사마리아와 예루살렘의 몰락에 앞선 정치적 역학과 군사적 사건들에는 몇 가지 공통점이 있다. 무엇보다도 사마리아와 예루살렘 모두 단 한 번의 전쟁으로 정복되지 않았고, 수도의 항복은 정복을 포함하는 긴 과정의 일부였다. 그 결과 각 지역이 아시리아나 바빌로니아 체제에 완전히 통합되었다. 이 전환기는 양국의 통치 체제에 큰 불안정을 야기했고, 비슷한 정치적 역학과 저항 패턴을 생성했다. 그러나 정복 이전 단계는 비슷한 패턴을 공유한 반면에, 정복 이후 단계에서는 그 반대였다. 사마리아가 항복한 후에 그를 향한 아시리아 정책은 바빌로니아가 예루살렘에 내린 조치와는 근본적으로 달랐다. 주된 차이는 수도에 취한 조치의 엄격함, 추방 정책, 각 지역의 무역 및 개발과 관련 있었다.

---

24. Jursa, "Neo-Babylonian Empire", 121.
25. Na'aman / Zadok, "Assyrian Deportions"; Oded, *Mass Deportations*, 18-74.

3. 열왕기 하권에서 사마리아와 예루살렘의 멸망

두 사건 모두 역사와 종교 양면에서 숙고하는 대상이 되었다. 이를 통해 사마리아의 멸망과 예루살렘의 멸망을 비교하는 갖가지 유형이 쏟아졌는데, 예를 들면 호세 5장; 에제 23장; 예레 3,6-13; 2열왕 15장; 17장; 24-25장이다.[26] 본문들 중에서 나는 열왕기에 초점을 맞출 것이다. 열왕기 하권에서 이 사건들을 다룬 묘사를 살펴보면, 몇 가지 차이점에도 불구하고[27] 열왕기의 최종 편집자들이 두 사건에 대한 묘사 사이에 언어와 주제 면에서 상당한 연결 고리를 만들어 놓았음을 관찰할 수 있다.

두 가지 묘사를 모두 침략과 관련된 문학 유형으로 특징지을 수 있다.[28] 열왕기 상·하권에서 이 유형들은 언어, 양식, 주제에서 여러 차이점을 드러낸다. 유형들을 분류하는 방법으로 문학 유형[정보notice, 보고report, 기술(記述, account)과 이야기story]을 취하면서, 우리는 침략 정보들(1열왕 9,16; 2열왕 10,32-33; 13,25; 14,28),[29] 침략 보고들(1열왕 14,25-28; 2열왕 8,20-22.28-29; 12,18-19; 15,16.19-20.29; 17,3-6; 18,9-11; 23,29-

---

26. 이 목록에 두 왕국의 몰락에 대해 유사한 신학적 설명을 제공하는 2열왕 17장과 예레 44장의 유사성을 첨가할 수 있다.
27. 사마리아의 멸망은 북 왕국에서 벌어진 일련의 쿠데타(2열왕 15,8-31)로 시작하고, 사마리아의 아시리아 정복으로 끝난다(2열왕 17,1-6). 예루살렘의 멸망은 요시야의 죽음으로 시작하고(2열왕 23,29-30), 바빌로니아의 예루살렘 파괴로 끝난다(2열왕 25장).
28. Campbell, "Form Criticism's Future", 26-29.
29. 정보는 하나의 사건에 대한 간단한 보고이다. 그것은 하나의 진술과 크게 다르지 않다. Long, *1 Kings*, 253.

30),³⁰ 침략 기술들(1열왕 12,21-24; 15,16-22; 2열왕 14,8-14; 16,1-19)³¹ 그리고 침략 이야기들(1열왕 20장; 22장; 2열왕 18-19장)을³² 구별할 수 있다. 정보들과 보고들은 그 간결함에서 다른 문학 유형들과 차이점을 보인다. 그것들은 아주 간결한 방식으로 사실들을 보고한다. 스펙트럼의 반대쪽 끝에는 정교한 줄거리, 수사학적이고 내러티브적인 장치 등이 포함된 긴 서술(침략 이야기)이 있다. 사마리아와 예루살렘 멸망에 대한 기술記述들을 포함하여 침략 기술들은 스펙트럼의 두 끝 사이에 위치할 수 있다.

용어의 구별 외에도 이러한 문학 유형들을 주의 깊게 읽으면 최종 편집자들이 침략 내러티브들³³ 사이에 언어와 주제에서 몇 가지 연결 고리를 만들어 내는 데 즐거움을 느꼈음을 알 수 있다. 따라서 두 침략 이야기에 대한 최종 히브리어 본문(1열왕 20장과 2열왕 18-19장)은 비슷한 패턴을 공유한다. 이스라엘과 유다는 각각 아람과 아시리아라는 외세의 침략을 받았다. 둘 다 침략자들에게 돈을 주겠다고 제안했으나 침략자들은 제안을 받아들이지 않고 계속해서 그들을 억압했다. 두 경우에서 생생하게 묘사된 침략자의 오만함은 하느님에게 응

---

30. 보고는 줄거리가 없는 간단한 서술이다. 여러 정보를 모은 것일 수 있다. 같은 책, 5, 259.
31. "기술은 일반적으로 단순한 보고보다 더 길고 복잡한데, 공통 주제에 따라 구성된 여러 개의 간단한 보고, 진술, 설명 또는 이야기 단편으로 구성될 수 있다. 기술은 사건의 단순한 서술보다 어느 정도의 설명을 목적으로 삼을 수 있다. 하지만 기술은 보고와 같이, 사실상의 3인칭 서술 스타일을 보여 주며 문학적·상상적·예술적 특징이 거의 없다." 같은 책, 243.
32. 침략 이야기는 그 주요 주제와 행동들이 침략에 관련된 이야기 유형이다. 그것이 침략 보고서와 다른 점은 "내러티브 예술의 정교함이다. 그것은 내러티브적 제시, 특성화와 구성을 보여 준다. 보고서처럼 '역사적' 목표, 즉 무슨 일이 있었는지를 강조하는 경향이 있다." 같은 책, 244.
33. 쌍으로 구성된 내러티브에 대한 연구가 다음 책에서 정교화되었다. Nahkola, *Double Narratives*, 162-171.

징된다. 두 경우 모두 줄거리는 직접화법, 예언의 개입 및 기타 내러티브 장치로 이루어진다. 침략 이야기들과 마찬가지로, 더 짧은 침략 기술들은 1열왕 15,16-22과 2열왕 16,1-19에서 병행 내러티브로 구성된다.[34] 둘 다 외세의 침략을 묘사한다. 1열왕 15,18-20과 2열왕 16,7-9은 몇 가지 사항을 공유한다. 침략당한 왕국들은 침략자들을 싸워 물리칠 수 없다는 것을 깨달았고, 그 통치자들은 다른 임금들에게 도움을 요청했다. 그래서 아사는 벤 하닷에게[35] 아하즈는 티글랏-필에세르 3세에게 선물을 보내고, 둘 다 선물(שחד)을[36] 받아들여 각각 이스라엘과 유다를 구했다.

요약하면, 사마리아의 멸망과 예루살렘의 멸망 내러티브는 침략 기술記述들로 분류될 수 있다. 최종 편집자들이 그들의 침략 이야기들(1열왕 20장과 2열왕 18-19장)과 침략 기술들(1열왕 15,16-22과 2열왕 16,1-19)을 둘씩 쌍이 되도록 다양한 문학 기법을 사용했다는 점을 고려하면, 열왕기 하권의 최종 마소라 본문에 사마리아와 예루살렘의 멸망을 서로 연결된 내러티브로 읽도록 독자들을 유도하는 문학적 표지가 있는지 묻는 것은 타당한 일이다.

3.1. 침략 기술들의 병행(2열왕 17장; 24,1-17)

사마리아와 예루살렘의 멸망이 지닌 중요성을 감안하면 그것들에 대한 묘사에서는 다른 침략 내러티브와 구별되는 몇몇 특징을 찾을 수 있다.

---

34. Cogan, *1 Kings*, 400.
35. Elgavish, "Objective", 142-149.
36. 용어 쇼하드שחד의 가능한 의미에 대해 Cogan / Tadmor, *II Kings*, 188 참조.

내러티브들 사이에서 가장 명백하게 나타나는 연결은 침략과 종속 공식의 반복이다(2열왕 17,3; 24,1). "인명 1 임금이 치러 올라왔고, … 인명 2는 그의 신하가 되었다." 공식의 첫 부분은 동사 알라(עלה, 올라가다)를 사용하는데, 침략 문학 유형에 자주 나타난다(앞 대목 참조). 2열왕 17장과 24장의 묘사의 독창성은 이 공식의 두 번째 부분에 있다. '누구의 신하' 개념은 봉신 지위 관계에 대한 전형적인 표현이었다(2사무 8,6; 2열왕 10,5; 16,7; 1역대 18,13). 그러나 "와여히-로ויהי-לו 인명 에베드עבד" 구는 성경 전체에서 단 두 번만 나타난다(2열왕 17,3; 24,1).[37] 역대기가 네부카드네자르의 침략을 묘사하는 데에는 같은 동사를 사용하지만(עלה; 2역대 36,6ㄱ), 여호야킴의 굴복은 다른 방식으로 표현한다. 2역대 36,6ㄴ에 의하면 네부카드네자르 침략의 결과는 여호야킴의 체포와 바빌론 이송이다. 거꾸로 2열왕 24,1에 의하면, 침략 후에 종속 공식을 사용하여 여호야킴은 바빌로니아의 봉신이 되었다. 요약하면, 2열왕 17장과 24장에서 공식 전체가 특별히 사용되고, 두 구절에서 글자 그대로 반복된 것은 (2역대 36,6ㄴ에서 공식의 두 번째 부분이 생략된 것과 대조적으로) 최종 편집자들이 사마리아 멸망 내러티브와 예루살렘 멸망 내러티브 사이에 의도적으로 연결 고리를 만들었다는 결론을 정당화할 만큼 충분히 강력한 논거이다. 이와 같은 문학적 연결들은 내러티브들이 전체적으로 문학적 혹은 주제적인 다른 요소를 지니고 있는지 여부의 질문으로 이어진다. 나는 두 내러티브가 사건의 순서를 비슷하게 공유한다고 주장할 것이다. (1) 첫 침략, (2) 봉신

---

37. 비슷한 문구가 나오는 유일한 곳은 창세 9,26-27.

지위, (3) 저항(반란), (4) 징벌, (5) 결정적 공격, (6) 포위, (7) 여파.[38]

섹션 1-2와 1'-2'(2열왕 17,3; 24,1ㄱ): 앞에 주어진 "인명 1 임금이 치러 올라왔고, ⋯ 인명 2는 그의 신하가 되었다"라는 공식을 읽는다. 공식의 첫 부분은 동사 알라עלה의 카탈형(섹션 1)을 사용한다. 그것은 광범위한 의미의 용어로 샬만에세르와 네부카드네자르가 각각 사마리아와 예루살렘에 대한 전쟁을 주도했다고 명시하고 있다. 학자들은 2열왕 24,1ㄱ이 기원전 605/604년에 네부카드네자르가 아스클론을 공격한 전쟁을 언급한다는 것에 동의했다. 바빌론에서 왕좌에 오른 후에(*ABC* 5:9-11), 네부카드네자르는 레반트 남부로 진군하여 기원전 604년에 아스클론을 정복했다(*ABC* 5:15-20).[39] 일반적인 진술 '버야마우 알라 너부카드네차르 멜렉 바벨'(בימיו עלה נבכדנאצר מלך בבל; 2열왕 24,1ㄱ)이 전쟁을 요약한다. 전쟁의 결과로 유다는 3년 동안 바빌로니아의 봉신이 되었다(섹션2; 참조 2열왕 24,1ㄴ).

하지만 2열왕 17,3에 있는 같은 공식의 해석은 사마리아에 대한 아시리아의 원정들을 어떻게 재구성할 것인가에 관해 몇 가지 문제를 야기한다.[40] 2열왕 24,1의 공식의 의미를 17,3과 비교하면, 두 경우에서 동사 알라עלה의 내러티브 기능이 다르다고 주장할 이유가 없다고 결론을 내릴 수 있다. 결과적으로 "인명 1 임금이 치러 올라왔고, ⋯ 인명 2는 그의 신하가 되었다"는 공식은 2열왕 24,1의 실제 원정과 그 결과를 묘사하기 때문에 17,3의 아라이우 알라 샬만에세르 멜렉 앗슈

---

38. 비슷한 구분을 위해 Fritz, *Kings*, 349 참조.
39. Cogan / Tadmor, *II Kings*, 307-310.
40. 원정들에 대한 재검토는 Na'aman, "Historical Background", 206-212; Hayes / Kuan, "Final Years", 153-156 참조.

עלה עליו שלמנאסר מלך אשור 구는 내러티브의 도입일 뿐만 아니라 사마리아가 아시리아의 봉신이 되는 결과를 가져온 원정에 대한 묘사라는 결론을 내리는 것이 합리적이다.

섹션 3과 3'(2열왕 17,4ㄱ; 24,1ㄴ): 두 내러티브 모두 반란에 대한 내용이 이어진다. 2열왕 17,3-4이 반란에 관련된 상세한 정보들을 제공하는 데 비해, 24,1ㄷ은 단지 간략하게 와야숍 오임로드 보וישב וימרד-בו라고 기록한다.[41] 동사 마라드(מרד, 반항하다)는 2열왕 24,1.20 외에는 열왕기 상·하권에서 히즈키야가 산헤립에게 반항한 경우를 묘사할 때만(2열왕 18,7) 사용되었다. 랍 사케는 그 대목을 아시리아에 대항하여 이집트와 함께 유다가 꾀하는 반역으로 해석했다(2열왕 18,20). 이 해석은 기원전 605년에서 598년 사이에 레반트 남부에서 전개된 정치 상황의 변천으로 간접적으로 확인된다. 일련의 군사적 승리 후에 바빌로니아 군대가 기원전 601년 이집트 침략을 시도했을 때 그들은 큰 손해를 입었다(*ABC* 5 r. 5-7). 이집트인이 바빌로니아군의 진격을 성공적으로 저지한 것에 기인하여 예루살렘을 포함한 레반트에서 일련의 반란이 일어났다. 바빌로니아에 대한 반란과 저항은 자연스럽게 이집트의 지원을 받았다. 따라서 2열왕 24,1ㄷ이 열왕기 상·하권의 문맥 안에서 그리고 그 시대의 정치적 사건들에 비추어 해석된다면, 여호야킴의 반란은 기원전 601년 이후에 발생했으며 이집트의 지원을 받았을 것이다. 요약하면, 섹션 3과 3'는 각각 아시리아와 바빌로니아

---

41. 첫 분절 와야숍וישב은 반란과 연결되거나 2열왕 17,3에 비추어 읽을 수 있어 두 갈래로 번역된다. *NLT*: "여호야킴 치세에, 바빌론의 임금 네부카드네자르가 유다 땅을 침입하였다. 여호야킴은 항복하고 삼 년 동안 그에게 조공을 바쳤지만 반란을 일으켰다."; *NRS*: "그의 시대에 바빌론의 네부카드네자르 임금이 올라왔다. 여호야킴은 삼 년 동안 그의 종이 되었다. 그런 다음 그는 돌아서서 그에게 반역했다."

에 대항하여 이집트와 손을 잡고 직접(2열왕 17,4) 또는 간접적으로(2열왕 24,1ㄷ) 의도된 음모를 가리킨다.

섹션 4와 4'(2열왕 17,4ㄴ; 24,2ㄱ): 마지막 정복 전에 두 내러티브 모두 부분적인 징벌을 소개한다. 호세아는 구속되었고(2열왕 17,4), 유다는 주변 나라들로부터 침략을 당한다(2열왕 24,2). 사마리아가 정복되어 아시리아 손에 넘어가기 전에, 호세아의 구속이 아시리아가 사마리아에 대하여 취한 일련의 조치 중에 마지막이었다. 사마리아의 멸망 내러티브에서 호세아의 구속은 북 왕국이 사라지기 전 마지막 경고의 기능을 한다.

역대기의 해당 기사와는 반대로,[42] 2열왕 24,2에서 유다의 징벌은 그들의 영토를 침범하는 습격대의 형태를 취했다. 용어 '무리'(거두드ㄱㄷㄷㅈ)는 열왕기에서 이스라엘을 급습하는 아람인(2열왕 5,2; 6,23) 혹은 모압인(2열왕 13,20-21)같이 북 왕국을 침입하는 비교적 작은 군사 단위를 가리킨다. 마소라 본문에 의하면 무리들은 야훼가 유다에게 경고의 표시로 보낸 이들이다. 칠십인역은 "야훼"를 생략하는데, 그러면 무리들은 보통 다양한 민족 출신으로 구성되었던 바빌로니아 군대의 일부였을지도 모른다. 또한 무리들은 바빌로니아의 파괴적 활동으로 생긴 빈틈을 메운 유목민을 가리킬 수도 있다.[43] 요약하면 섹션 4는 사마리아와 예루살렘에 주어진 마지막 경고를 묘사한다. 경고는

---

42. 2역대 36,6에서 네부카드네자르는 치드키야가 아니라 여호야킴을 구속한다. 역대기 사가의 이 읽기는 섹션 4와 4' 사이에 완벽한 병행을 만들려는 것이다. 아시리아와 바빌로니아 임금 모두 반란을 징벌하는데, 하나는 호세아를 구속하는 것으로 다른 하나는 여호야킴을 구속하는 것으로 한다.
43. 만일에 후자의 해석이 주창된다면, 그 정보는 연대순이 아닐 것이고, 오히려 예루살렘이 파괴된 후 유다를 침략한 유목민 부족을 가리킬 것이다.

두 왕국의 임박한 종말을 예고하는 징벌의 형태를 취했다.

섹션 5-6과 5'-6'(2열왕 17,5ㄱ; 24,10ㄱ): 경고의 영향이 발견되지 않기 때문에 내러티브는 둘 다 결정적 공격을 묘사하는 장면으로 넘어간다. 각기 알라חבצ 동사를 사용하면서[44] 짧게 요약한 도입부로 시작한다(2열왕 17,5ㄱ; 24,10ㄱ). 양쪽 경우 다 도성들은 즉시 항복하지 않아 침입하는 군대들은 포위 공격에 의지해야 한다.

섹션 7과 7'(2열왕 17,6-7.23ㄴ-41; 24,10ㄴ-17): 두 도성의 정복 묘사는 정복, 유배 그리고 여파라는 세 주제를 전개한다. 두 수도는 포위 공격 후에 침입자에게 넘어갔다. 2열왕 17,6에서 도성의 항복 여부가 명확하지 않은 데 반해, 2열왕 24,12은 여호야킨의 항복을 제시한다. 도성들이 침입자의 손에 들어가자, 그곳의 주민들은 유배되고 지방은 개편되었다.[45]

내가 설명한 순서에서 섹션 4-7은 섹션 1-3과 달리, 기본 주제를 공유하는 데에도 불구하고 현저한 차이를 보인다.[46]

---

44. 2열왕 17,5-6의 독립적 위상은 남 왕국에서 기술한 2열왕 18,9-11에 삽입된 데에서 분명히 드러난다.
45. 예루살렘의 첫 정복에 대한 묘사는 바빌로니아가 남부 레반트에서 반란을 진압하기로 결정했음을 확인하는 기원전 598년(기원전 601년 전쟁 후 3년) 바빌로니아 연대기와 동시에 진행될 수 있다. *ABC* 5 r. 11-13은 2열왕 24,10-17에 상응하는 예루살렘 정복을 언급한다.
46. 성경 본문 번역은 *NRSV*에서 취했다(역자주: 우리말 번역본은 《성경》을 따랐다).

	2열왕 17장	2열왕 24,1-17	2열왕 24,20-25,30
첫 침략	(1) 아시리아 임금 살만에세르가 그를 치러 올라왔다.	(1') 그의 시대에 바빌론의 임금 네부카드네자르가 쳐 올라왔다.	
봉신 지위	(2) 호세아는 그의 신하가 되어 그에게 조공을 바쳤다.	(2') 여호야킴은 세 해 동안 그의 신하가 되었다.	
반란	(3) 그러나 아시리아 임금은 호세아의 모반을 알아차렸다. 그가 이집트 임금 소에게 사신들을 보내고, 아시리아 임금에게 해마다 바치던 조공을 바치지 않았던 것이다.	(3') 그 뒤에 그는 돌아서서 네부카드네자르에게 반역하였다.	(III) 그런데 치드키야가 바빌론 임금에게 반역하였다.
징벌	(4) 그래서 아시리아 임금은 그를 잡아 감옥에 가두었다.	(4') 주님께서는 칼데아 약탈대와 아람 약탈대와 모압 약탈대와 암몬 자손들의 약탈대를 보내셨다.	
결정적 공격	(5) 그런 다음에 아시리아 임금은 온 나라를 치러 올라왔다. 그는 사마리아까지 쳐 올라와	(5') 그때에 바빌론 임금 네부카드네자르의 부하들이 예루살렘으로 올라와서	(V) 치드키야 통치 제구년 열째 달 초열흘날에, 바빌론 임금 네부카드네자르는 전군을 이끌고 예루살렘에 와서
포위	(6) 그곳을 세 해 동안 포위하였다.	(6') 도성을 포위하였다. 이렇게 그의 부하들이 예루살렘을 포위하고 있는 동안, 바빌론 임금 네부카드네자르가 이 도성에 이르렀다.	(VI) 그곳을 향하여 진을 치고 사방으로 공격 축대를 쌓았다. 이렇게 도성은 치드키야 임금 제십일년까지 포위당하였다.

정복 유배 여파	(7) 호세아 제구년에 아시리아 임금은 사마리아를 함락하고, 이스라엘 사람들을 아시리아로 끌고 가서 할라와 고잔 강 가 하보르와 메디아의 성읍들에 이주시켰다. … 아시리아 임금은 바빌론과 쿠타와 아와와 하맛과 스파르와임에서 사람들을 데려다가, 이스라엘 자손들을 대신하여 사마리아 성읍들에 살게 하였다. 그리하여 그들은 사마리아를 차지하고 그 성읍들에서 살았다. 그들은 그곳에 살면서 처음에는 주님을 경외하지 않았다. 그래서 주님께서는 그들 가운데에 사자들을 보내시어 그들을 물어 죽이게 하셨다.	(7') 그러자 유다 임금 여호야킨은 자기 어머니와 신하들, 대신들과 내시들과 함께 바빌론 임금에게 항복하였다. 그리하여 바빌론 임금은 그의 통치 제팔년에 여호야킨을 사로잡았다. 주님께서 말씀하신 대로, 네부카드네자르는 주님의 집에 있는 모든 보물과 왕궁에 있는 모든 보물을 내가고, 이스라엘 임금 솔로몬이 주님의 집에 만들어 놓은 금 기물들을 모조리 떼어 냈다. 또한 온 예루살렘 주민과 모든 대신과 … 끌고 갔다. 그런 다음에 바빌론 임금은 여호야킨의 삼촌인 마탄야를 그 뒤를 이어 임금으로 세우고, 이름을 치드키야로 바꾸게 하였다.	(VII) 넷째 달 아홉째 날에 도성에 기근이 심해지고 나라 백성에게 양식이 떨어졌다. 드디어 성벽이 뚫렸다. 그러자 군사들은 모두 칼데아인들이 도성을 둘러싸고 있는데도, 밤을 틈타서 임금의 정원 곁에 있는 두 성벽 사이 대문을 통하여 아라바 쪽으로 갔다. … 바빌론 임금의 신하인 느부자르아단 친위대장이 예루살렘에 들어왔다. 그는 주님의 집과 … 태웠다. … 또 도성에 남아 있던 나머지 백성과 … 끌고 갔다. 네부카드네자르는 사판의 손자이며 아히캄의 아들인 그달야를 자기가 유다 땅에 남긴 나머지 백성의 총독으로 임명하였다.

3.2. 사마리아와 예루살렘, 두 도성의 멸망에서 나타나는 다른 유사점들

앞에 제시한 유사점들 외에, 주의 깊은 독자는 최종 편집자들이 큰 문학적 맥락(2열왕 15장; 17장; 21-24장)에서 두 도성의 멸망을 연결하는 여러 사소한 언어와 주제의 연결 고리를 쉽게 관찰할 수 있다.

어느 왕국도 단 한 번의 전쟁으로 함락되지 않았다. 성경에 기술된 바에 따르면 아시리아가 처음 침공했을 때 므나헴이 조공을 바쳤고, 다음에는 페카의 치세 동안 아시리아가 정복해서 왕국 북부의 주민들을 유배시켰고, 다음에는 샬만에세르가 침략하여 임금을 감금했다. 그리고 마지막 단계에서만 아시리아가 포위를 해서 사마리아를 정복했다. 비슷하게 유다 왕국이 먼저 이집트의 봉신이 되어 조공을 바쳤고, 다음에는 네부카드네자르에게, 그다음에는 약탈대들의 침략을 겪은 뒤, 결국 도성이 함락되고 주민들은 유배되었다.

아시리아와 바빌로니아의 첫 침략과 마지막 정복 사이의 기간은 북쪽과 남쪽 모두에 큰 불안을 초래할 정도로 충분히 길었다.[47] 이 불안은 임금들의 치세 기간이 단축된 데서 가장 분명하게 나타났다. 여호아하즈는 3개월, 여호야킨은 6개월을 예루살렘에서 다스렸고, 즈카르야는 6개월, 살룸은 1개월을 사마리아에서 다스렸다. 북쪽에서는 쿠데타로 인해 지배자들이 빠르게 교체된 데 비해, 남 왕국에서는 외세에 의해 지배자들이 제거되었다. 그러나 결과는 같았다.[48] 두 경우 모두 외세는 유다와 이스라엘 임금들의 운신의 폭을 상당히 제한했

---

47. Dubovský, "Why".
48. 남에서의 유일한 쿠데타는 유다의 총독으로 그달야가 지명된 후 얼마 되지 않아 살해당했을 때 일어났다. 신아시리아 연대기에 따르면, 티글랏-필에세르 3세가 즉시 개입했고 호세아를 사마리아에서 왕좌에 앉혔다(*RINAP 1* 42:17′-18′).

고, 행정권은 점차 그들의 손에서 빠져나갔다. 왕좌의 빠른 교체는 충성의 대상을 바꾸는 것과 밀접한 관련이 있다. 따라서 성경 기록에서 살룸은 반아시리아, 므나헴과 프카흐야는 친아시리아, 페카는 반아시리아, 호세아는 친아시리아로 시작하여 반아시리아로 끝났다는 것을 추론할 수 있다. 남쪽에서도 충성의 대상이 비슷하게 이동했다. 여호아하즈는 반이집트, 여호야킴은 친이집트로 시작하고 반바빌로니아가 되었다가 친바빌로니아로 끝났고, 여호야킨은 반바빌로니아, 치드키야는 그의 치세 시작에는 친바빌로니아 다음에는 반바빌로니아였다. 격동의 마지막 시기, 임금의 급속한 교체, 변화하는 충성심과 점령 세력의 존재는 간접적으로 두 왕국에 전례 없는 폭력을 초래했다. 므나헴은 임신한 여인들의 배를 갈랐고,[49] 예루살렘에는 심한 유혈 사태가 일어났다.[50]

    북 왕국의 임금들은 예후를 제외하고는 모두 악했던 것에 비해, 남 왕국의 임금들은 주로 선했다. 요시야가 죽은 후에 유다 임금들의 공과가 갑자기 바뀌었다. 여호아하즈와 후계자(2열왕 23,31-25,30)들은 모두 악한 임금으로 간주되었다. 결과적으로 두 왕국의 마지막 시기는 허약한 통치자들의 손에 달려 있었고, 이는 필연적으로 이들 모두에 비슷한 종말을 가져왔다. 유다의 첫 악한 임금은 여호아하즈였다. 그의 치세에 대한 기술에서 우리는 북 왕국과의 연계를 만든 두 사건, 여호아하즈의 구속과 조공 납입을 관찰할 수 있다. 2열왕 17,4에서 호세아의 구속 외에, 열왕기 상·하권은 구속된 임금으로 둘만 언

---

49. Cogan, "Ripping"; Dubovský, "Ripping".
50. 마소라 본문은 그 사태를 므나쎄에게 돌리고, 칠십인역은 여호야킴에게 돌린다.

급한다. 첫째는 파라오 느코(네카우)가 구속한 유다 임금 여호아하즈(2열왕 23,33)이고, 다음에는 네부카드네자르가 구속한 유다의 마지막 임금 치드키야(2열왕 25,7)이다. 북쪽과 남쪽 왕국의 마지막 날들에 구속 에피소드가 집결됨으로써 두 왕국의 멸망 내러티브 사이에 또 다른 주제가 연결된다. 여호아하즈와 치드키야의 구속은 사마리아의 정복 전에 호세아를 구속한 것과 비슷한 방식으로, 예루살렘의 마지막 파괴 전에 유다 임금들에게 주어진 마지막 경고로 작용했다. 둘째로, 여호아하즈의 후계자 여호야킴은 권력을 유지하기 위해 파라오 느코에게 엄청난 조공을 바쳐야 했다(2열왕 23,34-35). 비슷하게 폭군 므나헴은 아시리아 임금이 그의 통치를 보증하도록 티글랏-필에세르 3세에게 상당한 조공을 바쳤다(2열왕 15,19-20). 여호야킴과 므나헴은 일반 백성과 귀족들에게 세금을 걷어서 돈을 모았다. 물론 이 일로 두 왕국의 경제적 자원은 고갈되었다.

예루살렘의 두 번째 정복에 대한 묘사는 사마리아 멸망(2열왕 17장)과 일부 연결 고리를 표시한다. 두 도성은 3년 동안 지속된 포위 공격에 노출되었다. 두 왕국은 주민의 유배를 감당했고, 둘 다 침략자의 행정 체계에 편입되는 복잡한 과정을 거쳤다. 사자들이 사마리아에서 새 거주민들을 공격해 죽였고, 반란자들은 바빌로니아 행정관 그달야를 죽였다. 두 경우 모두 유배자들에게 남아 있는 희망은 희미했다(2열왕 17,34-41; 25,27-30).

지방 주민들 자체의 유배는 비슷하게 여러 단계를 거쳤다. 두 경우 모두 땅에 남겨지거나 새로 이주시킨 사람들의 변천이 광범위하게 논의된다(2열왕 17,24-33; 25,22-26). 두 경우 다 도성 전체가 파괴되고 그 주민들이 유배되었다고 하는, 파괴의 완전성과 회복 불가능성에 대한 강조는 불변화사 콜(כל, 모두)을 자주 사용하는 것으로 표현된다.[51]

3.3. 예루살렘 멸망에 대한 두 가지 기술의 병행(2열왕 24,18-25,30)

역사적 개요의 결론을 사마리아와 예루살렘의 멸망에 대한 문학적 연구와 비교하기 전에, 2열왕 24,18-25,30을 간략히 분석할 것이다. 이 내러티브는 예루살렘의 멸망을 계속 묘사한다. 2열왕 24,18-25,30이 첫 내러티브(2열왕 24,1-17)의 후대 확장인지, 그 반대인지를 논의할 수 있다.[52] 이 부분에서는 두 내러티브 사이, 그리고 예루살렘 멸망에 대한 두 번째 내러티브(2열왕 24,18-25,30)와 사마리아 멸망을 다룬 내러티브(2열왕 17장)에서 언어와 주제의 연관성을 지적하고자 한다.

결정적 공격 후 북 왕국이 사라진 데 비해서, 네부카드네자르의 마지막 공격이 유다 왕국을 갑작스럽게 멸망시키지는 않았다. 예루살렘 사람들은 마지막 기회를 얻었는데, 곧 네부카드네자르가 예루살렘의 임금으로 치드키야를 세우고 명명한 것이다. 2열왕 24,20부터 내러티브는 앞서 설명했던 문학적 패턴의 일부 요소를 재개하면서, 예루살렘 멸망에 대한 첫 번째와 두 번째 내러티브 사이에 특별한 문학적 연결 고리를 만들었다.

섹션 III-3과 3'(2열왕 24,20ㄴ): 왕위에 오른 지 얼마 되지 않아서 치드키야는 바빌로니아에 대항하여 반란을 일으켰다(섹션 III-3). 섹션 3과 III(2열왕 24,1-20)의 문학적 연결은 같은 동사와 전치사, 심지어 동

---

51. Lipschits, *Fall*, 83.
52. Begg, "DtrP".

사 형태인 와임로드 보(וימרד־ב)와 와임로드 치드키야후 뱀멜렉 바벨(וימרד צדקיהו במלך בבל)까지 반복하는 것으로 이루어졌다.

섹션 IV-4와 4′: 섹션 4와 섹션 4′는 2열왕 24-25장에 상응 구절이 없고, 내러티브는 직접 결정적 공격으로 이동한다(섹션 5와 V). 2열왕 24,1-17과 24,20-25,30을 함께 읽으면 바빌론의 첫 침략과 유배는 유다에 대한 부분적 처벌, 즉 섹션 4와 4′에 상응하는 징벌로 작용했어야 했다고 결론지을 수 있다. 그 목적은 왕국이 북 왕국을 압도했던 것과 같은 불운한 종말을 향한다고 유다 왕국에 경고하는 것이었다. 그러나 북 왕국에 주어진 경고가 쓸모없다고 판명되었던 그대로(2열왕 15,29) 이 경고는 소용이 없었다.

섹션 V-5와 5′(2열왕 25,1ㄱ): 결정적 공격에 대한 묘사는 비록 사용된 동사들[알라(עלה, 올라가다)와 보(בא, 오다)]이 다를지라도, 섹션 5와 5′에서처럼 전체 공격을 요약하는 짧은 내러티브를 도입하며 시작한다. 사마리아 멸망에 대한 묘사(섹션 5)와 예루살렘 멸망에 대한 두 번째 내러티브(섹션 V)는 밀접하게 연결되어 있다. 둘 다 새로운 내러티브 단위를 여는 시간 어구로 시작한다. 둘 다 성경에서 오직 두 번 나타나는(2열왕 17,6과 25,1) '제구년에' 구문을 포함한다.

섹션 VI-6과 6′(2열왕 25,1ㄴ-2): 짧은 요약문 다음에 내러티브는 포위 공격을 계속 묘사한다. 최종 편집자들은 열왕기 상·하권에서 이 두 내러티브(2열왕 24,10; 25,2; 예레 52,5 참조)에만 나타나는, 와타보 하이르 밤마초르(תבא העיר במצור, 도성을 포위하였다) 구문을 똑같이 반복하여 예루살렘 멸망에 대한 첫 번째와 두 번째 내러티브를 연결했다.

섹션 VII-7과 7′(2열왕 25,3-30): 이 섹션들은 내러티브의 가장 큰 부분을 나타낸다. 여기에서는 2열왕 24,10-17의 단어들이 다시 쓰인다. 이 중 두 절(2열왕 24,12과 25,1)에서만 바빌로니아 임금의 통치에 기초한 특이한 연대기와 범몰코במלכו(2열왕 23,36; 24,8.18 참조; 역자주:《성경》에는 "임금이 되어") 대신 럼몰코למלכו(역자주:《성경》에는 "통치")라는 표현이 사용된다.[53] 비슷하게, 예루살렘 멸망에 대한 두 내러티브는 유배(갈라גלה의 어근)를 가리키는 데 같은 용어를 사용한다. 게다가 두 번째 내러티브는 첫 번째 내러티브의 주제를 과장된 방식으로 발전시킨다. 두 임금이 모두 예루살렘을 떠났다. 여호야킨은 항복했고, 치드키야는 도망갔다. 이들은 네부카드네자르를 만났고, 바빌론으로 유배되었다. 하지만 여호야킨과 가족, 고위 인사들은 바빌론으로 유배된 반면, 치드키야의 아들들과 고위 인사들은 처형되었고 치드키야는 눈이 뽑혔다. 여호야킨은 후일 유배지에서 바빌로니아로부터 관대한 조치를 받은 데 비해, 치드키야는 사슬에 묶였고 이후 내러티브에서 사라졌다. 바빌로니아의 첫 정복 때는 도성이 수탈되고 성전의 기물들이 파괴된 데 비해, 두 번째 내러티브에서 파괴는 더 강렬한 색채로 묘사되었다. 도성은 불탔고, 성벽들은 무너져 내렸다. 대형 화재로 성전은 전소되고, 기둥은 박살났으며, 청동 기물들은 바빌론으로 옮겨졌다. 2차 유배의 범위도 여호야킨의 경우보다 훨씬 크다. 마지막으로 두 내러티브는 바빌로니아인들에 의해 유다에 부여된 미래를 묘사한다. 첫 번째에서 바빌로니아인들은 지배자로 치드키야를, 두 번째에서는 그달야를 임명했지만, 이 기회 중 어느 것도 받아들여지지 않았다.

---

53. 바빌로니아 임금과 사건 연대를 연결하는 것은 바빌로니아 연대기의 특징이다(예를 들어 *ABC* 5:15 참조).

섹션 III, V, VI이 섹션 3-3', 5-5', 6-6'에 대한 여러 연결을 포함하는 데 비해, 예루살렘 멸망의 두 번째 내러티브는 첫 번째 내러티브에서 나타나지 않은 특정한 단어들과 주제들을 포함하고 있다는 점에 주목하는 것이 중요하다. 특히 바빌로니아의 두 번째 침입의 영향력에서 그 차이가 드러난다.[54] 2열왕 17장은 새로 이주해 온 사람들과 그들의 우상 숭배 행위에 더 주목하지만, 2열왕 24-25장은 성전의 파괴, 소위 비어 버린 땅, 그달야에 대한 반란 등에 초점을 맞춘다.

3.4. 요약

사마리아와 유다의 몰락에 대한 역사적 개요는 2열왕 15장과 17장, 2열왕 24-25장에 나오는 침략 기술들을 비교한 데에서 산출된 것과 유사한 결과를 제공했다. 열왕기 하권에서 사마리아와 예루살렘의 마지막 날들을 소개하기 위해 활용한 문학적 양식은 어느 왕국도 즉시 무너지지 않았음을 강조했다. 오히려 두 왕국의 몰락은 여러 단계를 거쳤으며, 비슷한 사회적·정치적 역학에 의해 형성되었다. 두 사건의 역사적 분석에서도 유사한 역학 관계를 볼 수 있다. 나아가, 역사적 분석은 아시리아와 바빌로니아에 정복된 후 사마리아와 예루살렘의 상황 사이에 상당한 차이점을 드러냈다. 유사하게 사마리아와 예루살렘의 몰락 전을 묘사하는 내러티브들은 언어와 주제 면에서 연결되어 있지만, 두 도성이 정복된 후에 일어난 일에 대한 묘사 사이에서는 더 많은 차이점이 관찰될 수 있다.

---

54. Lipschits, *Fall*, 97-122.

열왕기 하권이 제시하는 예루살렘의 몰락과 아모스서, 호세아서, 예레미야서, 에제키엘서 같은 예언서들이 제시하는 그것을 비교하면 차이점이 분명하다. 예언서들은 예레 52장을 제외하고는 연대기 편찬 양식을 채택하지 않았고, 오히려 서로 다른 다양한 문학 유형을 사용했다.[55] 그래서 사마리아와 예루살렘의 멸망에 대한 묘사들 사이에 연결점을 보여 주는 첫 번째 수준은 연대기 양식('침략 문학 유형')의 선택에서 관찰될 수 있다. 사마리아와 예루살렘의 멸망이 비슷한 단계를 거쳐서 왔기 때문에, 그 단계들이 묘사된 방식에서 유사점들이 생기는 것은 당연하다. 마찬가지로, 두 왕국이 정복된 후 운명이 크게 달랐기 때문에, 그 여파에 대한 묘사 또한 단어와 주제 면에서 큰 차이를 보인다.

사마리아와 예루살렘의 멸망으로 생겨난 침략 문학 유형에서 설명 가능한 여러 유사점과 차이점이 있음에도 불구하고, 우리는 앞에 나열된 특정 공식들과 다른 독특한 언어와 주제의 연관성을 관찰했다. 이 연결들은 주로 사실들, 특히 사건의 연대와 성격과 관련된다. 그것들은 멸망 전 두 왕국의 정치적·군사적 전략들을 직간접적으로 드러낸다. 그것들은 포위 공격, 정복 및 유배에 관한 세부 사항을 공유한다. 그 결과 우리는 두 역사적 사건에서 생성된 비슷한 두 침략 문학 유형과 후대 편찬자들이 특정 시점에 도입했음이 틀림없는 특정한 언어적 연결 고리 사이를 구별할 수 있어야 함을 예상할 수 있

---

55. Ben Zvi / Sweeney (eds.), *Changing Face*, 269-325.

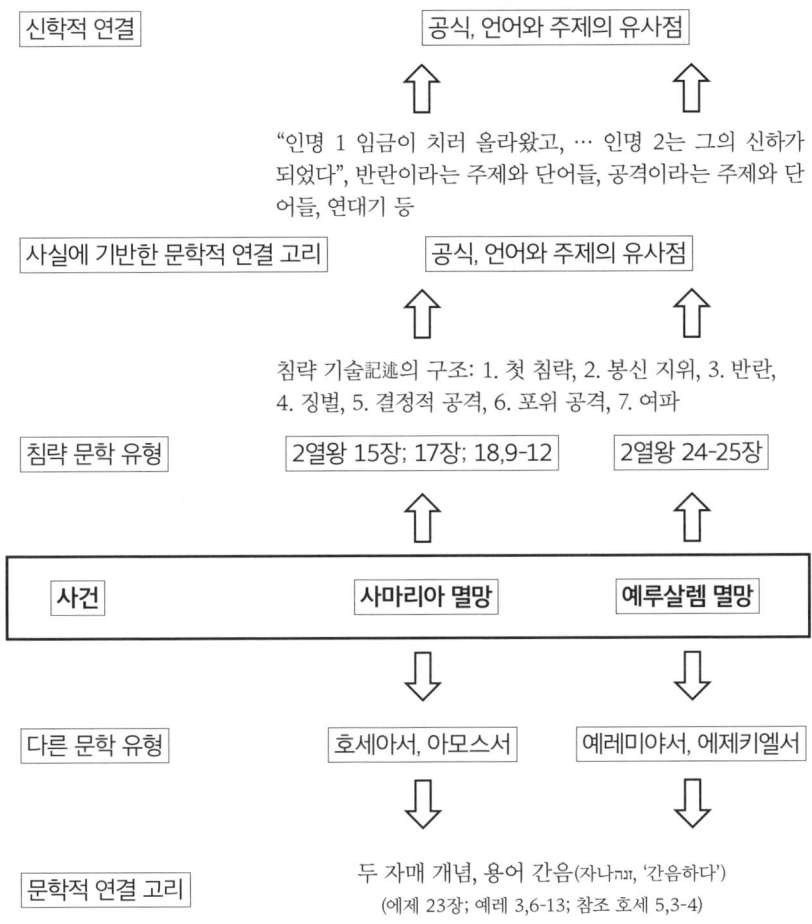

었다. 이 연결 고리들의 특성은 예루살렘의 마지막 날들을 독자에게, 사마리아 멸망에 비추어 해석하고 그 반대로도 해석하도록 촉구하기 위해 그것들이 의도적으로 생성되었다는 것을 시사한다. 예루살렘 멸망에 대해 되돌아보는 일은 실제로 그 일이 일어나기 전에는 불가능하기 때문에, 사실에 기반한 이런 연결 고리는 예루살렘이 함락된 직후 열왕기 하권에 도입되었다고 보는 것이 합리적이다.

3장 의심스러운 유사성 119

4. 오경의 형성에 미친 영향

토라의 등장에 대해 이러한 문학적 패턴이 가지는 의미는 무엇인가? 신명기는 여러 지점에서 예루살렘의 멸망과 그 결과들에 대해 서술한다. 2열왕 17장; 24-25장; 신명 28장은 외세에 의한 침략, 포위 공격, 나라의 황폐화, 기근과 유배 같은 여러 핵심 주제를 공유한다. 그런데 그 어휘들과 내러티브 세부 사항들을 면밀히 살펴보면 상당한 차이가 드러난다. 무엇보다도 신명기는 침략 문학 유형을 사용하여 서술을 구성하지 않으나, 그것을 저주 목록의 일부로 삼는다. 게다가 신명기(28,53.55.57)는 "조여 오는 곤경과 고난" 속의 포위 공격에 대해 약간 다른 어휘(버마초르 우버마촉크במצור ובמצוק)를 사용하여 묘사하는데 예레미야서의 표현(19,9)과 더 비슷하다. 장기화된 포위 공격의 결과에 대한 생생한 묘사(기근과 식인)는 신명 28,53-57과 예레 19,8-9에 나타나는 특징이다. 그러나 열왕기 하권에는 기근은 언급될지라도(2열왕 25,3) 식인에 대한 묘사는 나오지 않는다. 게다가 열왕기에서 두 내러티브(17,6.23.26-33; 24,14-15; 25,11.21)에 전형적으로 사용되는 유배 관련 단어(갈라גלה)가 신명기에 나타나지 않으며, 신명기는 2열왕 17장과 24-25장에서 사용되지 않은 다른 용어들[신명 28,41에서 셔비(שבי, 포로); 28,64에서는 푸츠(פוץ, 분산)]을 선호한다.[56] 그리고 신명기에는 예루살렘과 사마리아의 멸망 후에 일어난 일에 대한 언급이 거의 없다. 이러한 차이점들과 기타 차이점은 열왕기 하권의 사마리아 멸망과 예루

---

56. 또한 신명 28,32.36 참조.

살렘 멸망 사이에 있는 침략 양식들, 특징적 어휘와 고정된 표현들과 같은 사실에 기반한 연결 고리들이 신명기에는 없음을 보여 준다.

4.1. 신학적인 연결들

많은 학자가 2열왕 17장과 24-25장의 내러티브들이 다양한 편집 단계를 거쳤다고 주장한다.[57] 따라서 최종 내러티브는 임금 한 명에 대한 내러티브를 구성하는 시작과 마침 공식을 포함한다(2열왕 17,1-2; 23,31-32.36-37; 24,5-6.8-9.18-19).[58] 최종 본문은 왕실 장식 외에도, 설교 및 권고 구절들뿐 아니라 연대기적 메모들(2열왕 24,7에 나오는 이집트에 관한 것)을 포함하고 있다. 사마리아 멸망의 내러티브에 삽입된 신학적 숙고들(2열왕 17,7-23ㄱ.34-41)을 빠르게 조사하더라도, 2열왕 24-25장에는 그처럼 포괄적인 숙고들이 없음을 알 수 있다.[59] 예루살렘 멸망에 관한 첫 번째 내러티브에 들어 있는 숙고는 세 절이고(2열왕 24,2ㄴ-4.13ㄷ) 두 번째 내러티브에는 시작 부분에 한 절뿐이다(2열왕 24,20ㄱ).[60] 2열왕 23,26에 신명기계 어휘가 희소하다는 이유로 몇몇 학자는 다른

---

57. Nelson, *Double Redaction*, 85-90; Fritiz, *Kings*, 351-357, 414-426; Gray, *Kings*, 638-641, 751-775; Würthwein, *Könige*, 391-393, 466-484; Long, *2 Kings*, 180-189, 285-290. 2열왕 17장의 편집에 대해 참조. Frevel, "Schreiben," 2열왕 24-25장에 대해 참조. 예를 들어 Vanoni, "Beobachtungen."
58. "사건의 동시적 배열은 각각의 왕실 연대기에서 나올 수 없고 발췌문의 저자에게로 거슬러 올라가야 한다." Levin, *Re-Reading*, 184.
59. 추가 연구에 대해서는 Hoffmann, *Reform*, 323-366; Person, *Deuteronomic School*, 117-120 참조.
60. 2열왕 21,3-16; 23,26-27 그리고 24,3-4의 신학적 주석들 사이의 단어와 주제에서 나타나는 차이점에 근거하여, 슈미트는 이 구절들이 고전적인 신명기계 신학을 반영하지 않고, 오히려 돌아온 유배자지향golaorientierte 신학을 반영한다는 결론을 내렸다. Schmid, "Manasse," 98-99.

편집자가 작업하고 있다는 결론을 내렸다.[61] 예루살렘 멸망에 대한 첫 번째와 두 번째 내러티브에서 신학적 해석들이 간결함에도 불구하고, 한편으로는 2열왕 24,2ㄴ-4.13ㄷ.20ㄱ과 2열왕 17,7-23ㄱ의 신학적 주석과 다른 한편으로는 신명기에 나오는 신학적 주석들 사이에 부정할 수 없는 언어적 연결 고리들이 있음을 관찰할 수 있다.[62] 그 주석들에서 하느님의 진노 신학은[63] 이스라엘과 유다의 돌이킬 수 없는 거부와 하느님의 종 예언자들을 통한 재앙의 예고를 설명하는 데 사용된다.

예루살렘 멸망		사마리아 멸망	신명기
첫째 내러티브 2열왕 24,2ㄴ -4.13ㄷ	둘째 내러티브 2열왕 24,20ㄱ	2열왕 17,7-23ㄱ (17,34-41)	
와여샬러헴 비후다 러하아비도 וישלחם ביהודה להאבידו	상응 구절 없음	상응 구절 없음	워샬라흐 아도나이 버카 에트-함머아에라 ישלח יהוה בך את־המארה (신명 28,20; 참조 28,48 등) 키-아보드 티베돈 마헤르 메알 하아레츠 כי־אבד תאבדון מהר מעל הארץ (신명 4,26)
키드바르 아도나이 כדבר יהוה	상응 구절 없음	상응 구절 없음	상응 구절 없음

---

61. Vanoni, "Beobachtungen", 359.
62. Weinfeld, *Deuteronomy*, 320-363; Adamczewski, *Retelling*, 271-276.
63. Kratz / Spieckermann (eds.), *Wrath*; Bodi, *Ezekiel* 참조.

아쉐르 디뻬르 버야드 아바다이우 한너비임 אשר דבר ביד עבדיו הנביאים 카아쉐르 디뻬르 아도나이 כאשר דבר יהוה	상응 구절 없음	카아쉐르 디뻬르 버야드 콜-아바다이우 한너비임 כאשר דבר ביד כל-עבדיו הנביאם	כאשר דבר יהוה 라는 표현은 신명기에서 긍정적인 의미만 지님. 예를 들면 야훼께서 이스라엘을 위해 하시기로 약속하셨던 것임(신명 1,21; 2,1; 6,3.19; 9,3; 10,9; 27,3; 31,3)[64] 예언자를 통한 재앙 예고와 상응하는 내용이 신명기에는 없음[65]
아크 알-피 아도나이 하이타 비후다 러하시르 메알 파나이우 אך על-פי יהוה היתה ביהודה להסיר מעל פניו	상응 구절 없음	와이수룸 메알 파나이우 ויסרם מעל פניו 아드 아쉐르-하시르 아도나이 에트-이스라엘 메알 파나이우 עד אשר-הסיר יהוה את-ישראל מעל פניו	오직 긍정적인 의미 (신명 7,15)
워감 담-한나키 아쉐르 샤파크 와여말레 에트-여루샬라임 담 나키 וגם דם-הנקי אשר שפך וימלא את-ירושלם דם נקי	상응 구절 없음	상응 구절 없음	법률상의 경우 신명 19,10-13; 21,8-9(참조 신명 27,25)

---

64. 그 어구는 솔로몬 내러티브에서 긍정적 의미를 지닌다(1열왕 5,19; 8,20).
65. 부분적 상응 구절은 신명 13,3일 수 있다.

3장 의심스러운 유사성 123

워로-아바 아도나이 리스로 ולא־אבה יהוה לסלח	상응 구절 없음	상응 구절 없음	로-요베 아도나이 설로아흐 로 לא־יאבה יהוה סלח לו (신명 29,19)
	키 알-아프 아도나이 하이타 비루샬라임 우비후다 כי על־אף יהוה היתה בירושלם וביהודה	와이타나답 아도나이 머오드 버이스라엘 ויתאנף יהוה מאד בישראל	아프 아도나이 אף־יהוה (신명 6,15; 7,4; 29,19 등)
	아드-히쉬리코 오탐 메알 파나이우 עד־השלכו אתם מעל פניו	아드 아쉐르 히슐리캄 미파나이우 עד אשר השליכם מפניו	비슷한 개념: 와이실리켐 엘-에레츠 아헤레트 וישלכם אל־ארץ אחרת (신명 29,27)

신학적 주석의 둘째 부류는 2열왕 17,7-23ㄱ에 나오는 광범위한 신학적 주석과 2열왕 21,3-11의 신학적 숙고를 비교하는 데에서 확인된다. 므나쎄 치세를 기술하는 중에 삽입된 후자의 숙고는 열왕기 하권에서 예루살렘 멸망에 대한 주된 신학적 해석으로 기능한다.[66] 두 본문을 비교하면 사마리아 멸망과 예루살렘의 멸망을 연결하는 또 다른 일련의 신학적 특질들이 드러난다. 이미 여러 연구에서 신명기계 어휘

---

66. 므나쎄에 대한 신학적 숙고는 2열왕 21,2(3)-11,12-15(16) 두 부분으로 나눌 수 있다. 두 번째 부분은 2열왕 22,16-20에 나오는 훌다의 신탁과 심판 형식을 공유하면서, 심판 신탁의 형태를 취한다(1열왕 14,10-16에 나오는 예로보암에 대한 아히야의 신탁 참조). 다른 연결은 Römer, *Deuteronomic History*, 160 참조.

를 집중해서 다루었기 때문에,⁶⁷ 나는 오직 이전 연결들에서는 나타나지 않고, 2열왕 17,7-23ㄱ; 21,3-11과 신명기에는 나타나는 공통 요소들만 소개하겠다.⁶⁸ 이 부류의 주석들은 우상 숭배의 본질 및 이스라엘인들과 유다인들이 죄를 짓고 야훼의 진노를 돋운 다른 방식들의 본질에 집중한다.⁶⁹ 이 혐오스러운 행동들이야말로 응보주의에 따라 두 왕국이 멸망한 진정한 원인이었다.⁷⁰

주제	2열왕 17,7-23ㄱ	2열왕 21,3-11	신명기
죄	17,7.21.22	21,11	9,16
야훼께서 이스라엘 앞에서 쫓아내신 민족들의 죄스러운 풍습을 따름	17,8	21,2	18,12
불법적 예배 풍습 단죄	17,17	21,6	12,31; 18,10
하늘의 군대 숭배 단죄	17,16	21,3	4,19; 17,3
아세라, 바알, 다른 우상들 단죄	17,10.16	21,3.7	
하느님의 진노 유발	17,11.17	21,6	4,25; 9,18; 31,29; 32,16.21
규정, 계명, 법규의 준수 또는 불이행	17,13.15.16.19	21,8	주된 주제 (28,15 참조)

---

67. Weinfeld, *Deuteronomy*, 320-365; Römer, "Case", 197-201.
68. 열왕기의 산당 건축(2열왕 17,9; 21,3)과 같은 몇몇 특성이 신명기에는 나타나지 않는다.
69. Joo, *Provocation*, 225-230.
70. Feder, "Mechanics".

사마리아 멸망을 예루살렘 멸망에 연결하는 신학적 주석의 셋째 부류는 직접적인 비교를 나타낸다. 열왕기의 신학적 추가에서 2개 절이 예루살렘 멸망을 사마리아 멸망에 직접 연결한다.[71] 이스라엘 멸망의 원인을 설명하는 긴 설교 한가운데에 유다와 관련된 구절이 있고(2열왕 17,18-19), 므나쎄의 죄를 길게 나열하는 목록 한가운데에 사마리아와 비교하는 구절이 있다(2열왕 21,13). 둘째 부류의 전형적인 어휘를 드러내는 유다 관련 구절은 "유다도 저희 하느님 야훼의 계명을 지키지 않고, 이스라엘이 만들어 낸 풍속을 따랐다"(17,19; 참조 2열왕 17,8)이다.[72] 사마리아와 비교하는 "내가 예루살렘 위로 사마리아를 잰 측량줄과 아합의 집에 내렸던 다림추를 펼칠 것이다"(2열왕 21,13: *NRSV*)는 아모 7,7-10과 이사 34,11에서 영감을 받았을 것이다.[73] 그 구절은 전형적인 신명기계 어휘들을 포함하지 않는 비교 개념을 나타내나, 아마도 유배 이전의 오래된 예언 전통에서 가져왔을 것이다. 그것은 이스라엘에 대한 예언(아모 7,7-10)과 민족들에 대한 예언(이사 34,11)을 결합하며, 이사 28,17에 표명된 구원 신탁과는 정반대된다.

4.2. 요약

앞에 소개된 신학적 연결 고리들은 연대순으로 세 그룹으로 나뉠 수 있다. 사마리아의 멸망을 예루살렘의 그것에 직접 연결하는 유일

---

71. 호세 5장, 예레 3장 그리고 에제 23장에서도 비슷한 직접 비교를 발견할 수 있다. 하지만 열왕기 상·하권에서는 유다와 이스라엘의 죄들이 결코 창녀[자나זנה; 예레 3,1-12(또한 에제 23장 참조); 신명 31,16이 선호하는 용어]처럼 행동한 두 자매라는 개념으로 해석되지 않았다는 것에 주목할 필요가 있다.
72. 신명 28,15.45 등에는 동사 '걷다'가 '지키다'가 항상 사용되지만, 동일한 개념을 가지고 있다.
73. Keil, *Commentary*, 471.

한 신학적 주석은 2열왕 21,13에 나타난다. 이는 신명기에 상응 구절이 없고 아모 7,7-10과 이사 34,11을 결합한다. 연대순으로 다음 수준의 연결 고리는 예루살렘의 멸망(2열왕 24,2ㄴ-4.13ㄷ.20ㄱ)과 사마리아의 멸망(2열왕 17,7-23ㄱ)에 대한 내러티브에 삽입된 신학적 주석들에서 나타난다. 주석들은 예언자들이 두 도성을 고발한 내용에 따라서, 두 왕국을 모두 내치시겠다는 하느님의 결정이 번복될 수 없음을 보여 준다. 이와 일치하는 구절은 신명기에 있다. 신학적 연결 고리의 마지막 유형은 2열왕 17,7-23ㄱ과 2열왕 21,3-11에 나타난다. 2열왕 17,7-23ㄱ의 장황한 숙고는 2열왕 24,2ㄴ-4.13ㄷ.20ㄱ의 간결한 신학적 주석들과 대조를 이룬다. 비슷하게 장황한 구절이 므나쎄 임금을 기술하는 데에 삽입되었는데, 열왕기 하권에 따르면 예루살렘이 멸망한 책임은 그에게 있었다.[74] 2열왕 17장과 21장 둘 다에서 나타나는 특징들을 하나씩 구별하고 2열왕 24장에 나타난 특징들을 제거하면서, 우리는 사마리아의 멸망을 예루살렘의 멸망에 연결하는 새로운 그룹의 신학적 주석들을 제안할 수 있다. 이 그룹은 사마리아와 예루살렘이 단죄된 이유에 초점을 맞추기 때문에 새롭다. 겹치는 주제들은 두 도성이 거부당한 주된 이유가 하느님의 진노를 불러일으킨 우상 숭배와 불법 관습들이었음을 보여 준다. 이 연결 고리들 역시 신명기와 일치한다.

    이 신학적 연결 고리들의 작성 시기는 언제일까? 시작점은 틀림없이 예루살렘의 멸망일 것이다. 예루살렘 멸망 사건이 발생하기 전에 그것을 언급하는 연결을 상상하기는 어렵기 때문이다. 종료 시점 설정은 더 어렵다. 요세푸스가 사마리아의 멸망 이유를 길게 작성했

---

74. Hoffmann, *Reform*, 121-139; Ohm, "Manasseh", 239-252.

으나(《유다 고대사》 9.281-282), 2열왕 17장의 내용과는 다르다. 비슷하게 《유다 고대사》 10.37-45에 나오는 므나쎄에 대한 신학적 평가도 2열왕 21장과 다르다. 요세푸스의 사항들이 열왕기 하권의 사항들과 다르기에, 사마리아와 예루살렘의 멸망 사이의 연결 고리들은 그리스-로마 시대 이전에 생성되었다고 볼 때 뜻이 통한다. 고려해야 할 다른 요소는 역대기이다.[75] 2역대 36장에는 2열왕 24장과 부분적으로 다른, 예루살렘 멸망에 대한 신학적 해석이 들어 있다(2열왕 24,2ㄴ-4.13ㄷ.20ㄱ과 2역대 36,12-16 참조). 이 점은 신명기에 병행 본문이 있는 열왕기 상·하권의 신학적 연결 고리들은 예루살렘 멸망 후, 요세푸스의 《유다 고대사》의 저술 이전, 그리고 아마도 역대기의 저술 이전에 생성되었어야 했음을 시사한다.[76] 이에 더하여, 이 신학적 연결 고리들은 같은 층에 속하지 않으며 오히려 세 개의 다른 원문층textual/신학층 theological strata에 속한다. 그중 첫 번째 층(2열왕 21,13)만이 신명기에서 병행 구절을 갖지 않는다.

5. 결론

앞부분의 결과들을 먼저 요약하겠다. 첫째, 사마리아와 예루살렘의 멸망에 대한 역사적 분석은 두 왕국이 다 멸망하여 사라지기 전에 비슷한 과정을 겪었다는 것, 곧 그들은 자주 그들의 충성 대상을 바꾸

---

75. Römer, "Case," 187-190.
76. 유배 시대 설정은 Römer, *Deuteronomic History*, 158-163 참조.

었고 임금들의 치세는 불안정했으며 재정 자원은 점령 세력에 의해 고갈되었음을 보여 준다. 게다가 왕국들은 한 번에 무너지지 않았다. 그들은 반복된 침략과 긴 기간의 포위 공격 후에 무너졌다. 두 왕국의 멸망 이전의 역학들은 비슷했었으나 그 여파는 상당히 달랐다.

열왕기 하권에서 두 왕국의 몰락에 대해 묘사한 내용도 두 왕국의 멸망 이전에 있었던 사건들의 비슷한 순서 배열과 비슷한 역학들을 똑같이 드러낸다. 게다가 열왕기 하권은 둘의 몰락에 따른 여파에서 상당한 차이점을 보존한다. 문학적으로 형성되는 이 단계에서 열왕기 상·하권의 성경 본문들은 침략 문학 유형을 채택한다. 두 사건에 대한 역사적 분석을 이 문학 유형에 대한 조사와 비교하면서, 나는 두 유사한 사건이 두 개의 유사한 연대기적 기술記述을 생성하는 것이 당연하다고 제안한다.

하지만 침략 문학 유형들 사이의 유사성은 2열왕 17장과 24-25장 내러티브들 사이에서 나타나는 글자 그대로의 반복과 다른 문학적 연결 고리를 설명하는 데 부적절하다. 비교 분석한 결과로 나는 어떤 단계에서 최종 편집자가 예루살렘의 마지막 날들을 사마리아의 마지막 날들에 비추어 읽도록, 그리고 그 반대로도 읽도록 하기 위해서 언어와 문학적인 면에서 연결 고리들을 의도적으로 생성했다고 주장한다. 이와 같은 연계는 사실 지향적이며 주로 사건들과 그 연대, 날짜, 그리고 이 시기의 정치적·군사적 역학과 관련되어 있다.

연결 고리들의 마지막 범주는 신학적 주석들로 분류될 수 있다. 이전 연결 고리들이 사실에 초점을 맞춘 데 비해, 신학적 연결 고리들은 사실을 반영하는 것이 아니라 두 수도가 멸망한 이유에 대한 질문에 답하려고 노력한다. 두 수도가 침략자의 손에 넘어간 군사적인 이유 외에 다른 것들이 있었는가? 사실에 중점을 둔 연결 고리는 신명기에 병행 본문을 갖지 않았던 데 비해, 신학적 연결 고리의 대부분은 신명기의 특징적인 주제와 어휘들을 반영한다. 그러므로 신명기와 열왕기의 특수성에도 불구하고, 열왕기와 신명기의 최종 편찬은 분리될 수 없다고 안전하게 결론지을 수 있다. 열왕기 상·하권에서 사마리아의 멸망과 예루살렘의 멸망 사이에 생성된 신학적 연결 고리들은 신명기의 해석과 유사한 신학적 해석의 표지들을 드러낸다.

그러면 예루살렘의 멸망과 토라의 등장 사이의 연관성은 무엇인가? 신명기와 열왕기 사이에 대화가 먼저 이루어진 덕분에, 열왕기하권에 실린 사마리아의 몰락과 예루살렘의 몰락을 잇는 사실 지향적 연결들이 새로운 차원을 갖게 되었다. 토라의 등장은 사실 예루살렘의 멸망과 사마리아의 멸망 사이에 새로운 신학적 연관성의 출현을 의미했고, 그 반대도 마찬가지였다. 예루살렘의 멸망은 비슷한 두 사건을 해석하기 위한 신학적 기초를 생성하도록 촉진했다. 이에 앞서 비슷한 종교적 문제들이 있었고, 비슷한 배신과 죄가 그 사건들을 촉발했다. 토라, 특히 신명기의 등장은 사마리아의 멸망과 예루살렘의 멸망에서 나타나는 유사점들을 사실 지향적 관점에서뿐만 아니라 두 몰락의 기반을 형성한 유사한 종교적 역학을 이해하기 위해서도 재검토하는 데 기여하였다.

참고 문헌

ADAMCZEWSKI, B., *Retelling the Law: Genesis, Exodus-Numbers, and Samuel-Kings as Sequential Hypertextual Reworkings of Deuteronomy*, Frankfurt a. M. 2012.

AUERBACH, E., "Wann eroberte Nebukadnezar Jerusalem?", *VT* 11 (1961) 128–136.

BAKER, H. D. / JURSA M. (eds.), *Approaching the Babylonian Economy: Proceedings of the Start Project Symposium Held in Vienna, 1–3 July 2004* (AOAT 330), Münster 2005.

BECKING, B., *The Fall of Samaria: An Historical and Archaeological Summary*, Leiden 1992.

_____, *From David to Gedaliah: The Book of Kings as Story and History* (OBO 228), Fribourg 2007.

BEGG, C. T., "'DtrP' in 2 Kings 25: Some Further Thoughts", *RB* 96 (1989) 49–55.

BEN ZVI, E. / SWEENEY, M. A. (eds.), *The Changing Face of Form Criticism for the Twenty-First Century*, Grand Rapids 2003.

BODI, D., *The Book of Ezekiel and the Poem of Erra*, Freiburg 1991.

CAMPBELL, A. F., "Form Criticism's Future", in: Ben Zvi / Sweeney (eds.), *The Changing Face of Form Criticism for the Twenty-First Century*, 15–31.

COGAN, M., "'Ripping Open Pregnant Women' in Light of an Assyrian Analogue", *JAOS* 103 (1983) 755–757.

_____, *I Kings: A New Translation with Introduction and Commentary* (AncB 10), New York 2001.

COGAN, M. / TADMOR, H., *II Kings: A New Translation* (AncB 11), Garden City 1988.

DAVIES, G., *Ancient Hebrew Inscriptions: Corpus and Concordance*, Cambridge 1991 [= *AHI*].

DUBOVSKÝ, P., "Tiglath-Pileser III's Campaigns in 734–732 B.C.: Historical Background of Isa 7, 2 Kgs 15–16 and 2 Chr 27–28", *Bib.* 87 (2006) 153–170.

_____, "Ripping Open Pregnant Arab Women: Reliefs in Room L of Ashurbanipal's North Palace", *Or.* 78 (2009) 394–419.

_____, "Did Shalmaneser V Conquer the City of Samaria? An Investigation into the Ma/Ba Sign in Chronicle 1", *Or.* 80 (2011) 423–438.

_____, "Dynamics of the Fall: Ashurbanipal's Conquest of Elam", in: K. de Graef / J. Tavernier (eds.), *Susa and Elam: Archaeological, Philological, Historical and Geographical Perspectives: Proceedings of the International Congress Held at Ghent University, December 14–17*, 2009, Leiden 2013, 451–470.

_____, "Why Did the Northern Kingdom Fall According to 2 Kings 15?", *Bib.* 95 (2014) 321–346.

ELGAVISH, D., "Objective of Baasha's War against Asa", in: G. Galil / M. Weinfeld (eds.), *Studies in Historical Geography and Biblical Historiography. Presented to Zecharia Kallai* (VT.S 81), Leiden 2000, 141–149.

FAUST, A., *Judah in the Neo-Babylonian Period: The Archaeology of Desolation*, Atlanta 2012.

FEDER, Y., "The Mechanics of Retribution in Hittite, Mesopotamian and Ancient Israelite Sources", *JANER* 10 (2010) 110–157.

FREVEL, C., "Vom Schreiben Gottes: Literarkritik, Komposition und Auslegung von 2 Kön 17,34–40", *Bib.* 72 (1991) 23–48.

FRITZ, V., *1 and 2 Kings: A Continental Commentary*, Philadelphia 2003.

FUCHS, A., *Die Inschriften Sargons II. aus Khorsabad*, Göttingen 1994.

GALIL, G., "The Last Years of the Kingdom of Israel and the Fall of Samaria", *CBQ* 57 (1995) 52–64.

GARBINI, G., *Scrivere la storia d'Israele: vicende e memorie ebraiche*, Brescia 2008.

GRABBE, L. L., "The Kingdom of Judah from Sennacherib's Invasion to the Fall of Jerusalem: If We Had Only the Bible…", in: idem (ed.), *Good Kings and Bad Kings* (LHB 393), London 2005, 78–122.

_____, *Ancient Israel: What Do We Know and How Do We Know It?*, London 2007. (류광현·김성천 옮김, 고대 이스라엘 역사, CLC, 2012)

GRAY, J., *I and II Kings: A Commentary* (OTL), 2nd edn, London 1970. (한국신학연구소 편집부 옮김, 열왕기 상, 한국신학연구소, 1992)

HAYES, J. L. / KUAN, J. K., "The Final Years of Samaria (730–720 BC)", *Bib.* 72 (1991) 153–181.

HOFFMANN, H.-D., *Reform und Reformen: Untersuchungen zu einem Grundthema der deuteronomistischen Geschichtsschreibung* (AThANT 66), Zurich 1980.

JOO, S., *Provocation and Punishment: The Anger of God in the Book of Jeremiah and Deuteronomistic Theology* (BZAW 360), Berlin 2006.

JURSA, M., *Aspects of the Economic History of Babylonia in the First Millennium BC: Economic Geography, Economic Mentalities, Agriculture, the Use of Money and the Problem of Economic Growth* (AOAT 377), Münster 2010.

_____, "The Neo-Babylonian Empire", in: M. Gehler et al. (eds.), *Imperien und Reiche in der Weltgeschichte: Epochenübergreifende und globalhistorische Vergleiche*, Wiesbaden 2014, 121–148.

KAHN, D., "The Assyrian Invasions of Egypt (673–663 B.C.) and the Final Expulsion of the Kushites", *SAÄK* 34 (2006) 251–267.

KEIL, C. F., *Commentary on the Old Testament in Ten Volumes*, vol. 3, *I and II Kings, I and II Chronicles, Ezra, Nehemiah, Esther*, Grand Rapids 1980.

KESSLER, R., *Sozialgeschichte des Alten Israel: Eine Einführung*, 2nd edn, Darmstadt 2008. (민경구 옮김, 고대 이스라엘 사회사, CLC, 2022)

KRATZ, R. G. / SPIECKERMANN, H. (eds.), *Divine Wrath and Divine Mercy in the World of Antiquity* (FAT II 33), Tübingen 2008.

KUAN, J. K., *Neo-Assyrian Historical Inscriptions and Syria-Palestine: Israelite/Judean-Tyrian-Damascene Political and Commercial Relations in the Ninth-Eighth Centuries BCE*, Hong Kong 1995.

LEVIN, C., *Re-Reading the Scriptures: Essays on the Literary History of the Old Testament* (FAT 87), Tübingen 2013.

LIPSCHITS, O., *The Fall and Rise of Jerusalem: Judah under Babylonian Rule*, Winona Lake 2005.

LIVERANI, M., *Israel's History and the History of Israel*, London 2003.

LONG, B. O., *1 Kings: With an Introduction to Historical Literature* (FOTL 9), Grand Rapids 1984.

_____, *2 Kings* (FOTL 10), Grand Rapids 1991.

MALAMAT, A., "The Last Kings of Judah and the Fall of Jerusalem: An Historical-Chronological Study", *IEJ* 18 (1968) 137–156.

NA'AMAN, N., "The Historical Background to the Conquest of Samaria (720 BC)", *Bib.* 71 (1990) 206–225.

NA'AMAN, N. / ZADOK, R., "Assyrian Deportations to the Province of Samerina in the Light of Two Cuneiform Tablets from Tel Hadid", *TA* 27 (2000) 159–188.

NAHKOLA, A., *Double Narratives in the Old Testament: The Foundations of Method in Biblical Criticism*, Berlin 2001.

NELSON, R. D., *The Double Redaction of the Deuteronomistic History* (JSOT.S 18), Sheffield 1981.

ODED, B., *Mass Deportations and Deportees in the Neo-Assyrian Empire*, Wiesbaden 1979.

OHM, A. T., "Manasseh and the Punishment Narrative", *TynB* 61 (2010) 237–254.

OLMSTEAD, A. T., *History of Assyria*, Chicago 1975 [1923].

PARKER, B. J., *The Mechanics of Empire: The Northern Frontier of Assyria as a Case Study in Imperial Dynamics*, Helsinki 2001.

PERSON, R. F., *The Deuteronomic School: History, Social Setting, and Literature*, Atlanta 2002. (최안나 옮김, 신명기 학파, 성서와함께, 2005)

RADNER, K., "Provinz", *RLA* 11 (2006) 42–68.

RÖMER, T., *The So-Called Deuteronomistic History: A Sociological, Historical and Literary Introduction*, London 2005.

_____, "The Case of the Book of Kings", in: D. V. Edelman (ed.), *Deuteronomy-Kings as Emerging Authoritative Books: A Conversation*, Atlanta 2013, 187–201.

RONCACE, M., *Jeremiah, Zedekiah, and the Fall of Jerusalem* (LHB 423), New York 2005.

SCHMID, K., "Manasse und der Untergang Judas: 'Golaorientierte' Theologie in den Königsbüchern?", *Bib.* 78 (1997) 87–99.

STAVRAKOPOULOU, F., *King Manasseh and Child Sacrifice: Biblical Distortions of Historical Realities* (BZAW 338), Berlin 2004.

TADMOR, H., *The Inscriptions of Tiglath-Pileser III, King of Assyria: Critical Edition, with Introductions, Translations and Commentary*, Jerusalem 1994.

TADMOR, H. / YAMADA, S. (eds.), *The Royal Inscriptions of Tiglath-pileser III (744–727 BC) and Shalmaneser V (726–722 BC), Kings of Assyria* (RINAP 1), Winona Lake 2011.

TAPPY, R. E., *The Archaeology of Israelite Samaria*, vol. 2, Atlanta, 1992.

TETLEY, M. C., "The Date of Samaria's Fall as a Reason for Rejecting the Hypothesis of Two Conquests", *CBQ* 64 (2002) 59–77.

VANDERHOOFT, D. S., *The Neo-Babylonian Empire and Babylon in the Latter Prophets*, Atlanta 1999.

VANONI, G., "Beobachtungen Zur Deuteronomistischen Terminologie in 2 Kön 23,25–25,30", in: N. Lohfink (ed.), *Das Deuteronomium: Entstehung, Gestalt und Botschaft* (BEThL 68), Leuven 1985, 357–362.

VEEN, P. G. VAN DER, *The Final Phase of Iron Age II in Judah, Ammon, and Edom: A Study of Provenanced Official Seals and Bullae as Chronological Markers* (AOAT 415), Münster 2014.

WEINFELD, M., *Deuteronomy and the Deuteronomic School*, Oxford 1972.

WEIPPERT, M. et al., *Historisches Textbuch zum Alten Testament*, Göttingen 2010.

WÜRTHWEIN, E., *Die Bücher der Könige: 1. Kön. 17–2. Kön. 25*, Göttingen 1984.

YOUNGER, K. L., "The Fall of Samaria in Light of Recent Research", *CBQ* 61 (1999) 461–482.

ZERTAL, A., "The Province of Samaria (Assyrian Samerina) in the Late Iron Age (Iron Age III)", in: M. Oeming / O. Lipschits (eds.), *Judah and the Judeans in the Persian Period*, Winona Lake 2005, 377–412.

4장

예루살렘의 포위 공격
수사학적 최대주의(신명 28장)와
내러티브 최소주의(2열왕 25장) 사이에서

장 피에르 소네

2열왕 25장에 묘사된 예루살렘의 포위 공격과 멸망은 왜 그렇게 간략한가? 성경이 이스라엘의 가장 암울한 시기를 환기할 때 왜 그리도 건조하고 간결한가? 도성의 포위는 2열왕 6,24-33의 경우처럼 열왕기에서 극화될 수 있었다. 거기에서는 아람의 벤 하닷이 사마리아를 포위한 상황을 이야기할 때 세부 사항을 상세히 표현하고 생생한 대화로 구성하며, 포위된 상태의 기근을 궁극적으로 표현한 식인 풍습, 더 정확하게는 모계 식인 풍습으로 그 장면을 극화한다. 그러나 2열왕 25장에서는 이와 비슷한 것을 조금도 발견할 수 없다. 거기서 화자는 그 이름에 걸맞게 장면과 대화들을 정교하게 만들려 하지 않고, 단순히 사실을 전달하는 데서 그친다.

그뿐 아니라 열왕기의 화자는 수도의 함락과 같은 대재앙의 내막을 신학적으로 정교하게 설명하는 일을 능숙히 할 수 있다. 그는 사마리아 멸망 후에 2열왕 17장에서 17개 절에 걸쳐 장황한 말을 늘어놓는다. 열왕기의 끝에는 그와 비슷한 것이 전혀 나타나지 않는다. 대신 24장에 앞을 내다보는 해설이 2개 있다. 첫 번째(2-4절)에서 화자는 요시야 개혁이라는 막간극을 넘어서, "야훼께서 당신의 종 예언자들을 통하여 하신 말씀대로, 유다를 멸망시키시려고"(2절)라고 하신 예루살렘과 유다에 대한 하느님 심판의 실마리를 다시 끄집어낸다. 하느님은 "므나쎄가 지은 온갖 죄 때문에"(3절; 참조 2열왕 21,11-15) 그렇게 하실 것이고, 불가피하게 그렇게 하실 것이다. "야훼께서는 용서하실 마음이 없으셨던 것이다"(4절; 참조 2열왕 22,16-17에 훌다 신탁의 둘째 부분). 화자의 두 번째 해설은 한 구절인데 24장 제일 끝에 나타난다. "예루살렘과 유다가 야훼를 분노하시게 하였기에, 주님께서는 마침내 그들을 당신 앞에서 쫓아내셨다"(20절). 두 진술은 다음 에피소드에서 독자를 안내할, 실제로 매우 필요한 나침반 역할을 한다. 이후 전개될 이야기에서는 인간의 인과관계가 복잡하게 얽히면서 임금, 장군, 고위 및 하위 궁정 관리, 음모자들 사이의 권력 다툼이 벌어지기 때문이다. 마치 화자가 신의 대리인에서 인간으로 존재 양식을 전환한 것처럼, 신적 인과율causality은 그 장면을 떠났다.[1] 그리고 독자가 신학적 해설을 가장 기대하는 곳, 즉 멸망과 뒤이어 유다와 바빌론에서 일련의 극

---

[1] '이중 인과율dual causality' 개념이 현재 연구를 뒷받침할 것이다. 이것은 성경 내러티브에서 신적 인과율과 인간적 인과율을 번갈아 내세우기를 위해 (그리고 일련의 같은 사건에 대해 규칙적으로 그렇게 하기 위해) 사용하는 기법을 가리킨다. Isac L. Seeligman은 G. von Rad와 Y. Kaufmann의 저술에 나오는 관련된 견해에서 착상하여 '이중 인과율doppelte Kausalität'이라는 표현을 만들었다. Seeligman, "Menschliches Heldentum" 참조. 아미트 아미트Yairah Amit는 선행 연구 작업을 기반으로, 성경의 스토리텔링에서 작동하는 '원리'를 처음으로 언급했다. Amit는 "이중 인과율 원리는 한편으로는 하느님과 사람에게 배정된 설명의 비율이 다른 데서, 다른 한편으로는 하느님과 인간의 관계에서의 위계적 결정에 의해 표현된다"라고 썼다(Amit, "Dual Causality Principle", 391).

적인 사건들이 일어난 후에, 화자는 독자에게 권위 있는 해석의 열쇠를 제공할 수 있는 어떤 신학적 설명도 정교하게 하지 않는다.

열왕기가 그 끝에 다다랐을 때, 성경의 역사 기록은 신학적으로 침묵하는 것처럼 보이고 역사는 불투명한 상태로 남는다.[2] 2열왕 25장에서 마지막 "말"은 하느님께 조금도 속해 있지 않고 바빌론의 임금에게 속한다. 그는 자비롭게 나서서 유다 임금 여호야킨에게 특별 대우를 제공하지만, 화자는 그 일에 대해 해설을 삼간다. 로버트 콘 Robert Cohn은 "인상적인 것은 2열왕 17장에서 북 왕국의 멸망을 해석하는 것과 같은 신학적 의견이 없다는 점이다"라고 지적하며 덧붙인다. "예언자들이 경고하고 그 경고들을 상기시켰음에도 불구하고, 유다의 멸망은 야훼의 심판, 복수 또는 정의를 일절 강조하지 않은 채 사실적인 문체로 보도된다."[3]

열왕기 화자의 과묵함이 역대기사가에게는 분명 너무 벅찼던 것 같다. 2역대 36,11-21에 있는 그의 병행 기술에서, 역대기사가는 예루살렘 멸망에 대해 2열왕 17장 문체로 공인된 신학적 해석을 제시한다. 그 과정에서 예언자 예레미야를 등장시키고(12절), 70년에 관한 예레미야의 신탁이 성취되었음을 보고하고, 키루스의 선언으로 계속 나아간다. 다른 말로, 역대기사가는 역사가 비록 그 밑바닥에 있을지라도 하느님에 의해 여전히 인도되고 있으며 그분이 키루스의 "마음을 움직이셨다"(22절)라고 명백하게 쓴다. 회복이 눈앞에 있다는 것이

---

2. 이것은 구경(九經, Enneateuch)의 모든 책이 (화자 또는 등장인물 중 한 사람에 의한) 신학적 메모로 끝나기 때문에 더욱 주목할 만하다. 두 가지 예외가 있는데, 하느님의 계획이 확인된 판관기, 그리고 이스라엘의 첫 역사의 끝인 열왕기다.

3. Cohn, *2 Kings*, 170.

다. 그러나 열왕기의 끝에서는 이와 비슷한 일이 일어나지 않는다. 거기서 하느님의 말씀은 추동력도, 공인된 해설도 없이 역사를 남겨 두고는 화자의 목소리를 따라 차차 모습을 감추는 것 같다.

이렇게 표현이 적고 좌절한 듯한 결말을 어떻게 이해해야 하는가? 답은 다른 본문인 신명기와 이 결말의 의도된 상관관계에서 찾을 수 있다. 이것이 내가 탐구하려는 가설이다. 여기에서는 편집상의 문제를 다루지 않고, 현존하는 본문의 내러티브와 실용적인 차원, 즉 독자와 맺는 관계를 다룰 것이다. 그러면서 도미니크 마클의 최근 기고 "모세 없는 미래는 없다: 2열왕 22-25장의 비참한 종말과 모압 계약의 기회(신명 29-30장)"를[4] 최대한 활용할 것이다. 마클은 2열왕 22장에 나오는 모세의 토라 책 발견과 2열왕 24-25장의 "불만족스러운 끝"은[5] 열왕기 독자에게 "모세가 약속된 땅으로의 귀환을 언급하는 유일한 본문"인 신명 29-30장을 다시 읽도록 촉구한다고 주장한다.[6] 마클의 논고는 회복의 희망을 촉발하는 것으로서 주로 신명 29-30장, 특히 30,1-10의 역할에 초점을 맞춘다. 나는 신명 28장의 저주에 초점을 둘 것인데, 거기서는 마치 저주가 할 수 있는 것처럼 포위의 공포를 자세히 묘사하고 있다. 책들(열왕기와 신명기)을 연결하여 내가 보여 주고자 하는 바는 역사의 최저점에서, 즉 2열왕 25장에서 저주와 예루살렘 멸망에 대한 기록으로 처음 실현되어, 신명 30,1-10에 모세가 제시한 회복의 전망을 독자가 준비할 수 있게 하는 것이다.

---

4. Markl, "No Future".
5. Markl, "No Future", 725.
6. Markl, "No Future", 711.

1. 요시야와 훌다: 책의 끝에서 듣기

예루살렘의 마지막 날들과 신명 28장의 저주를 연결하는 것은 무엇보다 서술된 역사 안에서 발생한 사건이고, 또 2열왕 22장의 내러티브에서 요시야와 훌다 두 인물이 행하는 해석 행위이다. 그들 각자의 발언에서 그들은 "이 장소"(함마콤 하쩨המקוםהזה)의 운명을 "이 책"(하쎄페르 하쩨הספרהזה)의 말들과 연관시킨다. 표 1에서 볼 수 있듯이 요시야는 발견된 책을 "이 책"이라고 낙인찍은 사람이지만, 훌다의 신탁은 "유다 임금이 읽은 책"을 "이곳"과 연관시킨다.

솔로몬 임금은 1열왕 8장의 기도에서 예루살렘과 성전에 대해 함마콤 하쩨המקוםהזה 어구를 처음 사용한 사람이었다(29.30.35절; 역자 주: 《성경》에는 35절에 "이 성전"). 신명 17,10에서 "야훼께서 선택하실 장소" 혹은 "그 장소"(함마콤 하후המקוםההוא)였던 곳은 이제 솔로몬의 기도에서 중요한 지명인 "이 장소"가 되었다. 그러나 대상 지시어 특수화 과정은 2열왕 22장에서 한 단계 더 나아간다. "이 장소"는 "이 책"에서, 현재와 미래에 걸쳐, 그 자체의 공인된 '전설'을 발견한다. 대상 지시어들은 요시야의 진술에서 특히 결정적이다. "우리 조상들이 이 책의 말씀을 듣지 않고, 우리에 관하여 거기에 쓰여 있는 그대로 실천하지 않았기 때문에, 우리를 거슬러 타오르는 야훼의 진노가 크오"(13절). 그리고 그의 '대상 지시어' 읽기를 훌다가 확증해 줄 것이다.[7] 우리는 대상 지시어("이 책", "우리", 그리고 "이 장소")를 통해 드러나는 동일시

---

7. 대상 지시어의 정체는 2열왕 23,27에서 하느님 자신에 의해 확증된다. "나는 이스라엘을 물리친 것처럼 유다도 내 앞에서 물리치겠다. *내가 선택한 이 도성 예루살렘도, 나의 이름이 여기에 있으리라고 말한 이 집도 내버리겠다.*"

및 자기 참여의 행위에서 모든 것이 결정화되고 침전되는 지점에 도달했다.

요시야와 훌다는 "이 장소"와 "이 책"을 연관시키면서, 그 책이 그 장소에 대해 분명히 말하고 있는 위협에 초점을 맞춘다. 신탁에서 하느님 말씀의 첫 문장은 상당히 의미 깊다. "유다 임금이 읽은 책에 쓰여 있는 말 그대로(하쎄페르 아쉐르 카라 멜렉 여후다)(הספר אשר קרא מלך יהודה), 이제 내가 이곳(엘-함마콤 하쩨 하제)(אל-המקום הזה)과 이곳 주민들에게 재앙을 내리겠다"(16절). "책"에 대한 이 언급을 우리는 어떻게 이해할 것인가? 요시야와 훌다는 각각의 진술에서 독자에게 힌트를 실제로 준다. 임금의 선언과 여예언자의 선언에서 신명 28장에 대한 언급이 참으로 감지될 수 있다.

이 책 הספר הזה	이 장소 המקום הזה
2열왕 22,13(요시야)	2열왕 22,15-20(훌다)
13 "가서 이번에 발견된 **이 책**의 말씀을 두고, 나와 백성과 온 유다를 위하여 주님께 문의하여 주시오. 우리 조상들이 **이 책**(하쎄페르 한님차 하쩨 הספר הנמצא הזה)의 말씀을 듣지 않고, 우리에 관하여 거기에 쓰여 있는 그대로 실천하지 않았기 때문에, 우리를 거슬러 타오르는 주님의 진노가 크오."	15 "주 이스라엘의 하느님께서 이렇게 말씀하십니다. '너희를 나에게 보낸 사람에게 이렇게 전하여라. 16 주님이 이렇게 말한다. 유다 임금이 읽은 책에 쓰여 있는 말 그대로(하쎄페르 아쉐르 카라 멜렉 여후다 הספר אשר קרא מלך יהודה), 이제 내가 **이곳**(엘-함마콤 하쩨 אל-המקום הזה)과 이곳 주민들에게 재앙을 내리겠다. 17 그들이 나를 저버리고 다른 신들에게 향을 피워, 자기들 손으로 저지른 그 모든 짓으로 나의 화를 돋우었기 때문이다. 그래서 나의 진노가 *이곳*(밤마콤 하쩨 במקום הזה)을 거슬러 타오를 터인데, 그 진노는 꺼지지 않을 것이다.'

	18 그리고 주님께 문의하라고 여러분을 보낸 유다 임금님께 이 말도 전하십시오. 주 이스라엘의 하느님께서 이렇게 말씀하십니다. '이는 네가 들은 말씀에 관한 것이다. 19 **이곳**(알-함마콤 하쩨על-המקום הזה) 과 이곳 주민들이 황폐해지고 저주를 받으리라고 내가 한 말을 네가 듣고, 마음이 유순해져 주님 앞에서 자신을 낮추었다. 또 네 옷을 찢고 내 앞에서 통곡하였다. 그래서 나도 네 말을 잘 들어 주었다. 주님의 말이다. 20 그리하여 내가 너를 네 조상들 곁으로 불러들일 때, 너는 평화로이 네 무덤에 묻히고, 내가 **이곳**(알-함마콤 하쩨על-המקום הזה) 에 내릴 모든 재앙을 네 눈으로 보지 않게 될 것이다.'"

표1

성전에서 발견된 책이 읽힐 때 요시야는 말없이 옷을 찢었다["그 율법서의 말씀을 듣고 임금은 자기 옷을 찢었다"(11절)]. 이것은 깊은 낙담이나[8] 애도를[9] 표현하는 행동이다. 짐작하건대, "책의 말씀"에는 요시야 자신이 하느님께 문의하기 위해 대표단을 보낼 때 자세히 설명한 대로 놀라운 전망이 담겨 있었다.

> 가서 이번에 발견된 이 책의 말씀을 두고, 나와 백성과 온 유다를 위하여 주님께 문의하여 주시오. 우리 조상들이 이 책의 말씀을 듣지 않고, 우리에 관하여 거기에 쓰여 있는 그대로 실천하지 않았기 때문에, 우리를 거슬러 타오르는 주님의 진노가 크오(13절).

---

8. 창세 44,13; 1사무 4,12; 2사무 15,32 참조.
9. 창세 37,34; 레위 10,6; 21,10; 2사무 13,31; 욥 1,20; 에스 4,1 참조.

신명 28장	2열왕 22,13(요시야)
15 그러나 "너희가 주 너희 하느님의 말씀을 **듣지 않고**(워하야 임-로 티쉬마 והיה אם־לא תשמע), 내가 오늘 너희에게 명령하는 그분의 모든 계명과 규정을 명심하여 실천하지 않으면, 이 모든 저주가 내려 너희 위에 머무를 것이다."	"가서 이번에 발견된 *이 책*의 말씀을 두고, 나와 백성과 온 유다를 위하여 주님께 문의하여 주시오. 우리 조상들이 이 책의 말씀을 **듣지 않고**(로-샴우 아보테누 לא־שמעו אבתינו), 우리에 관하여 거기에 쓰여 있는 그대로 실천하지 않았기 때문에, 우리를 거슬러 타오르는 주님의 진노가 크오."
45 "이 모든 저주가 너희 위에 내려, 너희가 멸망할 때까지 너희를 쫓아다니며 너희 위에 머무를 것이다. 이는 너희가 주 너희 하느님의 **말씀을 듣지 않고=듣지 않았을 것이기에**(키-로 샤마타 כי־לא שמעת), 그분께서 너희에게 명령하시는 계명과 규정들을 지키지 않았기 때문이다."	
58 "너희가 이 영광스럽고 경외로운 이름, 주 너희 하느님을 경외하고, *이 책*에 쓰인 율법의 모든 말씀을 명심하여 실천하지 않으면…"	

표2

"우리 조상들은 듣지 않았다(로-샴우 아보테누 לא־שמעו אבתינו)." 요시야는 이런 식으로 신명기에 숱하게 나오는 들으라는 요청을 반영할 수 있으며, 그것들은 부족하지 않다. 그러나 요시야는 신명 28장 저주의 시작 부분에 나오는 "그러나 너희가 주 너희 하느님의 말씀을 듣지 않고(워하야 임-로 티쉬마 והיה אם־לא תשמע), 내가 오늘 너희에게 명령하는 그분의 모든 계명과 규정을 명심하여 실천하지 않으면, 이 모든 저주가 내려 너희 위에 머무를 것이다"(신명 28,15)라는 특정한 요청(표 2 참조)을 반복할 수도 있다. 게다가 요시야가 카탈형(로-샴우 아보테누 לא־שמעו אבתינו)을 사용하여 "우리 조상들은 듣지 않았다"고 한 말은 신명 28,45에 쓰인 카탈형을 반영할 수도 있다. "이 모든 저주가 너희 위에 내려, 너희가 멸망할 때까지 너희를 쫓아다니며 너희 위에 머무를 것이다. 이는 너희가 주 너희 하느님의 말씀을 듣지 않고(키-로 샤마타כי־לא שמעת), 그분께서 너희에게 명령하시는 계명과 규정들을 지키지 않았기 때문이다." 실제 저주에서 카탈형은 저주의 미래 가능성을 보존하면서, 전형적으로 임박한 미래나 미래 완료('너희가 듣지 않았을 것이기 때문에')의 역할을 한다.[10] 그럼에도 불구하고 요시야의 다음과 같은 해석에서 동사를 과거로 해석하여 사실을 언급하고 있다고 추론하고 싶다. "그들은 듣지 않았고, 그래서 그 저주가 성취된다."[11] 요컨대 델버트 힐러는 다음과 같이 요약한다. "새롭게 발견된 '율법서'가 읽혔을 때 나타난 요시야 임금의 경악스러운 반응(2열왕 22,11)은 그 책에 부속된 저주들 때문이었다."[12]

임금이 보낸 사람들에게 훌다는 예루살렘과 그 주민들은 "폐허와 저주"(러샴마 워리크랄라לשמה ולקללה, 2열왕 22,19)가 될 것이라고 선언한다. 표 3에서 보는 대로, "폐허"는 신명 28,37에 나오는 저주 곧 "너희

---

10. 나는 이러한 관찰을 Alexander Andrason(University of Stellenbosch)에게 빚지고 있다. 신명 28,45 문장에 대한 나의 분석과 설명은 그 구절이 "조건문이 아니라 무조건적인 것"이라는 제프리 티게이(Tigay, *Deuteronomy*, 492)의 설명과, 또는 "이제 범죄와 징벌은 더 이상 가능성이 없으나 필연적인 결론처럼 들린다"(Nelson, *Deuteronomy*, 332)라고 하는 리처드 넬슨의 설명과 대조된다. 마찬가지로 한스 울리히 스테이만도 그 구절에서 "모세의 입에 있는 하느님의 심판"을 보고 그것을 문맥의 조건문과 다른 원천으로 단정한다(Steymans, *Deuteronomium* 28, 32; 참조 226-227).
11. 비슷한 설명이 유배 혹은 유배 이후 독자에 의해 정교하게 만들어졌을 것이다. 그는 모세의 설교에서 실제로 미래 전망이었던 동사 형태를 과거(조상들은 '듣지 않았다')에 대한 언급으로 풀이한다.
12. Hillers, *Treaty-Curses*, 85. 이것은 다음을 언급한다. Mendenhall, "Covenant Forms", 73-74. 또한 Tigay, *Deuteronomy*, 261 참조. 신명 28장의 저주가 원하는 효과는 "2열왕 22,11.19에 관련된 것으로, 저주들을 듣고 슬픔으로 옷을 찢은 요시야 임금의 반응에서 나타난다."

는 폐허(러샴마לשמה)와 속담과 비방거리가 될 것이다"(역자주: 《성경》에는 "놀람 거리와 놀림거리와 웃음거리")를 반영하는 한편, "저주"는 신명 28장에 실린 일련의 저주에 대한 포괄적인 반향일 수 있다. 그 연속물은 15절에서 시작한다. "그러나 너희가 주 너희 하느님의 말씀을 듣지 않고, … 이 모든 저주(콜-하커라로트 하엘레האלה כל־הקללות)가 내려 너희 위에 머무를 것이다."[13]

신명 28장	2열왕 22장(훌다의 신탁)
15 그러나 너희가 주 너희 하느님의 말씀을 듣지 않고, 내가 오늘 너희에게 명령하는 그분의 모든 계명과 규정을 명심하여 실천하지 않으면, 이 모든 저주(콜-하커라로트 하엘레האלה כל־הקללות)가 내려 너희 위에 머무를 것이다. **37** … 너희는 폐허(러샴마לשמה)와 속담과 비방거리가 되리라. **61** 모든 다른 질병과 환난은, *이 율법서에*(버세페르 핫토라 하쪼트בספר התורה הזאת) 기록되지 않았어도 야훼께서 네가 폐허가 될 때까지 너에게 내리실 것이다.	**16** 나 야훼가 이같이 말한다. 나는 이곳과 그 주민에게 재앙(라아רעה)을 내리리니 곧 유다 임금이 읽은 *책의 모든 말씀이다*(하쎄페르 아쉐르 카라 멜렉 여후다הספר אשר קרא מלך יהודה). **19** … **폐허**와 **저주**(러샴마 워리크랄라לשמה ולקללה) …

표3

이런 식으로 요시야와 훌다는 이 책을 그 끝, 즉 저주의 관점에서 보거나 더 낮게 표현하자면 저주를 들으면서 언급한다.[14] 훌다의 말인

---

13. Markl, "No Future", 720 참조.
14. 요시야의 경우, 이것은 결국 소위 '최신 효과recency effect'라는 흥미로운 단계에 이른다. 인지 심리학에서 최신 효과는 사람들이 목록의 끝에서부터 상기하는 경향이 있어

"그 책은 도성에 대한 위협들을 통해 들린다"를 들으면 훨씬 더 정확해진다.[15] 훌다의 신탁에서, 하느님은 이 위협을 "이곳과 이곳 주민들(엘-함마콤 하쩨 워알-요시바이우-אל־המקום הזה ועל־ישביו)"과 두 번 연결한다(16절; 참조 19절). 위협받은 것은 도성의 사회적 실체, 그 성벽 안에 있는 주민 전체다. 신탁에서 이 점이 강조되면서 우리에게 신명 28장의 저주를 다시 한 번 알려 준다. 이 저주는 점층적으로 세지면서 포위당한 도성의 전망을 정확하게 투영한다.

문제의 저주를 포함하는 부분(신명 28,47-57)은 도시를 포위하기 전에 땅을 황폐하게 만들 "무서운 얼굴의 민족(아즈 파님 עז פנים; 50절)에 의한 군사 원정의 *내러티브*에 해당한다.

너희의 모든 성문에서(버콜-셔아레카 בכל־שעריך) 너희를 에워싸고, 너희가 신뢰하는 높고 견고한 성벽이 너희 땅에 무너질 때까지, 너희의 하느님 야훼께서 너희에게 주신 땅의 *모든 성문에서*(버콜-셔아레카 버콜-아르처카 בכל־שעריך בכל־ארצך) 너희를 에워싸리라(52절; 참조 55.57절).

끝에 있는 해당 항목을 가장 잘 기억하며, 연속물의 끝이 (저주의 경우와 같이) 수사학적으로 들어갔을 때 더욱 그렇다고 설명한다. Luchins, "Primacy-Recency" 참조. 신명 28장의 저주가 토라 책(율법서)과 두 번 연관되어 있다는 사실을 관찰하는 것은 흥미롭다[28,58에 "이 책에 쓰인 이 율법(토라)의 모든 말씀" 그리고 28,61에 "이 율법서(토라의 책)에 쓰여 있지 않은 모든 병과 재난"]. 저주 부분은 그렇게 그 자체를 토라 책, 즉 "이 책"의 구성 부분으로 소개한다. 여하튼 이 강조는 2열왕 22장에서 요시야가 "이 책"을 수용할 것을 어느 정도 예상한다. 읽힌 책은 이 토라(즉, 규범적인) 책인데, 그것은 마지막에 있는 저주에서 절정에 달한다.

15. 내러티브 맥락은, 사판처럼 그 책을 읽지(2열왕 22,8) 않고 요시야처럼 그것을 듣지(11절) 않은 훌다가 "그녀의 예언적 은사에 힘입어 그 책을 알고 있다고 추정되어야 한다"(Alter, *Ancient Israel*, 835)라고 시사한다.

"성문"은 신명기에서 통례적으로 쓰인 것처럼, 여기서 '성읍'을 가리키는 환유換喩로 사용된다.[16] 복수 사용은 주의를 요한다. "너희의 모든 성문에서"는 "너희의 모든 성읍에서"를 의미한다. 저주는 적군의 전면적인 침략으로 위협받는 다수의 성읍을 말한다. 일반성generality은 실제로 저주의 전형적 양상이다. 저주는 다양한 상황에서 쓰이며, 스탠리 게버츠가 지적한 대로 이 점에서 법의 일반성과 병행을 이룬다.[17] 하지만 훌다의 신탁에서는 일반성이 특수성에 자리를 내준다. 저주가 "너희의 모든 성읍"에 관하여 말하는 데 비해, 신탁은 "이곳과 이곳 주민들"에게 집중한다. 다른 말로, 하느님은 신탁에서 일반적인 저주를 특정한 기소로 변화시켰다.[18] 따라서 훌다의 신탁은 요시야가 책의 말씀을 들으며 입수한 것을 확증해 준다. 문제의 그 단어들은 "우리를 거슬러"(2열왕 22,13) 만들어진 문장의 전달 수단이다. 저주는 파멸 예언의 구체적이고 피할 수 없는 성격을 취했다. 모세(예언자)에 의해 저주의 일반성이란 면에서 발언되고, 훌다(여예언자)에 의해 특별한 고발로 활성화된 저주들은 결국 서술되는 세계에 시한폭탄을 설치한 셈이다.

---

16. 신명 5,14(역자주: 《성경》에는 "동네"); 12,12.15.17.21; 14,21 등 참조.
17. Gevirtz, "West-Semitic Curses", 140.
18. 마법과는 거리가 먼 신명 28장의 저주들은 하느님의 작용으로 그것들이 실행됨을 의미한다. 특히 20절 참조. "야훼께서 너희 손이 하는 모든 일에 저주와 혼란과 위협을 보내실 것이다"(또한 21.22.24.25.27.28.35.36.48.59.61.63.64.65.68절 참조). 신명 28장의 축복과 저주의 제안은, 티가이에 의하면 "그것이 분명하지 않은 곳일지라도, 이 장의 전반적인 맥락은 약속되고 위협되는 모든 것이 하느님 행동의 결과임을 분명히 한다"(Tigay, *Deuteronomy*, 493).

2. 포위 저주들: 누락된 장면들

등장인물의 세계에서 요시야와 훌다가 달성한 일은 독자의 세계에서도 유사한 작업을 일으키고 부여한다. 요시야와 훌다 못지않게 열왕기의 독자는 예루살렘의 운명을 저주와 연관시킬 수 있는 위치에 있다. 고대에 모세가 발설했던 그 저주는 지금 훌다가 선언한 대로 한 문장으로 신성하게 변환되었다. 저주를 염두에 두고, 독자는 열왕기의 마지막 장에서 언급한 우연한 사건을 면밀히 조사할 수 있다.

저주를 인식하면 실제로 열왕기의 결말을 더 깊이 읽을 수 있다. 열왕기의 서술에서 포위 공격과 관련된 유일한 실존적 측면이 기근이다. 굶주림은 짧게 보고된다. 돌격이 시도된 지점까지 '넷째 달 아홉째 날에 그 도성에 기근(라아브ㄱ그ㄱ)이 심해지고 그 땅 백성에게 먹을 양식이 떨어졌다'(2열왕 25,3).[19] 그러한 기근은 신명 28장의 저주를 염두에 둔 사람에게는 저주가 이루어진 것이다. 극심한 기근은 도성의 포위 공격과 관련된 저주의 절정이다(신명 28,53-57). 하지만 열왕기의 화자는 그의 보고에서 기근의 공포를 알리는 일이 마치 다른 누군가, 즉 예언자의 책임이거나 심지어는 저주 조항의 행위자로서 하느님에게 책임이 있는 것처럼, 상황을 자세히 설명하지 않는다. 열왕기의 화자는 말로 표현할 수 없는 이야기 앞에서 아마도 품위를 지켜 겸손하게 조금 묘사하고 있다. 그래도 신명 28장의 저주를 아는 사람은 (요시야가 그랬던 것처럼) 경악할 수 있는데, 문제의 저주가 굶주린 사람들

---

19. 유사한 순서 참조, 포위된 백성의 식인食人 행위와 탈출 시도를 포함한 유사한 순서는 앗슈르바니팔 연대기(라삼 원통), *ANET*, 298에서 확인할 수 있다.

사이에서 나올 영아 살해와 식인 풍습의 반응을 예고하기 때문이다. 자기 자식을 잡아먹는 풍습의 모티프는 고대근동의 출전 자료들에서 기근과 관련하여 쓰는 상투적 표현 *topoi*에 해당한다.[20] 이스라엘 에프알Israel Eph'al은 "모티프가 징조omen 문헌, 정치적 조약들과 다양한 종류의 문학작품에 널리 퍼져 있다"라고 한다.[21] 정치적 조약들에는 에사르 하돈의 후계자 계약이 들어 있는데, 거기에는 이 주제에 대한 다양한 변형이 담겨 있다.[22] 문학작품 중에는 에사르 하돈의 아들 앗슈르바니팔의 연대기도 있다.[23] 자기 자식을 먹는 것은 특히 포위와 관련된 출전 자료들에 있는 독특한 문학적 모티프이다. 히브리어 성경이 다양한 수사적 맥락에서 이 주제를 반복적으로 사용하지만,[24] 델버트 힐러는 신명 28장의 해당 부분이 "충격적인 세부 사항으로 타의 추종을 불허한다"라고 쓴다.[25]

신명 28장에서 이 모티프는 일종의 붉은 실로 이 장의 역동 속에 주의 깊게 삽입된다. 표 4에서 볼 수 있는 것처럼 "너희 몸의 소생을 먹을 것"이라는 전망은 실제로 28장의 시작 부분에서 공식화된 "너희 몸의 소생과 … 복을 받을 것이다"라는 축복의 반전이다(4절, 그

---

20. 이스라엘 에프알은, 그것은 "인간성을 상실할 정도로 굶주림의 심각한 심리적 영향"을 반영한다고 쓴다(Eph'al, *City Besieged*, 61).
21. Eph'al, *City Besieged*, 61.
22. Est §§ 47, 69, 71, 75 (*ANET*, 538-540; 참조 SAA II 6) 참조; 아시리아의 앗슈르니라리 5세와 아르파드의 마틸루 사이의 조약(*ANET*, 533) 참조.
23. "그들 사이에 기근이 들자 그들은 배고픔에 맞서 자기 자녀들의 살을 먹었다. (그리하여) Ashur, Shin, Shamash, Abad, Bel, Nebo, Ishtar of Nineveh (Queen of Kidmuri) Ishtar of Arbela, Ninurta, Nergal, Nusku는 그들이 맹세한 조약에 기록된 저주들을 그들(모두)에게 재빨리 가했다"[앗슈르바니팔 연대기(*ANET*, 300)].
24. Bosman, "Function", 152-165 참조. 포위 문맥에서 자기 자식을 잡아먹는다는 식인 주제는 다양한 성경 본문에 나타나는데, 가장 명시적인 곳은 2열왕 6,24-33; 예레 19,9; 애가 2,20; 4,10이다.
25. Hillers, *Treaty-Curses*, 63.

리고 11절에서 반복된다). 하지만 축복은 저주로 변하기 쉽다. 이 반전의 과정이 47-57절에 걸쳐 자세히 설명되어 있다. 적들은 가축의 새끼들과 땅의 소출을 먹을 것이나(51절), 포위된 백성은 자신의 아이들을 먹기에 이른다. "너희의 원수들이 너희를 조여 오는 곤경과 고난으로, 너희는 너희 몸의 소생을, 곧 주 너희 하느님께서 너희에게 주신 아들딸들의 살을 먹을 것이다"(53절).

신명 28,4	신명 28,11	신명 28,18	신명 28,53
너희 몸의 소생과 … 복을 받을 것이다.	야훼께서는, 너희에게 주시겠다고 너희 조상들에게 맹세하신 땅에서, **너희 몸의 소생**과 가축의 새끼와 땅의 소출을 풍성하게 해 주실 것이다.	**너희 몸의 소생**과 … 저주를 받을 것이다.	너희의 원수들이 너희를 조여 오는 곤경과 고난으로, 너희는 **너희 몸의 소생**을, 곧 주 너희 하느님께서 너희에게 주신 아들딸들의 살을 먹을 것이다.

표4

시모네 파가니니가 지적한 대로 가장 끔찍한 것은 "적들이 백성에게 행할 일이 아니라, 백성의 일원들이 그들 서로에게 할 일들이다."[26] 더욱이 리처드 넬슨은 "잔인한 사람들이 이 일을 하는 것이 아니라 섬세하고 애지중지하던 사람들이 한다"라고 덧붙인다.[27] 양탄자 위를 걷는 데 익숙한 여인일지라도 그러한 관습에 탐닉할 것이며 공유하지

---

26. Paganini, *Deuteronomio*, 389.
27. Nelson, *Deuteronomy*, 332.

않기 위해 "비밀"(바싸테르בסתר)로 그렇게 할 것이다.[28] 이 장면은 다음 세대에 생명과 토라의 전달 여하에 전적으로 달려 있는 사회, 연대하는 신명기계 사회의 완전한 붕괴, 전적인 부정否定을 나타낸다.[29]

문제의 저주는 인간과 사회의 가장 끔찍한 상황을 보여 줄 뿐만 아니라 포위된 사람들의 마음과 눈에 일어나는 일도 드러낸다. 공포가 한 번은 아버지의 관점에서(53-55절), 또 한 번은 어머니의 관점에서(56-57절) 제시되면서, "은밀히"(바싸테르בסתר) 범죄에 가담한 부모의 "악한" 눈, 속마음을 밝힌다. 신명기에서는 말할 수 없는 생각을 폭로하는 비유적 용법/수사修辭를 반복해 사용하여, 신명기적 사회를 쇠퇴시키는 은밀한 계획에 대한 자체의 비판과 맥을 같이한다.[30]

신명 28장의 무시무시한 장면들에 힘입어 열왕기 독자들은 2열왕 25장에서 극화되지 않은 것을 극화할 수 있다. 그 장면들은 성벽 안으로 그리고 굶주리고 있는 사람들의 마음속으로 독자들을 몰아넣는다. 요시야가 예루살렘을 거스르는 비운의 예언으로 저주를 들으면서 예상했던 일을, 열왕기 독자는 실현된 예언으로 읽으면서 회고할 수 있다.

애가의 작가가 했던 일이 바로 이것이다. 신명기적 저주의 암울한 표상들로 포위 공격의 트라우마를 되새기며, 그는 마치 실행되고 있는 것처럼 그 저주들을 깊이 생각했다.[31] 특히 애가는 어머니들의

---

28. Nelson, *Deuteronomy*, 332.
29. 이스라엘 사람들의 차별성이 그렇게 부정될 것이다. 신명 12,31에서 우상숭배에 대한 경고는 주변 국가들에서 자행되는 아이를 불살라 바치는 것에서 절정에 이른다. "심지어 아들딸마저 불에 살라 저희 신들에게 바친다."
30. 신명 13,7; 15,9; 27,15.24; 29,18-19 참조.
31. Hillers, *Lamentations*, 84 참조. "작가는 예루살렘의 운명에서, 하느님과 맺은 계약과 연결하여 저주나 위협의 실행을 보았을 것이다. 이와 똑같은 전망은 책의 어디서든지

식인 풍습 장면(2,20; 4,10)을 언급하면서, 포위 동안의 기근(2,19과 5,10의 라아브רעב)을 두 번 환기한다. 애가의 작가는 저주와 내러티브를 융합하여, 열왕기를 읽는 독자가 할 수 있는 일을 이루어 냈다.

3. 2열왕 25장의 내러티브에서 하느님의 작용을 되찾다

신명 28장의 저주들에는 재난에 관하여 스스로 발견하게 하는 또 다른 효능이 있다. 그것들은 이스라엘의 거룩한 역사의 해체를 다양하게 암시한다. 아브라함에게 한 수많은 후손의 약속은 신명 28,62에서 반전된다. "너희가 하늘의 별처럼 많다 하여도 적은 수밖에 남지 않을 것이다. 이는 너희가 주 너희 하느님의 말씀을 듣지 않았기 때문이다."[32] 민족들 사이에서 이스라엘이 선택된 일도 유사한 반전을 겪는다. 신명 28,9-10의 축복은 이스라엘이 선택된 일을 격찬했다. "야훼께서 너희에게 맹세하신 대로 너희를 당신의 거룩한 백성(러암 카도쉬 עם קדוש)으로 세우실 것이다 … 땅의 모든 민족(콜-암메 하아레츠כל-עמי הארץ)들이 너희가 야훼의 이름으로 불리는 것을 보고 너희를 두려워할 것이다." 그런데 저주는 몇 구절 더 상세하다. "모든 민족 가운데 (버콜 하암밈 בכל העמים) 너희는 폐허와 속담과 비방거리가 될 것이다"(37

간접적으로 표현되어 있다. 4,3-4.10; 5,18 그리고 아마도 1,8; 2,16; 3,10-11; 4,6; 5,14-15 참조. 신명 28장과 레위 26장은 둘 다 하느님의 계약에 의해 부과된 의무 목록의 끝에 있는 것으로, 저주가 계약과 연관되어 있음을 보여 주는 성경에서 가장 분명한 예다." 특히 애가 2,17 '야훼께서 당신의 뜻(자맘זמם)을 이루셨고 당신의 말씀(엘라토אמרתו)을 실행하셨다. 오래전에 정하신 대로 조금도 동정하지 않고 허무셨다' 참조. Berlin, *Lamentations*, 21 참조.
32. 창세 15,5; 22,17; 26,4; 탈출 32,13 등; 신명 1,10; 10,22; 26,5 참조.

절). 이스라엘 역사의 해체는 이집트 탈출에 대해서도 마찬가지다. 저주는 이집트로의 회귀와 관련되어 있다. "야훼께서 너희가 고치지 못할 이집트의 궤양과 종기로 너희를 치실 것이다"(27절); "그분께서는 너희가 겁내던 이집트의 모든 질병을 너희에게 되돌리시어"(60절); "야훼께서, 내가 '너희가 다시는 그 길을 보지 않을 것이다'라고 내가 너희에게 말한 그 길로 너희를 슬픔에 잠겨 이집트로 돌아가게 하실 것이다"(68절).[33] 이와 같이 축복과 저주는 백성의 기본 역사와 결부된다. 하느님이 행동하실 때, 그분은 이 역사(성조들, 탈출)를 세우기도 하시고 무너뜨리기도 하신다.[34]

    2열왕 25장의 보고에는 이러한 역사적·신학적 깊이가 없다. 이는 신성한 역사 언어에 의지하지 않고 평이한 말로 실용적·정치적·전략적인 움직임을 말해 준다. 이런 움직임 중 하나가 그달야의 살해 후에 나타난 이집트로의 회귀다. "그러고 나서는 칼데아 사람들이 두려워, 낮은 자에서 높은 자에 이르기까지 모든 백성과 군대의 장수들이 일어나 이집트로 갔다"(25,26). 열왕기 기록에서 비상조치처럼 보이는 것이 저주의 배경을 고려하여 읽을 때 다른 차원을 얻는다. 그 예언적 권위로 저주는 독자에게 하느님은 이집트로 도로 데려가는 분임을 상

---

33. 마소라 본문은 바오니요트 בָּאֳנִיּוֹת이고, 보통 "배로"라고 번역된다. 그러나 일부 현대 주석가와 번역은 명사를 아니야(אֲנִיָּה, 슬픔)의 복수 추상형으로 해석했다(이사 29,2; 애가 2,5 참조). 이 해석은 마소라 본문의 모음을 바오니요트 בַּאֲנִיּוֹת로 조정할 필요가 있다(R. Y. T. Mecklenburg의 토라 주석 *HaKetav VehaKabbalah*; REB; NEB; Tigay, *Deuteronomy*, 397, n. 104 참조).
34. 신명 28장에서 탈출기 패러다임에 대해서는 46절 참조. "(이 모든 저주가) 영원히 너희와 너희 자손에게 표징과 증거가 될 것이다." Tigay가 관찰한 대로 "표징과 증거는 … 열 재앙에서 사용된 용어이다(4,34; 6,22; 34,11). 추락하는 그들의 이스라엘은 이스라엘의 운명이 역전된 또 다른 예다. 그들의 죄 때문에 이스라엘은 이집트처럼 취급될 것이다"(Tigay, *Deuteronomy*, 268). Reimer, "Return to Egypt", 217-229 참조.

기시킨다. "야훼는 너희를 슬픔에 잠겨 이집트로 돌아가게 하실 것이다"(신명 28,68).

임금들과 장군들, 파벌들과 공모자들의 권력 투쟁을 넘어서 하느님은 비록 역사가 해체 형태에 있을지라도 여전히 역사의 주인이시다. 2열왕 25장의 기록을 읽을 때 저주를 염두에 두는 독자는 그 기록이 점진적으로 생략한 서술에서 역사 속 하느님의 작용을 실제로 발견하게 된다.[35] 그래서 그것은 임금의 유배를 이해하는 데 적합하다. 2열왕 25장이 "그들이 임금(치드키야)을 사로잡은 다음, 리블라에 있는 바빌론 임금에게 데리고 올라가니, 바빌론 임금이 그에게 판결을 내렸다. … 그를 청동 사슬로 묶어 바빌론으로 끌고 갔다"(6-7절)라고 기록하는 데 비해, 신명 28장은 "야훼께서는 너희뿐 아니라 너희가 받들어 세운 임금을, 너희와 너희 조상들이 알지도 못하던 민족들에게 데려가실 것이다"라고 저주를 선언한다(신명 28,36). 간결한 연대기에 투입해 보았더니, 저주는 명시되지 않은 상태로 남아 있던 하느님의 작용을 회복시킨다. 재난에서 하느님의 활동을 인식하는 것은 재난 너머에 있는 그분의 힘을 인식하는 데 중요하다. 만일 하느님이 역사를 해체하실 수 있다면 복원하실 수도 있다.[36] 이것이 바로 신명 30,1-10에서 신명기적 모세가 저주 발언에 뒤이은 연설에서 선언한 내용이다. 곧 돌아올 것이라고.[37]

---

35. 하느님의 작용은 눈멂을 언급하는 저주에서도 똑같이 분명하다. 2열왕 25,7에서 임금은 칼데아인에 의해 눈이 머는(이우웨르ויעור) 반면에, 신명 28,28은 선언한다. "야훼께서 너를 … 눈멂으로(버이우와론ובעורון) 괴롭게 하실 것이다."
36. 예레미야서에서 이 주제가 정교하게 설명되는 것을 보라(예레 16,15; 23,8; 32,37).
37. Markl, "No Future", 722-724 참조.

4. 결론: 대위對位 관계에 있는 책들

열왕기 하권 22장에서 토라 책이 발견된 이후, 열왕기는 다른 책 신명기와 대화를 나누는 책이 되었다. 도미니크 마클이 적절하게 관찰한 대로 "2열왕 22-23장의 메타텍스트적metatextual 언급, 상호텍스트적intertextual 암시들, 그리고 뒤이은 2열왕 24-25장의 만족스럽지 못한 결말은 다 함께 암묵적으로 독자들에게 신명기를 다시 읽도록 재촉하는 것으로 보인다."[38] 열왕기 하권과 신명기와의 연관성은 토라 책의 발견과 요시야가 그 책을 봉독한다고 서술된 드라마에 의해 처음으로 만들어졌다. 한편 열왕기 독자는 임금을 모방하리라 기대된다. 요시야가 토라 책의 저주를 예루살렘에 관련지어 예루살렘의 운명을 해독할 수 있었던 것처럼, 의문을 품은 독자는 신명기에 의하여, 즉 신명 28장의 저주와 29-30장에 나오는 귀환의 전망을 통하여 열왕기의 결말을 이해하도록 초대받았다. 따라서 요시야에 따른 독서라는 중대한 행위는 열왕기 읽기에 관련된, 특히 열왕기와 신명기를 연계하는 데 따른 해석 작업의 극화된 *미장아빔*(이야기 속의 이야기)을 제공한다.[39]

이미 신명기를 포함한 책들의 유사한 연계가 전기 예언서의 첫머리에서 일어났음을 기억하는 것이 중요하다. 여호수아에게 하시는

---

38. Markl, "No Future", 725.
39. 프랑스어 '미장아빔mise en abyme'은 문장학紋章學에서 유래하며, 글자 그대로의 의미는 '심연 속에 놓이다'이다. 문학 및 예술 이론에서 '미장아빔'은 한 이미지(또는 한 작품) 속에 그 자체의 더 작은 복제물을 가지고 있어, 그것이 연속적으로 무한히 반복될 수 있는 양태를 가리킨다. 루시엔 델렌바흐Lucien Dällenbach가 지적한 바와 같이, 미장아빔은 특히 내재(삽입) 작업의 제작 또는 수용에 중점을 둘 수 있다(Dällenbach, *Récit*, 100-122).

명령에서 하느님은 분명히 말씀을 하셨다. "이 토라 책이 네 입에서 떠나지 않아야 할 것이니, 너는 그것을 밤낮으로 묵상하여 거기에 기록된 대로 다 지켜 행동하는 데 조심할 수 있게 하여라"(여호 1,8). 따라서 신명기와의 관계에서 여호수아는 "일종의 요시야의 원형"이고,[40] 요시야는 성전에서 발견된 토라 책에 완전히 일치했다. 대칭적으로, 전기 예언서 역사 기록의 끝에서 요시야는 신명기적 토라 책의 독자 역할에서 여호수아의 유형론적 대위對位로 등장한다. 내재된 장면은 독자의 마음에 신명기와 유사한 연계를 가지도록 촉구한다. 따라서 핵심적 시점에서 신명기-열왕기의 연속물은 상호 참조 및 병행 읽기 작업을 결정하도록 유도한다.[41]

책에서 책으로 또 다른 대위법이 막 끝나려고 하는 2열왕 22장에 열왕기와 신명기의 연결이 등장한다는 점에 주목하는 것은 흥미롭다.[42] 열왕기는 유다 임금들의 실록(연대기)을 반복적으로 15회(2열왕 24,5에서 여호야킴에 관한 것을 마지막으로) 언급하고, 이와 대칭적인 이스라엘 임금들의 실록(18회; 15,31에서 페카에 관한 것을 마지막으로)을 동일하게 거론한다.[43] 이처럼 연속적인 언급은 명백한 이유로 두 왕도王都의 함락과 함께 중단된다. 서술은 왕실의 역사 기록이 완전히 무관해지고, (만일 전에 관련성이 있었다면) 장면을 떠나야만 하는 지점에 도

---

40. Nelson, "Josiah", 537. Conrad, "Heard"; Sonnet, "Livre", 857 참조.
41. 교차 읽기(성경 책에서 성경 책으로)는 토라를 묵상하며 읽기를 언급하는 시편의 시작(시편 1,2)이나 다니엘의 예레미야서 읽기(다니 9,2)와 관련이 있다.
42. 도미니크 마클에게 감사한다. 이 관찰은 그에게 힘입은 것이다.
43. 좀 더 구체적인 "솔로몬의 실록"(1열왕 11,41)에 대한 언급을 보라. 알란 밀라드Alan Millard는 "열왕기의 작가들은 그들의 작품이 읽히기를, 또 그들의 독자가 다른 책들에 대해 인식하기를, 어쩌면 그 책들에 접근할 수 있기를 기대했다"(Millard, "Books and Writing", 155)라고 말한다. 저자가 "이스라엘 임금들의 실록" 또는 "유다 임금들의 실록"을 언급한 다음에 2열왕 22-23장의 "율법서"를 언급하는 것이 꽤 흥미롭다.

달한다. 사마리아의 경우에는 2열왕 17,7-23에서 "이는 이스라엘 자손들이 … 주 저희 하느님께 죄를 짓고, 다른 신들을 경외하였기 때문이다"라는 화자의 발언으로 확실히 전환된다. 예루살렘의 경우에는 그 일을 이어받아 예언자의 권위로 말하는 것이 책이다. 곧 모세의 토라 책인데, 우리 독자들에게는 신명기다. 이 책은 재난에 의해 평가되지 않고, 오히려 재난을 평가하는 유일한 책이다. 이는 역사의 밑바닥(포위 공격에 대한 신명 28장의 저주)과 귀환 및 회복의 전망(신명 30장) 둘 다에서 신적 인과율을 담아 낸다. 왕실 역사기술이 종결될 때 신명기적 토라 책은 예루살렘의 멸망과 그것의 공인된 기록 설화를 제공한다. 그런 점에서 예루살렘의 멸망은 실로 토라의 등장을 의미한다.

참고 문헌

ALTER, R., *Ancient Israel: The Former Prophets: Joshua, Judges, Samuel, and Kings. A Translation with Commentary*, New York 2013.

AMIT, Y., "The Dual Causality Principle and Its Effects on Biblical Literature", *VT* 37 (1987) 385–400.

_____, "Dual Causality: An Additional Aspect", in: eadem, *Praise of Editing in the Hebrew Bible: Collected Essays in Retrospect* (HBM 39), Sheffield 2012, 105–121.

BERLIN, A., *Lamentations: A Commentary* (OTL), Westminster 2003.

BOSMAN, H., "The Function of (Maternal) Cannibalism in the Book of Lamentations (2:20 and 4:10)", *Scriptura* 110 (2012) 152–165.

COHN, R. L., *2 Kings* (Berit Olam: Studies in Hebrew Narrative and Poetry), Collegeville 2000.

CONRAD, E. W., "Heard but not Seen: The Representation of 'Books' in the Old Testament", *JSOT* 54 (1992) 45–59.

DÄLLENBACH, L., *Le récit spéculaire. Essai sur la mise en abyme*, Paris 1977.

EPH'AL, I., *The City Besieged: Siege and Its Manifestations in the Ancient Near East* (Culture and History of the Ancient Near East 36), Leiden 2009.

GEVIRTZ, S., "West-Semitic Curses and the Problem of the Origins of Hebrew Law", *VT* 11 (1961) 137–158.

HILLERS, D. R., *Treaty-Curses and the Old Testament Prophets* (BibOr 16), Rome 1964.

_____, *Lamentations* (AB 7A), 2nd edn, New York 1992.

LUCHINS, A. S., "Primacy-Recency in Impression Formation", in: C. I. Hovland (ed.), *The Order of Presentation and Persuasion*, vol. 1, New Haven 1957, 33–61.

MARKL, D., "No Future without Moses: The Disastrous End of 2 Kings 22–25 and the Chance of the Moab Covenant (Deuteronomy 29–30)", *JBL* 133 (2014) 711–728.

MECKLENBURG, Y. T., *HaKetav VehaKabbalah*, Brooklyn, NY 2001.

MENDENHALL, G. E., "Covenant Forms in Israelite Tradition", *BA* 17 (1954) 50–76.

MILLARD, A. R., "Books and Writing in Kings", in: A. Lemaire et al. (eds.), *The Books of Kings* (VT.S 129), Leiden 2010, 155–160.

NELSON, R. D., "Josiah in the Book of Joshua", *JBL* 100 (1981) 531–540.

_____, *Deuteronomy. A Commentary* (OTL), Louisville / London 2002.

PAGANINI, S., *Deuteronomio. Nuova versione, introduzione e commento* (I Libri Biblici. Primo Testamento 5), Milano 2011.

REIMER, D. J., "Concerning Return to Egypt: Deuteronomy xvii 16 and xxviii 68 Reconsidered", in: J. A. Emerton (ed.), *Studies in the Pentateuch* (VT.S 41), Leiden 1990, 217–229.

SEELIGMAN, I. L., "Menschliches Heldentum und göttliche Hilfe: Die doppelte Kausalität im alttestamentlichen Geschichtsdenken", *TZ* 19 (1963) 385–411.

SONNET, J.-P., "'Le livre trouvé': 2 Rois 22 dans sa finalité narrative", *NRTh* 116 (1994) 836–861.

STEYMANS, H. U., *Deuteronomium 28 und die adê zur Thronfolgeregelung Asarhaddons: Segen und Fluch im Alten Orient und in Israel* (OBO 145), Göttingen / Freiburg 1995.

TIGAY, J. H., *Deuteronomy* (JPS Torah Commentary), Philadelphia 1996.

II

토라의 등장:

예시 본문들과 쟁점들

5장

신아르 땅에 살기
창세 11,1-9에서 유배를 숙고하기?

안젤리카 베를레융

1. 입문: 공통 텍스트co-text와 텍스트

바벨탑 이야기는 이미 내러티브의 설정에서부터, 성경 본문들이 유배 경험을 반영한다는 착상에 적합한 대단히 좋은 출발점이다. 이 이야기는 원시 역사Urgeschichte 혹은 원시 내러티브에서 창조와 홍수 후에 나오는 세 번째 성경 이야기로 메소포타미아에 대해 분명하게 언급한다. 바벨 이야기와의 차이는 이 이야기가 사건들을 명확하게 바빌로니아의 수도 바벨에 배치한다는 점이다. 이곳은 신바빌로니아 시대와 그 이후에 유배 공동체를 분명히 수용했던 장소 중 하나이기도 하다.[1]

본 논고는 창세 11,1-9이 그것이 무엇이든 간에 신아시리아 또는 신바빌로니아 배경을 얼마나 반영하는지 명확히 하려고 한다. 그런데

---

1. Berlejung, "Geschichte," 156-157.

신아시리아와 신바빌로니아 제국이 구약성경을 포함하여 전형적인 모티프와 전통의 일부를 고대근동의 집단 기억에 통합하는 데 성공했다는[2] 사실은 중요한 경고caveat로 남아 있다. 그 사실로 성경 본문의 연대를 설정하기 위해 병행 모티프나 공유된 전통을 사용하는 타당성은 제한된다. 신아시리아와 신바빌로니아의 왕실 이데올로기와 제국 신학은 제국 자체에서 살아남았다. 그리고 앞으로 보겠지만, 구약성경에서 읽은 바와 같은 집단 기억은 종종 제국의 모티프와 전통들을 채택했는데, 상투적 표현으로 또는 거꾸로 뒤집거나 특징적으로 변형된 형태로만 쓰였다.

1.1. 더 밀접한 공통 텍스트의 구조

본문 단위로 창세 11,1-9은 주변 문맥에서 명확하게 구별될 수 있다. 앞의 10장에서 우리는 노아의 아들들인 셈, 함, 야펫의 족보를 읽는다. 홍수 이후에 나오는 이 족보는 축소되고 '다시 시작된' 인류를 가리킨다. 이는 동시에 바벨 이야기 앞의 족보이다. 따라서 사실 공시적 차원에서, 신아르에[3] 정착하여 도시를 건설하고 바벨탑을 쌓은 사람들은 (이미 다양화된) 창세 10장의 사람들이다.

창세 11,1-9의 바벨 내러티브 뒤에 10절에서 셈의 족보가 시작된다. 창세 11,10-32은[4] 테라에 초점을 맞추고 독자에게 아브람과 사라

---

2. Berlejung, "Erinnerungen" 참조.
3. 신아르라는 단어는 오직 여기와 창세 10,10; 14,1.9; 여호 7,21; 이사 11,11; 즈카 5,11; 다니 1,2에만 나오며, 항상 바빌로니아를 지칭한다.
4. 창세 11,10-26은 창세 10장의 논리적 연속이라고 Schuele(*Prolog*, 376-377)와 함께 이해할 수 있다. 따라서 그것은 P에서 기인할 수 있다. Hieke(*Genealogien*, 108)와 함께, 두 개의 셈 명단이 서로 다른 측면을 강조한다는 것을 관찰할 수 있다. 창세 11,10 이하는 셈 집단에서 한 혈통을 선택하고 성조로 연결된다.

이, 나호르와 밀카, 하란/롯의 기원, 그리고 그들이 칼데아의 우르를 떠나 하란으로 향하는 탈출에 관한 정보를 제공한다. 그리하여 뒤이은 성조 내러티브를 위한 기초가 주어지고, 사라이의 불임에 대한 언급으로 긴장감과 계속 읽게 하는 동기가 생성된다. 공시적 읽기에서, 테라와 그의 두 아들과 손자(하란은 우르에서 죽어 그의 아들 롯으로 대체됨)는 창세 11,9의 야훼의 명령에 따라 온 땅에 흩어지거나 퍼진 최초의 사람들이다.

1.2. 번역

ויהי כל־הארץ שפה אחת	1 그리고 나서 온 땅은 입술도 하나고
ודברים אחדים	사안/계획도 하나였다[5]
ויהי בנסעם מקדם	2 그리고 그들이 동쪽으로부터 이동할 때에
וימצאו בקעה בארץ שנער	신아르 땅에서 평지를 발견해서
וישבו שם	그들은 거기에 살았다
ויאמרו איש אל־רעהו	3 그리고 그들은 각자/자기 동료에게 말했다
הבה נלבנה לבנים	"자, 벽돌을 만들자(어원학적 형태)
ונשרפה לשרפה	그리고 불을 타오르게 하자(어원학적 형태)
	(= 완전히 불태우자/태워 버리자)"
ותהי להם הלבנה לאבן	그리고 그들에게 벽돌은 돌로 사용되고
והחמר היה להם לחמר	타르는 모르타르로 사용되었다
ויאמרו	4 그리고 그들은 말했다

---

5. '단어, 어휘'와 같은 일반적인 번역이 여전히 가능할지라도(예를 들어 Schuele, *Prolog*, 379, 391-392처럼), 어근 דבר는 또한 '앞으로 밀다'를 의미할 수 있어 설계와/제안과 계획의 측면을 강조한다.

הבה נבנה-לנו עיר ומגדל	"자, 우리를 위해 도시와 탑을 건설하자
וראשו בשמים	그 꼭대기가 하늘에 닿을 수 있도록
ונעשה-לנו שם	그리고 우리를 위해 이름을 만들자
פן-נפוץ על-פני	우리가 흩뿌려지지/퍼뜨려지지(푸츠פוץ 칼형) 않도록 표면에
כל-הארץ	온 땅의"
וירד יהוה לראת	5 야훼께서 보려고 내려오셨다
את-העיר ואת-המגדל	그 도시와 그 탑을
אשר בנו בני האדם	사람의[6] 자녀들이 건설한
ויאמר יהוה	6 야훼께서 말씀하셨다
הן עם אחד	"보라, 한 백성이다
ושפה אחת לכלם	그들 모두에게 입술도 하나다
וזה החלם לעשות	그리고 이것은 그들이 하려고 시작한[7] 일이다
ועתה לא-יבצר מהם	이제 그들에게 불가능한[8] 일은 없을 것이다
כל אשר יזמו לעשות	그들이 하려고 계획한(자맘זמם 칼형) 모든 것
הבה נרדה	7 자, 내려가자
ונבלה שם שפתם	우리가 거기에서 그들의 입술을 섞자 (발랄בלל 칼형)
אשר לא ישמעו	그들이 듣지/이해하지 못하도록
איש שפת רעהו	각 사람이 동료의 입술/발언을"

---

6. 이것은 창세 6,2을 암시하는 것 같다. Gertz, "Babel", 25-26도 그렇다.
7. חלל 히필형. 어근은 6절을 창세 6,1과 10,8에 연결한다.
8. 바차르(בצר 니팔형): 이 어근은 창세기에서 단지 여기에만 나타난다. 예레 51,53에서 같은 어근을 사용하는 것이 의미심장해 보이는데, 여기에서 이 단어는 자신의 높이와 힘을 강화하려는 바벨의 시도를 가리킨다.

ויפץ יהוה אתם	**8** 야훼께서 그들을 흩으시니/퍼뜨리시니
	(푸츠פוץ 히필형)
משם על-פני כל-הארץ	거기에서 온 땅의 표면에
ויחדלו לבנת העיר	그러자 그들은 도시 건설을 중단했다
על-כן קרא שמה בבל	**9** 그러므로 사람은 그곳의 이름을 바벨이라 하였다
כי-שם בלל יהוה	야훼께서 섞으셨기(발랄בלל 칼형) 때문이다
שפת כל-הארץ	온 땅의 입술을
ומשם הפיצם יהוה	그리고 거기로부터 야훼께서 그들을 흩으셨다
	(푸츠פוץ 히필형)
על-פני כל-הארץ	온 땅의 표면에

1.3. 본문의 구조

본문의 구조가 매우 능숙하게 짜여 있음은 이미 관찰되었다.[9] 인클루시오inclusio(역자주: 단락의 시작과 끝에 같은 문구를 반복하는 문학적 장치) 구조 몇 개가 뼈대를 형성한다. 이것은 특히 2ㄴ절과 9ㄱㄴ절을 포함하여 1절에서 볼 수 있는데, 독자에게 예비 설명과 최종 해설을 제공한다. 1절과 6절에서 '한 입술'에 대한 언급; 3ㄱ절과 7ㄴ절에서 인간의 동료 의식; 3절 이하와 7절에서 말투(하바הבה)의 병렬 구조; 4절과 8절의 거의 병행하는 공식('온 땅에 흩어짐'); 7절과 9절의 어근 발랄בלל에 대한 언급. 저자는 3ㄴ절에서 건설 활동을 해설하면서, 처음부터

---

9. 본문 내에 다양한 상호 참조 목록은 Wenham, *Genesis*, 234-236; Witte, *Urgeschichte*, 95-97; Gertz, "Babel," 18 참조.

독자가 아는 것보다 자신이 더 많이 알고 있다는 것을 보여 준다. 그는 1절에서 9절까지 자신의 내러티브를 '인클루시오'로 연결하고 소수의 핵심어를 반복적으로 사용하여 그 사이의 절을 형성한다. 구조는 다음과 같다.

1 원시 상황의 설명과 도입

2-4 "그들"

 2 사람들은 행동하고 신아르에 다다른다

 3-4 사람들은 말한다; "자"(2회); 3ㄴ절 건설 해설

5-8ㄱ 야훼

 5 야훼께서 행동하신다

 6-7 야훼께서 말씀하신다(7절 "자")

 8ㄱ 야훼께서 행동하신다

8ㄴ "그들"은 활동을 멈춘다

9 실제 상황에 대한 설명과 원인 규명

2. 본문에 대한 첫 관찰과 해석적 주석

본문의 출발점은 말하고 계획하는 데에서 존재하는 최초의 단일성에 대한 묘사이다. 1절은 핵심어인 '하나'와 '입술lip'을 소개한다. 이어지는 절들은 사람들이 다 같이 행동하는 모습을 언급한다. 2절에서 그

들은 동쪽으로부터 여정을 시작해서[10] 이동하다가 함께 정착할 수 있는 평원을 발견한다. 3-4절에서 신아르에 정착한 후에 그들은 말하고 (그들의 말은 아주 잘 구성되어 있다),[11] 계획하고, 이제는 공동의 구체적인 프로젝트로 함께 행동한다. 그들이 말하고 계획하는 것과 행동하는 방식 사이에 분명한 일치가 있음을 주목해야 한다. 계획하기와 말하기는, 말하기/계획하기와 행동하기처럼 한 단위를 형성한다. 사람들은 자신들의 이익에 온통 집중하고 있음을 드러낸다. 4절은 '우리를 위해'라는 표현을 두 번 사용한다. 탑이 있는 도시와 "이름"은 분명히 '우리를 위해' 건설되고 만들어졌다. 야훼를 위해 혹은 다른 신을 위해 만들어진 것은 하나도 없다. 인간의 활동은 순전히 세속적이고 인간의 이익에 국한된다.

5절에서 야훼는 알림이나 초대 없이 장면에 들어오고, 도시와 탑을 보러 하늘에서(이 점은 언급되지 않았으나 전제되어 있다) 내려온다. 하느님의 반응은 6절과 7절 두 절에 있는데, 야훼의 발언을 포함한다. 6절 야훼의 발언은 1절로 되돌아가 언급하며(핵심어인 '하나'와 '입술'), 인간의 활동에 대한 짧은 진단(하나가 된 사람들, 하나의 입술, 건설 계획의 공동 시작)과 예후(계획한 일은 모두 성공할 것이다)를 제시한다.

6절에서 야훼께서 '하나의 입술'을 혼란케 하신 이유가 7절에 주어진다. 7절에서 하느님은 파괴자로서 당신의 행동을 계획한다. 1인

---

10. 이것은 아마도 카인이 에덴의 동쪽 놋이라고 하는 땅에 정착하는 창세 4,16을 가리킬 것이다. 창세 2,8과 3,2을 가리킬 수도 있다. 창세 11,1-9을 원시 내러티브와 연결하는 상호 참조 목록은 Gertz, "Babel", 25-26 참조.
11. Uehlinger, *Weltreich*, 359-360과 Witte, *Urgeschichte*, 93.96은 사람들의 발언들에서 문체적 장치stylistic devices가 계속 쓰인 것은 원초적 발언의 고유한 단일성을 구체적으로 구현한 것이라고 주장했다. 창세 11,1-9의 전체 이야기에 있는 문체적 장치에 대한 자세한 분석은 Fokkelman, *Narrative Art*, 12-45 참조.

칭 복수형의 짧은 독백으로(창세 2-3장; 6,5-7; 18,20-21과 탈출 3,7-8도 상기시킨다)[12] 하느님은 이상적이고 일치된 인간 사이의 원초적 의사소통을 파괴하기 위해 사람들의 '입술'을 혼란스럽게 만들러 내려가자고 스스로를 설득한다. 7절 하느님의 발언은 3-4절 사람들의 발언과 병행을 이룬다. 야훼는 사람들의 잘 구성된 말하기와 계획하기에 반응한다. 7ㄱ절은 하바הבה, "자"로 시작하고, 3ㄱ절과 4ㄱ절처럼 1인칭 복수의 권유형 두 개로 이어진다. 그러나 7-8절에 나오는 야훼의 말씀, 계획, 행동은 3-4절에 나오는 사람들의 말, 계획, 행동에 배치된다. 8절과 9절은 야훼를 주어로 하는 핵심어 푸츠(פוץ 히필형) '흩어 버리다'로 연결된다. 이 핵심어는 이야기의 끝과 4절(칼형, 사람을 주어로 하는)의 시작을 연결하고 대조한다. 인간의 계획과 하느님의 행동이 서로 대립한다. 4절과 9절을 연결하는 "이름"이라는 핵심어도 마찬가지다. 4절에서 인간의 계획에 들어 있던 '이름을 떨치는 것'은 9절에서 예상치 못한 부정적 방식, 곧 바벨이라는 "이름"으로 실현된다.

본문의 통일성이 논의되는 가운데 다음과 같은 요점들이 제시되었다.[13] 이는 출전, 문서, 그리고/또는 층들에 대한 기본적인 가설에

---

12. 후자의 텍스트 사이의 연결은 다음에서도 관찰되었다. Levin, *Jahwist*, 128-129(그러나 창세 11,6*.8ㄱ과 18,20-21을 야휘스트 편집으로 분류하고 11,7을 야휘스트 이후 추가된 것으로 분류한다). 야라드ירד 동사가 야훼를 주어로 하고 1인칭 복수로 나오는 경우는 11,7뿐이다. 야라드ירד가 야훼를 주어로 하고 1인칭 단수로 나오는 경우도 매우 드물다. 창세 18,21(소돔과 고모라를 조사하기 위해) 외에 단지 탈출 3,8(이스라엘을 구하기 위해)과 민수 11,7(모세를 지원하라)에만 나타난다. 추가로 이사 34,5 '내 칼이 내려온다'와 비교. 더욱 일반적인 경우는 야라드ירד가 야훼를 주어로 하고 3인칭 남성 단수로 나오는 것이다. 예를 들면 탈출 19,11.18.20; 33,9; 34,5; 민수 11,25; 12,5; 판관 5,13; 2사무 22,10(= 시편 18,10); 이사 31,4; 미카 1,3; 시편 144,5; 느헤 9,13(2인칭 남성 단수); 잠언 30,4(야훼의 암시적 대답이 있는 수사적 질문). 덜 관련된 것은 시편 72,6(임금/ 메시아).
13. 이어지는 세 가지 요점에 대해서는 모두 이미 궁켈이 언급한 바 있다. Gunkel, *Genesis*, 92-97과 Zimmerli, *1. Mose*, 211. 그러나 침멀리는 마침내 결론을 내린다. "오늘날의 형태에서는 목소리가 너무 밀접하게 얽혀 있어서 연결된 것을 분리하기가 어렵다." 본문

따라, 도시 건설과 탑 건축을 다룬 적어도 두 가지 서로 다른 이야기가 본문에 얽혀 있다는 가설로 이어진다.

> (1) 사람들이 도시 건설을 중단했다는 사실. 반면에 탑은 언급되지 않는다(8절).
>
> (2) 4절에서 건설 계획을 위한 다른 두 가지 동기(자신들의 이름 떨치기, 흩어지지 않기)가 주어졌고, 마찬가지로 다른 두 가지 하느님의 징벌이 7절(입술을 섞기)과 8절(흩어 버리기)에 주어졌다. 이것은 저자에 의해 합쳐진 독립적인 두 이야기의 흔적으로 보인다. 일반적으로 흩어 버리기가 후대 첨가로 고찰된다.[14]
>
> (3) 하늘로부터 야훼가 내려옴이 5절과 7절에 두 번 나오는 것은 다른 출전과 문서, 그리고/혹은 편집층들(기본적인 오경 이론에 따라)이 결합된 표지로 보인다. 3-4절 사람들의 발언과 대조하기 위해 구성된 7절은 후대 첨가라고 제안되었다.[15] 첨가 절은 어근 발랄 בלל과 연결하여 바벨 이름의 어원에 둔 이야기의 초점을 강조하기

에 대한 주요 관찰과 대안 설명은 Schuele, *Prolog*, 386-389(불일치들은 본문이 아니라 문학 이전 단계에 있다), Gertz, "Babel", 19-24 참조.

14. 예를 들면 Uehlinger, *Weltreich*, 305-343, 572-575(난외주 4ㄴ.8ㄱ.9ㄴ절). Witte, *Urgeschichte*, 90-93은 원래 바벨-건축-이름-만들기 이야기(2*.4ㄱ.5*.8*.9ㄱㄱ절은 신바빌로니아를 반대하는 것으로 "어원론적으로 우스꽝스러운 내러티브를 지향했다"고 규정했다)가 나중에 1.2*.3.4ㄴ.5ㄴ(?).6-7.8ㄱ.ㄴ(?).9ㄱㄴ.ㄴ절과 함께 사제계 이후에 편집되었다고 주장한다. 흩어 버리기를 원래 본문의 일부로 유지하기 위한 비판적 토론과 설득력 있는 주장을 위해 Gertz, "Babel", 22-23 참조. 이러한 견해들과 대조적으로 Levin, *Jahwist*, 129-130은 바벨에 대한 입술 원인론적 혼동을 후대에 — (그의 체계에서) — 야휘스트 이후 추가된 것으로 간주한다. 비슷한 분석으로 Kratz, *Komposition*, 258-259 참조.
15. Kratz, *Komposition*, 258-259은 야휘스트 이후 첨가된 부분으로 1.6.7.8ㄴ-9절을 다룬다. 그는 적어도 이 첨가 사항의 연대를 P 이후로 볼 수 있는 "가능성이 없지 않다"고 결론 내렸다.

위해 삽입되었을 것이다.[16] 만일 이 주장이 맞다면, (7절 없이) 사람들에게 취할 야훼의 원래 행동은 그들의 한 가지 '입술'을 파괴하는 것이 아니라 세상의 사방으로 흩어 버리는 것이다.

내 견해로는 창세 11,1-9에서 어떤 절 또는 절의 일부를 제거하는 것은 불가능하고 심지어 불필요하다. 본문의 구조와 본문 내 상호 참조는 일관성에 대한 강력한 논거이다. 7절이 원래 본문에 속한다는 점에도 동일하게 적용된다. 이 절은 3절과 4절을 반영하고 9절과 연결된다. 그리고 7절은 6절(그리고 1절)에 밀접하게 관련된다. 원초적으로 일치된 사람들의 단 하나의 '입술'은 7절과 8절에 나오는 야훼의 파괴를 위한 출발점이다. 입술의 혼란은 말들을 알아들을 수 없게 만든다. 그리고 창세 11,1-9에서 구조화된 말, 계획하기, 행동하기는 동반해서 움직이기 때문에 인간의 계획과 활동은 쓸모없게 되었다. 야훼가 인간의 발언을 뒤섞은 것은 말의 질서뿐 아니라, 그것이 반영하는 계획과 결과도 모두 파괴한다. 언어적 질서, 일치하여 계획하기, 일치하여 행동하기는 본문에 함께 속하고, 언어적 무질서, 흩어짐, 통일된 계획과 건설의 종말 등과 대조된다. 요약하면, 창세 11,1-9은 단일한 본문이며 언어적 예술 작품이다.[17] 이 단일체는 원시 내러티브(예를 들면, 창세 2,8.10-14; 3,22; 6,1-4. 5-7; 9,19; 10장; 따라서 사제계 본문도 비非사제계 본문

---

16. 바벨이라는 이름의 원인론을 밝히는 9ㄱ절은 이차적이라는 주장인데, 이는 예를 들어 Uehlinger, *Weltreich*, 311-312 논증의 일부다. 반대 논증에 대해서는 Gertz, "Babel", 22-23을 보라.
17. Fokkelman, *Narrative Art*, 12.45; 그리고 Gertz, "Babel", 24도 이 결론에 이른다(편집적 첨가는 4ㄱㄴ에만 있다).

도),¹⁸ 성조 내러티브(창세 18,21!)와 그 너머(탈출기) 내러티브 안에서 이 단위의 근접 문맥과 밀접하게 연결되어 있다.¹⁹

성서학자 사이에 몇 안 되는 합의 중 하나가 창세 11,1-9이 사제계 원천에 속하지 않는다는 것이다. 과거의 연구에서 이 본문은 야휘스트의 원시 내러티브의 끝(폰 라트,²⁰ 침멀리)으로 여겨졌으며,²¹ 그래서 사제계 본문이 아닌 사제계 이전의 글이며 왕정 시대에 나온 것으로 보았다. 최근 연구도 창세 11,1-9이 사제계 출전/문서의 일부가 아니며 (여전히) 비사제계의 원시 내러티브의 끝에 속한다는 견해를 견지하지만(카, 블룸),²² 그 범위와 연대 설정은 현재 논란 중이다.²³ 문제는 비사제계 원시 내러티브의 끝이 어딘가라는 의문에도 연결되어 있다(일부는 창세 11장으로, 일부는 창세 9장 홍수 이야기로 본다). 그러나 (바움가르트, 뷔테, 게르츠에 따르면) 만일 비사제계 원시 내러티브가 홍수 이야기로 끝난다면,²⁴ 그때 창세 10장과 11장은 원시 이야기를 성조 내러티

---

18. 창세 11,1-9과 원시 이야기(사제계 본문과 비사제계 본문) 사이의 연결은 Arneth, *Adams Fall*, 221-226; Schuele, *Prolog*, 394-405; Gertz, "Babel", 25-28 참조.
19. 창세 11,1-9과 탈출기의 연결에 대해서는 Schuele, *Prolog*, 407-410 참조.
20. Von Rad, *1. Buch Mose*, 116.
21. Zimmerli, *1. Mose*, 232.
22. Carr, *Reading*, 248는 창세 11,1-9을 원래 독립적인 비사제계 원시 역사의 끝으로 다룬다. 카의 주된 증거는 창세 2,8ㄱ과 10-14절(창세 11,2); 3,22(창세 11,6); 6,1-4과 11,1-9 사이의 문학적 관련성이다. Blum, *Urgeschichte*, 437, 440도 창세 11장을 원시 내러티브의 끝으로 보는 점에서 전통적이다. 블룸은 가운데에 홍수 이야기(창세 6,1-4은 후대 첨가로 취급된다, 443)를 둘러싸고 포괄 구조를 형성하는 낙원과 탑 이야기 사이의 관계를 강조하고, 창세 11,1-9의 연대 설정을 에사르 하돈이 에테메난키(앞의 책 441과 Uehlinger 참조)를 짓기로 서원한 시기로 제안한다. 창세 3,22을 후대의 편집자 첨가로 보는 점에 대해서는 Witte, *Urgeschichte*, 85-87; Gertz, "Babel", 25 참조. 원래 독립적인 비사제계 원시 이야기로서 창세 11,1-9에 대한 간결한 비평은 Gertz, "Babel", 13-16, 26-28 참조. 11,9이 원시 이야기의 그럴듯한 결말이 될 수 없다고 하는 게르츠의 주장은 옳다. 창세 9장이 결말로 더 의미 있다(그리고 메소포타미아의 대응물이 있다).
23. 실제 학술 토론에 대한 최근 보고는 다음에 있다. Arneth, *Adams Fall*, 12-20(비사제계=사제계 이후라고 주장); Gertz, "Formation", 110-113; Bührer, *Anfang*, 13-16.
24. Baumgart, *Umkehr*, 17 이하, 417-418; Witte, *Urgeschichte*, 184-205(8,22*에서 끝); Gertz,

브에 연결하기 위해 쓰인 교량들에 해당한다.[25]

10장과 11장에서 원초적인 단일성은 다양성으로 바뀌었다. 문학적 차원에서 이 다양성은 원시 내러티브에서 창세 11,10 이하와 성조 내러티브로 건너가는 교량이다. 만일 창세 11,1-9이 원시 이야기와 성조 내러티브를 연결하는 부분으로, 그리고 창세 10장에 대한 하나의 재해석으로 편집자에 의해 생성된 것이라면, 창세 11,1-9의 연대는 사제계 이후 시대, 곧 유배 이후/페르시아 시대로 늦춰지게 된다.[26]

3. 창세 11,1-9과 메소포타미아 배경?

창세 11,1-9 저자가 많은 성경 전승, 예를 들어 비사제계와 사제계의 원시 이야기, 성조 내러티브, 탈출기, 예레 51,53-54과 욥 42,1-2을 알고 있었다는 것은 앞선 연구들에서 이미 지적되었다.[27] 창세 11,1-9의 내러티브를 두고 다른 관찰들이 이루어질 수 있는데, 이 내러티브의 저자도 바빌론 도성과 바빌로니아 관습을 어느 정도 확실히 파악하고 있었다는 것을 시사하는 듯하다.[28] 요약하면 다음과 같다.

"Babel", 15-16; Gertz, "Formation", 131-132.
25. Baumgart, *Umkehr*, 26-28; Berges, *Vielfalt*, 248; Schuele, *Prolog*, 420; Gertz, "Babel", 26; Gertz, "Formation", 132. 원인론적이고 역설적인 바벨-건설 이야기로서 창세 11,1-9*은 원시 내러티브가 최종 편집되는 동안에 첨가되었다는 주장에 대해서는 Witte, *Urgeschichte*, 189-192 참조.
26. 창세 11,6에서 욥 42,1-2에 대한 언급, 그리고 창세 11,1-9에서 왕실 건설 활동에 참여하는 '사람/백성'도 이 연대 설정을 지지한다. 그런데 Witte, *Urgeschichte*, 320-323이 제안하였고 Arneth, *Adams Fall*, 226이 수용한, 알렉산드로스 대왕 시기로 연대를 설정하는 견해도 가능한 것으로 남아 있다.
27. 후자에 대해서는 Witte, *Urgeschichte*, 94; Schuele, *Prolog*, 397; Gertz, "Babel", 30 참조.
28. 창세 2-9장 비사제계 원시 이야기의 저자들은 이미 바빌로니아의 문학적 모티프와 전

3.1. 지형

창세 11,1-9의 저자는 바빌로니아의 고대 이름 신아르*Shinar*[29] 혹은 산하라*Shanhara*는 물론 바벨 도성의 이름과 동방에 있는 그곳의 위치까지 알고 있었다. 평원에 위치한 바벨의 환경과 관련한 언급으로 2절은 한층 구체적인 것 같다. 이 표현은 기본적인 지형 상식의 일부를 다소간 반영한다.

3.2. 벽돌 생산과 건축 기술

건축에서 불로 굽거나 불에 태운 벽돌과 아스팔트를 사용하는 방식이 (아시리아가 아닌) 전형적인 바빌로니아 기술이라는 점은 대다수 주석서에서 이미 지적되었다(기원전 460년에 헤로도토스 I, 49에서 언급).[30] 그 기술은 팔레스티나에서 쓰이지도 않았고 알려지지도 않았다.[31] 팔레스티나와 시리아의 벽돌은 오직 햇볕에 말린 것이었다. 따라서 어도비adobe(볕에 말린) 벽돌이라고 부른다. 이것들이 더 저렴하고 다루기가 쉬웠다.

바빌로니아에서는 신전, 가옥, 그리고 궁전들도 주로 햇볕에 말린 어도비 벽돌로 지어졌다. 단지 대형 건물과 시설의 일정 부분, 특별히 운하, 수도관, 욕실, 화장실 및 안뜰은 불에 구운 벽돌로 건축되었다. 바빌론 도성에서 에테메난키 탑의 외벽, 이슈타르 성문, 아치형(저

통들에 대해 많이 알고 있었다는 것을 인정해야 한다. 창조의 담론(바빌로니아 신정론) 내에서 인간 죄의 기원에 대한 숙고로서 창조와 홍수를 연결하는 것은 친숙하다(《아트라하시스》, 〈길가메쉬〉). Baumgart, *Umkehr*, 419-495; Carr, *Reading*, 242-248; Gertz, "Noah", 506-522 참조.
29. 산하라에서 기원한 신아르라는 이름에 대해 Uehlinger, *Wiltreich*, 561-562 참조.
30. Zimmerli, *1. Mose*, 214-215; Uehlinger, *Weltreich*, 360-372(매우 상세하다).
31. Galling, "Ziegel", 364.

장) 건물이 있는 왕성("남쪽 요새")은 태우거나 구운 벽돌로 만들어졌다. 역청이나 아스팔트가 벽돌 포장과 상수도 시설을 밀봉하는 데 사용되었다. 그러나 역청은 벽돌 성벽을 쌓을 때 모르타르로 사용되기도 하였다. 바빌론의 행렬 길은 아스팔트로 포장되었다.[32] 불에 구운 벽돌과 아스팔트를 사용한 건축이 바빌로니아에서 일상적인 건설 기술은 아니었다. 그러므로 창세 11,3의 저자가 이 특별한 기술을 언급하는 것은 흥미롭다.[33] 이 기술은 공공건물, 고위층 건물, 명성 높은 왕실 건물에만 쓰였고, 건물의 내구성과 안정성, 수명 그리고 … 영원성뿐만 아니라, 본래 (건설자의) 명성을 드러냈다. 이 건축 자재를 선택하여 성경 저자는 자신의 이야기에 지역적 색채를 더했을 뿐만 아니라, 명성과 영속성의 차원도 덧붙였다. 명성(그리고 모든 영속성)을 위해 건설하고자 하는 열망은 원시의 사람들에게 필수적이며, 따라서 인간 조건에 필수 불가결한 것으로 확인되었다.

3.3. 하늘에 닿는 탑

기원전 제1천년기의 (신아시리아와) 신바빌로니아의 왕실 비문들에서 일반적으로 건물의 높이를 표현하는 방식에 주목해야 한다. 거기서 궁전, 신전, 혹은 도성 벽은 산들만큼 높다고 묘사되었다(*šadâniš*,

---

[32]. 에테메난키에 대해 Schmid, *Etemenanki* 참조. 나는 하이델베르크 대학의 교수 P. Milgus에게 감사하고 싶다. 그는 바빌로니아 건축 기술에 대해 도움이 되는 말을 해 주었다.
[33]. 이 구절의 저자가 바빌로니아 건축들을 보았다는 암시를 증명할 수는 없으나, 배제할 수도 없다(Uehlinger, *Weltreich*, 368-369 참조). 그러나 3절의 연대를 네부카드네자르 2세의 치세 시기로 설정하는 것은 입증될 수가 없다(Uehlinger, *Weltreich*, 371-372에는 미안하지만). 이 건축 기술은 네부카드네자르 2세 (전에 그리고) 이후에도 사용되었다. 헬레니즘 시대까지 여전히 사용되었고 볼 수 있었다.

hurs/šāniš, kīma KUR-i, kīma šadîm).³⁴ 오직 신전들과 지구라트들이 하늘 šamāmi/š에 다다르거나 하늘에 비할 만큼 높은 것으로 묘사될 수 있었다.³⁵ 이것은 특히 에사르 하똔(앗슈르에 있는 앗슈르의 에샤라),³⁶ 나보폴라사르(에테메난키),³⁷ 네부카드네자르 2세(에테메난키, 에사길라, 에지다)의³⁸ 경우에 해당하며, 나보니두스는 좀 더 소박하여 그의 지구라트와 신전들은 단지 산 높이에 다다른다.³⁹ 하늘에 닿는 건물에 대한 언급에는 우주론적 언어와 세상의 축이 포함되고, 일부 텍스트에서는 건물의 기초가 당시 지하 세계 또는 동시에 압수(apsû, 심연)에 기초했다고 말할 때 명시적으로 언급된다.

이 관찰을 창세 11,4과 탑의 꼭대기가 하늘에 닿는다는 표현에 적용하면 단어 믹달מגדל이 신전 탑을 가리킨다는 것을 알 수 있다. 따라서 슈엘레와 욀링거가 제안한 것처럼 이 단어를 성채나 요새로 번

---

34. Da Riva, *Inscriptions*, 4.2.1 C21 1 II 24(네리글리사르, Esagil 비문, 바빌론); Landon, *Königsinschriften*, 네부카드네자르 no.1 I 32 and II 21(도성 성벽), III 37(신전). 네부카드네자르 no. 4 I 22 and II 1, no. 5 I 19, no. 9 II 9(I 50도 보라), no.13 II 5.24.34(도성 성벽), no. 14 II 15 and III 23(궁궐), II 34.48 and III 7(성벽), no. 15 IV 13(신년축제 신전akitu-house), VI 34 and VIII 51 abd IX 27(벽), VIII 2.63(궁궐), no. 19 B V 21.58(벽), B VI 56(벽), B VIII 59 and no. 46:8(궁궐), no. 20 I 63.69; II 16 (벽), no. 21 II 5.8.26; no. 28:5; no. 32:4(벽).
35. 유일한 예외는 바빌론의 *Imgur-Enlil* 벽인 듯하다. 이 벽은 '하늘과 경쟁한다'고 한다. Da Riva, *Inscriptions*, 2.2.7 C32의 벽과 신전 II 6-12(나보폴라싸르, *Imgur-Enlil* 비문, 바빌론) 참조. 하지만 이 예외적인 텍스트에서 *Imgur-Enlil*은 주요한 제의적 특징 몇몇을 가지고 있고 외부 성역을 포함하는 것으로 묘사되었다. 이 텍스트에서 *Imgur-Enlil*은 일종의 복합단지로 보인다.
36. RINAP 4, 에사르 하똔 no. 57 V 35 and VI 21.
37. Da Riva, *Inscriptions*, 2.2.6 C31 1 I 33-34 and par.(에테메난키 원통, 바빌론). 그러나 같은 텍스트에 지구라트가 (단지) 산만큼 높을 수 있다. 2.2.6 C31 1 III 27(에테메난키 원통, 바빌론; *kīma* SA.TU.IM) 참조.
38. Langdon, *Königsinschriften*, 네부카드네자르 No. 17 II 7-11(에테메난키); no. 20 III 44(에사길라와 에지다).
39. Schaudig, *Inschriften*, 2.11 1 III 18-19 and par.(라르사 원통, 에밥바의 건물과 샤마쉬와 배우자인 아야를 위한 라르사의 지구라트 에두란나); 2.9 1 II 1(에밥바 원통, 샤마쉬를 위한 시파르의 에밥바의 건물) 벽에 대한 언급: 2.5 1 ii 2.

역하는 것은 제외될 수 있다.[40] 하늘에 그 꼭대기가 있는 신전 탑은 분명히 바빌로니아의 지구라트와 연결된다.[41] 이 탑의 모델이 반드시 구체적으로 에테메난키는 아니다. 왜냐하면 신전 탑들은 바빌로니아의 다른 도시들에도 알려져 있었기 때문이다. 그러나 창세 11장의 무대가 바빌론 도시로 설정되어 있기에, 에테메난키가 적격일 수 있다.[42] 창세 11,1-9의 연대를 페르시아 시대로 설정하려면, 에테메난키가 폐허가 된 것을 고려해야 한다. 실제로는 중요성을 잃은 붕괴된 탑이라 할지라도, 성경 저자는 인상적인 지구라트 폐허를 미완성 탑의 잔재로 해석한다.[43] 따라서 창세 11,1-9은 어떤 면에서는 바빌론의 중심에 있는 폐허가 된 인상적인 탑의 원인론이기도 하다.

다시 말해, 창세 11,1-9의 저자는 자신의 신학적 메시지를 표현하기 위해 바빌로니아라는 무대와 자원, 실제 사실들(파괴된 에테메난키)을 언급한다. 이는 다음 절에서 이어진다.

---

40. Schuele, *Prolog*, 411-412; Uehlinger, *Weltreich*, 372-380.
41. Uehlinger, *Weltreich*, 236-242, 379은 '하늘만큼 높은(또는 도달/경쟁)'은 단지 "과장적 관용구"라고 주장한다. '하늘에 닿는 것'으로 묘사되는 세속 건물(위에서 주장한 대로 신전과 지구라트뿐만 아니라)을 입증하는 본문이 있다는 그의 주장은 기원전 제1천년기의 건물 비문들과 관련하여 분명히 모순될 수 있다. Uehlinger는 단지 세 가지 증거를 열거하는데, 기원전 제2천년기의 *Urad-Sin* 성벽, 신아시리아 시대의 아르바일에 대한 찬가, 손상된 신아시리아 서판 k6205+에 언급된 도시이다. 다른 천년기에서 나온 본문을 사용하는 것과 다른 장르에 속한 본문을 나란히 사용하는 것은 방법론적으로 문제가 있다. 신바빌로니아(그리고 신아시리아) 건물 비문들은 매우 전형적인 특성과 시간, 상황별로 고유한 특성을 지니고 있어 주의 깊게 그리고 개별적으로 다루어져야 한다.
42. Zimmerli, *1 Mose*, 222-225; Gertz, "Babel", 29에서도 수용되었다.
43. 에테메난키는 나보폴라싸르에 의해 개조되었고, 그의 아들 네부카드네자르 2세에 의해 마무리되었다. 그들의 건축 활동 후에 더 이상의 건설 작업은 알려지지 않았다. 원천 자료에서 공백기가 있은 이후에 학자들은 일반적으로 헤로도토스와 스트라본을 언급한다. Heller, *Babylonian*, 126-127 참조.

3.4. 이름-떨치기와 건축하기

일반적인 고대근동 비문들과 관련하여 임금의 이름-떨치기/이름-설정/이름-획득에는 두 가지 주요한 측면이 있고, 둘 다 왕실의 정통성에 관한 담론과 연결된다.[44] 첫째는 '성과주의 측면'이다. 여기서 선하거나 영속적인 임금의 이름은 임금의 성공들과 위대한 업적들의 결과다. 둘째는 '부여하는 측면'이다. 선하거나 영속적인 임금의 이름은 신 또는 여러 신의 선물이다. 신바빌로니아 왕실 건축물 비문은 실제 이 측면들과 관련 있다. 장대한 공적 건축물의 완성에 대한 왕실 기록은, 영속적이거나 호의적인 이름과 신적 축복을 청하거나 선물을 언급하는 임금의 기도와 함께 시작하거나[45] 마친다. 성공의 보고와(성과주의 측면) 긍정적 이름 떨치기의 이 조합은, 신의 지지(부여하는 측면)를 받아야만 선한 임금의 이름을 떨칠 수 있음을 가리킨다. 건설자의 선한 이름뿐만 아니라 건물의 명성은 임금과 신의 협력을 통해서만 얻을 수 있다. 건물과 건설자의 이름은 지속성 및 인간 수명 연장의 상징으로 간주된다.[46] 건물 비문에 적혀 있는 임금의 이름은 시간을 연결하는 수단이기도 하다. 신바빌로니아 임금들은 개조 작업 중에 발견된 이전 건설자들이나 그들의 비문들을 참조한다. 현재 건설자인 임금은 건축 활동을 보고하는 가운데 (특히 이전의 건설자 또는 건물의 빈약한/미완성 상태와 비교해서) 자신의 특별한 공로를 강조하고, 미래의 (가능한

---

44. 사용된 용어에 대해 Beetham, *Legitimation*, 3-41, 특히 77 참조.
45. Langdon, *Königsinschriften*, 네부카드네자르 No. 12 I 23-24; Da Riva, *Inscriptions*, 2.2.2 C12/1 31-41(나보폴라싸르, é.PA.GÌN.ti.la 비문, 바빌론의 닌우르타 신전; 마르둑이 임금의 이름을 영원히 부르는 것을 암시하는 미래의 임금들에게 보내는 연설), Schaudig, *Inschriften*, 2.1 II 23-25(바빌론 성벽을 언급하는 *Imgur-Ellil* 원통).
46. Radner, *Macht*, 특히 203-234; Gertz, "Babel," 31 n. 105은 11,1-9에서 이름을 짓는 것은 인간의 죽음을 주제로 하는 창세 3,22과 6,1-4의 전통을 이어 가고 있음을 지적한다.

한 같은 왕조의) 임금들이 앞으로도 그 건축물과 비문을 돌보리라는 희망을 표현한다.[47] 과거, 현재, 미래가 서로 연결되어 있다.

건축물과 건설자의 축복된 이름은 항상 성공한 임금과 신이 협력한 결과라는 기본 개념은 고대근동과 구약성경의 집단 기억에 속한다. 러b + 셈םש + 아사השע = '이름 떨치기'라는 공식은 구약성경에도 알려져 있으나 (창세 11장을 제외하고) 항상 야훼를 주어로 한다.[48] 나/야훼는 한 사람의 이름을 크게 만들고, 혹은 — 더 자주 — 야훼는 그 자신의 이름을 위대하게 혹은 영원하게 만든다고 언급된다. 이 점은 이름을 떨치거나 설정하는 것이 항상 신의 손에 달려 있다는 고대근동의 개념과 조화를 이룬다. 따라서 창세 11,4에서 '자신들을 위한' 이름 떨치기는 신을 믿지 않는(사악한) 활동의 문학적 표현이다(1마카 5,55-62 참조). 도시 건설(그리고 자녀 갖기)과 이름 떨치기가 묶여 있다는 것은, 건설과 이름 떨치기의 표준적인 연결에 비판적인 헬레니즘 시기의 본문인 집회 40,19에서도 확인된다. 대신에 집회서는 지혜를 찾는 것이 오래 갈 수 있는 더 나은 방법이라고 강조한다. "자녀와 도시의 건설은 이름을 떨치게 하지만 이 둘보다 지혜를 얻는 사람이 더 낫다."

---

47. Da Riva, *Inscriptions*, 2.2.2 C12(나보폴라싸르); Schaudig, *Inschriften*, 2.12(다른 신전 건물들을 언급하는 에훌훌 원통), 2.13(시파르에 있는 샤마쉬의 에밥바 원통), 2.14(다른 신전 건물들을 언급하는 비문의 사본들, 원통과 토판), 2.17(아카드에 있는 아카드의 이슈타르 신전에서 건축 결과를 보고하는 에울마시 원통), 2.25a(시파르에 있는 에밥바를 언급하는 돌담 *Steinmauer* 원통).
48. 야훼는 다윗의 이름을 떨치게 하신다: 2사무 7,9 = 1역대 17,8; 야훼는 당신 자신의 이름을 떨치신다: 이사 63,12.14; 예레 32,20; 다니 9,15; 느헤 9,10; 이스라엘을 위해: 2사무 7,23-1역대 17,21(심םש 대신에 아사הנשע로 다른 형식); 아브라함을 위해: 창세 12,2 (다른 형식, 가달לדג 피엘형). 2사무 8,13-14에서 다윗에 대한 증명이 주제인지는 명확하지 않으므로 실제 병행이 없다(Uehlinger, *Weltreich*, 385에는 미안하지만); 만일 후속 14절을 포함하는 경우 다윗의 성공은 야훼가 협력한 결과라는 전통적인 관점을 나타낸다. Berges, "Babel", 51-53도 참조하라.

이 맥락에서 4절 "우리가 우리/우리 자신을 위해 이름을 떨치자"는 표준 건축 개념을 뒤집는 희문戱文이라는 것이 분명하다. 명성은 오직 신에게만 부여받을 수 있다. 그런데 예상되는 인간 건설 활동의 전통적인 결과(이름을 영원히 떨치기)는, 그럼에도 불구하고 창세 11,9에서 달성되었다는 것을 언급할 가치는 있다. 인간은 자신들을 위해 이름 떨치기를 원했다. 이름이 *무엇인지*, 그리고 그 이름의 *성격*(선한지 혹은 악한지)은 4절에 열린 채 남아 있다. 그들의 바람은 이루어졌다. 주어진 이름은 바벨이었고, 그것은 잊히지 않을 것이다.

그러나 '이름 떨치기' 자체는 성공했을지라도, (좋은 이름이라는 것으로) 이름 뒤에 숨어 있는 생각은 야훼에 의해 뒤집혔다. 영속하는 이름은 호의적인 이름이 아니다. 왜냐하면 그것은 사람들이 의도한 바와 정반대로 입술이 섞이고 사람이 흩어짐을 나타내기 때문이다. 4절의 바람과 9절의 예상치 않은 그 결과는[49] 영원하지만 악한 이름으로 저자의 유머 감각과 아이러니를 보여 준다.[50] 그러나 저자의 의도는 단지 바벨로 우스개를 던지는 데에만 있지 않다. 창세 11,1-9로 그는 인간 조건conditio humana이 야훼에 의해 변화되었고, 근본적으로 인류의 이전 능력이 약화되었다는 자신의 생각을 표현한다. 이것이 유배 이후 시대부터 오늘날까지 바벨이라는 이름이 나타내는 것이다.

---

49. 창세 11,9이 역전의 원리(예: 1-2절과 9절에서)로 작동한다는 사실은 Gertz, "Babel", 17에서도 지적되었다.
50. 아이러니 경향은 이미 Jacob, *Genesis*, 301에서 언급되었다.

3.5. 공동 건축물

앞에서 이미 언급한 대로, 공공건물, 궁전, 신전의 건설은 구약성경을 포함하여 이집트와 고대근동에서 왕실의 책임이고 특권이었다. 신아시리아와 신바빌로니아 왕실 건축의 일부 비문에는 여러 민족이 왕실 건물의 건설 과정에 참여했다는 생각이 명시적으로 담겨 있다. 에사르하똔(에칼 마샤테,[51] 앗슈르에 있는 앗슈르 신의 에샤라*Esharra*),[52] 네부카드네자르 2세(에테만키,[53] 그의 궁전 건물) 그리고 나보니두스(에훌훌*Ehulhul*)는[54] 그들의 가장 권위 있는 건축 프로젝트들에 봉신들 및/또는 다양한 사회 집단의 적극적인 협력을 언급한다. 의도는 아주 명확하다. 한 통치자 아래 다른 민족들이 단일 건물을 건축하는 일은 그들의 공유된 정체성과 연대 및 통치자의 권위를 표현한다. 종속된 민족과 집단들은 (건설 활동에 협력하면서) 상징적 동의 행위를 수행한다. 그들은 작업을 조정하고 건축물을 소유하는 왕실이나 신적 통치자의 권위와 정통성을 수용한다. 다른 문화 간의 공동 건축물은 통합을 표현한다. 건물 자체가 이 공유된 정체성의 보이는 표지요, 그 건물의 소유자나 건설자의 지배에(신전은 신에게, 궁전은 왕에게) 종속함을 드러내는 표지가 된다. 그러나 유사점을 찾기 위해 창세 11,1-9의 직접적인 모델로 에사르하똔이나 네부카드네자르 2세 또는 나보니두스를 끌어올 필요는 없다. 공동의 건설 활동이 한 권위 아래 집단적 동의와 종속을 표현

---

51. RINAP 4, 에사르 하똔 no. 1 V 40-VI 1, no. 2 IV 32-V and no. 3 IV(니네베의 에칼 마샤테); no. 77:40-44(칼후의 에칼 마샤테); no. 78:37-39(칼후의 성벽, 성문과 궁전).
52. RINAP 4, 에사르 하똔 no. 57 IV 7-26.39-44.
53. Langdon, *Königsinschriften*, 네부카드네자르 no. 17 II 12-III 24. 참조. Uehlinger, *Weltreich*, 552-554. 같은 생각이 네부카드네자르 2세의 궁전 건물에 표현되었다(Unger, *Babylon*, 282-294 = no. 26 *Hofkalender*).
54. Schaudig, *Inschriften*, 2.12 11 I(에훌훌 원통).

한다는 동일한 개념은 구약성경 어디서나, 특히 제2성전의 건축을 언급하는 본문들에서 발견된다.

탈출 25-31장과 35-40장에 따르면 다른 집단들이, 하까 1,14과 2,2-9에서는 심지어 멀리 떨어진 백성들이 야훼의 성전을 함께 건설하기 위해 오는데, 그들이 지상에서 그분의 보편적 통치를 받아들인다는 표시이다. 그들은 임금의 강요 없이 그렇게 한다. 야훼 스스로 당신의 성소와 제의 기구에 관한 일을 조정하거나(하까 1,13; 2,4.7) 임금이 되지 않고 임금의 기능을 수행하는 당신의 대리인에게 권한을 위임한다(탈출 25-40장의 모세,[55] 하까 1-2장의 즈루빠벨과 예수아). 집단적 동의의 표시로서 공동 건축물 개념은 고유의 왕실 이념에서 벗어나 야훼에게 옮겨졌다.[56]

만일 우리가 창세 11,1-9을 이러한 배경에서 읽으면, 도성과 신전-탑의 공동 건축(어떤 임금이나 신적 조정자 없이)은 원시 사람들의 통일된 정체성의 상징으로 이해해야 한다. 그들은 어떤 종류의 권위에 동의한다는 상징적 행동 없이, 스스로 작업을 조정했다. 그러나 궁극적으로 그들은 신적 권위가 존재하고 개입한다는 것을 경험한다.

---

55. 탈출 25-40장과 신적 명령을 받은 위임-통치권자와 조정자로서 모세에 대해 Berlesung, "Handwerker" 참조.
56. 특별한 경우는 친페르시아 본문으로 에즈 3,1-3(예수아와 즈루빠벨의 제단 건축), 에즈 3,7(키루스의 명령에 따라 시돈과 티로에서 재료를 보내는 선택된 외국인), 에즈 3,8-6,18(성전 건축)과 느헤 2-4장과 6,1-7,3(성벽 건축)이다. 여기서는 페르시아 임금들이 야훼의 위임을 받은 자들(에즈 6,14의 원로, 예언자 하까이와 즈카르야, 키루스, 다리우스; 느헤 2-4장의 다양한 사회 집단, 유다인 이주자, 느헤미야와 아르타크세르크세스)을 지원한다고 명시적으로 언급하여 인간과 신의 협력을 증대시키기 때문이다. 그런데 같은 본문에서, 일부 개인과 사회 집단이 제2성전 건축에서 배제되거나(에즈 4,1-5), 예루살렘 성벽 복구의 적들로 지정되어(느헤 4,1; 6,1-2의 산발랏, 토비야, 아라비아인, 암몬인, 아스돗인), 저자가 모든 민족과 사회 집단의 포괄적인 야훼 숭배를 지지하지 않음을 나타낸다. 오히려 그들은 유다의 직접적인 이웃들에 대해 특별하고 배타적인 관점을 가지고 있는데, 반면에 그들의 본문들은 페르시아의 권위에 동의하고 충성하는 상징적 행위를 수행한다.

중간 요약

앞의 3.2.-5.은 고대근동 전통들과 왕실 이념에 근거한 모티프들을 언급한다. 이어지는 3.6.-8.은 다르다. 위치(1), 건축 기술(2) 및 지구라트 건설(3)을 참조함으로써 전형적이고 지역적인 신-*바빌로니아* 주제 몇 몇을 포함했다. 3.4.-5.은 구약성경에서도 발견된 명성, 정통성, 왕실 건축물 담론과 관련된 일반적인 고대근동 양상이다. 전형적이고 배타적인 신-*아시리아* 건물 양상과 왕실 이념은 식별할 수 없다.[57]

하지만 창세 11,1-9에서는 '정통' 왕실 건축물에 대한 모든 신바빌로니아적인 혹은 더 일반적인 양상들과 모티프들을 집단으로, 즉 원시 사람들에게로 옮겼다. 그들은 어떤 왕실이나 신적 권위 없이 작업한다. 그리고 고대근동의 '정통' 왕실 건축물 전통을 거슬러 저지를 수 있는 온갖 실수를 다 한다. 창세 11,1-9에서 "사람들"이 임금에게만 허용된 일을 한다는 사실은, 이 본문을 (임금 대신) 백성을 건설자로 언급하는 구약성경의 다른 본문과 연결한다. 해당 본문은 탈출 25-31장과 35-40장; 하까 1,13-14; 2,2-9이다. 그중 1,13-14; 2,2-9은 에즈 3,8-6,18(성전 건축)과 느헤 2-4장; 6,1-7,3(성벽 건설)에서 여러 페르시아 임금을 언급함에 따라 수정되었다. 이것들은 모두 제2성전 시대의 본문이다(유배 이후 시기 앞에서 창세 11,1-9의 연대로 제시된 유배 이후 시기를 지원하는 연결고리). 이들 본문에서 건설 과정의 조정자로서 임금의 기능은 신의 명령으로 합법적 대리인에게 위임되었다. 모세(탈출기), 예수

---

57. 이 결과는 Uehlinger, *Weltreich*, 512과 상반된다. 그는 다음 모티프가, 즉 단일 발언, 도시와 성채 건설, 이름 떨치기 및 건설자를 '한 백성'으로 특성화한 점이 신아시리아 제국 이념을 언급한다고 주장했다. 신아시리아 텍스트에 언급된 용어 '한 입*pû istēn*'에 대해서는 아래를 참조.

아/즈루빠벨(에즈 3-5장; 하까 1,13-14; 2,2-5), 느헤미야(느헤 2,17-18; 3-4장; 6,1-7,3; 성벽) 혹은 야훼 자신(느헤 6,16, 성벽; 하까 2,7-8; 제2성전)이다. 그들은 백성과 함께 행동하기에 이 공동 건설 사업 역시 정당하다.

3.6. 하나의 발언

크리스토프 윌링어는 '한 백성', 특히 '하나의 말speech'은 국제적인 한 제국(세계 제국)의, 더 구체적으로 신아시리아와 신바빌로니아 제국의 정치적 이상을 표현한다고 주장했다.[58] 하지만 고대근동 텍스트들에 대한 그의 세밀한 조사는 창세 11,1-9과 분명한 병행이 없음을 매우 잘 보여 준다.[59] 문제는 용어에 있다. 윌링어 자신도 인정하듯이 샤파 에하트שפה אחת에 상응하는 정확한 아카드어가 없다. 이것은 *šaptu ištēt* 일 수 있으나 아직 입증되지 않았다. 그리고 수메르어 *eme aš* 혹은 아카드어 *pû/lišānu ištēn/t*가 실제로 동등한지는 여전히 의심스럽다. 설사 *pû ištēn*이 가장 가까운 용어일지라도, 기원전 이천 년부터 천 년까지의 메소포타미아 자료에서,[60] *pû ištēn* 증거는 창세 11,1-9과 핵심 특성을 공유하지 않는다. 주요 차이점은 고대근동 텍스트들에서 '하나의 입mouth/언어language'가 긍정적인 이상理想으로(예를 들면, 엔메르카르 *Enmerkar*) 또는 도달하거나 (신아시리아 임금이 자신의 속국들에) 부과해야

---

58. Uehlinger, *Weltreich*, 397-399, 426.
59. 이것은 Uehlinger, *Weltreich*, 409-429을 따라 에멘메르카르 서사시의 "*Nudimmud*의 주문"과 창세 11,1-9 사이에 자주 그려지는 병행에 대해서도 사실이다. 그의 요약은 명확하고 설득력이 있으며, 엔메르카르 146, 154-155에서 '하나의 언어 = *eme aš*'는 원시 질서의 긍정적인 이상인 반면 창세 11,1-9에서 '하나의 발언'은 긍정적인 이상이 아님을 보여 준다. 말할 수 있는 것은 언어와 발언의 일치가 각각의 경우에서 근본적인 출발점이라는 것뿐이다.
60. Uehlinger, *Weltreich*, 438-503은 특히 신아시리아 텍스트와 밀접한 유사성을 나타낸다. "한 입/언어/입술"은 신바빌로니아 비문들에서 어떤 역할도 하지 않는다.

하는 긍정적인 목표로 평가된다는 것이다.[61] 메소포타미아의 이러한 긍정적인 연결과 대조적으로, 창세 11,1-9의 '하나의 입술lip'은 출발점이나 확실히 유지해야 하는 이상 혹은 도달해야 하는 목표가 아니다. 왜냐하면 야훼의 개입이 그것을 바꾸기 때문이다.

그래서 나는 '한 백성'과 '한 입술/발언utterance'이 성경의 맥락과 전통 안에서 이해되어야 한다고 주장하고자 한다. 창세 11,1-9은 제국(신아시리아 혹은 신바빌로니아)의 이념에 대한 논의가 아니라,[62] 인간 계획의 이유와 한계, 그리고 원시 내러티브의 끝과 성조 내러티브의 시작에 있는 인간 조건에 대한 인류학적이고 신학적인 성찰이다.

앞에서 이미 밝힌 대로, 창세 11,1-9의 저자에게 '한 입술'(잘 구성된 하나의 발언)은 만장일치, 잘 짜인 계획, 질서 정연한 행동과 함께 간다. 본문은 원시 상황을, 하나의 발언과 하나의 사안/계획, 전원 합의와 일치되어 행동하는(이동하기, 평원 찾기, 정착하기, 통합된 건축 계획을 시작으로 벽돌 만들고 굽기, 이름 떨치기) 세상으로, 온 땅 위로 퍼지는 것을 막기 위해 모두 구조화되고 잘 계획된 전략이 있는 세상으로 언급한다. 하나의 입술만 가진 하나의 백성이 똑같이 말하고, 원하고 행동한다(1마카 1,41-42과도 비교). 중요한 것은 언어나 방언이 아니라 그 배후에 있는 계획이다.[63] 그러므로 창세 11,1-9은 각기 다른 인간의 관용어,

---

61. 이 신아시리아 증거와의 차이는 Gertz도 관찰하였다. Gertz, "Babel", 21.
62. Uehlinger, *Weltreich*, 512-572에 반대하여.
63. Uehlinger, *Weltreich*, 349을 따른다: "통일되고 공통된 의도라는 의미의 '만장일치'".

언어[64] 또는 방언의[65] 출현에 대한 원인론이 아니라 인간의 계획에 관한 이야기다. 이 논거는 다음의 관찰로 강화될 수 있다.

- 리쇼노트לשנות(복수)라 불리는 다른 언어들과 관용어, 방언들은 이미 창세 10,5.20.31에 존재한다.
- 구약성경과 고대근동에서 동사 발랄בלל은 섞어 혼란케 하는 과정, 무질서를 만들어 개별 요소의 특성과 질서를 파괴하는 행위를 가리킨다. 발랄בלל은 이전의 고유한 질서가 파괴되었음을 의미한다. 따라서 '입술'을 언급하며 발랄בלל 행위를 한 결과는 잘 구성된 다른 언어들의 탄생이 아니라 혼란스럽고 이해할 수 없는 발언의 출현, 단어와 음절의 혼돈일 뿐이다. 이것은 사실 원시 사람들의 발언을 나타내기 위해 3-4절에서 사용된, 명료하고 신중하게 양식화된 어순과 정반대된다.[66]
- 마지막이지만 무시할 수 없는 것은, 우리가 만일 인간의 입술과 마음 사이에 (긍정적인 방식으로든 부정적인 방식으로든)[67] 분명한 일치가 있다는 것이 지혜의 주어진 특성이라는 점을 고려한다면, 그리고 만일 시편과 지혜문학에 나오는 샤파שפה 단어의 매우 빈번한 증언을 비교한

---

64. 초기 번역본들, 곧 칠십인역, 옛 라틴어본, 시리아본, 그리고 다른 번역본들은 이미 단수 '말'을 복수로 바꾸고, 다른 관용어들과 언어들을 암시한다. Uehlinger, *Weltreich*, 17, 19, 406 이하에 나오는 논의 참조. 세상에 다른 언어들이 출현한다는 주제는 메소포타미아보다는 이집트 텍스트에 나타난 것으로 보인다. 이집트에서 다른 언어들은 창조 기간에 (신이) 분리하고 차별화한 결과로 믿어졌는데, 창세 10,5.20.31의 의미를 넘어선다. 예를 보려면 Uehlinger, *Weltreich*, 429-434 참조.
65. Uehlinger, *Weltreich*, 348 이하, 407-409은 '하나의 입술'이 여러 언어와 관용어, 방언을 가리키지 않고 발언과 연설을 의미한다는 것을 설득력 있게 보여 주었다.
66. 비슷하게 Schuele, *Prolog*, 379, 390-392도 그들의 언어/관용어가 아니라 인간의 발언에 영향을 미쳤으며 그 결과는 "말의 혼란"(392)이라고 주장한다.
67. 부정적인 예는 시편 12,3(간사한 입술과 두 마음); 잠언 24,2; 26,23(공격적인 마음과 입술); 긍정적인 예는 욥 33,3; 잠언 16,23; 22,11(순수한 마음과 호의적인 입술).

다면,[68] '하나의 입술'이라는 언급을 더 넓은 맥락에서 이해할 수 있다.

지혜문학에서 샤파שפה 단어가 보여 주는 광범위한 증거에 따르면, 인간 존재는 지혜롭고 정직하기 위해 그들이 계획한 것을 말하고, 그들이 말한 것을 계획해야 한다. 마음과 계획, 말과 입술이 다를 때 오직 거짓만이 이 연결을 끊는다. 지혜의 맥락에서 원시 백성의 '하나의 입술'은 그들의 일치와 합의된 의도를 가리킨다. 또한 원시 백성이 단일한 마음을 공유했음도 암시적으로 언급된다. 그들의 상호 작용은 솔직하고 갈등이 없었다. 제시된 지혜의 맥락 안에서 원시 사람들은 지혜로웠다. 스스로 계획할 수도, 말할 수도, 바람들을 실현할 수도 있었기 때문이다. 그러므로 창세 11,1-9의 시작 부분에서 나타나는 인간의 창의력과 지혜는 창세 1장과 욥 42,1-2에서 드러나는 야훼의 그것들과 멀지 않았다.

어근 자맘(זמם '계획하다')의 용례도 이 방향을 가리킨다. 이 동사는 구약성경에서 13회만 증명된다.[69] 6회는 야훼 자신을 언급하는데, 그 발언과 계획과 행동은 항상 서로 연관된다(예레 4,28; 51,12; 즈카 1,6; 8,14.15; 애가 2,17). 그분은 항상 계획하고 선언한 것을(그리고 반대의 경우로도) 행하고, 말할 필요도 없이 그분은 올바르게 말하고 계획하고 행한다. 자맘זמם을 사용하는 인간 계획은 대부분 동료 인간들을 향한 것이다[신명 19,19; 시편 31,13(역자주: 《성경》은 14절); 37,12; 140,9(명사); 잠언

---

68. Kedar-Kopfstein, "שפה", 840-850. '입술'과 지혜 사이에 밀접한 연결에 대해서는 같은 항목, 840, 845-847 참조.
69. Steingrimsson, "זמם", 599-603. 시편 17,3은 문제가 있다. 파생된 명사들 또한 지혜와 강하게 연결된다.

30,32; 예외는 시편 17,3(?); 잠언 31,16; 창세 11,6].[70] 창세기부터 구약성경을 정경으로 읽어 갈 때에, 창세 11,1-9 이후 자맘ומז을 사용한 인간 계획은 일치와 단결을 영원히 잃었다. 그것은 여전히 계획하기, 말하기, 행동하기 사이에 긴밀한 연결을 보여 주지만 모호해졌다.

덧붙여 말하자면, 직접적인 문학적 의존 관계가 없고 표현 방식 역시 다를지라도, 인간의 거짓이 등장하는 데에 관한 숙고들은 바빌로니아에서도 알려져 있다는 점을 주목해야 한다. 이러한 문화적 맥락에서 이 숙고들은 지혜문학에도 속한다. 〈바빌로니아 신정론〉의 짧은 인용이 여기서 유용할 수 있는데, 거기서 인간의 거짓은 창조의 일부이고, 엔릴과 에아와 마미 신이 인류에게 준 '엇갈린/혼동된 말'(!)과 연결된다. '엇갈린/혼동된 말'이라는 원시에 준 신의 선물은 거짓말, 거짓, 사악함에 직접적이고 명시적으로 연결된다. 문제가 있는 이 조항이 사실 기본적인 인류학적 진술이다.[71]

276. 신들의 왕, 나루(= 엔릴), 수많은 것(들)(= 사람)의 창조자,

277. 고귀한 Zulummaru(= Ea), 그들의 진흙을 집어내는 자,

278. 그들(= 사람들)을 형성하는 여왕, 여주인 마미,

279. 사람들에게 엇갈린/혼동된 말(*itguru dabāba*)을 주었다,

280. 그들은 그들에게 영원히 거짓말과 거짓을 수여했다.

---

70. 명사 자맘ומז과 머지마מזמה로 표현된 인간의 계획은 대부분의 용례에서 부정적인 의미를 내포한다. 그것은 하느님을 거스르는 인간의 사악한 계획을 가리킬 수 있다(시편 139,20). 참조. Steingrimsson, "זמם", 601-602.
71. 이 텍스트의 새 편집판은 Oshima, *Poems*, 164/5 (Friend Strophe XXVI, 276-280) 참조. 하지만 주석에서(368-370), 그는 창세 11,1-9을 언급하지 않고, 또한 엇갈린/혼동된 말과 악이 상호 연관되어 있는 에누마 엘리쉬 VII 39-40도 언급하지 않는다.

이 맥락에서 나는 창세 11,1-9은 인간의 말하기, 계획하기, 행하기 사이의 기본 관계에 관한 숙고라고 주장하고자 한다. 그 배경에 지혜가 있으며, 성경의 지혜문학과 연관되어 있음을 확인할 수 있다. 인간은 원시 시대에 마치 야훼처럼(야훼는 여전히 그러한 것처럼) 시작했다. 그러나 원시 역사에 있었던 말하기와 계획하기와 실현하기 또는 행동하기 사이의 분명한 일치는 야훼 자신에 의해 깨졌다. 하느님은 인간과 당신 사이에, 한 인간과 타인 사이에 새롭고 명확한 경계선을 그었다. 말하기와 계획하기와 행하기에서 (신이 준) 단결과 만장일치의 끝은 개인주의, 이기주의, 사악함, 거짓의 측면을 포함한 차이와 다양성의 출현이었다. 창세 11,1-9의 인류학적 진술은 인간의 지혜, 계획하기, 창의성 및 통합된 행동에 한계가 놓여 있음을 설명한다. 이것이 인류 전체에 영향을 미친 원시 내러티브에서 하느님이 제일 마지막으로 취한 행동이었다. 그로 인해 앞으로 다가올 발전(창세 11,10 이하부터 시작)에서 차이가 생길 수 있었다.

3.7. 흩어 버리기

요약하면, 창세 11,4은 사람들이 말하고, 계획하고 행동하는 것(건설하기와 이름 떨치기)이 그들 존재가 온 땅 위로 흩어지는(푸츠 פוץ 칼형) 것에 대비하여 체계적이고 잘 계획된 전략으로서 의도된 것이라고 설명한다. 그러나 8절에서 야훼의 개입은 이 흩어짐을 초래했다(8절과 9절의 푸츠 פוץ 히필형). 따라서 인간과 신의 전략은 완전히 반대되었다. 야훼가 사람들을 땅 전체로 퍼뜨리거나 흩어지게 한 것은, 7절에서 말씀하신 대로 그들의 정신과 의사소통에 일으킨 혼란의 결과이자 그 혼란이 공간에서 구현된 모습이다.

고대근동 문학의 배경에서, 그들 스스로 또는 그들의(자신의, 주요한, 하나 또는 유일한) 신에 의해 흩어진 사람들이라는 모티프가 언급된 예를 조사한 결과는 제한된 성공을 보여 준다. 사람들의 흩어짐(아카드어 sapāhu)은 고대근동의 왕실 이념과 신학에서 잘 입증된다. 승리한 임금이나 신은 자기 적들을 흩어 버리고, 거꾸로 흩어진 자기 사람들을 모았다(이는 일반적으로 목자 이미지와 연결된다). 이 모티프는 전쟁 벌이기와 평화 만들기라는 의미론 영역에 속한다.[72] 이 배경에 기대어서 우리는 창세 11,8-9에서 야훼가 원시 사람들의 적이 되었다는 결론만 내릴 수 있다.[73]

이 해석적 지평을 강화하는 것도 성경 안에 있는 어근 푸츠פוץ의 의미론적 영역이다. 푸츠פוץ는 디아스포라 전문용어와 관련된다.[74] 이 어근은 구약성경에서 항상 명백하게 부정적인 의미를 함축하며 유배와 디아스포라 및 하느님 징벌의 결과들을 가리킨다. 창세 10,5.32에서 노아의 아들들 사이에 나타나는 차이를 사제계 이후의 창세 11,1-9과 비교하면 이 점이 더욱 분명해진다. 창세 10,5에서 홍수 이후의 다양성은, 그들의 민족(고이גוי) 내에서 언어(라손לשון)와 씨족(미쉬파하משפחה)에 따라서, 민족들의 섬들이 그들의 지역(에레츠ארץ)으로 분리된(파라드פרד 니팔형, '자신을 분리하다') 결과였다. 어근 파라드(פרד 니팔형)를

---

72. Berlejung, "Erinnerungen", 343-344.
73. Uehlinger, *Weltreich*, 572-575의 견해와 다르다. 그는 흩어짐을 신의 징벌로 보는 것을 반대한다.
74. Witte, *Urgeschichte*, 90과 같은 의견이다. 그 어근의 파괴적이고 심지어 창조를 뒤집는 특성은 이사 24,1에서 더 분명해진다. 종말론적 사건은, 다른 것 중에서, 야훼가 땅의 주민들을 흩음으로써 시작한다(푸츠פוץ 히필형, 야훼가 주어).

사용하는 창세 10,32의 공식도 비슷하지만 훨씬 더 일반화되어, 노아의 모든 후손을 포함하면서 지상의 모든 민족이 홍수 후에 이 분리과정으로 출현했음을 명시적으로 언급하고 있다. '죄'는 연루되지 않았다. 분리에는 극적이거나 본질적으로 부정적인 의미는 없었는데, 어근 파라드פרד가 중립적이기 때문이다. 대조적으로, 창세 11장에서 사용된 어근 푸츠פוץ는 분명히 부정적 의미를 지닌다. 푸츠פוץ는 성경 내부에서 뒤늦게 그리고 유배 이후에도 늦게 파라드פרד를 해석한 것이다. 푸츠פוץ는 사람들이 다양하게 출현하는 일에 하느님의 진노와 징벌 개념을 삽입한다.

그런데 창세 11,1-9에 따라서 정확하게 무엇이 징벌을 받아야 했는가? 학자들 대다수에게 징벌을 받아야 할 주된 '죄'는 하느님을 거스른 인간 행위와 범죄였다. 게르하르트 폰 라트의[75] 발자취를 따라 현대 학자들은, 여전히 창세 11,1-9(야휘스트의 일부 또는 비사제계 원시 내러티브의 일부로서)이 하늘의 경계를 넘고자 하는 인간의 능력과 의지 그리고 하느님처럼 되고 싶은 소망(또는 심지어 '하느님을 하늘에서 추방하려는 욕망')을 반영한다는 해석을[76] 되풀이한다. 그리고 창세 11,1-9은 인간 자율성의 교만에 관한 이야기이며, 창세 2-3장과 6,1-4 이후 설정된 하느님의 경계를 넘으려고 하는 인류의 마지막 시도에 관한 이야기라고[77] 반복한다. 이름을 떨치려는 인간의 의도는 영원을 요구

---

75. Von Rad, *1 Buch Mose*, 115: "사람들이 영광과 단결, 자신의 힘을 추구하는 과정에서 어떻게 하느님을 대적했는지."
76. Wenham, *Genesis*, 245.
77. Wenham, *Genesis*, 242(반反-하느님 프로젝트), 비슷하게 Blum, "Urgeschichte," 437, 440; Witte, *Urgeschichte*, 94,98에서는 원시의 범죄 내러티브를 세 가지 언급하고, 인간 자율성의 교만과 하느님이 설정한 한계에 대한 인간의 저항에 대해 그들이 공유한 관점을 강조한다. 비슷하게 Gertz, "Babel," 29-30도 창세 11,1-9은 이미 창세 3,22(R)과 6,1-4(R)

하고 죽음에 대항하는 인간의 전략으로서, 창세 3,22을 우회하려는 인간의 시도로 언급되기도 한다.

야코프에 따르면, 창세 11,1-9 이면에 숨어 있는 인간의 태도는 거만함이나 오만함보다는 두려움이다. 그에게 두려움과 '무리 감각 Herdensinn'은[78] 온 땅에 정착하는 대신 한 장소에 함께 머물고자 하는 인간의 욕망으로 이어졌다. 그러므로 근본적인 잘못은 창세 1,28과 9,1에 나온 야훼의 명시적인 명령을 거스르는 인간의 불순종이라고 주장했다.[79] 야훼는 자신의 명령과 의지를 철저히 밀어붙일 수밖에 없었다.

윌링어는 이미 본문의 첫 버전부터 시작하여 창세 11,1-9에 대한 숱한 다른 해석을 제시하고 논의했다.[80] 내러티브를 '죄',[81] '하느님에게서 멀어진 인간',[82] '오만'[83] 또는 '죄책감과 징벌'로[84] 축소하는 것에 대한 그의 비판은 필자와 공유되지만, 여기서 창세 11,1-9을 정치적·반제국적 이야기로[85] 보는 그의 해석을 따르지는 않는다.

에 나타난 경계의 설정과 그것을 넘어가는 주제를 계속한다고 주장한다.
78. Jacob, *Genesis*, 301.
79. 이것은 Arneth의 해석이다. Arneth, *Adams Fall*, 226; Schuele, *Prolog*, 382.
80. Uehlinger, *Weltreich*, 9-290(!).
81. Schuele, *Prolog*, 395 참조: 창세 11,1-9을 '죄 이야기'로 분류하는 것에 반대하는 주장을 한다.
82. Uehlinger, *Weltreich*, 279.
83. Uehlinger, *Weltreich*, 281-286; Berges도 "Vielfalt", 250-251에서 "인간 오만의 흔적이 없다"고 언급한다.
84. 좀 더 긴 논의에 대해서는 Uehlinger, *Weltreich*, 287-290; Baumgart, *Umkehr*, 31-33 참조.
85. Uehlinger, *Weltreich*, 514-572은 기본 내러티브는 신아시리아 이념(특히 사르곤 2세의 이념)에 맞서 반응하는 반면에, 후대 편집("다시 쓴 바벨 원고/Babel-relecture")은 신바빌로니아 이념(특히 네부카드네자르 2세의 이념)에 맞서 글을 썼을 것이라고 주장한다. 비판적 발언은 Witte, *Urgeschichte*, 94 n. 71; Gertz, "Babel", 21, 29 참조. Schuele, Prolog, 411-412은 창세 11,1-9이 제국, 임금 혹은 임금의 압제를 언급하고 있는지도 의심한다. 그러나 그는 여전히 창세 11,1-9을 "세계 제국 사상"(415)에 연결한다. 또한 다음 참조.

울리히 베르게스U. Berges가 제시한 수정된 정치적 해석에 따르면, 창세 11,1-9은 '문화비평Kulturkritik'과 관련되며 바벨과 예루살렘을 대조한다고 하는데 이 역시 설득력이 없다. 왜냐하면 "사람들"이 만장일치로 행동하는 동안에 예루살렘 및 문화 충돌이 전혀 언급되지 않기 때문이다.[86] 창세 11,1-9은 논쟁적 내러티브라기보다 역설적 내러티브이며, 문화적·제의적·반왕정 또는 반제국적 논쟁이 전혀 암시되지 않는다.[87] 창세 11,1-9이 "고대 세계의 신화 신학에 맞서는 강력한 논쟁"이라는 웬함Wenham의 주장은 입증될 수 없다.[88] 창세 11,1-9은 전혀 논쟁적이지 않고 완전히 냉정한데, 논쟁을 통상적으로 특징짓는 공격적·감정적 언어를 보이지 않는다.

웬함은 차치하고, 창세 11,1-9에서 인간의 '죄'에 대한 이 모든 해석은 창세 2-3장과 6장, 9장에 신세를 진다. 물론 창세 11,1-9을 이 장들의 맥락에서 읽을 수 있으나, 이 내러티브는 자체의 고유한 논리도 지닌다. 11,1-9에만 초점을 맞추며, 다음을 염두에 두어야 한다.

(1) '죄', '죄책감', '벌'이라는 용어가 등장하지 않는다.

(2) 인간의 행동으로 위반된 선행하는 하느님의 명시적 명령이 없다.[89]

(3) 사람들의 발언에는 하느님에 대한 어떤 공격이나 또는 하느님으로부터 그들을 분리하려는 어떤 욕망도 들어 있지 않다.

---

86. Berges, "Vielfalt", 252-253.
87. Gertz, "Babel", 29-30에서 그는 창세 11,1-9에 어떤 숭배도 내포되어 있지 않다고 정확하게 관찰한다. 숭배 논쟁은 감지될 수 없다. 왕권이나 제국에 대한 암시도 결여되어 있다.
88. Wenham, *Genesis*, 244.
89. Berges, "Babel", 54-55 참조.

창세 11,1-9에는 하느님을 반대하는 발언이나 행동이 없다. 반대로 사람들의 발언은 완전히 자기본위로 들린다. 그들은 하느님을 전혀 고려하지 않고 단지 자신들의 의향을 따른다. 하느님과 인간의 발언이 3-4절과 6-7절에 기록되었다 할지라도, 이 문맥에서 야훼와 사람이 결코 서로 말하지 않는다는 사실은 언급할 가치가 있다. 발언들이 나란히 병행하며 진행되는 것은 하느님과 사람이 서로 소통하지 않고, 항상 스스로에게 말하고 있음을 가리킨다. 이것이 낙원 이야기(3,16-17) 또는 홍수 이야기(9,8)와는 아주 다른데, 그 둘은 모두 메소포타미아를 배경으로 한 내러티브이고, 기본적인 인간학적 숙고들이다. 거기에서 야훼와 인간 존재는 여전히 서로 직접 소통하나, 창세 11,1-9에서는 절대적으로 다르다. 여기서 사람과 야훼는 오직 자신하고만,[90] 교차하지 않고 평행하는 두 차원에서 독백으로만 말한다. 사실상 이것이 문제다!

갈등의 이유는 야훼가 현재 상황(한 백성/한 입술)에 대해 언명한 후 6절에서 직접 규명했다. 6절에 의하면, 문제는 인간 존재가 '이' 일을 하기 시작했다는 것이다. 그리고 하느님은 6ㄴ절에서 그들이 미래에 하려고 계획한(자맘םמז) 모든 일이 이제 성공할 것(라아소트 2회, לעשות)이라고 예고한다. 사람들이 시작한 일과 하려고 계획한 일은 중단되어야 한다. 야훼는 인간 창조성의 결과(도시와 탑)를 파괴하지 않고, 공통적이고 조정되고 통일된 인간의 발언과 계획을 방해한다. 이 점은 갈등이 인간 행위의 결과에 관한 것이 아니라 그것들이 실현된 방식에 관한 것이었다는 사실을 지적한다. 문제는 사람들이 말했고

---

90. 이미 베르게스가 강조했다. Berges, "Babel", 43 이하, 54 이하; 같은 저자, "Vielfalt", 249.

계획했고 행동했던 것이 *무엇*인지가 아니라, 그들이 이런 일들을 *어떻게* 성취했느냐에 있었다. 달리 말해, 하느님에게 맞서기까지 한 것이 아니라 하느님을 전혀 고려하지 않은 것이 문제다.

3.8. 바빌로니아를 떠나라는 부름

신아르/바빌로니아에서의 원시 생활은 창세 11,1-9에서 조화롭고 이상적인 것으로 설계되어 있다. 사람들은 모두 함께 말하고 계획하고 행동한다. 그들은 같은 지향을 공유한다. 그들은 신아르에 머물며 영원한 도시를 건설하기를 원한다. 모든 것이 가능해 보인다. 오직 야훼만 그들의 통일성을 방해하고 다양성을 창조한다. 하느님의 개입은 분명하게 이루어졌다. 야훼는 모든 사람이 함께 바빌로니아에(서만) 사는 것을 원치 않는다. 유배 이후 시기에 사람들이 신아르를 떠나게 한 이러한 하느님의 신호와 개입은 유배 공동체가 유배지 바빌로니아를 떠나 고향으로 돌아가도록 격려하는 성경의 홍보 문안으로 읽힐 수도 있다. 그래서 창세 11,1-9은 바빌로니아에 머물지 말고 테라의 발자취(창세 11,31)를 따르라고 하는, 돌아온 유배자들*golah*을 위한 원초적인 동기이기도 하다.

4. 요약과 결론

창세 11,1-9은 사제계 이후 저자에 의해 페르시아 시대에 쓰인, 일관성 있는 단일 본문으로 매우 잘 구성된 내러티브이다. 저자는 자신의 본문으로 원시 내러티브와 성조 내러티브를 연결하여, 원시의 통일성에서 실제의 다양성으로의 발전을 설명한다(이 발전은 특히 창세 10장을 재해석하고 창세 18,20에서 다른 전형적인 "죄악"을 암시한다). 이는 원시의 (구조화되고 질서 지어진) 인간의 발언과 계획과 활동, 곧 인간 창의성에 관한 지혜의 배경을 가진 신학적, 인류학적 성찰을 삽입함으로써 이루어진다. 인류는 하느님에 반대하는 것이 아니라 하느님을 전혀 염두에 두지 않은 채 자신들의 계획을 공유한다.

창세 11,1-9은 *인간 조건*에 관한 하느님의 마지막 말씀이다. 야훼는 인류와 자신 사이에 새롭고 명확한 경계선을 그었고, 인간 존재와 그들의 이웃 사이에도 경계선을 그었다. 그분은 원시 인간이 기존에 가졌던 만장일치와 능력을 근본적인 방식으로 축소했다. 이것이 인류 전체에 영향을 미친 하느님의 가장 마지막 행위였고, 그로 인해 창세 11,10 이후로 사람들 사이의 발전에 차이가 나타났다.

창세 11,1-9에 바빌로니아의 모티프와 전통 일부가 포함되었다 할지라도, 이 본문은 윌링어가 1990년에 제안한 것처럼, 신아시리아나 신바빌로니아 제국의 지배 또는 두르샤루킨이나 에테메난키의 건설에 대한 직접적인 반작용이 전혀 아니다. 이 논지를 수정하여 창세 11,1-9이 일반적으로 제국을 형성하려는 인간의 경향을 반영한 것이라는 슈엘레의[91] 제안도 유지될 수 없다. 제국이나 임금은 본문에서 어떤 역할도 하지 않는다.

대신 본문은, 자유롭게 모티프를 조합하여(이 형태로는 메소포타미

---

91. Schuele, *Prolog*, 415에 의하면, 본문의 의도는 "인간 삶의 발전이 … 제국이라는 관념과 불가분의 관계에 있다는 것에 대하여 그 기초를 명명하는 데 있다."

아에 명확한 병행이 없다) '전통적인' 건설 양식을 멀리서 희화화한 것이라고 주장된다.[92] 본문은 어떤 종류이든 하느님 없는 인간의 계획하기와 행동하기에 대한 비판적·지혜적 성찰로서, 바벨을 하나의 본보기 모델이자 반대 유형으로 사용한다. 바빌로니아는 단순한 상투적 표현으로 축소되어, 몇몇 신학적·인류학적 기본 성찰을 위해 단지 지역적 색채를 입힌 배경으로만 사용되었다. 그리고 바빌로니아는 출발점일 뿐 머물 장소로 특정되지 않았다.

바벨의 선택과 바빌로니아 전통들에 대한 몇몇 상세한 통찰은 유배 경험에서 동기를 부여받은 것이 확실하고, 이야기의 아이러니한 어조는 신바빌로니아 제국의 수치스러운 종말을 반영한다. 페르시아 시대에 바빌론은 몰락한 도시였고, 그곳의 에테메난키는 폐허가 되었으며, 누구에게도 위험하지 않았다. 바빌로니아로 추방되었던 유배된 백성은 고향으로 돌아갈 기회를 얻었다. 그러므로 그들이 고향으로 갔을지라도, 어떤 면에서 바빌로니아는 실제로 여러 사람들이 온 땅에 퍼져 나가는 출발점이었다.

---

92. 가장 중요한 군사적 성공에 대한 요약문과 건설 기사記事를 함께 묶는 것은 메소포타미아에서 그렇게 자주 증명되지 않는다(첫째가 전쟁이고 다음이 건설임을 주의하라). 일례는 Leichty, *Esarhaddon*, 에사르하돈 no. 60 참조.

참고문헌

ARNETH, M., *Durch Adams Fall ist ganz verderbt ... Studien zur Entstehung der alttestamentlichen Urgeschichte* (FRLANT 217), Göttingen 2007.

BAUMGART, N. C., *Die Umkehr des Schöpfergottes. Zu Komposition und religionsgeschichtlichem Hintergrund von Gen 5–9* (HBS 22), Freiburg u.a. 1999.

BEETHAM, D., *The Legitimation of Power*, 2nd edn, Basingstoke / New York 2013.

BERGES, U., "Gen 11,1–9: Babel oder das Ende der Kommunikation", *BN* 74 (1994) 37–56.

_____, "Die befreiende Gabe der Vielfalt", *KatBl* 127 (2002) 248–253.

BERLEJUNG, A., "Der Handwerker als Theologe. Zur Mentalitäts- und Traditionsgeschichte eines altorientalischen und alttestamentlichen Berufstands", *VT* 46 (1996) 145–168.

_____, "Erinnerungen an Assyrien in Nahum 2,4–3,19", in: R. Lux / E.-J. Waschke (eds.), *Die unwiderstehliche Wahrheit. Studien zur alttestamentlichen Prophetie, Festschrift für Arndt Meinhold* (ABIG 23), Leipzig 2006, 323–356.

_____, "Geschichte und Religionsgeschichte des antiken Israel", in: J. C. Gertz et al., *Grundinformation Altes Testament. Eine Einführung in Literatur, Religion und Geschichte des Alten Testaments* (UTB 2745), 4th edn, Göttingen 2010, 59–192.

BLUM, E., "Urgeschichte", *TRE* 34 (2002) 436–445.

BÜHRER, W., *Am Anfang ... Untersuchungen zur Textgenese und zur relativ-chronologischen Einordnung von Gen 1–3* (FRLANT 256), Göttingen 2014.

CARR, D. M., *Reading the Fractures of Genesis: Historical and Literary Approaches*, Louisville 1996.

DA RIVA, R., *The Inscriptions of Nabopolassar, Amʾl-Marduk and Neriglissar* (Studies in Ancient Near Eastern Records 3), Boston / Berlin 2013.

FOKKELMAN, J. P., *Narrative Art in Genesis: Specimens of Stylistic and Structural Analysis*, Eugene 2004.

GALLING, K., "Ziegel", *BRL*, 2nd edn (1977) 364.

GERTZ, J. C., "Noah und die Propheten: Rezeption und Reformulierung eines altorientalischen Mythos", *DVfLG* 81 (2007) 503–522.

_____, "Babel im Rücken und das Land vor Augen. Anmerkungen zum Abschluß der Urgeschichte und zum Anfang der Erzählungen von den Erzeltern Israels", in: A. Hagedorn / H. Pfeiffer (eds.), *Die Erzväter in der biblischen Tradition, Festschrift für Matthias Köckert* (BZAW 400), Berlin/ New York 2009, 9–34.

_____, "The Formation of the Primeval History", in: C. A. Evans et al. (eds.), *The Book of Genesis: Composition, Reception, and Interpretation* (VT.S 152), Leiden 2012, 107–135.

GUNKEL, H., *Genesis* (HK I.1), 3rd edn, Göttingen 1910. (진규선 옮김, 창세기 설화, 감은사, 2020- 창세기 주석의 서론만 옮겼다)

HELLER, A., *Das Babylonien der Spätzeit (7.-4. Jh.) in den klassischen und keilschriftlichen Quellen* (Oikumene. Studien zur antiken Weltgeschichte 7), Berlin 2010.

HIEKE, T., *Die Genealogien der Genesis* (HBS 39), Freiburg 2003.

JACOB, B., *Das erste Buch der Tora: Genesis übersetzt und erklärt*, Stuttgart 2000. [1934]

KEDAR-KOPFSTEIN, B., "שפה", *ThWAT* 7 (1993) 840–850.

KRATZ, R. G., *Die Komposition der erzählenden Bücher des Alten Testaments. Grundwissen der Bibelkritik* (UTBW 2157), Göttingen 2000.

LANGDON, S., *Die neubabylonischen Königsinschriften* (VAB 4), Leipzig 1912.

LEICHTY, E., *The Royal Inscriptions of Esarhaddon, King of Assyria (680–669 BC)* (RINAP 4), Winona Lake 2011.

LEVIN, C., *Der Jahwist* (FRLANT 157), Göttingen 1993. (원진희 역, 편집자 야웨 기자, 한우리, 2006)

OSHIMA, T., *Babylonian Poems of Pious Sufferers: Ludlul Bēl Nēmeqi and the Babylonian Theodicy* (ORA 14), Tübingen 2014.

RAD, G. VON, *Das 1. Buch Mose. Genesis* (ATD 2–4), 12th edn, Göttingen 1987 [1948]. (한국신학연구소 옮김, 국제성서주석 1: 창세기, 한국신학연구소, 1981)

RADNER, K., *Die Macht des Namens. Altorientalische Strategien zur Selbsterhaltung* (SANTAG 8), Wiesbaden 2005.

SCHAUDIG, H., *Die Inschriften Nabonids von Babylon und Kyros' des Großen samt den in ihrem Umfeld entstandenen Tendenzschriften* (AOAT 256), Münster 2001.

SCHMID, H., *Der Tempelturm Etemenanki in Babylon* (BaF 17), Mainz 1995.

SCHUELE, A., *Der Prolog der hebräischen Bibel. Der literar- und theologiegeschichtliche Diskurs der Urgeschichte (Genesis 1–11)* (AThANT 86), Zürich 2006.

STEINGRIMSSON, S., "זמם", *ThWAT* 2 (1977) 599–603.

UEHLINGER, C., *Weltreich und "eine Rede". Eine neue Deutung der sogenannten Turmbauerzählung (Gen 11,1–9)* (OBO 101), Fribourg / Göttingen 1990.

UNGER, E., *Babylon. Die Heilige Stadt nach der Beschreibung der Babylonier*, Berlin/ Leipzig 1931.

WENHAM, G. J., *Genesis 1–15* (WBC 1), Waco 1987. (박영호 옮김, *창세기 1-15*, 솔로몬, 2001)

WITTE, M., *Die biblische Urgeschichte. Redaktions- und theologiegeschichtliche Beobachtungen zu Genesis 1,1–11,26* (BZAW 265), Berlin/ New York 1998.

ZIMMERLI, W., *1. Mose 1–11. Die Urgeschichte*, vol. 2, part 1, *Mose 5–11*, Zürich 1943.

6장

오경은 왜 토라에 대해서는 그렇게 많이, 예루살렘에 대해서는 그렇게 적게 말하는가?

장 루이 스카

예루살렘 도성은 히브리 성경/구약성경의 많은 부분에서, 가령 사무엘기 상·하권, 열왕기 상·하권, 역대기 상·하권, 에즈라기, 느헤미야기, 시편에서는 중심적으로 다뤄지나, 오경에서는 그렇지 않다. 예루살렘에 대한 암시는 간접적이고 의미가 명료하지 않다.[1] 예를 들면, 오경의 많은 제의와 희생 제사에 관한 법에서 예루살렘을 명시적으로 언급한 예가 전혀 없다.[2] 아마도 이 놀라운 현상을 설명하는 방법은 여러 가지일 것이다. 우리는 그중에서 하나를, 즉 외세에 정복된 도시들이 말하자면 모독당하고, 본래 특성들을 많이 상실했다는 사실을 탐색하려고 한다. 예레미야서와 에제키엘서의 일부 신탁들 및 애가 같은

---

1. 사전과 연구 논문집에서 예루살렘의 도시에 관한 기사 참조. 그중 Meyers, "Temple"; Keel, *Geschichte Jerusalem*; Pilger / Witte (eds.), *Zion*; Otto, *Jerusalem*; Vermeylen, *Jérusalem* 참조. 이 의문을 자세히 다룬 글로 Amit, *Hidden Polemics*, 130-168 참조. 그 글도 우리와 비슷한 결론에 이른다. "토라 문헌에서 예루살렘에 대한 언급을 거부하는 것은 (따라서) … 파괴에 대한 표현이자 반응으로 해석되어야 한다"(167).
2. Baltzer, "Jerusalem", 3-12 참조.

노래들이 이 의견을 지지할 수 있다. 비슷한 방법으로, 이사 40장은 유배민들이 바빌로니아로부터 귀환하는 모습을 야훼가 예루살렘으로 귀환하는 모습으로 묘사한다. 이것은 야훼가 그동안 예루살렘에 계시지 않았음을 의미한다(에제 10,18-22 참조). 메소포타미아에서 파괴된 도시들에 대한 애도들이, 그 도시들이 그들의 신에게 '버려지고' 그리고 '잊혔다'(이사 49,14; 참조 54,1-10)는 생각을 확증할 수 있다.

이 상황은 분명 다른 종류의 답을 촉발했을 것이다. 우리는 귀환민 공동체 또는 그 일부가 이런 이유로 예루살렘을 명시적으로 언급하지 않고 이스라엘의 기원을 다시 쓸 것을 결정했고, 이스라엘 공동체를 재구성할 때 덜 취약한 다른 기초들을 제안했다고 본다.

1. 예루살렘, 사마리아, 실로

예루살렘의 경우만 유별난 것은 아니다. 같은 현상이 북 왕국의 가장 중요한 수도인 사마리아에 대해서도 관찰되었다.[3] 예루살렘과 사마리아는 두 쌍둥이 왕국의 수도라는 점 외에 공유하는 특징이 몇 개 더 있다. 예루살렘은 2사무 5,6-10에 따르면 다윗에 의해, 또는 판관 1,8에 따르면 여호수아가 죽고 얼마 후에 유다 지파에 의해 정복되었다. 그 도성은 불타 버렸다. 어떻든, 예루살렘이란 이름은 오경에 나오지 않는다. 사마리아의 경우도 마찬가지인데, 그 도성이 오므리 임금에 의해 세워졌기(1열왕 16,24) 때문에 이유가 더 분명하다. 이것은 두 도성

---

3. 사마리아에 대해 Purvis, "Samaria", 914-921 참조.

이 이스라엘의 전승들에 다소 늦게 나타났음을 의미한다. 더욱이 두 도성은 모두 외국 군대인 아시리아와 바빌로니아에 정복되었다.

더 흥미로운 경우는 실로이다.[4] 실로 성소는 여호 18,1에 처음 등장하는데, 이 장소에 여호수아가 만남의 천막을 설치했다. 실로가 중요한 제의 중심지가 되었던 것 같다. 거기서 여호수아, 엘아자르 사제와 가문 우두머리들이 입회한 가운데 땅의 분배가 결정되었다(여호 19,51). 다른 중요한 사건들이 여호수아와 엘아자르 사제의 후원하에 이 장소에서 일어나는데, 예를 들어 레위인들에게 줄 도성 결정(여호 21,1-3), 요르단강 건너편에 제단을 쌓았던 르우벤, 가드와 므나쎄 지파와 전쟁하기로 한 결정(여호 22,9-12)이다. 실로는 이스라엘인들이 기브아에서 저질러진 범죄 사건을 처리하려고 그들의 진영을 차렸던 곳이다(판관 19-21장; 21,12을 보라). 실로는 다시 1사무 1-4장에서 지파들의 중심 성소이자 정규적인 순례의 장소로 나온다(1사무 1,3). 1사무 4,3-4에 따르면 계약 궤는 실로에 있다. 1사무 4장에서 이스라엘인들이 필리스티아인들에게 패배한 후, 이 거룩한 장소가 다시 한번 언급되는데, 단지 아히야 예언자의 거주지로 나올 뿐이다(1열왕 14,2.4). 실로는 필리스티아인들에게 파괴되었는가? 그럴 가능성이 있지만, 결코 분명한 말로 표현하지 않았다. 끔찍한 패배에 대해 아무도 쉽게 뽐내며 말하지 않는다. 하지만 실로의 파괴는 하느님이 이스라엘을 심판하신 범례로 가끔 언급된다. 예레 7,12-15과 26,6(시편 78,60 참조)에서 실로의 운명이 예루살렘 성전의 운명을 예시하는 경우가 그러하다. 실로는 여호수아기, 판관기, 사무엘기에서 핵심 위치를 차지했음에도 불구

---

4. 실로에 대해 Schley, *Siloh* 참조.

하고, 성조 내러티브에서 절대 언급되지 않는다. 거기에는 가령 베텔의 경우처럼(창세 28,10-19), 그곳의 창설에 대한 신성한 이야기가 없다.

그래서 예루살렘, 사마리아, 실로는 공통된 특징을 몇 가지 공유한다. 첫째, 이 도시들은 다소 후기에 나타나고, 설사 그 셋이 이스라엘 역사의 핵심적인 순간들에 가장 중요한 역할을 한다 할지라도 성조 내러티브에 실질적으로 단단한 뿌리를 갖고 있지 않다. 둘째, 이 셋은 외적에게 파괴되었다. 사마리아와 예루살렘의 경우는 이 사실이 확실하고 실로의 경우는 가정된다. 게다가 예레미야는 실로의 운명에서 완전히 파멸되는 예루살렘의 전조를 본다.

누군가는 베텔 성소 역시 파괴되었다고 말할 수 있지만, 그럼에도 불구하고 창세기에서 언급되어 있다(12,8; 13,3; 28,19; 31,13; 35,1.3.6.7.15).[5] 그런데 예루살렘과 베텔의 주된 차이는, 베텔이 요시야에게 파괴된(2열왕 23,15) 반면에, 예루살렘은 이민족에게 파괴되었다는 것이다. "하느님, 민족들이(고임ㅁㄲㄱ) 당신 소유의 땅으로 쳐들어왔고 그들은 당신의 거룩한 성전을 더럽히고 예루살렘을 폐허로 만들었습니다"(시편 79,1). 또는 "적이 그녀(예루살렘)의 모든 보물에 그의 손을 뻗쳤습니다. 당신의 공동체에 들어오지 못하도록 명령하신 민족들이(고임ㅁㄲㄱ) 그녀의 성소로 들어가는 것을 그녀는 보아야만 했습니다"(애가 1,10). 2열왕 23장에 묘사된 베텔의 파괴는 이스라엘의 내부 사건이다. 그 일은 야훼가 명령하고 시인하였던 것으로 국제적 차원이 아니다. 예루살렘은 실로와 사마리아처럼 이교인들과 하느님의 적들에게 파괴되었는데, 이는 훨씬 더 심각한 일이다.

---

5. 베텔에 대한 최근 연구들 중에서 Koenen, *Bethel*; Gomes, *Bethel*; Köhlmoos, *Bet-El* 참조.

2. 외적에게 파괴된 도성의 실격失格

고대근동, 특히 메소포타미아에서 우리는 예루살렘의 멸망과 그 여파의 몇몇 측면을 명확히 할 일련의 문서를 접한다. 그것들은 소위 도시 애도lament에 속한다.[6] 이 유형은 이미 수메르 시대부터 알려졌고 헬레니즘 시대까지 존속했다. 비교문학 분야에서 일반적으로 그렇듯이, 한 문화가 다른 문화에 분명한 영향을 미쳤는지는 평가하기 어렵고, 그 영향의 방향도 확신하기 어렵다. 그럼에도 불구하고 그 분야의 연구 대다수에 의하면, 고대 메소포타미아 문서와 그보다 늦은 성경 본문들 사이에는 유사점이 많아 둘 사이의 관련성을 말할 수 있다. 게다가 우리는 기원전 9세기 후반부터 신아시리아 제국이 이스라엘의 북 왕국에 미친 영향에 대한 분명한 표지들을 가지고 있다. 바빌론과 예루살렘의 역사 역시 상세하게 언급될 수 있을 만큼 너무 잘 알려져 있다. 그러므로 우리는 예루살렘의 멸망에 대한 연구에서 메소포타미아 자료들을 사용할 수 있는 확실한 근거를 가진다.

우리의 주의를 끄는 성경의 첫 본문은 단연 애가인데, 여러 주석가에 의해 도시 애도의 전형적인 예로 분류되었다. 다른 본문들도 마찬가지로 언급될 수 있는데, 특히 거룩한 도성의 멸망을 묘사하는 에제키엘서의 몇 장(에제 8-11장)과 물론 일부 시편이다(44, 74, 79, 80편). 고대 메소포타미아의 도시 애도와 애가에 공통된 주요 특징 중에서 다음 요소들을 나열할 수 있다.[7]

---

6. 가령 Cohen, *Canonical Lamentations*; Lee / Mandolfo (eds.), *Lamentations*.
7. Dobbs-Allsopp, *Weep*, 45-51 참조.

2.1. 신(남신 또는 여신)이 자신의 도시와 신전을 버린다

첫째, 신(남신 또는 여신)은 적들이 자신의 도시를 점령했을 때 그것을 버리고 내준다.[8] 고대근동 사람들이 역사적 사건의 과정에서 나타나는 변화를 일반적으로 신들의 의도적인 행동으로 돌렸다는 것은 최근 학자들의 공통된 의견이다. 말하자면 역사적 사건들은 신적 계시의 첫 번째 장소였다.[9] 정복, 승리와 패배는 모두 신의 직접적인 개입에 의한 것이었다. 따라서 이러한 사고방식에 따르면, 도성의 점령과 파괴는 오직 그곳의 수호신이 자신의 거처와 신전을 버렸다면 일어날 수 있는 일이다. 이 기회에 신(남신 또는 여신)은 자신의 도시에 화가 났거나 그곳의 범죄 때문에 벌하는 것이다. 이는 승리한 군대의 신들이 우월하다고 인정하는 것보다 패배를 설명하기 위해 선호하는 방법이다. 정복한 국가는 그 정복에 대해 자기 신들을 틀림없이 찬양한다.

예를 들어 우르의 애가 시작 부분에 있는 이 구절(2-9)을 보자.[10]

> *Ninhil*은 그녀의 양 우리인 *Ki-ur* 집을 바람에 버리고….
> *Keš*의 여왕은 그녀의 양 우리인 그것을 바람에 버리고….
> *Ninmah*는 그녀의 양 우리인 *Keš*를 바람에 버리고….
> *Isin*의 그녀는 그녀의 양 우리인 그것을 바람에 버리고….

성경에서 애가 2,7; 5,20; 에제 8,12; 9,9; 이사 49,14-16을 보자. 마지막 본문은 유배 시기의 말기보다 늦게 쓰였고, 그 순간에도 버림받은 느

---

8. Dobbs-Allsopp, *Weep*, 45-51.
9. 독창적인 작품들인 Albrektson, *History*; Saggs, *Encounter* 참조.
10. 번역과 주석은 Samet, *Lamentation*, 55, 78-80 참조.

낌이 여전히 많이 살아 있다고 암시하기 때문에 아마도 더욱 충격적인 듯하다.[11]

> 그런데 시온은 "주님께서 나를 버리셨다. 나의 주님께서 나를 잊으셨다" 하고 말하였지. 여인이 제 젖먹이를 잊을 수 있느냐? 제 몸에서 난 아기를 가엾이 여기지 않을 수 있느냐? 설령 여인들은 잊는다 하더라도 나는 너를 잊지 않는다. 보라, 나는 너를 내 손바닥에 새겼고 너의 성벽은 늘 내 앞에 서 있다.

에제 8,1-11,25은 주님의 영광이 성전을 떠나는 그 순간을 더욱 명시적으로 묘사하는 본문이다.[12] 묘사가 상세하여, 독자는 적들이 하느님의 집에 들어와서 모독하기 전에 성전이 빈 채로 남아 있다는 것을 이해할 수 있다. 주님의 영광은 도시를 떠나 도시의 동쪽 올리브산 위에 머문다(에제 11,23).

2.2. 책임의 문제

두 번째 중요한 요소는 책임이다. 메소포타미아에서 도시의 파괴는 보통 신들의 회의에서 내린 결정에 따른다.[13] 예를 들면 우르의 애가에서, 우르 도시의 수호자인 여신 닌갈*Ningal*이 재앙을 물리치기 위해

---

11. Tiemeyer, *Comfort*, 263-265. 이 신탁들의 청중은 성전이 없는 유다인이며 아마도 "초기 귀환 유배자 중 일부"일 것이다(265). 또한 *Comfort*, 288-292 참조: 시온-예루살렘은 기원전 539년 전에 "유다에 살고 있는 백성"을 대표하고 "아이들"은 "디아스포라에서 돌아오는 백성"을 대표하는 듯하다(292).
12. Block, "Divine Abandonment".
13. Dobbs-Allisopp, *Weep*, 52-55.

신들의 집회 앞에서 애원했지만 헛수고였다(143-151).[14]

> 그날에, 나[닌갈]는 나의 도시를 단념하지 못하였다.
> 나는 내 땅을 소홀히 하지 않았다.
> 나는 안*An* 앞에서 눈물을 흘리며,
> 나 자신도 엔릴*Enlil* 앞에서 간구했다.
> "내 도시가/성읍이 멸망되지 않게 하소서!" 나는 그들에게 말하였다.
> "우르가 파괴되지 않도록!" 나는 그들에게 말하였다.
> "그곳 백성이 소멸되지 않도록!" 나는 그들에게 말하였다.
> 그러나 안은 그 말을 바꾸지 않았다.
> 엔릴은 "좋다, 그럼 됐다"라는 말로 내 마음을 달래지 않았다.

이 결정이 어떤 경우에는 독단적일 수 있고 동기가 없을 수도 있다. 거기에는 정복된 도시의 주민이나 그 지도자, 또는 그곳의 신들에게 잘못이 없다. 그런데 성경의 여러 본문에서는 재앙의 원인이 확실히 야훼에게 있는데, 그가 자신의 도시를 방어할 능력이 없기 때문이 아니라, 예루살렘과 그곳 주민들의 잘못을 발견하기 때문이다.[15] 다른 구절들에서는 백성이 자신들의 죄와 범죄를 고백한다(애가 3,42; 5,16). 중요한 범죄를 저지른 사람 중에는 그 도시의 지도자들, 예를 들어 선조(애가 5,7), 사제(4,13)과 예언자(2,14; 4,13)도 있다. 애가는 아마도 죄에 대

---

14. Samet, *Lamentation*, 63. 93-94 참조.
15. 예를 들면 애가 1,5.8.14.18.20.22. 애가 1,5은 매우 분명하다. "그의 적들은 우두머리가 되고 그의 원수들은 편안히 지내니 그의 많은 죄악 때문에 주님께서 그에게 고통을 내리신 것이다. 그의 아이들은 포로가 되어 적 앞으로 끌려갔다."

한 예언자적 관념과 신명기의 계약 신학에서 영향을 가장 크게 받았을 것이다. 예레미야는 에제키엘과 같이 예루살렘에 관한 그의 신탁에서 이 관념을 거듭 역설한 예언자이다. 예레 5,1-6은 이와 관련하여 가장 명시적인 본문 중 하나이다. 예를 들어 예레 5,4-5에 있는 이 진술을 보라.

> 그래서 저는 이렇게 생각하였습니다. "저들은 가련하고 어리석기만 하다. 그들이 주님의 길을, 저희 하느님의 법을 알지 못한다. 그러니 이제 어르신들에게 가서 말하리라. 그들이야말로 분명 주님의 길을, 하느님의 법을 알고 있으리라." 그러나 그들 역시 멍에를 부러뜨리고 그 줄을 끊었습니다.

가난한 이와 부자, 약한 이와 힘센 이, 백성과 지도자, 그 어떤 예외도 없이 예루살렘의 모든 주민이 앞으로 일어날 일에 대해 책임이 있다.

그런데 다른 본문들은 예루살렘을 파괴하기로 한 하느님의 당혹스러운 결정에 대해 불평한다.[16] 시편 44,18-23은 조금도 모호하지 않게 이 점을 진술한다.

> 이 모든 것이 저희를 덮쳤습니다. 그러나 저희는 당신을 잊지도 않고 당신의 계약에 불충하지도 않았습니다. 저희 마음은 뒤로 물러서지도 않고 저희 발걸음은 당신의 길을 벗어나지도 않았습니다. 그런데도 당신께서는 저희를 부수시어 승냥이들이나 사는 곳으로 만드시고 저희 위를

---

16. Rom-Shiloni, *Destruction*; Ramond, "Voix discordante".

암흑으로 덮으셨습니다. 저희가 만일 저희 하느님의 이름을 잊고 낯선 신에게 저희 손을 펼쳤다면 하느님께서는 마음속에 숨겨진 것도 아시는데 그런 것을 알아채지 못하실 리 있겠습니까? 그러나 저희는 온종일 당신 때문에 살해되며 도살될 양처럼 여겨집니다.

이 시편은 예루살렘이 계약을 깨뜨렸다는 것과 다른 신들을 섬겼다는 것을 부인한다.[17] 다시 말해, 예루살렘은 신명기 계약 신학의 주요 규정들을 무시했다는 비난을 받을 수 없다는 것이다. 그럼에도 불구하고, 예루살렘의 멸망이 인간의 실패로 인한 일이든 아니든 관계없이 하느님, 오직 하느님에 의해서만 결정되었음은 여전히 명백하다.

2.3. 파괴된 도성의 복구 가능성

이 짧은 탐구에서 우리가 관심을 가져야 할 세 번째 측면은 성경의 애가와 메소포타미아에서 비롯된 다른 도시 애가 사이의 놀라운 차이다. 대부분 도시 애가는 도시의 복구 및 신들이 그들의 신전으로 의기양양하게 귀환하는 모습을 묘사하는 것으로 마무리된다.[18] 이는 거의 모든 메소포타미아의 도시 애가에서 발견할 수 있는데, 단 하나 소위 〈아가데의 저주 Curse of Agade〉만 아니다.[19] 대다수 전문가들이, 도시 애가는 대부분 도시의 복구를 기념하기 위해, 파괴된 끔찍한 시기와 복구하는 실제적이고 즐거운 경험을 대조해 가면서 구성되었다는 결론에 다다르는 경우가 너무나 많다. 따라서 문서들은 도시가 재탈환

---

17. Rom-Shiloni, "Psalm 44", 683-698.
18. Dobbs-Allsopp, *Weep*, 92-96.
19. Dobbs-Allsopp, *Weep*, 93.

되고 복구된 후에 구성되었다. 시간이 흐르면서, 시의 이 부분은 더욱 중요해지고 분량도 늘어났다. 후대의 구성에서 이 부분은 애가의 거의 반을 차지할 정도다.[20]

예외인 〈아가데의 저주〉는 대신 그 도시에 거주하려는 사람을 단념시키는 무시무시한 묘사로 끝난다(〈아가데의 저주〉, 279-280).

> 누구든지 "나는 그 도성에서 머무르겠다!"라고 하면, 거기에는 그가 마땅히 머무를 곳이 없었다.
> 누구든지 "나는 아가데에서 쉬겠다!"라고 하면, 거기에는 그를 위한 매력적인 쉼터가 없었다.
> 아가데는 파괴되었다 - 인안나 만세![21]

그 점에서 〈아가데의 저주〉와 애가의 유사점을 강조하고 싶다. 애가에는 도시 복구에 대한 암시가 들어 있지 않다. 이 주제는 애가 4,22ㄱ에 암시적으로만 언급되었다. "딸 시온아, 네 죄벌은 끝났다. 그분[야훼]께서 너를 다시는 유배 보내지 않으시리라." 애가 5,21에 복구를 위한 짧은 기도가 있으나, 다음 절에서 야훼의 분노가 재확인되면서 수그러든다. "주님, 저희를 당신께 되돌리소서, 저희가 돌아가오리다. 저희의 날들을 예전처럼 새롭게 하여 주소서. 정녕 저희를 물리쳐 버리셨습니까? 저희 때문에 너무도 화가 나셨습니까?" 아델레 베를린 Adele Berlin이 말했듯이 "하느님이 성전과 분리되어 존재하신다는 생

---

20. Dobbs-Allsopp, *Weep*, 92, Fowler, *Kinds of Literature* 인용.
21. Cooper, *Curse*, 63.

각이 유다인들에게 그분이 그들을 도울 것이라는 희망을 가져다주어야 마땅했는데, 이 희망은 하느님의 응답 거부로 즉시 꺾였다."²² 이 행들은 책[= 애가]의 다섯 번째이자 마지막 장의 결론이다. 여기에 도시와 그곳 성전의 실제 재건에 대한 언급은 없다. 이 점에서 애가는 〈아가데의 저주〉에 가깝다.²³ 복구라는 관습적인 주제는 청중에게 버림받은 느낌을 더욱 느끼게 하기 위해서만 사용되었다. 이런 의미에서 적어도 애가 내에서는 모든 기대가 좌절된다. 이로 인해 그 시들이 예루살렘 복구 중에 그리고 복구 후에 구성되지는 않았을 것 같다. 그 시들은, 백성의 깊은 슬픔과 고통을 표현하기 위하여, 그리고 거룩한 도성을 파괴한 점에서는 가령 시편 44편처럼, 야훼의 행동에서 나타나는 뚜렷한 불공평함을 불평하려고 쓰였을 가능성이 더 크다.²⁴

3. 복구와 각성

널리 인정되듯이, 예루살렘은 고대근동의 다른 도시들처럼 재건되었다. 여러 본문, 특히 이사 40-44장, 몇몇 시편과 느헤미야기가 그 재건을 선언하거나 기념한다. 그러나 재건된 도시는 옛 도시와 경쟁할 수 없다는 인상을 준다. 에즈 3,11-13이 그 차이를 강조한다(에즈 3,11-13).²⁵

---

22. Berlin, *Lamentations*, 125; 또한 참조 Salters, *Lamentations*, 371-375; Berges, *Klagelieder*, 299-303; Dobbs-Allsopp, *Lamentations*, 147-149.
23. Dobbs-Allsopp, *Weep*, 94.
24. Dobbs-Allsopp, *Weep*, 94. 유대인 묵시문학에서도 마찬가지다. Daschke, *City of Ruins* 참조.
25. Williamson, *Ezra-Nehemiah*, 48-49, 하까 2,3; 즈카 4,10 함께 참조; Fried, "Land", 43-46: "새 성전이 봉헌될 때까지 건축의 전 과정에 걸친 애도 의례가 규정되어 있다." 저자

그들은 야훼를 찬양하고 찬송하면서, 이렇게 서로 화답하였다. "그분께서는 어지시다. 그분의 자애는 이스라엘에 영원하시다." 온 백성은 야훼의 집 기초가 놓인 것을 보고, 야훼를 찬양하며 크게 환호하였다. 그러나 사제들과 레위인들과 각 가문의 우두머리들과 첫 번째 집[성전]을 보았던 노인 중 많은 이들이, 이 집의 기초가 놓인 것을 보고 큰 소리로 울었다. 그러는가 하면 다른 많은 이들은 기뻐하며 큰 소리로 환호성을 올렸다. 그래서 백성이 지르는 기쁨의 환호성과 울음소리를 구별할 수가 없었다. 그 소리가 멀리까지 들릴 정도로 백성이 하도 크게 환호성을 질렀기 때문이다.

본문은 다른 사람들이 "기뻐하며 큰 소리로 환호성을 올리는" 반면에 일부 사람들은 왜 "큰 소리로 우는지" 그 이유를 아주 명확하게 설명하지 않는다. 하나는 확실한데, 두 번째 성전의 기초가 놓였을 때 감정들이 혼합되어 있었다는 점이다. 사람들은 다양한 이유로 울 수 있다. 그런데 우는 사람들이 "첫 번째 집을 보았던 노인들", 사제, 레위인, 가문의 우두머리들이기에, 그들이 옛 성전과 그곳이 바빌로니아 군대에게서 받은 모독을 기억하기 때문에 울었다는 것이 더 그럴듯하다. 과거의 비극적인 기억은 복구의 시작으로 완전히 지워질 수가 없다. 거기에는 상처, 영구적인 흉터가 있다. 무언가가 영원히 파괴되었고, 도시와 성벽과 성전뿐만 아니라 거룩한 도성의 난공불락에 대한 확신도 소실되었다. 이사야서의 일부에서, 도성의 주민들이 도성은 정복되

는 에즈 3,11-13에 있는 의식에 병행되는 여러 고대근동 자료를 인용한다. 그런데 에즈 3,11-13의 맥락이 정확하게 전례 거행의 맥락은 아니다.

지 않으리라고 믿었다는 것이 분명하다(이사 37,5-7.28-29). 이 사고방식은 잘 알려진 예레 7장의 신탁, 예루살렘과 그 성전에 대한 신탁에도 나타난다(특히 예레 7,4 참조). 그럼에도 불구하고, 정복할 수 없는 도시가 바빌로니아의 "이교인" 군대에게 정복당했다.[26]

다른 본문인 하까이 예언서에서는 이 그림에 중요한 요소 하나를 더한다. 성전을 재건한 후에, 솔로몬의 건축물을 알고 있던 사람들은 어쩔 수 없이 예전의 성전과 현재의 성전을 비교하게 되었다. 결과는 두 번째 성전에 호의적이 아니었다(하까 2,3). "너희 가운데 이 집의 옛 영화를 본 사람들이 남아 있지 않느냐? 지금은 이 집이 너희에게 어떻게 보이느냐? 너희 눈에도 있으나마나 하지 않느냐?" 그래서 신탁은 다윗 가문의 후손이고 공동체의 지도자인 즈루빠벨, 사제인 예수아와 "이 땅의 백성"이 더 나은 미래와 더 아름다운 건축물을 희망하도록 격려한다. "이 집의 새 영광이 이전의 영광보다 더 크리라. — 만군의 야훼께서 말씀하신다. — 내가 이곳에 평화를 주리라. 만군의 야훼의 말씀이다"(하까 2,9).[27]

중요한 점은, 성전 재건이 실망스러운 경험이라는 것이다. 오직 만군의 주님이신 야훼의 우주적, 아마도 종말론적 개입 후에야, 성전은 모든 기대를 충족할 것인데, 그 화려함이 솔로몬의 건축물을 능가할 것이기 때문이다. 하까이의 신탁에서 사용된 이미지들은 우주적인 것이며 종말론적 또는 메시아적 함의를 가질 수 있다(하까 2,6-7).

---

26. 이 점에서 이사야서와 예레미야서가 보이는 대조에 관해, 특히 Hardmeier, *Prophetie* 참조.

27. Meyers / Meyers, *Haggai*, 52-53; Meadowcroft, *Haggai*, 162-170에서 그는 하느님의 개입이 "먼 미래를 위한"(165) 것이 아니라는 이유로, 본문에서 종말론적 차원을 보지 않는다. '종말론'이라는 용어를 정의하는 방식에 많은 것이 달려 있다.

만군의 야훼께서 이렇게 말씀하신다. — 머지않아 나는 다시 하늘과 땅 바다와 뭍을 뒤흔들리라. 내가 모든 민족들을 뒤흔들리니 모든 민족들의 보화가 이리 들어오리라. 그리하여 내가 이 집을 영광으로 가득 채우리라. — 만군의 야훼께서 말씀하신다.

본문은 아마도, 가령 이사 60,7-11; 참조 이사 2,1-5; 미카 4,1-3에서도 언급된 민족들의 순례를 암시할 것이다. 이 본문들의 중요한 측면은 현재가 만족스럽지 않기 때문에, 작가들에게 사람들의 기대를 다시 한번 미래에 투사하는 의무를 지운다는 것이다.[28] 성전이 백성의 바람을 채워 줄 수 없다면 그들은 어떻게 현재를 살고 있는가? 이 질문에 대해 에즈라기와 느헤미야기는 답변 하나를 제시하는데, 바로 법이다. 이 법이야말로 우리가 지금 분석해야 하는 것이다.

4. 돌의 도성에서 말의 도성으로

바빌론에서 귀한한 후 사람들은 어떻게 깊은 실망감을 극복할 수 있었는가? 예루살렘은 재건되었다. 그러나 진정한 예루살렘은 더 나은, 아마도 종말론적인, 미래로 투사되었다. 문제는 현재를 어떻게 다룰 것인가였다. 일상생활의 어려움에 대처하는 방법은 무엇이고, 페르시

---

28. Lipschits, *Fall*, 113 참조. "나는 예루살렘이 멸망된 후에도, 그 도성과 성전이 유다에 남아 있던 여러 집단에게 또는 유배자들에게까지 여전히 그토록 중요했는지에 대해 깊은 의심을 품고 있다. … 예루살렘 멸망 후 바빌로니아의 정책과 예루살렘 및 성전의 재건 금지는 그 도성의 위상을 쇠퇴케 한 결정적 요인들이었다."

아 제국의 여러 지역들에, 그리고 나중에는 여러 헬레니즘 왕국에 흩어진 공동체의 삶을 조직하는 방법은 무엇인가?

물론 몇 가지 답변이 제시되었다. 일부는 더 나은 미래를 준비하는 것을 선호했고, 다른 이들은 현재, 특히 새 성전과 그 제의에 적응하는 길을 찾았다. 또 다른 이들은 여전히 하느님께 혹은 당대의 정치 권위에 너무 많은 것을 기대하지 않고, 페르시아의 평화Pax persica를 즐기는 것을 행복으로 삼았다.

아마도 긴 숙고와 적잖은 쓰디쓴 경험 후에 채택된 해결 방법 중 하나는 토라로 돌아가는 것이었다. 예루살렘이 이스라엘의 모든 구성원이 함께 모여 살 수 있는 장소가 될 수 없었기에, 새로운 기반 위에서 공동체를 생성하기 위해서는 다른 해결책을 찾을 필요가 있었다. 분명한 이유로, 이 정체성은 더 이상 같은 영토에 사는 사람들에게만 국한될 수 없었다. 유다인들은 페르시아 세력, 그다음에는 헬레니즘 세력의 지배를 받은 이래로, 같은 정치적 권위에 의해 통치되는 백성으로 한계 지을 수도 없었다. 기본 개념은 동일한 관습, 즉 동일한 토라의 준수를 중심으로 정체성을 창출하는 것이었다.[29]

이 개념이 언제 어디서 제기되었는지 정확하게 알아내는 것은 불가능하고, 분명 이 짧은 논고의 한계 내에 있지 않다. 우리는 에즈라기와 느헤미야기에서 토라의 중요성에 대한 명확한 암시를 확실하게 발견한다. 가령 에즈라는 유다와 예루살렘에서 법을 시행하도록 페르시아 임금에게서 파견되어 바빌론에서 예루살렘으로 온다(에즈 7,26;

---

29. 최근에 정체성 문제에 대해 많은 글이 작성되었다. 그중에서도 특히 Lipschits et al. (eds.), *Judah and the Judeans*; Jonker (ed.), *Texts* 참조.

참조 7,6.13.14) 느헤 8,1-15에서 이 법은 큰 집회에서 선포된다.[30]

본고의 한정된 지면에서, 본문 세 곳만 분석하려 한다. 그것들은 토라가 유대인 생활의 중심에 얼마나 많이 존재했는지 밝히기에 확실히 중요하다. 이런 의미에서 유배 이후 공동체는 돌stone로 된 도성보다 말word로 된 도성에서 안식처를 찾기로 결정했다고 할 수 있다.

4.1. 여호수아, 율법 박사 혹은 승자?

분석할 첫 본문은 여호 1,7-9이다.[31] 최근 몇 년간, 각기 다른 학파에 속한 주석가들이 이 본문을 독립적으로 연구하였다.[32] 그런데 그 결과는 한 점으로 향한다. 본문은 후대에 이 장에 삽입되었고 새로운 관점을 전한다. 여호수아의 첫 소명은 말하자면 땅을 정복하고 그것을 지파들에 분배하는 것이었다(여호 1,1-6). 그 직후에, 첫 신탁을 끝내는 공식인 "힘과 용기를 내어라"(1,6 참조)라는 권고에 따라 1,7과 1,9로 둘러싸인, 모세의 율법에 기록된 것에 충실하라는 긴 권고를 본다. 여호수아가 맡은 모든 일의 성공 여부는 율법 준수에 달려 있다.

주석가들은 이 신탁의 두 가지 특징에 주목한다. 첫째, 신탁을 소개하는 공식이 전형적인 군사 용어라는 점이다.[33] 이는 후대에 군사적 문맥에 이 구절들을 삽입했다는 하나의 표지를 가지고 있다는 뜻

---

30. 이 본문들은 오늘날 아주 많이 토론되었다. 우리 주장은 율법이 페르시아와 헬레니즘 시대를 걸친 논쟁에서 점진적으로 우위를 점하고 있다는 것이다. 세부 사항은 그중에도 특히 Duggan, *Covenant*; Pakkala, *Ezra*; Wright, *Rebuilding*; Kratz, "Ezra" 참조.
31. 이 아이디어를 개발한 이는 Zenger다. Zenger, "Tanach", 26-27.
32. 그 많은 것 중에서도 특히 Smend, "Gesetz", 494-497 = "Law", 96-98; Fishbane, "Inner-biblical", 28-29; Rofé, "Piety", 78-80; Römer, "Josué", 117-124; Finsterbusch, "Deuteronomy", 168-175; Albertini, "Al di là", 57-79 참조.
33. 그중에서도 특히 Fishbane, *Biblical Interpretation*, 384-385; Sicre, *Josué*, 83; Van der Meer, *Formation*, 210-222 참조.

이다. 둘째, 신탁의 앞부분에서는 땅을 정복할 때에 하느님의 도움이 무조건적이었던(1,5) 반면에 여기서는 율법 준수에 종속시킨다.

이 본문에서 두 가지 결론을 도출할 수 있다. 첫째, 모세의 죽음 이후 이스라엘의 첫 영도자인 여호수아의 모습은 전사이자 정복자가 아니며, 이 역할은 특히 책의 첫 대목(여호 1-12장)에서 나타난다. 이 절들에 나타나는 여호수아의 초상화는 율법 박사, 전 생애를 율법의 연구와 묵상, 그것을 준수하는 데 바친 학자에 더 가깝다.

둘째, 이 신탁이 한층 더 중요한 이유는 여호수아기가 유다인 정경에서 전기 예언서의 첫째 권이기 때문이다. 이런 점에서 여호수아는 전기 예언서와 그 이후 이스라엘의 모든 영도자를 위한 범례가 된다. 여호수아는 정확하게 다윗이 아니라 오히려 "모세의 율법에 능통한 학자"(에즈 7,6)인 에즈라를 예시한다. 더욱이 이 신탁은 독자들에게 앞으로의 이스라엘 역사에 대한 해석의 열쇠를 제공한다. 성공과 실패는 같은 방법으로 계속해서 설명될 것인데, 둘 다 율법을 준수하는가, 준수하지 않는가와 연결된다.

4.2. 율법 박사: 이스라엘 모든 사람을 위한 이상(시편 1편)

많은 주석가가 주목하는 대로, 여호 1,7-9에서 소개하는 어휘와 주제들은 시편 1편에 다시 등장한다.[34] 이는 아마도 시편 전체의 '서문'이 되도록 작성되었을 가능성이 크다. 이 말은 이 시편이 시편 전체의, 그리고 아마도 소위 성문서 ketûbîm라고 하는 히브리 성경의 셋째 부분에서 발견되는 같은 종류의 모든 책의 읽기와 해석의 방향을 제시할

---

34. Rofé, "Piety", 78-80; Zenger, "Tanach", 27.

것으로 기대되었다는 뜻이다.

중요한 두 가지 점에서, 시편 1편은 여호 1,7-9과 병행한다. 즉 밤낮으로 율법을 묵상할(또는 '되뇌일') 것(우버토라토 예게 요맘 와라일라 ובתורתו יהגה יומם ולילה: 시편 1,2과 여호 1,8)을 강조하는 데서, 그리고 모든 일의 성공(워콜 아쉐르 야아세 와칠리아흐 וכל אשר יעשה יצליח: 시편 1,3ㄷ과 여호 1,8ㄴ)이 율법의 묵상하기(그리고 준수하기)에 좌우된다는 것을 강조하는 데에서 그러하다.[35] 내 생각에, 두 본문 사이에 어떤 연결이 있음을 부인하기는 어렵다. 둘의 의존 방향에 대한 긴 논쟁에 들어가지 않고, 두 본문 모두 같은 환경에서 시작되어 동일한 기본 개념인 하느님의 율법 또는 모세의 율법이 이스라엘의 실존에서 최상위를 차지해야 한다는 것을 표현한다고 합리적으로 가정할 수 있다.

온 이스라엘의 첫 범례적 지도자인 여호수아에게 요구된 것은 이제 이스라엘의 '모든 사람'에게 이상으로 제시되었다. 이스라엘의 충실한 구성원의 주된 활동은 율법을 공부하고 묵상하는 것이다. 이런 의미에서 이스라엘은 율법의 학자, 스승(라삐), 박사 들의 나라여야 한다. 모든 민족이 일종의 예시바(역자주: 토라와 라삐 문학 등을 학습하는 유대교의 전통 교육기관)에서 살아야만 한다. 수 세기 동안 이스라엘의 영성을 지배해 온 이 생각을 설명하기 위해, 고전 그리스-로마 문학의 유명한 유대인 전문가인 모미글리아노의 짧은 성찰을 인용해 보겠다.[36]

---

35. Rofé, "Piety"; 덜 구체적인 Cole, *Gateway* 참조.
36. Momigliano, *Classical Foundations*, 23.

유다이즘의 전체 발전은 비역사적이고, 영원한 것, 율법, 즉 토라로 이어졌다. 유다인들이 토라에 중요성을 부여하게 되면서 일반 역사학에 대한 그들의 관심은 죽었다. "토라에는 이전도 없고 이후도 없다"(*Pes.* 6b).

이런 이유로 모미글리아노에 의하면, 요세푸스 이후 르네상스 시대의 아자리아 데 로시(1511 만토바에서 출생, 1578 페라라에서 사망)에 이르기까지 진정한 유대인 역사가는 없다.

자신의 모든 에너지를 토라에 집중하려는 이스라엘의 경향이, 성경의 중요한 부분인 토라의 지평에서 거룩한 도성 예루살렘이 사라진 이유를 어느 정도 설명할 수 있다. 이제부터 예루살렘의 영광은 다윗과 솔로몬 왕국의 화려함처럼 과거에 속하게 된다. 재건된 도시에서는 어느 것도 첫 도성의 위엄, 아마도 그것을 기념하는 사람들의 기억 속에 장식되었을 그 위엄과 비교할 수 없다. 거룩한 도성은 먼 미래에야 그 모든 장엄함을 회복할 것이고, 이는 정치적이든 군사적이든, 인간의 행동이 아니라 하느님의 주도로 이룬 결과일 것이다. 과거는 영원히 사라졌고 미래는 오직 하느님께 속해 있는데, 어떻게 이스라엘 백성은 이 땅에서, 디아스포라에서 현재에 대처하겠는가? 여호 1,7-9과 시편 1편의 답변은 명확하다. 토라를 묵상하고 준수하는 데 그 답이 있다.

4.3. 성조들인가 아니면 율법인가? 에제 33,23-29 마소라 본문

유배 이후 후대에 율법의 우선순위를 확증하는 예는 에제 33,23-29에서 찾아볼 수 있다. 실제로 해당 마소라 본문은 칠십인역 본문보다 더 긴데, 후자에서는 25절의 첫 구문("그러므로 그들에게 말하여라. 야훼가 이렇게 말한다")에서 27절로 이동한다. 칠십인역은 율법 위반에 대한 암시를 '건너뛴다.' 칠십인역의 번역자가 아마도 25절과 27절에 나오는 두 개의 도입부 정식 사이의 본문을 건너뛰었을 것이기에, 이 경우 마소라 본문을 원문으로 간주할 충분한 이유가 있다. 25절, "그러므로 그들에게 말하여라. '야훼 하느님이 이렇게 말한다'"(코 아마르 아도나이 야훼כה אמר אדני יהוה). 그리고 27절, "그들에게 이것을 말하여라. '야훼 하느님이 이렇게 말한다.'" 이것은 인접 또는 병렬 문구의 어미가 유사해서 homoioteleuton 빠뜨리게 된 명백한 사례이다.[37]

이 구절의 핵심 단어는 24.25.26절에서 소개된 동사 야라쉬(ירש, '상속하다')이다. 같은 어근이 24절에서 모라샤(מורשה, '소유, 상속')라는 명사로 두 번째 나타난다. 본질적으로 이 본문은 땅의 상속에 대한 두 가지 다른 주장에 반대한다. 예루살렘에 있는 사람들의 무리, "이 황폐한 곳의 주민들"(24절, *NRSV*)은 그들이 아브라함의 후손이기 때문에 땅을 상속받을 것이라고 확언한다. 25-29절에서 하느님의 신탁은 먼저 이 주장의 합법성에 이의를 제기하며, 청구인들이 25-26절에 나온 일련의 율법 규정들을 준수하지 않았다고 고발한다. 그것은 피째로 고기를 먹는 것, 우상숭배, 피를 흘리는 것, 폭력(칼)에 의존하는 것, 혐오스러운 행위를 하는 것, 간음이다. 의례적이고 범죄적인 행위는 그 땅, 예루살렘에 남아 있던 사람들이 그 땅을 상속받지 못하도록 막는다. 전형적인 신명기적 양식으로 이 본문은 땅의 소유가 율법

---

37. 이것은 몇몇 오래된 주해들의 의견이다. 그중에서도 특히 Cooke, *Ezekiel*, 371; Wevers, *Ezekiel*, 255, n. 25(parablepsis); Zimmerli, *Ezekiel 25-48*, 815(homoioteleuton) 참조. 좀 더 최근의 주해에서는 이 문제를 거의 언급하지 않는다.

준수에 의해 결정된다고 확언한다. 그와 반대로 성조 아브라함에게 한 약속들은, 그들이 땅을 상속받는 자격을 갖추는 데 충분하지 않다. 틀림없이 에제키엘의 신탁은 성조들의 전통, 특히 아브라함의 전통보다 율법의 우위를 확증한다.[38]

4.4. 율법 또는 성전(1열왕 6,11-13 마소라 본문)?

다른 전통들에 비해 율법의 우위를 단언하는 같은 경향이 열왕기 상권의 짧은 구절에서 발견된다. 마소라 본문과 칠십인역을 비교해 보면 이 경향이 헬레니즘 시대 말기에도 증명된다는 것을 알 수 있다. 1열왕 6장은 솔로몬 성전의 건축을 묘사한다. 첫 부분에서 솔로몬이 주요 구조물을 세우고(6,1-10), 두 번째 부분에서는 건축물의 내부를 갖춘다(6,15-36). 두 부분 사이에서 갑자기 하느님의 신탁을 우연히 만나는데(6,11-13), 성경의 이런 부분에서는 좀 드문 일이다. 하느님은 솔로몬에게 단지 세 번 말씀하시는데, 기브온에서 꿈에 나타나 말씀하셨고(3,4-15), 율법 준수의 필요성을 재차 단언하기 위해 성전 봉헌 후 "두 번째"로 나타나셨다(9,1-9). 이 신탁(9,1-9)이 기브온의 신탁(9,2)에 이은 두 번째 신탁으로 되어 있다는 단순한 사실이 6,11-13의 신탁이 후대의 첨가임을 시사한다.

이것은 칠십인역(*ANT*에서와 같이 B에서도)에서 11-14절 가운데 신탁 전체(11-13절)가 없다는 사실로 확인된다. 이 긴 본문이 신성한 신탁이고 본문이 다소 길기 때문에, 단순한 실수로 빠뜨려서 생략될 수

---

38. 그 중에서도 특히 Block, *Ezekiel*, 256-261; Römer, "Recherches", 191-192 참조.

는 없다고 믿을 만한 충분한 이유가 있다.³⁹ 또한 9절의 '솔로몬이 집을 건축하고 완성하였다'라는 구절이 14절에서 거의 문자 그대로 반복되기 때문에, 히브리어 본문은 전형적인 '되풀이 기법resumption'을 포함하고 있다. 그리스어 번역가가 9절에서 14절로 건너뛰었다고 말할 수도 있으나, 이상하게도 그는 10절을 번역했다. 오직 하느님의 신탁만(11-14절) 칠십인역에 없다. 달리 말하면, 신탁은 후대에 추가된 것이고 그 본문은 칠십인역으로 번역된 원Proto마소라 본문에는 아직 나타나지 않았다고 고찰하는 것이 합리적이다.

이 신탁은 율법에 충실해야 한다고 주장한다.

네가 짓는 이 집을 두고 하는 말이다. 만일 네가 나의 규정대로 걷고 내 법규를 따르며 나의 모든 계명을 지켜 그대로 걸으면, 나는 네 아버지 다윗에게 말한 것을 너에게 이루어 주겠다. 또한 나는 이스라엘 자손들 가운데에서 살고 내 백성 이스라엘을 저버리지 않겠다.

성전 건축과 예배에 전적으로 할애된 6장의 한가운데에서, 하느님의 신탁은 솔로몬과 독자에게, 하느님이 당신 백성 가운데 현존하시는 것은 율법에 충실한지의 여부에 달려 있음을 상기시킨다. 성전 자체로는 그것을 보장하지 못한다. 솔로몬이 율법에 순종해야만 하느님이 성전에 머무실 것이다. 이것은 율법에 대한 순종이 솔로몬 치세의 가장 기념비적 작품인 성전 자체보다 더 중요하다는 뜻이다.

---

39. 이 점에 대해서는 특히 Burney, *Notes*, 68-69(그 본문은 신명기계 문헌, 사제계 저자와 성결법전의 요소를 결합함); Lust, "Solomon's Temple", 264-275 참조.

같은 생각이 1열왕 9,1-9에서 반복되는데, 전형적인 신명기계 정취를 지닌 신탁으로 왕조의 끝, 유배, 성전의 파괴까지도 예견한다. 이모든 일은 만일 임금과 나라가 율법을 준수하지 않으면 일어날 것이다. 소위 역사서, 또는 신명기계 역사에 두루 퍼진 여러 다른 본문들이 같은 가락을 재생한다.[40] 나는 방금 언급한 신탁 1열왕 6,11-14과 9,1-9이 모두 성전 건축(6,12; 9,1-2)과 밀접하게 연결되어 있음을 강조하고 싶다. 내 생각에, 신탁들의 위치는 가장 적절하면서도, 성전을 법에 종속시키기 위해 법에 비춘 성전에 대한 재해석을 제시한다.[41]

5. 결론

이 논제에 대해 훨씬 더 많은 것을 사람들이 말할 수 있다고, 나는 확신한다. 여기서 다룬 몇 가지 성찰은 세 가지 입장으로 요약될 수 있다. 예루살렘은 토라인 오경에서 명시적으로 언급되지 않는다. 첫째는 그것이 외국인에 의해 파괴되었기 때문이고, 둘째는 그 복구가 실망을 가져왔고 최종 복구는 종말론적 희망의 대상이 되었기 때문이다. 셋째는 율법이 유배 이후 시기에는 이스라엘의 삶에서 가장 중요

---

40. 괴팅겐 학파가 신명기계 역사에서 소위 율법적 편집에 할당한 본문들에 대해 Smend, "Gesetz" 참조. 이에 대해 Römer, *Deuteronomistic History*, 29-30도 참조. 같은 이념을 반영하는 다른 본문들로는, 가령 여호 1,7-9; 23장; 판관 2,1-5; 6,7-10; 1사무 12,1-25(22-23); 15,22-23; 1열왕 2,2-4; 6,11-14; 9,1-9; 2열왕 17,7-12.13-18.19-20.
41. 1열왕 9,1-9의 기원과 의미에 대해 Burney, *Notes*, 129-130 참조. 버니는 1-5절에 대해 요시야 치세 중이라고 유배 이전의 연대를 채택한다; Montgomery, *Kings*, 204: "그것은 언어에서 철저하게 신명기적이며, 사제계 문헌의 영향을 받지 않았다"; Fritz, *1 and 2 Kings*, 103: "신명기계 역사가가 그 기록을 썼다."

한 기둥이 되었고, 성조들과 성전보다 더 중요했으며, 전기 예언서들과 시편, 그리고 필시 성경 전체를 해석하는 열쇠가 되었기 때문이다. 요약하면, 이스라엘의 유배 이후 공동체는 자신들의 갱신된 정체성을 미완성된 돌의 도성인 예루살렘에 두기보다, 말씀의 도성인 토라에 두는 것을 선호했다.

참고문헌

ALBERTINI, P. L., "Al di là della terra. Analisi del carattere redazionale di Gs 1,7–9", *RBI* 59 (2011) 57–79.

ALBREKTSON, B., *History and the Gods: An Essay on the Idea of Historical Events as Divine Manifestations in the Ancient Near East and in Israel*, Lund 1967.

AMIT, Y., *Hidden Polemics in Biblical Narratives* (BiInS 25), Leiden 2000.

BALTZER, K., "Jerusalem in den Erzvätergeschichten der Genesis? Traditionsgeschichtliche Erwägungen zu Gen 14 und 22", in: E. Blum et al. (eds.), *Die Hebräische Bibel und ihre zweifache Nachgeschichte. FS R. Rendtorff*, Neukirchen-Vluyn 1990, 3–12.

BERGES, U., *Klagelieder* (HThKAT), Freiburg im Breisgau 2002.

BERLIN, A., *Lamentations: A Commentary* (OTL), Louisville, KY / London 2002.

BLOCK, D. I., *The Book of Ezekiel. Chapters 25-48* (NICOT), Grand Rapids, MI 1998.

_____, "Divine Abandonment: Ezekiel's Adaptation of an Ancient Near Eastern Motif", in: M. S. Odell / J. T. Strong (eds.), *Perspectives on Ezekiel: Theology and Anthropology* (SBLSymS 9), Atlanta, GA 2000, 15–42 (repr. in *By the River Chebar: Historical, Literary, and Theological Studies in the Book of Ezekiel*, Eugene, OR 2013, 73–99).

BURNEY, C. F., *Notes on the Hebrew Text of the Books of Kings with an Introduction and Appendix*, Oxford 1903.

COHEN, M. E., *The Canonical Lamentations of Ancient Mesopotamia*, Potomac, MD 1988.

COLE, R. L., *Psalms 1–2: Gateway to the Psalter*, Sheffield 2013.

COOKE, G. A., *A Critical and Exegetical Commentary on the Book of Ezekiel* (ICC), Edinburgh 1936.

COOPER, J. S., *The Curse of Agade* (JHNES 13), Baltimore, MD 1983.

DASCHKE, D., *City of Ruins: Mourning the Destruction of Jerusalem through Jewish Apocalypse* (BiInS 99), Leiden / Boston, MA 2010.

DOBBS-ALLSOPP, F. W., *Weep, O Daughter of Zion: A Study of the City-Lament Genre in the Hebrew Bible* (BibOr 44), Rome 1993.
_____, *Lamentations* (Interpretation), Louisville, KY 2002.
DUGGAN, M. W., *The Covenant Renewal in Ezra-Nehemiah (Neh 7:72B - 10:40): An Exegetical Literary, and Theological Study* (SBLDS 164), Atlanta, GA 2001.
FINSTERBUCH, K., "Deuteronomy and Joshua: Torah in the Book of Joshua in the Light of Deuteronomy", *JAJ* 3 (2012) 166–196.
FISHBANE, M., *Biblical Interpretation in Ancient Israel*, Oxford 1986.
_____, "Inner-biblical Interpretation and the Development of Tradition", in: M. Oeming et al. (eds.), *Das Alte Testament und die Kultur der Moderne* (Altes Testament und Moderne 8), Münster 2004, 25–35.
FOWLER, A., *Kinds of Literature: An Introduction to the Theory of Genres and Modes*, Cambridge, MA 1982.
FRIED, L. S., "The Land Lay Desolate: Conquest and Restoration in the Ancient Near East", in: O. Lipschits / J. Blenkinsopp (eds.), *Judah and the Judeans in the Neo-Babylonian Period*, Winona Lake, IN 2003, 21–54.
FRITZ, V., *1 and 2 Kings: A Continental Commentary*, Minneapolis, MN 2003.
GOMES, J. F., *The Sanctuary of Bethel and the Configuration of Israelite Identity* (BZAW 368), Berlin 2006.
HARDMEIER, C., *Prophetie im Streit vor dem Untergang Judas: Erzählkommunikative Studien zur Entstehungssituation der Jesaja- und Jeremiaerzählungen in II Reg 18–20 und Jer 37–40* (BZAW 187), Berlin 1990.
JONKER, L. (ed.), *Texts, Contexts and Readings in Postexilic Literature: Explorations into Historiography and Identity Negotiation in Hebrew Bible and Related Text*s (FAT II 53), Tübingen 2011.
KEEL, O., *Die Geschichte Jerusalems und die Entstehung des Monotheismus*, Göttingen 2007.
KOENEN, K., *Bethel: Geschichte, Kult und Theologie* (OBO 192), Göttingen 2003.
KÖHLMOOS, M., *Bet-El – Erinnerungen an eine Stadt: Perspektiven der alttestamentlichen Bet-El-Überlieferung* (FAT II 49), Tübingen 2006.
KRATZ, R. G., "Ezra – Priest and Scribe", in: L. Perdue (ed.), *Scribes, Sages and Seers: The Sage in the Eastern Mediterranean World* (FRLANT 219), Göttingen 2008, 163–188.
LEE, N. C. / MANDOLFO, C. (eds.), *Lamentations in Ancient and Contemporary Cultural Contexts* (SBL Symposium 43), Atlanta, GA 2008.

LIPSCHITS, O., *The Fall and Rise of Jerusalem*, Winona Lake, IN 2005.

LIPSCHITS, O. et al. (eds.), *Judah and the Judeans in the Achaemenid Period: Negotiating Identity in an International Context*, Winona Lake, IN 2011.

LUST, J., "Solomon's Temple According to 1 Kings 6,3–14 in Hebrew and in Greek", in: H. Ausloos et al. (eds.), *After Qumran: Old and Modern Editions of the Biblical Texts – The Historical Books*, Leuven 2012, 265–274.

MEADOWCROFT, T., *Haggai* (Readings: A New Commentary), Sheffield 2007.

MEER, M. N. VAN DER, *Formation and Reformulation: The Redaction of the Book of Joshua in the Light of the Oldest Textual Witnesses* (VT.S 102), Leiden 2004.

MEYERS, C. L., "Temple, Jerusalem", *ABD* 6 (1992) 350–369.

MEYERS, C. L. / MEYERS, E. M., *Haggai, Zechariah 1–8* (AncB 25B), Garden City, NY 1987.

MOMIGLIANO, A. D., *The Classical Foundations of Modern Historiography*, Berkeley, CA 1990.

MONTGOMERY, J. A., *A Critical and Exegetical Commentary on the Books of Kings* (ed. H. S. Gehman; ICC), Edinburgh 1951, 1960.

OTTO, E., *Das antike Jerusalem. Archäologie und Geschichte* (Beck'sche Reihe Wissen 2418), München 2008.

PAKKALA, J., *Ezra the Scribe: The Development of Ezra 7-10 and Nehemia 8* (BZAW 347), Berlin / New York 2004.

PILGER, T. / WITTE, M. (eds.), *Zion: Symbol des Lebens in Judentum und Christentum*, Leipzig 2013.

PURVIS, J. D., "Samaria, the City of", *ABD* 5 (1992) 914–921.

RAMOND, S., "La voix discordante du troisième livre du Psautier (Psaumes 74, 80, 89)", *Bib* 96 (2015) 39–66.

ROFÉ, A., "The Piety of the Torah-Disciples at the Winding-Up of the Hebrew Bible: Josh 1:8; Ps 1:2; Isa 59:21", in: H. Merklein et al. (eds.), *Bibel in jüdischer und christlicher Tradition. Festschrift für Johann Maier zum 60. Geburtstag* (BBB 88), Frankfurt a. M. 1993, 78–85.

RÖMER, T., "Josué, lecteur de la Tora (Jos 1,8)", in: K.-D. Schunck / M. Augustin (eds.), *"Lasset uns Brücken bauen…": Collected Communications on the XVth Congress of the International Organization for the Study of the Old Testament, Cambridge 1995* (BEATAJ 42), Frankfurt am Main 1998, 117–124.

_____, "Recherches actuelles sur le cycle d'Abraham", in: A. Wénin (ed.), *Studies in the Book of Genesis. Literature, Redaction and History* (BETL 155), Leuven 2001, 179–211.

_____, *The So-Called Deuteronomistic History: A Sociological, Historical and Literary Introduction*, London / New York 2006.

ROM-SHILONI, D., "Psalm 44. The Powers of Protest", *CBQ* 70 (2008) 683–698.

_____, *God in Times of Destruction and Exiles: Tanakh (Hebrew Bible) Theology*, Jerusalem 2009 (Hebrew).

_____, *Exclusive Inclusivity: Identity Conflicts between the Exiles and the People who Remained (6th–5th Centuries BCE)* (LHB 543), New York / London 2013.

SAGGS, H. W. F., *The Encounter with the Divine in Mesopotamia and Israel*, London 1978.

SALTERS, R. B., *A Critical and Exegetical Commentary on Lamentations* (ICC), London / New York 2011.

SAMET, N., *The Lamantation over the Destruction of Ur* (MC 18), Winona Lake 2014.

SCHLEY, D. G., *Shiloh: A Biblical City in Tradition and History* (JSOT.S 63), Sheffield 1989.

SICRE, J. L., *Josué. Historia* (Nueva Biblia Española), Estella, Navarra 2002.

SMEND, R., "Das Gesetz und die Völker: Ein Beitrag zur deuteronomistischen Redaktionsgeschichte", in: H. W. Wolff (ed.), *Probleme biblischer Theologie: Gerhard von Rad zum 70. Geburtstag*, Munich 1971, 494–509 (repr. in *Die Mitte des Alten Testaments. Gesammelte Studien* 1 [BEvTh 99], Munich 1986, 124–137; ET "The Law and the Nations: A Contribution to Deuteronomistic Tradition History", in: G. N. Knoppers / J. G. McConville [eds.], *Reconsidering Israel and Judah: The Deuteronomistic History in Recent Thought* [SBTS 8], Winona Lake, IN 2000, 95–110).

TIEMEYER, L.-S., *For the Comfort of Zion: The Geographical and Theological Location of Isaiah 40–55* (VT.S 139), Leiden 2011.

VERMEYLEN, *Jérusalem centre du monde. Développements et contestations d'une tradition biblique* (LeDiv 217), Paris 2007.

WEVERS, J. W., *Ezekiel: Based on the Revised Standard Version* (CeB), London 1969.

WILLIAMSON, *Ezra-Nehemia* (WBC 16), Waco, TX 1985.

WRIGHT, J. L., *Rebuilding Identity: The Nehemiah-Memoir and its Earliest Readers* (BZAW 348), Berlin / New York 2005.

ZENGER, E., "Der Tanach: Heilige Schrift der Juden", in: Zenger, E. et al., *Einleitung in das Alte Testament*, 8th edn, Stuttgart 2012, 22–27.

ZIMMERLI, W., *Ezechiel 25–48* (BK.AT 13/2), Neukirchen-Vluyn 1969.

7장

후기 유다와 신바빌로니아의 맥락에서 본 오경에 나타난 신적 입법

콘라트 슈미트

신의 법이라는 관념을 지닌 오경은 고대근동의 법적 맥락에서 눈에 띈다. 입법은 보통 신의 일이 아니라 임금의 임무였기 때문이다. 역사적 관점에서 오경의 하느님 개념 중 입법자 개념은 오경의 문학과 법률 역사의 시작부터 주어진 것이 아니라, 시간이 지나며 발전되었다. 계약법전에서 가장 이른 시기의 구성 요소는 그 규정들을 신의 법으로 제시하지 않는다. 율법을 하느님의 법으로 보는 이러한 관점은 오히려 하느님을 화자와 입법자로 소개하는 옛 수집물을 다양하게 편집하여 구성한 결과이다. 본고는 신의 법이라는 관념을 가능하게 한 과정과 요인에 대해 질문할 것이고, 그것들이 사마리아와 예루살렘의 멸망이라는 역사적 경험 및 고대 이스라엘과 유다의 왕권 상실에 어떻게 관련될 수 있는지 물을 것이다.

1. 입문

토라는 시나이산에서 모세에게 전해진 하느님의 법을 담고 있다. 현재 있는 그대로의 오경에 의하면, 하느님은 창세기 줄거리의 아주 초기부터 입법자이다. 창세 1,28에서 하느님이 인간 존재에게 하신 첫 발언은 계명이었다. 일부 유다인 전통에 따르면 그것이 가장 중요한 계명이다.

	פרו ורבו 퍼루 우러부	자식을 많이 낳고 번성하여
	ומלאו את־הארץ וכבשה 우밀우 에트-하아레츠 워킵슈하	땅을 가득 채우고 지배하여라
	ורדו בדגת הים 우러두 비드가트 하얌	다스려라 바다의 물고기와
	ובעוף השמים 우버오프 하샴마임	하늘의 새들과
	ובכל־חיה הרמשת 우버콜-하야 하로메세트	움직이며 살아 있는 모든 것을
	על־הארץ 알-하아레츠	땅 위에서

마찬가지로 성경의 두 번째 내러티브인 창세기 2-3장에서 하느님의 첫 번째 말씀은, 사형에 대한 전통적인 법 규정을 암시하는 계명을 포함한다.

	מכל עץ־הגן אכל תאכל 미콜 에츠-하깐 아콜 토켈	너는 동산의 모든 나무의 것을 먹어도 된다
	ומעץ הדעת טוב ורע 우메에츠 하다아트 톱 와라	그러나 선과 악을 알게 하는 나무에서는

לא תאכל ממנו	먹으면 안 된다
로 토칼 밈멘누	
כי ביום אכלך ממנו מות תמות	거기의 것을 먹는 날, 너는 반드시
키 버욤 아콜카 밈멘누 모트 타뭍	죽을 것이다

하느님은 입법자라는 이해가 깊이 고착된 탓인지 이 관념이 학문에서 너무 평범해져서 성경 해석자들은 그것을 역사적 문제로 인식하지 못했다.[1] 이 점을 명확히 할 최선의 방법은 학문의 역사를 들여다보는 것이다. 지난 40년 동안 히브리 성경 연구에서, 오경에 나오는 신적 입법 개념을 하나의 역사적 문제로 부각한 세 가지 주요 발전이 있었다.

이러한 발전의 첫째는 고대근동의 넓은 영역 내에서 히브리 성경, 특히 그 안의 법적 전승들의 맥락을 파악하게 된 것이다. 이 방법론적 움직임은 '종교사' 학파에서[2] 19세기 후반과 20세기 초반에 시작되었으나 20세기 중반에 이르러 다양한 이유로 무시되었다. 그러나 지난 50년 동안 고대근동의 법을 다루는 학문이 전반적으로 증가했고 고대근동 학자와 성서학자 사이의 상호 작용이 활발하여, 메소포타미아와 고대 이스라엘의 법적 전승들 사이의 공통점뿐만 아니라 차이점도 보여 주는 상세한 연구 결과도 나왔다.[3]

둘째 발전은 성경의 법 해석에서 한때 지배적이었던 알브레흐트 알트Albrecht Alt의 접근 방식에서 벗어난 것이다.[4] 그의 접근 방식은 가나안과 이스라엘을 뚜렷하게 구분하는 묘사와 밀접하게 연관되었

---

1. 예를 들면 Lux, "Hammurabi und Mose", 112-139, 257-258.
2. Lüdemann / Özen, "Religionsgeschichtliche Schule", 618-624 참조.
3. Otto, "Rechtsgeschichte", 56-82 참조.
4. Alt, *Ursprünge*.

는데, 그것은 특히 1990년대 이후로 성경 연구에서 점차 배제되었다.[5]

셋째 발전은 1970년대 중반에 시작된 오경 연구의 전환이다. 여러 요인 중 하나인 그 일로 오경 이론은 성경의 다른 책들에 대한 문학적-역사적 연구 결과에 더 가까워졌다.[6] 오경 연구의 변화로 인해 이 하위 분야는, 성경 기록이 아닌 비명碑銘 연구와 고고학에 기초한 고대 이스라엘과 유다의 종교사를 재구성한 것들에 더 가까워졌다. 세상을 창조하고 성조들을 돌보고 이스라엘을 이집트에서 이끌어 내고 시나이산에서 모세에게 율법을 주신 하느님에 대한 오경의 줄거리는 이 저작물 역사의 시작이 아니라[7] 오히려 끝에[8] 속해 있다.

따라서 우리가 하느님의 다른 역할(예를 들어 창조주)에 대해 묻는 것처럼,[9] *입법자로서* 하느님 관념이 오경의 지성사와 문학사 안에서 어떻게 발전했는지를 묻는 것은 정당하다.[10] 이 문제와 씨름하려면 많은 장애물을 넘어야 한다. 잘 알려진 바와 같이, 오경 연구는 분파가 많은 논쟁의 장場이다. 이들 분파 중 하나는 오경 본문들의 연대 설정에 관계되어 있다. 매우 기본적인 한 가지 진술에 대해서는 일반적으로 동의한다. 즉, 오경의 내러티브가 기원전 이천 년대에 진행되지만, 그것은 기원전 천 년대에 쓰였다는 것이다. 그와 연관된 구전의 일부 원천들이나 전승의 역사적 배경들이 기원전 이천 년대까지 소급될지

---

5. Finkelstein / Na'aman (eds.), *Nomadism*; Fritz, *Entstehung* 참조.
6. 예를 들어 Römer, "Urkunden", 2-24; 같은 저자, *Einleitung*, 120-168; Dozeman et al. (eds.), *Pentateuch* 참조.
7. Von Rad, *Problem*; Noth, *Pentateuchal Tradition*을 따랐다.
8. Gertz, "Stellung", 30-45에서 토론과 참고 문헌을 보라.
9. Schmid, "Schöpfung", 71-120 참조.
10. 칠십인역에 대해서는 Rösel, "Nomothesis", 132-150 참조.

모르나 그 저작의 역사는 기원전 천 년대에 속한다.[11]

그러나 오경이 기원전 587년 예루살렘의 멸망을 반영하는지 여부를 어떻게 알 수 있는가? 또는 그럴 경우, 그 멸망을 어떻게 반영하는가?[12] 적어도 유럽 학계에서, 그라프K. H. Graf, 로이스E. Reuss, 쿠에넨A. Kuenen, 벨하우젠J. Wellhausen이 사제계를 늦은 연대로 설정한 이후로, 기원전 587년 이후라는 연대 설정이 적어도 사제계의 일부에,[13] 또한 오경 가운데 유배 후 일련의 사제계 이후 첨가 부분에 유효하다는 데는 의심의 여지가 별로 없었다. 그러나 오경의 구성에 대한 전 세계의 토론을 관찰할 때, 이와 관련하여 일치된 의견을 말하는 것은 불가능하다. 이스라엘 놀Israel Knohl, 바룩 슈워츠Baruch Schwartz, 조엘 바덴Joel Baden, 제프리 스테커트Jeffry Stackert, 윌리엄 슈니더윈드William Schniedewind, 얀 요스텐Jan Joosten과 다른 이들은 오경의 대부분을(일부는 예외로 하며) 왕정 시대에 할당한다.[14] 그러

---

11. Schmid, "Pentateuch", 239-271에 나오는 개요 참조.
12. 예를 들어 Steck, *Old Testament*, 143-150 참조.
13. Elliger, "Sinn", 121-143; Lohfink, "Priesterschrift", 183-225; Otto, "Forschungen zur Priesterschrift", 1-50에서 할당한 표준 본문을 보라. 특히 펄릿이 제기한 사제계의 원래 끝부분에 대한 논쟁이 있다. Perlitt, "Priesterschrift im Deuteronomium?", 123-143. 그 저작의 끝에 대한 제안에는 탈출 29장(Otto, "Forschungen zur Priesterschrift"); 탈출 40장(Pola, *Priesterschrift*; Kratz, *Komposition*, 102-117; Bauks, "Signification", 29-45); 레위 9장 (Zenger, "Priesterschrift", 435-446; 같은 저자, *Einleitung*, 156-175); 레위 16장(Köckert, *Leben*, 105; Nihan, *Priestly Torah*, 20-68); 또는 민수 27장(Ska, "Récit",631-653) 등이 있다. 게르츠는 탈출 40장과 레위 26장 사이 사제계 문헌 내에서의 놀라운 결말을 제안한다. Gertz (ed.), *Grundinformation*, 236. Frevel, *Blick*은 신명 34장의 전통적인 결말을 지지한다 (Schmidt, *Studien*, 271; Weimar, *Studien*, 17 참조). Blenkinsopp, "Structure of P", 275-292; Lohfink, "Priesterschrift", 183-225; Knauf, "Priesterschrift", 101-118; Guillaume, *Land and Calendar*는 여호수아기에서 P^{g}의 결론을 본다. 탈출기의 한 자료로서 사제계를 반대하는 주장에 대해 Berner, *Exoduserzählung*(하지만 나의 "Review", 292-294도 참조하라); Albertz, *Exodus 1-18*, 10-26을 보라. Wöhrle, *Fremdlinge*은 창세 12-50장에 대해 비슷한 입장을 유지한다.
14. 예를 들면 Knohl, *Sanctuary*; Stackert, *Prophet*, 31-35 참조.

한 관점에서 볼 때, 예루살렘의 멸망은 대부분 혹은 완전히 완성되던 오경에 영향을 미쳤을 것이다.

오경이 예루살렘 멸망을 전제로 하는지 아닌지 하는 질문에 접근하기 위해, 네 가지 기본적 관찰이 순서대로 필요하다.[15] 이들 중 셋은 오경이 이 사건을 전제로 한다는 가설을 지지하는 것 같으며, 하나는 반대 방향을 가리키는 것처럼 보인다. 성경 연구에서 항상 그렇듯이 그러한 관찰이 사실상 완전히 불가피한 것은 결코 아니나, 어느 정도 논쟁의 여지가 있다. 그렇지 않다면 학문 분야에서 그러한 다양한 결론을 얻지 못했을 것이다. 하지만 오경의 역사에 대한 더 명확한 개념을 얻기 위해 증거를 평가하고 토론하는 것은 우리의 임무로 남아 있다.

2. 토라는 유배 문헌인가?

방금 언급한 네 가지 관찰 사항은 다음과 같다.

첫째, 토라는 주로 이스라엘 땅 밖에서 전개된다. 물론 창세기에서 성조들은 이미 땅 내에 거주하나 '이방인'이라 불린다. 토라의 내용이 어느 정도 허구인지에 대한 의문은 일단 차치하고, 그것은 디아스포라에서의 삶에 정통해 있는 청중을 전제하고 말하는 것처럼 보인다. 데이비드 클라인스David J. A. Clines가 전에 말한 대로 "토라는

---

15. Ska, *Introduction*, 184-187; Römer, "Naissance", 21-43에 나오는 토론 참조.

그 내용에서, 그 본문의 연대 설정과 상관없이 *유배* 문헌이다."[16] 이와 관련하여 이스라엘의 율법이 땅 밖에서 주어졌다는 것은 특히 주목할 만하다. 오경의 법은 분명히 땅에 묶여 있지 않으며, 이 점은 십계명이 탈출 20장과 신명 5장에 두드러지게 배치된 사실을 통해 더욱 부각된다. 그리하여 시나이와 요르단 동쪽의 양쪽 법에 대한 서문 역할을 하며, 이스라엘 본토뿐만 아니라 디아스포라 모든 곳에서 준수될 수 있었다.

둘째, 정치적인 면에서 오경은 기본적으로 군주제가 아닌 공화제 문서이다. 오경의 법은 많은 것을 다루지만 임금을 둘러싼 문제는 거의 다루지 않는다. 유일한 예외는 신명기에 나오는 임금의 법이다. 그러나 의미심장하게도, 이 본문은 임금의 선택을 이스라엘이 세울 수도 있고, 세우지 않을 수도 있는 선택 사항으로 제시한다(신명 17,14-15에 따르면). "너희는 주 너희 하느님께서 너희에게 주시는 땅으로 들어갔을 때(כִּי)… '우리도 우리 주위에 있는 모든 민족들처럼 임금을 세워야지.' 하는 생각이 들거든, 너희는 … 임금으로 세워야 한다."[17] 우리는 토라에서 왕권과 왕정 제도에 근본적으로 관심이 있다는 인상을 거의 받지 못한다. 이 정치적 관찰은 물론 (이스라엘과 유다에 왕권이 수립되기 훨씬 이전의) 토라의 내러티브 설정과 부합하지만, 그 본문의 제작 여건과 청중이 왕정 제도 이후라는 것과도 일치한다.

셋째, 오경의 법은 하느님의 법으로 해석된다.[18] 이 점이 본고에

---

16. Clines, *Theme*, 103-104.
17. 이 본문에 대해서는 Römer, "Deutéronome 17", 99-111(페르시아 연대를 다룬 104-105) 참조; 또한 Knoppers, "Deuteronomist", 329-346; Levinson, "Reconceptualization", 511-543 참조.
18. Brague, *Law of God* 참조.

서 다루는 주요 논제이다. 토라에 의하면 하느님은 이스라엘의 입법자다. 이 특징은 신들이 입법 과정에 직접 관여하지 않는다는, 특히 법의 직접적인 원천으로 연루되지 않는다는 고대근동의 관념에 비추어 볼 때 인상적이다. 입법은 임금들의 당연한 직무이지, 신들의 일이 아니다. 그럼에도 불구하고 고대근동의 법률 문서들이 신과 임금과 법의 관계를 어떻게 해석했는지 정확하게 밝혀내기는 어렵다. 야콥 핑켈스타인Jacob Finkelstein은 이렇게 말한 적이 있다.

> 신이 임금에게 '주는' 것은 '법들'이 아니라 키툼*kittum*을 지각하는 은사이며, 이에 의해 임금은 다른 어떤 개인과도 구별되어 키툼의 우주적 원리와 일치하거나 조화를 이루는 법들을 공포할 수 있게 된다.[19]

이러한 관계에 대한 적절한 설명은 함무라비 법전의 결언에서 볼 수 있다. "나 함무라비는 정의로운 임금*sàr mi-ša-rim*이다. 나에게 샤마쉬(*Shamash*; 역자주: 고대근동의 태양신이며 정의와 진리, 도덕의 신이다)는 영원한 진리/권리들*ki-na-tim*을 부여했다." 함무라비는 *kinatu*의 저자도 아니고 원천도 아니며, 오히려 샤마쉬에게서 그것들을 받는다. 그러나 샤마쉬 자체가 *kinatum*의 궁극적인 원천으로 고려되지 않는 것 같다. 마리의 임금 야둔림*Yaḫdun-Lim*의 비문 서두에 그는 이렇게 쓴다. "하늘과 땅의 임금, 신들과 인간들의 행정관 샤마쉬에게, 그에게 할당된 몫은 의로움*me-še-rum*이니 그에게는 진리/권리*ki-na-tum*가 은사로 간

---

19. Greenberg, "Some Postlates"에 첨부된 메모에서 인용했다. 이 글은 Paul, *Studies*, 7에도 인용되었다. Otto, "Recht und Ethos", 91-109, 105 참조.

주되었다." 분명히 *kinatu*는 신들보다 높은 기원을 가진 것으로 간주되며, 샤마쉬 자신도 근원이 아니라 *kinatu*의 수혜자이다. 그럼에도 분명히 말하지만, 내가 방금 인용한 텍스트는 법들과 신들의 관계에 대한 단일한 고대근동의 개념을 재구성하는 데 사용할 수 없다.

토라는 내러티브의 배경을 왕정 이전으로 설정해 놓았기에, 이스라엘의 유일하고 실제적인 임금인 하느님이 아닌 임금을 입법자로 여기는 관념을 발전시킬 수는 없었을 것이다. 그럼에도 불구하고 이스라엘 법의 신적 기원은 토라의 매우 독특한 특징으로, 토라 본문들의 연대를 왕정 시대로만 잡는 것을 즉시 지지하지 않는다.

넷째, 토라의 히브리어는 학자들 대부분이 고전 또는 표준 성경 히브리어로 간주하는 것으로, 초기 또는 후기 성경 히브리어와는 전혀 다르다. 일부 학자들은 히브리어로 쓰인 왕정 시대의 비문들을 모아 비교 평가하면서, 오경의 언어적 특성에 근거하면 오경이 근본적으로 유배 이전 문서라고 결론지었다. 이 노선에 따른 가장 최근의 주장은 렌츠버그Gary A. Rendsburg가 《히브리 언어 및 언어학 백과사전 *Encyclopedia of Hebrew Language and Linguistics*》에 쓴 "오경의 언어학적 층위" 항목이다. 그는 다음 결론에 이른다.

요약하면, 토라의 주요 본체는 왕정 시대(초기와 후기)에 유다의 언어를 대표하는 표준 성경 히브리어로 쓰였다. 몇몇 장에서 아람적인 환경을 만들기 위해 문체 전환으로 알려진 기법을 사용한다. 산문 본문 내의 일부 시들은 히브리어의 고대 층을 반영하고 시의 서사시적 전통을 상기할 수 있다. 그리고 몇몇 구절에, 특히 북부 지파들과 관련된 구절에 이스라엘식 히브리어 요소들이 들어 있다. 가장 중요한 점은 오경에 후기 성경 히브리어의 표지들이 없다는 것이다.[20]

물론, 렌츠버그의 결론은 본고에서 앞서 전개한 다른 기본 관찰들과 어긋난다. 그렇지만 그의 주장에도 불구하고, 토라가 표준 성경 히브리어로 기록되었다는 논쟁의 여지가 없는 사실이 그 본문의 기원이 유배 이전이라는 결론으로 필연적으로 이어지는 것은 아니다. 이 쟁점은 아주 복잡하고 미묘한 사안이다.[21] 그러나 오경 연구의 관점에서 몇 가지 측면은 고려해 볼 만한 가치가 있다.

첫째, 본문이 후기 성경 히브리어(LBH)가 아니라 표준 또는 고전 성경 히브리어(CBH)로 쓰였다는 사실은 성경 전승 내에서 그것의 *신학적* 위치를 우선적으로 알려 주고, 그리고 적어도 직접적으로는 아니지만 본문이 편집된 *역사적* 시기도 알려 준다. 잠시 아주 단순화하면, 고전 성경 히브리어 본문은 주로 토라-지향적인 반면, 후기 성경 히브리어 본문은 그렇지 않으며, 적어도 같은 정도로는 아니다.

둘째, 기원전 6세기에서 2세기 사이 히브리어에 대한 외부 증거, 즉 성경과 무관한 언어 자료에는 상당한 격차가 있다. 그 시대의 비문이 많이 있지만 히브리어가 아니라 아람어이다. 그래서 외부 증거만으로는 우리가 CBH의 분명한 *종료 시점*을 정의할 수 없다. *종료 시점*은 기원전 6세기일 수 있으나, 더 후대일 수도 있다.

---

20. Rensburg, "Pentateuch", 60-63, 인용문은 63.
21. 언어적 연대 설정에 대해 토론하는 최근 기고문으로 Kim, *Early Biblical Hebrew*; Miller-Naudé / Zevit (eds.), *Diachrony*; Hornkohl, "Biblical Hebrew", vol. 1, 315-325; Rezetko / Young, *Linguistics* 참조.

셋째, 언어학자들이 한편에는 CBH 본문들, 다른 편에는 LBH 본문들의 연대 설정을 위해 사용하는 방법들 사이에는 기본적으로 비대칭성이 있다. 그들에 따르면, CBH로 쓰인 성경 본문들은 기원전 8세기에서 6세기 사이의 기간에 속하는데, 일치하는 외부 증거가 그 시대로 거슬러 올라가기 때문이다. LBH를 위한 외부 증거는 주로 기원전 2세기와 1세기의 사해 문헌들로 구성된다. 그러나 언어학자들은 LBH로 쓰인 성경 본문들, 예를 들면 역대기, 에즈라기, 느헤미야기, 다니엘서와 에스테르기를 훨씬 더 이른 시기로 설정하는데, 그 본문들이 (적어도 부분적으로는 다양한 이유로) 기원전 2세기나 1세기보다는 분명히 더 오래되었기 때문이다. 그러므로 최소한 LBH에 관한 주장은 성경 본문들의 연대 설정을 할 때 다양한 입장이 고려될 필요가 있고, LBH에 대해 공정해 보이는 것이 CBH에 대해서도 용인되어야 함을 보여 준다.

넷째, 페르시아어 차용어의 부재는 오경의 연대를 일반적으로 유배 이전으로 설정하려고 하는 사람들 사이에서 중요한 논거이다. 그 추론은 만일 오경이 페르시아 시대에 쓰인 본문을 포함하고 있다면 페르시아어 차용어를 찾을 것으로 예상할 수 있을 것인데, 거기에 아무것도 없다는 것이다. 그런데 이 점이 정말 중요한가?[22] 우선 히브리 성경 전체에 페르시아어 차용어가 거의 없다.[23] 따라서 오경에서는 페르시아어 차용어를 찾을 수 없다. 그런데 왜 우리는 다른 것을 기대

---

22. Eskhult, "Importance," 8-23.
23. 예를 들면, '다릭'(아다르콘אדרכן; 에즈 8,27; 1역대 29,7); '총독들'(아하쉬다르퍼님אחשדרפנים; 에스 8,9); '재무상'(가즈바르גזבר; 에즈 1,8); '내탕고'(거나짐גנזים; 에스 3,9); '창고'(긴자크גנזך; 1역대 28,11); '어명'(다트דת; 예를 들면 에스 1,13); '판결'(피트감פתגם; 코헬 8,11; 에스 1,20); '사본'(파트셰겐פתשגן; 에스 3,14) 참조. Hurvitz, "biblical Hebrew," 329-338(여기 내용은 331) 참조.

해야 하는가? 여기서 오경 내러티브의 구체적인 배경을 상기할 필요가 있다. 오경은 기본적으로 기원전 이천 년대에서, 다윗과 솔로몬, 아시리아인과 바빌로니아인은 물론 페르시아 시대에서 시작되고 종료된다. 오경이 역사화된 무대를 인식하고 있음은 오경 자체가 특히 창세 22장과 신명기에서 예루살렘 언급을 삼간다는 사실에서 가장 분명하게 드러난다. 그러므로 오경이 그 내러티브 무대에 상응하는 언어를 사용하는 한, 페르시아의 차용어들은 기대되지 않는다.

다섯째, 히브리어 학자들이 CBH 본문들의 연대 설정이 초기(즉, 유배 이전)라고 하는 주장은, 후대에 실수 없이 CBH를 재생산하는 것이 불가능했을 것이라는 생각이다. 이 주장의 문제는 근본적으로 방법론적 문제이다. 그것은 *선험적이어서* a priori 반증할 수 없다. 즉, 성경 본문이 명확하고 흠잡을 데 없는 CBH로 기록되었다면, 그것은 당연히 유배 이전 것이라는 주장이다. 그 본문이 나중에 구성되었다면 올바른 CBH가 아닐 것이기 때문이다. 그러한 주장에서 *후대의* 본문이 올바른 CBH로 쓰일 가능성은 *처음부터* 불가능한 것으로 배제된다. 사실, 그 주장은 CBH를 손상 없이 베낄 수 있는 것으로 간주하기 위해 논점을 회피하는 것일 뿐이다. 물론 언어는 시간이 지남에 따라 진화하나, CBH와 같은 학문적인 엘리트 관용어에서는 어느 정도 고정된 채로 있을 수 있다.

전체적으로 나는 오경의 연대 설정에 언어적 접근법을 취하는 것의 타당성을 완전히 부정하지는 않을 것이다. 그러나 오경 전체에 걸친 유배 이전 기원을 결정하는 것은 말할 것도 없고, 연대 설정이란 쟁점을 다룰 때 언어적 기준만 *단독*으로 사용하지 말라고 강력히 조언한다. 언어적 접근은 신학적이거나 이념적인 윤곽, 텍스트 간 연결성intertextual links과 고고학적 정보와 같은, 다른 자료와 관점들과 연대하는 영역에 해당한다. 나는 고고학적 자료에 대해 말할 수는 없지만, 오경의 이념적 측면을 다룰 수 있고 또 다룰 것이다.[24] 이 논고는 이와 관련하여 이미 기본적인 관찰을 일부 수행했으며, 이제 앞에서 토라의 유배기 형성을 암시하는 것으로서 식별된 셋째 요점, 즉 오경의 법은 하느님의 법이라는 것에 초점을 맞출 것이다.

3. 역사적 문제로서 오경의 신적 입법 관념

먼저 본고의 제목에서 생길 수 있는 오해를 바로잡을 필요가 있다. 신적 입법 개념은 예루살렘 멸망 *이후에야 오로지 그리고 독점적으로 생겨났고*, 고대 이스라엘 법의 역사에서 전적으로 왕정 이후에 이루어진 지적 발전으로 간주되어야 한다는 등의 주장을 본고는 하지 않는다. 이 결정의 주된 요인은, 신명기의 문학적 핵심부(원래는 아마도 그 법들을 하느님의 법으로 제시하는 하나의 독립된 문학 단위였을 것이다)의 연대가 유다의 후기 왕정 시기로 거슬러 올라간다는 것이다. 물론 그러한 '원-신명기Ur-Deuteronomium'의 연대 설정은 논란은 있지만 그래도 여전히 가능하며, 유배 시기라는 설정보다 훨씬 더 널리 받아들여지고 있다.[25]

---

24. Schmid, *Old Testament* 참조.
25. 새로운 "신명기를 위한 전투"(Baumgartner, "Kampf," 7-25)에 대해 Pakkala, "Date," 388-401(Kratz, "ort", 101-120을 따름); MacDonald, "Issues," 431-435; Pakkala, "Dating of

로핑크Norbert Lohfink의 유명한 질문 "신명기, 야훼의 법인가 모세의 법인가?"는 우리의 목적에는 덜 중요하다. 왜냐하면 모세의 저작이라는 허구가 신명기의 본래 문학적 형태에 속한다고 누군가 결정할지라도, 신명기에 나오는 모세의 첫 역할은 예언자이기 때문이다.[26] 이 경우에도 모세는 단지 자신의 자격으로 말하는 것이 아니라, 하느님의 예언자로서 말하는 것이므로 모세의 1인칭은 하느님의 1인칭에 환히 비친다.

신명기의 문학적 핵심이 기원전 7세기 후반을 배경으로 한다는 개연적 설정이, 왜 본고가 '*유다 후기*'와 신바빌로니아 상황에서의 오경의 신적 입법'을 다루는지에 대한 이유이다. 다음 내용에서는 히브리 성경에서 신적 입법과 관련된 비-오경적 관념이 묘사될 것이다. 이는 이 개념이 언급되거나 언급되지 않은 문학적·역사적 상황에 대한 초기의 생각을 알기 위해서이고, 이러한 발견이 학문의 역사에서 어떻게 평가되었는지 확인하기 위해서이기도 하다. 그리고 본고는 오경에서 법 모음집, 특히 계약법전으로 향할 것이고, 그것들을 하느님의 율법으로 해석하는 고대의 법 수집물의 편집 구성에 관해 논의할 것이다. 끝으로 고대근동의 맥락에서 이스라엘과 유다에서 신적 입법자 관념이 발전한 데에 대해 몇 가지 역사적 설명을 제시할 것이다.

Deuteronomy", 431-436 참조.
26. Lohfink, "Deuteronomium", 387-391.

4. 시나이산과 오경 밖에 나타난 하느님의 시나이산 입법

여기서 히브리 성경에 나타난 신적 입법에 대해 가능한 참조 사항을 모두 논의하는 것은 불가능하다. 하지만 처음부터 강조할 필요가 있는 것은, 시나이 법안에 집중한다면 이 작업이 그리 어렵지 않으리라는 점이다. 마르틴 노트의 《오경 전승사》를 참고하고 그가 "시나이에서의 계시" 주제에 대해 말한 바를 살피는 것으로 충분할 수 있다. 사실 시나이 입법이 오경 밖에서는 드물게 언급될 뿐이고, 그것도 성경 문헌의 초기 단계에 속하지 않는 문학적 맥락에서 주로 언급된다. 매우 전통적인 관찰에 따르면 오경 밖에서 시나이 입법을 가장 먼저 언급한 곳은 느헤 9,13-14이다. 이 구절은 탈출 이야기의 내러티브 맥락에서 시나이 입법을 서술한다.

ועל הר־סיני ירדת	당신은 시나이산 위로 내려오시고
워알 하르-시나이 야라드타	
ודבר עמהם משמים	하늘에서 그들에게 말씀하시며
워다베르 임마헴 미샤마임	
ותתן להם משפטים ישרים	그들에게 주셨다 바른 법규와
와티텐 라헴 미쉬파팀 여사림	
ותורות אמת	진실한 율법과
워토로트 에메트	
חקים ומצות טובים	좋은 규정과 계명을
후킴 워미츠오트 토빔	
ואת־שבת קדשך הודעת להם	당신의 거룩한 안식일을 그들에게 알려 주시고
워에트-샤밭 코드셔카 호다아타 라헴	
ומצוות וחקים ותורה	계명과 규정과 율법을
우미츠오트 워후킴 워토라	
צוית להם	그들에게 명령하셨다
치위타 라헴	
ביד משה עבדך	당신 종 모세를 통하여
버야드 모세 압데카	

시편 106,19 또한 시나이산 곧 호렙산을 언급하는데, 이 사건은 금송아지 사건일 뿐이지 율법을 준 입법 사건이 아니다.

그들은 호렙에서 송아지를 만들고   יעשו־עגל בחרב
야아수-에겔 버호렙
쇠를 부어 만든 상에 경배하였다   וישתחוו למסכה
와이싯타하우 러맛세카

거꾸로, 에제 20,10-11은 입법을 언급하나 시나이산은 언급하지 않는다. 입법은 광야에서 일어나므로(와아비엠 엘-함미드바르ואבאם אל-המדבר), 물론 시나이산이 고려될 수 있다. 그럼에도 불구하고 명시적으로 언급되지 않은 것이 이목을 끈다.[27]

이 드문 증거와 일치하는 것은 판관 5,4-5; 하바 3,3; 시편 68,8에 있는 시나이산에 대한 유명한 언급들인데, 모두 율법에 대해서는 전적으로 침묵하지만 그곳에서 또는 거기에서부터 하느님 현현을 불러일으킨다. 보통 이 본문들은 초기의 것으로 또는 적어도 초기 전승에 의존하는 것으로 여겨진다.[28] 파이퍼Pfeiffer는 그 반대 의견을 주장했으나[29] 그의 입장은 루엔베르거Leuenberger에게 심하게, 내 생각에는 정당하게 비판받았다.[30]

주님, 당신께서 세이르를   יהוה בצאתך משעיר
아도나이 버체터카 미쎄이르   나오실 때

---

27. Krüger, *Geschichtskonzepte*, 199-274에 나오는 토론 참조.
28. Keel, *Geschichte Jerusalems*에 나오는 토론 참조. 판관 5장에 대해서는 특별히 Knauf, "Deborah's Language", 677-690 참조.
29. Pfeiffer, *Jahwes Kommen*; 같은 저자, "Herkunft", 11-43 참조.
30. Leuenberger, "Jhwhs Herkunft", 1-19.

בצעדך משדה אדום	버차터카 미쎄데 에돔	에돔 벌판에서 행진해 오실 때
ארץ רעשה	에레츠 라아샤	땅이 뒤흔들리고
גם־שמים נטפו	감-샤마임 나타푸	하늘도 물이 되어 쏟아졌으며
גם־עבים נטפו מים	감-아빔 나타푸 마임	구름도 물을 쏟아 내렸습니다
הרים נזלו מפני יהוה	하림 나즈루 미퍼네 아도나이	산들이 주님 앞에서 떨었습니다
זה סיני מפני יהוה אלהי ישראל	제 시나이 미퍼네 아도나이 엘로헤 이스라엘	시나이의 그분 주 이스라엘의 하느님 앞에서

(판관 5,4-5)

אלוה מתימן יבוא	엘로아흐 미테만 야보	하느님께서 테만에서 오신다
וקדוש מהר־פארן סלה	워카도쉬 메하르-파란 셀라	거룩하신 분께서 파란 산에서 오신다 셀라
כסה שמים הודו	키싸 샤마임 호도	그분의 영광이 하늘을 뒤덮고
ותהלתו מלאה הארץ	우터힐라토 말아 하아레츠	그분을 찬미하는 소리가 땅을 가득 채운다

(하바 3,3)

אלהים בצאתך לפני עמך	엘로힘 버체타카 리프네 암메카	하느님, 당신께서 당신 백성 앞에 나아가실 제
בצעדך בישימון סלה	버차데카 비시몬 셀라	당신께서 사막을 행진하실 제 셀라
ארץ רעשה	에레츠 라아샤	땅이 뒤흔들리고
אף־שמים נטפו	아프-샤마임 나타푸	하늘마저 물이 되어 쏟아졌습니다
מפני אלהים זה סיני	미프네 엘로힘 제 시나이	하느님 앞에서, 시나이의 그분
מפני אלהים אלהי ישראל	미프네 엘로힘 엘로헤 이스라엘	하느님, 이스라엘의 하느님 앞에서

(시편 68,8-9)

아주 예비적이고 대략적인 이 그림에서 무엇을 모을 수 있는가? 물론 믿을 만한 것은 아무것도 없다. 왜냐하면 시나이산 입법에 관한 오경 바깥의 광범위한 침묵은 우선 오경에 그것이 문학적·역사적으로 고정된 것에 관해 단지 '침묵에 의한 논증'만을 구성할 것이기 때문이다. 그럼에도 불구하고 이 관찰들은 설명이 필요하며, 연구사를 잠깐 훑어보아도 그러한 주장이 전혀 가치 없는 것은 아니다.

5. 연구사에서 본 시나이산 신적 입법의 역사적 해석

20세기 초 연구에서, 히브리 성경에서 시나이산 입법의 다소 고립된 위치는 전승사적 기원이 각기 다른 시나이 전승과 탈출 전승의 관점에서 평가되었다.[31] 예를 들면 폰 라트는 탈출 전승과 시나이 전승을 발생지가 다른 두 가지 다른 축제와 연관시켰다.[32]

> 그것들(시나이 사건들)은 그 자체로 하나의 전승을 형성한 것으로 보이며, (창조에서 땅의 정복에 이르는 구원 역사의) 기본 틀과는 독립적으로 존재했다가 아주 늦게서야 그것에 연결되었다.[33]

그러나 그의 이론은 시나이 전승의 고대성과 그 위치와 관련된 신적 입법 관념을 사전에 실제적으로 입증해야 하는 필요를 전제로 했다.

---

31. Nicholson, Exodus 연구 역사의 분석 참조.
32. Noth, *Überlieferungsgeschichte*, 63-67 참조.
33. Von Rad, *Problem*, 20.

하지만 1960년대 말까지 시나이산 입법과 그곳에서 하느님과 백성 사이에 맺어진 계약이 고대 이스라엘 종교의 밑바탕에 속하지 않는다는 것은 생각할 수 없는 일이었다. 예를 들어 폰 라트는 1957년에 출간한 《구약성서 신학》에서, 오경의 모든 율법이 예외 없이 시나이산 본문에 기록된 대로, 하느님과 백성 사이의 계약 관념을 전제한다고 주장했다.

> 모든 상황에서 계명들과 계약의 밀접한 관계를 염두에 두어야 한다. 이스라엘의 모든 율법은 사실 야훼와 이스라엘 사이에서 이미 이루어진 공동체와 거룩한 제도로서의 계약을 전제로 한다.[34]

폰 라트는 1957년, 로타르 펄릿Lothar Perlitt의 《구약성경의 계약 신학》이 출판되기 12년 전에 이 주장을 하였다. 펄릿의 교수 자격 취득 논문은 계약 관념과 히브리 성경의 율법 전승들의 지적知的 기본 구조 둘 다에 대한 역사적 해석에서 주요한 중간 휴지休止였다.

> 첫 관찰은 중요한 만큼 오래되었다. 시나이 단락은 가장 나중 형태에서조차, 하나의 거대한 뭉치로 문맥에 삽입된 인상을 준다.[35]

그가 계약 신학의 연대를 기원전 7세기로 추정한 것은 1960년대와

---

34. Von Rad, *Theologie*, vol. 1, 207(역자주: 각주 33과 34의 독일어 인용구는 본문에 실린 내용과 동일하다. 이후 각주들에서 본문에 실린 내용과 동일한 독일어 인용구 표기는 생략한다).
35. Perlitt, *Bundestheologie*, 156.

1970년대 초반 프랑케나Frankena,³⁶ 디온Dion, 바인펠트Weinfeld³⁷ 등이 신아시리아의 봉신 조약에 비추어 신명기의 계약 개념을 해석하기 위해 제안한 내용과 일치하는데, 오늘날 상당히 잘 받아들여지는 견해이다. 흥미롭게도 펄릿은 프랑케나와 바인펠트의 작업을 인용하지만 자신의 《계약 신학》에서 그것들을 실질적으로 충분히 평가하지는 않는다.

시나이 본문들과 주변의 탈출 내러티브 사이의 느슨한 연결은 벨하우젠과 그 당시의 다른 사람들도 알아차렸다.

> 시나이로 가는 순례 여정은 가장 오래된 무용담sage에 들어 있는 것처럼 설 자리가 전혀 없었던 것 같다. 이스라엘 백성이 이집트에서 탈출한 직후 카데스에 가서 머물며 광야 생활 40년을 보냈다는 내용에 따라 하나의 윤곽이 나타난다. 유랑민들이 실제 목적지에서 그렇게나 멀리 떨어진 지점(시나이)으로 이탈한 것은 무척 부자연스럽다.³⁸

그러나 시나이 단락이 단지 후대의 편집에 따른 삽입으로만 간주되지는 않았다. 오히려 판관 5장, 시편 68편, 하바 3장과 신명 33장과 같은 본문들이 시사하듯이, 벨하우젠은 다음과 같이 주장했다.

> 시나이의 참되고 고대적인 의미는 입법과 완전히 별개다. 그것은 신의

---

36. Frankena, *Vassal-Treaties of Esarhaddon*, 122-154.
37. Weinfeld, "Traces", 417-427 참조.
38. Wellhausen, *Israelitische*, 12; 같은 저자, *Prolegomena*, 357-358도 참조. 마찬가지로 Von Rad, *Problem*, 20-21; 같은 저자, *Theologie*, vol, 1, 189도 보라.

거처로 거룩한 산이었다.[39]

벨하우젠에 의하면, 거룩한 산을 입법의 터전으로 전환한 쪽은 여호비스트Jehovist였다.

> 여기에서 여호비스트는 편집자 이상이며, 시나이산 입법 단락의 실제 저자로 간주될 수 있다. 그렇지 않으면 그는 자신의 원천 자료 배후에 서 있다. 여기에서 그는 그 자료들을 상당 부분 축어적으로 따르지만, 그 자신의 구성을 위한 재료로 필요한 만큼만 따른다.[40]

그럼에도 불구하고, 오경의 현재 형태는 시나이 본문들과 그 문맥 사이의 연결이 얼마나 느슨한지를 분명히 보여 준다. 20세기 전반기에 아이스펠트Eissfeldt와 폰 라트 같은 학자들은 이 관찰에 대한 생각을 제시했지만, 항상 또는 즉시 설득력이 있는 의견은 아니었다.

> 이 사건들[시나이에서]에 대한 기억은 항상 이스라엘에 남아 있었지만, 가나안에 정착한 후 시나이와 연결이 빠르게 느슨해졌다.[41]

시나이 전승을 땅 정복 전승에 병합하는 것은 야휘스트Yahwist의 특별한 모험이었다. 그것은 오랫동안 사람들에게 익숙해지지 못한 채 남아

---

39. Wellhausen, *Prologomena*, 342.
40. Wellhausen, *Composition*, 94-95.
41. Eißfeldt, "Sinai", 44.

있었다. 유배 시대쯤 가서야 비로소 이 연결이 대중화되었다.[42]

물론 이 설명들은 성경 신앙의 기본 특성을 이루는 이스라엘의 구원 역사에 대한 친숙한 이미지를 반영한다. 오늘날 학자들은 그들의 문학적-역사적 재구성 작업에서 이를 더 이상 만장일치로 상정하지 않는다. 신명 26,5-9의 신조 공식은 그 이미지에 대한 문학적-역사적 기초로 더는 쓰일 수 없으며, 고대 이스라엘과 유다의 종교사를 재구성한 내용도 그것을 지지하지 않는다.[43]

그러므로 탈출기 이야기에서 하느님의 법이 시나이산에 문학적으로 고정된 것은 유배 시대에 '대중화'되었을 뿐만 아니라, 이 문학적 고정이 그보다 훨씬 더 이르게는 나타나지 않았던 것 같다.

이 점을 더 자세히 조사하기 위해, 오경에서 신적 법들을 포함하는 가장 초기의 본문이랄 수 있는 소위 계약법전으로 가 보겠다. 물론 그것의 연대 설정은 논쟁의 여지가 있고, 그 본문은 일정 기간에 걸쳐서 발전했다. 그러나 그 법전의 문학적 핵심 부분은 아마도 가장 이른 시기의 예언서들을 전제하고 사회적 메시지를 법적 규정으로 바꾼 듯하다. 더욱이 윌리엄 모로우William Morrow, 버나드 레빈슨 Bernard Levinson, 에카르트 오토Eckart Otto와 다른 사람들이 보여주듯이, 신명기는 이를 전제하고 예배의 중앙집중화의 관점에서 계약법전을 재작업한다.[44]

---

42. Von Rad, *Problem*, 61 참조; Perlitt, *Bundestheologie*, 159에 나오는 비판도 보라.
43. Gertz, "Stellung", 30-45 참조.
44. Morrow, *Scribing* 참조; Otto, *Das Deuteronomium*; Levinson, *Deuteronomy*.

6. 계약법전과 신명기에서 법을 신학화하는 과정

1990년대 후반부터, 특히 에카르트 오토의 《법적 근거의 변화》와 루드거 슈빈호스트 쉰베르거Ludger Schwienhorst-Schönberger의 논문을 계기로, 소위 계약법전이 탈출 21,12-17의 사형에 관한 규정, 탈출 21,18-32의 신체 상해에 대한 규정과 탈출 21,33-22,14의 물건에 관한 규정을 포함하는 더 작고 문학적으로 독립된 더 이전의 법률 모음집으로 구성되어 있었다는 것이 학문적으로 잘 받아들여졌다.[45] 이 모음집들은 분명히 처음에는 하느님의 법으로 생각되지 않았다. 그것들을 하느님의 법으로 여기게 된 것은 현재 탈출 20,24-26과 22,17-26로 둘러싸인 본문의 구조에서 비롯되었는데, 이 구절들은 독자에게 2인칭으로 말하고 때로는 하느님의 1인칭을 사용한다. 대조적으로, 계약법전의 핵심 구절들은 3인칭으로 말하고, 그 안에서 하느님이 화자로 등장하지 않는 것은 명백하다.[46]

---

45. Schwienhorst-Schönberger, *Bundesbuch*. 다른 접근은 Osumi, *Kompositionsgeschichte* 참조.
46. "계약법전은 탈출 21,12-17의 … 이방인 사형법 모음집, 탈출 21,18-32의 신체 상해에 관한 법 모음집, 탈출 21,33-22,14의 재산에 관한 법 모음집과 같이, 분량도 더 적고 원래는 문학적으로 독립적인 모음집들로 편집되었다. 유배 이전 유다의 서기관과 판관 교육 과정에서 나온 이 모음집들은 임금의 신으로서 야훼가 법의 근원이고 가난한 사람들의 은혜로운 법적 조력자라는 관점에서 탈출 20,24-22,26*에 대한 사제계의 첫 신학적 편집에서 서로 연결된 법으로 야훼가 하나의 프로그램이 되었다. 유다 사회의 사회적 단층선은 법의 신학화로 가는 관문이 되었다. … 그것은 이제 신의 뜻을 거슬러 올라가는 법의 근원으로 언급하고, 더 이상 메소포타미아 법에서처럼 국가의 대표인 임금에게로 향하지 않는다. '계약법전'의 법 신학화와 함께 초기에는 소규모 법 모음집에만 야훼에게 직접 소급해 올라가던 일이 하나의 운동이 되어, 이는 유배 이후 시기에 토라의 전체 규정을 하느님의 뜻에 종속시킴으로써 그 목표를 달성한다. 계약의 책에서 법 신학화의 기초가 되는 해석학은 간단하게 알 수 있다. 그것은 탈출 22,17-26*에서 끝나고 탈출 20,24-26에서 야훼 자신의 제단 법으로 시작한다"(Otto, *Deuteronomium* 1,1-4,43, 231 이하). 같은 저자, "Profanrecht", 421-427 참조.

탈출 20,24-26과[47] 22,17-26의 추가는 이 법들을 신학화하는 과정에서 결정적 역할을 했다.[48] 소위 제단 법이라는 첫 본문은 연대 설정 측면에서 특히 중요한데, 버나드 레빈슨과 다른 학자들이 지적했듯이 신명 12장이 그것을 전제하고 재작업하기 때문이다. 신명 12장이 탈출 20,24-26의 연대 측정에서 하한선 역할을 한다. 제단 법을 서문으로 삼아 계약법전을 재해석한 일은 신명기계 이전의 특징이다. 결과적으로, 에카르트 오토의 제안에 따르면 법의 신학화 과정은 유배 이전 시대에 이미 시작되었다. 탈출 22,17-26을 보면, 이 과정은 특히 가난하고 사회적으로 불리한 사람들을 돌봐야 할 필요에 의해 촉발된 것으로 보이며, 이는 아마도 사마리아의 함락을 포함하여 기원전 7세기 유다의 주요 사회 경제적 변화에서 비롯되었을 수 있다.[49] 혜택받지 못한 이들을 보살필 책임은 보통 임금에게 있었기 때문에, 이러한 법들을 신성하게 만든 것은 유다 왕권에 대한 비판적인 입장을 암시한다는 것이 즉시 명백해진다.

사용된 편집 기술은 상당히 초보적인 것으로 보인다. 규정들은 2인칭 단수로 표현되어, 하느님이 화자라는 것을 암시한다. 하지만 모든 2인칭 단수가 같은 문학층에 속하는지는 분명하지 않다.

מכשפה לא תחיה 머카쉐파 로 터하예	17 너희는 주술쟁이 여자를 살려 두어서는 안 된다
כל-שכב עם-בהמה מות יומת 콜-쇼케브 임-버헤마 모트 유마트	18 짐승과 교접하는 자는 누구든 사형을 받아야 한다

---

47. Joosten, "Syntax", 3-8; Johnstone, "Exodus 20.24b, 207-222; Schmitt, "Altargesetz", 269-282.
48. Albertz, "Theologisierung", 187-202 참조.
49. Kessler, *Staat* 참조.

זבח לאלהים יחרם		19 다른 신들에게 제사를 지내는 자는
조베아흐 라엘로힘 요호람		
בלתי ליהוה לבדו		주님 외에, 처형되어야 한다
빌티 라도나이 러받도		
וגר לא־תונה ולא תלחצנו		20 너희는 이방인을 억압하거나
워게르 로-토네 월로 틸하첸누		학대해서는 안 된다
כי־גרים הייתם בארץ מצרים		너희도 이집트 땅에서 이방인이었다
키-게림 헤이템 버에레츠 미츠라임		
כל־אלמנה ויתום לא תענון		21 너희는 어떤 과부나 고아도
콜-알마나 워야톰 로 타안눈		억눌러서는 안 된다
אם־ענה תענה אתו		22 너희가 그들을 억눌러
임-안네 타안네 오토		
כי אם־צעק יצעק אלי		그들이 나에게 부르짖으면
키 임-차오크 이츠아크 엘라이		
שמע אשמע צעקתו		나는 그 부르짖음을 들어 줄 것이다
사모아 에쉬마 차아카토		
וחרה אפי		23 그러면 나는 분노를 터뜨려
워하라 압피		
והרגתי אתכם בחרב		칼로 너희를 죽이겠다
워하락티 엣켐 베하렙		
והיו נשיכם אלמנות		그러면 너희 아내들은 과부가 되고
워하유 너쉐켐 알마노트		
ובניכם יתמים		너희 아들들은 고아가 될 것이다
우버네켐 여토밈		
אם־כסף תלוה את־עמי		24 너희가 나의 백성에게 돈을 꾸어
임-케셉 탈예 에트-암미		주었으면
את־העני עמך		너희 곁에 사는 가난한 이에게
에트-헤아니 임마크		
לא־תהיה לו כנשה		그에게 채권자처럼 행세해서도
로-티예 로 커노쉐크		안 되고
לא־תשימון עליו נשך		이자를 물려서도 안 된다
로-터시문 알라이유 네쉐크		
אם־חבל תחבל שלמת רעך		25 너희가 이웃의 겉옷을 담보로
임-하볼 타하볼 살맛 레에카		잡았으면
עד־בא השמש תשיבנו לו		해가 지기 전에 돌려주어야 한다
앗-보 하쉐메 터쉬벤누 로		

כי הוא כסותה לבדה 키 히우 커수토 러받다	26 그가 덮을 것이라고는 그것뿐이고
הוא שמלתו לערו 히우 심라토 러오로	몸을 가릴 것이라고는 그 겉옷뿐인데
במה ישכב 밤메 이쉬카브	무엇을 덮고 자겠느냐?
והיה כי־יצעק אלי 워하야 키-이츠아크 엘라이	그가 나에게 부르짖으면
ושמעתי כי־חנון אני 워샤마티 키-한눈 아니	나는 들어 줄 것이다. 나는 자비하다

(탈출 22,17-26)

이 중요한 구절들에는 일부 절에 하느님의 2인칭을 도입한 이념적 배경과 기원이 될 법한 것에 관한 힌트가 담겨 있다. 첫째, 22,17-18의 시작 구절은 알아보기 쉽다.

מכשפה לא תחיה	17 너희는 주술쟁이 여자를 살려 두어서는 안 된다
כל־שכב עם־בהמה מות יומת	18 짐승과 교접하는 자는 누구든 사형을 받아야 한다

남색 금지는 3인칭으로 공식화했고, 주술 관련 법은 2인칭으로 했다. 이것은 종교적 의미를 내포한 규제가 남색의 경우보다 신법으로 형성되는 데 더 도움이 된다는 가정으로 이어질 수 있다. 이 가정은 불확실한데, 특히 야훼가 아닌 다른 신들에게 드리는 제사를 금지한 22,19이 3인칭 규정이기 때문이다.

더 결정적인 것은 탈출 22,21 이하와 25 이하 절이다. 왜냐하면 과부, 고아, 가난한 자들에게 초점을 맞춘 이 법의 화자로 하느님이 여기에서 자신을 1인칭으로 드러내기 때문이다.[50] 이 절들은 계약법전에서 법적 보호를 받지 못하는 사람들을 돌본다는 '윤리적' 관념으로 기존의 전통적인 법적 규정을 분명히 보완하며, 이러한 이유로 그 구절들은 하느님을 입법자로 소개한다.

계약법전에 이런 규정들이 포함된 데에는 초기 예언 전통에서 영향을 받은 듯한 것도 식별할 수 있다. 예언자들이 사회 정의로 주장한 것을 계약법전은 법으로 규정한다.[51] 예를 들어, 아모 2,6-8을 탈출 22,24-26에 있는 신적 법의 진술(2인칭)과 비교한다.

아모 2,6-8	탈출 22,24-26
주님께서 이렇게 말씀하신다. "이스라엘의 세 가지 죄 때문에, 네 가지 죄 때문에 나는 철회하지 않으리라. 그들이 빚돈을 빌미로 무죄한 이를 팔아넘기고 신 한 켤레를 빌미로 빈곤한 이를 팔아넘겼기 때문이다. 그들은 힘없는 이들의 머리를 흙먼지 속에다 짓밟고 가난한 이들의 살길을 막는다. … 제단마다 그 옆에 저당 잡은 옷들을 펴서 드러눕고 벌금으로 사들인 포도주를 저희 하느님의 집에서 마셔 댄다.	너희가 나의 백성에게, 너희 곁에 사는 가난한 이에게 돈을 꾸어 주었으면, 그에게 채권자처럼 행세해서도 안 되고, 이자를 물려서도 안 된다. 너희가 이웃의 겉옷을 담보로 잡았으면, 해가 지기 전에 돌려주어야 한다. 그가 덮을 것이라고는 그것뿐이고, 몸을 가릴 것이라고는 그 겉옷뿐인데, 무엇을 덮고 자겠느냐? 그가 나에게 부르짖으면 나는 들어 줄 것이다. 나는 자비하다.

신명기의 경우는 그것이 모세의 전망이란 점 때문에 특히 복잡하다. 이 책의 법들은 모세의 율법으로 제시되어 있는데, 이것은 신명기의

---

50. Kratz, *Komposition*, 147.
51. Dearman, *Property Rights*, 147-148 참조.

율법 내러티브가 거대한 탈출-시나이산 이야기 내부에 삽입되었음을 전제한다.[52] 모세는 요르단 동편에서 한 고별 연설에서, 시나이산에서 하느님께 미리 받은 율법을 공포하는데, 복잡한 해석학적 절차를 거쳐 신명기 독자들은 신명 5장에서 모세의 말을 듣는 이집트 탈출 세대와 동일시된다. 이미 언급한 대로, 이는 아마도 신명기 법의 본래 형태가 아닐 것이다. 로핑크가 지적한 대로 신명 6,17과 신명 28,45은 특히 신명기의 법들을 명시적으로 하느님의 법으로 개념화하는데, 모세를 신명기의 법들을 공포하는 인물로 묘사한 것이 본문 재작업의 결과였다는 가정을 지지한다.

ובאו עליך כל־הקללות האלה		이 모든 저주가 너희 위에 내려
우바우 알레이카 콜-하커랄로트 하엘레		
ורדפוך והשיגוך		너희를 쫓아다니며 너희 위에 머무를 것이다
우러다푸카 워히씨구카		
עד השמדך		너희가 멸망할 때까지
앗 히샤다크		
כי־לא שמעת בקול יהוה אלהיך		이는 너희가 주 너희 하느님의 말씀을 듣지 않고
키-로 샤마타 버콜 아도나이 엘로헤카		
לשמר מצותיו וחקתיו		계명과 규정들을 지키지 않았기 때문이다
리쉬모르 미츠오타이우 워후코타이우		
אשר צוך		그분께서 너희에게 명령하시는
아쉐르 치와크		

(신명 28,45)

שמור תשמרון	너희는 잘 지켜야 한다
샤모르 티쉬머룬	
את־מצות יהוה אלהיכם	주 너희 하느님의 계명들과
에트-미츠오트 아도나이 엘로헤켐	

---

52. Kratz, "Ort", 101-120. 오토에 의하면 탈출 이야기에서 분리된 완전히 독립적인 신명기는 결코 없었다.

	법령과 규정들을
워에도타이우 워후카이우	ועדתיו וחקיו
아쉐르 치와크	אשר צוך 그분께서 너희에게 명령하신

(신명 6,17)

따라서 율법의 입법자 또는 적어도 중재자로서 모세는 신명기에 원래 있었던 특징이 아니라, 신명기의 법이 이스라엘의 이집트 탈출이라는 큰 이야기의 일부가 되었을 때, 거기 담겨 있던 시나이 법안과 편집적 조정을 거쳐 나온 결과이다.

전체적으로 그렇다면, 신명기는 시작부터 신적 입법 관념을 입증하는데, 그것은 아마도 재작업되었으나 여전히 유배 이전 시기에 속한 계약법전에서 이 개념을 채택한 결과일 것이다.

7. 히브리 성경에서 입법자로서 하느님에 대한 전승사적·문학사적 선구자들

히브리 성경에서 하느님의 법 관념을 촉발한 역사적인 기본 요인들은 무엇일까? 에카르트 오토는 특히 이 과정의 기원이 기원전 8세기 말과 7세기 초, 이스라엘과 유다 사회의 사회적 불의 체험과 관련된다고 설득력 있게 주장했다.[53] 더 간접적 요인들이 작용했을 수도 있다. 나는 이 가운데 4개를 말하겠고, 그중 적어도 2개는 서로 얽혀 있다.

첫째, 고대 이스라엘과 유다에서 사법권은 한스 요헨 뵈커Hans-

---

53. Otto, *Wandel*, 69-71 참조.

Jochen Boecker가 지적한 대로, 전통적으로 왕권 제도와는 상당히 거리가 멀다.⁵⁴ 가족과 원로들이 대부분의 사안을 담당했다. 메소포타미아의 사례처럼, 우리는 심지어 사형과 관련된 범죄는 임금에 의해 결정되어야 한다는 명확한 규정도 가지고 있지 않다.

둘째, 오트마 킬Othmar Keel이 주장했던 것처럼 하느님이 예루살렘과 결합하게 되었을 때 그분의 태양신화가 일어난 점을 고려해야만 한다.⁵⁵ 1열왕 8,12이 야훼가 그 이전에 성전에 있던 태양신을 대체했음을 암시하는지 여부는 확실하지 않다.⁵⁶ 이렇게 되더라도, 예루살렘은 그 도성의 이름 자체가 시사하듯이 전통적으로 태양 숭배와 밀접한 관련이 있었고, 예루살렘에서 태양 숭배의 중요성은 예루살렘에서 유배 시기 이전의 야훼 숭배의 발전에 영향을 미쳤다.

왜 이 문제가 우리 질문에 중요한가? 우리가 함무라비 비문에서 상기할 수 있는 것처럼, 태양신은 전통적으로 법을 감독하고, 그 법규들을 임금에게 전달하는 책임을 진다.⁵⁷ 따라서 야훼가 태양신이 되는 것은 그분을 법과 정의의 분야에 친밀하게 연결한다는 뜻을 가진다.

이 밀접한 연결은 스바 3,5에서 관찰할 수 있다.

그녀[예루살렘] 한가운데에 계신	יהוה צדיק בקרבה
야훼는 의로우신 분	아도나이 차딕 버키르바
불의를 행하지 않으신다	לא יעשה עולה
	로 야아세 아울라

---

54. Boecker, "Überlegungen", 3-9. Otto, "Zivile Funktionen", 519-530 참조.
55. Keel, "Tempelweihspruch", 9-23; 같은 저자, *Geschichte Jerusalems*; 같은 저자, "Sonne der Gerechtigkeit", 215-218.
56. Hartenstein, "Sonnengot", 53-69; Rösel, "Salomo", 402-417 참조. 킬의 반박으로 Keel, "Minima methodica", 213-223 참조.
57. Elsen-Novák / Novák, "König", 131-155 참조.

בבקר בבקר משפטו יתן	아침마다 당신의 공정을 펴신다
바보케르 바보케르 미쉬파토 이텐	
לאור לא נעדר	동틀 녘마다 어김없이 하신다
라오르 로 네다르	
ולא־יודע עול בשת	그러나 불의한 자는 수치를
월로-요데아 아왈 보셋	모르는구나

하느님의 의로움은 호세 6,5에서 예루살렘과 아침 일출과 함께 연관되는데, 야노브스키가 이 주제를 광범위하게 다룬 바 있다.[58]

על־כן חצבתי בנביאים	그래서 나는 예언자들을 통하여
알-켄 하찹티 반너비임	그들을 찍어 넘어뜨리고
הרגתים באמרי־פי	내 입에서 나가는 말로 그들을 죽여
하라그팀 버임레-피	
ומשפטיך אור יצא	나의 심판이 빛처럼 솟아오르게
우미쉬파테카 오르 예체	하였다

하느님의 적들은 그분의 말씀으로 제거되고, 그분의 판결은 햇빛과 비교된다. 물론 이 본문들은 아직 하느님을 입법자로 여기는 관념으로 나아가지 않은 상태다. 여기서 하느님은 판관이며 사형집행인이나, 이 본문들은 신적 법안 관념에서 멀리 떨어져 있지 않다. 그러므로 성경의 하느님을 입법자로 묘사한 배경의 일부는 태양을 기반으로 한 예루살렘 종교사에서 찾을 수 있다.

셋째, 태양 이미지 주제와 밀접하게 관련된 것은 아마도 예루살렘과 시온을 정의의 도시로 보는 관념이다. 이사 1,21-26은 이사야서 서두의 전통적인 구절로, 예루살렘을 '정의로운' 도시로 분명하게 보여 준다.[59]

---

58. Janowski, *Rettungsgewissheit*; 같은 저자, "JHWH", 214-241 참조.
59. Steck, "Zur konzentrischen Anlage", 97-103; Schmid, *Jesaja 1-23*, 56-58 참조.

	איכה היתה לזונה קריה נאמנה	충실하던 도성이 어쩌다 창녀가 되었는가?
	에카 하이타 러조나 키리야 너에마나	
	מלאתי משפט	공정이 가득한 그녀
	멀러아티 미쉬팟	
	צדק ילין בה	그녀 안에 깃들였던 정의
	체덱 얄린 바	
	ועתה מרצחים	그러나 이제는 살인자들만!
	워와타 머러처힘	

(이사 1,21)

야훼가 예루살렘에 거주하기 때문에 그분은 그 도성의 하느님이고, 이는 또 하느님의 신부인 예루살렘의 다양한 신분 증명에도 반영되어 있다. 하느님과 정의의 도성 시온-예루살렘의 밀접한 연관성이 지적 발전의 또 다른 중요한 뿌리가 되어, 마침내 계약법전의 문학적 틀과 신명기에서 신법 관념으로 귀결되었다. 특히 중요한 것은 시온과 전통적으로 결합된 산의 상징성이다. 예로 시편 48,11-12을 고찰한다.

	כשמך אלהים כן תהלתך	하느님, 당신 이름처럼 당신을 찬양하는 소리
	커심카 엘로힘 켄 터힐라트카	
	על-קצוי-ארץ	세상 끝까지 울려 퍼집니다
	알-카츠웨 에레츠	
	צדק מלאה ימינך	당신의 오른손이 의로움으로 가득합니다
	체덱 말아 여미네카	
	ישמח הר-ציון	시온산은 즐거워하고
	이스마 하르-치욘	
	תגלנה בנות יהודה	유다의 딸들은 기뻐 뛰게 하소서
	타겔나 버놋 여후다	
	למען משפטיך	당신의 심판으로
	러마안 미쉬파테카	

분명히 예루살렘 멸망의 여파로, 시온산에서 정의를 담당하던 신으로서의 야훼 관념은 시나이산의 신적 입법자 개념으로 변형되었다.

그렇다고 이 말이 시나이산이 순전히 유배 시대 저자들의 창작일 뿐이라고 시사하지는 않는다. 시나이산은 하박 3장, 판관 5장, 시편 68편 혹은 신명 33장 같은 본문들이 제시하는 것처럼, 초기 야훼 숭배 Yahwism의 종교사에서 전통적인 요소였던 것으로 보인다. 하지만 벨하우젠이 관찰한 것처럼, 시나이의 본래 역할이 입법의 발생지는 아니었다. 그러므로 우리는 이렇게 가정할 수 있다. 예루살렘 멸망 후에 시나이 전승은 점점 더 중요하게 되었고, 특히 사제계 문헌이 시나이에 원래의 성소를 위치시킨 이후로 더 중요하게 되었다.[60]

넷째, 신아시리아 봉신 조약이 신명기에 미친 영향과, 그와 관련하여 형태와 내용 모두에서 진행된 계약법전의 재작업을 제시해야 한다.[61] 잘 알려진 대로, 신명기는 신아시리아 봉신 조약에 따라 형성된 것으로 보이나, 신명기에서 하느님의 역할은 봉신 조약에서 그 계약의 증인과 수호자로 기능하는 신들의 역할과는 완전히 다르다.

하느님을 조약의 한 당사자로 삼은 것은 신명기의 문학적 핵심을 혁신한 일이다. 그런 조약에서 당사자로서, 특히 우월한 당사자로서, 하느님은 입법자이기도 하다. 이 개념은 사회 불의를 경험하면서 촉발되었던, 계약법전 내에서 초기 발전일지도 모르는 것에서 잠재적으로 영감을 받았을 것이다. 그러나 신명기는 사회적으로 혜택받지 못한 사람들에게 같은 관심을 보이기 때문에, 두 가지 발전은 더 밀접하게 연합할 수 있다. 그러나 이 쟁점을 결정하기는 불가능해 보인다.

---

60. 사제계 문헌에서 광야와 산으로서 "시나이" 관념에 대해 Schmid, "Sinai", 114-127 참조.
61. Steymans, *Deuteronomium 28*; 같은 저자, "Eine assyrische Vorlage", 119-141; Otto, *Treueid und Gesetz*, 1-52; 같은 저자, *Das Deuteronomium*; 같은 저자, "Assyria", 339-347, 특히 345.

봉신 조약을 받아들이는 데 있어 한 측면은 지금까지 과소평가 되었다. 그 조약들이 승계 조약이라는 사실이다.[62] 조약들은 에사르 하똔에게 복속한 사람들이 그의 후계자에게 충성할 것을 보장한다. 만일 승계 주제가 이 조약들에 결정적이었다면, 그 주제는 신명기에서 이런 조약문들을 받아들이는 데에도 어떤 역할을 했음에 틀림없다. 레빈슨과 스테커트는 앗슈르바니팔의 에사르 하똔 승계와 계약법전에 대한 신명기의 법적 해석 과정을 병행하자고 제안했다.

아시리아 통치자 – 전임자와 후계자 – 는 이스라엘 법 – 옛것과 새것 – 에 유비된다. 통치자가 물러난 뒤에 지명된 왕세자가 계승하는 것처럼, 기존의 법 모음도 새로운 법으로 계승된다. EST와 신명기 사이의 이러한 상관관계는 다음 표에 설명되어 있다.

텍스트	전임자 규칙	후계자 규칙
EST	에사르 하똔	앗슈르바니팔
신명기	계약법전	신명기적 법

아시리아 왕위 계승과 성경의 법적 계승[63]

이 제안은 흥미롭지만 너무 대담할 수 있다. 나는 오히려 계승 주제가 계약법전과 신명기에서 하느님을 입법자로 소개하는 것에 더 가깝다고 상상하는데, 아마도 특히 기원전 720년에 왕국과 국가 지위의 상

---

62. Steymann, "Die literarische und historische Bedeutung", 331-349.
63. Levinson / Stackert, "Covenant Code", 138.

실을 반영했을 것이다.

사마리아 멸망 후에 북쪽의 왕정 이후 상황은 백성의 정체성을 보증해 주기 위해 임금을 대체할 매체가 필요하게 되었다. 그래서 나는 계승 문제는 계약법전과 신명기에서 다루기를 제안한다. 거기서 하느님은 이스라엘의 영원한 임금이시고, 그분의 법들을 통해 백성은 현재와 미래의 종주宗主인 그분에게 결부되어 있다.[64]

물론 이 점에서도 법적 해석의 주제는 여전히 중요하다. 법적 해석의 등장은 법이 신성해지면서 생겨난 가장 중요한 결과 중 하나이다. 그렇게 발전한 이유는 분명하다. 하느님의 법은 단순히 변경될 수 없다. 일단 존재하면 법적 해석을 통해서만 변경될 수 있다. 장 루이 스카는 다음과 같이 말한다.

> 법은 하느님에게서 기원하였고 그래서 그 유효성은 '영구적'이었다. 그것은 폐지될 수 없었다. 따라서 '새 법'은 옛 법의 한 형태로 여겨졌다. 그것은 같으면서도 달랐다. 실용적 측면에서 새로이 '최신의 것으로 바뀐(updated)' 공식만 유효했다.[65]

---

64. 또한, 특히 규범성 개념에 관련해서 스파르타와 초기 로마법 전통의 영향이 있는지 조사해 볼 가치가 있을 것이다. Watson, *Laws*; MacDowell (ed), *Spartan Law*; Baltrusch, *Sparta* 참조.
65. Ska, *Introduction*, 52.

8. 페르시아 시대에 이스라엘과 유다의 법과 그들의 입법자 하느님

마지막으로, 페르시아 시대에 특별한 과정을 언급할 필요가 있다. 이 과정은 고대 이스라엘과 유다에서 신적인 법 개념을 확립하는 데 확실히 책임이 있는 과정, 즉 오경이 토라로 등장한 과정이다. 오경이 페르시아 제국의 권위에 속하게 된 것으로 이 발전을 설명해야 하는지 아닌지는, 내가 이 설명에 기대고 있더라도, 여기서 중요한 의미를 갖지 않는다.[66] 지적해야 할 사안은, 오경을 토라로 세움으로써 하느님의 법으로서 이 법이 임금의 법과 기능적으로 동등한 역할을 하는 것으로 보인다는 점이다. 이것이 예를 들어 에즈 7,12에서 암시하는 점이다.[67] 페르시아 시대에 토라를 유다의 신법 및 공적 법으로서 확립한 이 일이 후대 제국, 특히 하느님이 수여한 법에 대한 유다인들의 충실함을 존중하지 않았던 로마인과의 충돌을 부추겼을 것이다.[68]

---

66. Schmid, "Persian Imperial Authorization", 22-38 참조.
67. "법을 만들고 집행하는 것을 주요 직무로 수행하는 임금이 있는 곳에는 법전이 필요하지 않다. 반대로, 법전은 임금의 입법권을 심하게 제한할 것이다. 그러므로 법전은 어떤 의미에서 임금을 대신한다. 이것이 바로 그 요점이다. 토라는 고대근동에서 입법권을 가진 임금의 지위를 차지한다. 토라는 법적인 지식을 기록하지 않고, 그 대신 임금의 강력한 명령을 기록하는데, 이 권위 있는 요구를 근거로 하느님의 말씀으로서 성문화된 것이다"(Assmann, *Fünf Stufen*, 17).
68. Baltrusch, *Juden* 참조.

참고 문헌

ALBERTZ, R., "Die Theologisierung des Rechts im Alten Israel", in: *idem, Geschichte und Theologie. Studien zur Exegese des Alten Testaments und zur Religionsgeschichte Israels* (BZAW 326), Berlin 2003, 187–207.

_____, *Exodus 1–18* (ZBK 2.1), Zürich 2012.

ALT, A., *Die Ursprünge des israelitischen Rechts*, Leipzig 1934.

ASSMANN, J., *Fünf Stufen auf dem Wege zum Kanon* (MTV 1), Münster 1999.

BALTRUSCH, E., *Sparta: Geschichte, Gesellschaft, Kultur*, Munich 1998.

_____, *Die Juden und das Römische Reich: Geschichte einer konfliktreichen Beziehung*, Darmstadt 2002.

BAUKS, M., "La signification de l'espace et du temps dans 'l'historiographie sacerdotale'", in : T. Römer (ed.), *The Future of the Deuteronomistic History* (BEThL 147), Leuven 2000, 29–45.

BAUMGARTNER, W., "Kampf um das Deuteronomium", *ThR* NF 1 (1929) 7–25.

BERNER, C., *Die Exoduserzählung: Das literarische Werden einer Ursprungslegende Israels* (FAT 73), Tübingen 2010.

BLENKINSOPP, J., "The Structure of P", *CBQ* 38 (1976) 275–292.

BOECKER, H.-J., "Überlegungen zur sogenannten Familiengerichtsbarkeit in der Frühgeschichte Israels", in: S. Beyerle et al. (eds.), *Recht und Ethos im Alten Testament*, FS H. Seebass, Neukirchen-Vluyn 1999, 3–9.

BRAGUE, R., *The Law of God: The Philosophical History of an Idea* (trans. L. G. Cochrane), Chicago 2007.

CLINES, D. J. A., *The Theme of the Pentateuch* (JSOT.S 10), 2nd edn, Sheffield 1997.

DEARMAN, J., *Property Rights in the Eigthth-Century Prophets* (SBL.DS 106), Atlanta 1988.

DOZEMAN, T. et al. (eds.), *The Pentateuch: International Perspectives on Current Research* (FAT 78), Tübingen 2011.

EIßFELDT, "Sinai", *RGG*³ 6 (1962) 44–45.

ELLIGER, K., "Sinn und Ursprung der priesterlichen Geschichtserzählung", *ZTK* 49 (1952) 121–143 (repr. in H. Gese / O. Kaiser [eds.], *Kleine Schriften zum Alten Testament* [TB 32], Munich 1966).

ELSEN-NOVÁK, G. / NOVÁK, M., "Der 'König der Gerechtigkeit': Zur Ikonologie und Teleologie des 'Codex' Ḫammurapi", *BM* 37 (2006) 131–155.

ESKHULT, M., "The Importance of Loanwords for Dating Biblical Hebrew Texts", in: I. Young (ed.), *Biblical Hebrew: Studies in Chronology and Typology*, London 2003, 8–23.

FINKELSTEIN, I. / NA'AMAN, N. (eds.), *From Nomadism to Monarchy: Archaeological and Historical Aspects of Early Israel*, Jerusalem 1994.

FRANKENA, R., *The Vassal-Treaties of Esarhaddon and the Dating of Deuteronomy* (OTS 14), Leiden 1965.

FREVEL, C., *Mit Blick auf das Land die Schöpfung erinnern* (HBS 23), Freiburg 2000.

FRITZ, V., *Die Entstehung Israels im 12. und 11. Jahrhundert v. Chr.* (Biblische Enzyklopädie 2), Stuttgart 1996.

GERTZ, J. C., "Die Stellung des kleinen geschichtlichen Credos in der Redaktionsgeschichte von Deuteronomium und Pentateuch", in: R. G. Kratz / H. Spieckermann (eds.), *Liebe und Gebot: Studien zum Deuteronomium* (FRLANT 190), Göttingen 2000, 30–45.

_____ (ed.), *Grundinformation Altes Testament* (UTB 2745), 2nd edn, Göttingen 2007.

GREENBERG, M., "Some Postulates of Biblical Criminal Law", in: M. Haran (ed.), *Yehezkel Kaufmann Jubilee Volume*, Jerusalem 1960, 5–28.

GUILLAUME, P., *Land and Calendar: The Priestly Document from Genesis 1 to Joshua 18* (LHB 391), New York 2009.

HARTENSTEIN, F., "Sonnengott und Wettergott in Jerusalem? Religions- geschichtliche Beobachtungen zum Tempelweihspruch Salomos im masoretischen Text und in der LXX (1 Kön 8,12f // 3 Reg 8,53)", in: J. Männchen (ed.), *Mein Haus wird ein Bethaus für alle Völker genannt werden (Jes 56,7). Judentum seit der Zeit des Zweiten Tempels in Geschichte, Literatur und Kult, Festschrift für Thomas Willi zum 65. Geburtstag*, Neukirchen-Vluyn 2007, 53–69.

HORNKOHL, A., "Biblical Hebrew: Periodization", in: G. Kahn (ed.), *Encyclopedia of Hebrew Language and Linguistics*, Leiden 2014, vol. 1, 315–325.

HURVITZ, A., "Biblical Hebrew, Late", in: G. Kahn (ed.), *Encyclopedia of Hebrew Language and Linguistics*, vol. 1, 329–338.

JANOWSKI, B., *Rettungsgewißheit und Epiphanie des Heils: Das Motiv der "Hilfe Gottes am Morgen" im Alten Orient und im Alten Testament* (WMANT 59), Neukirchen-Vluyn 1989.

_____, "JHWH und der Sonnengott: Aspekte der Solarisierung JHWHs in vorexilischer Zeit", in: J. Mehlhausen (ed.), *Pluralismus und Identität, Veröffentlichungen der Wissenschaftlichen Gesellschaft für Theologie* (VWGT 8), Gütersloh 1995, 214–241.

JOHNSTONE, W., "Exodus 20.24b: Linchpin of Pentateuchal Criticism or Just a Further Link between the Decalogue and the Book of the Covenant?", in: R. Rezetko et al. (eds.), *Reflection and Refraction. Studies in Biblical Historiography in Honour of A. Graeme Auld* (VT.S 113), Leiden 2007, 207–222.

JOOSTEN, J., "The Syntax of Exodus 20:24b. Remarks on a Recent Article by Benjamin Kilchör", *BN* 159 (2013) 3–8.

KEEL, O., "Der salomonische Tempelweihspruch. Beobachtungen zum religionsgeschichtlichen Kontext des Ersten Jerusalemer Tempels", in: idem / E. Zenger (eds.), *Gottesstadt und Gottesgarten. Zur Geschichte und Theologie des Jerusalemer Tempels* (QD 191), Freiburg 2002, 9–23.

_____, *Die Geschichte Jerusalems und die Entstehung des Monotheismus*, 2 vols. (OLB 4.1), Göttingen 2007.

_____, "Sonne der Gerechtigkeit. Jerusalemer Traditionen vom Sonnen- und Richtergott", *BiKi* 63 (2008) 215–218.

_____, "Minima methodica und die Sonnengottheit von Jerusalem", in: I. de Hulster / R. Schmitt (eds.), *Iconography and Biblical Studies: Proceedings of the Iconography Sessions at the Joint EABS / SBL Conference, 22–26 July 2007, Vienna, Austria* (AOAT 361), Münster 2009, 213–223.

KESSLER, R., *Staat und Gesellschaft im vorexilischen Juda: Vom 8. Jahrhundert bis zum Exil* (VT.S 47), Leiden 1992.

KIM, D.-H., *Early Biblical Hebrew, Late Biblical Hebrew, and Linguistic Variability: A Sociolinguistic Evaluation of the Linguistic Dating of Biblical Texts* (VT.S 156), Leiden 2013.

KNAUF, E. A., "Die Priesterschrift und die Geschichten der Deuteronomisten", in: T. Römer (ed.), *The Future of the Deuteronomistic History* (BEThL 147), Leuven 2000, 101–118.

_____, "Deborah's Language. Judges Ch. 5 in its Hebrew and Semitic Context", in: idem, *Data and Debates. Essays in the History and Culture of Israel and Its*

Neighbors in Antiquity. Daten und Debatten. Aufsätze zur Kulturgeschichte des antiken Israel und seiner Nachbarn (AOAT 407), Münster 2013, 677–690.

KNOHL, I., *The Sanctuary of Silence*, Winona Lake, IN 2007 [1995].

KNOPPERS, G. N., "The Deuteronomist and the Deuteronomic Law of the King: A Reexamination of a Relationship", *ZAW* 108 (1996) 329–346.

KÖCKERT, M., *Leben in Gottes Gegenwart: Studien zum Verständnis des Gesetzes im Alten Testament* (FAT 43), Tübingen 2004.

KRATZ, R. G., *Die Komposition der erzählenden Bücher des Alten Testaments* (UTB 2157), Göttingen 2000, 102–117.

_____, "Der literarische Ort des Deuteronomiums", in: idem / H. Spieckermann (eds.), *Liebe und Gebot. Studien zum Deuteronomium. Festschrift zum 70. Geburtstag von Lothar Perlitt* (FRLANT 190), Göttingen 2000, 101–120.

KRÜGER, T., *Geschichtskonzepte im Ezechielbuch* (BZAW 180), Berlin 1989, 199–274.

LEUENBERGER, M., "Jhwhs Herkunft aus dem Süden. Archäologische Befunde – biblische Überlieferungen – historische Korrelationen", *ZAW* 122 (2010) 1–19.

LEVINSON, B. M., *Deuteronomy and the Hermeneutics of Legal Innovation*, New York 1997.

_____, "The Reconceptualization of Kingship in Deuteronomy and the Deuteronomistic History's Transformation of Torah", *VT* 51 (2001) 511–543.

LEVINSON, B. M. / STACKERT, J., "Between the Covenant Code and Esarhaddon's Succession Treaty: Deuteronomy 13 and the Composition of Deuteronomy", *JAJ* 3 (2012) 123–140.

LOHFINK, N., "Die Priesterschrift und die Geschichte", in: J. A. Emerton (ed.), *Congress Volume Göttingen 1977* (VT.S 29), Leiden 1978, 183–225 (repr. in Studien zum Pentateuch [SBAB 4], Stuttgart 1988).

_____, "Das Deuteronomium: Jahwegesetz oder Mosegesetz?", *ThPh* 65 (1990) 387–391 = idem, *Studien zum Deuteronomium und zur deuteronomistischen Literatur III* (SBAB 20), Stuttgart 1995, 157–165.

LÜDEMANN, G. / ÖZEN, A., "Religionsgeschichtliche Schule", *TRE* 28 (1997) 618–624.

LUX, R., "Hammurapi und Mose. Gottesrecht und Königsrecht im Alten Orient und im Alten Testament", in: idem (ed.), *Jenseits des Paradieses. Vorträge und Bibelarbeiten zum Alten Testament*, Leipzig 2003, 112–139.

MACDONALD, N., "Issues in the Dating of Deuteronomy: A Response to Juha Pakkala", *ZAW* 122 (2010) 431–435.

MACDOWELL, D. M. (ed.), *Spartan Law*, Edinburgh 1986.

MILLER-NAUDÉ, C. / ZEVIT, Z. (eds.), *Diachrony in Biblical Hebrew* (LSAWS 8), Winona Lake, IN 2012.

MORROW, W. S., *Scribing the Center: Organization and Redaction in Deuteronomy 14:1-17:13* (SBL.MS 49), Atlanta 1995.

NICHOLSON, E. W., *Exodus and Sinai in History and Tradition*, Oxford 1973. (김정훈 옮김, 출애굽과 시내산 계약, CLC, 1998)

NIHAN, C., *From Priestly Torah to Pentateuch: A Study in the Composition of the Book of Leviticus* (FAT II 25), Tübingen 2006.

NOTH, M., *A History of Pentateuchal Traditions* (trans. with an Introduction by B. W. Anderson), Chico 1981 = *Überlieferungsgeschichte des Pentateuch*, 2nd edn, Stuttgart 1948. (원진희 옮김, 오경의 전승사, 한우리, 2004)

OSUMI, Y., *Die Kompositionsgeschichte des Bundesbuches Exodus 20,22b–23,33* (OBO 105), Fribourg / Göttingen 1991.

OTTO, E., *Wandel der Rechtsbegründungen in der Gesellschaftsgeschichte des Antiken Israel. Eine Rechtsgeschichte des "Bundesbuches". Ex XX,22–XXIII,13* (StB 3), Leiden 1988.

_____, "Vom Profanrecht zum Gottesrecht: Das Bundesbuch", *TRu* 56 (1991) 421–427.

_____, "Treueid und Gesetz: Die Ursprünge des Deuteronomiums im Horizont neuassyrischen Vertragsrechts", *ZAR* 2 (1996) 1–52.

_____, "Forschungen zur Priesterschrift", *TRu* 62 (1997) 1–50.

_____, *Das Deuteronomium: Politische Theologie und Rechtsreform in Juda und Assyrien* (BZAW 284), Berlin 1999.

_____, "Recht und Ethos in der ost- und westmediterranen Antike: Entwurf eines Gesamtbildes", in: M. Witte (ed.), *Gott und Mensch im Dialog: Festschrift Otto Kaiser* (BZAW 345/I), Berlin 2004, 91–109.

_____, "Die biblische Rechtsgeschichte im Horizont des altorientalischen Rechts", in: idem, *Altorientalische und biblische Rechtsgeschichte: Gesammelte Studien* (BZAR 8), Wiesbaden 2008, 56–82.

_____, "Zivile Funktionen des Stadttores in Palästina und Mesopotamien", in: idem, *Altorientalische und biblische Rechtsgeschichte: Gesammelte Studien* (BZAR 8), Wiesbaden 2008, 519–530.

_____, *Deuteronomium 1,1–4,43* (HThK.AT), Freiburg 2012.

_____, "Assyria and Judean Identity. Beyond the Religionsgeschichtliche Schule", in: D. S. Vanderhooft / A. Winitzer (eds.), *Literature as Politics, Politics as Literature.*

　　　　　　Essays on the Ancient Near East in Honor of Peter Machinist, Winona Lake, IN 2013, 339–347.
PAKKALA, J., "The Date of the Oldest Edition of Deuteronomy", *ZAW* 121 (2009) 388-401.
　　　　　　, "The Dating of Deuteronomy: A Response to Nathan MacDonald", *ZAW* 123 (2011) 431–436.
PAUL, S. M., *Studies in the Book of Covenant in the Light of Cuneiform and Biblical Law* (VT. S 18), Leiden 1970.
PERLITT, L., *Bundestheologie im Alten Testament*, Neukirchen-Vluyn 1969.
　　　　　　, "Priesterschrift im Deuteronomium?" in: idem, Deuteronomium-Studien (FAT 8), Tübingen 1994, 123–143.
PFEIFFER, H., *Jahwes Kommen vom Süden. Jdc 5; Hab 3; Dtn 33 und Ps 68 in ihrem literatur- und theologiegeschichtlichen Umfeld* (FRLANT 211), Göttingen 2005.
　　　　　　, "Die Herkunft Jahwes und ihre Zeugen", *BThZ* 30 (2013) 11–43.
POLA, T., *Die ursprüngliche Priesterschrift: Beobachtungen zur Literarkritik und Traditionsgeschichte von P^g* (WMANT 70), Neukirchen-Vluyn 1995.
RAD, G. VON, *The Problem of the Hexateuch and Other Essays* (trans. E. W. Trueman Dicken), Edinburgh 1966 (= *Gesammelte Studien zum Alten Testament*, Munich 1938).
　　　　　　, *Theologie des Alten Testaments*, vol. 1, 10th edn, Munich 1992. (허혁 옮김, 구약성서신학 I-Ⅲ, 분도출판사, 1999-2000)
RENDSBURG, G. A., "Pentateuch, Linguistic Layers in the", in: G. Kahn (ed.), *Encyclopedia of Hebrew Language and Linguistics*, Leiden 2014, vol. 2, 60–63.
REZETKO, R. / YOUNG, I., *Historical Linguistics and Biblical Hebrew: Steps Toward an Integrated Approach* (SBL.ANEM 9), Atlanta 2014.
RÖMER, T., "La naissance du Pentateuque et la construction d'une identité en débat", in: O. Artus / J. Briend (eds.), *L'identité dans l'Écriture, Hommage au professeur Jacques Briend* (LeDiv 228), Paris 2009, 21–43.
　　　　　　, *Einleitung in das Alte Testament: Die Bücher der Hebräischen Bibel und die alttestamentlichen Schriften der katholischen, protestantischen und orthodoxen Kirchen*, Zürich 2013. (김건태 옮김, 구약성경 입문, 수원가톨릭대학교출판부, 2019)
　　　　　　, "La loi du roi en Deutéronome 17 et ses fonctions", in: O. Artus (ed.), *Loi et justice dans la littérature du Proche-Orient ancien* (BZAR 20), Wiesbaden 2013, 99–111.

_____, "Zwischen Urkunden, Fragmenten und Ergänzungen: Zum Stand der Pentateuchforschung", *ZAW* 125 (2013) 2–24.

RÖSEL, M., "Nomothesie: Zum Gesetzesverständnis der Septuaginta", in: S. Kreuzer et al. (eds.), *Im Brennpunkt: Die Septuaginta, Band 3: Studien zur Theologie, Anthropologie, Ekklesiologie, Eschatologie und Liturgie der Griechischen Bibel* (BWANT 174), Stuttgart 2007, 132–150.

_____, "Salomo und die Sonne: Zur Rekonstruktion des Tempelweihspruchs I Reg 8,12f.", *ZAW* 121 (2009) 402–417.

SCHMID, K., "The Persian Imperial Authorization as Historical Problem and as Biblical Construct: A Plea for Differentiations in the Current Debate", in: G. N. Knoppers / B. M. Levinson (eds.), *The Pentateuch as Torah: New Models for Understanding Its Promulgation and Acceptance*, Winona Lake, IN 2007, 22–38.

_____, "Der Sinai und die Priesterschrift", in: R. Achenbach / M. Arneth (eds.), "Gerechtigkeit und Recht zu üben" (Gen 18,19). *Studien zur altorientalischen und biblischen Rechtsgeschichte, zur Religionsgeschichte Israels und zur Religionssoziologie* (BZAR 13), Wiesbaden 2009, 114–127.

_____, Review of Christoph Berner's *Die Exoduserzählung: das literarische Werden einer Ursprungslegende Israels*, *ZAW* 123 (2010) 292–294.

_____, *Jesaja 1–23* (ZBK 19/1), Zürich 2011.

_____, *The Old Testament: A Literary History*, Minneapolis 2012.

_____, "Schöpfung im Alten Testament", in: idem (ed.), *Schöpfung* (ThTh 4; UTB 3514), Tübingen 2012, 71–120.

_____, "Der Pentateuch und seine Theologiegeschichte", *ZTK* 111 (2014) 239–271.

SCHMIDT, L., *Studien zur Priesterschrift* (BZAW 214), Berlin 1993.

SCHMITT, H.-C., "Das Altargesetz Ex 20,24–26 und seine redaktionsgeschichtlichen Bezüge", in: J. F. Diehl et al. (eds.), *"Einen Altar von Erde mache mir". Festschrift für Diethelm Conrad zu seinem 70. Geburtstag* (KAANT 4/5), Waltrop 2003, 269–282.

SCHWIENHORST-SCHÖNBERGER, L., *Das Bundesbuch (Ex 20,22–23,33). Studien zu seiner Entstehung und Theologie* (BZAW 188), Berlin 1990.

SKA, J.-L., *Introduction to Reading the Pentateuch*, Winona Lake, IN 2006. (박요한 영식 옮김, 모세오경 입문, 성바오로출판사, 2001)

_____, "Le récit sacerdotal: Une 'histoire sans fin'?", in: T. Römer (ed.), *The Books of Leviticus and Numbers* (BEThL 215), Leuven 2008, 631–653.

STACKERT, J., A *Prophet Like Moses: Prophecy, Law, and Israelite Religion*, Oxford 2014.

STECK, O. H., *Old Testament Exegesis: A Guide to the Methodology*, 2nd edn, Atlanta 1998.

_____, "Zur konzentrischen Anlage von Jes 1,21–26", in: I. Fischer (ed.), *Auf den Spuren der schriftgelehrten Weisen. Festschrift für Johannes Marböck anlässlich seiner Emeritierung* (BZAW 331), Berlin 2003, 97–103.

STEYMANS, H. U., *Deuteronomium 28 und die adê zur Thronfolgeregelung Asarhaddons: Segen und Fluch im Alten Orient und in Israel* (OBO 145), Fribourg / Göttingen 1995.

_____, "Eine assyrische Vorlage für Deuteronomium 28,20–44", in: G. Braulik (ed.), *Bundesdokument und Gesetz: Studien zum Deuteronomium* (HBS 4), Freiburg 1995, 119–141.

_____, "Die literarische und historische Bedeutung der Thronfolgevereidigung Asarhaddons", in: M. Witte et al. (eds.), *Die deuteronomistischen Geschichtswerke: Redaktions- und religionsgeschichtliche Perspektiven zur "Deuteronomismus"-Diskussion in Tora und Vorderen Propheten* (BZAW 365), Berlin 2006, 331–349.

WATSON, A., *The Laws of the Ancient Romans*, Dallas 1970.

WEIMAR, P., *Studien zur Priesterschrift* (FAT 56), Tübingen 2008.

WEINFELD, M., "Traces of Assyrian Treaty Formulae in Deuteronomy", *Bib.* 46 (1965) 417–427.

WELLHAUSEN, J., *Prolegomena zur Geschichte Israels*, Berlin 1883.

_____, *Die Composition des Hexateuchs und der historischen Bücher des Alten Testaments*, Berlin 1889.

_____, *Israelitische und jüdische Geschichte*, Berlin 1894. (진규선 옮김, 이스라엘-유대 종교, 수와진, 2021, POD도서)

WÖHRLE, J., *Fremdlinge im eigenen Land: Zur Entstehung und Intention der priesterlichen Passagen der Vätergeschichte* (FRLANT 246), Göttingen 2012.

ZENGER, E., "Priesterschrift", *TRE* 27 (1997) 435–446.

_____, *Einleitung in das Alte Testament* (KStTh 1.1), 5th edn, Stuttgart 2004. (이종한 옮김, *구약성경 개론*, 분도출판사, 2012)

8장

폐허에서의 탄생
신명기에서 오경의 산파로서 예루살렘의 재앙

에카르트 오토

1. 신명기 법에 나오는 예루살렘(신명 12-13장)

창세 1-11장의 태고 이야기들을 수반한 오경의 시작 부분과 오경의 마지막 부분인 신명기는 유배 이후 오경의 틀을 함께 짜며, 예루살렘과 그 성전의 멸망에 대해, 그리고 그런 재앙이 다시 일어날 것인지 하는 문제에 대해 가장 집중적으로 숙고하는 부분이다. 사제계 법전(P)을 전제로 하고 신명기를 유배 이후의 형태로 오경에 통합한, 신명기에서 유배 이후에 덧붙여 이어 쓴 부분(속기續記, *Fortschreibung*)의 저자들이, 신명기 내의 본문들을 예루살렘과 그 성전의 포위 공격과 파괴를 다루는 전기 예언서와 후기 예언서의[1] 다른 본문들과 서로 관련시킴으로써 예루살렘과 그 운명에 초점을 맞췄다. 이 연구를 위해 나

---

1. 신명기계Deuteronomistic(역자주: 신명기계 역사서) 이전의 육경六經과 신명기계 이후의 구경九經 가설을 넘어, 유배 이후 사제계 및 유배 이후 신명기계의 오경과 전기 예언서 사이의 문학적 연결에 대해 Achenbach, "Verhältnisbestimmung", 122-154 참조.

는 예루살렘과 관련된 신명기의 여러 본문 중에서 신명 12장과 13장, 28장만을 선택하였다. 이는 예루살렘과 유배 이후 신명기의 틀에 있는 규정들과 내러티브들의 관계를 논의하기 위해서다. 신명기의 틀에서 신명 9-10장의 '금송아지' 이야기는 신명기의 전체 틀과 그 안의 이야기*fabula*에 대해 예루살렘이 겪은 재앙의 의미를 밝히는 전형으로 작용할 것이다.

1.1. 신명 12장의 예배 중앙집중화 규정에 나오는 예루살렘

신명 12장의 유배 이후 형태는 기원전 7-4세기 사이에 하나의 문학 작품으로 형성되는 복잡한 역사의 결과였고, 이 장에서 유배 이전의 문학적 핵심 구절은 12,13-19이었다.[2] 유배 이전의 중앙집중화 공식은[3] 원래 취했던 길고 짧은 형태들부터[4] 선택된 하느님의 '거주' 장소로서의 예루살렘과 이미 연관되어 있었다. 그 공식의 고대근동 배경과 연대 설정은 논쟁의 여지가 있으나,[5] 중앙집중화 공식의 '거주 신학'을 예루살렘 성전과 연결하는 데에는 학자 대부분이 인정하는 매우 타당한 이유가 있다.

아주 초기부터 예루살렘이 신명기의 핵심 모티프로서 예배의 중앙집중화에 대한 요구에 연결되었고, 그 요구가 이미 기원전 7세기

---

2. 주석적 세부 사항은 Otto, *Deuteronomium* 12,1-23,15 참조. 신명기의 문학 역사의 요약은 Otto, *Deuteronomium* 1-11, 231-257; 같은 저자, "Hermeneutics", 211-250을 보라.
3. Lohfink, "Zentralisationsformel", 179-207 참조.
4. "Exkurs: Der keilschriftliche Hintergrund der Namenstheologie in der Zentralisationsformel des Deuteronomiums", in Otto, *Deuteronomium 12,1-23,15*, 1174-1176 참조.
5. 예를 들면, 한편으로는 Richter, *Name Theology*, 204-217 다른 한편으로는 Kratz, "Centralization", 121-144; 같은 저자, "Peg", 251-285 참조.

에 신명기적 문헌 이전pre-Deuteronomic에 있던 계약법전의[6] 제단祭壇 법을 재공식화하는 데 영향을 미쳤다면, 기원전 6-4세기에 활동한 신명기적 문헌 이후post-Deuteronomic에 이어 쓴 부분의 저자들은 예루살렘 도성과 성전의 파괴를 무시할 수 없었을 것이다. 하지만 그들은 다른 장소를 선택된 장소로 선언할 수도 있었다. 이것이 사마리아인 혹은 '원proto-사마리아인' 저자들의 해결책이었는데,[7] 그들은 그 장소(마콤māqôm)를 예루살렘에서 스켐으로 옮기도록 이끌렸다. 그들을 이끈 것은 예언서 모음집에 나오는 예루살렘에 대한 파멸 예언이 아니라, '사마리아'를 '이스라엘'에 약속된 땅의 필수 부분으로 보는 사제계 이후의 육경 편집본에서 취한 개념이었다.[8] 이 개념은 신명 27장에 담겨 기원전 4세기나 3세기의 신명기 속에 자리 잡았다.[9] 예배를 위해 배타적으로 선택된 장소라는 개념(유배 이전 후기의 신명기와 그것의 계약법전 개정과 확고하게 연결되었다는 개념)을 포기하는 대안은, 예루살렘과 그곳 성전의 멸망 후 신명기 책을 문학작품으로 형성해 가는 역사를 더 이상 다루지 않는다는 의미이다. 유배 이후 신명기의 집중적 속기는 이 대안 중 어떤 것도 선택되지 않았음을 보여 준다. 기원전 6-4세기에 신명기계Deuteronomistic 저자들 및 유배 이후 신명기의 속기 저자들은 신명기 안에서 그리고 신명기의 속기로 예루살렘과 그곳 성전의 파괴라는 재앙을 신학적으로 '소화'하기로 선택했고, 그 일을 집중적으로 수행했다. 기원전 6세기에 벌어진 예루살렘 재앙은 오

---

6. Levinson, *Hermeneutics*, 23-26 참조.
7. Knoppers, *Jews*, 169-216 참조.
8. Otto, *Deuteronomiumrahmen*, 234-265 참조.
9. Funke, *Garizim* 참조.

경의 일부인 유배 이후 신명기의 의제에 내재되어 있었다.

　우리는 신명기계가 이어 쓴 신명기적 핵심 부분인 신명 12,13-19부터 시작하여 12,1-7과 12,39-41*에서 신명 12장의 규정(12-26장) 가운데 '주요 법규Hauptgebot'에 대한 문학사의 후대 층에서 예루살렘 파괴에 대한 신학적 반응을 발견할 수 있다. 신명기계가 신명 12,3에 요시야가 예루살렘에서 행한 제의 정화에 대한 기록(2열왕 23,1-15)을[10] 언급한 것은 신명 12,2-3에서 신명기계 저자들이 예루살렘을 염두에 두고 있었음을 가리킨다.

신명 12,3	2열왕 23,12-15
그들의 제단들을 무너뜨려라(나타츠נתץ)	그들의 제단을 허물었다(나타츠נתץ)
그들의 기둥들을 깨뜨려라(샤바르שבר)	기둥들을 깨뜨렸다(샤바르שבר)
그들의 아세라를 불태워라(사라프שרף)	그들의 아세라를 불태웠다(사라프שרף)

신명기계가 2열왕 23,1-15을 신명 12,3에 수용한 것["그들의 신의 우상들(퍼실림פסיל ים)을 베어 버리고"(역자주: 《성경》은 "그들의 신상들을 깨뜨리고"로 옮겼다)]은 신명 5,8에서 십계명의 우상 금지 계명을 수용한 것과 결합되어서, 신명 12,3은 한편으로는 약속의 땅에서 살아가는 데 있어 금지와 그 적용에 대한 모세의 해설이 되었고, 다른 한편으로는 2열왕 23장에서 요시야가 예루살렘을 정화한 사건을 신명 12장에 나오는 모세의 해석이 성취된 것으로 해석되었다.

---

10. 2열왕 23,1-15의 문학적 분석은 Pietsch, *Kultreform*, 160-430 참조.

그러나 신명 12장에서 모세는 단지 신적 규정들의 해석자일 뿐만 아니라 예언자로도 보였다. 신명기계 저자들은 신명 12,7-12.13-19에 따라 예루살렘에서 행한 요시야의 정화 행위와 예배의 중앙집중화를 합법화하려고만 의도하지 않았다. 신명 12,29-31*에서 그들은 해석학적 차원을 모압에서(이야기된 시간the narrated time) 모세가 청중에게 연설하는 것에서 기원전 6세기에(이야기 시간the time of narration) 신명기가 청중에게 연설하는 것으로 변경했는데, 단수와 복수의 변경 Numeruswechsel으로 표시된 변화였다.[11] 신명 12,2-7.29-31*의 신명기계 저자들은, 우상을 파괴함으로써 재앙에서 예루살렘과 성전을 보존하려던 요시야의 시도가 실패했음을 알고 있었다. 신명기계의 신명기 '이야기 시간'에 예루살렘 파괴는 이미 일어났고, 수신자들에게는 이미 과거의 일이었다. 그래서 신명 12,29-31*에서 신명기계 저자들은 과거를 되살리기 위해서만 과거를 기억하려고 노력할 것을 경고했다.

'이 민족들이 자기네 신들을 어떻게 섬겼을까? 나도 그렇게 하고 싶다' 하며 그들의 신들을 찾는 일이 없도록 조심하여라(신명 12,30).

신명 12장의 신명기계 속기 저자들은 "이스라엘인들의 방식과 가나안인들의 방식을 구별하는 이분법적 분류 체계를 통해 … 이스라엘

---

11. 오경의 일부로서 신명기에서 '이야기된 시간narrated time'(역자주: 실제 사건이 일어난 시간)과 '이야기 시간narrative time'(역자주: 화자가 독자에게 이야기를 들려주는 시간으로, 이야기 길이와 관련된) 사이를 구별하는 해석학을 위해 신명기에서는 수신인의 수를 단수에서 복수로, 또는 그 반대로 변경한다(Numerwechsel). Otto, *Deuteronomium 1-11*, 258-261에서 요약문을 보라.

정체성에 대한 뚜렷한 비전"[12]을 갖고 일했다. 그러나 의문은 남는다. 이 맥락에서 신명기계 저자들에게 '가나안인들'이란 무엇이었는가? 이스라엘인들의 종교와 가나안인들의 종교 사이의 대립은 결코 존재한 적이 없는 비역사적인 구성이다. 신명기계 저자들은 '가나안인들'의 종교를 다루지 않았고, 야훼-종교의 초기, 유배 이전과 후기, 유배 이후 형태 사이의 변증법을 다루었다. 그들은 유배 이전의 야훼-종교가 너무 타락한 것을 발견하였고, 그것을 '가나안인들'의 것이라고 불렀다. 그에 대응하는 것이 예루살렘과 그곳 성전의 파괴 후에 합법적 형태를 갖춘 야훼-종교였다.[13]

신명 12,8-12.20-28에 있는 중앙집중화 규정을 작성한 유배 이후의 속기 저자들은 사제계 이후 오경의 일부가 된 신명기를 해설하는 관점으로 글을 썼다.[14] 이제 해석학적 도전 대상은 더 이상 계약법전의 제단 법과 신명 12,13-19에 나오는 신명기적 중앙집중화 규정 사이의 차이점만이 아니라, 오경의 일부인 유배 이후 신명기와 함께 신명 12장과 레위 17장의 성결법전 사이의 차이점이었다. 신명기적 저자들이 계약법전 및 신명 12,13-19의 제단 법 작업을 마쳤듯이,[15] 신명 12,20-28에서 유배 이후 속기 저자들은 신명 12,1-7.13-19.29-31*과 레위 17장 사이의 타협적 글쓰기로 이 도전에 응대했다.

그러나 그들은 레위 17장으로 돌아가는 것과 마찬가지로 신명 25장과 1열왕 8장으로 나아갈 것도 기대하고 있었다. 신명 12,8-12에

---

12. Levtow, *Images*, 148-149.
13. Otto, *Ethik*, 202-204 참조.
14. Otto, "Integration" 참조.
15. Otto, *Rechtsreform*, 203-364; 같은 저자, "Rechtshermeneutik", 464-485 참조.

서 그들은 신명 12장을 1열왕 8장의 솔로몬의 기도와 관련해서 예루살렘과 중앙집중화 규정에 대한 그들의 해석을 연계시켰다. 신명기계 저자들은 신명 12장을 예루살렘과 연결하기 위해 2열왕 23장이 있는 신명기계 본문을 사용했고, 유배 이후 속기 저자들은 신명기계 이후, 곧 1열왕 8,53-61(62-64)의 솔로몬의 기도에 대한 유배 이후 추가 부분을 사용했다.[16] 신명 12,9-10은 신명기의 유배 이후 속기를 구성하는 한 부분으로, 신명 25,19과 더불어 이스라엘의 '안식'(머누하מנוחה)이라는 주제를 사용하여 신명 12-25장의 규정들을 감싸는 틀을 형성했다.

> 우리가 오늘 여기에서는 저마다 제 눈에 옳게 보이는 것을 다 하고 있지만, 너희는 앞으로 그렇게 해서는 안 된다. 그렇게 하는 것은 너희가 아직은 야훼 너희 하느님께서 너희에게 주시는 안식처와 상속지에 들어가지 않았기 때문이다(신명 12,8-9).

> 그러므로 야훼 너희 하느님께서 너희가 차지하도록 상속 재산으로 주시는 땅에서 너희 주위의 모든 적을 물리쳐 너희에게 안식을 주시면…(신명 25,19).

이것은 여호 21,43-45에서 신명기계 여호수아서에다 신명기계 이후에 첨가한 글에서 채택되었다.

---

16. Achenbach, "Verhältnisbestimmung", 250 참조.

야훼께서는 이렇게 이스라엘 백성의 조상들에게 주시겠다고 맹세하신 모든 땅을 그들에게 주셨다. 그래서 그들은 이 땅을 차지하여 살게 되었다. 야훼께서는 그들의 조상들에게 맹세하신 대로, 그들을 사방으로부터 평온하게 해 주셨다. 모든 원수 가운데에서 그들에게 대항하는 자는 아무도 없었다. 야훼께서 모든 원수를 그들의 손에 넘겨주셨던 것이다. 이리하여 야훼께서 이스라엘 집안에 하신 그 모든 좋은 말씀이, 하나도 빠지지 않고 다 이루어졌다(여호 21,43-45).

이 구절은 창세기에서 성조들에게 주신 약속을 되돌아볼 뿐만 아니라,[17] 1열왕 8,53-61에서 예루살렘 성전을 야훼의 마지막 거처로 삼는 것을 고대했다.[18] 예루살렘 성전에서 드리는 솔로몬의 기도는 신명 12,8-12의 유배 이후 속기 대상이었다.

말씀하신 그대로 당신 백성 이스라엘에게 안식을 주신 야훼께서는 찬미받으소서. 그분께서는 당신의 종 모세를 통하여 말씀하신 좋은 것을 하나도 빠뜨리지 않으셨소. 야훼 우리 하느님께서 우리 조상들과 함께 계시던 것처럼, 우리와도 함께 계셔 주시기를 빕니다. 우리를 떠나지도 버리지도 않으시기를 빕니다. 우리 마음을 당신께 기울이게 하시어 당신의 모든 길을 걷고, 우리 조상들에게 명령하신 당신의 계명과 규정과 법규

---

17. Knauf, *Joshua*, 179 참조.
18. 민수 10,33ㄴ과 신명 12,9과 1열왕 8,56의 사제계 이후의 연속 구절에 대해서는 Achenbach, *Vollendung*, 250 참조. 이 구절들을 Veijola, *Deuteronomium*, 272-273처럼 신명기계 '역사가'(DtrH)에게 할당하기 위해 이 구절에서 사제계 이후의 요소들을 고려하지 않는다. 신명기계 내부의 차별화(Gosse, "Rédaction", 323-331 참조)는 도움이 되지 않는다.

들을 지키게 해 주시기를 빕니다(1열왕 8,56-58).

"우리 마음을 당신께 기울이게 하시어 당신의 모든 길을 걷고"라는 구절은 신명기의 전형적인 표현(신명 5,33; 10,12; 30,6 참조)을 사용하면서 신명 12장을 되돌아본다. 이스라엘이 안식을 찾으리라는 것은 신명 12,8에서 백성의 순종을 끌어내기 위한 전제이다. 신명 12,8-12과 1열왕 8,53-61의 상관관계를 겨냥한 포고*kerigma*는 선택된 '장소'(마콤 מקום)와 함께 이스라엘의 안식처와 예루살렘 성전에 있는 야훼의 처소가 합쳐서 하나가 되었다는 메시지였다. 이것은 성전이 파괴된 후, 유배 이후 속기에서 신명기의 규정들이 반포되면서 강렬한 신학적 긴장을 조성했다. 유배 이후 속기 저자들은 토라가 성전을 대체했다는 이념으로 그 긴장을 신학적으로 해소했다.

1.2. 신명 13장의 배교 금지령에 나오는 예루살렘

신명 12-26장에서 모세의 규정 반포는 두 가지 주요 규정으로 시작하는데, 곧 12장에 나오는 예배의 중앙집중화와 13장에 나오는 배교 금지다. 이것들은 야훼에 대한 절대적 충성을 요구하는 부정否定 규정을 통해 이루어졌다. 신명 12장에서처럼, 이 장의 문학적 역사는 7세기 신명기계 핵심 부분인 신명 13,1.2-12으로 시작했다. 더 작은 신명기계 보충 자료들이 신명기적 본문인 신명 13,4ㄴ-5에 더해졌고, 유배이후 속기의 보충 자료들도 신명 13,8에 더해졌다.[19] 신명기계 저자들

---

19. 문학적 분석에 대해서 Otto, *Rechtsreform*, 32-57 참조; 유배 이후 속기와 관련하여 이 분석을 일부 개정한 내용에 대해서 같은 저자, *Deuteronomium* 12,1-23,15 참조.

은 신명 13,2-12에 나오는 신명기적 배교 금지 두 가지에 덧붙여, 확인된 도시 전체의 배교라는 세 번째 사례를 신명 13,13-17에, 유배 이후 보충 자료를 신명 3,18-19에 실었다.

신명 13,8과 18-19절의 유배 이후 속기의 후대 저자들처럼, 신명기계 저자들은 이미 예루살렘을 배교 도시로 간주하고 있었다는 것을 추정할 만한 근거가 있다. 신명 13,17은 그것에 이어지는 병행 내용을 예레 30,18에서 발견한다. 두 본문 모두 핵심 단어인 '폐허'(텔תל), '도시'(이르עיר), '세우다/건설'(바나בנה)의 동일한 연속으로 특징지어진다. 파괴된 예루살렘의 복구와 재건축을 다루는 예레 30,18은 또한 예루살렘의 파괴를 다루는 본문인 신명 13,17을 채택했다.

칠십인역 번역가들은 신명 13,17의 '그 도시는 오랫동안 폐허가 될 것이다'라는 황폐의 공식을 '그곳은 영원히 사람이 살지 않게 될 것이다'라고 표현하여 예루살렘과 연결하였다. 그들은 황폐의 공식을 '사람이 살지 않는'(아오이케토스 ἀοίκητος)이라는 단어로 번역했다. 이 단어는 후대에 1마카 3,45에만 나오는데, 그리스어를 상용한 유다인들에 의해 예루살렘 파괴에 관한 맥락에서 쓰였다. 그렇게 하면서 번역가들은 신명 13,13-17을 예루살렘과 관련짓는 신명기계 저자들의 의도를 충족했다. 배교의 법적 결과는 도시 전체의 완전한 파괴(헤렘חרם, 완전 봉헌물)인데, 그것은 번제물로서 불에 살라(사라프שרף) 야훼께 바치는 완전 봉헌물(칼릴כליל)이다. 도시의 파괴는 전체에 이를 것이다. 야훼께 바치는 제물로 번제물을 소환하는 것은 신명기계 저자들이 도시의 파괴를 신학적으로 번제물로 해석했으며, 이 도시가 예루살렘이었음을 보여 준다. 파괴된 도시는 영원한 폐허가 될 것이었다.

예루살렘은 2열왕 25,9과 고고학이[20] 증언하는 대로, 기원전 587년에 바빌로니아에 의해 불태워졌고 오랜 시대 폐허로 남아 있었다. 그러나 야훼께 바치는 제물 모티프는 예레 30,18이 보여 주듯이, 도시 재건의 생각을 위한 창을 열었다. 신명 13,13-17은 예루살렘의 재앙을 유배 이전 배교의 법적 결과로 설명했고, 그리하여 성전 파괴가 성전을 방어할 수 없는 하느님의 약함과 무능의 표지로 나타나지 않도록 했다. 그보다 그 일은 예루살렘의 배교 때문에 야훼 자신이 일으킨 일이었다. 그런데 파괴를 야훼께 바치는 '완전 봉헌물'로 봄으로써 전환점을 만들 수 있었다. 파괴는 배교의 법적 결과가 실현되었다는 것 이상의 의미를 지녀야 한다.

이것이 신명 13,13-17의 유배 이후 속기가 예레 30,18에 삽입될 수 있었던 바로 그 지점이다.[21] 신명 13,18-19의 유배 이후 속기에서도 같은 일이 일어났다. 신명 13,13-17의 예루살렘 파괴를 야훼께 바치는 번제물로 보는 신명기계의 해석은, 배교 사례에 은혜 신학을 통합하는 양상에서 그리고 신명 13,18-19에서 도시의 파괴 이후 그 도시에 대한 미래 전망을 여는 것에서, 유배 이후 속기 저자들에게 정당성을 제공했다.

> 그러면 야훼께서 당신의 진노를 푸시고 너희에게 자비를 베푸시며(레헴 םחר) 너희를 불쌍히 여기실 것이다. 만일 너희가 내가 오늘 너희에게 명령하는 그분의 모든 계명을 지키고, 그분의 눈에 드는 옳은 일을 하여

---

20. 바빌로니아 점령 시대에 예루살렘의 고고학적 개요는 Otto, *Jerusalem*, 76-82 참조.
21. Fischer, *Jeremia 26-52*, 135; Ehrenreich, *Leben*, 134-135 참조.

야훼 너희 하느님께 순종하면, 그분께서는 너희 조상들에게 맹세하신 대로, 너희를 번성하게 해 주실 것이다(신명 13,18-19).

이것은 신명 4,30-31에 나오는 모세의 예언과 탈출 32,11-14의 기도에 나오는 그의 전구轉求를 문학적으로 융합한 것이다. 유배 이후 속기 저자들은 신명 4,30-31에 나오는 모세의 구원 예언이라는 지평에서 신명 13,13-17을 읽었다.[22]

너희가 곤경에 빠지고 이 모든 일이 너희에게 닥치면, 마지막 날에 너희는 주 너희 하느님께 돌아가 그분의 목소리에 귀를 기울일 것이다. 야훼 너희 하느님께서는 자비하신(라훔 רחום) 하느님이시기 때문에, 너희를 버리지도 파멸시키지도 않으실 것이며, 너희 조상들에게 맹세하신 계약도 잊지 않으실 것이다(신명 4,30-31).

그들은 신명 13장을 오경과 관련하여 해석하기도 했는데, 그 때문에 탈출 32,7-14의 금송아지 내러티브에 추가했던[23] 탈출 32,11-14에서, 예언자로서 야훼께 바치는 모세의 기도가 제2의 참조 본문이 될 수 있었다.

타오르는 진노를 푸시고 당신 백성에게 내리시려던 재앙을 거두어 주십시오. … 너희 후손들을 하늘의 별처럼 많게 하고, 내가 약속한 이 땅을

---

22. Otto, *Deuteronomium 1-11*, 573-582 참조.
23. 탈출 32,7-14은 신명기계 이후에 탈출 32장에 추가한 부분이다; Konkel, *Sünde*, 108-111 참조.

모두 너희 후손들에게 주어, 상속 재산으로 길이 차지하게 하겠다(탈출 32,12-13).

이 저자들은 자신들이 신명 12,13-17에 묘사되었던 대로 파괴 이후에 예루살렘과 그곳에 대한 역사를 다루고 있다는 암시를 수신자들에게 확실하게 주었다. 그들은 신명 13,8이 신명기적 그리고 신명기계 본문인 신명 13,7과 9절의 흐름을 끊을지라도, 이 구절을 신명 13,7-12에 나오는 배교의 두 번째 경우에 삽입했다.

그 신들은 땅의 한쪽 끝에서 다른 쪽 끝까지, 가까이 있든 멀리 있든, 너희 주위에 있는 민족들의 신이다(신명 13,8).

2. 모세의 예언에 나오는 예루살렘(신명 28,47-68)

가족의 일원이 주도하는 배교의 유혹에 맞서라는 규정의 문학적 맥락에서, 학자들은 신명 13,8의 의미를 두고 곤혹스러워했다. 이 절이 삽입된 뜻은 그것이 신명 28,64에서 모세의 예언에 대한 문학적 지침 역할을 한다는 것을 깨닫는다면 더 잘 이해될 것이다.

주님께서는 땅끝에서 땅끝까지, 모든 민족들 가운데로 너희를 흩으실 것이니(신명 28,64).

이 구절이 여기에 딱 맞지는 않을지라도, 정확히 이 지점에 삽입한 한 가지 이유는 다소 형식적인 편집 기술이었다.

신명 28,36에서 유배 이후 속기 저자들은 신명 13,7의 "너희도 너희 조상들도 알지 못하던 신들"을 인용했고, 13,8에서 신명 28,64의 인용문을 따랐다. 그들은 신명 13장을 신명 28,47-68의 유배 이후 속기와 관련짓는 신학적 해석을 의도했다. 신명 28장의 이 구절들은 저주들에서 모세의 예루살렘 포위와 파괴 예언으로 바뀌었다. 이 예언에는 신명 28,49-52의 적들과 53-57절의 포위에 대한 묘사가 들어 있는데, 예언 자체가 같은 단어들과 모티프들을 사용하여 예루살렘의 포위를 묘사하는 예레미야서에서 비롯되었다. 신명 28,53에서 유배 이후 속기 저자들은 예언자 예레미야의 말을 모세의 입에 담았다.

나는 그들이 제 아들딸들의 살을 먹게 하겠다. 그들은 원수들이 자신들을 포위한 채 목숨을 노리며 조여 오는 극심한 재난 가운데에서, 저마다 제 이웃의 살을 먹을 것이다(예레 19,9).

너희의 원수들이 너희를 조여 오는 곤경과 고난으로, 너희는 너희 몸의 소생을, 곧 야훼 너희 하느님께서 너희에게 주신 아들딸들의 살을 먹을 것이다(신명 28,53).

예레 19,9에서 포위 공격으로 인한 고통을 묘사한 것은 예루살렘을 묘사한 것이었다. 유배 이후 속기 저자들은 이 묘사를 모세의 입에 담아서, 유배 이후 '이야기 시간'에 사는 그들의 수신자들에게, 모압 땅에서 예언자 역할을 한 모세가 신명 28,47-68에서 기원전 587년의 재앙을 예언했음을 분명하게 했다.

신명 28,63에서 신명기의 유배 이후 속기 저자들은 예레 32,41을 인용했다.

> 나는 그들을 잘되게 하는 일에 기쁨을 느끼고, 마음과 정성을 다하여 이 땅에 그들을 성실하게 심을 것이다(예레 32,41).

피셔G. Fischer에 따르면, 이 구원 예언은 예레 32,28-29에 있는 예루살렘의 멸망 예언에 대한 '하나의 긍정적인 대응'으로서 이야기되었다. 그것이 신명 28,63에서 인용되었을 때, 예레 32,41은 신명기의 유배 이후 속기의 신학에 따라 해석되었고, 모세의 구원 예언으로서 신명 30,1-10에 관계되는 멸망의 예언으로 바뀌었다.[24]

> 야훼께서 너희가 잘되고 번성하게 하시기를 좋아하신 것처럼, 너희를 멸절시키고 멸망시키시기를 좋아하실 것이다. 그러면 너희가 차지하러 들어가는 땅에서 너희는 뿌리째 뽑히고 말 것이다(신명 28,63).

토라에 불순종할 경우에 맞을 예루살렘의 운명에 대해 신명 28장에 나오는 모세의 예언은 '단수와 복수의 변경'으로 지적한 대로, 유배 이후 '이야기 시간'의 신명기 수신자들을 향한 것이었다. 다시 유배 이

---

24. "신명기 외에서 이 모호한 진술을 정확한 표현 그대로 유일하게 사용한 경우는 예레 32,41이다": Fischer, "Ende", 284-285.

후 속기는 예루살렘 파괴 후에 도시의 미래 전망을 얻기 위해 예루살렘의 재앙을 '소화하는 일'이었다. 특히 유배 이후 속기 저자들은 그들의 예언적 포고 kerygma의 맥락에서, 곧 시대와 시대 사이 zwischen den Zeiten에 이 재앙을 다루었다. 즉, 유배 이후 신명기의 수신자들은 재앙을 되돌아보았고, 그리고 그들 마음의 할례로[25] "마지막 날에"(신명 4,30)[26] 이루어질 역사의 성취를 고대하고 있었다. 이 상황에서 유배 이후 저자들은 토라에 불순종하여 이러한 그들 마음의 할례에 실패하지 말라고 수신자들에게 경고했다. 재앙 후에 두 번째 불순종은 마지막이고 결정적인 파괴를 의미할 것이기 때문이다.[27] 모세의 예언을 유배 이후 '이야기 시간'에 적용하는 이 측면은, 신명 4장과 9장에서 모세가 재앙을 예언할 때 성전 파괴를 예고하지 않고 단지 야훼께서 백성을 유배 보내시는 것만 예고한 이유를 설명한다. 이는 신명 9-10장에서 두 가지 뜻으로 해석되는 내러티브 문체도 설명한다.

3. 금송아지 내러티브에 반영된 예루살렘의 재앙

신명기계 신명기와 그것의 유배 이후 속기는 예루살렘의 재앙을 반영했다. 그것들은 예루살렘이라는 장소 이름을 명백하게 언급하지 않

---

25. Ehrenreich, *Leben*, 156-197; Otto, *Deuteronomium 1-11*, 580-583; 같은 저자, *Deuteronomium 24-34* 참조.
26. Houtman, "Eschaton", 119-128; Otto, *Deuteronomium 1-11*, 578-580 참조.
27. Otto, "Theologie", 141-148 참조. 이 점에서 신명기의 유배 이후 속기는 예레 31,31-34에서 예레미야서의 전승 예언(*Tradentenprophetie*)을 쓴 유배 이후 저자들을 반박했다; Knobloch, *Prophetentheorie*, 157-159, 294-295 참조.

는데, 모세가 신명기 이야기의 배경을 모압에서 공포한 때가 예루살렘이 이스라엘의 한 부분이 되기 오래전이기 때문이다. 신명기 저자들은 오히려 예루살렘의 파괴라는 도전을 공식화했고, 그래서 신명기가 전기와 후기 예언서의 예언 문학에 묶이도록, 모세의 예언자적 지위를 확증하였다. 유배 이후 시대에 신명기의 수신인들에게는 모세가 이미 예루살렘과 그곳 성전의 운명을 말했다는 것이 확실했다.

유배 이후 신명기 저자들은 단지 신명 12-26장의 규정들과 28장의 저주에서만 예루살렘을 다룬 것이 아니라 신명기의 틀을 구성하는 부분의 이야기 *fabula*에서 핵심 내러티브인 신명 9,1-10,11의[28] 금송아지 이야기에서도 다루었다.

신명기 저자들은 모세의 입장이 되어 신명 29장의 계약에서부터 호렙산 사건까지를 돌이켜 본다. 야훼는 당신 백성에게 십계명의 규정을 계시하였으나, 신명 5장에 따르면, 그들은 야훼의 목소리를 듣는 것이 두려워서 모세에게 야훼의 계시를 중재해 달라고 요청했다. 야훼는 백성의 뜻에 동의했고, 모세는 호렙산으로 가서 밤낮으로 40일을 야훼와 함께 머물렀고, 십계명을 새긴 돌 판과 신명기의 규정들을 받았다. 동시에 산기슭에서 백성은 금송아지를 만들기로 했다. 야훼는 그들이 십계명의 첫째 명령을 깨뜨린 것을 보자 분노가 치솟았고, 백성을 없애 버리기로 결정했다. 모세는 일어난 일을 보고 호렙산을 내려갔고 야훼께 받았던 돌 판을 깨뜨려 버렸다. 그러나 그는 야훼의 발아래 엎드려 예언적인 중재로 백성의 구원을 위하여 기도했다.

---

28. 금송아지 이야기의 문학적 분석에 대해서는 Otto, *Deuteronomium 1-11*, 954-1002 참조.

야훼는 그의 기도를 들어주었고 모세는 금송아지를 파괴하였다. 모세는 다시 40일을 밤낮으로 야훼와 함께 보냈고 다시 새 돌 판에 십계명을 받았다.

이를 해석할 때, 여기서 다시 한번 저자들이 모세의 '이야기된 시간'과 '이야기 시간' 사이를 주의 깊게 구별하고 있음을 고려해야 한다. 유배 이후 신명기의 수신자들은, 이야기가 산과 그 산 아래로 흐르는 강에 대해 말할 때 그 이야기를 통해 예루살렘의 지형을 볼 수 있었다.

> 그리고 나는 너희가 만든 죄악, 곧 송아지를 가져다가 불에 태우고 그것을 부순 다음, 먼지 같은 가루가 될 때까지 잘게 갈아, 산에서 내려오는 시내에 내버렸다(신명 9,21).

유배 이후 '이야기 시간'에서 신명기의 수신자들은 이 이야기가 호렙뿐만 아니라 예루살렘에 대해서 말하고 있다는 것을 알았다. 유배 이후 저자들은 탈출 32,1ㄱ. 4ㄴβ.(6).15ㄱα(와이펜ןמ 없이).19ㄱㄴα.20.30.31ㄱㄴαβ.32.33.35ㄱㄴα에서[29] 거의 문자 그대로 신명기계 이전의 금송아지 내러티브를 채택하여 신명 9-10장*에 사용했다. 그들은 신명 9,21에서 탈출 32,20을 인용했다.[30]

---

29. 신명 9장*과 관련하여 탈출 32장의 문학적 분석은 Otto, *Deuteronomium 1-11*, 955-969 참조.
30. Begg, "Destruction", 208-251; 같은 저자, "Calf Revisited", 474-479 참조; Van Seters, *Moses*, 306-307에는 미안하지만.

> 그는 그들이 만든 수송아지를 가져다 불에 태우고, 가루가 될 때까지 빻아 물에 뿌리고서는, 이스라엘 자손들에게 마시게 하였다(탈출 32,20).

신명 9,21의 동사 '태우다'(사라프 שׂרף)와 '분쇄하다'(타흔 טחן)는 탈출 32,20에서 채택했고 2열왕 18,4에서 '조각을 내다'(카타트 כתת)와 2열왕 11,18에서 '선을 행하다'(야타브 יטב)라는 신명기계 용어들과 연결했다. 이런 방식으로 신명 9,21의 저자들은 호렙산에서 모세가 정죄한 행위를 여호야다, 히즈키야, 요시야가 행한 상응하는 행동들과 연결했다.[31] 이 모든 정화는 예루살렘에서 일어났다.

탈출 32,20에서 분쇄한 송아지 가루를 뿌린 물 모티프는 그 물을 마심으로써 내면화되는 죄에 대한 개인의 책임을 나타내는 모티프로 기능했다. 신명 9장에서 물 모티프는 내면화의 도구가 아니라 산에서 흘러 내려가는 "시내"(나할 נחל)로서 완전히 다른 문맥에 주어졌다. 이는 탈출 32장의 신명기계 이전 내러티브에는 상응하는 짝이 없으나 2열왕 23,12에서 요시야의 예루살렘 정화에서 채택되었다.

> 그는 그것(제단들)을 조각으로 부수고 그 가루를 와디(나할 נחל) 키드론에 던졌다(2열왕 23,12).

2열왕 23,12은 예루살렘의 정화를 다루었다. 신명기의 수신자들은 '이야기된 시간'에 호렙산에서 일어났던 신명 9-10장*의 이야기가 유배 이후 '이야기 시간'에서 그들 자신과 예루살렘을 다루고 있음을

---

31. Arneth, "Hiskia", 275-293 참조.

알았다.

    이 관점에서 볼 때, 탈출 32장의 신명기계 이전 내러티브에는 대응하는 내용이 없었던 돌 판 모티프는 신명 9-10장*에서 그 의미와 기능을 찾았다. 십계명 판의 파괴는 그 이야기가 예루살렘과 상응한다는 점을 염두에 둘 때, 그들에게 성전의 파괴를 의미했다. 그리고 돌 판의 복구는, 성전의 파괴에도 불구하고 야훼와 백성의 관계가 결정적으로 깨지지 않았다는 것을 의미했다. 야훼는 그들의 하느님으로 남아 있고 그분은 그들을 없애 버리지 않았다.

    이것이 금송아지 이야기의 메시지였다. 그 이야기는 모세의 '이야기된 시간'에 호렙산이라는 그 장소를 넘어, '이야기 시간'에 그 이야기와 예루살렘의 관계를 배경으로 읽혔다. 예루살렘과 성전의 파괴를 경험한 신명기의 유배 이후 수신자들에게, 금송아지 이야기는 야훼의 성전 파괴가 이스라엘이 야훼의 백성이고 야훼가 그들의 하느님이라는 사실이 끝난다는 의미인지 아닌지에 대한 결정적인 질문에 답을 한 것이었다. 이야기의 대답은 확실하게 '아니다!'였다. 신명 9,19은 '야훼께서는 너희를 멸망시키려고 하실 만큼 너희에게 분노하셨다'고 말했다. 그 법적 결과는 '이야기된 시간'에는 호렙산에서 돌 판의 파괴였고, '이야기 시간'에는 그 성전의 파괴였다. 하지만 야훼는 '이야기된 시간'에 호렙산에서 모세의 간청을 들어주셨고 돌 판을 새로 만들어, 그들이 야훼의 백성으로 계속 살아갈 수 있게 하셨다. 이것은 유배 이후 '이야기 시간'에도 유효했다. 백성과 성전은 결정적으로 파괴되지 않았다. 야훼가 그들의 하느님으로 남아 계셨기 때문이다. 예루살렘을 다룬 신명 13,18-19은 우리가 이미 살펴본 대로,[32] 이것이 왜 그렇게 되었는지를 설명했다.

> 주님께서 당신의 진노를 푸시고 너희를 가엾이 여기시며(신명 13,18).

호렙산에서 이스라엘이 야훼와 맺은 관계의 운명은 모세의 '이야기된 시간'에 돌 판으로 표현되었다. '이야기된 시간'에 금송아지 이야기는, 그분 성전이 파괴되었기 때문에 야훼와 그들의 관계가 깨어졌는지 여부에 대한 신명기의 수신자들의 질문에 답을 주었다. 그런데 유배 이후 '이야기 시간'의 수신자들에게는 두 번째 질문이 남아 있었다. 예루살렘의 파괴와 같은 재앙이 다시 일어날 수 있는지 여부이다. 금송아지 이야기는 이 질문에도 답을 했다. 유배 이후 수신자들은, 성전이 파괴되었을 때처럼 돌 판이 파괴되었을 때 자신들 역시 역사의 일부였음을 알았고, 호렙산에서 '이야기된 시간'에 전개된 이야기 속에서 자기들의 실제 위치를 발견했다. 돌 판이 갱신된 이후 '이야기된 시간'에 모세가 그렇게 한 것처럼, 신명기가 유배 이후 시간에 그들에게 공포되었다는 사실은 그들이 금송아지 이야기에 나오는 상황에 상응하는 처지에 있었다는 것을 알려 주었다. 그 상황은 야훼가 당신의 진노를 푸시고 모세의 간청을 듣고 백성을 멸하지 않겠다고 약속해서 돌 판을 새롭게 했던 때였다.

신명기 책이 유배 이후 '이야기 시간'에 보급되었다는 단순한 사실 자체가 이미 그 책의 수신자들에게는, 재앙 후에 하느님 백성으로

---

32. 신명 13,8의 기능에 대해 앞의 1.2. 참조.

서 자신들의 삶이 계속될 것이라는 메시지였다. 모세는 신명 29장에서 계약이 체결되기 전에 신명기의 규정들을 공포했다. 여기가 '이야기 시간'에 수신인들에게 신명기의 이야기 *fabula*를 포고하는 데에서 결정적인 지점이다. 십계명의 첫 계명은 계약이 아직 체결되지 않았을 때 호렙산에서 깨졌다. 신명기의 포고 *kerygma*는 유배 이후 수신자들에게 다음과 같이 말했다. 야훼와 그들이 계약을 체결했다는 표징으로 신명기를 공포한 후에 그들이 십계명의 첫 계명을 다시 깨뜨린다면, 야훼는 신명 13,7에 기록된 대로 그들을 멸절하고 예루살렘을 결정적으로 그리고 영원히 멸망시키실 것이다.

"야훼께서 당신의 진노를 푸시고 너희를 가엾이 여기시며, 너희 조상들에게 맹세하신 대로 너희를 가여워하시며 너희를 번성하게 해 주실 것이다"라는 신명 13,18은 "너희가 주 너희 하느님의 말씀을 듣고 내가 오늘 너희에게 명령하는 그분의 모든 계명을 지켜, 야훼 너희 하느님의 눈에 드는 옳은 일을 하면"이라는 구절로 이어진다. 신명기의 규정들이 아직 공포되지 않았고 계약이 아직 체결되지 않았기 때문에, 야훼는 당신의 진노를 푸셨고 호렙에서 돌 판을 새로 만드셨다. 그러나 신명기가 그들에게 공포되고 계약이 체결된 후에도 신명기의 수신자들이 십계명의 첫 계명을 깨뜨린다면, 그 일은 모세가 신명 28,47-68에서 예언하고 예레미야 예언자가 예언한 대로, 그들이 다시 포위되고 확실하게 파괴되리라는 것을 의미한다.

이것이 신명기의 포고 *kerygma*였는데, 모세의 설교에서는 신명 28장과 30장 사이의 변증법으로, 야훼와의 대화에서는 신명 31장과 32장 사이의 변증법으로, 시대와 시대 사이에 들어 있는 이 시대에 포고한 내용이었다.[33] 신명기는 시대들 사이에서 살고 있는 이들을 위한 청사진을 전달했고, 신명기의 수신자들에게 이를 설득하기 위해 교훈의 힘을 사용했다.[34] 예루살렘의 재앙은 사제계 이후 오경의 일부인 유배 이후 신명기의 암묵적 주제였을 뿐만 아니라 그 수신자들에게 신명 9-10장의 금송아지 이야기로 설명되는 명백한 주제였다. 그 이야기는 시온산에 호렙산을 겹쳐 놓고, 모세의 '이야기된 시간'에서 돌 판들의 파괴와 갱신으로 성전의 파괴와 백성과 야훼 사이의 단절되지 않은 관계를 나타내면서 공식화되었다. 신명 10,5에 따르면,[35] '이야기된 시간'에 십계명 돌 판들은 궤 안에 넣고 잠가서 더 이상 공개적으로 그것들에 접근하지 못했다. 이와 달리 토라는 해석할 수 있도록 개방되어 궤 밖에 놓여 있었다. 유배 이후 '이야기 시간'에 궤는 그 안의 돌 판과 함께 사라졌으나, 토라는 예루살렘의 재앙 후에도 여전히 거기에 있었으며, 그것을 공포하는 것 자체가 이미 구원의 표지라는 메시지를 담고 있었다.

---

33. 신명 31장과 32장 사이의 신학적 변증법에 대해서는 Otto, "Abschiedslied", 641-678 참조. 이 변증법에 대한 다른 신학적 해석은 Bergen, *Dischronology*, 115-169의 공시적 연구 참조. 이 연구에 대해 Otto, *Deuteronomium 1-11*; Markl, "Rezension", 457-459 참조.
34. Markl(*Gottes Volk*, 29)은 공동체 건설을 촉진하는 신명기의 삽입구에 대한 날카로운 메타 패러다임 분석을 제시했다. 이 연구에 대해서는 Otto, *Deuteronomium 1-11*, 227-230 참조.
35. Otto, *Deuteronomium 1-11*, 989-990 참조.

참고문헌

ACHENBACH, R., *Die Vollendung der Tora: Studien zur Redaktionsgeschichte des Numeribuches im Kontext von Hexateuch und Pentateuch* (BZAR 3), Wiesbaden 2003.

_____, "Pentateuch, Hexateuch und Enneateuch: Eine Verhältnisbestimmung", *ZAR* 11 (2005) 122–154.

ARNETH, M., "Hiskia und Josia", in: R. Achenbach et al., *Tora in der Hebräischen Bibel: Studien zur Redaktionsgeschichte und synchronen Logik diachroner Transformationen* (BZAR 7), Wiesbaden 2007, 275–293.

BEGG, C. T., "The Destruction of the Calf (Exod 32,20 / Deut 9,21)", in: N. Lohfink (ed.), *Das Deuteronomium: Entstehung, Gestalt und Botschaft* (BEThL 68), Leuven 1985, 208–251.

_____, "The Destruction of the Calf Revisited (Exod 32,20 / Deut 9,21)", in: M. Vervenne (ed.), *Deuteronomy and Deuteronomic Literature* (BEThL 133), Leuven 1997, 469–479.

BERGEN, D. A., *Dischronology and Dialogic in the Bible's Primary Narrative* (Biblical Intersections 2), Piscataway 2009.

EHRENREICH, E., *Wähle das Leben! Deuteronomium 30 als hermeneutischer Schlüssel zur Tora* (BZAR 14), Wiesbaden 2010.

FISCHER, G., *Jeremia 26–52* (HThKAT), Freiburg i. Br. 2005.

_____, "Das Ende von Deuteronomium (Dtn 26–34) im Spiegel des Jeremiabuches", in: R. Achenbach / M. Arneth (eds.), "Gerechtigkeit und Recht zu üben" (Gen 18,19): *Studien zur altorientalischen und biblischen Rechtsgeschichte, zur Religionsgeschichte Israels und zur Religionssoziologie* (BZAR 13), Wiesbaden 2009, 281–292.

FUNKE, T., "Der Priester Pinhas in Jerusalem und auf dem Berg Garizim: Eine interkulturelle Untersuchung seiner Erzählungen und deren literar-und sozialgeschichtliche Einordnung" (forthcoming in ORA; PhD. diss., Leipzig 2013).

GOSSE, B., "La rédaction deutéronomiste de Deutéronome 12,10 à 1 Rois et la tranquillité devant les ennemis d'alentour", *EeT* 25 (1994) 323–331.

HOUTMAN, C., "An der Schwelle zum Eschaton: Prophetische Eschatologie im Deuteronomium, in: F. Postma et al. (eds.), *The New Things: Eschatology in Old Testament Prophecy* (ACEBT.S), Amsterdam 2002, 119–128.

KNAUF, E. A., *Josua* (ZBK.AT), Zurich 2008.

KNOBLOCH, H., *Die nachexilische Prophetentheorie des Jeremiabuches* (BZAR 12), Wiesbaden 2009.

KNOPPERS, G. N., *Jews and Samaritans: The Origins and History of their Early Relations*, Oxford 2013.

KONKEL, M., *Sünde und Vergebung: Eine Rekonstruktion der Redaktionsgeschichte der hinteren Sinaiperikope (Exodus 32–34) vor dem Hintergrund aktueller Pentateuchmodelle* (FAT 58), Tübingen 2008.

KRATZ, R. G., "The Idea of Cultic Centralization and Its Supposed Ancient Near Eastern Analogies", in: R. G. Kratz / H. Spieckermann (eds.), *One God — One Cult — One Nation: Archaeological and Biblical Perspectives* (BZAW 405), Berlin 2010, 121–144.

_____, "'The peg in the wall': Cultic Centralization Revisited", in: A. C. Hagedorn / R. G. Kratz (eds.), *Law and Religion in the Eastern Mediterranean: From Antiquity to Early Islam*, Oxford 2013, 251–286.

LEVINSON, B. M., *Deuteronomy and the Hermeneutics of Legal Innovation*, New York 1998.

LEVTOW, N. B., *Images of the Other: Iconic Politics in Ancient Israel*, Winona Lake 2008.

LOHFINK, N., "Zur deuteronomischen Zentralisationsformel", *Bib.* 65 (1984) 297–328 (repr. *Studien zum Deuteronomium und zur deuteronomistischen Literatur*, vol. 2 [SBAB 12], Stuttgart 1991, 147–178).

MARKL, D., review of D. A. Bergen, *Dischronology and Dialogic in the Bible's Primary Narrative*, ThPh 85 (2010) 457–459.

_____, *Gottes Volk im Deuteronomium* (BZAR 18), Wiesbaden 2012.

OTTO, E., *Theologische Ethik des Alten Testaments* (ThW 3/2), Stuttgart 1994.

_____, *Das Deuteronomium: Politische Theologie und Rechtsreform in Juda und Assyrien* (BZAW 284), Berlin 1999.

_____, *Das Deuteronomium im Pentateuch und Hexateuch: Studien zur Literaturgeschichte von Pentateuch und Hexateuch im Lichte des Deuteronomiumrahmens* (FAT 30), Tübingen 2000.

_____, "Rechtshermeneutik in der Hebräischen Bibel. Die innerbiblischen Ursprünge halachischer Bibelauslegung", in: idem (ed.), *Altorientalische und biblische Rechtsgeschichte: Gesammelte Studien* (BZAR 8), Wiesbaden 2008, 464–485.

_____, *Das antike Jerusalem: Archäologie und Geschichte* (Beck'sche Reihe Wissen 2418), München 2008.

_____, "Moses Abschiedslied in Deuteronomium 32", in: idem, *Die Tora: Studien zum Pentateuch. Gesammelte Aufsätze* (BZAR 9), Wiesbaden 2009, 641–678.

_____, *Deuteronomium 1–11* (HThKAT), Freiburg i. Br. 2012.

_____, "The History of the Legal-Religious Hermeneutics of the Book of Deuteronomy from the Assyrian to the Hellenistic Period", in: Hagedorn / Kratz (eds.), *Law and Religion in the Eastern Mediterranean*, 211–250.

_____, "Die Theologie des Buches Deuteronomium", in: S. J. Wimmer / G. Garfus (eds.), "Vom Leben umfangen": *Ägypten, das Alte Testament und das Gespräch der Religionen* (ÄAT 80), Münster 2014, 141–148.

_____, "The Integration of the Post-Exilic Book of Deuteronomy into the Post-Priestly Pentateuch", in: F. Giuntoli / K. Schmid (eds.), *The Post-Priestly Pentateuch: New Perspectives on its Redactional Development and Theological Profiles* (FAT 101), Tübingen 2015, 331–341.

_____, *Deuteronomium 21,1–23,15* (HThKAT), Freiburg i. Br. 2016.

PIETSCH, M., *Die Kultreform Josias: Studien zur Religionsgeschichte Israels in der späten Königszeit* (FAT 86), Tübingen 2013.

RICHTER, S. L., *The Deuteronomistic History and the Name Theology: lešakkēn šemô šām in the Bible and the Ancient Near East* (BZAW 318), Berlin 2002.

VAN SETERS, J., *The Life of Moses: The Yahwist as Historian in Exodus–Numbers* (CBET 10), Kampen 1994.

VEIJOLA, T., *Das 5. Buch Mose: Deuteronomium Kapitel 1,1–16,7* (ATD 8.1), Göttingen 2004.

9장

제국과 멸망에 비추어 본 임금의 법
(신명 17,14-20)

닐리 와자나

1. 도입

마지막 세기 대부분의 기간 동안 유다 왕국은 신아시리아 제국의 봉신이었으며, 그 제국의 군사적·정치적·경제적·이념적 압력에 굴복했고 영향을 받았다. 이 시기는 성경의 형성으로 절정에 달한 문학적 변천의 시작을 알리는 때이기도 하다. 이후 단계에서, 예루살렘과 성전의 충격적인 파괴뿐만 아니라 정치권력과 왕권의 중단은 성경 문학 발전에 한층 더 중요한 역할을 했다.[1] 아시리아와 바빌로니아 제국이 성경 문학 저자들의 삶에 영향을 미쳤던 다양한 방식 중에서, 나는 성경 본문들에 반영되었고, 어쩌면 그것들을 기록하게 한 원인이었을 이념적 도전에 초점을 맞출 것이다.

---

1. 성경 문학의 기원과 발달 단계에 트라우마 개념을 적용한 것에 대해서는 Carr, *Holy Resilience* 참조. 아시리아 제국이 지배하는 주변부에 미친 전반적인 영향에 대해서는 Dutcher-Walls, "Circumscription", 609-615과 그곳에 있는 참고 도서 참조.

신아시리아 시대 동안 제국의 이념은 선전을 통해 전달되었고, 국내와 제국을 통제하는 수단으로 활용되었다.[2] 이렇게 아시리아는 세계를 통치할 수 있는 '신이 승인한 권리'를 자신들이 가졌음을 선전했고, 이는 아시리아 여러 도시의 읽고 쓸 줄 아는 엘리트들에게 전파되어 제국의 모든 지역에 있는 신민들 사이에 유포되었다. 메시지는 상당히 명료했다. 성공하고 승리를 거둔 아시리아 임금은 자신에게 감히 저항하는 오만하고 교활하지만 어리석고 불충실한 적들을 무찌른다는 것이다.[3] 이념적 억압은 유다를 포함한 정복당한 민족들 사이에서 이념적 반발을 불러일으킬 수밖에 없었다. 그래서 아시리아의 압력은 성경이 창출되는 초기 단계에 거대한 그림자를 드리웠다. 기원전 7세기에 주로 유다에서 기록된 신명기는 이 압력과 선전에 대한 반발을 반영하는 문학의 후보가 분명하다. 이 책 전체가 봉신 조약을 따라가고 있는데, 특히 에사르 하똔의 봉신 조약과의 연관성은 많이 논의되는 주제이다.[4] 에카르트 오토는 그 책의 전복적 동기를 지적했다.[5] 신명기에서 하느님은 대군주의 자리를 취하는 데 반하여 아시리

---

2. Oppenheim, "Empires".
3. 항복하거나 죽거나 도주할 수밖에 없는 적의 비인간화, 심지어 악마화에 대해 Liverani, "Ideology"; Fales, "Enemy"; Tadmor, "Propaganda", 특히 326 참조. Carlo Zaccagnini, "Urartean"은 아시리아 임금과 그의 적을 완전히 정반대되게 표현한 이분법적 묘사를 강조했다.
4. 신명기에 대한 아시리아 봉신 조약의 영향에 대해서 Frankena, "Vassal-treaties"; Weinfeld, *Deuteronomic School*; Steymans, "Vertragsrhetorik"; Römer, *So-Called*, 74-78 참조. 일부 학자들은 신명기의 특정 부분, 특히 신명 13장의 선동가에 대한 법이나 신명 28장의 저주에 중점을 둔다. Rüterswörden, "Dtn 13"; Levinson, "Textual Criticism"; 같은 저자, "Succession Treaty" 참조. 본문이 더 광범위한 고대근동 조약 전통에 의존한다는 Morrow, "Paradox"의 주장에도 주목하라. 또한 신명기에는 아시리아가 한 번도 언급되지 않는 반면에, 예언 문헌에는 그것과 한 '쌍'인 이집트가 51회 언급된다는 점에 유의해야 한다. 따라서 이 책에서 발견된 아시리아의 힘에 대한 반응은 무엇이든 필연적으로 암시적인 반응이다.
5. 주로 Otto, *Deuteronomium*; 또한 Römer, *So-Called*, 72 참조.

아 임금과 제국은 한 번도 언급되지 않는다. 신명기는 정치적 문서로 시작되어, 이스라엘인들의 독특한 특징인 하느님과의 봉신 조약 개념을 통해 아시리아 왕권에 대한 종교적 대안을 제시했다.[6] 오토의 해석은 '방 안의 코끼리'(당대 아시리아의 정치적 지배)를 피하는 것을 설명하면서, 신명기 책을 만드는 데 기초가 되는 숨겨진 암묵적 논쟁을 제공한다.

본고에서는 "임금의 법"(신명 17,14-20)이라 명명된 신명기 본문 하나에 집중하면서, 그 안에서 구별되는 두 가지 독특한 층에 초점을 맞출 것이다. 내 제안에서 첫째 층은 아시리아 제국에 대한 반응을 반영하고, 기원전 8세기 말과 7세기 초 사이에 만들어졌다. 둘째 층은 예루살렘이 파괴된 후에 추가되었고, 당대 정치제도의 상황에서 유다인들이 본 임금의 역할 변화를 반영한다. 임금의 규정은 반反왕정 이념을 반영하는 다른 유명한 본문들과 함께 볼 것이다.

2. 고대근동의 세계관에 비추어 본 성경의 임금

고대근동이든 성경이든 단일한 왕실 이념을 묘사하는 것은 인위적으로 '천편일률적' 패턴을 만드는 것에 해당한다. 특히 성경은 왕권에 대한 여러 서로 다른 입장을 반영한다.[7] 그럼에도 불구하고 고대근동 사회가 신과 인간 양쪽 영역에서 왕정을 통치의 궁극적인 형태로 소개

---

6. "이 시대의 야훼 종교에서 특징적인 유다적 성격은 계약 신학 자체가 아니라, 계약 신학으로 아시리아의 지배와 임금의 이념에 맞선 항거이다"(Otto, *Gottes Recht*, 166).
7. Crüsemann, *Widerstand*, 1.

했다는 것은 일반적으로 옳다.⁸ 메소포타미아의 임금은 사회 정치적인 번영과 안전을 책임지는 세계 질서의 수호자라는 그의 역할로 신적 질서를 반영하고 준수한다고 간주되었다.⁹ 수많은 왕실과 의례 본문들은 이 역할을 증언하는데, 그것은 신들과 인간 사이에 으뜸 중개자로서 그의 위치를 반영한다. 왕정의 의의는 역사의 여명기에 인간 왕권의 기초를 놓은 수메르의 임금 목록이나 에타나*Etana* 이야기 같은 메소포타미아 전승으로 강조되었다. 다른 메소포타미아 신화는 왕정제를 세계사에서 비교적 늦게 발전한 것으로 제시하지만, 그럼에도 불구하고 왕정제를 〈에누마 엘리쉬*Enuma Elish*〉 및 그것보다 앞선 문학작품인 〈안주*Anzu* 신화〉에서처럼, 혼돈, 소란, 봉기 대신 질서와 번영을 확립하는 과정의 절정, 최고의 업적으로 묘사한다.¹⁰

인간 왕정의 출현에 대한 다소 다른 묘사는 〈왕권의 창조〉라는 아시리아 작품에 반영되어 있는데, 이는 아시리아에서 임금에게 부여된 특별한 지위, 신격화되지는 않으나 일반 사람들과 분리되고 우월함을 묘사한다.¹¹ 이 작품은 임금의 창조를 인간 창조 후에 별도로 배치한다. 그의 창조에 이어, 임금은 축복받고 모든 사람에 대한 지배권

---

8. Knoppers, "Deuteronomist", 329. 더 초기 문학은 같은 쪽의 n. 3 참조.
9. Maul, "König".
10. Maul, "König", 209-210 참조. 안주*Anzu* 신화에 대하여는 Annus의 가장 최신판에서 *Epic of Anzu* 참조. 번역은 Foster, *Before the Muses*, 555-578 참조.
11. Maul, "König", 207 참조; Otto, *Gottes Recht*, 101-102; 판본은 Mayer, "Mythos"; Hallo, COS, 1:476-477에 실린 Alasdair Livingstone의 번역본; Foster, *Before the Muses*, 495-497 참조. 아시리아 임금의 특별 지위에 대해 Radner, "Assyrian", 25, 26 참조. 이 중간 지위는 아마도 신격화되고 숭배된 신-수메르 임금들과도 관련이 있을 것이다. 클라인이 주장하는 대로, 신격화된 임금은 신들에 비해 상대적으로 열등했는데, 신들 중에서 양부모를 만들고 인안나 여신의 손아래 남편인 두무지로 가장한다(Klein, "Sumerian Kingship", 131). 따라서 클라인은 '왕권의 창조'가 고대 바빌로니아에서 기원했을 수 있다고 제안한다(같은 책, 116, n. 3).

을 부여받는다. 신의 영역과 지상 영역 사이에서 중개자 위치를 유지하면서, 아시리아 임금은 자신을 신과 같은 질서의 수호자로 인간 신하들에게 제시하는 동시에, 기도와 의식에서 겸손하고 회개하며 통회하는 종으로서 신들에게 말한다.[12] 〈왕권의 창조〉는 앗슈르바니팔의 대관식 찬가와 동시대 작품인데, 그 찬가에서 이 생각은 감탄문으로 표현된다. "앗슈르는 임금이다! 진정 앗슈르가 임금이다! 앗슈르바니팔은 앗슈르의 [대리인], 그분 손의 창조물이다!"[13] 스테판 마울Stefan Maul이 주목하는 대로, 신을 아시리아의 진정한 임금으로 두고, 한편으로는 임금이 그를 대신해서 지상의 적과 싸우는 것은 아시리아의 전쟁에서 강력한 도구, 곧 "아시리아 제국의 원동력"이 되었다.[14] 아시리아 통치에 맞선 불복종이나 반란은 종교적인 죄로 보았고, 그에 따라 확고하고 정당화된 잔인함으로 보복을 받았다. 신적-지상적 왕권이 중첩된다는 개념은 신아시리아 시대에 아주 효과적이었고, 이스라엘 백성을 포함한 아시리아 봉신들에게 영향을 미친 제국주의 이데올로기를 제공했다.

많은 성경 본문이 고대근동의 패턴에 충실하며, 신의 왕권과 인간의 왕권 사이의 병행을 묘사한다. 신의 영역에서 하느님의 왕권은 '바다의 노래'와 같은 찬가에서 명시적으로 표현되었듯이 최고의 지위를 가지는 것이다. "야훼께서는 영원무궁토록 다스리신다"(아도나이

---

12. 이것이 Maul이 '외견상 모순'이라고 부르는 것으로, 임금의 중개 기능을 나타낸다. Maul, "König", 206-207.
13. Livingstone, *Court Poerty*, 26 1. 15. 〈왕권의 창조〉와 앗슈르바니팔의 대관식 찬가의 연결에 대해서는 Cancik-Kirschbaum, "Konzeption"; Foster, *Akkadian Literature*, 54 참조.
14. Maul, "König", 212.

임록 러올람 와에드ועד לעלם ימלך יהוה: 탈출 15,18).¹⁵ 하느님은 만국의 주권자로 간주되었고, "온 세상의 위대하신 임금이시다"(멜렉 가돌 알-콜-하아레츠מלך גדול על-כל-הארץ: 시편 47,3). 홍수 이전부터 왕좌에 좌정하신, 영원한 임금이시다(시편 29,10). 고대근동의 개념에 따라, 많은 성경 본문에서 인간 임금은 하느님에게 선택되어 그분의 지상 대리자로 지명되었다. 특히 다윗과 솔로몬은 고대근동에 널리 퍼진 왕권의 공인된 모델을 기반으로 한다.¹⁶ 일부 본문은 나탄의 신탁처럼(2사무 7,14), 임금이 하느님의 (실제 혹은 입양된) 아들이라고 인식한다. "나는 그의 아버지가 되고 그는 나의 아들이 될 것이다"(아니 에엘-로 러압 워후 이엘-리 러벤אני אהיה-לו לאב והוא יהיה-לי לבן). 특히 군왕 시편들(시편 2,7; 89,27-28; 110,3ㄴ)은¹⁷ 고대근동과 이집트 왕실 이데올로기에서 잘 알려진 개념이다.¹⁸ 따라서 성경에서 임금은 신화적 어조에 물들지라도 결코 신의 지위로 승격되지는 않았다. 메소포타미아에서 역시 임금은 "무적이기는 하지

---

15. 과거 연구에 대한 고찰과 신적 왕권에 대한 성경 개념 발전의 제안에 대해서 참조. Flynn, *YHWH is King*; Soggin, "King", 677 §4a 참조.
16. McConville, "King and Messiah", 272 참조.
17. 마소라 본문의 '너의 젊음'(얄두테카*yalduteka*, BHS 시편 110,3ㄴ 참조)에 대해 칠십인역과 페시타가 반영되게 읽으면 '내가 너를 낳았다'(엘리드티카*yélidtika*)이다. Collins, "King and Messiah", 296, 그리고 거기에 인용된 이전 참고 문헌 참조.
18. 신적 기원에 대한 임금들의 주장은 수메르 시대 남메소포타미아에서 이미 확증되었고, 임금들의 신격화 이전에도 아마도 은유적으로 사용되었을 것이다(Klein, "Sumerian Kingship", 123-126). 신들이 임금들을 낳았다는 개념은 아시리아에서 처음으로 투쿨티-닌우르타의 서사시(기원전 1243-1207; Mann, *Divine Presence*, 37-38; Machinist, "Kingship and Divinity", 161, 1. 17′ 참조)에서 발견되었다. 임금을 '신의 아들'로 여기는 모티프는 이집트 왕실 이데올로기에서도 잘 증명되었다. Otto, "Judean Legitimation", 131-134 참조. Cross(*Canaanite Myth*, 247, 256-265)는 이스라엘(2사무 7,11ㄴ-16)에서 이 개념의 연대를 솔로몬 시대로 추정하고(같은 책, 260), 이것이 신의 아들이 된다는 가나안인 공식에서 비롯되었고, 예루살렘에서 매년 반복된 즉위 예식에서 역할을 한다는 견해를 밝힌다. 그러나 이것은 고대근동에서 일반적인 모티프이며 그것의 정확한 연대와 실제는 여전히 추측에 가깝다. 군왕 시편의 연대를 이스라엘 왕정 시대로 설정하는 데에 대해서는 Hamilton, *Body Royal*, 33-34 참조.

만 초인은 아니다."[19] 그런데 일부 메소포타미아 본문들은 임금을 신격화하는 데 더 가깝다. 투쿨티-닌우르타 1세(기원전 1243-1209)와 에사르하돈(기원전 680-669)은 신들의 형상(찰무 ṣalmu)이라고 불렸다.[20] 사제계 내러티브에 의하면, 같은 어원인 히브리어 버첼렘 엘로힘(בצלם אלהים: 창세 1,27; 9,6)은 모든 인간, 세상과 그 안에 있는 모든 것을 다스리도록 예정된 모든 인류를 가리킨다(창세 1,26).[21] 신의 영역과 관련하여 임금의 자리에 인간을 앉힌 것을 흔히 '민주화'라고 정의하고,[22] 이것은 동시에 임금 지위의 하락을 가리킨다. 이러한 성경 전승들에 따르면, 왕권은 태초에 하늘에서 내려온 것이 아니며, 설사 그가 다스리도록 신의 선택을 받았다 할지라도 임금은 별도로 창조되지 않았다. 임금은 다른 인간과 크게 다르지 않으며, 왕권은 인간의 사업이다.

2.1. 삼알의 임금 바르-라키브 비문에 나타난 아시리아 임금

아시리아 내부 문서들이 임금을 신 같은 존재로 소개하지만 완전히 신적이지는 않은데, 아시리아 왕권에 대한 다소 다른 이미지가 주변의 지역 세력들에게 전달되었을 수 있다. 아시리아 임금에 대해 가질 수 있는 관점 하나는 북시리아 왕국 삼알 Y'DY-Sam'al 출신으로 티글랏-

---

19. 인용구의 출처는 Reade, "Ideology and Propaganda", 331. 그는 아시리아 예술에서 임금의 이미지를 언급했다.
20. 아시리아 임금 투쿨티-닌우르타 1세는 그의 승리의 시에서 많은 신의 속성을 부여받았다. 그는 신적인 육체로 만들어졌다(šēr ilāne, 1.16′)고 일컬어지며, 그 홀로 엔릴의 형상(ṣalmu 1.18′)이고 압도적인 신적 광채인 멜람무 melammû를 소유하고 있다(1.12′: Machinist, "Kingship and Divinity", 161-163). 앗슈르의 임금 에사르 하돈 또한 신들의 형상, 특히 마르둑과 샤마시의 형상 ṣalmu이라고 일컬어진다. 텍스트와 논의는 Machinist, "Kingship and Divinity", 170-173; Herring, *Divine Substitution*, 39-40 참조.
21. Herring, *Divine Substitution*, 105-121.
22. 다른 것들 중에 Wenham, *Genesis*, 30-31; Otto, *Gottes Recht*, 96-97; 같은 저자, "Judean Legitimation", 138 참조.

필에세르 3세(기원전 745-727)의 봉신인 바르-라키브*Bar-Rakib*의 비문에 반영되어 있다. 바르-라키브는 아시리아의 멍에를 감사하며 메고, 그의 대군주의 요구를 완전히 포용하면서, 그것이 삼알과 자신의 지위를 향상시켰다고 믿었다.[23] 그 자신의 내러티브에 따르면, 그의 수호신과 티글랏-필에세르가 모두 그를 아버지의 왕좌에 앉히고 그의 의로움을 보상했다(*KAI*, 216:5-7).[24] 신과 임금이 모두 같은 용어, "나의 주님*mr'i*"으로 명시되었다. "나의 주님 라키브-엘과 나의 주님 티글랏-필에세르"라고 그들을 병행으로 묘사한다.[25] "나의/우리의 주님" 칭호는 아람어 영역에서 일반적인 왕실 명칭이다. 해밀턴Hamilton은 바르-라키브가 티글랏-필에세르를 신으로 묘사한다고 말하기를 꺼리지만, "그러나 그는 분명히 사람 그 이상이고, 그래서 그와 신에 대해 동시에 말할 수 있다"라고[26] 한다. 머시니스트Machinist는 티글랏-필에세르에게 다소 높은 지위를 허용한다. "티글랏-필에세르는 권위와 주권에서 지역 왕조 신들의 수준에서 기능하기에, 따라서 이러한 기능에서는 신으로 보일 수 있다."[27] 아시리아의 대군주와 지역 왕조의 신들 사이에 나타나는 유사성의 핵심이 임금을 왕위에 앉히는 행위에 있다는 것은 주목할 만하다. 티글랏-필에세르 3세가 이 행위를 명시적으로 차용하여, 그가 적대적인 임금을 더 협력적인 임금으로 교체할

---

23. Miller, "Covenant".
24. Hamilton, "Past as Destiny", 229.
25. Machinist, "Kingship and Divinity", 427, n. 57. Hamilton과 Machinist는 또한 티글랏-필에세르가 가자에 자신과 그의 신들의 형상*ṣalmu*을 세웠다는 증언을 언급한다. 그러나 이것은 아시리아의 입장을 반영하고 더 나아가 우리가 재구성할 수 없는 형상을 언급한다. 따라서 그것은 아시리아 왕권의 지역적 관점에 대한 나의 논의에서 벗어난다.
26. Hamilton, "Past as Destiny", 229.
27. Machinist, "Kingship and Divinity", 428, n. 57.

때, "(누군가)를 왕좌에 앉혔다*ina kussê šarrūtišu ušēšib*"라고 주장한다.[28] 바르-라키브는 왕권을 자신의 신과 임금에게 받은 임명으로 주장함으로써, 아시리아 왕실의 주장을 재확인한다. 하늘과 지상에서 이루어지는 이 이중 임명의 밀접한 관계는 양쪽 모두에서 벗어날 수 없었다. 바르-라키브는 자신의 신적 및 지상적 임금을 같은 용어로 인정함으로써 아시리아 임금을 신과 같은 위치로 승격한다.

3. 성경의 반反왕정 본문들

근본적으로 다른 왕실 이데올로기는 자주 '반왕정' 본문이라고 부르는 성경의 여러 본문에 반영되었다. 왕권은, 신적 통치와 병행인 인간의 제도 또는 지상적이며 신적으로 부여된 하느님의 대리로 보이기는커녕, 이들 본문에서 기껏해야 백성의 소원과 하느님의 뜻 사이의 절충, 백성의 요청에 대한 양보로 제시되었다(신명 17,14-20; 1사무 8,9). 두드러진 본문이 세 군데에 있다. 임금의 법(신명 17,14-20); 기드온에게 왕조를 세워 달라는 백성의 요청과 그의 응답, 이어지는 아비멜렉의 왕권 획득 시도와 요탐의 우화(판관 8,22-23; 9장); 임금을 요구하는 백성과 그에 대한 사무엘의 반응 이야기(1사무 8장; 10,18-18; 12장). 그 본문

---

28. 그는 타발*Tabal*의 임금 우아수르메*Uassurme*를 '아무도 아닌 사람의 아들son of nobody' 훌리*Hulli*로 교체하고(*RINAP* 1 47:14'-15'; 49:28) 또한 아스클론*Ashkelon*의 임금 미틴티*Mitinti*를 루킵티*Rukibti*로 교체했다(*RINAP* 122:10'). 프카 대신에 호세아를 이스라엘의 임금으로 임명한 경우에 그는 "내가 그들 위에 (임금으로) 세웠다"(*ina muḫḫišunu aškun*; *RINAP* 1 42:17'-18'; 49:10)라는 어구를 사용하는데, 이는 그의 행정관 임명을 묘사하는 일반적인 표현과 병행한다.

들이 왕정에 관한 우려에 있어서 완전히 동일하지 않지만, 그럼에도 불구하고 하느님이 용인할 뿐인 지상의 왕정 제도가 하느님의 왕권을 반영하지 않고, 오히려 지상의 왕정 제도에 의해 도전을 받는다는 점에서는 일치한다. 따라서 임금의 법은, 하느님이 제정한 것이 아니라 회고적으로만 용인된 법으로(16,18; 18,15 비교), 신명기에서 공직에 관한 유일한 법이다.[29]

극단적으로 표현하면, 인간의 왕권은 하느님의 통치를 거부하는 것으로 간주되었다. 하느님이 사무엘에게 백성의 요구에 귀를 기울이라고 명령하실 때, 그분은 이렇게 주장하신다. "그들은 네가 아니라, 그들의 임금인 나를 배척한 것이다"(1사무 8,7; 참조 22절).[30] 인간 왕정과 하느님 통치는 상호 배타적이라는 생각이 "당신과 당신의 아들과 당신의 손자가 우리를 다스리시오"라는 이스라엘 사람들의 요청에 대한 기드온의 대답에서 다시 발견된다. 기드온은 "내가 여러분을 다스릴 것도 아니고 내 아들이 여러분을 다스릴 것도 아닙니다. 야훼께서 여러분을 다스리실 것입니다"라고 말하면서 단호하게 거절한다(판

---

29. Knoppers, "Deuteronomist", 334. 게르브란트는 왕권이 백성들에 의해 시작되었다는 사실의 중요성을, 그 일과 고기를 먹고자 하는 백성의 소망(신명 12,20)을, 그리고 그들 자신과 하느님 사이의 중개자에 대한 그들의 요구(신명 18,16)를 비교함으로써 과소평가한다. "어느 경우에도 이것이 잘못되었다는 어떠한 암시도 없다"(Gerbrandt, *Kingship*, 120). 육식을 허용하는 법이 형태는 사실상 유사하지만(신명 12,20-28; 상세한 비교는 Carmichael, *Laws of Deuteronomy*, 104-108 참조) 공직과 관련이 없으며, 민수 11장에서와 같이 "고기를 먹으라는 요구가 모욕적인 것으로 판명된 전통을 암시"한다(Carmichael, *Laws of Deuteronomy*, 107). 예언자의 직분에 관한 구절은, 미래의 일반적인 조건보다는 과거의 특정 사건(백성이 호렙에서 죽을까 두려워서 하느님에게 직접 접촉하지 않게 해 주시기를 간청했을 때)을 언급하면서, 주도권을 명시적으로 하느님께 돌린다(18,15).
30. 사무엘이 첫 임금을 지명했을 때 그도 비슷하게 말한다. "그러나 오늘 여러분은 여러분의 모든 재앙과 재난에서 여러분을 구원하신 여러분의 하느님을 배척하면서, 여러분은 그분께 '아니요! 우리 위에 임금을 세워 주십시오!' 하고 있소"(1사무 10,19; 참조 12,12ㄴ).

관 8,22-23). 히브리어 동사는 말락(מלך; 역자주: '군림하다, 지배하다')보다는 마샬(משל; 역자주: '통치하다, 다스리다')이었으나, 요청과 응답에 의한 관직의 세습적 성격이 얼마나 중요한지에 대해서는 의심의 여지가 없다.[31] 가장 극단적인 진술로 인간 왕정에 대한 백성의 요구는 사무엘에게 하신 하느님의 말씀에서 우상에 비교되었다. "그들은 내가 이집트에서 데리고 올라온 날부터 오늘에 이르기까지, 나를 저버리고 다른 신들을 섬기며 그런 짓을 저질러 왔는데, 그 모든 짓을 너한테도 그대로 하고 있는 것이다"(1사무 8,8). 우상숭배와 이렇게 비교하는 데에도 불구하고, 여기뿐 아니라 성경의 다른 어느 곳에서도 왕권이 완전히 금지되어 있지 않다. 이 불일치와 이 구절에 있는 숱한 신명기계 어구 덕분에, 나는 그것이 이스라엘의 축적된 종교적 죄들의 더 큰 역사적 계획 내에서 왕정의 개시開始를 배치하기 위해 설계된 후대의 추가라는 일반적인 의견에 동의한다.[32] 그러나 신명기계 역사에 반영된 왕권에 대한 입장은 "왕정에 대해 적대적이지 않고 양면적이다."[33]

성경에 나타난 하느님의 임금이며 신적인 형상(민수 23,21; 신명

---

31. Emerton, "Gideon and Jerubbaal", 297-298; Ishida, *Royal Dinasties*, 185. 흔히 어근 마샬 משל은 좀 더 일반적인 의미를 지니나(창세 1,18: 빛물체들이 낮과 밤을 다스린다; 3,16: 남편이 아내를 다스린다; 시편 8,7: 사람이 만물을 다스린다), 또한 말락מלך이나 비슷한 명칭과도 병행한다(시편 22,29: 하느님; 미카 5,1, 예레 22,30: 미래의 다윗 가문 통치자). 기드온 이야기에서 이 어근의 사용은 의도적이며, 왕정은 사울에 의해 그리고 아비멜렉의 첫 왕권과 관련되어 시작되었다는 신명기계의 개념과 연결된다(Davies, "Judge viii", 151).

32. McCarter, *I Samuel*, 157. 왕정에 대한 다소 다른 견해는 사무엘의 고별 연설(1사무 12,6-15)에 있는 신명기계의 역사적 개관에 반영되어 있다. 이스라엘의 우상숭배에 대한 그 회고에 따르면, 이스라엘은 암몬 사람 나하스의 위협에 대한 반응으로 임금을 요청했다(1사무 11장). Stoebe(*Das erste Buch Samuelis*, 238)가 주목한 대로, 이로 인해 첫 번째 임금은 하느님에게서 임명된 구원자들의 긴 줄에 하나 더 추가되는데, 비록 현 본문이 백성의 주도권이 하느님의 왕권과 대립해 있음(1사무 12,12ㄱβ,ㄴ-13ㄱ)을 다시 한번 강조함으로써 이 해석을 방해할지라도 말이다.

33. Hamilton, *Body Royal*, 123.

33,5)은 그 당시 고대근동의 개념과 여전히 일치하지만, 반왕정 본문들은 독특하여 고대근동에서 다른 경우와 비할 데 없다. 이 본문들은 인간 임금을 고대근동과 성경의 다른 본문들에 나오는 전형적인 그의 신적 상대와 연결하는 탯줄을 절단한다.[34]

3.1. 임금의 법(신명 17,14-20)

임금의 법은 왕정 제도의 영향력을 빼앗는다.[35] 그것의 연대는 논쟁 대상이다.[36] 대부분의 학자가 그 법의 역사적 배경이 그 기원 시기를 밝힐 수 있다고 가정했지만, 결과는 매우 논란의 여지가 있고, 이스라엘 왕정의[37] 실제 시행 시기 설정 사이에는 다양한 의견이 있다. 학자들은 솔로몬 시대와 솔로몬 이후 초기 시대,[38] 기원전 8-7세기,[39] 유배 시대[40] 또는 유배 이후 시대, 또는 명확하게 기원전 5세기의 배경과 대조하여 그 법을 설명한다.[41] 내가 여기서 따르는 일반적인 해석은 그 법에서 2개의 층을 인지한다. 즉 유배 이전 층과 그것을 유배 시대 또

---

34. Hendel, "Aniconism", 226은 "사실상 모든 학자들이 그것이 이스라엘 역사에서 왕정 이전 시대에 기원을 두고 있다는 데 동의한다"는 것을 바탕으로 진행할지라도, 이것을 주목한다. 기원은 그럴 수 있다. 하지만 나는 그 착상의 발전이 아시리아가 지배하던 시대에 가장 잘 설명된다는 것을 제안한다.
35. Crüsemann, *Widerstand*, 1.
36. 대체로 신명기 편찬과 그 원천들의 연대 설정 문제는 현대 성서비평의 주요 관심사들 하나이다. Nicholson, *Deuteronomy and Tradition*, 37 참조. 나는 그 책이 문학 발전의 산물이라는 것과 핵심적인 법적 부분(12-26장)은 요시야 개혁 이전 시대, 기원전 7세기에 작성되었다는 의견에 동의한다.
37. Halpern, "Uneasy Compromise", 81-84.
38. Crüsemann, *Widerstand*, 124(전체적인 반왕정 이데올로기의 연대 설정); Cross, *Canaanite Myth*, 221.
39. North, "Estimate", 1, 4-5; Hamilton, "Past as Destiny", 235-236.
40. Römer, *So-Called*, 79-80; 139-141. 연대를 유배 이후로 설정하는 학자들의 명단은 Crouch, *Making of Israel*, 177-178, n. 191 참조.
41. Hagedorn, *Moses and Plato*, 140-146.

는 유배 이후 시대로 확장한 층이다.[42]

임금의 법은 독특하고, 성경의 다른 법전들이나 고대근동 법전들에서 병행 내용을 찾을 수 없다. 반왕정 구절의 저자들이 신적 통치와 인간 통치 사이의 공통된 연결을 끊으면서 자신들의 위치가 독특함을 인식하고 있다. 임금을 세우려는 백성의 의지는 "(주변에 있는) 다른 모든 민족처럼" 되려는 열망의 결과로 묘사된다(신명 17,14; 1사무 8,4). 그러나 임금의 법은 왕권을 전면적으로 거부하지 않는다. 하느님은 그들 위에 인간 임금을 세우려는 백성의 원의를 따르시지만, 강력한 지위를 제한하여 "이스라엘이 그들의 땅에서 임금을 가질 수 있도록 하신다."[43] 제한 사항은 두 가지 다른 종류다.

(1) 이스라엘의 임금을 세우는 데 전제 조건은 두 가지이다.
① 그는 하느님에게 선택되어야 한다(아쉐르 입하르 아도나이 엘로헤카 보 אשר יבחר יהוה אלהיך בו).
② 그는 이스라엘 사람이어야 한다. 이것은 긍정과 부정 둘 다로 표현되어 있다. 긍정적으로는 "너희는 반드시 너희 동족 가운데에서 하나를 임금으로 세워야 한다 מקרב אחיך תשים עליך מלך"라고 명시되어 있고, 부정적으로는 "너희 동족이 아닌 외국인을 임금으로 삼아서는 안 된다 לא תוכל לתת עליך איש נכרי אשר לא־אחיך הוא"라는 금지로 되어 있다.
(2) 전제 조건에 이어 임금이 삼갈 행동은 세 가지이다(신명 17,16-17).

---

42. 이 분석을 수용하는 학자들의 명단은 Hagedorn, *Moses and Plato*, 140, n. 193 참조.
43. Jobling, *Sense*, 78.

① 그는 군마를 늘리거나, 그의 말을 늘리려고 백성을 이집트로 돌려보내서는 안 된다. 후자의 금지는 하느님 명령의 인용으로 뒷받침된다. "야훼께서 너희에게 '다시는 너희가 이 길로 돌아가서는 안 된다' 하고 경고하셨기 때문이다."[44]

② 그는 아내를 많이 두어서는 안 되니, 마음이 빗나가기 때문이다.

③ 그는 은이나 금을 과하게 늘려서도 안 된다. 앞의 두 가지 제한과 달리 과도한 은과 금에 대한 금지는 이유가 직접 따르지 않는다. 많은 주석가들이 관찰한 대로 20절이 17절의 계속이고,[45] 누락된 이유를 포함한다. "그렇게 하면 그는 자기 동족을 업신여기거나 또는 계명에서 오른쪽으로도 왼쪽으로도 벗어나지 않을 것이다. 그러면 그와 그의 자손들이 이스라엘에서 오랫동안 왕위에 앉을 것이다 לבלתי רום־לבבו מאחיו ולבלתי סור מן־המצוה ימין ושמאול למען יאריך ימים על־ממלכתו הוא ובניו בקרב ישראל." 이 동기와 세 번째 금지 사이의 연결은 신명 8,12-14과 비교하는 것에서 지지를 받는다. 은과 금을 모으는 것은 8장에서 하느님에게나 임금의 법에 따른 인간에게, 필연

---

44. 성경에는 그런 명령이 없다. 이집트로 돌아가는 것은 하느님의 뜻에 어긋난다는 개념은 탈출기와 광야 전승 여러 부분에 암시되어 있을지라도 말이다(탈출 13,17; 14,13; 민수 14,3-4; 참조 Driver, *Deuteronomy*, 211). 폰 라트는 신명 28,68을 가리키는데, 거기서 야훼는 징벌로 백성을 갤리선에 싣고 이집트로 되돌려 보내겠다고 위협한다. "내가 너희에게 말한 길로, 너희는 다시는 보지 못할 것이다(*JPS*: 다시는 보지 말아야 한다)"(von Rad, *Deuteronomy*, 119). 신명 17,16과 28,68 사이 관계와 이 문제에 관한 이전의 문헌에 대해서는 Reimer, "Return to Egypt" 참조. 그러나 나는 28장의 하느님의 징벌이 17장의 임금의 금지령으로 바뀌었다는 Reimer의 결론이 거의 불가능하다고 생각한다. 설사 17,16ㄴ에서 2인칭 복수형으로 변경한 것이 그 구절의 일부가 추가임("야훼 … 그 길로 다시"라는 문구로 구성되는)을 나타낼지라도, "말 … 백성을 이집트로 돌려보내서는 안 된다"(17,16ㄱβ)라는 금령 자체는 원래의 법조문(17ㄱ절 참조)에 속하며, 이 분석에 따르면 유배 이전이다.

45. Von Rad, *Deuteronomy*, 119.

적으로 거만하게 행동하는 것으로 이끈다고 보인다.[46]

임금의 법의 마지막 개정자는 기존 법에다가, 임금은 자신을 위해 책의 사본을 써야 한다는 것(미쉬네 핫토라 핫조트משנה התורה הזאת)과 그것을 규칙적으로 읽으라는 18-19절을 결합했다. 로핑크가 알아차렸듯이, 여기가 신명 12-26장 내에서 법규들의 집합체를 토라*Torah*라고 부르는 유일한 곳이며, 이 명칭은 그 외에는 그 책의 중심부를 둘러싼 주변 부분에서만 나타난다.[47] 임금의 법이 이 단일체의 중심에 있기 때문에, 임금의 법에서 유일하게 긍정적인 명령을 넣은 편집의 특성은 분명하다.[48]

전제 조건의 첫 쌍을 살펴보자. 곧, 임금은 '하느님에게 선택되어야 한다'와 '그는 이스라엘의 형제여야 한다'이다. 학자들은 이 이

---

46. Hagedorn(*Moses and Plato*, 144)에 따르면 법은 본질적으로 사회적이다. "다른 사람을 희생시키면서 자신의 부를 늘리는 것은 불법이다." (또한 Schäfer-Lichtenberger, *Josua und Salomo*, 79 참조, 그는 이 금지 규정이 임금의 세금 정책을 언급한다고 본다.) 그러나 노예, 밭, 재산을 백성에게서 빼앗아 축적하고 임금이 그들의 비용으로 번성하는 1사무 8,11-17과 달리, 나는 이 법의 뿌리에 '제로섬 게임zero-sum game'이 있다고 보지 않는다. 말, 아내와 부의 축적이 다른 사람을 희생하여 일어나는 일로 묘사되지 않는다.
47. Lohfink, "Distribution", 344. 18절에서 신명기를 언급하는 '토라' 단어의 이차적, 편집적 성격에 대해서 또한 그것을 신명기계 역사가에게 돌리는 Heaton, *Hebrew Kingdoms*, 225; Mayes, *Deuteronomy*, 273 참조. '토라'는 신명 1,5; 4,8.44; 27,3.8.26; 28,58.61; 29,20.28; 30,10; 31,9.11.12.24.26; 32,46; 33,4에 언급되었다. Levinson ("Reconceptualization", 523) 역시 '토라*Torah*'라는 단어가 여기서 신명 12-26장의 법규 집합체를 의미한다는 데 동의하고, 이 절을 신명 17,11(하토라 아쉐르 요루카 אשר יורוך התורה)과 대조하여 '자기 성찰적'이라고 부른다. 거기서 '토라*torah*'는 대문자로 표현된 T가 있는 법규 집합체라기보다 여전히 개별적인 판결이나 지시를 나타낼 수 있다.
48. '마지막 개정자'라는 명칭에 대해서는 Lohfink, "Distribution", 343-344 참조. 18-19절의 이차적 삽입에 대해서는 또한 Alt, "Heimat", KS II, 264, n. 3. 참조. Mettinger(*King and Messiah*, 289-290)는 여호 1,7-8, 1열왕 2,3과 함께 이 삽입을 '법적 편집자 DtrN'의 작품이라고 생각한다. 신명 17,18-19를 이차적인 것으로 간주하는 학자들의 명단은 Gerbrandt, *Kingship*, 105, n. 5; Knoppers, "Deuteronomist", 335, n. 22 참조. 나는 문체의 변형을 기반으로 법의 후대 추가를 분별하는 대부분의 다른 제안들은 너무 이론적이라고 생각한다. Schäfer-Lichtenberger, *Joshua und Salomo*, 70-85 리뷰 참조.

중 조건이 문제가 있다고 간주했다. 일부는 단지 관계를 나타내는 문장 "야훼 너희 하느님께서 선택하실 사람을"(아쉐르 입하르 아도나이 엘로헤카 보ב: אשר יבחר יהוה אלהיך)으로 전달되는 첫 규정을 이차적 확장으로 간주하여, 원래 법을 17,15ㄴ-17,20로 제한한다.[49] 다른 이들은, 임금은 반드시 하느님에게 선택되어야 한다고 강조하는 첫 규정은 분명히 그가 본래 이스라엘 사람이라는 점까지 포괄하며, 이스라엘 사람을 임명하라는 명시적인 지시와 정당성 없는 외국인 임명에 대한 금지로 표현한다는 데 주목한다.[50] 그렇지만 필요조건 두 가지가 모두 그 법의 제안자에게 중요하다. 이중으로 강조된 이스라엘 형제의 임명은 그 법의 핵심이며, 이차적일 수 없다. 하느님의 제재 또한 결정적이다. 하느님의 인가를 받지 않았거나 마찬가지로 그 직무에 적절하지 않은 "형제"를 임명했을 때 일어나는 일은 이스라엘에서 왕정의 첫 시도를 묘사하는 아비멜렉의 이야기(판관 9장)에서 드러난다. 아비멜렉의 부계 형제 70명보다 그가 더 유리한 점은 스켐 사람들의 친족이라는 것이었다. 그가 스켐 사람들에게 말하였다. "내가 여러분과 한 골육이라는 것을 기억하십시오"(우저카르템 키-아츠메켐 우버사르켐 아니 וזכרתם כי-עצמכם ובשרכם אני: 판관 9,2). 그러자 사람들은 확신했다. "그들은 '그는 우리 친족이지'라고 생각했기 때문에"(키 암루 아히누 후 כי אמרו אחינו הוא: 판관 9,3).[51] 여기서 강조된 친족 관계는 "너희의 형제가 아닌 사람"(아쉐

---

49. Merendino, *Gesetz*, 179-182은 또한 은과 금을 축적하지 말라(17ㄴ절)는 금지 같은 다른 요소들을 신명기계 편집자에게 돌린다.
50. Jobling, *Sense*, 59 참조.
51. "바로 우리 친족이기 때문에"(키 아히켐 후 כי אחיכם הוא: 18절)는 요탐의 말에서 되풀이된다. 골육 곧 살과 뼈 모티프는, 다윗이 온 이스라엘 위에 왕좌에 오르기 전에 이스라엘 사람들이 다윗에게 하는 말(2사무 5,1)과, 압살롬의 반란 후에 그가 임금으로 복위하기 위해 움직일 때 유다의 원로들에게 하는 말(2사무 19,13: '여러분은 나의 형제이며 나의 뼈

르 로-아히카 후(אשר לא-אחיך הוא: 신명 17,15)의 임명을 금지하는 바로 그 요구 사항과 관련이 있는 것으로 보인다. 하지만 아비멜렉의 첫 행동은 정확하게 그의 친족, 그의 형제들(에하이우אחיו: 판관 9,5; 그 또한 '그들의 형제'라고 불리는 9,24과 9,56을 다시 보라)을 죽이는 것이었다. 따라서 이 일은 '형제라는' 그의 신분에도 불구하고 그가 임금으로 적합할 수 없음을 반어적으로 증명한다. 아비멜렉 이야기는 부적절한 사람("가시나무")을, 외국인이 아니라 형제임에도 불구하고 하느님의 인가를 받은 적이 없기 때문에 적합하지 않은 사람을 임명하는 데 내재된 위험을 강조하는 것으로 보인다.[52]

와 살인데', 아하이 아템 아츠미 우버사리 아템(אחי אתם עצמי ובשרי אתם)에 재등장하는데, 임금에 오르기 전 교섭 장면에 속하는 것으로 보인다(2사무 19,14에서 다윗이 아마사에게 하는 말 참조; 마찬가지로 창세 29,14에서 라반이 야곱에게 하는 말과, 문자적으로 표현된 창세 2,23에서도 증명된다). 다윗은 아비멜렉처럼 형제이면서 또한 자리를 잡은 군사 지도자이고(2사무 5,2; 19,10) 하느님에게 지명되었다(2사무 5,2).

52. 판관 9장을 스켐에 사는 가나안 주민에 관한 언급으로 보는 많은 학자들의 관점은 판관기의 구조(판관 8,33-35; 9,55-57)를 별로 고려하지 않는 분석에 기초한 것이다. 가나안 배경은 논란의 여지가 있고(Emerton, "Gideon and Jerubbaal", 295-296, n. 1 참조, 이에 반대하여 Kaufmann, *Judges*, 196, 207) 이야기 자체에서도 암시되지 않는다. "자기들의 신전"(판관 9,27)으로서 바알 브릿 신전이 언급됨(9,4)에도 불구하고, 이야기의 주요 메시지는 내부적으로 안에서 생긴 적을 다룬다. 판관기에 공통인 신학적 편집 공식은, "기드온이 죽은 후에 이스라엘 사람들은 다시 바알들을 따라 타락하였고, 바알 브릿을 그들의 신으로 삼았다"(판관 8,33)라고 주장한다. 이것은 또한 요탐의 우화가 내부의 사회적, 정치적 과정을 다루면서 상황을 해석하는 방식이기도 하다. 일련의 장면은 아비멜렉(첫 *이스라엘 사람* 임금)을 적의 역할에 넣는다(Simon, "Parable of Jotham", 2 참조). 게다가 판관기에는 이미 가나안 사람들이, 하느님께서 이스라엘 백성을 굴복하게 한 외부적으로서 명시적으로 무대에 올랐던 이야기가 있다(판관 4-5장). 철기 1기 시대의 역사적 현실은 제쳐 두고, 판관기의 문맥에서 아비멜렉 이야기는, 아비멜렉과 스켐 사람들이 이스라엘 사람인 경우에만 의미가 있으며, 실제로 그런 존재로 묘사되어 있다(판관 9,55; 참조 2사무 11,21).

3.1.1. 임금의 이스라엘인 기원

두 번째 전제 조건에 대한 현실적인 근거를 찾는 것은 크나큰 문제다. 외국인 임금이 이스라엘이나 유다를 다스린 적은 한 번도 없었다. 이스라엘("야곱"이라는 용어로)에 대한 예레미야의 예언은 "그들 가운데에서 그들의 통치자가 나오리라"(ומשלו מקרבו יצא: 예레 30,21ㄱβ)라고 약속하면서 비슷하게 이 점을 강조한다.[53] 만일 예레미야의 예언이 북 왕국과 연관된 유배 이전 교정본에서 유래한 것이라면, "북쪽은 더 이상 아시리아 통치하에 있지 않고 대신 요시야가 있을 것이라는 의미가 함축되어 있다"는 할러데이Holladay의 평가가 정확할 수 있다.[54] 외국의 통치는 예레미야서에서 환난의 때(에트 차라עת צרה: 예레 30,7)에 낯선 이(자림זרים: 예레 30,8)들의 노예로 묘사된다. 임금의 법에 대해 니콜슨Nicholson이 내리는 결론이 옳을 수 있다. "금지는 … 어떤 고립된 일시적인 사건에 근거한 것이 아니라 … 이스라엘이 실제로 … 외국인 임금의 통치와 권위에 종속되었던 상황에 근거한 것이었다."[55]

따라서 그 법에서 임금의 이스라엘인 기원을 강조한 것은, 아마도 다윗 왕조에 의해 통치되는 아시리아의 봉신 유다가 자신의 북쪽 자매 이스라엘처럼, 외국인의 통치를 받는 속주가 될 가능성의 거부를 가리킨다고 추측할 수 있다. 그래서 법은 "너희 형제 중 하나"(미

---

53. 임금의 법과 연결되는 점에서 예레 30,21에 대해서는 Galling, "Königsgesetz", col. 135; Holladay, *Jeremiah*, 179 참조.
54. Holladay, *Jeremiah*, 179. 다른 이들은 편찬 연대를 훨씬 더 후대, 유배 이후 시대에 페르시아 시대와 심지어 그리스 시대까지도 제안했다(Mckane, *Jeremiah*, 773-774에 실린 참고문 참조). 여기에서 '임금'(멜렉מלך)이 아닌 '통치자'(모쉘משל)라는 명사를 사용하는 것이 정치적-역사적 배경이나 의도된 예언적 불투명성을 나타내는지 여부도 의심스럽다(Weiser, *Jeremia*, 274).
55. Nicholson, "Do not Dare", 48.

케렙 아헤카מקרב אחיך)여야만 한다며 이스라엘 출신의 임금을 강조한다. 그러나 신명기적 세계관 안에서는 그것으로 충분하지 않다. 신명기에서 이스라엘의 통합에 가장 큰 위험은, 루이스 스툴만Louis Stulman이 말한 "타고난 내부자들", 정확하게는 너희와 가장 가까운 사람들, 너희 가운데 온 사람들(버/머키르버카מקרבכ/ב: 신명 13,2.14; 17,2), 심지어 "너희의 형제나 … 너희의 아들이나 딸이나, 너희 품의 아내나 너희 목숨과도 같은 친구"(신명 13,7)에 의해 자주 제기되었다.[56] 그러므로 그도 하느님의 선택을 받아야만 하는 것이다. 다윗 왕조에 대해서는 아무것도 언급되지 않는다. 이 이념에 따르면 선택된 왕가 다윗 집안의 한 사람이라는 개념과 달리, 모든 이스라엘 사람이 동등하게 왕위에 선택될 수 있다. 신명기에서 이스라엘의 모든 사람은 하느님의 "아들"(신명 1,31: "사람이 제 아들을 안은 것처럼, 야훼 네 하느님께서 너를 안으셨다", 아쉐르 너사아카 아도나이 엘로헤카 카아쉐르 잇샤-이쉬 에트-버노 אשר נשאך יהוה אלהיך כאשר ישא-איש את-בנו)과 같은데, 군왕 시편에 잘 알려진 하느님의 (진정한 또는 입양된) 아들로서의 임금 개념에 상반된다.

3.1.2. 임금의 법과 솔로몬 왕국

임금의 지위는 말과 아내와 은과 금을 축적하지 말라는 세 가지 금지 항목으로 제한되었다. 학자들은 이것이 솔로몬의 통치에 속한 특성에 부합한다는 것을 오랫동안 주지해 왔다.[57] 세 가지 특질은 순서는 다

---

56. Stulman, "Encroachment".
57. R. Isaac in *b. Sanh.* 21b; Cogan, *1 Kings*, 323; Heaton, *Hebrew Kingdoms*, 226. Brettler, "Structure", 92은 '1열왕 11,1-10과 신명 17,7ㄱ 사이의 일반적 연결'을 보며, 열왕기가 아니라 신명기를 원천으로 간주한다(같은 책, 93). Driver, *Deuteronomy*, 211 참조.

를지라도 그의 체제를 묘사할 때 함께 언급되었다. 솔로몬은 많은 병거와 말(군마)뿐만 아니라 은도 확보했으며 "많은 외국인 여인들"을 사랑했다(1열왕 10,26-11,6).[58] 임금의 법에서처럼, 여기서도 이집트는 말의 문맥에서 언급되었다(1열왕 10,26-29; 5,6에는 이집트가 언급되지 않는다).

> 솔로몬이 병거와 군마를 모으니 병거가 천사백 대, 군마는 만 이천 마리에 이르렀다. … 솔로몬은 이집트와 크웨에서 말들을 들여왔는데, … 병거는 한 대에 은 육백 세켈, 말은 한 마리에 은 백오십 세켈을 주고…(1열왕 10,26.28-29).

그에 따라, 학자들은 신명기에서 그 법은 그 자체로 반왕정이 아니었다고 주장하는데, 왜냐하면 '솔로몬의 죄가 이 법에 반향되어 있다'고 보기 때문이다.[59] 그러나 다른 이들은, 세 가지 특질이 의심의 여지없이 이스라엘과 유다 둘 다의 다른 많은 임금과 관련이 있었고, 한 특정한 임금에 대한 언급으로서 해석할 수 없다는 것에 주목했다.[60] 솔로몬에 대한 묘사는 그를 완전히 비판하지도, 칭찬하지도 않는다. 말과 부의 축적을 별도로 취급하는 임금의 법과 달리, 솔로몬의 규모에 대한 묘사는 솔로몬이 기병을 위해 지불한 고가高價를 언급하면서 두 가지를 함께 연결한다. 솔로몬의 은과 말의 축적은 한탄할 일이 아

---

58. Brettler, "Structure", 94. 그는 열왕기 상권의 본문이 솔로몬을 부정적으로 평가하기 위해 임금의 법을 사용했다는 자신의 관점에 비추어 순서의 변경을 설명하려 했다.
59. Weinfeld, *Deuteronomic School*, 168. 또한 Smith, *Deuteronomy*, 224 참조. Cross, *Canaanite Myth*, 240은 반왕정 성격의 임금의 법과 왕권에 대한 사무엘의 설교(1사무 8,11-18)가 "솔로몬의 구체적인 혁신을 배제하고 금지한다"라고 주장한다.
60. Mayes, *Deuteronomy*, 272.

니라 사실 감탄할 만하고, 그를 지상에서 가장 부유하고 가장 지혜로운 임금으로 만든, 그가 얻은 부에 대한 이전 설명과 일치한다(1열왕 10,23). 게리 크노퍼Gary Knoppers가 주목한 대로, 하느님은 기드온에서 솔로몬에게 부를 약속하셨고(1열왕 3,13), 그래서 그 축적은 신적 호의의 표징이다.[61] 솔로몬의 대단한 부와 기병에 대한 묘사는 그의 위대한 지혜와 더불어, 왜 모든 사람이 그에게 호화롭고 이국적인 선물을 가져다주면서 동맹이 되기를 원하는지를 설명한다.

다음에 언급된 솔로몬이 많은 아내를 얻었다는 것은 분명히 비판받고 있다(1열왕 11,6). 그런데 방점은 이 아내들이 **외국인**이라는 사실에 있고, 그것이 문제의 원인이었음이 명확했다.

> 솔로몬 임금은 파라오의 딸뿐 아니라 모압 여자와 암몬 여자, 에돔 여자와 시돈 여자, 그리고 히타이트 여자 등 많은 외국 여자를 사랑하였다. 이들은 주님께서 일찍이 이스라엘 자손들에게 이렇게 경고하신 민족의 여자들이었다. "너희는 그들과 관계를 맺지 말고 그들도 너희와 관계를 맺지 못하게 하여라. 그들이 반드시 너희 마음을 그들의 신들에게 돌려놓을 것이기 때문이다." 그런데도 솔로몬은 그들과 사랑에 몰두하였다. 솔로몬에게는 왕족 출신 아내가 칠백 명, 후궁이 삼백 명이나 있었다. 그 아내들은 그의 마음을 돌려놓았다(1열왕 11,1-3).

임금의 법은 아내의 **수**를 줄이는 것이지, 외국인 아내의 수를 줄이

---

61. Knoppers, "Deuteronomist", 337.

는 것이 아니다.[62] 솔로몬의 경우 외국인 아내들은 "그의 마음을 그들의 신들을 따르도록 돌려놓았다"(1열왕 11,2.4). 아내들이 주어이고, 동사는 나타׳ / נטה의 히필형(히투׳טה)으로 타동사이다. 법에서는 임금의 마음이 주어이고 동사는 수르סור의 칼형이고, "그의 마음이 잘못되지 않도록"(워로 야슈르 러바보ולא יסור לבבו), 자동사 형태의 동사이다. 게다가 법을 준 이유에 우상숭배가 언급되지 않았다. 임금은 국적에 관계없이 아내를 많이 두지 않을 수 있다. 동사 수르(סור: 외면하다, 마음이 멀어지다)는 전형적인 신명기계 어구이고 배교를 나타낼 수 있으나(신명 11,16), 배교가 여기에 분명하게 명시되어 있지 않다. 그 동사는 하느님의 명령에 대한 일반적인 불순종을 나타낼 수도 있는데(신명 17,11), 세 번째 금지 후에 다음과 같이 설명한 대로이다. "계명에서 오른쪽으로도 왼쪽으로도 벗어나지 말아야 한다"(우러빌티 수르 민-함미츠와 야민 우서모울ולבלתי סור מן-המצוה ימין ושמאול: 신명 17,20).[63] 이미 쿰란의 해석(11QT 57,15-19)과 미쉬나(*Sanh.* 2,4)에서 제안했던 공통 이해와 달리, 임금의 법은 우상숭배의 위험이나[64] 또는 이스라엘의 순수함에 관심이 없다. 외국 예배는 그 법에서 눈에 띄게 빠져 있다.

솔로몬의 행위에 대한 묘사와 임금의 법 사이의 차이에 비추어 볼 때, 후자가 솔로몬의 죄를 단순히 반향한 것이라고 볼 수 없다. 또한 솔로몬의 긍정적 특질인 말과 부의 축적을 금지하는 솔로몬에 대한 묘사를 논박할 수도 없다. 만일 이것이 사실이었다면, 왜 솔로몬의

---

62. Knoppers, "Deuteronomist", 343 참조: "배우자가 문제가 되는 한, 일부다처제가 아니라 일부일처제가 신명기주의자의 관심사이다."
63. 신명 28,14와 비교하여 신명 5,32도 참조. 수르סור를 사용하는 신명기와 신명기계 본문의 목록에 대해서는 Hoffmann, *Reform*, 332 참조.
64. Hagedorn, *Moses and Plato*, 143 참조.

가장 큰 죄인 배교, 신명기가 선호하는 이 주제가 외국인 출신 아내에 대한 언급과 함께 그 법에서 완전히 빠졌는가? 나는 두 본문 사이의 직접적인, '발생론적' 연결 고리를 반드시 살피지는 않는다. 임금의 법과 솔로몬의 위엄에 대한 묘사가 모두 제국의 상징적 특질이라는 세 번째 개념을 고수한다. 본문들은 반대되는 두 관점에서 제국의 통치를 묘사한다. 솔로몬의 통치에 대한 묘사는 "일반적으로 고대근동의 왕실 선전에 부합한다."[65] 임금의 법은 그것을 거부한다.

3.1.3. 말, 재산 및 아내 축적 금지

바인펠트Weinfeld는 임금의 법을 메소포타미아와 이집트에서 "임금에 대한 지침"으로 알려진 유형과 비교하였다.[66] 그러한 지침들에서 임금은 신하들에게 공정하게 행동하고 자신의 역할을 다하라는 경고를 받는다. 바인펠트는 돈을 탐내지 말라는 충고와 같은 임금의 법과의 유사성을 강조한다.[67] 그러나 그 차이들은 훨씬 더 두드러진다. 임금의 법은 군사, 종교, 또는 재판 등 임금의 주요 역할과는 무관한 독특한 조건을 다룬다. 그것은 내부의 정치적 투쟁을 다루지 않으며, 언급조차 되지 않은 다른 엘리트들에게 힘을 실어 주지도 않는다.[68] 그 법에서 부정적인 공식으로 규정한 것은 설명할 가치가 있다.

---

65. Knoppers, "Deuteronomist", 341.
66. Weinfeld, *Deuteronomy 1-11*, 56-57. 크노퍼의 비평, Knoppers, "Deuteronomist", 329, n. 2 참조.
67. 특히 그는 앗슈르바니팔의 문서고에서 '군주에 대한 충고'와 그것의 콜로폰colophon을 언급하는데, 이것은 서판에 지침을 기록하고 임금이 끊임없이 읽을 수 있도록 궁전에 두는 것을 말한다(Weinfeld, *Deuteronomy 1-11*, 56). 그러나 이것은 신명기계가 그 법에 추가한 신명 17,18-19를 가리킨다. 반면에 원래의 법은 임금에게 어떤 적극적인 의무도 부여하지 않으며, 심지어 토라에 전념하는 학생의 의무도 아니다. 아래 참조.
68. 이것은 Dutcher-Walls의 가설이다. "Circumscription", 607-609.

말을 늘리거나 말을 늘리기 위해 백성을 이집트로 돌려보내는 것을 금지한 규정은 호세 11,5에 비추어 설명되어야 한다. 거기서 백성이 이집트로 돌아가는 것은 아시리아의 봉신 지위와 연결되고("그들은 이집트 땅으로 돌아가고 아시리아가 바로 그들의 임금이 되리니", 로 야슙 엘-에레츠 미츠라임 워앗슈르 후 말코 לא ישוב אל-ארץ מצרים ואשור הוא מלכו), 정치적 계약의 영역에 속한다.[69] 금지의 목적은 주로 "가령 전쟁에서 사용하려고 의도된" 말을 늘리지 못하게 하려는 것이다.[70] 그러므로 여기서 금지 명령은 중요한 군대를 형성하거나 또는 다른 제국과 연합하여, 제국으로서 행동할 가능성에 대비하여 지시된 것이다.[71] 제국을 위한 기병 전력의 중요성은 성서에 나오는 산헤립의 원정 이야기에도 반영되어 있다. 랍 사케는 그의 주군 아시리아 임금이 히즈키야에게 말

---

69. 신명 17,16; 28,68과 호세 8,13; 11,5 사이의 연결에 대해서는 Weinfeld, *Deuteronomic School*, 168; Lohfink, "Hos. xi", 227 참조. Wellhausen, *Composition*, 358. 그는 이미 신명 17,16과 호세아의 연결에 대해 간략하게 언급했다.
70. Driver, *Deuteronomy*, 211. Gerbrandt가 제안한 대로(*Kingship*, 111), 기마와 병거로 공격해 오는 적의 묘사(신명 20,1)와 이 구절에 어울리는 개념인, 방어하는 군대의 역할에 대해 이 법은 아무것도 말하지 않는다. 그 법은 또한 임금의 말 늘리기를 금지하는 반면에, 이스라엘의 엘리트 계급인 다른 사람들의 수중에 군사 기술을 전담시키는 것에 대해서는 아무 말도 하지 않는다(Dutcher-Walls, "Circumscrtiption", 608의 견해에 반대하여). 성경에서 말과 그 상징적인 의미에 대해서는 Dolgopolsky-Geva, "Horses" 참조.
71. Reimer, "Return to Egypt", 226에서 이집트 의존을 금지하는 예언자 전승(이사 31,1; 에제 29,16)을 지적한다. 그러나 그 법에서 빠진 것이 바로 그 뉘앙스다. 임금이 "백성을 이집트로 돌려보내는" 이유는 지역의 초강대국이 주는 도움에 의존하기 위함이 아니라, 말을 늘려서, 즉 대군을 만들어서 그 자신의 제국을 건설하기 위함이다. 처벌(호세 8,13; 9,3; 신명 28,68)을 받아 이집트로 돌아가는 것은 이 해석과 모순되지 않는다. 호세아서에서 이집트의 정치적 멍에를 기꺼이 지는 사람들은 그들이 이집트에서 다시 노예가 된 것을 발견하더라도 놀라지 말아야 한다. Donald Schley는, 앗슈르바니팔의 첫 번째 이집트 원정 때 그가 육지와 바다에서 그의 봉신 22명의 군대와 동행했으며 그들 중에 유다 임금 므나쎄도 있었다고 기록한 연대기에 비추어, 사람들을 *배*에 태워 이집트로 되돌려 보내겠다는 신명 28장의 위협이(Schley, "Return to Egypt", 667) 의미를 가진다고 제안했다. 관련 구절은 최신 버전인 연대기 A본에서 찾을 수 있다. "나는 자신들의 군대를 거느리고 온 이들(22명) 임금을 육로와 해로에서 내 군대와 동행하게 했다"(*ANET*, 294). 기원전 676년 원통형 돌기둥 C에 새겨진 기록에서, 므나쎄는 에사르하돈의 충실한 봉신 22명 사이에 나열되어 있다(*ANET*, 291).

2,000필을 줄 수 있다고 뽐내는데, 왜냐하면 유다 임금은 기수들을 마련할 수 없기 때문이다. 동시에 그는 병거 부대를 제공한다는 이집트의 능력을 조롱한다(2열왕 18,23-24). 이 강조는 기병 전력과 제국 사이에 드러나는 바로 그 등식에 의존한다.[72]

늘어나는 아내도 마찬가지로 제국의 통치자를 가리킨다. 국제결혼은 이웃 국가와 봉신 왕국들의 왕실 부인과 후궁들의 교환을 포함하며 외교 관계의 중요한 양상이다. 말, 은, 금과 함께 많은 아내는 제국을 나타내며, 제국의 정치 전략에서 필수 구성 요소이다.

이 법 본문의 저자가, 가능한 왕권의 모든 상징 중에서 말, 아내와 부의 증대라는 세 가지 특징을 선택한 것은 주목할 만하다. 저자는 왕권을 드러내는 다른 모습에 대해, 특히 성전-궁전 단지 같은 대형 건축 사업이나, 정의 집행 및 대사제로서의 업무 또는 사람·동물·자연재해에 대한 승리의 기념 같은 왕실 업적을 언급하지 않는다.[73] 공공 건축 사업과 군사 원정은 지역 왕실 비문들에서 가장 두드러진 특징으로, 모압 임금 메사의 비문과 하맛 임금 자쿠르에 의해 언급된 건축 활동이 그 예이다.[74] 만일 지역 왕권이 여기서 비판받았다면, 이 특징들이 표적이 되었어야 하는 것으로 보이는데, 그것들은 임금의 법에서 문제로 간주되지 않는다. 그 법은 또한 세금 제도의 도입, 또

---

72. 같은 상징들이 아가에서도 언급되는데, 거기서 애인은 "파라오의 병거를 끄는 준마"에 비겨지고, "금줄"과 "은구슬"로 꾸며지고(아가 1,9-11), '예순 명의 왕비와 여든 명의 후궁과 수없이 많은 궁녀'가 '유일한 하나'와 비교된다(아가 6,8-9). 이미지는 제국의 웅장함을 표현하는 동일한 상징 세트를 기반으로 한다.
73. Reade, "Ideology and Propaganda", 331; 산헤립에 관련해서는 Russel, *Sennacherib's Palace*, 241-267 참조. 아시리아 작품에서 비슷한 유형의 왕실 상징에 대해서는 Reade, "Ideology and Propaganda"; Magen, *Assyrische Königsdarstellungen* 참조.
74. 대부분 이러한 업적들은 전임 임금의 시대에 만연한 비참한 정세와 대조된다(Green, *Great Works*, 86, 120-121,146-147).

는 사무엘이 말한 '임금의 권한'(미쉬파트 함멜렉משפט המלך: 1사무 8,11-17)에서 국가의 원수이자 군대의 수장으로서 임금의 주요 특권인 상비군 창설을 언급하지 않는다.[75] 이 법은 그러한 중앙집권적 왕실 행정에 반대하는 표현을 하지 않는다.[76]

그래서 이 법은 지역 왕권이 아니라 제국 건설을 겨냥하고 있다. 신명기에 의해 금지된 세 가지 과도함은 고대 제국에 필수적인 것들이고, 심지어 제국을 건설하기 위한 전제 조건으로 간주될 수 있다. 사무엘 드라이버Samuel R. Driver가 그것들을 한 문장으로 바꾸어 말한 것이 거의 맞다. "그는 … 동방의 대大전제군주를 모방하지 않는다."[77] 말[馬]들은 광활한 전장터에서 대규모 작전을 수행할 수 있는 중요한 군대를 조직하는 데에 필요하다. 기원전 천년기의 주요 군사력은 상당한 병거 부대 없이는 성공할 수 없었다. 숙련된 병거 부대를 유지하는 것은 비용이 많이 들고 전문화가 필요할뿐더러 국제 무역에도 의존해야 한다. 따라서 솔로몬 시대를 묘사한 글은 말과 재물을 모은 것에 대해 그를 칭송하는 반면에, 임금의 법은 그러한 축적을 억제하고, 이스라엘이 제국을 건설할 가능성을 효과적으로 금지한다.[78] 이것

---

75. Knoppers, "Deuteronomist", 332에 인용한 의견에는 유감이다. "만일 사무엘의 발언(1사무 8,10-18; 10,17-19; 12,1-25)이 임금이 자기 백성에게 가할 수 있는 억압의 종류를 자세히 설명한다면, 신명 17,14-20의 저자는 그러한 권력 남용을 금지한다." 임금의 법과 임금의 권한 사이의 차이에 대해서는 Hamilton, "Past as Destiny", 238 참조.
76. 이 의견을 가진 학자들은 McConville, "King and Messiah", 276 참조.
77. *KAI* 202. Driver, *Deuteronomy*, 209 참조.
78. 이사야서에서 은, 금, 말과 병거들의 축적에 대한 비평은 다시 함께 묶였다. "그들은 이방인의 관습으로 가득하고, 그들의 땅은 은과 금으로 가득하고 그들의 보화는 끝이 없습니다. 그들의 땅은 군마로 가득하고 그들의 병거는 끝이 없습니다. 그들의 땅은 우상으로 가득합니다…"(이사 2,6ㄴ-8ㄱ). 이 절들은 임금이 아니라 백성에 대해 말하고, 금, 은, 말의 축적만을 언급하지만, 그 추론은 임금의 법보다 많은 아내를 둔 솔로몬에 대한 부정적인 묘사에 더 가깝다. 국가적 특수성의 문제는 종교적 배타성과 밀접하게 관련되어 있고, 이사야가 보물과 말의 축적을 명시적으로 거부하는 까닭은 그것들이

은 다음과 같은 게리 크노퍼의 질문에 대한 답변이다. "신명기 저자가 임금이 은, 금, 아내 또는 말을 축적하는 것을 불법으로 여겼다면, 왜 그는 이 기준에 따라 통치자를 비판하지 않는가?"[79] 이 법은 반왕정 제도가 아니라 반제국주의 논쟁을 표현하고 있다.

3.2. 임금의 법과 아시리아 규범

유다가 아시리아의 봉신이었을 때 또는 아시리아 통치 체제가 끝난 직후에 작성된 신명기 법전의 핵심이 기원전 7세기로 거슬러 올라간다고 간주하면, 이 법은 아시리아의 지배라는 배경과 대조하여 평가되어야 한다. 중심부와 주변부 사이의 관계에 대한 사회학적 연구를 바탕으로 패트리샤 도처 월스Patricia Dutcher-Walls는, 이 임금의 법이 말, 아내 및 부의 축적을 금지함으로써, 아시리아와 충실한 관계를 유지하면서 "그 자신의 왕권 개념을 그 시대의 주요 세계 제국의 주변에 있는 군주의 생존에 필요한 요건에 적합하게 했다"라고 주장했다.[80] 나는 그 법이 특히 제국 건설에 관련된 왕권의 양상들을 제한한다는 그녀의 분석에 동의하는 한편, 내 생각에 그것은 반대 방향을 가리키고 있다. 앞에서 논의한 삼알의 임금 바르-라키브의 비문은 아시리아 왕실의 요구와 아시리아에 충성스러운 봉신의 지위가 거의 같다는 것을 확인하는 본문을 대표한다. 임금의 법은 이와 같지 않다.

백성을 잘못 인도하는 외국 종교와 연관되어 있기 때문이다. Becker, *Jesaja*, 172-173에서 그는 이 구절이 유배 이후 숙고로 후대 것이라 하며, 다음 구절(이사 2,12-17)의 주제인 오만과 자만의 예로서 솔로몬의 이야기와 임금의 법에서 재물과 말을 축적하는 예를 취한 것이라고 제안했다. 반대 의견은 Hagedorn, *Moses and Plato*, 142 참조. 그는 신명기의 그 구절들의 연대가 기원전 5세기일 수 있다고 생각한다.

79. Knoppers, "Deuteronomist", 337.
80. Dutcher-Walls, "Circumscription", 615.

반대로, 그것은 아마도 아주 다른 종류의 생존 전략을 나타내며, 일반적인 제국 주변국으로 치장한 아시리아 통치에 대한 논쟁일 것이다. 쟁점은 사실 이스라엘의 특수성이고, 아시리아의 멍에 아래 있는 다른 모든 나라와 달리, 오직 자신의 하느님에게만 진정한 봉신이 되어야 할 이스라엘의 필요성이다. 하느님과 이스라엘 사이의 계약 신학을 강조하는 것으로써, 신명기의 저자들은 하느님과 그분의 권위를 직접 위협하는 아시리아의 통치를 거부한다. 임금의 법은, 그 저자들이 유다가 아시리아의 직접적인 통치하에 있는 아시리아의 속주가 될까 봐 두려워했음을 구체적으로 보여 준다. 기원전 7세기 내내 이스라엘의 특수성은, 실제로는 아니더라도 이념으로는 하느님의 통치에 반대되는 아시리아의 멍에를 거부하기를 요구하였다.

아시리아의 정치적 세력이 성장하는 것과 병행하여 그들의 왕권 개념은 발전하였다.[81] 아시리아 세력의 확장으로 임금의 직함은 단순한 '부副-섭정*iššiʾakku*', 즉 실제 통치자(앗슈르 신)의 단순한 대리자에서 '임금*šarru*'으로 변형된다.[82] 아시리아 내에서 호칭 '임금'은 아시리아 임금에게만 주어졌다.[83] 외국의 통치자들은 그들의 출신지로, 예컨대 "우라르트인*Urartian*"[84] 또는 "수부리아인*Šubrian*"으로[85] 불렸다.

카렌 라드너Karen Radner에 따르면 아시리아 왕권의 세 가지 전제 조건은 다음과 같다.[86]

---

81. 이 점에 대해 Grayson, "Early Development", 312 참조.
82. Grayson, "Early Development", 315.
83. Radner, "Assyrian", 26.
84. 예로 SAA V 35:19,24; SAA V 113: rev. 3 참조.
85. SAA V 25:7; SAA V 33:7.
86. Radner, "Assyrian", 27.

(1) 특정 가문의 남성 혈통의 후손[87]

(2) 왕세자로 책봉되는 데 이미 필요한 신적 정당성

(3) 왕세자 때 이미 입증된 통치 능력

임금의 법에서 전제 조건은 두 가지 다른 방식으로 아시리아식 요구에 부합하는 것 같다.

(ㄱ) 임금은 하느님에게 선택되어야 한다는 요구는 아시리아 왕세자에게 요구되는 신적 정당성 필요와 동등하다. 신의 선택은 고대근동에서 일반적으로 공통된 전제 조건이었다.[88] 그러므로 그것이 임금의 첫 번째 속성이라는 것은 놀라운 일이 아니다. 그는 무엇보다도 "야훼, 너희 하느님이 선택하는" 임금이어야 한다(신명 17,15).

(ㄴ) 신명기 법은 임금이 너희들 중 하나인 이스라엘 사람이어야 한다고 강조한다. 일찍이 주목한 대로, 호기심을 끄는 이 전제 조건이 법의 핵심을 나타내는 듯한데, 이중으로 강조되며 백성에게 부과된 유일한 요구다. 이 핵심 어구는 임금은, 여신 벨레트-일리*Belet-ili*가 특별히 창조한 특정 가문의 자손이어야 한다는 아시리아의 요구와 연결된다. 앞의 전제 조건과 달리 이것은 아시리아 왕실의 관습을 따르지 않고 오히려 반대하며, 특히 아시리아 임금이 이스라엘을 다스릴 가

---

87. 이것은 기원전 2천년대 전반기에 바빌론을 통치했던 아모리 왕조의 혁신으로 보인다. Lambert, "Kingship", 61-63 참조. 네부카드네자르 1세(기원전 1124-1103)에 대한 시적詩的 묘사에서 그는 "대홍수 이전부터 지켜 온 자손"이라고 불리며 태고 혈통을 주장한다 (Lambert, "Seed of Kingship"; Frame, *Rulers of Babylonia*, 23-28; Foster, *Before the Muses*, 376-380).
88. 신바빌로니아 영역에서 신의 임금 선택에 대해 Jursa, "Neo-Babylonian Empire", 122 참조.

능성을 거부한다.

두 가지 전제 조건에다 요약한 제국의 세 가지 주요 특성을 결합한 형태로서 이 법은 아시리아 통치에 맞서는 논쟁으로 자리한다. 하느님을 온 세상의 임금, 삶과 죽음을 관장하는 대군주, 이스라엘이 그의 규칙을 어떻게 준수하는지에 따라 그들에게 축복과 저주를 내리는 책임 있는 통치자로 묘사하는 신명기 책의 전체 기획과 함께 보면, 임금의 법은 완벽하게 이해된다. 그 법은 이스라엘 또는 유다의 특정한 임금에 대한 비판이 아니다. 사실 기원전 7세기에 유다는 아마도 중요한 병거 부대를 유지할 능력이 없었을 것이고, 그런 부대는 이집트에 의존해야만 했다.[89] 우리는 이 시기에 많은 아내를 거느렸던 임금에 대해 알지 못하며, 은과 금이 얼마나 많았는지도 의문이다. 그러나 아시리아의 충실한 봉신이었던 기원전 7세기 임금들이 개인의 부를 많이 축적할 수 있었을 가능성은 낮다. 따라서 임금의 법은 이스라엘의 내부 논쟁이 아니라, 아시리아의 압력에 대한 반응이고, 아시리아 멍에에 대한 비명이고, 외국인에게 통치되는 아시리아 속주로 전환되는 것에 대한 경고이다. 그러므로 여기에 나오는 2인칭(신명 16,19-20에서 판관들에게 한 말 참조)은 임금을 직접 향하지 않고 백성을 향해 하는 말이다.[90] 이 본문은, *제국* 개념은 이스라엘 왕권이 아닌 "다른 모든 민족 같은" 외국의 것임을 알린다. 이 점은, 사무엘기 상권에서 왕정이 어떻게 세워졌는지에 관한 이야기뿐만 아니라, 왕정을 세워 달라

---

89. Dolgopolsky-Geva, "Horses", 80.
90. 판관에게 한 연설과 임금의 법 각각에 붙어 있는 제한들 사이의 차이점에 대해서 Schäfer-Lichtenberger, *Josua und Salomo*, 73 참조.

는 백성의 처음 요청이라는 외관 아래 숨은 본문에 암시되어 있다.

이 논쟁이 암시적이라는 사실은, 아마도 제국의 지배하에 표현된 이념에 관해 신중할 필요가 있다는 증거일 것이다. 신명기 책에는 아시리아가 전혀 언급되지 않지만, 당대 청중들은 아마도 본문에 암호문으로 담긴 반아시리아 메시지를 해독할 수 있었을 것이다. 따라서 반왕정의 태도는 아시리아의 통치하에 선전되고, 정복당한 사람들에게 이해된 아시리아 임금의 왕족 이미지에 대한 반응이다. 신명기에서 인가하는 왕권의 본보기는 제국을 대표하는 바로 그 특성, 곧 말, 외교적 혼인 및 부에서 제한되고 한정된다. 그것은 또한 아시리아가 지닌 소견과는 반대로, 왕국의 "국민 중 으뜸가는 사람"에 대한 매우 다른 성격을 묘사한다. 즉, 임금은 특별한 사람이 아니라 이스라엘 사람 중 누구일 수 있으며 형제들 가운데 하나이다. 하느님이 이스라엘의 유일한 참지배자이며, 이스라엘은 오직 그분께만 충성한다.[91]

4. 바빌로니아 임금의 굴욕 의례

이 맥락에서 왕권을 상징적으로 제한하는 고대근동 의례가 떠오른다. 후기 바빌로니아 문서에 의하면 바빌론에서 거행했던 아키투 축제에는 니산 달 제5일에 임금의 굴욕 의례가 포함되어 있었다.[92] 이날 대제

---

91. 잘 알려진 이 현상에 대해 방법론적 가정을 점검한 최근 연구로 Weeks, *Admonition*, 134-142; Otto, *Gottes Recht*, 128-166 참조.
92. Thureau-Dangin, *Rituels*, 127-154; 번역 A. J. Sachs in *ANET*, 331-334, Cohen, *Cultic Calendars*, 441-447.

사장은 임금의 예복을 벗기고 그의 귀를 끌고 가, 신의 현존 앞에서 그의 얼굴을 때리고 무릎을 꿇게 했다. 그런 다음에 임금은 벨(= 마르둑)의 신성을 소홀히 하지 않고 그의 신전 의식들을 잊지 않았다는 등의 종교적 의무와 함께, 도성과 신하들에 대한 책임과 보살핌을 언급하면서, 일련의 죄를 짓지 않았다고 1인칭으로 부인하는 고백을 했다 ("나는 바빌론을 멸망시키지 않았고, 그것을 무너뜨리라고 명령하지도 않았다. … 나는 어떤 시민의 얼굴도 때리지 않았다. 나는 그들을 모욕하지 않았다 … 나는 그 벽을 부수지 않았다").[93] 신의 응답은 "두려워하지 마라$l\bar{a}$ $tapallaḫ$"라는 격려 정식으로 시작하여, 임금에게 번영과 군사적 성공을 약속했다.[94] 임금의 예복인 홀, 작은 원고리(반지, 목걸이), 철퇴, 왕관이 임금에게 반환되면 대제사장은 다시 그의 뺨을 때렸고, 신의 은혜의 표시로 눈물이 흘러야 했다.

종교사가 조나단 스미스Jonathan Z. Smith가 지적했듯이, 굴욕 의례와 임금의 부인 고백에는 "부조화의 요소"가 있다.[95] 그는 제안하기를, 부인 고백은 외국 통치자의 행동을 반영하고, 임금은 외국 임금의 하나처럼 자신이 행동하고 있다는 사실을 부인한다는 것이다. "만일 네가 악한 외국 임금들이 행한 대로 행하면 신들에게 왕권을 빼앗길 것이다. 그와 반대로 행하면, '홀과 왕관과 칼이 임금에게로 돌아오리라.'"[96] 임금의 이 굴욕에서 제기되는 부조화 요소를 해결하기 위

---

93. Thureau-Dangin, *Rituels*, 144, II. 424-430; Cohen, *Cultic Calendars*, 447.
94. 이 정식의 기능에 대해서는 Nissinen, "Fear Not", 132 참조.
95. Smith, "Pearl".
96. Smith, *Map*, 73. 스미스는 이 종교적 국가 의례를, 신년 축제 동안 읊는 에누마 엘리쉬에 연결한다. 바빌론과 마르둑의 신전 에사길라를 창조하는 데에서 절정에 달하는 이 신화는 아시리아의 첫 번째 바빌론 지배 기간에 작성되었다(기원전 1200).

해, 스미스는 이 의례를 외국 통치에 대한 원주민의 응답이라는 맥락에 배치한다.[97] 임금의 법과 바빌로니아 임금의 부인 고백에 있는 부정적인 내용은 임금은 무엇을 하지 *말아야 하는지* 혹은 했으면 *안 되었는지*에 초점을 맞추고 있다. 그것들은 특정한 역사적 상황과 성경의 법을 연관시키려는 시도에 반영되어 비슷한 부조화의 느낌을 유발한다. 부조화는 위기, 세계 질서의 감각과 실제 사이의 충돌을 반영한다는 스미스의 통찰력 있는 해석은, 임금의 법에 이중으로 강조된 외국 통치의 금지와 정치적 예속에 대한 반응인 부정적 금지 명령 사이의 연결을 해명하는 데 도움을 줄 수 있다.

그런데 두 본문에는 큰 차이도 있다. 바빌로니아 임금의 연례적인 굴욕 의례는 공간과 시간의 제약을 받았고, 신적 영역의 인간 대리인이라는 신분을 *확증하려는* 의도를 가졌다. 그것은 한편으로 임금의 인간성과 바빌론의 실제 군주인 신의 눈앞에서 통치할 조건부 권리를 강화했다. 그것은 임금이 그의 권력을 덜 남용하도록 만드는 액막이로 기능했다.[98] 동시에 왕실 휘장을 벗기고 새롭게 입히는 의례는 왕권 갱신을 상징하고 임금의 역할을 강화했기에,[99] 그것은 결코 반군

---

97. 스미스가 의례 본문을 셀레우코스의 바빌론 정복에 대한 응답으로 보는 관점은 조머 Sommer("아키투 축제")에게 당연하게 비평받았다. 하지만, 축제의 우주-재생 차원을 재확인하는 데 도움을 주는 반면에 부인 고백을 아키투 축제(같은 책, 87)의 둘째 날에 행하는 상징적 성전 파괴와 관련하여 설명한 좀머의 주장은 고백에서 임금이 언급하는 주민의 굴욕이나 도성 벽의 파괴 같은 다른 행동들을 설명하지 않는다. 그래서 부조화를 해결하기에 충분하지 않다. 설령 부인 고백이 *Nebu-šum-iškun* 같은 원주민 비빌론 임금의 행동들에 대한 묘사(기원전 760-748; Sommer, "Akitu Festival", 85)와 일치할 수 있을지라도, 그 목적이 내게는 반대 방향인 듯 보인다. 즉 파괴적인 행동을 그에게 연관시킴으로써, 그것은 바빌로니아 임금이 적으로서 행동한다고 암묵적으로 비난한다.
98. Hamilton, *Body Royal*, 123. 그는 또한 외국의 적보다는 임금의 악한 행위를 제한하는 여러 다른 본문 가운데서, 왕정제 권력을 유사하게 의례화하여 제약한 것으로서 1사무 8장의 왕권 묘사를 파악한다.
99. Frankfort, *Kingship*, 320.

주적이지 않다. 바빌로니아 임금이 신의 인간 섭정이고 그에게 응답해야만 하는 데 비해, 왕권은 지상의 주요 기능에서 매우 중요한 역할을 하며, 이는 아키투 축제 동안 행해진 의례에서 확인된다.

반대로 임금의 법과 다른 반왕정 성경 본문들은 한편으로는 임금에게 굴욕을 당하게 하지 않으며, 다른 한편으로는 그의 위치에 어떤 중요성도 부여하지 않는다. 그는 백성과 하느님 사이의 중개자가 아닌데, 그 역할은 예언자들에게, 또 다른 방식으로는 사제들에게 예비된 것이다. 임금의 법에서 임금이어서는 안 되는 사람(외국인)과 그가 해서는 안 되는 일(제국 건설)을 강조하는 것에서 그 법 형성의 진정한 색채가 드러난다. 이 법은 외부인이든 내부인이든 통치자의 파괴적 행동을 나타내는 것이 아니라, 제국 건설에 대한 훨씬 더 미묘하고 민감한 비판이다.

5. 임금의 법과 바빌로니아 통치

신바빌로니아 임금 역시 신들의 지상 대리자라는 그의 역할에서 권력을 얻었다.[100] 그러나 현존하는 신바빌로니아 임금의 비문에 반영된 이미지는 아시리아 임금의 이미지와 상당히 다르다. 그것은 "신바빌로니아 임금의 주요 종교적 의무, 즉 메소포타미아의 주요 신들에 대한 제의의 보증인으로 행동해야 하는 의무"에 초점을 맞추며, 그들이 신의 선택을 받았음을 반복적으로 강조함으로써 통치자의 정당성을 강

---

100. Jursa, "Neo-Babylonian Empire", 122.

조한다. "이러한 이유로 신전 건축, 신전 복원 작업 및 더 작은 규모의 도시 재건은 비문의 주제에 크게 영향을 미친다."[101] 이 점은 신아시리아 임금의 비문에서 강조된 군사적 정복과 극명한 대조를 이룬다. 볼리외Beaulieu에 따르면, 바빌론 임금은 "정복자, 행정가, 또는 사회 정의의 구현자로 묘사되지 않고 종교 지도자와 지혜의 교사"로 묘사되었다.[102] 대홍수 이전 현인의 전통은 대홍수 이전 임금의 전통과 유사하여[103] 바빌로니아 왕정이 사라진 후 서기관 엘리트들이 우위를 차지하게 되었다.[104] 따라서 신바빌로니아 제국과 그 여파에서는 임금과 현인의 역할로 대표되는 지혜와 가르침의 부상이 특징적이다.

앞에서 살펴본 대로 18-19절은 임금의 법에 대한 후대 첨가이다. 그 부분은 법이 임금에게 요구하는 유일한 것을 다루는데, 그는 살아 있는 동안 토라의 법을 읽고 준수하기 위해 토라의 사본을 만들거나 만들어 주어야 한다.[105] 개정자는 부의 축적 금지와 그 근거 사이에 토라에 대한 이 언급을 배치했다.

> 임금은 왕위에 오르면, 레위인 사제들 앞에서 이 율법의 사본을 책에 기록해야 한다. 그리고 그것을 자기 곁에 두고 평생토록 날마다 읽으면서, 주 자기 하느님을 경외하는 법을 배우고, 이 율법의 모든 말씀과 이 규정을 명심하여 실천해야 한다(신명 17,18-19).

---

101. Jursa, "Neo-Babylonian Empire", 122.
102. Beaulieu, "Nabinidus", 142.
103. Beaulieu, "Nabinidus", 160-161.
104. Beaulieu, "Nabinidus", 163.
105. 여기에 인용된 NJPSV 번역에 대해 소네Sonnet가 이의를 제기하였다. 그는 임금에게 요구되는 유일한 행위는 레위 지파 사제들의 감독하에 그가 직접 토라 전체의 사본을 작성하는 것이라고 제안하면서, 글쓰기는 고대근동에서 종종 왕족과 연관되어 있다고 강조한다(Sonnet, Book, 72-78).

여호 1,7-8 역시 비슷한 세계관을 반영한다. 정복을 위한 군사 지도자인 여호수아가 성공하기 위한 핵심은 모세가 명령한(여호 1,7; 다시 23,6에서; 참조 8,34) 가르침인 토라를 따르고 끊임없이 암송하는 것이다(여호 1,8). 임금의 법에서처럼, 이 절들은 후대 첨가된 것으로 이전의 하느님의 격려를 재해석하며, "힘과 용기를 내어라"(6.9절)의 반복으로 표시된다.

6. 결론

기원전 586년에 벌어진 예루살렘의 파괴는 실제로 성경이 형성되게 하는 주된 요소였으나, 아시리아 봉신 지위의 이념적 압력(기원전 8세기 말과 7세기)에 대한 이스라엘 서기관과 그 이후의 유다 서기관들의 반응이 먼저 있었다. 임금의 법(신명 17,14-20)은 이 두 번의 중요한 시기가 성경을 작성하는 집단의 이념과 그들의 문학적 결과에 미친 영향을 가장 잘 보여 주는 예이다. 법은 인간 사회에서 가장 강력한 역할을 제한했는데, 그렇지 않으면 그 역할이 통치의 궁극적 형태로 간주되었다. 말, 아내, 부의 축적(제국의 힘 상징)을 금지하는 이 법은 반제국 논쟁을 표현한다. 임금은 하느님에게 선택되어야 하고, 이방인은 안 되며 반드시 이스라엘 형제여야 한다는 법의 두 선행조건은 아시리아 왕권의 두 전제 조건에 해당한다. 법은 신의 승인이라는 개념에 동의하는 반면, 임금은 여신 벨레트-일리*Belet-ili*가 별도로 창조한 특정 가족에 속해야 한다는 생각은 거부한다. 이스라엘인 출신의 임금에 대한 강조는, 아시리아가 임명한 외국인에게 통치된 북쪽 자매 이스라엘처럼 유다도 아시리아의 속주가 될 수 있는 가능성을 물리치려는 데에서 유래했다. 아시리아의 통치는 이념적으로 하느님 통치에 반대되는 것으로 간주되었다. 예루살렘이 멸망하고 왕정이 중단된 후에, 그 법은 토라의 책에 의존하면서 종교적 지도자의 새로운 학문적 이상에 맞게 조정되었다(신명 17,18-19). 이 새로운 개념은 임금의 종교적 역할을 강조하는 현재의 바빌로니아 왕권 개념에 부합하고, 새로운 학문적 이상을 제시했다.

참고문헌

ALT, A., "Die Heimat des Deuteronomiums", in: *idem, Kleine Schriften zur Geschichte des Volkes Israel*, vol. 2, Munich 1953, 250–275.
ANNUS, A., *The Standard Babylonian Epic of Anzu* (SAACT 3), Helsinki 2001.
BEAULIEU, P.-A., "Nabonidus the Mad King: A Reconsideration of His Steles from Harran and Babylon", in M. Heinz / M. H. Feldman (eds.), *Representations of Political Power: Case Histories from Times of Change and Dissolving Order in the Ancient Near East*, Winona Lake, IN 2007, 137–166.
BECKER, U., *Jesaja – von der Botschaft zum Buch* (FRLANT 178), Göttingen 1997.
BRETTLER, M. Z., "The Structure of 1 Kings 1–11", *JSOT* 49 (1991) 87–97.
CANCIK-KIRSCHBAUM, E., "Konzeption und Legitimation von Herrschaft in neuassyrischer Zeit: Mythos und Ritual in VS 24, 92", *WO* 26 (1995) 5–20.
CARMICHAEL, C. M., *The Laws of Deuteronomy*, Ithaca 1974.
CARR, D. M., *Holy Resilience: The Bible's Traumatic Origins*, New Haven 2014. (차준희 옮김, 거룩한 회복탄력성, 감은사, 2022)
COGAN, M., *I Kings: A New Translation with Introduction and Commentary* (AncB 10), New York 2000.
COHEN, M. E., *The Cultic Calendars of the Ancient Near East*, Bethesda, MD 1993.
COLLINS, J. J., "King and Messiah as Son of God", in: B. Pongratz-Leisten (ed.), *Reconsidering the Concept of Revolutionary Monotheism*, Winona Lake, IN 2011, 291–315.
CROSS, F. M., *Canaanite Myth and Hebrew Epic*, Cambridge, MA 1973.
CROUCH, C. L., *The Making of Israel: Cultural Diversity in the Southern Levant and the Formation of Ethnic Identity in Deuteronomy* (VT.S 162), Leiden 2014.
CRÜSEMANN, F., *Der Widerstand gegen das Königtum: Die antiköniglichen Texte des Alten Testamentes und der Kampf um den frühen israelitischen Staat* (WMANT 49), Neukirchen-Vluyn 1978.

DAUBE, D., "'One From Among Your Brethren Shall You Set King Over You'", *JBL* 90 (1971) 480–481.

DAVIES, G. H., "Judges viii 22–23", *VT* 13 (1963) 151–157.

DOLGOPOLSKY-GEVA, Y., "'You Shall Hamstring Their Horses and Burn Their Chariots' (Joshua 11:6): The Identification of Horses and Chariots as the Weapons of Israel's Enemies in Biblical Literature", S*hnaton – An Annual for Biblical and Ancient Near Eastern Studies* 23 (2014) 55–90 (Hebrew).

DRIVER, S. R., *Deuteronomy* (ICC), 3rd edn, Edinburgh 1902.

DUTCHER-WALLS, P., "The Circumscription of the King: Deuteronomy 17:16–17 in Its Ancient Social Context", *JBL* 121 (2002) 601–616.

EMERTON, J. A., "Gideon and Jerubbaal", *JTS* N.S. 27 (1976) 289–312.

FALES, F. M., "The Enemy in Assyrian Royal Inscriptions: The Moral Judgment", in: H.-J. Nissen / J. Renger (eds.), *Mesopotamien und seine Nachbarn* (XXV Rencontre Assyriologique Internationale), Berlin 1982, 425–435.

FLYNN, S. W., *YHWH is King: The Development of Divine Kingship in Ancient Israel* (VT.S 159), Leiden 2014.

FOSTER, B. R., *Before the Muses: An Anthology of Akkadian Literature*, 3rd edn, Bethesda, MD 2005.

_____, *Akkadian Literature of the Late Period* (Guides to the Mesopotamian Textual Record 2), Münster 2007.

FRAME, G., *Rulers of Babylonia: From the Second Dynasty of Isin to the End of Assyrian Domination (1157–612 B.C.)* (The Royal Inscriptions of Mesopotamia: Babylonian Periods 2), Toronto 1995.

FRANKENA, R., "The Vassal-Treaties of Esarhaddon and the Dating of Deuteronomy", *OtSt* 14 (1965) 122–154.

FRANKFORT, H., *Kingship and the Gods*, Chicago 1948.

GALLING, K., "Das Königsgesetz im Deuteronomium", *ThLZ* 76 (1951) 133–138.

GERBRANDT, G. E., *Kingship According to the Deuteronomistic History* (SBLDS 87), Atlanta, Ga 1986.

GRAYSON, A. K., "The Early Development of Assyrian Monarchy", *UF* 3 (1971) 311–319.

GREEN, D. J., *I Undertook Great Works* (FAT II 41), Tübingen 2010.

HAGEDORN, A. C., *Between Moses and Plato: Individual and Society in Deuteronomy and Ancient Greek Law* (FRLANT 204), Göttingen 2004.

HALLO, W. W. / YOUNGER, K. L. (eds.), *The Context of Scripture: Archival Documents from the Biblical World*, 3 vols., Leiden 1997–2002.

HALPERN, B., "The Uneasy Compromise: Israel between League and Monarchy", in: B. Halpern / J. D. Levenson (eds.), *Traditions in Transformation: Turning Points in Biblical Faith*, Winona Lake, IN 1981, 59–96.

HAMILTON, M. W., "The Past as Destiny: Historical Visions in Sam'al and Judah under Assyrian Hegemony", *HTR* 91 (1998) 215–250.

―――――, *The Body Royal: The Social Poetics of Kingship in Ancient Israel* (BiInS 78), Leiden / Boston 2005.

HEATON, E. W., *The Hebrew Kingdoms* (NCB 3), Oxford 1968.

HENDEL, R. S., "Aniconism and Anthropomorphism in Ancient Israel", in: K. van der Toorn (ed.), *The Image and the Book: Iconic Cults, Aniconism, and the Rise of Book Religion in Israel and the Ancient Near East* (CBET 21), Leuven 1997, 205–228.

HERRING, S. L., *Divine Substitution: Humanity as the Manifestation of Deity in the Hebrew Bible and the Ancient Near East* (FRLANT 247), Göttingen 2013.

HOFFMANN, H.-D., *Reform und Reformen* (AThANT 66), Zürich 1980.

HOLLADAY, W. L., *Jeremiah 2* (Hermeneia), Minneapolis 1989.

ISHIDA, T., *The Royal Dynasties in Ancient Israel: A Study of the Formation and Development of Royal-Dynastic Ideology* (BZAW 142), Berlin 1977.

JOBLING, D., *The Sense of Biblical Narrative: Structural Analyses in the Hebrew Bible*, vol. 2 (JSOT.S 39), Sheffield 1986.

JURSA, M., "The Neo-Babylonian Empire", in: M. Gehler / R. Rollinger (eds.), *Imperien und Reiche in der Weltgeschichte: Epochenübergreifende und globalhistorische Vergleiche*, Wiesbaden 2014, vol. 1, 121–148.

KAUFMANN, Y., *Judges*, Jerusalem 1962 (Hebrew).

KLEIN, J., "Sumerian Kingship and the Gods", in: G. Beckman / T. J. Lewis (eds.), *Text, Artefact, and Image: Revealing Ancient Israelite Religion* (BJSt 346), Providence, RI 2006, 115–131.

KNOPPERS, G., "The Deuteronomist and the Deuteronomic Law of the King: A Reexamination of the Relationship", *ZAW* 108 (1996) 329–346.

LAMBERT, W. G., "The Seed of Kingship", in: P. Garelli (ed.), *Le Palais et la royauté (archéologie et civilisation); XIXe Rencontre Assyriologique Internationale (Paris 29 Juin – 2 Juillet 1971)*, Paris 1974, 427–440.

―――――, "Kingship in Ancient Mesopotamia", in: J. Day (ed.), *King and Messiah in Israel and the Ancient Near East* (JSOT.S 270), Sheffield 1998, 54–70.

LEVINSON, B. M., "The Reconceptualization of Kingship in Deuteronomy and the Deuteronomistic History's Transformation of Torah", *VT* 51 (2001) 511–534.

_____, "Textual Criticism, Assyriology, and the History of Interpretation: Deuteronomy 13:7a as a Test Case in Method", *JBL* 120 (2001) 211–243.

_____, "Esarhaddon's Succession Treaty as the Source for the Canon Formula in Deuteronomy 13:1", *JAOS* 130 (2010) 337–347.

LIVERANI, M., "The Ideology of the Assyrian Empire", in: M. T. Larsen (ed.), *Power and Propaganda* (Mesopotamia 7), Copenhagen 1979, 297–317.

LIVINGSTONE, A., *Court Poetry and Literary Miscellanea* (SAA 3), Helsinki 1989.

LOHFINK, N., "Hos. xi 5 als Bezugstext von Dtn. xvii 16", *VT* 31 (1981) 226–228.

_____ "Distribution of the Functions of Power: The Laws Concerning Public Offices in Deuteronomy 16:18–18:22", in: D. L. Christensen (ed.), *A Song of Power and the Power of Song: Essays on the Book of Deuteronomy*, Winona Lake, IN 1993, 336–352.

MACHINIST, P., "Kingship and Divinity in Imperial Assyria", in: J. Renger (ed.), *Assur – Gott, Stadt und Land* (CDOG 5), Wiesbaden 2011, 405–428.

MAGEN, U., *Assyrische Königsdarstellungen – Aspekte der Herrschaft: eine Typologie* (BaF 9), Mainz am Rhein 1986.

MANN, T. W., *Divine Presence and Guidance in Israelite Traditions: The Typology of Exaltation*, Baltimore 1977.

MAUL, S. M., "Der assyrische König – Hüter der Weltordnung", in: K. Watanabe (ed.), *Priests and Officials in the Ancient Near East. Papers of the Second Colloquium on the Ancient Near East – The City and Its Life, Held at the Middle Eastern Culture Centre in Japan (Mitaka, Tokyo), March 22–24, 1996*, Heidelberg 1999, 201–214.

MAYER, W. R., "Ein Mythos von der Erschaffung des Menschen und des Königs", *Or.* 56 (1987) 55–68.

MAYES, A. D. H., *Deuteronomy* (NCBC 5), Grand Rapids, MI 1979.

MCCARTER, P. K. Jr., *I Samuel* (AncB 8), Garden City, NY 1980.

MCCONVILLE, J. G., "King and Messiah in Deuteronomy and the Deuteronomistic History", in: J. Day (ed.), *King and Messiah in Israel and the Ancient Near East* (JSOT.S 270), Sheffield 1998, 271–295.

MCKANE, W., *A Critical and Exegetical Commentary on Jeremiah II* (ICC), Edinburgh 1996.
MERENDINO, R. P., *Das deuteronomische Gesetz*, Bonn 1969.
METTINGER, T. N. D., *King and Messiah: The Civil and Sacral Legitimation of the Israelite Kings* (CB.OT 8), Lund 1976.
MILLER, R. D. II., "Israel's Covenant in Ancient Near Eastern Context", *BN* 139 (2008) 5–18.
MORROW, W. S., "The Paradox of Deuteronomy 13: A Post-Colonial Reading", in: R. Achenbach / M. Arneth (eds.), *"Gerechtigkeit und Recht zu üben" (Gen 18,19)* (BZAR 13), Wiesbaden 2009, 227–239.
NICHOLSON, E. W., *Deuteronomy and Tradition*, Philadelphia 1967. (장영일 옮김, 신명기와 전승, 장로회신학대학교출판부, 2003)
_____, "'Do Not Dare to Set a Foreigner Over You': The King in Deuteronomy and 'The Great King'", *ZAW* 118 (2006) 46–61.
NISSINEN, M., "Fear Not: A Study on a Near Eastern Phrase", in: M. A. Sweeney / E. Ben Zvi (eds.), *The Changing Face of Form Criticism for the Twenty First Century*, Grand Rapids, MI 2003, 122–161.
NORTH, C. R., "The Old Testament Estimate of the Monarchy", *AJSL* 48 (1931) 1–19.
OPPENHEIM, A. L., "Neo-Assyrian and Neo-Babylonian Empires", in: H. D. Lasswell et al. (eds.), *Propaganda and Communication in World History*, vol. 1, *The Symbolic Instrument in Early Times*, Honolulu 1979, 111–144.
OTTO, E., *Das Deuteronomium: Politische Theologie und Rechtsreform in Juda und Assyrien* (BZAW 284), Berlin 1999.
_____, *Gottes Recht als Menschenrecht: Rechts- und literaturhistorische Studien zum Deuteronomium* (BZAR 2), Wiesbaden 2002.
_____, "The Judaean Legitimation of Royal Rulers in Its Ancient Near Eastern Context", in: D. J. Human / C. J. A. Vos (eds.), *Psalms and Liturgy* (JSOT.S 410), London 2004, 131–139.
RAD, G. VON, *Studies in Deuteronomy* (trans. D. Stalker; SBT 9), London 1953.
RADNER, K., "Assyrian and Non-Assyrian Kingship in the First Millennium BC", in: G. B. Lanfranchi / R. Rollinger (eds.), *Concepts of Kingship in Antiquity* (History of the Ancient Near East. Monographs 11), Padova 2010, 15–24.
READE, J., "Ideology and Propaganda in Assyrian Art", in: M. T. Larsen (ed.), *Power and Propaganda: A Symposium on Ancient Empires* (Mesopotamia 7), Copenhagen 1979, 329–343.

REIMER, D. J., "Concerning Return to Egypt: Deuteronomy xvii 16 and xxviii 68 Reconsidered", in: J. A. Emerton (ed.), *Studies in the Pentateuch* (VT.S 41), Leiden 1990, 217–229.

RÖMER, T. C., *The So-Called Deuteronomistic History: A Sociological, Historical and Literary Introduction*, London 2005. (김경식 옮김, 신명기역사서 연구, CLC, 2020)

RUSSEL, J. M., *Sennacherib's Palace without Rival at Nineveh*, Chicago 1991.

RÜTERSWÖRDEN, U., "Dtn 13 in der neueren Deuteronomiumforschung", in: A. Lemaire (ed.), *Congress Volume Basel 2001* (VT.S 92), Leiden 2002, 185–203.

SCHÄFER-LICHTENBERGER, C., *Josua und Salomo* (VT.S 58), Leiden 1995.

SCHLEY, D. G., "'Yahweh Will Cause You to Return to Egypt in Ships' (Deuteronomy xxviii 68)", *VT* 35 (1985) 369–371.

SIMON, U., "The Parable of Jotham (Judges IX 8–15): The Parable, Its Application and their Narrative Framework", *Tarbiẓ* 34 (1964) 1–34 (Hebrew).

SMITH, G. A., *The Book of Deuteronomy* (CBSC), Cambridge 1918.

SMITH, J. Z., "A Pearl of Great Price and a Cargo of Yams: A Study in Situational Incongruity", *HR* 16 (1976) 1–19.

──────, *Map is Not Territory* (SJLA 23), Leiden 1978.

SOGGIN, J. A., "מלך *melek* king", *TLOT* 2 (1997) 672–680.

SOMMER, B., "The Babylonian Akitu Festival: Rectifying the King or Renewing the Cosmos?", *JANES* 27 (2000) 81–95.

SONNET, J.-P., *The Book Within the Book: Writing in Deuteronomy* (BiInS 14), Leiden 1997.

STEYMANS, H.-U., "Die neuassyrische Vertragsrhetorik der 'Vassal Treaties of Esarhaddon' und das Deuteronomium", in: G. Braulik (ed.), *Das Deuteronomium* (ÖBS 23), Frankfurt 2003, 89–152.

STOEBE, H. J., *Das erste Buch Samuelis* (KAT 8), Gütersloh 1973.

STULMAN, L., "Encroachment in Deuteronomy: An Analysis of the Social World of the D Code", *JBL* 109 (1990) 613–632.

TADMOR, "Propaganda, Literature, Historiography: Cracking the Code of the Assyrian Royal Inscriptions", in: S. Parpola / R. M. Whiting (eds.), *Assyria 1995*, Helsinki 1997, 325–338.

TADMOR, H. / YAMADA, S. (eds.), *The Royal Inscriptions of Tiglath-pileser III (744–727 BC) and Shalmaneser V (726–722 BC), Kings of Assyria* (RINAP 1), Winona Lake 2011.

THUREAU-DANGIN, F., *Rituels accadiens*, Paris 1921.

WEEKS, N., *Admonition and Curse: The Ancient Near Eastern Treaty / Covenant Form as a Problem in Inter-Cultural Relationships* (JSOT.S 407), London 2004.

WEINFELD, M., *Deuteronomy and the Deuteronomic School*, Oxford 1972.

_____, *Deuteronomy 1–11* (AncB 5), New York 1991.

WEISER, A., *Das Buch Jeremia* (ATD 20/21), Göttingen 1969.

WELLHAUSEN, J., *Die Composition des Hexateuch und der historischen Bücher des Alten Testaments*, 3rd edn, Berlin 1899.

WENHAM, G. J., *Genesis 1–15* (WBC 1), Nashville 1987. [박영호 옮김, *창세기(상)*, 솔로몬, 2001]

ZACCAGNINI, C., "An Urartean Royal Inscription in the Report of Sargon's Eighth Campaign", in: F. M. Fales (ed.), *Assyrian Royal Inscriptions: New Horizons* (OAC 17), Rome 1981, 259–295.

III

사제계 본문과 제의의 (불-)연속성

10장

아론의 실패와 히브리 왕국들의 멸망

네이선 맥도널드

1. 예루살렘 멸망 후 사제 가문의 운명

바빌로니아가 예루살렘을 멸망시킨 사건을 기술한 열왕기 하권의 저자는 성전이 유린되는 장면에 오래 머문다.[1] 성전 예배에 관련된 물품들이 하나하나 세밀하게 묘사되었는데, 이는 정복자들이 그들의 약탈물을 대하는 태도와 대조되는 염려의 표시다(25,8-17). 솔로몬의 건축물을 부수고 귀중품을 바빌론으로 수송하는 것 외에도, 느부자르아단은 직무를 수행하는 사제들을 체포했다. "스라야 수석 사제, 두 번째 서열의 스바니야 사제, 그리고 성전 문지기 셋"(18절). 사제들은 다른 고위 관리들과 함께 리블라에 있는 네부카드네자르의 본부에서 처형되었다. 성소가 황폐해지고 제의 인력이 감소되었음에도 불구하고 어떤 형태의 예배가 그곳에서 지속된 것으로 나타난다. 예레 41장

---

1. 대조적으로 2역대 36장은 성전 파괴의 묘사가 다소 빠르게 지나간다. 약탈당한 성전 기물들은 바빌론으로 보내지고(18절), 성전은 불태워졌다(19절).

에 의하면 조문객 80명이 곡식 예물과 향료를 바치기 위해 사마리아 산악 지방에서 도착했다.² 다른 성소에서 봉직하는 사제들 외에도 아마도 대리 사제들이 파괴된 성전에서 활동했을 것이다.³

성전의 수석 사제들의 처형과 다른 사제들의 유배로 생긴 공백은 그 자리를 열망하던 제의 종사자들에 의해 곧 채워졌다고 오랫동안 추정되어 왔다.⁴ 이전에 주변에 위치했던 사제 가문들이 저명한 성소들, 특히 예루살렘 성전 자리를 차지했다. 요시야가 시행한 예배 집중화 정책이 이미 일부 가문들을 소외되게 했는지,⁵ 집안들 간의 경쟁이 더 이전 시기로 거슬러 올라갈 수 있는지에 대해 논의할 수 있다.⁶

---

2. 순례자들은 성전 파괴를 예상하고는 턱수염을 깎고 옷을 찢고 몸에 상처를 낸 채 왔다. 그들이 오는 도중에 파괴된 것을 알게 되었다고 라시Rashi가 주장할지라도, 그들의 여정은 도성의 함락에 대한 반응이었을 가능성이 있다. 아니면 그달야의 살해 날짜를 그 해 일곱째 달로 추정하는 것은 그들이 초막절 축제를 지내기 위해 오고 있었음을 암시할 수 있다.
3. 블렌킨숍은 순례자들의 목적지가 예루살렘 성전이었을 것이라는 데에 의문을 제기한다(Blenkinsopp, "Judaean Priesthood").
4. 1역대 5,41에 의하면 스라야의 아들 여호차닥은 바빌론으로 유배되었다. 에즈 2,36-39 / 느헤 7,39-42에 의하면 4000명이 넘는 사제들이 유배에서 돌아왔다. 귀환자 중에 레위인은 극소수다(에즈 2,40 / 느헤 7,43; 참조 에즈 8,15).
5. 요시야의 개혁으로 산당의 사제들은 예루살렘 제단에 올라갈 수 없었으나 자기 동료들과 함께 누룩 없는 빵은 먹었다(2열왕 23,9). 이 구절은 일반적으로 사제들이 예루살렘에서 직무는 수행할 수 없었으나 사제의 특권은 누렸다는 의미로 이해되었다. 달리 말하면, 그들은 성결 법전에서 육체적 흠이 있는 사제들을 대하는 것(레위 21,16-24 참조)처럼 같은 방식으로 대접받았다. 그러한 조치는 "너희 성들 … 어디에서든지" 떠나온 레위인은 중앙 성소에서 봉직할 수 있다고 허락하는 신명 18,6-8의 결정을 파기하는 것처럼 취해졌다. 이 해석에서 레위인들은 신명기의 중앙집중화 정책으로 남게 된 산당의 사제들이다.

    오래된 비판적 합의는 두 노선으로 비판을 받았다. 첫째, 신명 18,6-8과 2열왕 23,9에 나오는 집단과 상황이 동일한지에 대해 의문이 제기될 수 있다. 신명기의 "너희 성들의 레위인들은" 참으로 "산당의 사제들"인가?(Gunneweg, *Leviten*). 둘째, 개혁이 요시야 치하에서 일어났으며 중앙집중화를 핵심 목표로 삼았는가?(한 예로 Kratz, *Composition*, 132, 169를 보라).
6. 많은 제자가 따르는 크로스는 예루살렘의 차독계 사제들과 엘리의 레위인 가문 사이의 경쟁 관계는 통일 왕국 시대로 거슬러 올라갈 수 있다고 주장했다(Cross, "Priestly Houses"; Olyan, "Zadok's Origins").

어느 쪽이든, 예루살렘의 파괴는 이어지는 수십 년, 어쩌면 수 세기를 지배했다고 널리 알려진 사제직 내부의 분쟁을 부채질하는 중요한 요인으로 여겨져 왔다.[7] 유배된 차독계 사제 에제키엘이 에제 44장에서 레위인들이 성전을 더럽힌 죗값을 져야 한다고 주장한 바는 종종 차독 계열 사제들과 레위인들 사이의 경계선이 점점 더 날카롭게 그려졌다는 증거로 받아들여졌다.[8]

유배 시대 이후 두각을 나타냈다고 널리 알려진 가문은 아론 집안이다. 제2성전 시대 동안 편집되고 고정화된 오경은 아론 가문의 흔적을 지닌다.

오경의 주요한 내러티브 줄기는 아론과 그의 후손을 사제 직위로 끌어올린다. 아론과 그의 아들들은 모세에게 위임을 받아 성막에서 봉사한다. 많은 내러티브가 다른 가문보다 아론 가문의 우월성을 입증한다. 코라의 반역 이야기는 아론의 역할을 찬탈하려고 시도한 이들에게 무서운 결과로 위협하고, 아론만이 속죄할 수 있다고 주장한다(민수 16-17장). 이스라엘 백성이 시팀에서 우상숭배와 불륜을 저질렀을 때, 아론의 손자인 피느하스가 야훼의 영예를 위한 열성을 드러냈다. 그의 가문은 보상으로 영구적인 사제직을 받는다(민수 25장).

---

7. 신바빌로니아와 페르시아 시대 동안 유다의 사제직을 둘러싼 갈등에 대한 논의는 특히 Blenkinsopp, "Judaean Priesthood"; Hanson, *Dawn*; Schaper, *Priester* 참조.
8. 영향력 있는 해설은 벨하우젠의 《이스라엘 역사 서설*Prolegomena*》 4장에서 볼 수 있다. 중앙집중화로 인해 발생한 레위인의 소외는 하느님/신의 인가를 받는다. 레위인들은 이스라엘의 우상숭배에서 그들이 한 역할 때문에 차독의 후예들에게 종속된다. 사제직에 대한 에제키엘의 새로운 관점은 사제계 저작의 편찬자들에 의해 먼 과거로 투영되었다(벨하우젠, *Prolegomena*). 핸슨의 관점에서 우리는 제3이사야서와 제2즈카르야서에서 이 차독의 일격에 대한 레위인들의 반응을 발견한다(Hanson, *Dawn*). 에제 44장의 연대 추정에 대한 재평가와 페르시아 시대의 사제직 역사를 재구성하는 데에서 그것의 쓰임새에 대해서는 MacDonald, *Priestly Rule* 참조.

오경에서 아론을 긍정적으로 묘사하는 맥락에서, 두 개의 내러티브가 아론과 그의 가족들이 우상숭배와 제의의 과오에 연관된다고 묘사하는 것은 다소 놀라운 일이다. 이는 금송아지 이야기(탈출 32장)와 나답과 아비후의 죄(레위 10장)이다. 금송아지 이야기에서 아론은 불과 얼마 전에 전달된 십계명을 직접적으로 어기면서 다른 신을 제작하고 숭배하는 데 연루된다. 승인되지 않았던 "낯선 불"을 제단에 바친 나답과 아비후는 즉시 전소되었다. 놀랍지 않게도 이 이야기들은 제2성전 시대에 경쟁적인 사제 집단이 패권을 두고 경쟁하였고, 반反아론계 당파에서 기인한다는 이론들과 일치한다. 이 제안이 많은 학자에게 받아들여졌음에도 불구하고, 제임스 와츠James Watts가 금송아지에 대해 제기한 중요한 질문은 아직 해결되지 않았다. "제2성전과 그곳의 토라를 관장했던 아론계 지배층은 왜 아론에 대한 부정적 묘사가 남아 있도록 허용했을까?"⁹ 본고의 나머지 부분에서는 와츠가 제기한 질문을 고찰하기 위해 금송아지 이야기를 검토할 것이다.¹⁰

2. 금송아지 이야기와 사제 경쟁자들 이론

프랭크 크로스Frank Cross는 "초기 이스라엘의 사제 가문"이라는 영향력 있는 논고에서 레위인들, 아론 집안과 차독 집안 등 제각기 다른

---

9. Watts, "Aaron", 417.
10. 경쟁하는 사제 가문들에 관련하여 레위 10장의 나답과 아비후 이야기를 예리하게 분석한 글로 Watts, *Leviticus 1-10*, 503-552을 보라. 와츠는 제의 사안에 관한 아론의 권위를 레위 10장이 어떻게 세워 주는지 제대로 보여 준다. 또한 Nihan, *Priestly Torah*, 576–607 참조.

사제 집단들이 자기 조상들은 칭송하고, 반대자들은 폄하하는 흔적을 토라의 지면에 남겼다고 주장했다. 크로스는 문헌 가설이 아직 지배적이던 시기에 글을 썼고, 그의 관점에서 볼 때 금송아지 이야기는 우선적으로 엘로히스트 문헌에 속했다. 크로스는 탈출 32장의 이야기가 여로보암 1세 시기에 실로에 있는 무시족(*Mushite*: 모세계 후손)의 성소에서 유래한다고 주장했다.[11] 이 이야기는 베델에서 아론계 사제들에 맞서는 논쟁으로 꾸며졌는데, 아마도 베델 예배의 기원론에 대한 고의적인 왜곡일 수 있다. 후대에 한 레위계 편집자가 탈출 32,26-29의 이야기에 자신의 지파를 삽입했다. 레위인들은 야훼께 예배드리는 충실하고 열성적인 지지자로 모세와 나란히 나타났다. 원래 이야기와 편집본은 모두 사제 가문들 사이의 오랜 장기 분쟁의 증거였다. 실로와 단의 성소에서 번창했던 무시족 사제직과 아랏과 카데쉬의 지방 산당의 무시족-켄족 연합 사제직은 베델과 예루살렘의 아론족의 사제직과 대립했다.[12]

　　탈출 32장에 대한 크로스의 해석은 현대 학문의 관점에서 수정되어야 할 사항이 많은데, 가장 중요한 점은 아마도 이야기의 연대일 것이다. 아론과 금송아지 이야기가 고전적인 문헌 가설에 대해 제기하는 어려움들은 거듭 논의되어 왔다. 탈출 32장은 사제계 본문도 아니고 하나의 단편도 아니기 때문에, 학자들은 이야기의 다른 부분들

---

11. 크로스 이론의 중요한 요소는 모세를 그들의 조상으로 추앙하는 사제 가문 무시족의 존재를 가정하는 것이다. 무시족은 이스라엘의 초기 역사에서 중요했지만, 아론 집안과 차독 집안에게 밀려났다. 정경에 있는 레위인 족보에서 그들의 역할이 축소된 것을 볼 수 있다. 무시는 레위의 막내아들 므라리의 막내아들이고, 모세와의 관계는 끊어졌다. 크로스는 민수 26,58이 레위 지파의 네 씨족의 하나인 무시족과 함께 더 오랜 전승을 보존한다고 생각했다(Cross, "Priestly Houses", 206).

12. Cross, "Priestly Houses", 206.

을 야휘스트와 엘로히스트에 돌렸다. 그러나 야휘스트와 엘로히스트를 성공적으로 분리하는 데는 여러 어려움이 있었다. 탈출 32장의 "이스라엘아, 이것들이 너희의 신들이다"라는 복수형 문장이 이미 예로보암 1세의 행동들을 전제하며, 야휘스트의 연대를 통일 왕국 시대로 추정하는 데 문제가 있다는 인식으로 이런 어려움은 더 커졌다.[13] 탈출 32장과 1열왕 12장 사이에서 나타나는 언어의 유사성들은 탈출 32장의 연대를 1열왕 12장 이전으로 추정하는 데에 더 많은 문제를 제기한다. 그것들은 예로보암의 이야기가 "이미 정형화된 구전 형태"로, 아니면 신명기계 저술 이전의 형태로 회자되고 있었음을 요구한다.[14] 이 모든 문제는 탈출 32장이 틀림없이 1열왕 12장 이전에 쓰였어야 한다는 입증되지 않은 가정에서 비롯한다. 이 가정이 포기될 때, 예로보암 1세의 죄에 대한 신명기계 기록이 후대 서기관에 의해 모세 시대로 소급되었다는 다른 가설을 고려할 수 있다.[15] 그 결과로 대륙의 많은 학자가 이 장들을 후기 신명기계, 편집된, 또는 심지어 사제계 이후의 것으로 식별했다.[16]

　　이야기의 늦은 연대는 와츠가 제기한 질문에 추가적인 힘을 실어 준다. 크로스에게는 금송아지와 아론에 대한 비판적인 묘사의 병치, 그리고 성막 제도와 그곳 사제직에 대한 사제계 기술記述은 문헌 가설의 결과였다. 엘로히스트 문헌은 분열 왕국 초기부터 격렬한 논

---

13. Noth, *Exodus*, 246.
14. Noth, *Exodus*, 246.
15. 그린스타인이 관찰한 대로, 이것이 이스라엘의 후대 역사를 이스라엘의 초기 역사로 투영한 이야기의 유일한 사례는 아니다(Greenstein, "Formation").
16. 탈출 32-34장에 대한 독일 학계의 분석들에 대한 최근 요약은 Schmid, "Israel"; Konkel, *Sünde*, 13-30 참조.

쟁의 증거를 보존했다. 가능한 한 양쪽 본문들을 보존하는 데 관심이 있던 편집자가 이것들을 후대의 사제계 자료와 함께 편집했다. 그런데 만일 탈출 32장이 이스라엘 역사에서 훨씬 후대에 작성되었다면, 사제계의 성막 기술에 비추어 볼 때도 아론에 대한 비판적인 묘사를 설명하기가 훨씬 더 어려워질 것이다. 이 후기 시대에 아론 가문의 우세는 보장된다.

늦은 연대는 레위인들에 대한 크로스의 해석에도 어려운 문제를 제기한다. 크로스는 레위인들을 아론족과 구별하려고 한다. 그러나 최근 학자들이 강조한 대로 탈출 32,26-29은 합법적인 도살 임무를 위해 "모든 레위의 자손들을כל־בני" 모세 주위로 모으는데, 여기에 아론과 그의 가족이 포함된다.[17] 우리는 아주 후대의 본문들에서 레위의 자손בני이 제한적으로 사용된 것을 발견한다. 민수 16-18장; 에즈 8장, 느헤 12장; 1역대 9장; 24장. 이 본문들은 다른 본문들, 예컨대 레위의 자손בני이 레위의 모든 자손을 포함하는 민수 1-4장과 같은 본문들과 나란히 놓여 있다. 레위의 자손בני이 뜻하는 바의 정

---

17. 탈출 32,26-29의 레위인들에 대한 가장 최근 논의는 Samuel, *Von Priestern*, 270–294 참조.
   사무엘은 탈출 32,26-29의 이차적인 상태에 대한 질문을 다시 제기한다. "누구든 그 단락 없이 내러티브가 완전한지 질문해야만 한다. 무엇보다 모세의 반응이 없다. 그는 백성들 앞에서 돌 판을 깨트리는 것으로 만족하는 것 같다. 다음 날 아침이 되어서야 그는 연설에서 이 문제를 언급했다"(Samuel, *Von Priestern*, 278–279). 레위인들의 즉각적인 행동은 미래의 형벌과 긴장 관계에 있기 때문에, 사무엘은 그 대신 30-34절을 제외했다. 모세의 반응이 지연되는 점에 대한 사무엘의 우려에도 불구하고, 심판이 이틀에 걸쳐 전개되는 것은 백성들의 죄에 대한 기술에 일치하는 것으로 보이고 내러티브가 적절한 결론에 도달하게 한다. 이야기의 시작 부분에서 금송아지가 제작되었고, 다음 날ממחרת, 백성들은 제물을 바치는 예배를 드렸다(1-6절). 마지막에 금송아지는 파괴되고 다음 날 ממחרת 백성에 대한 판결이 선포되었다(30-34절). 대조적으로 레위인들과 관련한 에피소드는 독자에게 당혹스러운 요소를 소개한다. 26절에서 레위인들의 등장은 예상치 않은 일이었고, 백성 전체가 죄를 범했을 때 단지 3000명만 학살한 것은 설명되지 않았다.

확한 뉘앙스는 문맥으로 결정되어야 한다. 탈출 32,26-29에서는 *모든* 레위인이라고 말함으로써 이 모호성이 제거되었다. 울리히 다멘Ulrich Dahmen이 "26절과 28절에는 레위의 모든 자손, 아론 집안 사제들 그*리고* 레위인들이 등장한다"라고 쓴 대로이다.[18]

3. 아론을 면책하려는 시도

앞에서 본 대로, 금송아지 이야기의 늦은 연대 추정은 그 이야기를 사제들의 경쟁에 대한 증거로 해석하는 것을 문제화한다. 아론에 대한 부정적인 묘사를 이해하는 대안적인 방법을 모색해 온 제임스 와츠는 이 쟁점을 인식했다. 그는 탈출 32장이 아론을 금송아지 제작에서 떼어 놓는다고 관찰함으로써 금송아지 이야기와 주변의 성막 자료 사이의 긴장을 해소하려고 한다. 시작하는 구절들에서 송아지를 바라는 것은 아론이 아니라 백성들이다. 결과적으로 그들은 1열왕 12장의 예로보암과 동일하다. "탈출 32장에서 금송아지 제의를 시작함으로써 예로보암에 필적하는 주인공은, 결국 아론이 아니라 전체 백성이다. 그들은 아론에게 그들을 위한 신들을 만들라고 요구했다."[19] 후에 아론과 모세가 주고받는 말에서, 모세는 아론이 강요를 받았다고 가정한다. "이 백성이 당신에게 무슨 일을 하였습니까?"(21절). 아론은 이 생각에 이의를 제기하지 않고 백성의 악을 고발한다(22절). 와츠

---

18. Dahmen, *Leviten*, 79.
19. Watts, "Aaron", 427.

의 관점에서 아론은 백성이 죄 속에 있을 때조차 그들을 대표함으로써 사제의 임무를 다한다. 그러나 죄에 대한 결탁조차도 문제 되는 것으로 보아서는 안 된다. 왜냐하면 와츠가 주장하는 것처럼, "존경받는 문화적 영웅들의 결점은 그들의 지위를 떨어뜨리지 않기" 때문이다.[20] 다니 노켓Dany Nocquet은 아론의 잘못을 사면하는 데 더 큰 야망을 가지고 있다. 그는 다른 많은 이와 함께 와이카엘 하암 알-아하론ויקהל העם על아하론을 적대적인 대결로 이해한다. "백성들은 아론에게 몰려왔다"(탈출 32,1).[21] 아론은 단지 그들의 소원을 묵인했을 뿐이고 금송아지 숭배에는 관여하지 않았다.[22]

나는 와츠나 노켓의 주장이 완전히 성공적이라고 확신하지 않는다. 첫째, 아론과 예로보암 1세를 분리하려는 시도는 그 제의를 시작한 사람을 근거로 광범위한 비교를 하고, 두 인물 사이에 있는 다른 언어적 유사성을 무시한다. 아론과 예로보암 둘 다 송아지를 "만들었다"(아사עשה)라고 말하고(탈출 32,1.4.35; 1열왕 12,28.32), 거의 동일한 선언을 하며(탈출 32,4; 1열왕 12,28), 축제(학גח)를 선포한다(탈출 32,5; 1열왕 12,33). 둘째, 대사제의 대표적 역할을 확인하는 것은 문제를 해결하기보다는 느슨하게 할 뿐이다. 아론은 여전히 금송아지를 제작하고 그것의 숭배를 이끈 죄를 범한다. 셋째, 와츠의 주장은 두 가지 모순된 주장에 의존하는 것으로 나타난다. 그는 탈출 32장이 아론을 백성과 구별하려 한다고 주장하면서, 아론이 백성을 대표하는 사제의 임무를 다하는 이로 묘사된다고 역설한다. 넷째, 21-25절에 나오는 아론

---

20. Watts, "Aaron".
21. 민수 16,3; 17,7; 20,2 참조(예를 들어 Child, *Exodus*, 564).
22. Nocquet, "Pourquoi Aaron".

과 모세의 만남은 후대의 편집자에게서 비롯된 것일 수 있으며, 아론을 면책시키려는 후대의 시도를 나타낸다.[23] 만일 원래 내러티브에 모세와 아론 사이의 이 언쟁이 없었다면, 아론의 죄는 별로 경감되지 않는다. 아론은 별도로 언급되지 않고 다른 백성과 함께 "큰 죄"를 범했다는 비난을 받는다. 설령 이 구절들이 원래 이야기에 속할지라도, 아론은 백성을 통제하는 데에 실패한 것이고(32,25; 참조 24,13-14), 모세의 질문에 대한 그의 응답은 회피적이고 심지어 터무니없다. 송아지 제작에서 거리를 두려는 그의 시도는 확실하게 1-6절과 어울리지 않고, 책임을 전가하려는 설득력 없는 시도로 간주될 수 있다.

4. 아론과 예로보암

크로스와 와츠의 해석은 상당한 차이에도 불구하고 아론과 예로보암 사이에 보이는 유사성의 중요성을 강조한다. 에릭 아우렐리우스 Erik Aurelius가 바르게 인식한 것처럼, 탈출 32장과 1열왕 12장의 관계를 이해하는 것은 탈출 32장의 "의도"를 우리가 이해하는 데 결정적이다.[24] 크로스에 의하면, 무시족의 금송아지 전승은 베텔에서 벌어진 예배의 일탈을 아론 가문의 조상에게 돌렸다. 예로보암은 *다시 살아난* 아론이다. 와츠는 아론을 예로보암과 비교하지 못하게 떼어 놓

---

23. 아우렐리우스는 그 언쟁이 이야기에서 본질적이지 않으나(Aurelius, *Fürbitter*, 65), 그 구절이 부차적이라는 확고한 지표는 없다고 지적한다. 자세한 내용은 Konkel, *Sünde*, 113-114 참조.
24. Aurelius, *Fürbitter*, 75-77. 탈출 32장과 1열왕 12장의 관계를 완전히 다르게 이해하기는 하지만 유사한 성질에 대해서는 Knoppers, "Aaron's Calf" 참조.

는 대신에 백성을 예로보암과 연관시킨다. 분명히 아론과 예로보암 사이의 비교를 재검토할 필요가 있다.

잘 알려진 바와 같이, 금송아지 이야기는 예로보암 1세가 베텔과 단에서 제의를 확립한 이야기와 평행을 이룬다. 유사점은 특히 탈출 32,1-6과 1열왕 12,26-32에서 발견된다.[25] 첫째, 아론과 예로보암은 둘 다 금으로 송아지를 만든다. 둘째, 송아지에 대한 선언은 거의 동일하다. "이스라엘아, 이분들이 너를 이집트 땅에서 데리고 올라오신 너의 신들이시다 אלה / הנה אלהיך ישראל אשר העלוך מארץ מצרים." 셋째, 아론과 예로보암은 제단을 쌓고 희생 제물을 바치고 축제를 벌인다. 마지막으로, 두 이야기의 다른 곳에서 송아지 숭배는 "큰 죄 חטאה גדלה"로 묘사된다(탈출 32,21.30-31; 2열왕 17,21).[26] 많은 연관성은 두 이야기의 밀접한 관계를 암시하며[27] 이미 살펴본 대로, 탈출 32장이 1열왕 12장에 비추어 작성되었다고 믿을 만한 탄탄한 근거들이 있다.

탈출 32장을 잘 이해하려면 두 단락 사이에 있는 관계의 실재와 그 둘의 상대적인 연대를 확립하는 것 이상을 해야 한다. 첫째, 두 단락 사이의 차이점에 주의를 기울여야 한다. 둘째, 아론과 금송아지 이야기가 이스라엘의 초창기 역사에 삽입된 것이라면 1열왕 12장을 어떻게 읽을 것인지 고려해야 한다.

---

25. Vermeylen은 신명 9-10장에 평행 구절이 없기 때문에 32,1-6을 제거하고 송아지 제작을 백성보다는 아론에게 돌렸다. 송아지 이야기의 가장 이른 형태는 탈출 32,7-10.15-16*.19.20*.30-32ך.33ך.34*로 구성되어 있다(Vermeylen, "L'affaire"). 송아지를 백성과 아론에게 귀속시키는 것이 원래 이야기에서 1-6절을 삭제하는 것을 정당화하기에 충분한지의 여부는 의문이다. Van Seters는 Vermeylen의 관찰을 다른 방향으로 발전시키고 탈출 32장은 신명 9-10장과 1열왕 12장을 결합하여 구성되었다고 주장한다(Van Seters, *Life*, 290–318).
26. 하타 거돌라 חטאה גדלה, 이 표현은 그 외 창세 20,9에만 나타난다.
27. 평행에 대한 더 많은 논의는 Aberbach / Smolar, "Aaron", 130–134 참조.

나는 이미 탈출 32장과 1열왕 12장 사이에 중요한 유사점이 많다는 것을 보여 주었는데, 차이점도 그에 못지않게 중요하다. 첫째, 와츠는 1열왕 12장에서 예로보암의 단죄, 탈출 32장에서는 백성 전체의 단죄에 제대로 주의를 기울였다. 예로보암 이야기는 베텔과 단에서 새로운 제의를 주도적으로 창설한 책임을 오직 임금에게 돌린다. 예로보암의 관심사는 자기 보존이다. 예배 중심지인 예루살렘을 계속 방문하는 일은 열 지파가 유다와 그곳 임금에게 충성할 중대한 근거를 늘 가질 수 있다는 의미일 것이다(1열왕 12,26-27). 예로보암의 유죄는 주어로 '그'와 '아사'(עשה, '하다, 만들다') 동사를 함께 반복적으로 사용하는 것으로 강조된다[12,28.31(2회).32(4회).33(2회); 13,33]. 북 왕국의 역사는 지속적으로 예로보암을 죄의 길, 뒤를 잇는 임금들이 뒤따랐던 그 길과 연관시킨다. 탈출 32장은 대조적으로 백성에게 죄를 돌린다. 내가 이미 주장한 대로, 이것은 단지 아론의 유죄를 다소 완화할 뿐이다.

두 번째 차이는 1열왕 12장에서 예로보암이 임금으로서 죄를 범한다는 것이다. 그는 새롭게 형성된 이스라엘 왕국을 대표하고 왕국을 죄로 이끈다. 베텔과 단의 산당에서 이루어진 금송아지 숭배는 북 왕국의 원형적인 죄가 된다. 신명기계 역사가들의 신학적인 관점에서, 예로보암의 우상숭배는 "큰 죄"이고, 그로 인해 마침내 온 백성이 아시리아에 의해 그 땅에서 유배를 가는 이스라엘과 함께 벌을 받는 결과를 가져온다(2열왕 17,21-23). 탈출 32장에서 아론은 백성을 대표하지 않으며, 그들의 차별화된 묘사가 드러난다. 레위인 에피소드에서 3,000명이 칼에 죽는다(탈출 32,26-29). 아마도 원래 내러티브의 일부였을 것인데, 백성들이 역병에 걸리고, 그들 중 일부만 죽는 것으로 추정된다(35절). 재앙 기술에 앞서 모세와 하느님 사이의 대화는 백성 중 일부만이 죄가 있다는 것을 제시하는 것으로 보인다. "나는 나에게 죄지은 자만 내 책에서 지운다. … 내 징벌의 날에 나는 그들의 죄를 징벌하겠다"(33-34절).

세 번째 차이는 아론과 예로보암의 반응에서 볼 수 있다. 베텔의 제단에서 희생 제사를 바치는 동안, 예로보암은 하느님의 사람을 대면한다(1열왕 13,1-10). 예로보암은 예언 말씀에 주의를 기울이지 않으며, 내러티브는 반복적으로 히브리어 어근 슈브שוב를 사용하고 이는 예로보암이 '돌아오거나' '회개하는 데' 실패한 것을 강조하는 역할을 한다. 하느님의 사람 이야기가 끝났을 때, 화자는 "이런 일이 있은 뒤에도 예로보암은 그의 악한 길에서 돌아서지 않았다לא-שׁב"라고 관찰한다. 그는 비합법적인 사제들을 산당 사제로 계속 임명했다(1열왕 13,33). 금송아지 이야기에서 백성은 자신들의 죄를 슬퍼하고 패물을 떼어 냈다(탈출 33,4-6). 아론의 입장에서, 우리가 32,21-24에서 모세에게 한 그의 응답이 적절하다고 판단을 하든 그렇지 않든 간에, 그는 백성의 행동이 악하다고 고백한다.

네 번째 차이는 용서의 전망에서 볼 수 있다. 1열왕 13장에서 예언자적 인물은 예로보암으로 하여금 그의 죄를 직면하게 하고, 그 임금의 불법적 숭배의 종말만을 단언한다. 탈출 32장에서는 대조적으로 모세가 죄의 용서 가능성을 제기한다. "이제 그들의 죄를 부디 용서해 주시기 바랍니다. 그렇게 하시지 않으려거든, 당신께서 기록하신 책에서 제발 저를 지워 주십시오"(32절). 용서의 주제는 11-14절에 나오는 모세의 처음 기도에서 훨씬 더 직접적으로 전개된다. 이 절들은 모세의 부재 동안 이스라엘 진영에서 일어난 일에 대하여 야훼께서 그에게 알리는 것(7-10절)과 함께 이차적으로 이 장에 추가된 것으로 흔히 생각된다.[28] 모세는 야훼의 명성과 성조들에게 하신 약속에 호소하면서 용서를 간청한다. 모세의 중재는 성공적이다. "야훼께서는 당신 백성에게 내리겠다고 하신 재앙을 거두셨다"(14절).

하느님과 이스라엘 사이의 관계 재개의 가능성은 금송아지 이야기의 내러티브 전개에서 중심이 되어 나타난다. 원래 이야기가 32장에서 끝나든지, 또는 탈출 33-34장으로 계속되든지 간에, 하느님의 현존이 유지되거나 계약이 다시 맺어지리라는 확신과 관련하여 이것은 사실이다. 모든 경우에 금송아지 죄가 끝이 아니며, 하느님과 이스라엘 사이의 관계 단절은 극복된다.[29] 대조적으로, 열왕기에서 예로보암의 죄의 결과들은 파괴적이고 최종적이다. 예로보암의 행동의 결과로 이스라엘 백성은 아시리아에 의해 유배되었고 "오늘에 이르렀다"(2열왕 17,23).

다섯째이자 마지막 차이는 우상숭배 행위의 합리성에 관한 것이다. 신명기계 저자는 예로보암의 행위를 철저하게 단죄하지만, 다소 놀랍게도 임금의 의도를 어느 정도 공감하고 통찰력 있게 묘사한다. 예루살렘은 예로보암의 새로운 왕국의 보전에 진정으로 위협을 가하

---

28. 이 기도는 두드러진 신명기계 언어로 표현되는데, 신명 9,25-29에서도 언급된다. 모세가 산에서 내려온 뒤에 소개되는 신명기의 기도 형태가 더 나은 위치에 있다는 생각이 일반적이다. 탈출 32장에서 그렇게 초반에 용서 주제를 도입한 것은 그 단락의 극적인 긴장을 깨는 것으로 나타난다.
29. 하느님과 이스라엘의 관계에서 "잘못된 시작"에 대해, 하느님이 동정적으로 되어 극복하심에 대한 최근의 통찰력 있는 설명은 Sonnet, "God's Repentance" 참조.

고, 충성심이 분열될 가능성을 제시한다(1열왕 12,26-27).³⁰ 예로보암이 단독으로 그 행위들을 했을지라도, 그는 조언을 받고서야 행동한다(12,28; 역자주: 12,28의 첫 단어가 와이와아츠ץעויו, '조언을 받다'라는 와아츠ץעוי 동사의 니팔형이다; *CJB*, *NRSV*, *NIV* 모두 '조언을 받다'로 번역한다; 《성경》은 "궁리 끝에"라고 번역한다). 조언을 얻으려는 그의 의지는 르호보암이 무분별하게 원로들의 권고를 묵살한 행위와 대조된다(12,6-8). 탈출 32장에 대한 주석이 입증하는 것처럼 아론을 이해심 많다고 판단하기는 훨씬 더 어렵다. 아론은 "우리에게 신들을 만들어 주시오"라는 백성의 요구를 묵묵히 따른다. 그 요구를 십계명의 첫 두 계명을 위반하는 것으로 묘사하는 표현이 이보다 더 명확할 수는 없다. 아론은 십계명의 서두에서 차용한 언어(탈출 32,4; 참조 탈출 20,2)로 송아지를 환호하고 축제를 선포함으로써 실책을 범한다. 모세를 대면했을 때 그의 반응은 회피적이다. 그는 백성을 고발하고 송아지 제작에서 자신을 분리한다(32,21-24).³¹ 아론에 대한 화자의 판단은 혹독하다. 그는 백성이 제멋대로 굴도록 내버려두어 적들의 비웃음을 샀다(32,25).

탈출 32장과 1열왕 12장 사이에서 먼저 확인한 네 가지 차이점은 일관된 방향을 지적한다. 각각의 경우에 1열왕 12장은 예로보암의

---

30. Sweeney는 다른 평가를 한다. "그런 동기는 이 본문이 예로보암을 그 자신의 권력 장악에 관심을 가진 냉소적인 군주로 묘사함으로써, 유다의 이익에 도움이 되기 위해 구성되었다는 것을 보여 준다"(Sweeney, *Kings*, 176).
31. 그래서 예를 들면 Dozeman은 "그의 이야기에서는 송아지가 불 속에서 나온다. 그것은 그가 만든 것의 결과물이 아니다"라고 쓴다(Dozeman, *Exodus*, 711). Propp은 이런 일반적인 해석에 의문을 제기한다. "아론은 아마도 송아지가 단순히 용광로에서 걸어 나왔다고 하지는 않았을 것이다. … 동사 야차*yāṣā(')*는 제조된 물품의 완성을 나타낼 수 있다(이사 54,16; 잠언 25,4)." 그럼에도 불구하고 Propp은 아론이 여기에서 그리고 그가 금을 용광로에 "던졌을 뿐이다"라고 주장하는 데서 책임을 부인하려 한다고 평가/주장한다(Propp, *Exodus 19-40*, 562).

죄에 대한 벌과 파괴를 선언한다. 이와 반대로 탈출 32장은 죄지은 이만 죽거나, 백성이 회개하거나, 또는 하느님이 용서하시기 때문에 이스라엘은 살아남을 것이라고 주장한다. 다섯째 차이점은 상반되는 인상을 준다. 아론의 행위는 예로보암의 행위보다 정당화하기가 훨씬 더 어렵다. 이 마지막 관찰이 아론과 아론 가족이 예로보암 1세의 배교와 연관되어 저주받고 있다는 견해를 지지할지라도, 잘못에 대한 아론의 고백과 용서의 전망은 그것에 불리하게 작용한다.

우리는 이제 해결해야 할 두 번째 쟁점으로 넘어갈 지점에 있다. 즉, 아론과 금송아지 이야기에 비추어 1열왕 12장을 어떻게 읽을 것인가 하는 것이다. 하느님과 이스라엘의 회복된 관계에 대한 이전 이야기가 예로보암의 이야기에 대한 우리 인식을 어떻게 바꾸는지에 대해 묻는 것은 너무 자주 간과되어 온 쟁점을 제기하는데, 만일 오경의 역사에서 탈출 32장을 후대로 추정한다면 반드시 직면해야만 하는 사안이다.[32] 우리가 본 것처럼 탈출 32장과 1열왕 12장 사이의 평행은 탈출 32장의 작성자가 1열왕 12장에 대해 잘 알고 있고 그것을 활용했음을 가리킨다. 그러나 송아지를 "큰 죄"와 동일시하는 것은 그가 또한 북 왕국의 더 넓은 역사와, 예로보암의 죄를 왕국 멸망의 중대한 근거로 보는 신명기계 평가를 알고 있었음을 보여 준다.

나는 탈출 32장의 삽입이 1열왕 12장에 미치는 영향을 두 가지로 본다. 첫째, 예로보암의 죄의 중대성을 감소시킨다. 베텔과 단의 송

---

32. 물론 탈출 32장에서 1열왕 12장의 순서로 본문을 읽는 것이 성경의 공시적 독서에서는 일반적이다. 그런데 그런 독서는 서로 다른 저술의 역사를 계산하지 않기 때문에 1열왕 12장을 탈출 12장과 *함께* 그리고 그것 *없이* 어떻게 읽을 것인지 고려하지 않으며, 탈출 32장이 이스라엘의 역사에서 아주 이른 시기로 삽입됨으로써 1열왕 12장이 어떻게 변형되었는지를 고려하지 않는다.

아지들은 배교의 원형적인 행위가 아니라, 오히려 이스라엘이 광야에서 보낸 가장 이른 시기까지 거슬러 연장되는 우상숭배의 긴 역사의 부분이다. 예로보암의 죄는 새로운 것이 아니라 초기 죄의 재출현이다. 둘째, 예로보암의 죄에도 불구하고 새로운 시작의 가능성을 제기한다. 열왕기에서 예로보암과 그가 세운 북 왕국의 역사는 확정된 배교의 하나이고, 그것은 왕국의 파괴와 현재까지 이어지고 있는 심판을 초래했다. 탈출 32-34장은 심판의 불가피성에 대해 질문한다. 대안적인 미래는 고백과 하느님의 용서의 역동을 통하거나 백성의 일부를 제거함으로써 올 수 있다. 금송아지 범죄는 어떤 단계로도 완화되지 않고 여전히 '큰 죄'이나, 같은 죄가 모세 시대에 범해질 수 있었고 한계를 *넘어설 수 있었다*는 사실은 느밧의 아들 예로보암의 죄에 대한 벌이 최종적일 필요가 없음을 시사한다.

탈출 32장의 작성자가 활용한 수사적 전략은 *크나큰 실수*(epic fail; 역자주: '엄청난'을 뜻하는 epic을 붙인 현대 영어의 구어체 표현으로 어이없음과 창피함의 어감이 들어 있다)로 분류될 수 있다. 이 현대 영어 표현은 특히 성공을 이루기 쉬운 것으로 간주할 때, 젊은이들의 대단히 큰 실수를 묘사하는 데 사용한다. 이 표현은 금송아지 이야기에 대해 성경 해석자들이 관찰한 것을 깔끔하게 포착한다. 첫째, 해석자들은 금송아지 죄가 얼마나 파국적인지 종종 충격을 받았다. 계시의 산에서 십계명을 들은 후에, 백성은 형상을 만들고 숭배함으로써 죄를 짓는다. 해석자들이 이스라엘의 실수가 얼마나 완벽한지를 표현하기 위해 원죄의 범주에 자주 호소하는 것은 그다지 놀랍지 않다. 둘째, 해석자들은 하느님이 자신들에게 직접 말씀하신 십계명을 듣고도 이스라엘이 그렇게 빨리 무시하는 것처럼 보일 수 있는지 설명하는 데 자주 어려움을 겪었다. 게다가 십계명 중 가장 중요한 계명을 깨뜨린 것에 대해! 40일 전, 숨이 멎을 듯한 시청각 경험을 한 후에는 십계명에 불순종하기보다는 순종하는 편이 더 쉬울 것이다. 그러나 '크나큰 실수'라는 말에는 진전시키고 싶은 부가적 특징이 있다. 그 말은 민족 서사시에서 금송아지의 위치에 주목한다. 이스라엘의 국가 역사가 시작하는 지점에 이 엄청난 실패를 위치시킴으로써 뒤따르는 실패들은 가려진다. 금송아지 이야기는 이스라엘의 역사에서 가장 큰 죄를 저질렀을지라도 하느님의 용서나 불의한 자들의 정화를 통하여 살아남을 수 있음을 독자들에게 보증한다.

탈출 32장과 1열왕 12장의 관계에 대한 나의 해석은 유배 이후 시대에 탈출 32-34장을 편찬한 것과 일치한다. 같은 시대에 나온 다른 본문들이 이스라엘의 죄의 역사 문제에 접근하는 방식에서 많은 유사점을 관찰할 수 있다. 첫째, 유배를 끝내기 위한 회개의 중요성이 신명 30,1-10에 나타났다. 하느님께 돌아가면 그분의 법에 순종하는 것으로 표현되었는데, 하느님이 백성에게 돌아오셔서 그들을 땅으로 되돌려 놓는 결과를 낼 것이다. 유배지에서 회개의 필요성은 솔로몬의 봉헌기도에서 확장된 부분(1열왕 8,46-52)과, 예레미야서(24,7; 29,12-14)에서도 발견된다. 둘째, 이스라엘 내에서 악인과 의인을 구별하고 악인을 제거하는 것은 이사 65-66장과 말라 3,16-18 같은 후기 유배 시기 본문들에 표현된 개념이다. 마지막으로 히브리 왕국들의 역사 문제를 해결하기 위해 먼 과거를 사용하는 것은 '영원한 계약'이라는 사제계 개념에서도 볼 수 있다. 사제계 문헌은 시나이 계약의 파기 문제를, 앞선 노아와 아브라함과의 계약을 상정하는 것으로 해결한다. 이 계약들은 '영원하고', 따라서 깨뜨릴 수 없다. 이스라엘이 시나이 계약을 지키지 못한 실패의 심각성은 완화되지 않으나, 미래는 노아와 아브라함과 맺은 이전 계약의 지속성으로 확보된다. 부정적인 금송아지 이야기와 영원한 계약이라는 긍정적 개념 사이의 차이점을 참작하면서, 두 경우 모두 앞선 사건이 이스라엘의 치명적인 실패를 완화하고, 유배를 넘어서 새로운 희망의 가능성을 키운다.

그렇다면 이 이야기의 작성자는 왜 아론을 이스라엘의 우상숭배에 끌어들였는가? 내 해석이 맞다면, 우리는 그 이야기를 사제직에 대한 고대의 갈등과 전승들의 저장소로 만듦으로써 잘못 읽은 것이다. 탈출 32장의 작성자는 사제직의 경쟁사 안에서 누가 우위에 있는지 정리하려고 한 것이 아니라, 죄와 유배의 재앙 이후에 하느님과 함께하는 이스라엘의 역사가 어떻게 다시 시작될 수 있는지 설명하는 길을 찾으려고 한 것이다. 아론의 연루는 필수적인데, 실패의 본질을 과장하기 때문이다. 내가 선택한 용어로는 그것이 참으로 엄청나게 큰 실패임을 확실하게 한다. 독자(이스라엘 백성이 아니라)가 알기로, 아론은 성막에서 사제로 활동하기 위해 선택된 개인이다(탈출 28-29장). 아론은 이야기 안에서 핵심 인물인데, 그가 사제단의 시조이기 때문이 아니라, 산 위에 있어서 이야기에 포함될 수 없는 모세를 제외하고는 전개되는 오경 안에서 가장 존경받는 인물이기 때문이다. 아론의 연루는 북 왕국의 첫 임금인 예로보암의 연루까지도 무색하게 만든다. 아론의 실패가 극복된다면, 북 왕국의 실패도 그렇게 극복될 수 있다.

결론

금송아지 이야기는 두 히브리 왕국의 멸망에 비추어 구성되었다. 신명기계 역사의 관점에서, 예로보암의 죄는 사마리아의 멸망을 가차없이 초래하고, 사마리아의 멸망은 예루살렘의 멸망을 예고한다(2열왕 17장). 유다의 잘못은 이스라엘의 우상숭배를 따른 것이다. 금송아지 이야기는 과거를 파헤치는 것으로 파국적인 역사를 직면한다. 죄로 인해 이스라엘의 제도가 처음부터 직면한 실존적 위협은 이스라엘의 미래에 희망을 제공한다. 이스라엘이 하느님의 백성으로서 실존하기 시작한 기원은 가장 무거운 배교로 훼손되었다. 심지어 이스라엘의 대사제조차도 과실을 범했다. 그럼에도 불구하고 금송아지 이야기는 그런 실패가 극복될 수 있다고 주장한다. 만일 예루살렘의 멸망 후 사제직이 분열되었다는 증거가 있다면, 그것은 탈출 32장에서 발견되지 않는다. 이 이야기에는 토라의 등장이 과거와 미래에 대한 그들 자신의 비전에 대한 권위를 얻으려는 다른 파벌들의 시도에서 기인되었다는 증거도 없다. 대신에 사제들은 그들이 받는 존경 *때문에* 큰 실패의 순간에도 성별聖別된 존재로 묘사된다.

참고문헌

ABERBACH, M. / SMOLAR, L. , "Aaron, Jeroboam, and the Golden Calves", *JBL* 86 (1967) 129–140.

AURELIUS, E., *Der Fürbitter Israels: Eine Studie zum Mosebild im Alten Testament* (ConBOT 27), Stockholm 1988.

BLENKINSOPP, J., "The Judaean Priesthood During the Neo-Babylonian and Achaemenid Periods: A Hypothetical Reconstruction", *CBQ* 60 (1998) 25–43.

CHILDS, B. S., *Exodus: A Commentary* (OTL), London 1974.

CROSS, F. M., "The Priestly Houses of Early Israel", in: *idem, Canaanite Myth and Hebrew Epic: Essays in the History of the Religion of Israel*, Cambridge, MA 1973, 195–215.

DAHMEN, U., *Leviten und Priester im Deuteronomium: Literarkritische und redaktionsgeschichtliche Studien* (BBB 110), Bodenheim 1996.

DOZEMAN, T. B., *Commentary on Exodus*, Grand Rapids 2009.

GREENSTEIN, E. J., "The Formation of the Biblical Narrative Corpus", *AJS Review* 15 (1990) 151–178.

GUNNEWEG, A. H. J., *Leviten und Priester: Hauptlinien der Traditionsbildung und Geschichte des israelitisch-jüdischen Kultpersonals* (FRLANT 89), Göttingen 1965.

HANSON, P. D., *The Dawn of Apocalyptic*, Philadelphia 1975. (이무용 외 옮김, 묵시문학의 기원, 크리스챤다이제스트, 1996)

KNOPPERS, G. N., "Aaron's Calf and Jeroboam's Calves", in: A. Beck et al. (eds.), *Fortunate the Eyes That See* (FS D. N. Freedman), Grand Rapids 1995, 92–104.

KONKEL, M., *Sünde und Vergebung: Eine Rekonstruktion der Redaktionsgeschichte der hinteren Sinaiperikope (Exodus 32–34) vor dem Hintergrund aktueller Pentateuchmodelle* (FAT 58), Tübingen 2008.

KRATZ, R. G., *The Composition of the Narrative Books of the Old Testament*, London 2005.

MACDONALD, N., *Priestly Rule: Polemic and Biblical Interpretation in Ezekiel 44* (BZAW 476), Berlin 2015.

NIHAN, C., *From Priestly Torah to Pentateuch: A Study in the Composition of the Book of Leviticus* (FAT II 25), Tübingen 2007.

NOCQUET, D., "Pourquoi Aaron n'a-t-il pas été châtié après la fabrication du taurillon d'or? Essai sur les mentions d'Aaron en Exode 32,1-33,6", *ETR* 81 (2006) 229–254.

NOTH, M., *Exodus: A Commentary* (trans. J. S. Bowden; OTL), London 1962.
(한국신학연구소 편집실 옮김, 국제성서주석 2: 출애굽기, 한국신학연구소, 1981)

OLYAN, S., "Zadok's Origins and the Tribal Politics of David", *JBL* 101 (1982) 177–193.

PROPP, W. H., *Exodus 19–40: A New Translation with Introduction and Commentary* (AB 2A), New Haven 2006.

SAMUEL, H., *Von Priestern zum Patriarchen: Levi und die Leviten im Alten Testament* (BZAW 448), Berlin 2014.

SCHAPER, J., *Priester und Leviten im achämenidischen Juda: Studien zur Kult- und Sozialgeschichte Israels in persischer Zeit* (FAT 31), Tübingen 2000.

SCHMID, K., "Israel am Sinai: Etappen der Forschungsgeschichte zu Ex 32–34 in seinen Kontexten", in: M. Köckert / E. Blum (eds.), *Gottes Volk am Sinai: Untersuchungen zu Ex 32–34 und Dtn 9–10* (VWGTh 18), Gütersloh 2001, 9–40.

SONNET, J.-P., "God's Repentance and 'False Starts' in Biblical History (Genesis 6–9; Exodus 32–34; 1 Samuel 15 and 2 Samuel 7)", in: A. Lemaire (ed.), *Congress Volume, Ljubljana 2007* (VT.S 133), Leiden 2010, 469–494.

SWEENEY, M., *I & II Kings: A Commentary* (OTL), Louisville, KY 2007.

VAN SETERS, J., *The Life of Moses: The Yahwist as Historian in Exodus–Numbers*, Louisville, KY 1994.

VERMEYLEN, J., "L'affaire du veau d'or (Ex 32–34). Une clé pour la 'question deuteronomiste'?", *ZAW* 97 (1985) 1–23.

WATTS, J. W., "Aaron and the Golden Calf in the Rhetoric of the Pentateuch", *JBL* 130 (2011) 417–430.

_____, *Leviticus 1–10* (HCOT), Leuven 2013.

WELLHAUSEN, J., *Prolegomena to the History of Israel with a Reprint of the Article Israel from the "Encyclopaedia Britannica"* (trans. J. S. Black and A. Menzies), Edinburgh 1885.

11장

사제계 출전의 정치적 알레고리
예루살렘의 파괴와 유배, 그 대안

제프리 스테커트

히브리 성경에 대한 현대 비평적 연구의 지속적인 공헌 중 하나는 오경에 서술된 과거가 반드시 묘사된 시대의 사건과 관점, 사고 과정을 반영하는 것이 아니라, 저자들의 시대 상황을 반영한다는 인식이다. 다른 무엇보다도 이 관찰로 오경의 내러티브들을 정치적 알레고리allegory로서 비평적으로 분석할 수 있는 발판이 마련된다. 본문들은 풍부하게 발전된 문학적 허구들을 인정하면서도, 그 자체를 넘어 현재의 실제 역사적 상황을 지적하여 특징짓고 비평하며 대안을 제시한다. 오경의 사제계 출전(P: 이후 P로 표기)은 그런 알레고리적 독서에 걸맞는 특별한 자리였고, 19세기 후반 이래로 종종 예루살렘 파괴, 바빌로니아 유배 그리고 유배 이후 유다인의 경험과 관련하여 해석되었다. 최근의 사례로 인용한 것이 이러한 해석의 궤적을 대표한다.[1] 크

로마에서 열린 국제학술회의에 참석한 이들이 건넨 유용한 의견과 비평에 감사한다. 또 콜로라도 볼더 대학교의 사무엘 보이드Samuel L. Boyd의 논평과 제안에 감사한다. 물론, 남아 있는 잘못에 대한 책임은 전적으로 나에게 있다.

스토프 니한Christophe Nihan은 다음과 같이 주장한다. P의 아케메네스 시대(역자주: 페르시아 시대) 청중은 성조들을 그 땅의 거류민גרים과 같다고 생각한다. 이스라엘인들이 비이스라엘인들과 같이 사는 가운데에서 뚜렷이 구별되는 정체성에 대한 P의 관심은 유다에서 시행되는 페르시아의 사회 정책들을 반영한다. P에서 명백한 왕정 회복의 열망이 빠진 것 또한 아케메네스 시대 유다인들의 현실과 일치한다. 그렇게 그는 "창세 1장-레위 16장*의 기원들에 대한 복잡한 신화는 초기 왕정제 이후 예루살렘에서 왕정 이후, 국가 이후에 막 생겨나려는 성전 공동체의 설립 이야기, 곧 '기원전설Ursprungslegende'로 간주될 수 있다"라고 결론짓는다.[2]

하지만 설득력이 있는 만큼, 알레고리는 해석자의 창의성과 심지어 왜곡에 특히 민감하다. 노스럽 프라이Northrop Frye는 알레고리는 그 자체의 해석을 지시하려 해서 독자를 얽매기 때문에 해석자들에게 저항을 불러일으킬 수 있으며, 해석자들은 알레고리가 권장하는 것보다 자기 나름의 독법을 선호할 수 있다고 주장한다.[3] 그러한 이유로 알레고리의 해석은 비평적 통제를 요구한다. 그런 통제의 수단은 무엇인가? 사제계 출전 같은 내러티브 본문들의 경우, 그것이 허구 자체여야 한다고 제안하고 싶다.[4] 즉, 그런 알레고리들에 대한 해석이 신뢰할 만하려면, 내러티브 특히 줄거리 및 등장인물의 특성에 대한 설

---

1. P의 정치적 관점에 대한 학자들의 유용한 검토를 위해 Schmid, "Judean Identity" 참조.
2. Nihan, *Priestly Torah*, 383–394 (p. 391).
3. Frye, *Anatomy*, 90; Fletcher, *Allegory*, 325–326 참조.
4. 오경의 사제계 출전에 허구의 범주를 적용하는 데에 관해 유용한 논의는 Liss, "Sanctuary" 참조. 성경의 역사적 내러티브에 그런 허구의 범주를 적용하는 데에 반대하는 주장에 대해서는 Sternberg, *Poetics*, 23–35 참조.

득력 있는 분석을 제시해야 한다. 같은 쟁점을 다루면서 조엘 로젠버그Joel Rosenberg는 다음과 같이 주장한다.

> 내러티브의 신화적인 '매력'을 배제하지 않아야 할 이유는 충분하다. 우리는 주석을 제공하려고 하기 전에 그것의 궤적을 따라가 봐야 한다. 우리는 신화와 공상에 의해 움직였던 우리의 주의력을 끌어당기는 것을 이해하고, 그 다음에 우리 자신을 거기서 정중하게 떼어 내고, 구체적인 것을, 만일 본문이 없다면, 그 이야기가 감추고 있는 것에 직면하여 이야기가 '언급하는' 사회적 환경을 재구성해야 한다.[5]

더 강력히 표현하면, 본문의 허구가 독자에게 자체의 알레고리에 접근하게 하여 그 뜻을 알아낼 단서를 제공하기에,[6] 이 허구가 독자에게 가장 중요하다. 모린 퀼리건Maureen Quilligan은 이렇게 말한다.

> 알레고리의 독자들은 … 그들이 내러티브를 따를 때만 숙달된다. … 알레고리를 읽는 경험은 항상 독자에게 점진적인 계시를 통해 작용하는데, 독자는 이미 답을 알지 못한다는 것을 인정하고, 보통 그 답을 다시 배우는 과정을 거쳐 답을 발견한다. 만일 독자가 이미 어떻게 해석할지 알고 있다는 주제넘은 의식으로 시작한다면, 내러티브는 그가 모른다는 것을 제일 먼저 가르쳐 줄 것이다.[7]

---

5. Rosenberg, *King*, 46.
6. Frye, *Anatomy*, 89–92 참조. Fletcher는 알레고리 글쓰기의 낙관적 의도에 주목한다. "알레고리의 대응은 해독解讀 기술을 가진 누구에게나 열려 있다"(*Allegory*, 325).
7. Quilligan, *Allegory*, 227.

그래서 본고는 오경의 사제계 출전의 문학적 허구를 다시 숙고하고, 특히 이 출전의 초기 P층을 확인할 것인데, 이것이 사제계 내러티브의 토대와 기본 발판을 형성한다. 하느님의 현존에 대한 이 작품의 주장들 및 P의 알레고리를 이해하는 데 미치는 그것들의 영향에 초점을 맞출 것이다. 그런 다음 하느님의 현존에 관련한 P의 주장들을 사제계 출전의 후기, 성결(H: Holiness) 층의 주장과 대조할 것이다. 이 층은 하느님 현존에 대한 P의 이해 안에 하느님이 떠날 가능성을 끼워 넣는다. P와 H 사이의 긴요한 차이는 이런 층들의 작성 시기를 역사적으로 규명하는 데 중요한 의미가 있다. 구체적으로 사제계 층들의 작성이 예루살렘 파괴의 전후 양쪽에 위치할 수도 있음을 시사한다. 이는 메소포타미아에서 유다인들의 삶을 묘사한 신바빌로니아와 페르시아 시대의 설형문자 서판들 중에서 새로 공개된 것들의 언어를 비교하여 논증할 것이다.

1. 사제계 내러티브

사제계 출전과 그 안에 기술된 하느님 현존 장소에서 알레고리를 식별하기 전에, 내가 재구성한 대로 작품의 특징을 간략하게 밝힐 것이다. 이미 지적한 대로 나는 사제계 출전에서 두 개의 주요 층을 구분하고 있다. 더 이른 시기의 독립적인 P 문헌(또는 때때로 P^{g}라는 용어로 규정되는 문헌)과 후기의 H 작성이다. H는 P를 보완하고 개정한 글의 모음집이라고 식별한다.⁸ P의 목적은 이 땅에 특히 이스라엘인들 사이에 야훼께서 거처하기에 필요한 환경을 만드는 규정들을 모아 열거하고 합리화하는 것이다. 이 거처는 그것을 실현하고 유지하는 하느님에 힘입어 이스라엘에 실질적 혜택, 곧 P가 말하는 '복들ברכות'을 베푼다. 그러나 내가 주장하듯이 P는 이를 이스라엘에 유익하도록 의도된 이점으로 특징짓지 않는다. 복은 오히려 이 땅에 신이 거주하기 위한 필수 조건이며, 따라서 당연히 야훼를 위한 것이다.

이 계획을 수행하면서, P는 역사적 기사를 내놓는다. 그것은 간략한 우주 생성론과 인간 생성론을 포함한 세상의 기원에 대한 묘사로 시작한다.⁹ 하지만 그 우주 생성론과 인간 생성론은 P가 묘사하는 인류의 후속 역사와 마찬가지로, 이스라엘 역사와 제의의 합리화를 위한 예비 단계이며, 따라서 이스라엘 자체의 기원을 설명하는 것이다. P를 전체적으로 이해하는 데 특별히 중요한 것은 P의 창조 기사의 다음 후렴이다. וירא אלהים כי טוב, "하느님은 그것을 좋게 판단하셨다."¹⁰ 이 진술은 P가 전개하는 플롯의 무대를 마련한다. 야훼는 자신의 창조를 기뻐한다. 하지만 더할 나위 없는 안식 중에 있는 위엄 있는 왕으로서, 그분은 자신이 만든 세상에 성향적으로 무관심하며 거기서 최대한 멀리 떨어져 있는 것을 선호한다.¹¹

---

8. 특히 Elliger, *Leviticus*, 14–20; Knohl, *Sanctuary*; Schwartz, *Holiness Legislation*, 17–24 (히브리어) 참조.
9. 최근 사제계의 창조 기사를 P가 아닌 H에 부분적으로 또는 전체적으로 돌리려는 시도가 여러 번 있었다. 예를 들면 Amit, "Creation," 특히 22*–26*(히브리어); Firmage, "Genesis 1"; MilgromI, "HR," 33–37; Arnold, "Genesis 1". 이 연구들은 P의 유형, 즉 내러티브 형태와 지배적인 줄거리를 충분히 고려하지 않는다.
10. 창세 1장의 이 후렴의 토론을 위해서는 Kugel, "*kî ṭôb*"; Janzen, "*kî ṭôb*"; Bandstra, "Syntax," 110–116; Schipper / Stackert, "Blemishes," 468–470 참조.
11. 야훼의 무관심에는 에녹의 경우처럼(창세 5,24) 분명히 예외적인 중단이 있지만, 그런

바로 이 신적 태도의 결합, 즉 자신의 피조물을 향해 강한 애정을 가지면서도 무관심한 야훼의 태도가 P에서 단 하나의 중요한 분열을 야기한다. 창조 기사 이후에, P는 땅을 가득 채운 압도적인 폭력(חמס, 창세 6,11)으로 다음 주요 에피소드를 시작한다. 야훼께서 오직 식물만을 먹으라고 지시하신 인간과 동물들(창세 1,29-30)은 서로를 게걸스럽게 먹으며, 그들의 피 흘림은 야훼의 안식을 방해한다.[12] 참을 수 없는 이런 상태가 되자, 야훼는 홍수로 지상의 거의 모든 피조물을 멸하도록 한다. 또 그런 상태로 인해 땅에 거주하려는 야훼의 결정이 촉진된다. 세상이 미쳐 날뛰는 상황에서도 피조물을 향한 야훼의 자애는 흔들리지 않는다. 그리하여 그는 당신 피조물의 한가운데에서 살기 위하여 멀리 떨어진 위치를 포기하기로 선택한다.[13]

P에서 이어지는 것은 야훼께서 하늘에서 땅으로 이동하는 과정이다. 이 과정에는 아브람과 그 후손을 야훼의 백성으로 공식적으로 선택하고, 하느님의 지상 거처를 확립하고, 이 성소를 돌보는 규정을 계시하고, 야훼의 성소가 가나안의 이스라엘인들 가운데 궁극적으로 정착되는 일 등이 포함된다. 역사처럼 기술된 내러티브에서 백성, 땅,

---

관심은 정확하게 예외적인 것으로 제시된다. 니한Nihan이 התהלך את(…와 함께 걷는다)가 홍수 이전 사제계 세상에서는 야훼가 가까이 있음을 의미한다고 주장한 것에 주목하라(창세 5,22.24; 6,9을 인용하면서; *Priestly Torah*, 62–63). 그러나 P에는 이렇게 읽을 근거가 없다. 그보다는 오히려 정원에서 거니시는(창세 3,8; התהלך과 함께) 것과 같은 J의 야훼 묘사와 조화를 이루는 것으로 보인다.

12. 성경의 폭력은 큰 소리를 내며 파괴적이라는 점과 야훼께서 그 폭력에 대응하리라 기대된다는 점(예레 6,7; 하바 1,2; 욥 19,7; 요나 3,8; 또한 창세 4,10에서 아벨의 피가 울부짖는 것 참조; 이 관찰에 대해 Ms Maria Metzler에게 감사한다)에 유의하라. P의 홍수 이야기에서 하느님을 방해한 것은 〈아트라하시스〉에서 엔릴의 경우처럼 청각과 연관될 것이다. 각각의 경우 신은 그의 안식에서 빠져나온다.

13. Schwartz, "Flood," 150–153 (Hebrew)를 기반으로 한 Schipper / Stackert, "Blemishes," 469, 475–476 참조. 또한 Blum, *Studien*, 287–332; Sommer, *Bodies*, 74 참조.

성소가 근본적으로 서로 연결된다. 야훼가 땅에 거주하려면 그에게 성소가 있어야 하고, 그 성소에는 자원을 공급하기 위해 지정된 집단의 사람들이 있어야 한다. 그는 또한 땅을 가져야 하는데, 그 땅은 단순히 그의 성소를 두기 위한 장소가 아니다.[14] P가 농업을 강조하는 데에서 입증되듯이, 야훼의 백성이 성소의 자원을 생산하려면 땅은 필수이다.[15] 그리고 다른 고대근동의 신들처럼 P의 신도 거대하기 때문에,[16] 그에게는 막대한 자원이 필요하다. 야훼를 만족시키려면 이스라엘의 수는 이례적으로 많아야 하고,[17] 그들의 농업 수확량은 대단히 풍족해야 한다. 야훼는 당신이 이스라엘에 요구하는 표징들을 제의에서 산출하게 함으로써 엄청난 다산을 보장한다. 할례는 하느님께 이스라엘이 자손을 낳도록(창세 17,4-6) 강복하시기를 상기시키고, 안식일 준수는 야훼께서 그들에게 할당한(창세 17,8) 땅의 생산성을 높이시기를 촉구한다.[18]

---

14. 땅의 선물과 야훼 성소의 필수적인 연결에 대해 Römer, "Pentateuque", 354; Köckert, "Land", 152–153 참조. P에서 좀 더 일반적인 의미의 땅에 대해서는 그중에서도 (그리고 다양한 관점을 표현하는) Bauks, "Histoire"; Guillaume, *Land*; Booker, "Envisioning"; Ska, "Récit" 참조.
15. 특히 Chavel, *Oracular Law*, 175–177 참조.
16. 신과 그의 성소의 (상상된) 물리적 크기에 대해서는 Smith, "Like Deities" 참조. 또한 이스라엘 인구가 야훼의 성소를 지탱하기 위한 충분한 규모로 성장하기 위해 필요한 시간은 P에서 이스라엘의 오랜 이집트 체류(탈출 1,7; 12,37-38.40-41)가 필요한 이유를 설명한다는 데에 유의하라. 다른 견해는 Sommer, *Bodies*, 72 참조. Sommer는 오히려 P에서 신의 몸(*kābôd*)은 크기가 변할 수 있지만, 만일 그렇지 않다면 지성소의 간소한 크기 때문에 다소 작아야 한다고 주장한다. 불분명한 것은 P가 광야 시기를 기술한 글에서 자신의 견해를 어느 정도 정확하게 묘사하고 있는지다. Haran이 (사제계 성소에 대한 구체적인 언급과 함께) 주목하듯이, P의 표현은 문학적이고, 이상적utopian이며 초기 전승에서 영향을 받았다. 그래서 광야의 성막과 예루살렘 성소가 항상 정확하게 들어맞지는 않는다(*Temples*, 194–204).
17. P의 인구 성장에 대해서는 Schmid, "Quest", 280–282 참조.
18. Fox, "Sign", 586–596; Schipper / Stackert, "Blemishes", 474–477; Stackert, "Priestly Sabbaths" 참조.

2. 알레고리와 사제계 출전

이 사제계 출전은 어떻게 알레고리적으로 기능하는가? P와 H는 틀림없이 알레고리인가? 이 질문들에 답하기 위해서, 우선 알레고리는 하나의 유형에 국한되지 않는다는 점에 유의하는 것이 중요하다. 사실 문학 이론가들은 알레고리를 정의하는 결정적인 요소로 표현의 넓은 범위를 강조한다. 앵거스 플레처 킨리Angus Fletcher keenly는 다음과 같이 날카롭게 관찰한다.

> 가장 단순히 말해, 알레고리는 한 가지 일을 말하고 다른 것을 의미한다. 그것은 언어에 대해 일반적으로 가지고 있는 기대, 곧 우리가 쓰는 단어들은 '그것들이 말하는 바를 의미한다'는 기대를 파괴한다. 인간 Y의 특질 x를 서술할 때, Y는 실제로 우리의 서술이 말하는(또는 우리가 그렇다고 추정하는) 그다. 그러나 알레고리는 Y를 개방적이고 직접적인 진술이 독자에게 말하는 것보다는 다른*allos* 무엇으로 바꿀 것이다. 극단적으로 말하자면, 이 아이러니한 용법은 언어 자체를 전복시켜 모든 것을 오웰식 뉴스피크newspeak로 만들 것이다. 이런 의미에서 우리는 알레고리가 어떻게 적절하게 하나의 양식으로 고려되는지를 본다. 알레고리는 우리의 발언을 부호화하는 기본 과정이다. 그것이 근본적인 언어적 절차라는 바로 그 이유 때문에, 온갖 종류의 제각기 다른 작품들에 나타날 수 있고, 그중 많은 것은 오웰의 뉴스피크를 그렇게 효과적 세뇌 장치로 만

든 혼란스러운 이중성doubleness에는 훨씬 미치지 못한다.[19]

플레처는 알레고리를 하나의 유형genre이라기보다는 하나의 양식mode이라고 적절히 정의할 뿐 아니라, 알레고리적 작품 속에 의미의 연속이 존재할 수 있다고 제안한다. 알레고리를 구성하는 일부 요소는 모두가 그 자체 너머를 가리키는 철저한 상징성 없이 본문 밖의 실제를 나타낼 수 있다.

프라이Frye와 로젠버그Rosenberg의 진술도 비슷하다. 프라이는 "저자가 '이것으로 나는 또한allos 저것을 의미한다'고 말하는 것이 분명할 때마다 그는 알레고리적이다"라고 명시한다. 게다가 그는 문학적 알레고리는 복잡한 경향이 있으며, 문학적 관습 안에 있음에도 불구하고 가장 명백한 것에서 가장 파악하기 어려운 것으로 움직이는 알레고리의 '차등 척도sliding scale'를 보인다고 강조한다.[20] 프라이를 바탕으로, 로젠버그는 알레고리 '그 자체인' 작품들과 알레고리를 '사용'하나 '사실상 복잡하고 합성된' 작품들 사이를 구별한다.[21] 그런 작

---

19. Fletcher, *Allegory*, 2–3.
역자주: 뉴스피크는 올드스피크oldspeak와 대조되는 말로 1949년 출판된 조지 오웰의 디스토피아 소설 《1984》에서 전체주의적 초국가인 오세아니아의 가상 언어로 통제된 언어를 말한다. 오웰은 영어가 사고의 쇠퇴, 화자와 청자를 조작할 수 있는 실제 가능성, 그리고 결국 정치적 혼란과 밀접하게 연관되어 있다는 인식에 근거하여 영어를 비판했다.
역자주: 오웰의 언어로 doublespeak가 기반이다. 이는 "doublethink"와 "Newspeak"라는 두 가지 개념에서 파생되었는데 단어의 의미를 고의적으로 모호하게 하고, 위장하고, 왜곡하거나 반전시키는 언어이다. 예를 들면 '해고'를 "규모 축소", '폭격'을 "대상에 대한 서비스 제공"이라고 하여 진실을 더 듣기 좋게 만들기 위한 의미이다. 또한 언어의 의도적인 모호함이나 실제 의미의 반전을 의미할 수도 있다. 그 경우 이중으로 말하는 것은 진실의 본질을 위장한다.
20. Frye, *Anatomy*, 90–91.
21. Rosenberg, *King*, 12.

품들은 알레고리적 양식을 활용할지라도 그 문학 유형 내에서 식별할 수 있게 기능할 것이다.

　　알레고리의 그런 복잡한 표현법이 오경의 사제계 출전을 특징짓는다. 앞에서 밝힌 대로, 이 작품은 상상력이 풍부한 역사적 내러티브로, 줄거리가 잘 전개되고 시종일관하다. 동시에 내러티브의 세계 너머를 바라보는 동시대의 맥락과 함께 일련의 추정들을 주창하고 보증한다. 이러한 관찰들은 또한 사제계 출전의 정치적 성격을 분명하게 밝히며, 그 출전의 적절한 명칭이 정치적 알레고리임을 명확하게 한다. 외관상 시작부터 중간을 거쳐 끝까지 배열된 역사적 내러티브는 과거의 사건들을 특유의 가치 함축적 방식으로 제시하고 설명한다.[22] 이 허구와 그것을 쓴 저자들의 세계 사이의 상응이 지향하는 목표도 마찬가지로 영향을 미치고 설득하는 데 있다.[23] 따라서 사제계 출전은 실제 현재를 위해서 허구의 과거를 형성한다. 그렇게 함으로써 종교 사상들이 경쟁하는 시장에 끼어든다.

3. 사제계 출전에서 신의 현존과 부재

앞에서 논의한 대로, 오경의 사제계 출전은 야훼의 지상 현존과 그분 현존의 자리로서 이스라엘 백성의 선택에 관심을 갖는다. 사제계의

---

22. White, *Metahistory*, 5–11 참조.
23. 성경의 내러티브를 이해하기 위한 한 범주로서 정치적 알레고리에 대하여는 특히 Rosenberg, *King*, 1–46 참조. 사제계 출전의 수사학에 관한 토론에 대해서는 특히 Watts, *Ritual* 참조.

관심은 많은 고대근동 종교 사상의 핵심 관심사와 비슷하다. 고대근동의 신들은 명확하게 거처를 정하는 존재라고 정식으로 개념화되었고, 신에게 근접하는 것 자체가 특별한 혜택을 수여하는 것으로 종종 이해되었다.[24] 신의 현존을 개념화하는 데에서 되풀이되는 특징은 그 반대인 신의 부재 또는 떠남에도 신의 현존과 상응하는 효과를 갖는다. 신이 그의 환경에 불만을 품으면 떠날 수 있다. 그런 경우 신에게 근접함으로 이전에 누렸던 혜택은 사라지고, 신의 분노는 때로는 구체적 혹은 강화된 역경을 초래할 수 있다.[25]

많은 학자는 P가 미래에 신의 떠남에 대한 우려도 신의 현존을 이해하는 일부로 포함한다고 상정해 왔다.[26] 제이콥 밀그롬Jacob Milgrom은 독창적인 논문 "이스라엘의 성소: 사제계 '도리언 그레이 Dorian Gray의 초상'"에서 정확하게 이 용어들로 성소 정화의 사제계 체계를 설명한다. 그는 P의 관점에서, 이스라엘의 죄와 부정이 성소를 더럽히고, 이스라엘이 죄와 부정을 하느님의 거처에서 정화하지 않는다면, 야훼는 당신 현존이 이스라엘에게 주는 복과 보호를 가지고 그곳을 떠나실 것이라고 말한다.[27] 다른 학자들도 비슷한 주장을 한다. 떠난다는 하느님의 위협은 사제계의 종교적 상상력에서 근본적인 것으로 이해된다.[28]

---

24. 고대 이스라엘을 포함하여 고대근동에서 신의 거처에 대한 최근 논의에 대해서 Sommer, *Bodies*; Allen, *Splintered Divine* 참조. 고대근동에서 신의 현존 신학에 대한 구체적 이해를 둘러싼 토론에 대해서는 Berlejung, "Divine Presence" 참조.
25. 이스라엘과 더 넓은 고대근동 세계에서 신의 진노에 대한 최근의 논의로 Grant, *Divine Anger*; Kratz / Spieckermann (eds.), *Divine Wrath*에 실린 논문들 참조.
26. 히브리 성경과 더 넓은 고대근동에서 신의 떠남에 대한 토론은 Block, "Divine Abandonment"; Kutsko, *Heaven and Earth*; Burnett, *Where Is God?* 참조.
27. Milgrom, "Israel's Sanctuary", 396–398.
28. Gorman, *Ideology*, 45; Schwartz, "Bearing", 4–5; Klawans, "Pure Violence", 151–156;

그것이 학문적 합의를 누리고 있더라도, 신의 현존에 대한 P의 해석에 의문을 제기할 이유가 있다. 확실히 P는 역사서술에서 야훼께서 이스라엘 백성 사이에 거처하지 않았던 때를 상상한다. 신의 현존에 대한 고대근동의 다른 설명과 달리, P에는 하느님의 떠남에 대한 묘사나 위협이 들어 있지 않다. 방금 인용한 "도리언 그레이" 논문에서 밀그롬은 암묵적으로 이를 인정했다. P에서 하느님의 떠남에 대한 개념을 설명할 때, 그는 에제키엘에게 눈을 돌리지 않을 수 없었다.

> 마지막으로, 왜 긴급하게 성소를 정화해야 하는가? 답은 이스라엘의 하느님은 부정한 성소에 거하시지 않으리라는 가정에 있다. 자비로우신 하느님은 약간의 부정을 견디실 것이다. 그러나 돌이킬 수 없는 지점이 있다. 만일 부정이 계속 쌓이면 그 끝은 가차없다. '커룹들이 그들의 날개를 펼 것이다'(에제 11,22). 하느님의 병거는 하늘을 향해 날아가고 이스라엘은 멸망에 처하게 된다.[29]

이 구절에 첨부된 각주에서 밀그롬은 에제키엘에게 더욱 호소하며 이렇게 진술한다. "예언자이고 사제인 에제키엘의 책에서 첫 11개 장은 하느님이 당신 성소에서 떠나심은 이스라엘의 멸망과 같다는 사제계의 원리에 입각하여 구성된 것이다."[30]

Olyan, *Rites*, 16; Nihan, *Priestly Torah*, 194–195과 여기저기; Hundley, *Keeping Heaven*, 49, 96–99, 135–200 참조. 뒤에서 설명하겠지만, 일부 학자들은 P가 부정한 성소를 제거하는 하느님의 규정을 통해 떠난다는 하느님의 위협을 우회한다는 것을 인식한다. 그러나 그런 해석까지도 P의 종교적 상상력에서 하느님이 떠날 *가능성*을 인정한다.

29. Milgrom, "Israel's Sanctuary", 396–397.
30. Milgrom, "Israel's Sanctuary", 397 n. 27.

그런데 하느님의 떠남이 사제계 사고에 실제로 그렇게나 자명한 원리였는지 질문할 필요가 있다. P는 에제키엘서에 분명하게 진술된 것을 단순히 당연시하는가? P 줄거리의 세부 사항도, P가 묘사한 야훼나 이스라엘의 특징도 그런 주장을 지지하지 않는다. 이스라엘과 함께 살기로 한 야훼의 결정을 묘사할 때, 거주가 가능하기 위한 다양한 준비와 요건, 야훼께서 당신 성소에 실제 거주하심과 이스라엘의 가나안 진입을 기술하면서, P는 하느님을 전적으로 자기 본위의 존재로 소개한다. 이스라엘 백성 가운데 거주하신다는 야훼의 결정은 이타적이거나 자기희생적인 것이 아니다. 오히려 야훼는 당신이 창조하신 세상 안에 참견하려고 나섬으로써 그 안에서 마음대로 하며 기쁨을 누리는 것이다. 따라서 야훼가 이스라엘에 현존함으로써 발생한 혜택들은 – 풍부한 농작물, 수많은 자손, 보호 – 모두 완전히 *야훼를 위한* 것이지 *이스라엘을 위한* 것이 아니다. 그것들은 야훼가 지상에서 현존할 수 있게 했을 뿐, 이스라엘의 행동이나 혈통에 대해 보상하지 않는다.

그럼에도 불구하고 이 협정이 직접적 보상 없이 이스라엘에 그처럼 끊임없는 순종을 요구한다는 사실은 P에 어떤 어려움도 주지 않는다. 다른 이들이 지적한 대로, P는 근본적으로 긍정적 인간학을 발전시킨다. 야훼의 기대는 – 그리고 P 저자의 기대는 – 정상적인 상황에서 인간은 신의 명령에 귀를 기울이리라는 것이다.[31] 따라서 이스라엘의 순종을 보장할 보상은 필요하지 않다. 또한 이스라엘 가운데에 거하신다는 야훼의 결정에 수반되는 계약의 부대 조항이 P에 없다는

---

31. 특히 Pola, *Priesterschrift*, 116–146; Stackert, "Darkness," 671–674 참조.

것은 주목할 만하다. 실제는 정반대다. 야훼의 결정은 확고부동하다. P의 언어로 표현하면, 그것은 버리트 올람עלם ברית, 영원한 계약이다 (창세 17,7).[32]

이 내러티브로 설정된 지침에 비추어 볼 때, P에서 하느님의 떠남에 대한 암시적 위협을 가정하는 것은 별 의미가 없다. 이스라엘 백성 가운데에 야훼의 현존은 상대와 주고받는 상호이행(*do ut des*; 역자주: 대등하고 공평한 조건에서 이루어지는 교환 또는 거래를 가리키는 라틴어 표현) 협정의 일부가 아니다. P가 허구를 구성한 대로, 만일 야훼가 이스라엘을 떠난다면 그것은 순전히 자신의 손해이고 더 큰 구성에서 그에 대해 묘사된 것과 상반될 것이다. 하느님의 떠남은 마찬가지로 P가 기술한 이스라엘의 특성도 거스르는 것이다. 다시 말해, 야훼와 이스라엘, 신의 명령에 대한 이스라엘의 복종에 대한 P의 견해는 야훼의 현존에 대한 위협이 일어나리라고 예상할 이유를 거의 남기지 않는다. 따라서 우리는 이제 P에서 하느님의 부재는 오로지 *역사적 용어*로, 그것이 서술하는 과거의 일부로만 이해되어야 하고, P가 지지하는 종교 프로그램에 들어 있는 가능성으로 이해되어서는 안 된다고 결론 내릴 수 있다.

그런데 사제계 출전의 H층은 P를 보충해 개정한 데에서 하느님 현존에 대한 이 관점과는 현저하게 다르다. H의 대안적 관점은 레위 26장에 실린 이스라엘 백성의 순종을 권유하는 목록에서 가장 두드러진다. 예를 들면 30-33절에서 야훼는 분명하게 말씀하신다.

---

32. 오경의 사제계 문헌에서 Bŭrît의 의미에 대해서는 Stackert, "Distinguishing", 380–384 참조.

והשמדתי את במתיכם	30 나는 너희의 산당들을 헐어 버리고
והכרתי את חמניכם	너희의 분향 제단들을 부수어 버리겠다
ונתתי את פגריכם	그리고 너희 주검들이
על פגרי גלוליכם	너희 우상들의 주검 위로 쌓이게 하겠다
וגעלה נפשי אתכם	이렇게 나는 너희를 혐오할 것이다
ונתתי את עריכם חרבה	31 나는 너희 성읍들을 폐허로 만들고
והשמותי את מקדשיכם	너희 성소들을 황폐하게 하겠다
ולא אריח בריח ניחחכם	너희가 바치는 향기도 맡지 않겠다
והשמתי אני את הארץ	32 나는 그 땅을 황폐하게 만들어 버리리니
ושממו עליה איביכם	너희 원수들이 그곳에 살러 왔다가
הישבים בה	그 모습에 질겁할 것이다
ואתכם אזרה בגוים	33 나는 너희를 민족들 사이로 흩어 버리며
והריקתי אחריכם חרב	너희 뒤로 칼을 빼어 휘두르겠다
והיתה ארצכם שממה	그리하여 너희 땅은 황폐해지고
ועריכם יהיו חרבה	너희 성읍들은 폐허가 될 것이다

이 절들에서 야훼는 예배 장소들을 파괴하고 제물을 거부하고 이스라엘 백성을 유배 보내겠다고 위협한다. 그러한 위협들이 포함되면서 하느님 현존에 대한 P의 개념을 철저하게 재조정하게 된다. H는 성소, 예배, 백성과 그들의 비옥한 땅, 다시 말해, 이스라엘 백성 가운데 야훼의 현존을 위한 모든 기본 요건이 잠재적으로 위태롭다고 본다. H는 또한 레위 26장에서 이스라엘 백성의 순종을 위하여 구체적이고 긍정적인 권유들을 소개하고(3-13절), 그것이 이스라엘 백성 가운

데 하느님이 현존하심과 관련된 혜택(11-12절)이라고 명시적으로 특징 짓는다.³³ 그래서 26장에서 야훼 자신이 주도한 하느님의 현존 그리고 하느님이 떠날 가능성이 전혀 없다는 P의 개념은 H에 의해 완전히 뒤집힌다.

그러나 H는 또한 하느님의 떠남 개념과 P에게 물려받은 이스라엘에 대한 야훼의 철저한 헌신 개념을 조화시키려 노력한다. 따라서 H는 야훼가 이스라엘에서 떠날지라도 당신 백성과의 관계를 완전히 끊지 않으리라고 주장한다.³⁴ 레위 26,44-45은 분명히 말한다.

ואף גם זאת	44 그렇지만
בהיותם בארץ איביהם	나는 그들이 원수들의 땅에 있는 동안에도
לא מאסתים ולא געלתים	그들을 업신여기거나 혐오하여
לכלתם	그들을 멸망시키거나
להפר בריתי אתם	그들과 맺은 나의 계약을 깨뜨리지 않겠다
כי אני יהוה אלהיהם	나는 주 그들의 하느님이다
וזכרתי להם	45 나는 그들을 위하여
ברית ראשנים	선조들과 맺은 계약을 기억하겠다
אשר הוצאתי אתם מארץ מצרים	나는 그들의 하느님이 되려고, 민족들이 보는
לעיני הגוים להית להם לאלהים	앞에서 그들을 이집트 땅에서 이끌어 내었다
אני יהוה	나는 주님이다

---

33. 또한 레위 26,11이 30-33절에서 파괴와 관련하여 언급된 하느님의 혐오(געל)와 하느님의 현존을 대조한다는 점에 유의할 것. 예레 14,19도 참조.
34. Joosten, "Covenant", 150–151; Stackert, "Distinguishing" 참조.

따라서 H는 두 관점 사이를 중재한다. 하나는 하느님 부재 경험을 인식하고 예상까지 하는 관점이고, 다른 하나는 그 가능성을 인정하지 않는 관점이다. H의 해결책은 유배에도 불구하고 이스라엘에 대한, 당신 계약ברית에 대한 야훼의 헌신이 지속됨을 보장하는 것이다. 다른 고대근동의 예처럼, H에서 하느님의 떠남은 돌이킬 수 없는 결말이 아니다.[35]

4. 사제계 알레고리들: 사제계 층의 구축

오경의 사제계 알레고리 또는 방금 자세히 말한 P와 H의 병치가 암시하는 것처럼 *알레고리들*을 이해하는 데 이러한 내러티브 관찰이 지닌 함의는 무엇인가? 더 정확하게는, 오경의 사제계 층에서 하느님의 떠남에 대한 서로 다른 관점들은 그 저자들의 각기 다른 역사적 전망과 경험을 가리키는가?

성소와 예배 관행을 위해 획득된 맥락에 대한 가정과 연관하여, 심지어 이스라엘 백성의 광야 여정을 묘사한 데에서도 P는 유배 이전과 이후 어디에나 가장 자연스럽게 위치한다. 그러나 유배 이후로 설정하는 제안에 즉시 제기되는 도전(그리고 가능한 유배 시대 설정에 맞선 추가 주장에서)은 P에는 하느님의 떠남에 대한 어떤 숙고도 눈에 띄게 없다는 것이다. 이 생각은 유배와 유배 이후 성경 본문들(예를 들면, 예레미야서, 에제키엘서, 애가, 제2이사야서, 하까이서, 즈카르야서, 말라키서)에

---

35. Stackert, "Distinguishing", 383–384.

스며들어 있고, 이미 에제키엘서의 경우에 지적했던 대로 사제계 예언 사상에 완전히 통합되었다.[36] 그럼에도 불구하고 P에서는 그 표현이 발견되지 않는다. 게다가 P의 저자들은 예루살렘 파괴나 유배 경험의 기억을 전혀 반영하지 않는다. 가끔 제안되었던 것처럼,[37] 그들에게 미래에 비슷한 재앙을 완화할 수 있는 종교적 구제책을 제정하도록 동기를 부여하는 어떤 기억도 분명히 없다.

하느님이 떠날 위협이 P에 전혀 없는 것을 설명하기 위해, 저자들이 단순히 성전 상실이나 바빌로니아인들 손에 떨어지는 유배를 예상하지 않는다고 제안하고 싶다. 따라서 P 작가들은 야훼가 떠날 위협과 양립할 수 없는 일련의 종교 사상들을 발전시킬 수 있다. 분명하게 말하자면, P는 예루살렘의 파괴와 그 여파를 내다보든 뒤돌아보든 쉽사리 나타내지 않는다.

H의 경우, 역사적 상황은 완전히 다르게 나타난다. 자체 종교 프로그램에서 H는 파괴, 하느님의 떠남과 유배를 실제 가능성으로 전망한다. 이 점에서 H와 에제키엘서는 긴밀하게 일치하며, 함께 P에서 갈라져 나온다. 그러나 H의 역사적 위치를 하느님 떠남의 위협과 유배의 기초 위에 놓는 것은 무모한 일이다. 때때로 제안되기도 했지만, 예루살렘의 파괴와 바빌로니아 유배를 H의 위협과 직접 관련짓는 것은 확실히 지나친 단순화다. 기원전 8-7세기에 레반트에서 아시리아와 바빌로니아 제국의 전쟁 관행을 감안하면, H의 저자들이 그런 가능성을 예상하기 위해 유다인들이 재앙적인 패배와 유배를 경험할 필요

---

36. 유배 시기와 유배 이후의 성경 본문에서 하느님의 현존과 부재 개념들의 분석에 대해서는 특히 MacDonald / De Hulster (eds.), *Divine Presence*에 나오는 논고 참조.
37. 예를 들면 Nihan, *Priestly Torah*, 372; Hundley, *Keeping Heaven*, 175.

는 거의 없었다.[38] 따라서 H가 레위 26장에서 위협하는 형벌 그 자체로는 작성 시기를 유배 또는 유배 이후로 정당화하지 못한다.

그러나 H와 바빌로니아 유배의 연관성을 지지하는 새로운 증거들이 나타나고 있다. 곧 출간될 《후기 바빌로니아 법률 문서의 오류, 책임 및 행정법》에서 레이첼 막달렌F. Rachel Magdalene, 브루스 웰스Bruce Wells, 코넬리아 분쉬Cornelia Wunsch는, 후기 바빌로니아 법률 문서들에 나타난 오류에 대한 법적 책임의 전문적 표현인 "임금의 형벌에 대해 책임을 져야 한다ḫīṭu ša šarri zabālu / šadādu"라는 조항을 포함하는 96개 본문을 분석한다.[39] ḫīṭu 절의 두 가지 예가 유다인 문서에 나타나는데, 하나는 다리우스 제10년(대략 기원전 513)에 알-야후드(Āl-Yahūd, 유다인 마을)에서 쓰인 것과 다른 하나는 크세르크세스 제3년(대략 기원전 484)에 바빌론에서 쓰인 것이다.[40]

이 후기 바빌로니아 문헌에서 ḫīṭu 절의 사용은 오경의 사제계 본문들에서 '부정행위를 하다נשׂא עון'와 '죄를 짓다נשׂא חטא' 절의 사용과 매우 유사하다. 바빌로니아와 성경의 사례는 모두 범죄에 대한 법적 책임, 즉 형벌에 대한 책임을 기술하고,[41] 각 경우에 법적 책임은 군

---

38. 이 점은 반복적으로 언급되었다. 최근 토론은 Sommer, "Dating," 91–94 참조.
39. Ugarit-Verlag의 AOAT 시리즈에 게재될 이 본문들에 대한 출판 전 판본을 나와 공유해 준 Rachel Magdalene, Bruce Wells, and Cornelia Wunsch에게 감사한다. 본문 자체는 Wunsch, *Judeans* (text numbers BaAr 6 4 and BaAr 6 83)로 출판될 예정이다(역자주: 2019년 출간).
40. Pearce / Wunsch, *Documents*로 출판된 데이비드 소퍼 컬렉션의 소장품 중 유다인 문서의 첫머리 작은 묶음 참조. 이 점토판 보관소의 연대는 기원전 572-477년으로 추정하고, 따라서 기원전 5세기 후반으로 추정되는 *Murašû* 고문서고의 문헌들에서 바빌론의 유다인들에 대해 이미 알려진 것에 의미 있는 내용을 추가한다(Pearce / Wunsch, *Documents*, 4–5; 참조 Abraham, "Reconstruction," 264). 또한 Pearce, "Evidence"; Zadok, "Judeans"에 소개된 최근의 유용한 토론도 참조.
41. 성경의 표현에 대해서는 특히 Schwartz, "Bearing"; Lam, "Sin", 특히 140–279 참조. 또한 Wells, "Liability" 참조.

주(인간 또는 신)에게 연동된다.[42] 게다가 각각의 경우 범죄에 대한 책임은 한 당사자에게서 다른 당사자에게로 이전될 수 있다.

그러나 ḫīṭu 절과 공유하는 유사성 외에도, 두 절이 오경의 사제계 층에 걸쳐 분포한 점에 기초하여 '부정행위를 하다נשא עון'와 '죄를 짓다נשא חטא'를 구분할 수 있다. P는 '부정행위를 하다נשא עון'를 반복해서 사용하는(출 28,38.43; 레위 5,1.17; 7,18; 10,17; 16,22; 민수 14,34; 30,16) 반면에, '죄를 짓다נשא חטא'는 결코 사용하지 않는다. 대조적으로 H에서는 '죄를 짓다נשא חטא'가 7회 나오고(레위 19,17; 20,20; 22,9; 24,15; 민수 9,13; 18,22.32), '부정행위를 하다נשא עון'도 7회 나온다(레위 17,16; 19,8; 20,17.19; 22,16; 민수 18,1.23). 여러 경우에 H는 '죄를 짓다נשא חטא'와 '부정행위를 하다נשא עון' 같은 단위로 사용하며 의미상 큰 차이를 두지 않는다. 민수 18,22-23은 '부정 행위를 하다נשא עון'와 '죄를 짓다נשא חטא' 사이의 그런 병치와 동등성을 나타낸다.

ולא יקרבו עוד בני ישראל	22 앞으로 이스라엘 자손들은
אל אהל מועד	만남의 천막 가까이 오지 못한다
לשאת חטא למות	그랬다가는 그 죗값을 지고 죽을 것이다
ועבד הלוי הוא	23 만남의 천막 일은 레위인들만 하고
את עבדת אהל מועד	자기들의 잘못에 대해서는
והם ישאו עונם	스스로 책임을 진다
חקת עולם לדרתיכם	이는 너희가 대대로 지켜야 할 규칙이다

---

42. 임금과 신 둘의 이름이 지정된 아카드어의 예들도 있다(ḫīṭu ša ili u šarri šadādu). Beaulieu, "New Light", 106 참조.

ובתוך בני ישראל	그들은 이스라엘 자손들 사이에서
לא ינחלו נחלה	상속 재산을 받지 못한다

레위 20,19-20은 눈에 띄는 의미상의 차이 없이 '죄를 짓다נשא חטא'와 '부정행위를 하다נשא עון'를 비슷하게 사용한다.

וערות אחות אמך	19 너희는 너희 어머니의 자매나 너희 아버지의
ואחות אביך לא תגלה	누이의 치부를 드러내서는 안 된다
כי את שארו הערה	그것은 자기의 몸을 내보이는 것이다
<u>עונם ישאו</u>	<u>그들은 그 죗값을 져야 한다</u>
ואיש אשר ישכב את דדתו	20 자기 숙모와 동침하는 사람은
ערות דדו גלה	자기 숙부의 치부를 드러낸 것이므로
<u>חטאם ישאו</u>	<u>그들은 자기들의 잘못을 지고</u>
ערירים ימתו	자손도 보지 못한 채 죽어야 한다

후기 바빌로니아 문헌 및 바빌로니아에서 출토된 유다인 점토판 사이에서 그 시대의 명확한 증거로 한정되어 나타나는 *ḫīṭu* 절은 H가 오경의 사제계 문헌에 '죄를 짓다נשא חטא'는 어구를 도입한 것에 대한 설명을 제시한다. 몇몇 H 저자들이 유배 환경에서 배운 관용구의 하나인 바빌로니아 *ḫīṭu* 관용구의 영향으로, '부정행위를 하다נשא עון' 대신에 '죄를 짓다נשא חטא'를 사용했을 가능성이 있다. H 외의 히브리 성경에서 '죄를 짓다נשא חטא'는 2회 나타나는데(에제 23,49과 이사 53,12),

구절들의 연대 추정에 따르면 이 결론과 일치한다.[43]

이러한 제안이 맞다면, H가 ḫīṭu 관용구를 자기 것으로 수용한 것은 이른바 *핵심 차용*이라 불리는 사례다. 이런 경우 수신 언어에 동등한 고유 언어가 존재할지라도 용어는 다른 언어에서 차용된다. 그런 차용은 종종 위세/"문화적 압박"에 의해 유발되며, 바빌론의 일부 유다인에게 어느 정도 존재했던 것처럼[44] 이중 언어를 사용하는 상황에서 자주 발생한다.[45] '죄를 짓다נשא חטא'의 경우 제안된 차용어는 '확장'(어휘소가 외국어의 영향을 받아 전문적 의미의 뉘앙스를 띠는 상황)으로 특징지어지는 *차용 전의轉義*어로 더욱 정확하게 분류될 수 있다.[46] ḫīṭu 관용구를 자체에 반영하는 것으로, '죄를 짓다נשא חטא' 어구는 법정의 전문성과 지배 체제의 권위 있는 문화와의 명백한 상관관계를

---

43. 에스겔서에서 '죄를 짓다נשא חטא'가 1회 나오는 것과 '부정행위를 하다נשא עון'가 9회 (4,4.5.6; 14,10; 18,19 [전치사 ב와 함께]; 18,20[2회]; 44,10.12) 나오는 것에 유의하라. '죄를 짓다נשא חטא' / '부정행위를 하다נשא עון'와 그것의 메소포타미아 유사어 사이에 일반적으로 가능한 언어적 유대에 대해서는 Lam, "Sin", 213–218 참조. 유배 이전 시대로 연대 추정을 지지하는 P층에서 언어 접촉의 증거에 대해서는 Boyd, "Contact", 266-284 참조.
44. Haspelmath, "Borrowing", 48. Haspelmath는 더 일반적인 어휘 차용에 대해 유용한 언어 토론을 제공한다. Thomason과 Kaufman은 "문화적 압박"을 "예를 들면 이중 언어 사용을 필요하게 만드는 위세 혹은 경제적 힘 같은, 차용을 촉진하는 사회적 요인들의 조합"으로 정의한다"(*Language Contact*, 77). 이중 언어의 사회 정치학을 포함하여 이중 언어 사용 현상에 대해서는 특히 Grosjean, *Two Languages* 참조. 성경 히브리어에 접촉 언어학을 적용하기 위해서는 Boyd, "Contact" 참조.
45. 바빌로니아 유다인들이 사용했던 아카드어 이름에 대한 토론은 Pearce, "Evidence", 404-405 참조. 차독이 지적했듯이, 바빌로니아 출전 사료에 반영된 유다인들은 여러 다른 경제 분야(농업, 수공업, 어업, 무역과 군대를 포함하는)에서 일했고 거의 모두 자유민이었다. 일부는 하급 행정직으로 승진했다. 그러나 유다인들이 알파벳 서기관들 가운데 좋은 표본이었는데도 불구하고 설형문자 서기관 조직guild에 들어갔다는 증거는 없다. 따라서 바빌로니아에서 일부 유다인들은 기원전 6세기와 5세기에 바빌로니아 고유어인 아람어를 말할 뿐만 아니라 쓰기도 했다(Zadok, "Judeans", 112–116; Pearce / Wunsch, *Documents*, 3-9도 참조). 페르시아 시대 유다에서 히브리어의 지속과 거기에 미친 아람어의 영향에 대해서는 Polak, "Sociolinguistics"; Boyd, "Contact" 참조.
46. Winfold, *Introduction*, 43–45.

도입한다. 좀 더 기본적인 수준에서 그 어구는 유배 동안에 유다인들이 경험하고 채택한 새로운 사회적-법적 현실을 표현할 수 있게 한다.

그러나 H가 '죄를 짓다נשא חטא'를 사용한 것이 오경의 사제계 문헌의 역사적 맥락에 중요한 빛을 비출지라도, 그 영향력이 바빌로니아 외부와 유다인 엘리트를 넘어서는 데는 제한되었을 수 있다. '죄를 짓다נשא חטא'라는 표현은, 바빌로니아 *ḥīṭu* 관용구를 전혀 접할 수 없었거나 아카드어를 전혀 알지 못하는 사람들을 포함하여 히브리어를 말하는 이들이 쉽게 접근할 수 있었을 것이다. 죄חטא는 고유한 히브리어이며 *ḥīṭu*와 어원이 같다. 그것은 또한 부정עון과 동의어이다. 게다가 이미 지적한 대로, H는 '죄를 짓다נשא חטא'와 '부정행위를 하다נשא עון' 사이에 의미상 구별을 하지 않는다. 그러니 H에서 '죄를 짓다נשא חטא'라는 표현을 사용한 것이 히브리어를 말하는 청중에게, 특히 바빌로니아 밖에서는 거의 관심을 끌지 못했을 가능성이 있고, 그랬을 것이다.

그럼에도 불구하고 여기 제안된 '죄를 짓다נשא חטא'라는 표현의 기원이 가치를 지닌다면, 언어학적 세부사항은 중요하다. 왜냐하면 그것은 이미 제시된 내러티브 관찰들을 확증하는 오경의 사제계 층의 맥락을 설명하는 추가 증거를 제공하기 때문이다. H는 P가 반영하지 않는 바빌로니아 상황에 대한 지식을 반영한다. 그러면 P와 H에 나타나는 것은 각각 다른 역사적 순간을 반영하는 두 가지 사제계 알레고리이다. 유배 이전 맥락에서 이스라엘 종교에 대한 P의 서술은 보통 하느님의 떠남이라고 신학적으로 해석되는 군사적 패배와 파괴를 예상하거나 수용하지 않는다. H는 예루살렘 파괴와 바빌로니아 유배에서 이런 현실을 정확하게 직시하고, 그것을 P에 대한 문학적 개정을 포함하여 자신의 종교적 도식에 통합한다.

5. 결론

요약하면, 문학적 내용과 언어적 특징을 토대로 오경의 사제계 출전을 이루는 주요한 두 층인 P와 H의 작성 시기를 예루살렘 파괴의 양쪽에 위치시키고자 한다. P의 내러티브는 땅과 성소 사이의 근본적인 연결을 제시하며, 저자와 청중에게 땅으로 이루어진 맥락을 시사한다. 그리고 하느님의 떠남이나 유배에 대한 숙고를 생략하여 그 작성을 유배 이전 맥락으로 보게 한다. 반면에 H는 하느님의 떠남과 유배의 가능성을 인정할 뿐만 아니라, 이런 개념을 P에게 물려받은 내러티브와 신학적 틀에 적용한다. 또한 P를 보충하면서 특정한 후기 바빌로니아의 법률적 관용구를 사용한다. 따라서 이 연구는 예루살렘의 멸망이 토라에 대해 사제계가 기여한 역사에서 제한적이지만 중요한 역할을 했음을 시사한다.

참고문헌

ABRAHAM, K., "The Reconstruction of Jewish Communities in the Persian Empire: The Āl-Yahūdu Clay Tablets", in: H. Segev / A. Schor (eds.), *Light and Shadows: The Story of Iran and the Jews*, Tel Aviv 2011, 264–268.

ALLEN, S. L., *The Splintered Divine: A Study of Ištar, Baal, and Yahweh. Divine Names and Divine Multiplicity in the Ancient Near East*, Boston 2015.

AMIT, Y., "Creation and the Calendar of Holiness", in: M. Cogan et al. (eds.), *Tehillah leMoshe: Biblical and Judaic Studies in Honor of Moshe Greenberg*, Winona Lake 1997, 13*–29*.

ARNOLD, B. T., "Genesis 1 As Holiness Preamble", in: I. Provan / M. J. Boda (eds.), *Let Us Go Up to Zion: Essays in Honour of H. G. M. Williamson on the Occasion of His Sixty-Fifth Birthday* (VT.S 153), Leiden 2012, 331–343.

BANDSTRA, B. L., "The Syntax of Particle 'ky' in Biblical Hebrew and Ugaritic", PhD. diss., Yale University 1982.

BAUKS, M., "'Une histoire sans fin': L'impasse herméneutique de la notion de 'pays' dans l'œuvre sacerdotale (Pg). Quelques réflexions suite à la lecture d'un livre récent", *ETR* 78(2003) 255–268.

BEAULIEU, P.-A., "New Light on Secret Knowledge in Late Babylonian Culture", *ZA* 82 (1992) 98–111.

BERLEJUNG, A., "Divine Presence for Everybody: Presence Theology in Everyday Life", in: N. MacDonald / I. J. DeHulster (eds.), *Divine Presence and Absence in Exilic and Post-Exilic Judaism* (FAT II 61), Tübingen 2013, 67–94.

BLOCK, D. I., "Divine Abandonment: Ezekiel's Adaptation of an Ancient Near Eastern Motif", in: M. S. Odell / J. T. Strong (eds.), *Perspectives on Ezekiel: Theology and Anthropology* (SBLSymp 9), Atlanta 2000, 15–42.

BLUM, E., *Studien zur Komposition des Pentateuch* (BZAW 189), Berlin 1990.

BOORER, S., "The Envisioning of the Land in the Priestly Material: Fulfilled Promise or Future Hope?", in: T. B. Dozeman et al. (eds.), *Pentateuch, Hexateuch, or Enneateuch: Identifying Literary Works in Genesis through Kings* (AIL 8), Atlanta 2011, 99–125.

BOYD, S. L., "Contact and Context: Studies in Language Contact and Literary Strata in the Hebrew Bible", PhD. diss., University of Chicago 2014.

BURNETT, J. S., *Where Is God? Divine Absence in the Hebrew Bible*, Minneapolis 2010.

CHAVEL, S., *Oracular Law and Priestly Historiography in the Torah* (FAT II 71), Tübingen 2014.

ELLIGER, K., *Leviticus* (HzAT 4), Tübingen 1966.

FIRMAGE, E., "Genesis 1 and the Priestly Agenda", *JSOT* 82 (1999) 94–114.

FLETCHER, A., *Allegory: The Theory of a Symbolic Mode*, Princeton 2012 [1964].

FOX, M. V., "The Sign of the Covenant: Circumcision in the Light of the Priestly '*ôt* Etiologies", *RB* 81 (1974) 557–596.

FRYE, N., *Anatomy of Criticism: Four Essays*, Princeton 1957. (임철규 옮김, *비평의 해부*, 한길그레이트북스 45, 한길사, 2000)

GORMAN, JR, F. H., *The Ideology of Ritual: Space, Time and Status in the Priestly Theology* (JSOT.S 91), Sheffield 1990.

GRANT, D. E., *Divine Anger in the Hebrew Bible* (CBQ.MS 52), Washington 2014.

GROSJEAN, F., *Life with Two Languages: An Introduction to Bilingualism*, Cambridge 1982.

GUILLAUME, P., *Land and Calendar: The Priestly Document From Genesis 1 to Joshua 18* (LHB 391), New York 2009.

HARAN, M., *Temples and Temple Service in Ancient Israel: An Inquiry into Biblical Cult Phenomena and the Historical Setting of the Priestly School*, Winona Lake 1985.

HASPELMATH, M., "Lexical Borrowing: Concepts and Issues", in: *idem* / U. Tadmor (eds.), *Borrowing in the World's Languages: A Comparative Handbook*, Berlin, 2009, 35–54.

HUNDLEY, M., *Keeping Heaven on Earth: Safeguarding the Divine Presence in the Priestly Sanctuary* (FAT II 50), Tübingen 2011.

JANZEN, J. G., "Kugel's Adverbial *kî ṭôb:* An Appraisal", *JBL* 102 (1983) 99–106.

JOOSTEN, J., "Covenant Theology in the Holiness Code", *ZAR* 4 (1998) 145–164.

KLAWANS, J., "Pure Violence: Sacrifice and Defilement in Ancient Israel", *HTR* 94 (2001) 135–157.

KNOHL, I., *The Sanctuary of Silence: The Priestly Torah and the Holiness School* (trans. J. Feldman and P. Rodman), Minneapolis 1995.

KÖCKERT, M., "Das Land in der priesterlichen Komposition des Pentateuch", in:
D. Vieweger / E. J. Waschke (eds.), *Von Gott reden: Beiträge zur Theologie und Exegese des Alten Testaments. FS S. Wagner*, Neukirchen-Vluyn 1995, 147–162.

KRATZ, R. G. / SPIECKERMANN, H., *Divine Wrath and Divine Mercy in the World of Antiquity* (FAT II 33), Tübingen 2008.

KUGEL, J. L., "The Adverbial Use of *kî ṭôb*", *JBL* 99 (1980) 433–435.

KUTSKO, J. F., *Between Heaven and Earth: Divine Presence and Absence in the Book of Ezekiel* (BJS 7), Winona Lake 2000.

LAM, J. C. P., "The Metaphorical Patterning of the Sin-Concept in Biblical Hebrew", PhD. diss., University of Chicago 2012.

LISS, H., "The Imaginary Sanctuary: The Priestly Code as an Example of Fictional Literature in the Hebrew Bible", in: O. Lipschits / M. Oeming (eds.), *Judah and the Judeans in the Persian Period*, Winona Lake 2006, 663–689.

MACDONALD, N. / HULSTER, I. J. DE (eds.), *Divine Presence and Absence in Exilic and Post-Exilic Judaism* (FAT II 61), Tübingen 2013.

MAGDALENE, F. R. et al., *Fault, Responsibility, and Administrative Law in Late Babylonian Legal Texts* (AOAT), Münster, forthcoming, 2019.

MILGROM, J., "Israel's Sanctuary: The Priestly 'Picture of Dorian Gray'", *RB* 83 (1976) 390–399.

_____, "H$_R$ in Leviticus and Elsewhere in the Torah", in: R. Rendtorff / R. A. Kugler (eds.), *The Book of Leviticus: Composition and Reception* (VT.S 93), Atlanta 2003, 24–40.

NIHAN, C., *From Priestly Torah to Pentateuch: A Study in the Composition of the Book of Leviticus* (FAT II 25), Tübingen 2007.

OLYAN, S. M., *Rites and Rank: Hierarchy in Biblical Representations of Cult*, Princeton 2000.

PEARCE, L. E., "New Evidence for Judeans in Babylonia", in: Lipschits / Oeming (eds.), *Judah and the Judeans in the Persian Period*, 399–411.

PEARCE, L. E. / WUNSCH, C., *Documents of Judean Exiles and West Semites in Babylonia in the Collection of David Sofer* (Cornell University Studies in Assyriology and Sumerology), Bethesda 2014.

POLA, T., *Die ursprüngliche Priesterschrift: Beobachtungen zur Literarkritik und Traditionsgeschichte von P^g* (WMANT 70), Neukirchen-Vluyn 1995.

POLAK, F. H., "Sociolinguistics and the Judean Speech Community in the Achaemenid Empire", in: Lipschits / Oeming (eds.), *Judah and the Judeans in the Persian Period*, 589–628.

QUILLIGAN, M., *The Language of Allegory: Defining the Genre*, Ithaca 1979.
RÖMER, T. C., "Le Pentateuque toujours en question: bilan et perspective après un quart de siècle de débat", in: A. Lemaire (ed.), *Congress Volume Basel 2001* (VT.S 92), Leiden 2002, 343–374.
ROSENBERG, J., *King and Kin: Political Allegory in the Hebrew Bible* (ISBL), Bloomington 1986.
SCHIPPER, J. / STACKERT, J., "Blemishes, Camouflage, and Sanctuary Service: The Priestly Deity and His Attendants", *HeBAI* 2 (2013) 458–478.
SCHMID, K., "Judean Identity and Ecumenicity: The Political Theology of the Priestly Document", in: M. Oeming et al. (eds.), *Judah and the Judeans in the Achaemenid Period: Negotiating Identity in an International Context*, Winona Lake 2011, 3–26.
_____, "The Quest for 'God': Monotheistic Arguments in the Priestly Texts of the Hebrew Bible", in: B. Pongratz-Leisten (ed.), *Reconsidering the Concept of Revolutionary Monotheism*, Winona Lake 2011, 271–289.
SCHWARTZ, B. J., "The Bearing of Sin in the Priestly Literature", in: D. P. Wright et al. (eds.), *Pomegranates and Golden Bells: Studies in Biblical, Jewish, and Near Eastern Ritual, Law, and Literature in Honor of Jacob Milgrom*, Winona Lake 1995, 3–21.
_____, *The Holiness Legislation: Studies in the Priestly Code*, Jerusalem 1999 (Hebrew).
_____, "The Flood Narratives in the Torah and the Question of Where History Begins", in: M. Bar Asher et al. (eds.), *Shai le-Sara Japhet: Studies in the Bible, Its Exegesis and Its Language*, Jerusalem 2007, 139–154 (in Hebrew).
SKA, J.-L., "Le récit sacerdotal: Une 'histoire sans fin'?", in: T. Römer (ed.), *The Books of Leviticus and Numbers* (BETL 215), Leuven 2008, 631–653.
SMITH, M. S., "Like Deities, Like Temples (Like People)", in: J. Day (ed.), *Temple and Worship in Biblical Israel* (LHB 422), London 2005, 3–27.
SOMMER, B. D., *The Bodies of God and the World of Ancient Israel*, New York 2009.
_____, "Dating Pentateuchal Texts and the Perils of Pseudo–Historicism", in: T. B. Dozeman et al. (eds.), *The Pentateuch: International Perspectives on Current Research* (FAT 78), Tübingen 2011, 85–108.
STACKERT, J., "The Holiness Legislation and Its Pentateuchal Sources: Revision, Supplementation, and Replacement", in: S. Shectman / J. S. Baden (eds.), *The Strata of the Priestly Writings: Contemporary Debate and Future Directions* (AThANT 95), Zürich 2009, 187–204.

_____, "Distinguishing Innerbiblical Exegesis from Pentateuchal Redaction: Leviticus 26 as a Test Case", in: T. B. Dozeman *et al.* (eds.), *The Pentateuch: International Perspectives on Current Research* (FAT 78), Tübingen 2011, 369–386.

_____, "Why Does the Plague of Darkness Last for Three Days? Source Ascription and Literary Motif in Exodus 10:21–23, 27", *VT* 61 (2011) 657–676.

_____, "How the Priestly Sabbaths Work: Innovation in Pentateuchal Priestly Ritual", in: N. MacDonald (ed.), *Ritual Innovation in the Hebrew Bible and Early Judaism* (BZAW 468), Berlin 2016.

STERNBERG, M., *The Poetics of Biblical Narrative: Ideological Literature and the Drama of Reading*, Bloomington 1985.

THOMASON, S. G. / KAUFMAN, T., *Language Contact, Creolization and Genetic Linguistics*, Berkeley 1988.

WATTS, J. W., *Ritual and Rhetoric in Leviticus: From Sacrifice to Scripture*, Cambridge 2007.

WELLS, B., "Liability in the Priestly Texts of the Hebrew Bible", *Sapientia Logos* 5 (2012) 1–31.

WHITE, H. V., *Metahistory: The Historical Imagination in Nineteenth-Century Europe*, Baltimore 1973.

WINFORD, D., *An Introduction to Contact Linguistics* (Language in Society 33), Malden, Ma 2003.

WUNSCH, C., *Judeans by the Waters of Babylon: New Historical Evidence in Cuneiform Sources from Rural Babylonia in the Schoyen Collection* (BaAr 6), Dresden, forthcoming, 2022.

ZADOK, R., "Judeans in Babylonia – Updating the Dossier", in: U. Gabbay. / S. Secunda (eds.), *Encounters by the Rivers of Babylon: Scholarly Conversations Between Jews, Iranians and Babylonians in Antiquity* (TSAJ 160), Tübingen 2014, 109–129.

12장

유배 이전과 유배 이후 예루살렘 성전을 잇는 연속성의 원형인 광야 성소

도미니크 마클

광야 성소의 찬란한 휘장, 이스라엘이 시나이산에서 그것을 건립하는 데 사용했다는 수많은 금, 은, 나무 그리고 값비싼 천(탈출 25장; 35장)은 이미 19세기 초부터 비평가들이 성소의 역사성을 의심하게 만들었다.[1] 오늘날 대부분의 학자는 성소가 역사적이기보다 상징적[2] 또는 이상적으로 묘사되었거나 유토피아적이라는 데에 동의한다.[3] 그러나 성소의 기원과 기능에 대해서는 논쟁이 있었다. 최근 코리 크로포

---

1. Vater, *Commentar*, 658–659 (1805); De Wette, *Beiträge*, vol. 1, 258–261, vol. 2, 259–262 (1806). 공동 편집자 외에도 이 원고에 귀한 의견을 준 Norbert Lohfink와 Herbert Niehr에게 감사한다.
2. 성소의 상징주의에 대해서 Jacob, *Exodus*, 855–922; Childs, *Exodus*, 537-539; Jenson, Holiness, 111–114; Fischer / Markl, *Exodus*, 277–284 참조.
3. 내가 알기로 최근 유일한 예외는 Homan, *Tents*이다. 이 입장에 의하면 기원전 7세기로 추정되는 P(133)는, "책임 있는 역사가로서 활동하고 있다. 그는 그 구조를 결코 창안한 것이 아니라 기록된 본문을 사용하고 있는데, 이는 몇 세기 전에 작성되었고 정성들여 만든 성막에 대해 상세하게 기록하고 있다. P의 원천은 후기 청동기 2기/철기 1기로 추정되는 실제 구조를 묘사하는 기록일 것이다"(134). Homan이 지적하는 것처럼 이 관점은 Cross, "Tabernacle"(1947)에서 많은 영향을 받았다.

드Cory D. Crawford가 주장한 것처럼, 성소에 대한 묘사는 유배 이전 "아하즈 이후 예루살렘 성전의 … 물리적인 경험을 포함하는 전승들의 흐름이 수렴된 결과"인가?[4] 그것은 성전을 상실한 데 대한 반응이고, 마크 조지Mark K. George가 주장하는 대로 "사제계 저자들이 바빌론 유배자들 가운데서 어떻게 새로운 사회적 관계를 위한 그들의 주장을 실현했는지"에 대한 표현인가?[5] 혹은 율리우스 벨하우젠이 고전적으로 가정했던 것처럼 오히려 유배 이후 "예루살렘 성전의 … 모형"인가?[6]

나는 여기서 최종 단계에[7] 이른 성소 본문들의 핵심 목적 중 하나가 예루살렘 성전의 유배 이전과 유배 이후 제의 사이의 연속성을 창출하는 데 있다고 주장할 것이다. 이는 성경 외 문헌과 성경 본문 양쪽에서 제의의 연속성을 구축한 예들에 대한 간략한 설명으

---

4. Crawford, "Shadow", 130. 일반적으로 유배 이전도 제안된다. 예를 들어 Knohl, Sanctuary에서 Knohl은 성막 본문의 일부를 "사제계 토라"(그는 "기원전 10세기 중반에서 8세기 중반 사이"를 추정한다. 같은 책, 229)에서 기인한다고 보며, 후에 "성결 학파"에 의한 추가들을 고려하는데, 그들의 작업은 바빌로니아 유배 중 또는 시온으로 귀환하는 중에 이루어진 것으로 보인다(같은 책, 224). Propp의 경우, P는 "왕정 후기 시대"부터 "암묵적으로 반反왕정 … 그리고 반反성전"이면서, "유배 또는 초기 귀환 시기에 마지막 형태를 형성했는데", "성전의 사제 정치에 대한 항의로서 가장 잘 이해된다"(Exodus 19–40, 732). 성소 본문의 연대는 유배 이전 시기로 추정하는 것이 가능하다(Liss, "Sanctuary", 특히 688–689).
5. George, Tabernacle, 44. 유사한 입장에 대해서는 Bark, Heiligtum, 121–122 참조.
6. Wellhausen, Prolegomena, 37(과 38). 다양한 입장에 대해 유익한 검토는 Utzschneider, Heiligtum, 55–70; 같은 저자, "Tabernacle"; Houtman, Exodus, 325–332 참조; 성소에 대한 초기 연구는 Childs, Exodus, 529–537과 547–550에 실린 개요 참조; 그리고 예를 들면 Schmitt, Zelt (1972); Görg, Zelt (1967) 참조. 'P'의 연대 추정 토론은 특별히 Zenger, Einleitung, 189–214; Otto, "Forschungen" 참조.
7. 본문의 증거(특히 마소라 본문과 칠십인역)가 매우 달라서 성소 본문의 역사를 재구성하는 데 큰 어려움이 있을지라도, 나의 주요 주장은 이런 쟁점으로 크게 흔들리지 않을 것이다. 본문의 문제에 대해서는 특히 Wade, Consistency (2003); Wevers, History, 117–146 (1992; 탈출 35–40장을 체계적으로 다룸); 같은 저자, Notes, 391–516, 574–652 (1990); Le Boulluec / Sandevoir, Exode, 61–69, 250–317, 346–378 (1989); Gooding, Account (1959); Popper, Bericht (1862) 참조.

로 시작될 것이다. 다음에 성소의 두 핵심 성물인 계약 궤와 등잔대 *menorah*의 역사적 역할에 초점을 맞출 것이다.[8] 이 분석의 모순되는 결과는 역사적 재구성으로 이어질 것이고, 최종적으로는 예루살렘 멸망 후 토라의 등장에 대한 의미와 관련하여 평가될 것이다.

1. 제의의 연속성: 몇몇 성경 외 증거

핵심 주장으로 들어가기 전에, 당연하게 받아들여질 수 있으나 아마도 그렇게는 되지 않을 가정假定 하나를 정당화할 것이다. 그 가정인즉, 고대 세계에서 제의의 연속성은 신적 기원을 지니고 있다고 주장되는 건물의 크기와 신전 비품들의 연속성을 통하여 자주 표현되었다는 것이다. 성경의 증거를 계속 탐구할 터이지만, 여기서는 성경 외 예들로 가정의 맥락을 설명할 것이다. 그중에서도 오경에서 발견되는 제의적 태도에 역사적 유사성을 좀 더 분명하게 가질 수 있는 신바빌로니아 시대와 헬레니즘 유다이즘에서 나온 두 본문만 인용하는 것으로 한정할 것이다. 그것들은 *나보니두스의 시파르 원통과 〈아리스테아스의 편지〉*이다.

고대근동 사람들이 신전 건물을 대하는 태도에 깔려 있는 하나의 가정을 클라우스 암보스Claus Ambos는 다음과 같이 요약한다. "신들이 자신들의 원래 신전을 건축했듯이 … 성소의 (재)건축은 단지 신

---

8. 이 논거에는 성경 본문들에 나타난 역사서술의 분석과 역사적 과정의 재구성을 둘 다 포함하므로, 실제로는 연결되어 있으나 방법론적으로는 구별되는 접근 방식 사이를 오갈 때 주의 깊게 따라와 주기를 요청한다.

화시대에 창조된 원시 구조를 복원하는 것일 뿐이다."⁹ 그래서 바빌로니아 임금들에게는 신전을 복원하기 전에 그것의 원래 기초를 파는 것이 흔한 일이었다.¹⁰ 이것은 단지 경건한 행동으로만 치부되지 않았다. 신전에 대한 신의 원래 설계를 훼손하는 짓은 위험한 일로 여겨졌다. 그것은 신의 분노를 불러일으킬 수 있고, 그래서 신전의 붕괴나 다른 재난으로 이어질 수 있었다.¹¹

신전의 원래 기초에 대해 특히 꼼꼼하게 조사한 이는 신바빌로니아 제국의 마지막 임금인 나보니두스(기원전 555-539 재위)였다. 아니면 적어도 그의 서기관들이 이 점을 열렬히 강조하였기에, 현대 학자들 눈에 그는 "왕좌에 앉은 고고학자"가 되었다.¹² 그의 근본적인 종교 개혁에도 불구하고 또는 바로 그것 때문에,¹³ 이 정형화된 명제 *topos*는 그를 "질서 회복자"로 정당화한다.¹⁴ 시파르 원통에서¹⁵ 나보

---

9. Ambos, "Rituale", 19. 이런 생각에 대한 증거는 신전 건축과 관련해서 바치는 기도문(같은 책, 22; Mayer, "Rituale", 438–443 참조; Ambos, *Baurituale*, 193–195)과 라가시의 구데아의 원통형 비문과 같은 건축 기록에서 발견된다[예를 들면 Hurowitz, *House* (특히 구데아에 대해 38-40 참조). Van Seters, "Fact and Ideology", 51은 바빌론의 에테메난키와 관련된 다양한 치수를 제공하는 에사길라 표(해당 본문은 Unger, *Babylon*, 237–249 참조)가 "마르둑 신전을 자주 복원한다는 점에서 연속성을 대한 사제들의 관심을 반영할 수 있다"라는 가능성을 고려한다. 그러나 Montero Fenollós, "Ziggurat", 특히 128–134은 에사길라 표에 표시된 90m의 높이가 건축의 현실에 부합될 수 없다고 주장한다. 이 해석에 따르면, 그 표는 오히려 수학적 목적에 부합한다(같은 책, 129)].
10. "'기초를 점검'(*temenna ḫâṭu*)한다는 문학 모티프"에 대해서는 Schaudig, "Restoration", 147–149; Novotny, "Temple", 117 참조; 고대근동의 신전 재건에 대한 간략한 개요는 Dubovský, *Building*, 10–28 참조.
11. Ambos, "Rituale", 23–24 참조. 니푸르의 총독/행정가 Šuma-iddina는 에사르 하똔 임금에게 불운을 가져다줄 의도로 고의적으로 성소를 변경했다는 비난을 받았다(같은 책, 19–20). 만일 임금이 신전의 평면도를 변경하기로 했다면, 구체적인 신적 합법성이 제시될 필요가 있었다; Dubovský, *Building*, 11; Ambos, "Rituale", 25(투쿨티-닌우르타 1세의 이슈타르 신전의 복원 언급) 참조.
12. Schaudig, "Nabonid", 447–448 참조.
13. 간결한 요약은 Machinist, "Imperialism", 247–249 참조.
14. Schaudig, "Nabonid", 491; Liverani, "Memorandum", 186–188 참조.
15. 그 글의 연대는 나보니두스 통치 "13년 후, 아마도 16년 후"로 추정된다. Beaulieu, *Nabonidus*, 42(같은 책, 34과 비교). 시파르에서 발견된 원통의 많은 복사본은 다른 기록

니두스는 네부카드네자르가 시파르에 있는 샤마쉬 신전인 에밥바르 *Ebabbar*를 복원하기 전에 원래 기초를 발견하지 못했기 때문에, 신전이 불과 45년 만에 손상되었다고 비난했다.[16] 크게 동요한 나보니두스는 "3200년" 된 나람신의 기초를 찾기 위해 "18큐빗 깊이까지 파고", "너무 넓지도 좁지도 않은 손가락 너비"[17] 벽돌로 신전을 재건하였기에, 그는 태양신 샤마쉬를 "기쁨과 즐거움으로" 그의 집으로 이끌 수 있었다.[18] 원본 크기를 정확하게 준수하는 것이 신의 분노와 기쁨 사이를 결정할 수 있는 사안이었던 듯하다.[19]

바빌로니아에 있던 유다인 유배자들은 예루살렘으로 귀환하기 전에 나보니두스의 왕실 이념을 관찰했을지도 모른다. 그들이 성전을 재건하고 그 비품들을 복원했을 때, 그들은 건축, 크기 및 신학적 정당성에 관심을 가졌다. 연속성에 대한 관심이 에즈 6,3에 나오는 키루스 칙령의 페르시아 성전 복원 정책에 기인한다는 것을 관찰하는 점이 흥미롭다. "희생 제물을 바치던 그 자리(אתר)에 집을 다시 짓고 그 *기초가 유지되게 하라*(ואשוהי מסובלין)."[20]

보관소에 배포될 예정이었음을 나타낼 수 있다. Schaudig, *Inschriften*, 415. 이것은 왕실 홍보에 쓰일 목적에서 그 글에 부여된 중요성을 입증하는 것으로 보인다.
16. Ambos, "Rituale", 23 참조.
17. 이 모티프의 발전에 대해서는 Schaudig, "Restoration", 149–150 참조. "바빌론에 있는 신전들의 배치에 관해 모든 큐빗, 벽돌 그리고 거의 구석구석을 제공하는 흥미로운 텍스트들이 몇 있으며, 이러한 저작물들도 분명히 이 맥락에서 볼 수 있다."
18. *COS* 2:312에서 Beaulieu의 번역 후 인용. 텍스트는 Schaudig, *Inschriften*, 2.12 1 II 47–III 7 참조.
19. 바빌로니아에서는 고대 전통의 언어로 신전(새 신전일지라도)과 의식을 합법화하는 것이 매우 흔한 일이었던 반면, 아시리아 임금들은 때때로 새로운 신전을 지었다고 주장했다. Schaudig, "Cult", 특히 150–152 참조.
20. 번역은 Williamson, *Ezra*, 68; 같은 책, 71 참조. 크기의 연속성에 대한 개념을 담고 있는 다른 구절은 2역대 24,13에 나오는 요아스 치하에서 진행된 성전 복원이다. "그들은 하느님의 집을 그 원래 설계대로 복원했다(מתכנתו)", 더 직역하면 "타당한 치수에 따라." Klein, *2 Chronicles*, 343 참조.

헬레니즘의 유다이즘 영역에서 이 개념에 대한 후대 성경 외 증거는 가장 일반적으로 기원전 2세기 후반으로 추정되는 〈아리스테아스의 편지〉에서 발견된다.[21] 히브리어 율법 번역자들에 대한 프톨레마이오스의 요청(〈아리스테아스의 편지〉, 34-40)과 대사제 엘아자르의 응답(41-50)을 관련시키면서, 아리스테아스는 프톨레마이오스를 예루살렘 성전에 기부하는 모습으로 묘사한다(51-82). 관대함을 보이고 싶은 강한 충동에 이끌린 임금은 이전 것보다 5배 더 큰 제사상을 보내려고 한다(52-53). 하지만 진지하게 조사한 후에 그는 제사상이 제의의 목적대로 쓰이기를 바라면서 마침내 "정확한 치수를 벗어나서도 능가해서도 안 된다. ⋯ 규정들이 쓰여 있는 경우에는 그것들의 치수가 준수되어야만 한다"(55-56)라고 결정한다.[22] 결과적으로 제사상의 치수와 자재는 율법에 주어진 지시 사항을 풀어 설명하여 묘사된다. δύο γὰρ πήχεων τὸ μῆκος τὸ δὲ ὕψος πήχεος καὶ ἡμίσους, "길이가 2큐빗, 높이가 1큐빗 반"(57, 칠십인역 탈출 25,23 참조).[23] 이집트 임금의 말을 흉내내면서 〈아리스테아스의 편지〉는 진정한 유다인으로 저자가 지닌 관

---

21. 일례로 Bickerman, "Datierung"; Hadas, *Aristeas*, 3-54; Schimanowski, *Juden*, 30 참조. 헌신적인 유다인이자 알렉산드리아의 헬레니즘 문화에 몰두한 내재된 저자는 "두 세계의 시민"이다: Tcherikover, "Ideology", 84; Honigmann, *Septuagint*, 145-148. Hacham, "Letter", 2: "이데올로기의 핵심은 쉽게 식별할 수 있다. 유다이즘에 대한 전적인 충성과 헬레니즘 세계와 문화에 대한 깊고 적극적인 참여의 결합이다."
22. Hadas, *Aristeas*, 123에서 인용한 번역. 지침을 따르는 정확성은 실제로 규범 형식(신명 4,2)을 떠올리게 하며, 번역이 정확히 이루어졌음을 반영한다(아리스테아스의 편지, 310): Kovelman, *Alexandria*, 117-118.
23. Meecham의 분석 참조. Meecham, *Letter*, 316-317; Kovelman, *Alexandria*, 117-118. 칠십인역에 따르면 제사상은 순금으로 만들어져야 한다. 반면에 마소라 본문에 따르면 그것은 아카시아 나무로 만들고 금을 입혀야 한다. 이것은 칠십인역이 헬레니즘 제사상의 현실에 맞추어 히브리어 본문을 '수정했다'는 표시일 수 있다. 아마도 누군가 유다 마카베오(1마카 4,49) 치하에서 복원했을 제사상은 페르시아 시대의 더 단순한 상을 대체했을 것이다. 만일 이것이 사실이라면, 칠십인역 본문 자체는 신의 명령과 제의적 실제가 일치하는 중요성의 한 예를 제시한다.

심을 증언한다. 예루살렘에서 거행되는 제의는 오경에 있는 하느님의 규정을 구현하는 것이었다.

신바빌로니아와 헬레니즘 유다인 세계에서 나온 두 가지 예시는 고대근동에서 신전과 제의 대상의 건립에 참여하는 이라면 누구나 자신의 설계에 대한 신학적 정당성과 관련하여 미묘한 질문에 직면했음을 보여 준다. 무엇을 근거로, 신을 위해 만들어진 집과 물건이 신을 즐겁게 한다고 확신할 수 있는가? 신의 설계에 대한 연속성과 엄수를 정당화할 필요성이 본문들에서 드러나는데, 이제 우리가 관심을 집중할 성소와 관련 기물들을 성경이 어떻게 다루었는지를 이해하는 데 도움을 줄 것이다.

2. 성경의 역사서술에서 제의의 연속성 구축

이제 초점을 히브리 성경으로 옮겨, 광야 성소에서 솔로몬의 성전으로 그리고 유배 이전의 성전에서 유배 이후의 성전으로 이어지는 두 번의 주요한 전환에 집중하면서 역사서술의 본문들에서 제의의 연속성이 어떻게 해석되는지를 살펴보겠다.

2.1. 광야 성소와 솔로몬의 성전 사이의 연속성(1열왕 8,1-11)

예루살렘에서 성전 건축이 완료된 후(1열왕 6-7장), 성전 봉헌(1열왕 8장)은 솔로몬 성전을 시나이/호렙에서의 제의 설립과 연결하는 일련의 사건들로 소개되는데, 오경에서 서술된 대로이다. 단락의 핵심 주제는 계약 궤 이전으로, 그 일이 집회의 목적으로 소개된다(1절). 궤는 성전으로 옮겨지고(3-4절), 희생 제물로 영광을 받고 지성소의 제자리에 옮겨져(6절), 거기서 외관(7-8절)과 내용(9절)이 잘 관찰된다.[24]

오경과 여호수아기에서 열왕기에 이르는 내러티브를 배경으로 하여 읽으면, 궤의 이전은 그것의 이동을 거듭 언급함으로써 형성된 내러티브적 맥락을 통해 시나이산에서 궤의 소개(탈출 25장)와 솔로몬 성전을 연결한다.[25] 궤의 이전은 독자들이 예상할 수 있는 사건이지만, 더 놀랍게도 추가 물건들이 거론된다. "그들은 주님의 궤, 만남의 천막, 그리고 천막 안에 있던 성소의 모든 기물을 가지고 갔다"(1열왕 8,4). 천막에 대한 언급이 놀라울 수 있는데[26] 실로에서 1사무 2,22에 언급된 이래로 내러티브의 무대에 나타나지 않았기 때문이다.[27] 그 때부터 궤는 따로 이동된 것 같으며, 2사무 6,3에 의하면 궤는 천막에 있지 않고 아비나답의 집에 있었다. 더 놀라운 것은 민수기(18,3; 31,6) 이후 보이지 않았던 기물들의 등장일 것이다. 게다가 히람과 솔로몬이 성전에 필요한 "온갖 기물"을 어떻게 만들었는지가 성전 건축 기사

---

24. '궤'는 이 단락의 핵심어 *Leitwort*로 1열왕 8,1-9에 8회 나타난다. 그것은 "주님의 계약의 궤"로 가장 장엄하게 소개되었고, 이 엄숙한 표현은 지성소로 운반하는 절정의 순간에도 사용된다(6절; 6,19에 나오는 자리 준비 참조). 다른 곳에서는 단순히 "궤"(3.5.7.9절) 또는 "주님의 궤"(4절)로 불린다.
25. 예를 들면 민수 10,33.35; 여호 3–4장; 6장; 1사무 4–6장; 2사무 6장; 15장 참조. 신명기는 레위인들을 궤를 운반하는 자들로 소개하는(10,8; 31,9.25) 한편, 궤 운반 주제는 성소 본문에서 채의 모티프로 나타난다(탈출 25,14; 37,5).
26. Friedman, "Tabernacle", 특히 295. 솔로몬 성전 안에 천막의 배치를 역사적으로 가능한 일로 본다는 점에서 이례적이다.
27. 이 긴장이 역대기사가에 와서 완화되는데, 그는 천막을 더 이른 시점에 소개한다. 2역대 1,3-13, 거기서 만남의 천막과 솔로몬 성전의 유비는 강화된다. "주님의 이전 거처였던 기브온에 있는 만남의 천막에서 받은 지혜에 힘입어 예루살렘에 주님과 그분의 이름을 위하여 백향목 집을 건축할 수 있었다"(Mosis, *Untersuchungen*, 135). 추가적 측면은 Klein, *2 Chronicles*, 22; Japhet, *Chronicles*, 526–527 참조.

에 아주 상세히 기술되었기 때문에 더욱 그러했다(1열왕 7,40.45.48.50).²⁸ 이는 성전에 두 세트의 제의 기물이 제공되었음을 암시하는 것 같다. 하나는 히람에 의해 막 만들어졌고, 다른 하나는 시나이산에서 브찰엘과 조력자들에 의해 만들어져 만남의 천막에 있던 것이다.²⁹ 이것은 의혹을 살 수 있다. 성전 건축 설명은 단지 이차적으로, 편집적으로만 시나이산의 만남의 천막과 기물들과 연결되었는가?³⁰

일부 모티프는 궤의 이전을 구체적으로 사제계 본문들, 특히 "지성소"(1열왕 8,6)와³¹ "궤"의 "채"(8,7-8)와³² 연결한다. 가장 두드러지게 성소 본문들은 궤가 최종적으로 운반된 후에도 궤에서 채들이 제거되지 않는 흥미로운 사실과 그 존재에 왜 그토록 관심을 많이 갖는지에 대해 유일한 설명을 제공한다.³³

---

28. 특히 1열왕 7,48: "주님의 집에 (속한) 모든 기물은": כל הכלים אשר בית יהוה.
29. Cogan, *I Kings*, 279: 라삐 전통은 그것들이 저장되어 있었다고 말했고(바빌로니아 탈무드 *Soṭah* 9a), 기물들이 거의 두 세트로 구성되었기 때문에 이것은 합리적인 추측이었다. Mulder, *1 Kings*, 385에서 주목하는 대로, 요세푸스(*Ant.* VIII 4.1 [104])는 사제들이 "등잔대, 제사상, 금 제단을 성소의 지성소 앞에, 그것들이 성막 안에 있을 때와 같은 위치에 놓았다"(Josephus, 《유다 고대사*Antiquities* 8-10》, 29)라고 주장하는 것으로 1열왕 8장의 내러티브를 확장한다. 요세푸스는 솔로몬 성전에 대한 기사를 모세의 성소와 결합하려는 역대기사가를 따르는 것으로 보이는데, 동시에 그는 헤로데 성전을 암시하고 있을지도 모른다.
30. Noth, *Könige*, 177: "4aβ절에서 만남의 천막과 거룩한 기물들을 언급한 부분은, P의 의미에서 모세 시대의 광야 성소와 연속성을 확립하려고 하는 명백한 첨가이다." Cogan, *I Kings*, 291; Devries, *1 Kings*, 124 참조.
31. "지성소"와 "궤"의 결합은 탈출 26,33–34; 1열왕 8,6 / 2역대 5,7만을 연결한다. 이 텍스트들에 더하여 "지성소"(가장 안쪽에 있는 성소를 언급하는)는 민수 4,4.19; 1열왕 6,16; 7,50; 1역대 6,34; 2역대 3,8.10; 4,22; 에제 41,4에 나타난다. Dubovský, *Building*, 117에서는 1열왕 6-8장에 나오는 표현들의 용도를 성막 본문들과 잇는 편집적 연결 고리로 간주한다; Gray, *Kings*, 209 참조: "P 편집자의 후대 난외주". 성소의 거룩함의 차등'에서 지성소의 역할에 대해서는 Hundley, "Spaces" 참조.
32. "궤"의 "채들"은 1열왕 8,7-8 / 2역대 5,8-9 이외에도 언급되어 있는데, 전적으로 탈출기의 성소 본문들에 있다: 25,14–15; 35,12; 37,5; 39,35; 40,20.
33. Gray, *Kings*, 210: "궤 안에 남겨진 지팡이라는 심상心象에 관한 기록은 탈출 25,15에 나오는 사제계의 지시에서 영향을 받은 것으로 보인다."

탈출 25,14-15: "그 *채*를 궤 양쪽 고리에 끼워 궤를 들 수 있게 하고, *채*를 궤의 고리에 *그대로 두어* 거기에서 빠지지 않게 하여라."

1열왕 8,7-8: "커룹들은 궤가 있는 자리 위에 날개를 펼쳐 *궤*와 *채*를 덮었다. 그 *채*들은 끝이 안쪽 성소 앞에 있는 성소에서 *보일 정도로* 길었다. 그러나 밖에서는 보이지 않았다. *그 채들은 오늘날까지 그곳에 남아 있다*."[34]

그러나 일부 다른 모티프는 명확하게 신명기계 언어를 연상시킨다.[35] 특히 모세가 호렙에서 "궤"에 "판들"을 넣었다는 언급(9절)은 신명기에서 모세에 의해 관련되는 장면과 강한 유대를 만들어 낸다.[36]

---

34. "오늘날까지"라는 표현은 실로 흥미로운데 이에 대한 설명은 매우 다양하다. Childs, "Formula", 292은 그것이 "솔로몬 행전"에서 유래하는 공식이라고 제안한다. Noth, *Könige*, 180은 그 표현이 화자의 시간이 아니라 이야기된 시간을 언급한다고 주장하려 한다(그러나 그는 자신의 이론과 모순되는 것으로 고려되는 여호 4,9을 언급한다). Schenker, "Ark", 특히 108-109은 이 공식이 역대기 작가에 의해 처음 소개되었다고 주장한다. 이 논고의 과제는 수수께끼를 푸는 것이 아니므로, 어느 경우이든 이 공식은 탈출 25장의 지시와 솔로몬 성전의 제의 관행 사이의 상응성을 강조한다는 점을 언급하는 것으로 충분하리라고 본다.
35. Noth, *Könige*, 174, 주님의 계약 궤ארון ברית יהוה 표현을 "신명기계 작업의 명백한 증거"로 간주한다.
36. "판들לחת"과 "궤ארון" 용어의 결합은 1열왕 8,9 / 2역대 5,10 외에 신명 10,1-3.5에만 나타난다. 성소 본문들은 모세가 궤에 넣은 "증언판עדת"에 대해 언급한다(탈출 40,20). 더욱이 "호렙에서בחרב"라는 표현은 신명 9,8에서 이 호렙 사건에 대한 모세의 기사가 시작됨을 반향한다. 마지막으로 관사가 붙은 "두 개의 돌 판שני לחת האבנים"이라는 정확한 표현은 1열왕 8,9 외에 신명 9,10-11에만 나타난다. 관사가 없는 같은 표현은 탈출 34,1.4; 신명 4,13; 5,22; 10,1-3에 나온다. 내러티브 연결에 대해서는 또한 Sonnet, *Book*, 특히 67 참조. 1열왕 8,9의 끝에 있는 관계절이 신명 29,24를 강하게 연상시킨다고 덧붙일 수 있다.

신명 29,24   בהוציאו אתם מארץ מצרים   אשר כרת עמם
1열왕 8,9   מארץ מצרים   אשר כרת עם בני ישראל בצאתם

신명 10,5: "그 뒤에 나는 돌아서서 산을 내려와, 주님께서 나에게 명령하신 대로 내가 만든 *궤* 안에 *판*들을 넣었는데…"

1열왕 8,9: "*궤* 안에는 두 개의 돌 *판* 말고는 아무것도 없었다. 그 돌 판들은 … 호렙에서 모세가 넣어 둔 것이다."[37]

궤의 이전은 마침내 하느님의 현현 장면으로 마무리되는데, 그것은 하느님의 영광으로 성막이 가득 차는 사제계 장면에 가장 밀접하게 연결된다.[38]

탈출 40,34-35	1열왕 8,10-11
그때에 <u>구름이</u>	사제들이 성소에서
만남의 천막을 덮고	나올 때에
주님의 영광이	<u>구름이</u>
성막에 **가득 찼다**	주님의 집을 **가득 채웠다**
모세는 만남의 천막 안으로	사제들은 서서 일을 할 수가 없었다

---

37. 새로운 맥락에서, 판들은 솔로몬 성전의 기초석으로서 (그렇지 않으면 없어진) 새 상징성을 획득할 것이다. Sonnet, "Salomon", 131 참조.
38. 두 단락은 일련의 모티프들로 연결된다. "구름ענן", "주님의 영광יהוה כבוד", 성소에 "가득 참מלא"과 사제들이 성소에 접근할 수 없음ולא יכלו / ולא יכל. 게다가 구름의 "머무름שכן"은 1열왕 8,12의 하느님의 머무르심과 병행된다. 하느님의 현존 또는 머무르심 *shekinah* 모티프의 발전에 대해서는 Janowski, "Einwohnung" 참조.

들어갈 수 *없었다*	그 <u>구름</u> 때문에(ㄱ)
<u>구름</u>이 그 천막 위에 자리 잡고	주님의 영광이
주님의 영광이 성막에	주님의 집에
가득 차 있었기 때문이다.(ㄱ)	**가득 찼던** 것이다

1열왕 8,1-11을 읽으면 신명기계 목소리와 사제계 목소리가 이 단락을 서로 보완하면서 함께 하는 이야기를 듣는 것 같을지도 모른다.[39] 이것은 편집 과정의 결과일 수 있다. 그러나 두 목소리의 기능은 모호하지 않다. 모든 연결은 솔로몬 성전의 낙성식을, 이스라엘의 토대 바로 그 자체가 세워지는 중에 시나이/호렙에서 시작되었던 대로 하느님 현존의 지속과 재구축 둘 다로 묘사하기 위한 공동의 노력을 다하는 것을 보여 준다. 이 연속성을 암시하기 위해 다양한 기법이 사용되었다. 궤, 천막, 그리고 그것의 기물 같은 제의 물품들이 핵심 역할을 하지만, 하느님의 현현 장면들 사이의 본문들과 같은 본문 간의 유사성은 거시적 내러티브를 인식하는 독자들에게 이제 시온이 새로운 시나이가 되고 있다는 점에 의심의 여지를 남기지 않는다.

2.2. 유배 이전과 유배 이후 성전들 사이의 연속성: 기물들

제의 연속성에 대한 유사한 관심은 성전 기물들을 통해 전달되었고,

---

39. Noth, *Könige*, 174에 따르면 "여기서 서로 다른 층을 깔끔하게 구별해 내는 것은 거의 불가능하다." Cogan, *I Kings*, 291: "성전 낙성식이 이스라엘인들의 제의 역사에서 토대를 마련하는 순간이었다는 것을 고려하면, 여러 전승이 이 기회에 수렴되는 것을 발견하는 일이 놀랍지 않다."

바빌론 유배 후 예루살렘에서 제의의 복원과 명시적으로 연관 짓는 본문들에서 드러난다. 피터 애크로이드Peter Ackroyd가 성전 기물을 "연속성의 주제"로 처음 분석하였으며, 각각의 본문들은 더욱 주목을 받았다.[40] 여기서는 몇 가지 핵심적인 관찰 내용의 요약만으로도 충분할 것이다.

신명기계 역사서의 끝은 부분적인 파괴와 바빌론의 약탈물로 성전 기물의 완전한 손실을 강조하는 반면에(2열왕 24,13; 25,13-17, 훨씬 더 상세한 내용은 예레 52,17-23 참조),[41] 역대기계 역사서의 끝은 덜 파괴적인 그림을 그리는데, 그것의 목적은 에즈라기의 시작에서 볼 수 있다. 역대기에 의하면 기물 일부는 여호야킴 치하에서 바빌론에게 넘어가 네부카드네자르의 "신전"(היכל, 2역대 36,7)에[42] 눈에 띄게 배치되었다. 그 다음에 기물들은 그의 아들 여호야킨 치하에서 옮겨졌고(36,10),[43] 마지막으로 치드키야 때 "하느님 집의 크고 작은 모든 기물"(36,18)이 바빌론으로 운반되었다. 역대기사가에 의하면 단 하나의 기물도 파괴되지 않았다! 이것은 키루스 임금 치하에서 화려한 복원을 위한 문학적 전제 조건이다.[44] "키루스 임금은 네부카드네자르가 예루살렘에서 가

---

40. Ackroyd, "Vessels"; Kalimi / Purvis, "Jehoiachin"; Weitzman, *Surviving*, 특히 13–25.
41. 분석은 Fischer, *Jeremia 26–52*, 647–650; 판본들에 대한 체계적 분석은 같은 저자, *Stand*, 29–31.
42. 헤칼היכל은 2역대 36,7의 궁전이기보다는 필시 신전을 언급하는데, 역대기가 자주 주님의 성전을 언급하기 위해 사용하는 용어이기 때문이다(예를 들면 2역대 26,16; 27,2; 29,16). 따라서 에즈 5,14에서 헤클라 디 비루쉘림היכלא די בירושלם 표현은 헤클라 디 바벨היכלא די בבבל에 대한 병행으로 사용되었다. "하느님 집의 금은 기물들을 네부카드네자르가 예루살렘 성전에서 꺼내어 바빌론 신전으로 가져갔다." 따라서 이 표현들은 에즈 1,7과 일치한다(בבית אלהיו, "그의 신들의 집에"). 역사적으로 전리품들은 네부카드네자르 비문에서 증명되듯이 바빌론에 있는 신전들, 특히 에사길라로 가져갔던 것 같다. Fried, "Temple", 320 참조.
43. 이 생각은 예레 27,20; 28,3-4에 달려 있는 것 같다. Kalimi / Purvis, "Jehoiachin", 453.
44. Ackroyd, "Vessels", 177–179; Kalimi / Purvis, "Jehoiachin", 455; Klein, *2 Chronicles*, 543

져다가 자기 신전에 두었던 주님의 집 기물들을 꺼내 오게 하였다. … 금 기물과 은 기물은 모두 오천사백 개였다"(에즈 1,7-11; 참조 6,5).[45]

역대기사가의 역사서술적 개념이 예레미야서(마소라본)에서 극적인 예언적 배경으로 제공된다. 서로 연관된 두 가지 예언(예레 27,16-22; 28,1-9)이 다 치드키야의 통치 초기(27,1; 28,1)에 위치한다. 여기서는 첫 번째이자 더 긴 예언에 집중하겠다.[46] 예레미야는 먼저 첫 유배로 가져가 버렸던 기물들이 곧 돌아올 것이라고 선언하는 거짓 예언자들의 의견(27,16-17)을 거부한다. 그는 오히려 남아 있는 기물들이 옮겨지지 않도록 기도하라고 그들에게 충고하는데(18절), 야훼께서 그들은 바빌론으로 끌려갈 거라고 선언하시기 때문이다(19-22절). "'그것들은 바빌론으로 옮겨져 내가 찾을 때까지 그곳에 남아 있을 것이다.' 야훼께서 말씀하신다. '그 뒤에 내가 그것들을 다시 가져와 제자리에 돌려놓겠다.'"[47] 이 마지막 희망의 통지는 역대기사가가 묘사하고자 했던 예언의 성취일 것인데,[48] 그는 예레미야를 바빌론 유배에 관하여 권위 있는 예언자로 제시하기 때문이다(2역대 36,22).

성전 기물들과 관련된 본문들에 묘사된 사건들의 여러 양상이

참조. 기물들의 상징적 의미에 대해서는 Becking, "Witness", 특히 273–276.
45. 만일 그런 복원이 있었다면 이 수치는 과장되었다는 의혹을 일으킨다. 키루스 원통은 그들의 신전에 신들을 복원하는 것이 초기 페르시아의 국가 이념이었다는 증거다. "나는 거기에 살던 신들을 그들의 장소로 돌아가게 했다"(Van Der Spek, "Cyrus," 263에 따른 번역; 텍스트에 대해서는 Schaudig, *Inschriften*, K2.1 32. 참조). 이와 같은 텍스트는 "신들의 귀환은 외세 침략으로 황폐화된 성소를 재건하는 데 절대적으로 필요한 전제 조건임을 분명히 한다"(Fried, "Temple", 323). 제의 기물의 상징적 복원은 역사적으로 불가능하다고 간주되어서는 안 된다. 꽤 확신하는 관점은 Albertz, *Israel*, 123 참조.
46. 예레 28,1-9은 이미 27,16-17에서 반박된 거짓 예언에 대한 예레미야의 반대를 더욱 구체적으로 반복한 것으로, 예레미야와 하난야의 대립을 극화하였다.
47. 칠십인역 예레 34,13-18의 병행 본문은 훨씬 짧고 기물들이 반환되리라는 어떤 전망도 포함하지 않는다.
48. Kalimi / Purvis, "Jehoiachin", 454–455.

역사성을 지녔는지는 매우 의심스럽다. 하지만 의심의 여지 없이 이 관찰들에서 내릴 수 있는 결론은 기물들의 복원에 부여된 중요성이다. 그것들은 유배 이전 제의의 물질적 잔재로 여겨지며, 비록 문학적인 것일지라도 그 복원은 유배 이전과 유배 이후의 제의들의 연속성을 창출한다.[49] 연속성의 창안자들 사이에 가장 체계적인 역대기사가는 심지어 유배 이후 제의를 솔로몬 이전 제의와 연속적인 맥락에 집어넣는 것으로 보이는데, 이는 제의의 기원인 모세의 제정制定으로 바로 돌아가는 것이다.[50]

3. 성소의 궤와 등잔대: 역사적 증거?

히브리어 성경의 역사서술 작품들에서 연속성을 보증하는 역할을 하는 제의 물품들에 대한 충분한 증거를 발견하였기에, 탈출기의 성소 본문에서 발견된 신적 영감을 받은 제의의 원형이 하는 구실을 고려해 볼 가치가 있을 것이다. 이 본문들에는 예루살렘의 역사적 제의 기물들의 신적 기원을 정당화하려는 의도가 있는가? 이어지는 분석은 광야 성소의 두 가지 핵심 물품에 초점을 맞출 것이고, 그 작업은

---

49. 이것이 역대기에서 식별할 수 있는 위대한 기획의 세부 사항 중 하나로, 제2성전의 제의의 기원을 첫 번째 역사 안에 위치시키는 것이다.
50. Ackroyd, "Vessels", 180: "역대기 사가는 성전 기물 주제를 … 암시적으로 그리고 때로는 탈출 바로 직전 진술을 통해 그의 당대와 첫 설립 사이 연결 고리의 실체를 확립하려고 노력하는 주제의 하나로 활용한다." 이 점은 역대기사가가 솔로몬 성전의 건축 기록을 광야 성소와 매우 흡사하게 구성하고 있다는 사실에 의해 확증된다: Van Seters, "Account"; Mosis, *Untersuchungen*, 136–150; 요약은 Klein, *2 Chronicles*, 44 참조; 역대기 사가의 "개괄적 역사서술"의 추가적 측면에 대해서는 Boda, "Legitimizing", 316–318 참조.

그것들의 가능한 역사적 실제와 관련하여 놀라울 정도로 다른 결과를 산출할 것이다.[51]

3.1. 궤: 유배 이전 성전에서 역사적 실제

이스라엘의 웅장한 내러티브 안에서 궤는 시나이산에서 하느님의 목소리로 소개되었다(탈출 25,10-22). 궤는 약속의 땅으로 가는 이스라엘의 여정에 시도동기(示導動機, leitmotif)로서 동행하다가 솔로몬 성전에 들어가게 되며(1열왕 8,1-9), 열왕기에서 마지막으로 언급된다.[52] 그리고 성전 파괴 기사에서는 눈에 띄게 언급되지 않은 채 남아 있다(2열왕 25장). 이스라엘 역사의 무대에서 궤의 증발은 그것의 운명에 대한 수많은 설명을 불러일으켰는데, 이는 궤에 대한 크나큰 관심과 그 신비를 설명하기 위해 활용된 풍부한 창조성을 입증한다.[53]

궤는 실제로 예루살렘 성전에 있었는가? 세 가지 관찰에서 궤는 유배 이전 성전에 한동안 실제로 존재했다고 제시된다. 첫째, 매우 다양한 맥락과 전승들에 나오는 궤에 대한 많은 언급(대략 200회)이 모두 허구에 근거하지는 않았을 것이다.[54] 둘째, 고대 이스라엘의 제의 환경에서 성소에 있는 큰 함의 증거는 유배 전 성전의 맥락에서 궤의 제의적 기능을 그럴듯하게 만든다.[55] 셋째, 예레미야는 궤에 관련하여

---

51. 다음 고려 사항의 예비 버전이 Markl, "Funktion", 73-78에 소개되었다.
52. 역대기사가는 파스카 때 요시야의 말에서 이 주제를 한 번 더 등장시킨다(2역대 35,3). 궤에 대한 역대기사가의 지대한 관심에서 영감을 받은 Begg은, "Ark"에서 역대기사가가 궤를 복원하고 싶은 희망을 가지고 있었는지를 질문했다(특히 142-145).
53. Day, "Ark"; Kalimi / Purvis, "Hiding"; Weitzman, *Surviving*, 25-28 참조.
54. 탈출기에서 열왕기까지에서 궤와 등잔대 모티프의 발생과 분포는 아래 3.2.의 표 참조; 게다가 이 모티프는 예레 3,16; 시편 132,8은 물론 역대기에도 48회나 나타난다.
55. 예를 들어 Staubli, *Image*, 222-229 참조; 궤의 기능과 상징적 의미에 대한 논쟁은 Janowski, *Sühne*, 281-286 참조. 비교 자료로 이집트의 운반용 왕좌에 대하여 Metzger,

상충되는 견해를 밝힌다. 시온으로 귀환한 후에 "야훼의 말씀이다. 사람들은 더 이상 '야훼의 계약 궤'에 대하여 말하지 않을 것이다. 그것을 마음에 떠올리거나 기억하거나 찾지 않을 것이며, 다시 만들려 하지도 않을 것이다"(예레 3,16)라고 하는 이 구절은 궤에 대한 아주 부정적인 태도인 동시에 일부에게는 그것의 가치를 입증한다. 단지 허구적인 문학 모티프에 관해 그런 상충되는 태도가 형성되었을 것 같지는 않다. 예레 3,16은 필시 실제 잃어버린 제의 물품의 복원 가능성에 대한 역사적 갈등을 반영하는 듯하다. 이런 관찰과 일치하여 유배 이전 성전에 궤가 존재했다는 것이 일반적으로 받아들여지고 있다.[56]

궤가 성전에서 어떻게 사라졌는지를 명확하게 재구성하기란 불가능하지만, 대부분의 학자들과 마찬가지로 바빌로니아인들이 성전을 망가뜨리는 중에 파괴되었거나 그보다 좀 더 이른 시기에 이미 옮겨졌으리라는 추론은 합리적이다.[57] 궤를 잃은 후, 궤를 향한 태도의 급격한 변화와 예레 3,16에 표현된 궤를 다시 만들지 않겠다는 신중한 결정은 모두 역사적 현실을 반영할 가능성이 높은데, 실제로 궤는 복원되지 않은 것으로 보이기 때문이다. 유배 이후 성전에 관련된 어떤 본문에서도 그에 대한 언급은 단 하나도 없다. 예루살렘에 복원되었다고 생각되는 제의 기물들 사이에 궤는 언급되지 않는다(에즈 1,7-11). 유배 이후 후기 성전에 대해 우리가 가진 자료에 의하면 지성소는 비어 있었다.[58]

Königsthron, 361–362 참조.
56. Keel, *Geschichte*, 215; Porzig, *Lade*, 294–295 참조.
57. Day, "Ark", 261–265 참조.
58. Keel, *Geschichte*, 1033–1034; Porzig, *Lade*, 296–297 참조.

그러면 그 중요한 역할에도 불구하고 유배 이후 성전에 궤가 복원되지 않은 이유는 무엇인가? 궤와 연관된 커룹들이 유배 동안 점점 더 중요해지기 시작한 형상 금지에 위배되었기에, 커룹들에 의해 보호되는 궤는 재건된 성전에 적합하지 않게 되었다는 추론이 그럴듯해 보인다.[59] 그 이유가 무엇이든 궤의 미복원은 예루살렘의 공식 예배에서 중요한 불연속성의 한 예이다. 역사적 관점에서 볼 때, 궤는 유배 이전 예루살렘 성전에서 일정한 시기에 두드러진 제의적 기능을 했으나 유배 이후 성전에서는 복원되지 않았다고 추정할 수 있다.

3.2. 등잔대: 유배 이후 성전에서 역사적 실제

등잔대는 시나이에서 궤를 바짝 따라가며 오경의 무대에 끼어든다. 그것은 제사상 소개 후에 정교한 묘사와 함께 하느님 계시로 모세와 독자들에게 소개된다(탈출 25,31-39). 그런데 만일 시나이 너머에서 등잔대를 추적하려 한다면 상황은 전혀 다르다. 관련 증거가 전혀 없기 때문이다. 다음은 탈출기에서 열왕기까지에서 두 모티프의 분포를 보여 주는 표이다.

---

59. Schäfer-Lichtenberger, "Verlust", 241 참조. 게다가 첫째 성전에서 궤가 다소 마술적인 제의 기물은 아니었는지 (궤의 고대근동 환경에서 나온 다른 예들과 같이) 물어볼 수 있다. 이 점이 유배 신학자들을 난처하게 한 것 같다. 예레 3,16에 묘사된 궤에 대한 아주 부정적 견해도 이를 통해 설명할 수 있다. 두 돌 판을 담는 함으로(따라서 하느님의 뜻에 대한 시나이 표현의 핵심으로) 궤를 묘사하는 것은 신학적 재해석일 수 있다(그 재해석은 특히 신명기에 나타난다. Wilson, "Container"). 궤에 부여된 신학적 중요성의 전개에 대한 최근의 재구성에 대해서는 McCormick, "Box", 배경에 대해서는 특히 Von Rad, "Tent" 그리고 Van Der Toorn / Houtman, "David" 참조. 또한 Von Rad, "Deuteronomium-Studien", 128–129; Van Der Toorn, *Image*, 241–242 참조.

	ארון 궤	מנורה 등잔대
탈출기	25,10.14-16.21 이하; 26,33 이하; 30,6.26; 31,7; 35,12; 37,1.5; 39,35; 40,3.5.20 이하	25,31-35; 26,35; 30,27; 31,8; 35,14; 37,17-20; 39,37; 40,4.24
레위기	16,2	24,4
민수기	3,31; 4,5; 7,89; 10,33.35; 14,44	3,31; 4,9; 8,2-4
신명기	10,1-3.5.8; 31,9.25 이하	-
여호수아기	3,3.6.8.11.13-15.17; 4,5.7.9-11.16.18; 6,4.6-9.11-13; 7,6; 8,33	-
판관기	20,27	-
사무엘기 상권	3,3; 4,3-6.11.13.17-19.21 이하; 5,1-4.7 이하.10 이하; 6,1-3.8.11.13.15.18 이하.21; 7,1 이하; 14,18	-
사무엘기 하권	6,2-4.6 이하.9-13.15-17; 7,2; 11,11; 15,24 이하.29	-
열왕기 상권	2,26; 3,15; 6,19; 8,1.3-7.9.21	[7,49: 등잔대 10개!]

등잔대는 신명기와 열왕기 사이에 한 번도 언급되지 않는다.[60] 등잔대에 대한 언급을 기대할 수 있는 성전 건축의 맥락(1열왕 6-8장)에서

---

60. 1사무 3,3은 실로의 "야훼의 성전"에서 "하느님의 등불נר אלהים"을 언급한다. 많은 주석가들이 여기서 탈출 27,20의 "끊임없이 타오르는 등불נר תמיד"과의 연관성을 본다. 탈출기의 성소 본문들에서 "등불"은 "빛"이라는 용어를 통하여 등잔대와 연관된다(27,20의 마오르מאור를 35,14의 메노라 함마오르מנרת המאור와 비교). 따라서 히브리 성경의 정경 안에서 읽을 경우, 1사무 3,3의 "하느님의 등불"은 광야 성소의 등잔대 용어로 읽힐 수 있다. 그런데 "하느님의 등불"이라는 독특한 표현은 일곱 개의 가지를 지닌 등잔대를 원래 언급했던 것으로는 보이지 않는다. 원래 그것은 오히려 단 하나의 등잔대를 표현했다. Hachlili, *Menorah*, 12 참조.

우리는 하나 대신에 '열 개의 등잔대'를 발견한다(7,49).[61] 게다가 바빌로니아인들이 탈취한 전리품 중에서도 언급되지 않는다(2열왕 24,13; 25,13-17).[62] 예레미야서에서 병행되는 기록은 간격을 메우지만, 복수형으로 "등잔대들"이라 한다(예레 52,19; 1열왕 7,49에 따라서). 유배 이전 성전 시대에 이른바 "그 등잔대"에 대한 유일한 언급은 역대기 저자가 아비야의 발언으로 제공하는데, 그에 따르면 예루살렘에서는 "저녁마다 등불이 타오르는 금 등잔대"에 주의를 기울였다(2역대 13,11). 이는 유배 이후 제의를 제1성전 시대로 명백하게 투사하고, 따라서 역대기 작성 당시에 등잔대의 중요성을 입증한다.[63]

유배 이전 성전에 대해 언급하는 것으로 보이는 본문들(2역대 13,11 제외)은 일곱 가지를 지닌 등잔대에 대해 침묵하고 있지만, 후기 유배 이후 성전에서 그것의 중요성을 보여 주는 충분한 증거가 있다. 기원전 167년에 안티오쿠스가 "그 등잔대"를 제거했고(1마카 1,21) 유다 마카베오 치하에서 그것을 복원했음을 들었다(1마카 4,49).[64] 위僞-

---

61. 이것들은 단 하나의 등불을 나타내는 것으로 보인다: Hachlili, *Menorah*, 17 (Haran, *Temples*, 192의 견해와 반대로). 고고학에서 발견된 등잔대의 예는 Hachlili, *Menorah*, 13–15 참조. 솔로몬의 성전에서 등잔대가 없어진 문제에 대한 라삐들의 해결책에 대해서는 Meyers, *Menorah*, 36 참조: "너는 … 모세의 촛대가 중앙에 있었고, 오른쪽에 다섯 개, 왼쪽에 다섯 개가 있었다고 말해야 한다"(*Menahot* 98b).
62. 2열왕 24,13은 "이스라엘 임금 솔로몬이 주님의 집에 만들어 놓은 모든 금 기물들"을 침범했다고 주장한다. 1열왕 6-8장에 의하면 일곱 가지 등잔대는 솔로몬 치하에서 제조된 기물들 사이에 없었기 때문에, 여기서 의도하는 기물에 낄 수는 없다. 2열왕 25,14-15은 청동으로 만든 많은 기물을 언급하면서 금과 은으로 된 기물들도 언급한다. 만일 이 구절들의 저자(들)가 일곱 가지 등잔대를 본 적이 있다면, 그것을 명시적으로 언급했을 것이라 기대할 수 있다.
63. Klein, *2 Chronicles*, 203을 2 Chr 13:11과 비교. "여기 언급된 일련의 의식들은 성막 이야기와 가장 잘 부합되고 따라서 예루살렘의 성전 제의는 성막 제의에 대한 직접적인 연속이므로 합법적인 계승자이다." 더 상세하게는 Knoppers, "Battling", 519–520 참조.
64. 1마카 1,20-21: "백사십삼년에 이집트를 쳐부수고 돌아가면서, 안티오코스는 강력한 군대를 이끌고 이스라엘과 예루살렘으로 올라갔다. 그는 거드럭거리며 성소에 들어가 금 제단, 등잔과 그것에 딸린 모든 기물"을 내왔다; 1마카 4,49: "그들은 또 거룩한

헤카테우스Pseudo-Hecataeus가 등잔대에 대해 언급하고,[65] 요세푸스가 그것에 대해 설명한다.[66] 게다가 이에 대한 도상학적 증거가 있는데, 가장 초기 사례들의 일부는 안티고누스 마타티아스(기원전 40-37)의 주화들이다.[67] 로마의 티투스 개선문에 새겨진 부조에 따르면 가장 눈에 띄는 등잔대와 제사상은 예루살렘에서 가져온 가장 값진 전리품을 대표한다.[68]

이 자료들은 기원전 70년에 성전이 최종적으로 파괴될 때까지 헬레니즘과 로마 시대에 유배 이후 성전 제의에서 등잔대의 중요성[69]에 대한 충분한 증거를 제공한다. 다른 한편 유배 이전 성전에 일곱 가지 등잔대인 메노라가 존재했다는 증거는 전혀 없다. 레이츨 하츨릴리Rachel Hachlili는 이용 가능한 역사적·고고학적 정보를 수집하고 평가하고 나서 "일곱 가지를 지닌 등잔대는 제2성전 시대 이전의 것

기물들을 새로 만들고, 등잔대와 분향 제단과 상을 성전 안에 들여다 놓았다."
65. 이 자료에서는 예루살렘 성전을 언급하면서, "제단과 등잔대; 둘 다 금이고 그 무게는 2탈란트"라고 한다(Hayward, *Temple*, 20에 따라 인용; Josephus, *Apion*, 114 비교). 철학자 헤카테우스는 알렉산드로스 대왕과 프톨레마이오스 1세 시대에 살았지만(Bar-Kochva, *Pseudo-Hecataeus*, 7-18 참조), Bar-Kochva는 요세푸스가 인용한 자료는 신뢰할 수 없으며 그것은 오히려 기원전 103년에서 93년 사이로 추정된다고 주장한다(특히 249 참조).
66. *Bell.* VII.5.5 (148-149); *Ant.* III.6.7 (144-146); Arden, *Spoils*, 43-46 참조. 인용된 뒷 자료의 구절에 대해서는 Josephus, *Antiquities 1-4*, 269-270의 주석 참조. 등잔대의 후기 역사에 관한 유대인 자료는 Sperber, "History", 140-159 참조.
67. 이것들과 초기의 다른 표현들에 대해서는 Hachlili, *Menorah*, 41-50 참조.
68. Yarden, *Spoils*에서 자세한 분석과 재구성 참조. 개선문은 아마도 81년 직후 96년 전인 도미티아누스 통치 시대에 세워진 것으로 추정된다. Pfanner, *Titusbogen*, 91-92 참조.
69. Meyers, *Menorah*, 36-38에서, 제2성전 시대에 일곱 가지를 지닌 등잔대의 표본이 몇 개 있었을 것이라는 점은 옳게 관찰한다. 더욱이 그녀는 탈출 25장의 묘사와 모든 점에서 일치하지 않는 다른 표현들을 분석한다. 그러나 내 의견으로는 그것들의 전형적인 일곱 가지 형태가 분명해서, 이 유형의 등잔대가 탈출 25장에 묘사되었던 등잔대를 *대표*하지 않으면 안 된다.

이 아니다"라는 결론에 도달한다.[70] 더 구체적으로 말하면 그것은 "시온으로의 귀환과 하스몬 왕가 사이의 기간에서 기원한다"는 것이다.[71] 등잔대는 제2성전에서 이룬 하나의 "혁신"이었다.[72]

3.3. 묘사들은 역사적 실제와 어떻게 관련되는가?

앞의 분석은 시나이에서 하느님의 목소리로 묘사된 궤와 등잔대(탈출 25장)가 예루살렘 성전에서 역사적 근거를 가지고 있었다는 점을 그럴듯하게 만들려고 했다. 궤는 유배 이전 성전에 한동안 존재했으나 유배 이후 성전에는 복원되지 않았다. 반대로 등잔대는 유배 이전 성전에 존재하지 않았으나 유배 이후 성전에서는 중요한 역할을 완수했다. 그러면 광야 성소의 이런 물건들에 대한 기록은 예루살렘 성전에 있는 각각의 제의 항목들과 어떤 관련이 있는가?

이 묘사들은 일반적으로 그것들의 물리적 대응물과 관련되어 있을 가능성이 매우 높다. 이론적으로는, 기록된 묘사들이 그것들의 물리적 구현과 어떻게 관련될 수 있는지에 대한 세 가지 방안이 있다. (1) 묘사는 제의적 비전의 일종으로 그것의 물리적 구현 이전에 독립적으로 창안되었고, 역사적 물품은 그 본문을 기반으로 만들어졌다. (2) 묘사와 물품은 동시에 형성되었고, 본문은 성전을 위해 창안된 예술적 디자인의 문학적 표현이다. (3) 물품은 본문과는 별개로 먼저 생성되었으며, 본문은 사실상 물품에 대한 후대의 묘사이다.

---

70. Hachlili, *Menorah*, 9.
71. Hachlili, *Menorah*, 36.
72. Albertz, *Exodus*, 162: "일곱 가지를 지닌 유일한 등잔대는 … 그러므로 개혁적인 사제계의 혁신이었다."

첫 방안은 일반적으로 둘째와 셋째보다 가능성이 낮아 보인다. 신전 복원과 함께 제공된 나보니두스의 홍보 문안의 경우에서 볼 수 있듯이, 새로운 제의 물품을 만드는 과정에서 그것의 신학적 정당성을 제공하는 글이 생성될 가능성이 매우 높다. 이상적인 제의 물품에 대한 묘사가 나중에 실현되었을 가능성은 훨씬 적어 보인다. 이는 그러한 물품들에 대해 이상적으로 묘사를 한 저자들(예를 들어 탈출 25장)이 독자들에게 믿게 하려는 것과는 상반된다.[73] 이 예비적 고찰들은 성소 본문들의 작성으로 이어지는 역사적 발전을 상상해 볼 수 있게 준비시켜 준다.

4. 역사적 재구성: 연속성의 원형인 광야 성소

역사적 재구성을 위해 우리는 수집하고 평가한 자료들과 상상력(해석하는 체계)에 의지하는데, 이를 객관적인 현실과 혼동하지 않으려고 노력한다.[74] 만일 기원전 587년에 불타는 예루살렘 성전을 상상한다면,[75] 거기에서 예루살렘과 유다의 수호자이신 하느님의 거처를 줄곧 보았던 사람들의 마음에 성전의 파괴가 끼친 영향을 과소평가할 수 없

---

73. 물론 이러한 묘사는 오래되었거나 분실된 물품들의 대체품 생산을 정당하게 하는 데 사용될 수 있다. 〈아리스테아스의 편지〉는 이에 대한 (창안된) 예를 제공한다(앞의 항목 1. 뒷부분 참조).
74. 역사적 방법에 대한 훌륭한 성찰은 Knauf, "History", 특히 57–79 참조.
75. 성전 소실은 성경의 역사서술에서 우리에게 전해진 가장 믿을 만한 정보 중 하나인 것 같다(아마도 예수님의 십자가 처형과 비교할 수 있다). 그 일은 상상할 수 있는 가장 큰 곤혹스러움이며, 만약 실제로 일어나지 않았다면 어떤 작가도 언급하지 않았을 것이다. Schillebeeckx 이후로 '곤혹'의 기준에 대해서는 Meier, *Jew*, 168–171 참조.

다.⁷⁶ 사제단에게 그 일은 무엇을 의미했는가? 성전과 함께 그들은 수입의 원천과 그들 명예의 영광을 잃었을 뿐만 아니라 종교적 자기 이해의 토대까지도 잃었다.⁷⁷ 성전의 소실燒失은 그들에게 종교적·실존적 악몽이었다.

재앙은 성전의 역할을 훨씬 덜 두드러지게 하는 근본적으로 새로운 사상을 낳았다. "하늘이 나의 어좌요 땅이 나의 발판이다. 너희가 나에게 지어 바칠 수 있는 집이 어디 있느냐? 나의 안식처가 어디 있느냐?"(이사 66,1). 제일 먼저 필요했던 것은 재앙에 대한 신학적 설명이었다. 근본적인 설명은 야훼가 솔로몬에게 하신 그분 자신의 말씀으로 주어졌다. 이스라엘이 불순종하는 경우, 야훼가 말씀하신다. "이 집은 폐허가 될 것이다!"(1열왕 9,8).⁷⁸ 바빌론 유배 동안 성전은 기억과 문헌 속에 살아남아 있었는데, 그중 일부는 사제들에 의해 바빌론으로 옮겨졌고,⁷⁹ 다른 것들은 단지 신성한 기억을 보존하기 위해 거기에서 기록되었을 수 있다.⁸⁰

---

76. Cohn, "Responses" 참조. 유배 이전 성전 이념에 대해서 간결하게 Bedford, *Temple*, 2–4 참조.
77. 예루살렘의 사제단이 유다 사회의 지적 엘리트의 일부를 형성했다고 가정할지라도, 그들의 정신은 다윗, 니체나 프로이트에게 오염되지 않았다. 그들은 뼛속까지 순전히 자연스레 종교적이었다.
78. 자신의 종교적 세계관을 구하기 위해 사제들은 야훼를 정당화하는 것으로 재앙을 설명해야 했다. 이것이 마르틴 노트Martin Noth가 분석한(*History*, 특히 142–143) 신명기계 역사서DtrH의 주요 역사서술적 전망의 하나인 신정론神正論으로 이어진다. 그러나 이것으로 충분하지 않았다. 시급하게 필요한 것은 백성의 미래를 위한 전망이었다(Wolff, "Kerygma"; Markl, "Future" 참조).
79. 가능한 원천에 대한 고찰은 Van Seters, "Fact and Ideology", 49–51 참조.
80. Van Seters, "Fact and Ideology", 57. 그는 솔로몬 성전 건물에 대한 건축 기록이 "성전 재건의 한 본보기를 제시하기" 위해 성전 파괴 후에 쓰였을지 모른다는 가능성을 고려했다. 게다가 이 기록은 솔로몬으로부터 파괴까지 유배 이전 성전의 연속성을 구성해야 했다면서 "청동 기둥에 대한 묘사의 반복뿐만 아니라 솔로몬의 성전 건축에 대한 … 2열왕 25,16-17에서 회고적 언급"으로 확증된다(같은 책, 56).

그러니 만약에 놀랍게도 50년 후에 야훼가 페르시아의 키루스를 당신의 "메시아"로 선택하시고(이사 45,1) 유다 사람들이 그들의 고향으로 귀환하고 성전을 재건하도록 허락하신다면 어떻게 될까? 그들의 선조가 예루살렘의 놀라운 성전과 예배에 관하여 말하던 이야기를 들었던 사제들의 아들과 손자들은[81] 스스로 성전과 예배를 다시 상상해야 했다. 한편 그들은 찬란한 과거의 실제를 복원하기 위해 쓰인 기억과 구전 기억에서 발견할 수 있는 것은 무엇이든 복구하려고 노력했다. 다른 한편 고대 제의의 일부 요소들은 돌이킬 수 없을 만큼 손실되었다. 그리고 그들의 선조들로부터 배운 일부 제의 개념은 근본적으로 변한 문화적 경험의 맥락에 뜻이 통하지 않게 되었을 수도 있다. 그들은 제의의 옛 잔해 위에 새로운 제의를 창안할 필요성을 느꼈을 것이다.

불연속의 필요성 및 유배 이전과 이후의 예루살렘 성전을 잇는 연속성 확립의 필요성 사이에서 이루어지는 쌍방의 상호작용이 광야 성소를 문학적으로 구성할 수 있는 가장 있음직한 환경이다. 성소는 사제적 원적圓積 문제(squaring of the circle; 역자주: 문학에서 불가능한 사안을 빗댄 표현으로 쓰인다), 불연속성 대 연속성의 난제에 대한 하나의 해

---

81. 물론 성전 재건축의 완료 시기를 알아내기란 어려운 문제이다. 에즈 6,15은 그것의 완공을 다리우스 임금 제6년으로 추정한다. 많은 저자들이 이 날짜를 확신하며 받아들였을지라도(예를 들면 Stevens, *Temples*, 43–58 참조), 날짜의 신학적 비전을 고려해야 한다. "현재 연대 측정 안은 한층 전반적인 예루살렘의 재건에 관한 예레미야서 예언의 실현에다가 성전 재건을 관련시키려는 의도가 거의 확실하게 있다"(Edelman, "What Can We Know", 455; 또한 *Origins*, 80–131 참조). Grabbe, *Judaism*, 128에서는 "사용할 수 있는 자원이 그리 빠른 완공을 허락할 만큼 충분하지 않았을 것이기에" 그 날짜에 관해서 회의적이다. 또한 같은 저자, "Reality", 특히 305 참조. 다리우스 1세의 통치 초기의 연대에 대한 상세한 논의는 Bedford, *Temple*, 183–299 참조; 다리우스 2세(기원전 423–404)를 재건자로 선호하는 소수 견해는 Dequeker, "Darius", 68 참조.

결책이다. 유배 이후 사제계 서기관들은 이스라엘의 기원인 시나이에 위치했던 "범례적인"[82] 성소를 묘사했고, 여기에는 구전 전승이나 글이 보존했던 제의 기물들, 그것들 자체는 신적 영감으로 설계된 것인데 등잔대[83] 같은 혁신적인 물품과 함께 궤와 같은 고대 성전과 관련된 중요한 제의 기물들이 포함되어 있었다. 사제계 서기관들이 역사적으로 결코 함께 속하지 않았던 것들을 성소에 결합한 이유는 바로 가정된 연속성에 대한 필요성 때문이다.[84]

성소는 '솔로몬 성전'의 낙성식 장면과 편집적으로 연결되고(앞의 1열왕 8장 참조) 따라서 예루살렘 제의의 기원으로 보인다. 성소의 궤는 사라졌을지라도 등잔대, 제사상, 그릇들과 사제의 의복은 새 성전에서 다시 실현될 수 있었다. 만일 이 재건이 역사적 실제에 가깝다면,[85] 광야 성소는 실제로 유배 이전과 유배 이후 예루살렘 성전 사이에서 연속성의 원형을 제공했을 것이다.

---

82. "P"의 "범례적"이고 "역사학적" 성격에 대한 훌륭한 성찰은 Boorer, "Nature" 참조.
83. Gutmann, "Menorah", 290은 탈출 25장의 배경 설명에서 "제2성전에서 보았던 등잔대를 합법화하기 위한 사제계 작가들의 활동"을 보았다. Gutmann의 기여는 Blum, *Studien*, 303에 의해 통합되었다.
84. 그러므로 성소 본문들에 대한 나의 전반적인 견해는 Rainer Albertz의 평가에 가깝다. 그는 성소 본문들을 성전의 "비판적 개정"(Albertz, *Exodus*, 24)을 위한 "프로그램"으로 고려했고 기본 개념을 사제계 첫 번 편집(PB¹)에 돌리는데, 그것은 "제2성전이 계획되고 건축되었을 때"인(같은 책, 13; 필자 번역) 기원전 6세기 말까지 거슬러 간다.
85. 이 역사적 시나리오는 물론 새로운 것이 아니다. Julius Wellhausen에 의해 기본적으로 요약되었다. 그러나 나는 연구 과정에서 그의 이론을 옹호하려는 것은 아니었으나 정보를 수집하고 평가함으로써 이 견해로 전환하게 되었다.

5. 토라의 등장을 위한 암시들

예루살렘의 멸망은 성막에 대한 묘사와 같이 겉보기에 의심의 여지가 없어 보이는 오경의 본문 뒤에 숨어 있을 수 있다. 말하자면 성전이 궤와 등잔대 사이에서 불타고 있는 것 같다. 오경에 대한 역사적 연구는 엄격한 역사적 기준의 결여로 어려움을 겪어 왔다. 앞의 분석은 적어도 오경 밖의, '외부' 증거에 기초한 주장을 제공하려는 시도이다. 이 주장의 핵심 관찰은 탈출기의 성소 본문에 묘사된 궤와 등잔대에 초점을 맞추었는데, 성경 역사학에서 비교 연구를 가능하게 하기 때문이다. 가지가 일곱인 등잔대가 페르시아 치하에서 예루살렘 성전이 복원되기 전에는 성전 제의에 나타나지 않았기 때문에 그것의 상세한 묘사가 이전부터 유래되었을 가능성은 거의 없다. 누군가가 이 논거를 받아들인다면, 오경 본문들의 연대를 추정할 때 그 결과에 대해 숙고하지 않을 수 없다.

궤에 대한 묘사는 규모와 설계에 대한 신성한 기억을 보존한 일부 원천에 의존할 수 있지만, 신적 계시를 담는 함이자 공간(탈출 25,22)이라는 신학적 설명은 후대에 이상화한 것일 수 있다. 등잔대는 오직 유배 이후 성전의 제의를 위해 고안되었을 가능성이 크다.[86] 만일 그렇다면 탈출 25장에서 궤와 등잔대의 묘사는 성소 본문들의 개

---

86. 등잔대가 예루살렘 성전 제의에서 유배 이후 항목의 분명한 예인 것처럼, 성소 본문에 묘사된 제의의 다른 요소들도 마찬가지일 수 있다. 탈출 25장에서 제일 먼저 언급된 항목 중 하나로 제사 빵 상이 두드러진 역할을 부여받은 점(대조적으로 1열왕 7,48에서는 짧고 늦게 등장)은 유배 이후 제의에서 그 역할이 반영된 것으로 보인다. 상은 안티고노스 마타티아스의 주화들과 티투스 개선문에 등잔대와 함께 나타난다. Yarden, *Spoils*, 71-92 참조.

념을 어떻게 이해할 수 있는지에 대한 모범적인 사례를 제공할 수 있을 것이다. 본문들은 사제계 선조들에게서 서면 자료든 구두 자료든 저자들에게 전수된 유배 이전 제의에 관한 정보를 통합한 것일 가능성이 높다. 그러나 시나이산에서 유래한 것으로 규정한 성소의 개념 자체와 모세에게 계시된 "모형"(탈출 25,9: תבנית; παράδειγμα), 원형으로서 성소를 묘사한 것은 유배 후에 새 성전을 위한 신학적 기초를 만들려는 필요성에서 기인했을 가능성이 가장 높다.[87] 이 본문들은 유배 이전 제의에서부터 보존된 지식과 유배 이후 발전하는 제의를 체계적으로 결합하고, 시나이의 원형적 배경(이라는 가상) 속에 그것들을 세운다.[88] 성소 본문들에서 이스라엘을 관대하고 자발적인 장인으로 개념화한 것은 유배 이후의 시민-성전 공동체의 상황에 적절하게 들어맞는다.[89]

만일 "P"가 원래 독립적인 출전이고, (일련의) 편집 층의 모음으로 간주된다면, 그 발전의 최종 단계는 유배 이후 제의의 실제를 확실하게 시나이에, 무엇보다도 창조에 근거하게 하려고 한 결과로 보인

---

87. 왕정 제도 이전 상황에서 성소에 대한 하느님의 계시의 중개자로서 모세의 역할은, 더 이상 일반적으로 신적 가르침에 따라 성전을 건립하기로 되어 있는 사람인 왕이 없는 때, 왕정 제도 이후 성전 재건을 합법화하는 데 도움을 준다. Berlejung, "Handwerker", esp. 155; Utzschneider, *Heiligtum*, 152–159 참조.
88. 상상의 설정에도 불구하고, 성소 본문들은 아주 구체적인 제의 개념을 전제로 한다. Blum, *Studien*, 304 참조. "사제 전통을 말 그대로 받아들이면, 바로 구체적인 하느님 현존에 관한 것이다. 그러나 공간, 제도, 규정 등 없이 똑같이 구체적인 '것은 거룩한 하느님을 위한 것도 아니고 그분의 존재에 노출된 백성을 위한 것도 아닌 것으로, 운반할 수 있는 것이다!" 따라서 Blum은 성소 본문들에서 제의의 "영성화"라는 의미에서 "말씀으로 성소 표현"한다는 개념(cf. Fritz, *Tempel*, esp. 153) "현대적 투영"으로 간주한다(Blum, *Studien*, 304).
89. Utzschneider, *Heiligtum*, 292–297; Berlejung, "Handwerker", 160, 168; Weinberg, *Community*.

다.⁹⁰ 역대기 저자는⁹¹ 성막의 요소들을 강조하면서 솔로몬 성전에 대한 신명기계 묘사를 축약한다(2역대 3-4장).⁹² 이것은 성막 본문들이 신명기계 묘사에 비해 후에 나타났고, 그때에서야 역대기 저자들은 솔로몬 성전을 유배 이후 제의적 실제와 조화시켰다는 것을 가리킬 수 있는가?⁹³

신적 기원의 척도 혹은 하느님 현존에 관련된 기물들에 기초한 제의의 연속성은 고대근동 성전 이념에서 일반적인 특징이었다. 그것은 유다인 유배자들이 접했던 신바빌로니아 이념에서 특별히 강조되어 표현되었다. 같은 사상이 페르시아 제국에서 계속되었고 예루살렘 성전 재건에 분명한 영향을 미쳤다(에즈 6,3-5). 〈아리스테아스의 편지〉 같은 초기 유다인 문헌들은 제의의 연속성에 대한 관심사를 증명한다. 오경의 사제계 시나이 본문들에서 성소와 제의에 대한 상세한 설명은 고도의 문학적 추상화에도 불구하고, 제의의 연속성에 대한 동일한 필요성에 응답하는 것 같다.⁹⁴ 옛것과 새것의 투영이 문학적 신기루로서⁹⁵ 예루살렘의 제1성전과 제2성전이 상징적 통일체로 합쳐진

---

90. Janowski, "Tempel"; George, *Tabernacle*, 181–189. 이것은 안식일 계명과 관련하여 특히 분명하다: Grund, *Entstehung*, esp. 229; Timmer, *Creation*, esp. 63–74; Markl, *Dekalog*, 116–117; 같은 저자, "Ten Words", 22–23. 안식일과 성소 사이 연관성 첫 수용에 대해서는 Calaway, *Sabbath* 참조.
91. 오경 연구를 위한 역대기 저자들의 역할에 대해서는 Jonker, "Paraleipomenon" 참조.
92. Klein, *2 Chronicles*, 44 참조.
93. 역대기 작가의 개념은 솔로몬의 지혜서에 표현된 관점에서 불과 한 걸음 떨어져 있다. "당신의 거룩한 산에 성전을 짓고 당신께서 거처하시는 성읍에 제단을 만들라고 분부하셨습니다. 그것은 당신께서 처음부터 준비하신 거룩한 천막을 본뜬 것입니다"(μίμημα σκηνῆς ἁγίας ἣν προητοίμασας ἀπ' ἀρχῆς; 지혜 9,8).
94. 유배 이전 궤의 묘사는 초기 유대인과 그리스도인 정신에 계속 영감을 준 성스러운 기억의 문학적 보고를 대표한다: n. 53 그리고 Anderson, "Theology". 비슷한 맥락에서 쿰란의 구리 두루마리는 예루살렘 성전이 두 번째이자 마지막으로 파괴된(기원후 70) 후 상상의 성전 보물이 숨겨 놓은 것으로 보인다: Weitzman, *Surviving*, 101–108 참조.
95. 이 은유에 대해서는 Propp, *Exodus 19–40*, 710 참조.

과거의 원형을 만든다.

    이상적인 원래 과거를 묘사하려는 본문들은 그것이 만들어지게 된 "대홍수" 재앙을 숨기거나 적어도 상징적으로 묘사할 수밖에 없다. 바빌로니아인에 의한 예루살렘과 성전의 파괴는 사제계 지식인들이 역사서술을 이어가는 고도로 창의적인 틈(공백)을[96] 만들어 낸 계기가 되었다. 토라가 문학적 복원의 대작으로 부상하면서 예루살렘 성전의 물리적 복원이 이루어졌다. 다시 말해, 예루살렘이 멸망하지 않았다면 우리가 가진 토라는 등장하지 않았을 것이다.

---

96. 기원전 6세기는 "창의적인 시대"라고 불려 왔으며(Ackroyd, *Exile*, 7–12), 유배는 "촉매제"로 여겨졌다(Klein, *Israel*, 1). 하지만 6세기의 도전으로 촉발된 창의성은 그 시기를 넘어 이후에도 계속되었다.

참고문헌

ACKROYD, P. R., *Exile and Restoration*, London 1968.

_____, "The Temple Vessels – A Continuity Theme", in: *idem, Studies in the Religion of Ancient Israel* (VT.S 23), Leiden 1972, 166–181.

ALBERTZ, R., *Israel in Exile: The History and Literature of the Sixth Century BCE* (trans. by D. Green; SBL Studies in Biblical Literature 3), Atlanta 2003.

_____, *Exodus 19–40* (ZBK.AT 2.2), Zürich 2015.

AMBOS, C., *Mesopotamische Baurituale aus dem 1. Jahrtausend v. Chr.*, Dresden 2004.

_____, "Rituale beim Abriß und Wiederaufbau eines Tempels", in: K. Kaniuth et al. (eds.), *Tempel im Alten Orient: 7. Internationales Colloquium der Deutschen Orient-Gesellschaft 11.–13. Oktober 2009, München* (CDOG 7), Wiesbaden 2013, 19–31.

ANDERSON, G. A., "Towards a Theology of the Tabernacle and Its Furniture", in: R. A. Clements / D. R. Schwartz (eds.), *Text, Thought, and Practice in Qumran and Early Christianity* (STDJ 84), Leiden 2009, 161–194.

BAR-KOCHVA, B., *Pseudo-Hecataeus On the Jews: Legitimizing the Jewish Diaspora*, Berkeley 1996.

BARK, F., *Ein Heiligtum im Kopf der Leser: Literaturanalytische Betrachtungen zu Ex 25–40* (SBS 218), Stuttgart 2009.

BEAULIEU, P.-A., *The Reign of Nabonidus King of Babylon 556–539 B.C.* (YNER 10), New Haven 1989.

BECKING, B., "Silent Witness: The Symbolic Presence of God in the Temple Vessels in Ezra and Nehemiah", in: N. MacDonald / I. J. de Hulster (eds.), *Divine Presence and Absence in Exilic and Post-Exilic Judaism: Studies of the Sofja Kovalevskaja Research Group on Early Jewish Monotheism*, vol. 2 (FAT II 61), Tübingen 2013, 267–281.

BEDFORD, P. R., *Temple Restoration in Early Achaemenid Judah* (JSJ.S 65), Leiden 2001.

BEGG, C. T., "The Ark in Chronicles", in: M. P. Graham / S. L. McKenzie / G. N. Knoppers (eds.), *The Chronicler as Theologian. FS R. W. Klein* (JSOT.S 371), Sheffield 2003, 133–145.

BERLEJUNG, A., "Der Handwerker als Theologe: zur Mentalitäts- und Traditionsgeschichte eines altorientalischen und alttestamentlichen Berufstands", *VT* 46 (1996) 145–168.

BICKERMAN, E., "Zur Datierung des Pseudo-Aristeas", in: *idem, Studies in Jewish and Christian History I* (AGJU 9,1), Leiden 1976, 109–136 (= *ZNW* 29 [1930] 280–296).

BLUM, E., *Studien zur Komposition des Pentateuch* (BZAW 189), Berlin 1990.

BODA, M. J., "Legitimizing the Temple: The Chronicler's Temple Building Account", in: *idem* / J. Novotny (eds.), *From the Foundations to the Crenellations: Essays on Temple Building in the Ancient Near East and Hebrew Bible* (AOAT 366), Münster 2010, 303–318.

BOORER, S., "The 'Paradigmatic' and 'Historiographical' Nature of the Priestly Material as a Key to its Interpretation", in: M. A. O'Brien / H. N. Wallace (eds.), *Seeing Signals, Reading Signs: The Art of Exegesis, FS A. F. Campbell* (JSOT.S 415), London 2004, 45–60.

CALAWAY, J. C., *The Sabbath and the Sanctuary* (WUNT II 349), Tübingen 2013.

CHILDS, B. S., "A Study of the Formula 'Until this Day'", *JBL* 82 (1963) 279–292.

_____, Exodus (OTL), Philadelphia 1974.

COGAN, M., *I Kings: A New Translation with Introduction and Commentary* (AncB 10), New York 2000.

COHN, R. L., "Biblical Responses to Catastrophe", *Judaism* 35 (1986) 263–276.

CRAWFORD, C. D., "Between Shadow and Substance: The Historical Relationship of Tabernacle and Temple in Light of Architecture and Iconography", in: M. Leuchter / J. M. Hutton (eds.), *Levites and Priests in Biblical History and Tradition*, Atlanta 2011, 117–133.

CROSS, F. M., "The Priestly Tabernacle", in: D. N. Freedman / G. E. Wright (eds.), *The Biblical Archaeologist Reader*, New York 1961, 201–228 (BA 10 [1947] 45–68).

DAY, J., "Whatever Happened to the Ark of the Covenant?", in: *idem* (ed.), *Temple and Worship in Biblical Israel* (LHB 422), London 2005, 250–270.

DEQUEKER, L., "Darius the Persian and the Reconstruction of the Jewish Temple in Jerusalem (Ezra 4.24)", in: J. Quaegebeur (ed.), *Ritual and Sacrifice in the Ancient*

Near East: Proceedings of the International Conference organized by the Katholieke Universiteit Leuven from the 17th to the 20th of April 1991 (OLA 55), Leuven 1993, 67–92.

DEVRIES, S. J., *1 Kings* (WBC 12), Nashville 2003.

DUBOVSKÝ, P., *The Building of the First Temple: A Study in Redactional, Text-Critical and Historical Perspective* (FAT 103), Tübingen 2015.

EDELMAN, D., *The Origins of the "Second" Temple: Persian Imperial Policy and the Rebuilding of Jerusalem*, London 2005.

_____, "What Can We Know about the Persian-Era Temple in Jerusalem?", in: J. Kamlah (ed.), *Temple Building and Temple Cult: Architecture and Cultic Paraphernalia of Temples in the Levant* (2.-1. Mill. B.C.E.) (ADPV 41), Wiesbaden 2012, 343–368.

FISCHER, G., *Jeremia 26–52* (HThKAT), Freiburg i.Br. 2005.

_____, *Jeremia: Der Stand der theologischen Diskussion*, Darmstadt 2007.

FISCHER, G. / MARKL, D., *Das Buch Exodus* (NSK.AT 2), Stuttgart 2009.

FRIED, L. S., "Temple Building in Ezra 1-6", in: M. J. Boda / J. Novotny (eds.), *From the Foundations to the Crenellations*, 319–338.

FRIEDMAN, R. E., "Tabernacle", *ABD* 6 (1992) 292–300.

FRITZ, V., *Tempel und Zelt. Studien zum Tempelbau in Israel und zu dem Zeltheiligtum der Priesterschrift* (WMANT 47), Neukirchen-Vluyn 1977.

GEORGE, M. K., *Israel's Tabernacle as Social Space* (SBL Ancient Israel and Its Literature 2), Atlanta 2009.

GOODING, D. W., *The Account of the Tabernacle: Translation and Textual Problems of the Greek Exodus* (TaS 6), Cambridge 1959.

GÖRG, M., *Das Zelt der Begegnung. Untersuchung der sakralen Zelttradition Altisraelsn* (BBB 27), Bonn 1967.

GRABBE, L. L., *Judaism from Cyrus to Hadrian, vol. 1, The Persian and Greek Periods*, Minneapolis 1992.

_____, "The Reality of the Return: The Biblical Picture Versus Historical Reconstruction", in: J. Stökl / C. Waerzeggers (eds.), *Exile and Return: The Babylonian Context* (BZAW 478), Berlin 2015, 292–307.

GRAY, J., *I and II Kings*, Philadelphia 1970.

GRUND, A., *Die Entstehung des Sabbats: Seine Bedeutung für Israels Zeitkonzept und Erinnerungskultur* (FAT 75), Tübingen 2011.

GUTMANN, J., "A Note on the Temple Menorah", *ZNW* 60 (1969) 289–291.

HACHAM, N., "The Letter of Aristeas: A New Exodus Story?", *JSJ* 36 (2005) 1–20.

HACHLILI, R., *The Menorah, the Ancient Seven-Armed Candelabrum: Origin, Form, Significance* (JSJ.S 68), Leiden 2001.

HADAS, M. (ed.), *Aristeas to Philocrates (Letter of Aristeas)* (JAL), New York 1951.

HARAN, M., *Temples and Temple-Service in Ancient Israel: An Inquiry into Biblical Cult Phenomena and the Historical Setting of the Priestly School*, 2nd edn, Winona Lake 1985.

HAYWARD, C. T. R., *The Jewish Temple: A Non-Biblical Sourcebook*, London 1996.

HOMAN, M. M., *To Your Tents, O Israel! The Terminology, Function, Form, and Symbolism of Tents in the Hebrew Bible and the Ancient Near East* (Culture and History of the Ancient Near East 12), Leiden 2002.

HONIGMANN, S., *The Septuagint and Homeric Scholarship in Alexandria*, London 2003.

HOUTMAN, C., *Exodus,* vol. 3*, Chapters 20–40* (HCOT), Kampen 2000.

HUNDLEY, M. B., "Sacred Spaces, Objects, Offerings, and People in the Priestly Texts: A Reappraisal", *JBL* 132 (2013) 749–767.

HUROWITZ, V., *I Have Built You an Exalted House: Temple Building in the Bible in Light of Mesopotamian and Northwest Semitic Writings* (JSOT.S 115), Sheffield 1992.

JACOB, B., *Das Buch Exodus* (ed. S. Mayer), Stuttgart 1997.

JANOWSKI, B., "Tempel und Schöpfung", *JBTh* 5 (1990) 37–69.

_____, *Sühne als Heilsgeschehen: Studien zur Sühnetheologie der Priesterschrift und zur Wurzel KPR im Alten Orient und im Alten Testament* (WMANT 55), 2nd edn, Neukirchen-Vluyn 2000.

_____, "Die Einwohnung Gottes in Israel. Eine religions- und theologiegeschichtliche Skizze zur biblischen Schekina-Theologie", in: *idem* / E. E. Popkes (eds.), *Das Geheimnis der Gegenwart Gottes: Zur Schechina-Vorstellung in Judentum und Christentum* (WUNT 318), Tübingen 2014, 3–40.

JAPHET, S., *I and II Chronicles: A Commentary* (OTL), London 1993.

JENSON, P. P., *Graded Holiness: A Key to the Priestly Conception of the World* (JSOT.S 106), Sheffield 1992.

JONKER, L. C., "From Paraleipomenon to Early Reader: The Implications of Recent Chronicles Studies for Pentateuchal Criticism", in: C. M. Maier (ed.), *Congress Volume Munich 2013* (VT.S 163), Leiden 2014, 217–254.

JOSEPHUS, FLAVIUS, *Judean Antiquities 1–4* (trans. and comm. L. H. Feldman; Flavius Josephus 3), Leiden 2000.

_____, *Judean Antiquities 8–10* (trans. and comm. C. T. Begg / P. Spilsbury; Flavius Josephus 5), Leiden 2005.

_____, *Against Apion* (trans. and comm. J. M. G. Barclay; Flavius Josephus 10), Leiden 2007.

KALIMI, I. / PURVIS, J. D., "King Jehoiachin and the Vessels of the Lord's House in Biblical Literature", *CBQ* 56 (1994) 449–457.

_____, "The Hiding of the Temple Vessels in Jewish and Samaritan Literature", *CBQ* 56 (1994) 679–685.

KEEL, O., *Die Geschichte Jerusalems und die Entstehung des Monotheismus* (2 vols.), Göttingen 2007.

KLEIN, R. W., *Israel in Exile: A Theological Interpretation* (OBT), Philadelphia 1979.

_____, *2 Chronicles. A Commentary* (Hermeneia), Minneapolis 2012.

KNAUF, E. A., "From History to Interpretation", in: idem, *Data and Debates: Essays in the History and Culture of Israel and Its Neighbors in Antiquity* (ed. H. M. Niemann et al.; AOAT 407), Münster 2013, 57–83 (= D. Edelman [ed.], *The Fabric of History: Text, Artefact and Israel's Past* [JSOT.S 127], Sheffield 1991, 26–64).

KNOHL, I., *The Sanctuary of Silence: The Priestly Torah and the Holiness School*, Minneapolis 1995.

KNOPPERS, G. N., "'Battling against Yahweh': Israel's War against Judah in 2 Chr 13:2–20", *RB* 100 (1993) 511–532.

KOVELMAN, A., *Between Alexandria and Jerusalem: The Dynamic of Jewish and Hellenistic Culture* (The Brill Reference Library of Judaism 21), Leiden 2005.

LE BOULLUEC, A. / SANDEVOIR, P. , *La Bible d'Alexandrie 2. L'Exode*, Paris 1989.

LISS, H., "The Imaginary Sanctuary: The Priestly Code as an Example of Fictional Literature in the Hebrew Bible", in: O. Lipschits / M. Oeming (eds.), *Judah and the Judeans in the Persian Period*, Winona Lake 2006, 663–689.

LIVERANI, M., "Memorandum on the Approach to Historiographic Texts", *Or.* 42 (1973) 178–194.

MACHINIST, P., "Mesopotamian Imperialism and Israelite Religion: A Case Study from the Second Isaiah", in: W. G. Dever / S. Gitin (eds.), *Symbiosis, Symbolism, and the Power of the Past: Canaan, Ancient Israel, and Their Neighbors from the Late Bronze Age through Roman Palaestina*, Winona Lake 2003, 237–264.

MARKL, D., *Der Dekalog als Verfassung des Gottesvolkes: Die Brennpunkte einer Rechtshermeneutik des Pentateuch in Exodus 19–24 und Deuteronomium 5* (HBS 49), Freiburg i.Br. 2007.

_____, "The Ten Words Revealed and Revised: The Origins of Law and Legal Hermeneutics in the Pentateuch", in: *idem* (ed.), *The Decalogue and its Cultural Influence* (HBM 58), Sheffield 2013, 13–27.

_____, "No Future without Moses: The Disastrous End of 2 Kings 22–25 and the Chance of the Moab Covenant (Deut 29–30)", *JBL* 133 (2014) 711–728.

_____, "Zur literarischen und theologischen Funktion der Heiligtumstexte im Buch Exodus", in: M. Hopf / W. Oswald / S. Seiler (eds.), *Heiliger Raum. Exegese und Rezeption der Heiligtumstexte in Ex 24–40. Beiträge des Symposiums zu Ehren von Helmut Utzschneider, 27.–29. Juni 2014* (Theologische Akzente 8), Stuttgart 2016, 56–87.

MAYER, W., "Seleukidische Rituale aus Warka mit Emesal-Gebeten", *Or.* 47 (1978) 431–458.

McCORMICK, C. M., "From Box to Throne: The Development of the Ark in DtrH and P", in: C. S. Ehrlich / M. C. White (eds.), *Saul in Story and Tradition* (FAT 47), Tübingen 2006, 175–186.

MEECHAM, H. G., *The Letter of Aristeas: A Linguistic Study with Special Reference to the Greek Bible* (PUM 241), Manchester 1935.

MEIER, J. P., *A Marginal Jew: Rethinking the Historical Jesus*, vol. 1, *The Roots of the Problem and the Person* (AYBRL), New York 1991.

METZGER, M., *Königsthron und Gottesthron. Thronformen und Throndarstellungen in Ägypten und im Vorderen Orient im dritten und zweiten Jahrtausend vor Christus und deren Bedeutung für das Verständnis von Aussagen über den Thron im Alten Testament* (AOAT 15/1), Neukirchen-Vluyn 1985.

MEYERS, C. L., *The Tabernacle Menorah: A Synthetic Study of Symbol from the Biblical Cult* (ASORDS 2), Missoula 1976.

MONTERO FENOLLÓS, J. L., "La ziggurat de Babylone: un monument à repenser", in: B. André-Salvini (ed.), *La tour de Babylone : études et recherches sur les monuments de Babylone*. Actes du colloque du 19 avril 2008 au Musée du Louvre, Paris (Documenta Asiana 10), Roma 2013, 127–146.

MOSIS, R., *Untersuchungen zur Theologie des chronistischen Geschichtswerkes* (FThSt 92), Freiburg i.Br. 1973.

MULDER, M. J., *1 Kings*, vol. 1, *1 Kings 1–11* (HCOT), Leuven 1998.

NOTH, M., *Könige I. Teilband* (BK.AT 9/1) Neukirchen-Vluyn 1968.

_____, *The Deuteronomistic History* (2nd edn; trans. J. Doull et al.; JSOT.S 15), Sheffield 1991.

NOVOTNY, J., "Temple Building in Assyria", in: M. J. Boda / J. Novotny (eds.), *From the Foundations to the Crenellations: Essays on Temple Building in the Ancient Near East and Hebrew Bible* (AOAT 366), Münster 2010, 109–139.

OTTO, E., "Forschungen zur Priesterschrift", *ThR* 62 (1997) 1–50.

PFANNER, M., *Der Titusbogen: Mit einer Bauaufnahme von Ulrike Hess und Fotografien von Helmut Schwanke* (Beiträge zur Erschließung hellenistischer und kaiserzeitlicher Skulptur und Architektur 2), Mainz 1983.

POPPER, J., *Der biblische Bericht über die Stiftshütte: Ein Beitrag zur Geschichte der Composition und Diaskeue des Pentateuch*, Leipzig 1862.

PORZIG, P., *Die Lade Jahwes im Alten Testament und in den Texten vom Toten Meer* (BZAW 397), Berlin 2009.

PROPP, W. H.C., *Exodus 19–40* (AncB 2A), New York 1998.

_____, "Deuteronomium-Studien", in: *idem, Gesammelte Studien zum Alten Testament II* (TB 48), München 1973, 109–153.

RAD, G. VON, "The Tent and the Ark", in: *idem, The Problem of the Hexateuch and other Essays*, New York 1966, 103–124 (ET of: "Zelt und Lade", *Kirchliche Zeitschrift* 42 [1931] 476–498).

SCHÄFER-LICHTENBERGER, C., "'Sie wird nicht wieder hergestellt werden'. Anmerkungen zum Verlust der Lade", in: E. Blum (ed.), *Mincha. FS Rolf Rendtorff*, Neukirchen-Vluyn 2000, 229–241.

SCHAUDIG, H., *Die Inschriften Nabonids von Babylon und Kyros' des Großen samt den in ihrem Umfeld entstandenen Tendenzschriften: Textausgabe und Grammatik* (AOAT 256), Münster 2001.

_____, "Nabonid, der 'Archäologe auf dem Königsthron'", in: G. J. Selz (ed.), *Festschrift für Burkhart Kienast* (AOAT 274), Münster 2003, 447–497.

_____, "The Restoration of Temples in the Neo- and Late Babylonian Periods: A Royal Prerogative as the Setting for Political Argument", in: Boda / Novotny (eds.), *From the Foundations to the Crenellations*, 141–164.

_____, "Cult Centralization in the Ancient Near East? Conceptions of the Ideal Capital in the Ancient Near East", in: R. G. Kratz / H. Spieckermann (eds.), *One God – One Cult – One Nation: Archaeological and Biblical Perspectives* (BZAW 405), Berlin 2010, 145–168.

SCHENKER, A., "The Ark as Sign of God's Absent Presence in Solomon's Temple: 1 Kings 8:6–8 in the Hebrew and Greek Bibles", in: *idem, Anfänge der Textgeschichte des Alten Testaments. Studien zu Entstehung und Verhältnis der frühesten Textformen*, Stuttgart 2011, 99–109.

SCHIMANOWSKI, G., *Juden und Nichtjuden in Alexandrien* (MJSt 18), Berlin 2006.

SCHMITT, R., *Zelt und Lade als Thema alttestamentlicher Wissenschaft*, Gütersloh 1972.

SONNET, J.-P., *The Book within the Book: Writing in Deuteronomy* (BiInS 14), Leiden 1997.

_____, "Salomon construit le Temple. 1 Rois 5–10", in: C. Focant (ed.), *Quelle maison pour Dieu?* (LeDiv), Paris 2003, 111–142.

SPEK, R. J. VAN DER, "Cyrus the Great, Exiles, and Foreign Gods: A Comparison of Assyrian and Persian Policies on Subject Nations", in: M. Kozuh et al. (eds.), *Extraction and Control*. FS M. W. Stolper (SAOC 68), Chicago 2014, 233–264.

SPERBER, D., "The History of the Menorah", *JJS* 16 (1965) 135–159.

STAUBLI, T., *Das Image der Nomaden im alten Israel und in der Ikonographie seiner seßhaften Nachbarn* (OBO 107), Freiburg, Schweiz 1991.

STEVENS, M. E., *Temples, Tithes, and Taxes: The Temple and the Economic Life of Ancient Israel*, Peabody 2006.

TCHERIKOVER, V., "The Ideology in the Letter of Aristeas", *HThR* 51 (1958) 59–85.

TIMMER, D. C., *Creation, Tabernacle, and Sabbath: The Sabbath Frame of Exodus 31:12–17; 35:1–3 in Exegetical and Theological Perspective* (FRLANT 227), Göttingen 2009.

TOORN, K. VAN DER, *The Image and the Book: Iconic Cults, Aniconism, and the Rise of Book Religion in Israel and the Ancient Near East* (CBET 21), Leuven 1997.

TOORN, K. VAN DER / C. HOUTMAN, "David and the Ark", *JBL* 113 (1994) 209–231.

UNGER, E., *Babylon: Die Heilige Stadt nach der Beschreibung der Babylonier*, Berlin 1931.

UTZSCHNEIDER, H., *Das Heiligtum und das Gesetz: Studien zur Bedeutung der sinaitischen Heiligtumstexte* (Ex 25–40; Lev 8–9) (OBO 77), Freiburg 1988.

_____, "Tabernacle", in: T. B. Dozeman / C. A. Evans / J. N. Lohr (eds.), *The Book of Exodus: Composition, Reception, and Interpretation* (VT.S 164), Leiden 2014, 267–301.

VAN SETERS, J., "Solomon's Temple: Fact and Ideology in Biblical and Near Eastern Historiography", *CBQ* 59 (1997) 45–57.

_____, "The Chronicler's Account of Solomon's Temple-Building: A Continuity Theme", in: M. P. Graham et al. (eds.), *The Chronicler as Historian* (JSOT.S 238), Sheffield 1997, 283–300.

VATER, J. S., *Commentar über den Pentateuch II*, Halle 1805.

WADE, M. L., *Consistency of Translation Techniques in the Tabernacle Accounts of Exodus in the Old Greek* (SBL.SCS 49), Leiden 2003.

WEITZMAN, S., *Surviving Sacrilege: Cultural Persistence in Jewish Antiquity*, Cambridge, MA 2005.

WEINBERG, J., *The Citizen-Temple Community* (trans. D. L. Smith-Christopher; JSOT.S 151), Sheffield 1992.

WELLHAUSEN, J., 3, Atlanta 1994 [1885].

WETTE, W. M. L. DE, *Beiträge zur Einleitung in das Alte Testament*, Hildesheim 1971 [1806–1807].

WEVERS, J. W., *Notes on the Greek Text of Exodus* (SCSt 30), Atlanta 1990.

_____, *Text History of the Greek Exodus* (AAWG.MSU XXI), Göttingen 1992.

WILLIAMSON, H. G. M., *Ezra, Nehemiah* (WBC 16), Waco 1985.

WILSON, I., "Merely a Container? The Ark in Deuteronomy", in: J. Day (ed.), *Temple and Worship in Biblical Israel*. Proceedings of the Oxford Old Testament Seminar (LHB 422), 2nd edn, London 2007, 212–249.

WOLFF, H. W., "Das Kerygma des deuteronomistischen Geschichtswerks", in: *idem*, *Gesammelte Studien zum Alten Testament* (ThB 22), München 1973, 308–324 (repr. from *ZAW* 73 [1961] 171–186).

YARDEN, L., *The Spoils of Jerusalem on the Arch of Titus: A Re-Investigation* (Skrifter utgivna av Svenska Institutet i Rom 8), Stockholm 1991.

ZENGER, E. et al., *Einleitung in das Alte Testament* (ed. C. Frevel; StTh 1,1), 8th edn, Stuttgart 2012.

13장

역대기에서
제의 중앙집중화와 토라의 전승

크리스토프 니한

1. 입문: 역대기 렌즈로 본 토라의 제의 중앙집중화

본고는 역대기가 예루살렘과 성전을 이스라엘 제의의 핵심 장소로 묘사하며 다양한 오경의 전승을 어떻게 인용하고 재해석하는지에 대한 사전 평가 제공을 목표로 한다. 역대기의 제의 중앙집중화의 관점이 오경의 전승에서 상당한 영향을 받은 것으로 보인다고 자주 언급되었지만, 이 주제가 포괄적으로 연구된 적은 없는 듯하다.[1] 덧붙이면, 오경의 제의 중앙집중화에 대한 현재 논의는 중요한 발전으로 특징지어지고, 그중 일부에 대해서는 역대기가 틀림없이 어느 정도 빛을 비

---

1. 특별히, 학자들은 역대기에서 신명기의 중앙집중화 법규의 역할을 자주 주목했다. 예를 들어 Japhet, *Ideology*, 89-90 참조. 그러나 앞으로 보겠지만, 신명 12장은 역대기가 제의 중앙집중화 개념을 표현하기 위해 사용한 오경의 전승 중 하나일 뿐이다. 학자들이 일반적으로 역대기에서 신명기의 제의 중앙집중화 규정이 재사용되는 것에 초점을 맞추고 오경의 다른 전승의 역할에는 주의를 덜 기울였다는 사실은 19세기 이래로 고대 이스라엘의 제의 중앙집중화 연구에 널리 퍼진 추세와 일치한다. 이 쟁점에 관한 이후 논평을 참조하라.

출 것이다. 그런데 후자의 의견은 본고에 적합한 맥락을 많이 제공하기 때문에 논의를 더 진행할 만한 가치가 있다.[2]

19세기 이래로 토라의 제의 중앙집중화 논의는 주로, 때로는 전적으로 신명기 특히 신명 12장과 관련된 구절에 집중되었다.[3] 베테W. M. L. de Wette의 연구를 따르면 신명기, 특히 그 첫째 판(版, version)은 신아시리아 시대 후기에 구성된 문서로 간주되었고, 2열왕 22-23장에 기술된 요시야의 종교 개혁을 위한 토대를 놓았다.[4] 따라서, 이스라엘이 희생 제사를 위한 동물을 가져와야 하는 단일한 핵심 "장소םוקמ"는 일관되게 예루살렘 도성과 동일시되었는데, "예루살렘"이란 이름이 신명기(또는 오경의 나머지 부분)에 명시적으로 언급되지 않았을지라도 그렇다. 마지막으로 요시야의 개혁은 이어지는 세기에서도 적어도 유다인 공동체의 일부 분파에 지속적인 영향을 미쳤으며, 개혁의 동기가 된 법은 유배 이후 시기에 성경 전승을 작성하고 전달한 유다인 서기관들에게 상당한 지지를 얻었다고 일반적으로 가정한다.[5]

이 견해의 특별한 결론의 하나는 신명기 이후로 추정되는 전승 대부분이, 심지어는 그 전승들이 이 계획과 명확한 연관성을 거의 또는 전혀 보이지 않는 경우에도 신명기의 중앙집중화 계획을 보증하는 것으로 보였다는 것이다. 따라서 벨하우젠은 이미 사제계 출전(P)이

---

2. 이 논고는 취리히, 텔아비브, 로잔 대학교가 참여하고 스위스 국립과학연구기금(no. 160785/1)이 후원하는 신아시리아 시대, 페르시아 시대와 헬레니즘 시대의 예배 중앙집중화에 대한 대규모 연구 기획 사업의 일부이다.
3. 이 쟁점에 대한 학술 토론은 최근에 고찰한 Thelle, *Approaches*, 3–21 참조.
4. De Wette, *Beiträge* 참조; 나아가 Wellhausen, *Prolegomena*, 26–28, 32–34 참조.
5. 이것을 예를 들어 유다의 중앙집중화된 제의를 지지하는 예레미야, 에제키엘 예언자와 귀환한 유배자들*golah*의 역할에 대해, Wellhausen, *Prolegomena*, 27–28의 의견과 비교해 보라.

신명기의 중심 장소 법규에 대해 결코 명시적으로 언급하지 않았음을 옳게 주목했다. 그러나 그는 P가 단지 사안에 대한 신명기의 권위를 전제한다는 개념으로 이 관찰을 설명했다.[6] 다소 비슷한 방식으로 마르틴 노트는 '신명기계 사가'가 유배에 이르기까지 이스라엘 역사를 해석하는 주요한 역할을 신명기의 법규, 특히 제의 중앙집중화에 관한 법에 돌렸다고 주장했다.[7] 그러나 그는 어떻게, 어느 정도로 신명기의 중앙집중화 법이 여호수아기부터 열왕기까지 효과적으로 행해졌는지는 자세히 분석하지 않았다.[8]

신명기의 기원과 유다 백성Judahite/유다인Judean 전승(최근의 많은 연구에서 찾을 수 있는 다소 수정된 판본들)의 역사에서 신명기의 위치에 대한 이런 재구성은, 여러 가지 이유로 문제가 된다. 이 논고의 맥락에서는 세 가지 기본 쟁점을 지적하는 것으로 충분할 것이다.

우선, 신명기의 중심 장소는 반드시 예루살렘과 시온산의 성소와 동일시되어야 한다는 일반적인 개념은 정당하게 의문시되었다. 그리짐산의 고고학 발굴은 이 유적지의 사마리아 성소가 요세푸스의 증언을 기초로 보통 가정하는 것처럼 헬레니즘 시대가 아니라, 페르시아 시대(아마도 기원전 5세기 중반)에 이미 건립되었다는 것을 보여 주었다.[9] 본문의 증거는 그 자체로 신명기의 장소מקום를 그리짐산의 성소

---

6. Wellhausen, *Prolegomena*, 34 이하. 한 예로 35쪽에 있는 신명기에 대한 그의 진술 비교. "예배의 일치는 명령되었다. 사제계 법전에서 그것은 *전제된다*"."
7. Noth, *Deuteronomistic History*, 124.
8. Thelle, *Approaches*, 13–14, 그는 신명기계 역사에서 신명기의 법규들이 수행하는 중심적인 역할에 대한 노트의 개념에 대해 적절하게 설명한다. "이것은 책의 제일 끝에 나오며, 놀랍게도 신명기 법전의 내용은 책의 주요 부분에서 전혀 논의되지 않는다. 이것은 신명기계 사가가 그의 작업 시작에 그것을 두었다는 관찰에 의해 지지되는 근본적인 가정이다."
9. Magen *et al.*, *Mount Gerizim Excavations*; Magen, "Dating" 참조. 그리짐산의 사마리아 성

와 동일시하는 전승이 이전에 추정했던 대로 후대의 '분파적' 개정의 일부가 아니고, 사실상 이 책의 작성과 전달의 초기 단계로 거슬러 올라감을 가리킨다. 특히 신명 27,4은 "그리짐산에בהרגריזים" 제단을 건립하라고 명령한다. 마소라 본문에서 '에발산에בהרעיבל'로 읽는 것은 아마 틀림없이 후대의, 논쟁적인 교정일 것이다.[10] 덧붙여 쉥커A. Schenker는 신명 12장과 신명기 내 관련된 본문들에서 야훼에게 '선택된' 장소를 언급할 때 과거 시제(בחר, 카탈형)를 사용하는 것이 사마리아 오경에만 있는 특수한 경우가 아니라 사마리아 전승들과 관련이 없는 일부 그리스어 필사본들에서 발견되고(필사본 16과 72, 보하이르 방언*Bohairic* 역본, 사히디 방언*Sahidic* 역본, 고대 라틴어 사본), 심지어 고대 그리스어 신명기를 반영할 수도 있음을 보여 주었다.[11] 과거 시제의 사용이 그리짐산에 대한 언급과는 일맥상통하지만 시온산에 대한 언급과는 그다지

소의 이른 연대 추정은 우선적으로 요세푸스의 증언에 기초한다. *Ant.*, 11:321–324.
10. 사마리아 오경에 있는 "그리짐산"이라는 읽기는 추가적인 두 가지 증거로 확증된다. 고대 라틴어 역본(리옹의 코덱스 100 [in monte Garzin])과 파피루스 기센*Giessen* 19. 따라서 이것은 사마리아인의 독특한 독서로 간주될 수 없다. 이에 대한 추가적 내용은 Nihan, "Torah"에서 필자 의견(초기 문학에 관한 언급과 함께) 참조; 같은 저자, "Garizim" 참조. "그리짐산"으로 읽는 것이 오래되었음은 최근 여러 연구를 통해 확인되었다. Knoppers, *Jews and Samaritans*, 특히 202–203; 같은 저자, "Northern Context"; Hjelm, "Northern Perspectives"; Kartveit, "Place". 다소 다른 해결책을 제공하는 Ulrich, *Developmental Composition*, 47-65에 담긴 최근 토론도 비교하라. 그는 "그리짐산"이라는 표현이 "에발산"보다 더 오래되었음에 동의하지만, 두 이름 모두 후대의 첨가라고 주장한다. 처음에 신명 27,4은 제단을 둘 구체적인 장소를 언급하지 않았으나 암시적으로 그것을 길갈에 위치시켰다는 것이다. 이 해결책이 가능할 수 있지만 좀 더 가설에 가깝다. 특히 신명 27,4에서 제단의 위치가 명시되지 않은 채로 있는 본문에 대한 고대 증거가 없기 때문이다. 마지막으로, "그리짐산" 표현은 최근 James Charlesworth가 출판한 유다 사막에서 나온 증명되지 않은 신명기 단편으로도 뒷받침된다는 점에 주목할 수 있다. Charlesworth, "Variant" 참조; 추가로 이 단편에 대한 최근 토론은 Ulrich, *Developmental Composition*, 57–59 참조. 또한 Nihan, "Garizim"에서 필자의 설명도 참조.
11. Schenker, *Lieu*; 이 쟁점에 대한 추가 내용은 Knoppers, "Parallel Torahs", 514–515과 Nihan, "Garizim", 193–196에 있는 필자의 설명 참조.

조화를 이루지 못한다.¹² 그래서 이 관찰은 신명기의 중심 "장소"가 스켐 지역에 위치한 성소와 동일시됨을 뒷받침한다. 이런 종류의 증거는, 페르시아나 헬레니즘 시대에 토라를 읽은 사마리아인 독자들이 신명기의 장소를 그리짐산에 있는 그들의 제의 중심 장소와 동일시하는 것이, 유다인들이 이 장소를 시온산에 있는 성전과 동일시하는 것만큼이나 정당했음을 암시한다. 신명 12장의 법은 두 공동체 모두에 그것을 적용할 수 있도록 효과적으로 공식화되었다.¹³

둘째, 유다 전승에서 신명 12장의 장소와 그 중요성이 이전에 가정했던 것보다 더 복잡하다는 사실이 최근 연구를 통해 밝혀졌다. 신명기의 기원뿐만 아니라 요시야 개혁의 역사성도 현재 논쟁의 여지가 있다.¹⁴ 설령 책의 첫 번째 판본이 기원전 7세기에 작성되었다는 개념과 2열왕 22-23장의 기사에 언급된 특징 일부가 — 특히 예루살렘 성전에서 별astral의 요소들을 제거(2열왕 23,5.11)한 부분 — 역사적 근거

---

12. 카탈형의 사용은 야훼가 모세에게 신명기의 법을 계시하시기 전에 당신의 중심 성소를 위한 장소를 선택하셨지, 마소라 본문의 표현(יבחר)에서처럼 나중에 선택하신 것이 아님을 암시한다. 이 개념은 스켐 지역에 있는 신명기 장소의 위치와 잘 맞으나, 예루살렘은 아니다. 스켐 자체는 이미 창세 12,6-7에서 아브라함이 제단을 쌓았던 장소의 하나로 언급되었음에 비하여 그리짐산은 신명 12장 바로 직전 신명 11,29에서 언급되었다. 대조적으로 예루살렘 자체는 오경에서 결코 명시적으로 언급된 적이 없다.
13. 이 쟁점에 대해 자세한 내용은 Knoppers, *Jews and Samaritans*, 169–216("The Torah and 'The Place[s] for Yhwh's Name'") 참조. 신명기 중앙집중화 법의 중요성은 *HebAI* 최근호의 주제이기도 하다. 거기에 기고된 Knoppers, "Northern Context"; Hjelm, *Northern Perspectives*; Kartveit, "Place" 참조. 학자들이 표현한 견해들 사이에 특히 신명기에 언급된 중심 장소의 원래 지시 대상에 관해서는 몇 가지 중요한 불일치가 있을지라도, 페르시아 시대에 유다인과 사마리아인에 의해 장소가 균일하게 요구될 수 있었다는 데에는 모두가 동의한다.
14. 요시야 개혁의 역사성이란 쟁점과 관련하여서 Niehr, "Reform"; Uehlinger, "Cult Reform"; Hardmeier, "Joschija" 참조. 신명기의 기원에 관하여 대조. Otto, *Deuteronomium*(이는 신명기 초고의 연대를 기원전 7세기로 유지하고 있다), 그리고 Kratz, "Idea"는 신명기의 후대 연대를 선호하지만, 신명기의 기원을 사마리아의 함락과 예루살렘의 멸망 사이로 보는 논지도 믿을 수 없는 것은 아니라고 인정한다(137).

가 있다는 개념을 유지할지라도, 신명기의 최초 작성과 소위 요시야 '개혁' 사이의 관계는 여전히 매우 불분명하다.[15] 더 일반적으로, 신명기의 중앙집중화 법과 전기 예언서들 사이의 연결은 노트와 다른 이들이 가정한 것보다 덜 명확하다. 슈미트K. Schmid가 지적한 대로 신명기의 중앙집중화 법은 여호수아기에서 열왕기에 이르는 책들에서 발견되는 다양한 '역사적 요약문'에서 사실상 아무 역할도 하지 않는다.[16] 열왕기는 예루살렘을 야훼가 당신 이름을 "굳게 서게"(שום 히필형) 하시기 위해 "선택하신בחר" 도성으로 언급하는데, 이는 다소 신명기 어법을 연상케 한다.[17] 그러나 전승들 사이에 몇 가지 중요한 불연속성이 있다. 특히 열왕기에서 예루살렘을 야훼가 "선택하신" 도시로 언급하는 구절들은 그 도시나 성전을 신명기의 중심 장소 마콤מקום과 결코 동일시하지 않는다. 1열왕 8장 솔로몬의 기도는 성전을 야훼의 이름이 머무르는 "장소"로서 언급하나(1열왕 8,29), 이어지는 발언은 성전의 역할을 신명 12장에 따라 백성이 희생 제물을 가져와야 하는 중심 장소가 아니라, 이스라엘인들이 야훼께 성공적으로 기도할 수 있

---

15. Uehlinger, "Cult Reform", 297–305에서 설득력 있게 주장한 것처럼, 예루살렘 성전에서 별의 요소들을 제거한 일은 기원전 7세기 후반에 신아시리아 세력의 약화로 인한 영향을 반영한 것으로 보인다. 오랫동안 관찰한 대로, "율법서"의 발견에 대한 서술은 요시야의 종교 개혁의 서술과 구별되며, 고대근동에 정착된 문학적 상투적 표현*topos*을 활용한다. 이것에 대해 Römer, "Transformations" 참조.
16. Schmid, "Deuteronomium", 특히 204–205.
17. 칠십인역 1열왕 8,16; 8,44.48; 11,13.32.36; 14,21; 2열왕 21,7; 23,27 참조. 열왕기에서 예루살렘의 '선택'에 대한 언급은 고정된 문구로 구성되지 않고 상당한 변형이 있음을 인식하는 것이 중요하다. 세 구절이 예루살렘을 야훼가 "내 / 그분의 이름을 거기에 두려고לשום את שמי / שמו" "선택하신בחר" 도성으로 언급하는데, 표현은 이미 신명기에서 발견된다. 1열왕 11,36; 14,21을 보라. 이 표현의 추가 변형에 대해 2열왕 21,7도 보라. 그리고 신명 12,5.21; 14,24; 26,2과 비교하라. 다른 네 군데서는 야훼의 이름을 위해 성전בית이 건립될 도성으로 예루살렘의 선택에 대해 더 구체적으로 언급한다. 칠십인역 1열왕 8,16; 8,44.48; 2열왕 23,27 참조. 마지막으로 나머지 두 구절은 예루살렘을 단지 야훼가 "선택하신" 도성으로만 언급한다. 1열왕 11,13.32.

는(בלל 히트파엘형, 1열왕 8,30.33.35.42.44) 중심 장소로 강조한다.[18] 그 대신에 성전을 희생 제사를 위한 중심 장소로 동일시하는 것은 열왕기에서 바못במה(역자주: "산당")으로 부르는 예루살렘 밖 예배 장소들에 대한 논쟁을 통해 주로 표현되었다. 반대로 이 논쟁들은 신명기 자체에 병행 구절들이 없다.[19] 신명기와 열왕기 사이의 불연속성에 대한 추가적 예들은 중심 장소 개념과 관련하여 언급될 수 있다.[20]

셋째, 끝으로 이러한 맥락에서 오경의 사제계 전승과 신명기의 중앙집중화 법의 관계도 많은 학문적 논의의 주제가 되었다는 점도 주목해야 한다. 특히 몇몇 저자는 P가 신명기에 소개된 중심 장소 개념을 전제하고 암묵적으로 지지한다는 벨하우젠의 견해에 의문을 제기한다. 대신에 사제계가 광야 성소, 곧 '만남의 천막אהל מועד'을 이동

---

18. 게다가 1열왕 8장 솔로몬 연설의 구성은 이 기도가 성전이 있는 장소 쪽으로(אל) 향하는 한 외국 땅에 거주하는 이스라엘인들에 의해서도 드려질 수 있음을 분명하게 암시한다(1열왕 8,44.48). 이런 식으로 성전의 관련성은 유다 땅에 거주하는 공동체로 국한되지 않고 디아스포라 공동체로 확장되는데, 제의의 중앙집중화를 다루는 신명기 본문에는 비견할 것이 없는 관점이다.
19. 이 문제에 대해서는 Blanco Wißmann, *Beurteilungskriterien*, 59–91의 포괄적인 토론 참조. 예배 장소로서 바못במה은 신명기에서 결코 언급되지 않는다; 신명 32,13; 33,29에서 이 용어는 예배와 무관하게, 높이 고양된 장소로만(역자주: 《성경》은 32,13에는 "높은 곳", 33,29에는 "등"이라 옮겼다) 언급된다.
20. 한 예로, 야훼가 당신의 이름을 중심 장소에 또는 그 안에 "머무르게" 하실 것이라는 단언은 러샤켄 셔모 샴לשכן שמו שם이라는 정형 문구로 신명기에 여러 번 나타나며, 이 책에서 중심 장소에 대해 언급할 때 선호하는 방식 중의 하나라는 점은 거의 틀림없다(신명 12,11; 14,23; 16,2.6.11; 26,2). 반면에 열왕기에서는 결코 사용되지 않는다. Richter, *Name Theology*, 43–52 참조.

성경 전승에서 '선택된 장소'라는 개념을 다룬 최근의 단행본에서, R. I. Thalle는 신명기의 '선택된 장소'와 열왕기의 '선택된 도시'라는 관념이 서로 거의 연관성 없이 병행하는 두 가지 담론을 대표한다고 결론지었다(Thelle, *Approaches*, 특히 204-212). 내 생각에는, 저자가 여러 차례 올바른 관찰을 하였음에도 불구하고, 그런 결론은 너무 단순하고 열왕기의 몇몇 핵심 본문에서 신명기와 연계된 증거를 적절하게 고려하지 못한 것이라고 본다. 특히 1열왕 8장에 나오는 솔로몬의 연설은 내 의견으로는, 제의의 중앙집중화라는 독특한 관점을 진전시키기 위하여 신명 12장의 주요 모티프들을 채택한 본문으로 보는 것이 가장 좋다. 그러나 이 쟁점은 논문의 범위를 벗어나므로 여기서 다루지 않겠다.

식 예배 장소로 묘사한 것이 이스라엘 제의에 대해 훨씬 축소된 중앙집중적 관점을 효과적으로 장려한다고 주장하면서, 이스라엘 땅에 여러 성소의 존재를 허용하거나 적어도 용인한다고 주장한다. 저자들은 제의에 대한 P의 개념이 이전에 인식했던 것보다 신명기와 훨씬 더 불연속적이라는 생각을 공유한다. 그러나 그 외 사제계 만남의 천막과 실제 이스라엘의 예배 장소들 사이 관계와 관련하여서는 상당한 의견 차이가 있다. 예를 들어 카우프만Y. Kaufmann을 따르는 밀그롬J. Milgrom은 P와 H에서 만남의 천막은 지역 성소(처음에는 실로에, 나중에는 예루살렘에 위치했다)의 중요성을 표현한다고 주장하나, 다른 지역 성소들(밀그롬이 "중앙집중화의 제한된 원칙"이라 칭하는 것을 반영하는)을 제외하지는 않는다.[21] 대조적으로 다른 학자들은 이동식 성소 같은 사제계의 성소 묘사는 성소를 특정한 장소와 동일시하는 것을 피하려는 의도였다고 주장했는데, 이 점에 대한 설명은 여기서 다시 갈라진다. 어떤 이들은 사제계 본문이 시온산과 그리짐산에 있는 유다와 사마리아 성소가 경쟁하던 시기에 작성되었기 때문이라고 한다.[22] 다른 이들, 특히 더글러스M. Douglas는 사제계 만남의 천막이 그 땅에 있는 다양한 성소를 위한 일종의 "본보기"가 되어야 한다고 생각했다.[23]

최근 논의를 짧게 개관해 보면, (추가 고려 사항으로 쉽게 보완될 수 있는) 토라 및 관련된 전승에서 제의의 중앙집중화라는 쟁점은 사실

---

21. Milgrom, *Leviticus 1–16*, 28–34; 같은 저자, "Centralization" 참조. Kaufmann, *Religion* (1960), 175–199과 비교하라. 구체적으로 H의 경우에 다소 비슷한 관점에 대해 Weyde, *Festivals*, 특히 72–74 참조.
22. Römer, "Cult Centralization", 178–180; 이 견해는 Diebner, "Moses Zelt"와 비교하라.
23. Douglas, *Leviticus*, 90–98. 정확히 어떠한 점에서 사제계 "만남의 천막"이 이스라엘 성소들을 위한 본보기를 의미하게 되었는지 Douglas의 논의에서 분명해지는 않으나, 이 문제는 여기서 핵심이 아니다.

상 그동안 가정했던 것보다 훨씬 더 복잡하고 덜 직접적인 것임이 드러난다. 신명기의 중앙집중화 법이 고대 이스라엘의 중앙집중화된 제의 발전에서 주요한 단계를 나타낸다는 데는 의문의 여지가 없지만, 이 발전에서 그 법의 자리가 어디인지 또 그 법과 이스라엘 제의에 관련된 다른 전승들의 관계가 어떠한지는 명확하지 않다. 이에 대한 새로운 조사에서는 물론 제의 중앙집중화에 관련된 토라 전승들의 기원과 발전을 논의할 필요가 있다. 그러나 동시에 제의 중앙집중화가 제2성전 시대의 다양한 저작물에 표현된 방식뿐만 아니라, 저작물들에서 토라의 역할도 고려해야 한다. 후자의 접근법은 훨씬 덜 일반적이다. 사실 이 접근 방식은 지금까지 제의 중앙집중화 논의에서 거의 역할을 하지 않았음에도 불구하고 중요하다. 그것은 제2성전 시대에 제의 중앙집중화에 관련된 오경의 다양한 전승이 효과적으로 사용되고 협의된 방식들에 관한 실증적인 증거를 제공한다.[24]

이 쟁점과 관련하여 역대기는 중요한 사료를 전해준다. 예루살렘 도성과 무엇보다도 성전이 이 책의 주요 주제를 구성한다는 사실은 자주 언급되었다. 한 저자가 적절하게 표현한 것처럼, "그 어떤 성경책보다 훨씬 더 역대기에서 예루살렘은 모든 활동의 절대적인 중심으로 형성되었다."[25] 많은 저자가 관찰한 대로, 오경 전승의 재사용이 이 책 전체를 통하여 중요한 역할을 했음이 분명하다. 그럼에도 앞서

---

24. 일반적인 쟁점에 대해서는, 최근에 나온 논고로 몇 가지 중요한 설명이 포함되어 있는 Jonker, "Implications"를 특히 참조하고 같은 저자, "Developments"와 비교하라.
25. Beentjes, "Jerusalem", 17. Beentjes는 히브리어 성경에서 예루살렘에 대한 언급의 22.5%가 역대기에서만 발견된다고 지적한다. 이에 더하여 Kalimi, "Jerusalem", 202 n. 46에서 옳게 언급한 대로, Beentjes의 통계에는 포함되지 않은 예루살렘 도성에 주어진 다른 이름들이 있다는 사실을 고려할 필요가 있다. 특히 Dennerlin, *Bedeutung Jerusalems*; Selman, "Jerusalem"; Knoppers, "City" 참조.

언급한 것처럼, 오경 전승들이 역대기에서 예루살렘의 중심성을 표현하기 위해 결합되고 재사용된 방법에 대한 질문은 상세하게 연구되지 않았다. 본고는 이에 대해 포괄적이고 심층적인 내용을 제공할 수는 없지만 향후 논의를 위해 몇 가지 주요 쟁점의 구성 방식을 보여 주려고 한다.

시작하기 전에, 역대기의 기원과 형성에 대해 간략하게 몇 가지 설명하겠다. 첫째, 최근에 여러 학자가 제안한 대로 역대기의 기원을 페르시아 시대 후기 또는 헬레니즘 시대 초기(기원전 4세기 혹은 3세기)에 배치했다. 내 의견으로는 후자일 가능성이 더 높다.[26] 둘째, 역대기 본문이 전승 과정에서 재작성되고 확장되었다는 증거가 있지만, 실질적이며 연속적인 편집이 있었다고 가정하기에는 설득력 있는 증거가 없다. 다시 말해, 원래 작성된 책의 범위는 정경의 역대기 범위와 동일하지는 않지만 이미 유사했다.[27] 셋째, 역대기에서 유다 왕권에 대한 기술이 사무엘기-열왕기에 기초한다는 고전적 견해를 받아들인다. 그러나 역대기 저자가 접한 사무엘기-열왕기 판본은 마소라 본문과 동일하지 않았으며, 심지어 우리에게 전해진 현존하는 사무엘기-열왕기의 *어떤* 판본과도 동일하지 않다는 주장도 주목할 만하다.[28]

---

26. 이 쟁점에 대한 일반적 논의는 Knoppers, *I Chronicles*, 101–117 참조. 역대기의 연대를 (페르시아 후기보다) 헬레니즘 초기로 추정하는 것에 대해서는 앞서 제기한 Welten, *Geschichte*, 200 참조. 추가 예로 Albertz, *Religionsgeschichte*, 607 이하, 622 참조.
27. 추가 문헌과 함께 이 쟁점에 대한 최근 논의는 Knoppers, *I Chronicles*, 90–100, 특히 90–93 참조. 이어지는 논고에서 '역대기사가'라는 용어는 편의상 사용되었다. 나는 역대기 초안이 저자 한 명 또는 서기관 집단에 의해 작성되었던 의문을 제기하지 않는다.
28. 나는 최근 두 차례 연구에서 이 쟁점을 논의했다. Nihan, "Textual Fluidity"; 같은 저자, "Samuel" 참조.

2. 선택된 '장소'로서 예루살렘 성전: 2역대 7,12과 관련된 본문들

우리는 역대기가 신명기의 중앙집중화 법과 어떻게 관련되는지, 역대기에서 이 법을 사용하는 방식이 열왕기와 어떻게 다른지를 고찰하는 것으로 논의를 시작할 수 있다. 이 점에서 신명기와 가장 명백한 연결은 역대기에서 예루살렘을 야훼가 "선택한בחר" 도성으로 언급하는 것과 관련이 있다.[29] 위에서 언급했듯이 열왕기와 이러한 언급은 신명 12장의 언어와 연속성과 불연속성이라는 두 가지 요소를 다 보여 준다. 역대기의 경우, 예루살렘을 선택한 하느님에 대한 많은 언급은 큰 변화 없이 열왕기의 본문을 단지 재현할 뿐이다. 특히 솔로몬의 기도 맥락(2역대 6,5-6 / 칠십인역 1열왕 8,16;[30] 2역대 6,34 / 1열왕 8,44; 2역대

---

29. 예시 구절인 2역대 6,5.6.34.38; 12,13; 33,7에 2역대 7,12과 7,16 두 구절이 첨가되어야 한다(아래 참조). 야훼가 "선택된" 도성으로서 예루살렘에 대한 열왕기와 역대기의 언급 사이에 나타나는 병행은 자주 주목되었지만(Japhet, *Ideology*, 89과 n. 252), 두 책에서 이 모티프의 사용에 대한 상세한 비교를 제공하는 연구는 거의 없다. Kalimi, "Jerusalem", 191–194은 더 포괄적인 논의를 제공하나, 하느님의 예루살렘 선택을 언급할 때 대체로 열왕기를 따른다고 가정하는 경향이 있다. 191 참조: "역대기는 예루살렘을 하느님이 선택하신 도성, 그분의 예식과 예배의 중심지, 그분의 유일한 합법적인 중심 성전으로서 인식한다. 따라서 저자는 열왕기에 나타나는 선택된 도성으로서 예루살렘에 관련한 모든 본문을 베꼈다." 그러나 이제 보게 되겠지만, 문제는 훨씬 더 복잡하다. 역대기는 열왕기에서 발견되는 일련의 언급을 생략하고, 그 자체의 추가적 언급을 두 개 제공하기 때문이다. 칼리미는 자신의 분석 후반부에서, 역대기가 예루살렘 선택을 취소하는 2열왕 23,27의 언급을 생략한 것을 주목하며, 자신의 첫 진술을 암묵적으로 인정한다(같은 책, 193).

30. 1열왕 8,16의 경우 역대기는 마소라 본문의 짧은 읽기와 달리 칠십인역(그리고 4QKgsª)과 일치한다. 칠십인역 1열왕 8,16은 4QKgsª에 의해 지지된다. Treboll Barrera, "4QKgs", 177 참조. 마소라 본문의 짧은 본문이 자주 가정된 것처럼 본문의 사고(להיות שמי שם에서 להיות שמי שם으로의 유사종결homoiteleuton; 역자주: 필사할 때 같은 단어들로 끝나는 두 줄의 문장에서 시각적 착각으로 한 줄을 빠트리는 잘못)의 결과인지(Williamson, *Chronicles*, 216; Dillard, *2 Chronicles*, 46; Kalimi, "Jerusalem", 192), 또는 나중에 역대기의 작성과 열왕기의 그리스어 번역의 원문Vorlage 역할을 한 히브리어 본문에 확장된 것으로 더 오래된 독법을 반영할 수 있는 것인지는 완전히 명확하지 않다. 어쨌든 이 주제는

6,38 / 1열왕 8,48)과³¹ 르하브암의 통치(2역대 12,13 / 1열왕 14,21)와 므나쎄의 통치(2역대 33,7 / 2열왕 21,7) 맥락에서도 이 모티프가 발견된다.

열왕기의 다른 언급들은 역대기에서 생략되었다. 1열왕 11장에 있는 세 번의 언급(1열왕 11,13.32.36)이 이런 경우인데, 역대기는 솔로몬의 통치를 웅장한 어조로 끝내기 위하여 이 기록을 완전히 건너뛰고 임금의 부와 번영, 통치권을 치켜세운다(2역대 9,13-28).³² 2열왕 23,27도 마찬가지다. 일부 저자들이 주목한 것처럼, 역대기가 후자의 구절을 베끼지 않는다는 사실은 특히 흥미롭다. 2열왕 23,27은 예루살렘에 대한 야훼의 선택이 취소되었음을 효과적으로 선언하기 때문에,³³ 역대기에서 이 언급이 생략된 것은 예루살렘의 선택은 유배와 다윗 왕조의 (잠정적인?) 사라짐으로 종료될 수 없는 지속적인 가치가 있음을 암시하는 것으로 보인다.³⁴

그러나 하느님의 예루살렘 선택이라는 주제와 관련하여 열왕기에 비해 역대기에서 보이는 주요 혁신은 성전 봉헌 후에 야훼가 솔로

현재 논의에서 결정적인 것은 아니다.
31. 2역대 6,34과 6,38은 1열왕 8,44과 8,48과 거의 동일하다. 2역대 6,34(마소라 본문과 칠십인역 바티칸 사본)은 1열왕 8,44에서 "야훼를 향하여" 대신에 "만일 그들이 너를 향하여 אליך 기도한다면"으로 읽고, 예루살렘을 열왕기의 병행 본문에 나오는 "당신이 선택하신 도성" 대신에 "당신이 선택하신 이 도성העיר הזאת"으로 언급한다. 2역대 6,38의 경우, 주된 차이는 "그들의 적들의 땅" 대신에 역대기는 "그들이 사로잡혀 간 땅, 곧 그들이 포로로 있는 땅"이라 말하고, 1열왕 8,48의 마소라 본문에서 "당신이 건축한בנית"의 이상한 형태(명시적으로 성전을 건축한 분이 야훼임을 암시)를, "제가 건축한בנית"(솔로몬을 가리킨다)으로 수정한다.
32. 열왕기의 서술을 다시 쓴 역대기의 양상에 대하여 Dillard, *2 Chronicles*, 74–75 참조.
33. 2열왕 23,27은 "내가 선택한 이 도성, 예루살렘, 그리고 '나의 이름이 여기에 있으리라'고 말한 이 집"에 대해 야훼의 '거부מאס'를 언급한다. 히브리어 동사 마아스מאס는 바하르בחר의 주요 반의어다(예를 들어 이사 41,8; 시편 78,67). 따라서 그 단어는 여기에서 예루살렘에 대한 야훼의 이전 선택이 취소됨을 표현한다(또한 מאס의 비슷한 사용에 대해 예레 33,24 비교).
34. Kalimi, "Jerusalem," 193 참조.

몬에게 두 번째 나타나신 이야기에 나오는 두 가지 진술에 관한 것이다(2역대 7,11-22; 참조 1열왕 9장). 2역대 7,12에서 야훼가 솔로몬에게 하신 말씀은 하느님께서 "너의(솔로몬의) 기도를 들으셨다שמעתי את תפלתך"라는 1열왕 9,3의 병행 구절과 같은 방식으로 시작한다. 그러나 1열왕 9,3에서 야훼는 계속해서 "내 이름을 영원히 거기 두기 위하여 네가 세운 이 집을" "성별"하거나 "거룩하게"(קדש 히필형) 할 것이라고 선언하는 반면, 2역대 7,12에서는 완전히 다른 진술이 보인다. "나는 이곳을 선택하여 나를 위한 제사의 집으로 삼았다ובחרתי במקום הזה לי לבית זבח." 야훼가 예루살렘 성전을 '선택하셨다'는 개념은 2역대 7,16에서 다시 반복되는데, 거기서는 야훼가 당신의 이름이 영원히 그곳에 거하도록 성전을 "성별하실" 것이라는 1열왕 9,3의 약속과 결합된다.

2역대 7,12에서 진술되고, 부분적으로 7,16에서 반복된 개념은 여러 이유로 의미가 깊다. 첫째, 신명 12,35에 따라서 야훼가 당신의 이름을 위해 "선택בחר"하실 "장소מקום"와 예루살렘 성전이 분명히 동일시되고 있다.[35] 이는 이미 열왕기의 몇 구절에 제시되었지만 그 책(열왕기)에는 암묵적으로 남아 있다.[36] 사실 2역대 7,12은 예루살렘의 성전이 야훼에게 "선택되었다고" 명시적으로 말하는, 히브리 성경에서 유일한 구절이다. 둘째, 2역대 7,12은 성전이 야훼에게 "희생 제사의 집

---

35. 이 점에 대해 Japhet, *Ideology*, 89–90; 같은 저자, *Chronicles*, 614–615 참조; 추가로 예컨대 Lynch, *Monotheism*, 121 참조.
36. 앞에서 이미 언급한 바와 같이, 솔로몬이 건축한 성전을 야훼의 이름이 머무르는 "장소"와 동일시하는 1열왕 8,29을 특히 참조하라. 1열왕 8,35에도 암시되었다. 이와 관련하여 열왕기가 신명기의 그 "장소מקום"를 성전이 아니라 예루살렘과 시종일관 동일시했다는 Japhet, *Ideology*, 90의 진술은 완전히 정확하지 않으며, 수정할 필요가 있다. 그럼에도 불구하고, 요점은 열왕기에서 성전은 야훼에게 "선택되었다"고 명시적으로 말해진 적이 결코 없다는 것이다.

בית זבח"으로 선택되었음을 명백하게 드러낸다. 자펫S. Japhet이 주목한 대로, 이 진술은 1열왕 8장에 나오는 솔로몬의 기도에서 표현된(그리고 2역대 6장에서 재현된) 개념의 중요한 수정을 포함한다. 곧 그 기도에서 성전을 희생 제사(이 말은 기도 자체에 결코 언급되지 않았다)가 아니라 이스라엘인들의 *기도*와 연결한 것이다.[37] 대신에, 2역대 7,12은 성전을 "희생 제사의 집"으로 정의함으로써 솔로몬이 지은 성소를 신명 12장으로 재편성한다고 말할 수 있다. 신명기에서 중심 장소는 우선적으로 이스라엘인들이 그들의 희생 제물을 합법적으로 가져올 수 있는 곳으로 정의되기 때문이다(신명 12,5-6.11-12 참조). 그럼에도 불구하고, 성전과 기도의 연관성은 2역대 7장에서도 유지된다. 이어지는 절(2역대 7,13-15)이 1열왕 9장에는 병행 구절이 없지만, 2역대 6장에서 솔로몬의 기도 언어를 취하여[38] 7,15에서 야훼가 "이 장소에서 드리는 기도 לתפלת המקום הזה"를 받아들이실 것이라고 결론 내리기 때문이다.[39] 이런 식으로, 2역대 7장에 나타난 것처럼 성전은 이제 두 가지 핵심 기능을

---

37. 1열왕 8,30.33.35.42.44.48 참조; 2역대 6,21.24.26.32.34.38과 비교. Japhet, *Ideology*, 79은 이 점에서 적절한 논평을 한다. "솔로몬은 기도에서 하느님께 당신 백성의 제물을 받아 주시기를 청하거나 희생 제사를 결코 언급하지 않았다. 사실 그는 성전의 제사 기능을 간과했다. 그러나 2역대 7,2 이하에서 하느님은 *마치 솔로몬이 성전을 희생 제사의 장소로 하느님의 승인을 구한 것처럼* 그에게 응답하신다"(강조는 필자 표시); 같은 저자, *Chronicles*, 614과 비교해 보라.
38. 특히 2역대 7,13에 열거된 여러 위협 참조. 사용된 언어는 부분적으로 다르지만, 이 모든 위협이 2역대 6,22-29과 유사하다. 가뭄(6,26), 메뚜기(6,28), 흑사병(6,28). 마찬가지로 14절에서는 야훼가 "하늘에서 들으시고" "그들(이스라엘)의 죄를 용서하신다"라는 생각과 같은 2역대 6장에 이미 나오는 모티프가 포함된다. 두 가지 표현은 솔로몬이 이미 기도에서 밝힌 핵심 관심사들과 효과적으로 일치한다. 2역대 7,13-14과 6장의 언어 사이의 더 많은 유사점에 대해서는 Johnstone, *Chronicles*, vol. 1, 357–358에 나오는 상세한 분석을 참조하라.
39. 리필라트 함마콤 하쩨לתפלת המקום הזה의 구조는 다소 모호하다. 문법적 관점에서 가장 분명한 의미는 성전 터에서 드리는 공식 기도이다. 그러나 2역대 6,34.38에서 성전을 "향하여אל" 드리는 이스라엘인들의 기도에 대한 이전의 언급에 비추어 볼 때, 이 측면은 여기 사용된 표현에도 틀림없이 포함되었을 것이다.

결합한다. 이스라엘인들이 희생 제물을 합법적으로 바칠 수 있는 장소인 동시에 야훼가 그들의 기도를 효과적으로 받으실 곳이다. 그 결과로 나온 서술은 신명 12장과 1열왕 8장에 제시된 개념들 사이에 일종의 절충안을 제공하고, 예루살렘 성전을 희생 제사와 기도와 연관시키는 당대의 다른 기사들(특히 이사 56,7 참조)과도 일관된다.[40]

그런데 역대기에서 "희생 제사의 집"이란 표현을 사용하는 데에는 본고의 맥락에서 언급할 만한 또 다른 측면이 있다. 이 표현이 히브리 성경에서는 독특하지만, 대체로 역대기와 거의 동시대에 쓰인 두 가지 아람어 자료와는 유사점이 있다. 첫 출처는 기원전 407년에 유다 총독 바고히 *Bagohi*와 사마리아 총독의 아들 들라야 *Delaiah*가 엘레판틴의 유다 공동체에 보낸 답신의 '비망록'에 있는 구절인데, 엘레판틴의 성전을 "희생 제사의 집בית מדבחא"으로 언급했다.[41] 두 번째는 그리짐산 유적지에서 나온 준보석에 새겨진 아람어 비문으로 기원전 3세기 또는 2세기의 것으로 추정되며, "희생 제사의 집에서 (제물로 바쳐진) 모든 황소"를 언급한다(no. 199).[42] 이는 그리짐산에서 예배를 드렸던 무리가 "희생 제사의 집"이란 명칭을 그 산의 성소에 적용했다는 명백한 증거를 제공한다. 두 출처는 2역대 7,12에서 발견된 진술을 이

---

40. Japhet, *Ideology*, 80은 역대기 저자가 "기도와 희생 제사를 동전의 양면으로 본다"라고 언급하며, 기도와 희생 제사 사이에 같은 "유기적" 연관성이 이사 56,7에도 반영되었다는 것에 주목한다.
41. TAD A4.9, l. 3 참조. 덧붙여 이에 대해 Hurvitz, "Terms", 178–179에 실린 설명 참조. 그는 이 표현과 병행하는 시리아어와 만다어 표현을 언급한다(같은 책, 178 n. 49).
42. Magen *et al.*, *Mount Gerizim Excavations*, no. 199 참조. Becking, "Samaritan Inscriptions", 217; Knoppers, *Jews and Samaritans*, 128도 비교. 비문들 대부분이 기원전 3세기와 2세기로 추정된다는 주장에 대해서는 Dušek, *Inscriptions*, 3–63에서 포괄적 고고학적 분석 참조. 그러나 Dušek도 이 비문들의 일부는 기원전 5-4세기로 연대를 추정할 수 있음을 배제하지 않았다(같은 책, 59–60).

해하기 위한 광범위한 역사적 맥락을 제공하기 때문에 중요하다. 엘레판틴 왕복 서신과 그리짐산의 비문으로 드러난 증거가 "희생 제사의 집"이란 표현이 제2성전 시대에 다양한 성소에서 실제적으로 사용되었다는 것을 가리키지만, 2역대 7,12은 솔로몬이 예루살렘에 건립한 성전에만 이 표현을 합법적으로 사용할 수 있다고 단언한다. 이 주장은 솔로몬이 세운 성전을 신명기의 중심 "장소"와 동일시함으로써, 신명기의 중앙집중화 법과 관련하여 정당화된다. 이와 관련하여 2역대 7장은 신명기의 중앙집중화 법에 더 가깝게 조정하기 위해서만 솔로몬의 기도(1열왕 8장 / 2역대 6장)에 언급된 개념을 수정할 뿐 아니라, 역대기 저술 당시 경쟁 성소, 특히 그리짐산에 있는 사마리아 성소의 주장에 맞선 논쟁을 구성한다.

  더욱이 이 시점에서 2역대 7,12에서 야훼가 선택한 중심 장소와 예루살렘 성전을 동일시한 내용을 역대기 기사가 갑자기 소개한 것이 아니라, 다윗과 솔로몬 치하에서 제의의 기초를 놓은 이전의 설명에서 주의 깊게 준비되었음을 관찰하는 것이 중요하다. 신명 12,8-12에 의하면 이스라엘인이 야훼가 선택하신 중심 장소로 그들의 희생 제물을 가져가는 의무는 오직 그들이 머누하מנוחה "안식처"(여기서는 약속의 땅을 가리키는 듯하다)에 도착하고, 야훼가 원수들을 물리치고 그들에게 "안식"을 주신(נוח 히필형) 후에만 적용된다(신명 12,9-11 참조). 비슷하게 역대기에서 성전을 다윗이 아닌 솔로몬이 건립했다는 사실은 솔로몬의 통치가 모든 이스라엘을 위한 "안식נוח"의 시기와 연결된다는 생각과 관련하여 설명된다.[43] 이 관념은 이미 열왕기 기록에 암시

---

43. 이전의 절들(1역대 22,7-8)에서, 다윗은 야훼를 위한 성전을 건립하기를 원했으나(2사무

되어 있었으나(1열왕 5,17-18 참조), 역대기에서는 눈에 띄게 발전되었다. 열왕기에 병행이 없는 구절인 1역대 22,9에서 솔로몬은 "평온한 사람האיש מנוחה"으로 묘사되고, 야훼가 "사방에 있는 그의 모든 적으로부터 안식(נוח 히필형)"을 주신다.[44] 전자의 진술은 2사무 7,1에서 이미 다윗에게 적용된(1열왕 5,17-18과는 대조적으로) 반면에, 역대기에서 다윗 왕조의 신탁(1역대 17,1 참조)을 다시 이야기한 대목에서는 생략된다. 이는 솔로몬의 통치와 이스라엘의 '안식' 사이의 연관성을 강조하기 위해서다.

다른 구절들에서는 이 모티프와 관련하여 다윗과 솔로몬의 통치 사이를 구분하는 일이 결코 간단하지 않음을 암시하는 것처럼 보이지만,[45] 이스라엘의 안식을 솔로몬 통치의 두드러진 특징으로 소개하려는 열망은, 여러 학자가 이미 주목한 대로 틀림없다. 솔로몬의 통치와 1역대 22,9에 소개된 이스라엘의 안식이라는 주제의 연관성은 다음 절(22,10)에서 언급된 성전 건립자로서 솔로몬(다윗보다는)을 선택

7,1-3 / 1역대 17,1-2) 그가 많은 전쟁을 치르며 흘린 피 때문에 거부되었다고 설명한다. 이는 이전 진술인 1열왕 5,17에 기초한 것으로, 다윗은 그가 적들에 대항해 참전해야 했던 수많은 전쟁 때문에 성전을 세울 수 없었으나, 열왕기에 이미 제시된 정치-군사적 근거에 더 많은 의례적 근거(다윗은 피를 흘려서 성전을 세우기에는 너무 부정하게 될 것 같다)를 추가하여 재해석한 것이다. Knoppers, *1 Chronicles*, 775에 실린 논의 참조. 역대기에서 이 주제에 관한 더 일반적인 논의는 Murray, "Veto"(이전 연구의 참고 자료와 함께) 참조.

44. 구절의 후반부에서 이 관념은 임금의 이름 솔로몬שלמה과 샬롬שלום의 언어유희를 통해 더욱 발전된다. 연관성이 열왕기에서는 형성되지 않았지만, 다른 제2성전 저작물들에서는 발견된다. 예를 들면 Abadie, *David*, 348의 논의(추가 참고 자료 포함) 참조.

45. 특히 1역대 22,18은 이스라엘의 '안식'의 시간이 다윗 통치 동안 시작됐다고 분명히 암시한다(추가로 23,25 참조). 아마도 이 장치는 다음 장(1역대 23-26장)에 기술된 성전 건축 준비와 관련이 있다. 따라서 역대기의 기술에서 준비들은 이미 다윗 통치하에 시작되었다는 사실을 정당화하는 역할을 한다. 그 외에 22,18에서 이스라엘의 안식에 대한 언급은 22,17에서 "이스라엘의 모든 대신들에게" 그의 아들 솔로몬을 도우라는 다윗의 명령에 뒤따른 것이다. 그래서 '안식' 모티프는 솔로몬과 관련된 의미로 남아 있다 (Braun, *1 Chronicles*, 227).

하도록 동기를 부여한다. 솔로몬, 이스라엘의 안식, 성전 사이의 긴밀한 연결은 1역대 28,2에서 계속되는데, 거기서 솔로몬이 지을 성전은 독특하게 "안식처הבית מנוחה"(역자주: 《성경》에는 "집")로 묘사된다. 그 표현은 이전에 1역대 22,9에서 더 일찍 솔로몬에게 적용된 "평온한 사람"이라는 명칭과 한 쌍을 이룬다(역자주: 1역대 28,2을 마소라 본문대로 직역하면 "나는 주님의 계약궤를 위해, 하느님의 발판을 위한 안식처를 건립할 마음이 있어서 그것을 건축할 계획을 세웠다"이다).[46]

역대기는 솔로몬을 "평온한 사람מנוחה"으로 묘사하고, 그가 "안식처מנוחה"를 건립할 것이라고 설명함으로써, 솔로몬의 통치 시기를 신명 12장에서 이스라엘인들이 중앙집중화된 제의 장소로 희생 제물을 가져와야만 하는 시기와 명시적으로 동일시한다. 이 주제는 1역대 22,9-10에 소개되었고 앞에서 논의한 2역대 7,12(더 넓게는 2역대 7,12-16)에서 결론을 찾을 수 있다. 그때 솔로몬이 지은 성전은 신명기의 중심지인 마콤(מקום, 장소)과 명백히 동일시된다. 두 구절은(둘 다 열왕기에 병행 구절이 없다) 역대기에서 신명 12장의 재사용을 기반으로 한 일관된 법적-역사서술적 개념의 부분이며, 다윗과 솔로몬 치하에서 세워진 제의의 기초를 설명하는 기사의 시작과 끝에 전략적으로 배치되었다. 따라서 신명기에 대한 언급으로 테가 둘러진다. 이 정교한 장치의 주된 기능(반드시 이것만이 유일하지 않지만)은 솔로몬에 의한 성전 건립을

---

46. 솔로몬을 "평온한 사람"으로 명명하는 것과 성전을 "안식처"로 명명하는 것 사이의 연관성은, 머누아מנוחה가 역대기의 다른 곳에는 나오지 않기 때문에 더욱 중요하다. 베트 머누아בית מנוחה 어구가 히브리어 성경에는 단 한 번 나오지만, 머누아מנוחה가 야훼가 거주하는 장소를 표시하기 위해 사용되는 것은 이사 66,1 또는 시편 132,13-14 같은 제2성전 시대 일부 본문들에 병행이 나타난다. 자세한 내용은 Hurvitz, "Terms," 174–177 참조.

*신명 12장 법의 성취*로 설명하는 데 있다.

역대기 기사에 의하면 솔로몬의 통치와 함께 이스라엘에서 중앙집중적 제의의 임무를 지킬 시간이 왔으며(1역대 22,9-10), 예루살렘에 성전이 건립됨으로 이 명령은 성취되었다(2역대 7,12). 더욱이 성전 건립자로서 솔로몬 자신의 정당성은, 열왕기에 병행이 없는 새 모티프의 도입으로 역대기에서 더욱 강조되었다. 즉 솔로몬은 성전을 건립하도록 야훼에 의해 특별히 "선택되었다는"(다시 בחר와 함께) 관념이다(1역대 28,5-6.10; 29,1).[47] 솔로몬의 선택과 예루살렘 성전의 선택은 따라서 역대기에서 같은 동전의 양면으로 소개된다. 오직 야훼에게 선택된 임금만이 이스라엘의 제사를 위해 선택된 "장소"를 세울 수 있었고, 따라서 신명기에 정의된 중앙집중적 제의의 명령을 성취할 수 있었다. 이 개념이 신명기 자체를 훨씬 넘어선다는 점을 주목할 수 있는데, 거기에서는 중심 장소를 설립하는 일에서 임금이 할 수 있는 역할에 대하여 아무것도 언급하지 않는다.[48] 그럼에도 그것은 여기 묘사된 역대기의 관점과 완전히 일치하는데, 그것이 솔로몬의 통치를 신명 12장 법의 성취와 동일시하고 결과적으로 신명기의 중앙집중식 제의를 시

---

47. 역대기에서 솔로몬 선택의 모티프에 대해서는, 고전적 연구 Braun, "Solomon"; 추가로 Abadie, *David*, 354-357 참조. Braun이 지적한 대로, 여기 표현된 개념에 가장 가까운 병행 구절은 시편 78,67-70(좀 더 확장해서는 시편 132편)인데, 야훼가 다윗을 임금으로 선택하고 시온산을 선택한 일이 병행한다. 그런데 역대기는 히브리 성경에서 하느님께서 솔로몬을 임금으로 선택하셨음을 명백히 언급하는 유일한 책이다.
48. 신명기에서 임금은 신명 17,14-20 임금의 법 맥락에서만 언급되는데, 신명기의 중앙집중화 정책에 개입할 가능성에 관하여 아무 언급도 하지 않는다. 오히려 법은 임금에게 특히 그의 군마와 아내 그리고 금의 숫자를 제한하는 데만 관심을 둔다(16-17절). 덧붙여 역대기에서 신의 은총을 누리는 임금들의 기록은 많은 측면에서 임금의 법에 규정된 제한과 공공연히 모순된다. 일부 주석가들이 지적한 대로, 대가족(왕실 하렘의 존재를 암시한다), 대규모 병력, 금과 은의 축적(2역대 32,27-29 히즈키야의 경우)은 성공적인 통치의 실제 '표식'이다. 자세한 내용은 Dillard, "Reward" 참조.

행하는 데에서 임금의 역할을 강조한다.⁴⁹

그런데 이 결론에는 설명이 더 필요하다. 솔로몬의 성전 건립을 신명 12장 법의 성취와 동일시하는 것이 역대기 저자에게 왜 그렇게 중요했는가? 이는 열왕기에서는 찾을 수 없는 일이다. 이 양상은 다윗 왕조의 임금들이 모세 법에 따라 행동하는 모습을 묘사하는 역대기의 좀 더 일반적인 추세에 해당하고, 이는 역대기가 작성되던 시대에 커지고 있던 토라의 권위를 가리킨다고 주장할 수 있다. 이와 관련하여 솔로몬에 의해 건립된 성전과 신명기의 중심 장소 사이의 일치를 강조하는 것은, 역대기 저자가 그의 유다인 청중에게 이스라엘에서 가장 중요한 기관으로 여겨진 것(예루살렘 성전)의 중요성을 강조하기 위한 논리적인 방법이었다. 동시에 과거에 대해 자신이 쓴 글의 권위를 덧붙이는 방식이었다.

이와 같은 설명은 분명히 옳지만, 너무 간략하다는 의견이 나올 수 있다. 솔로몬 치하의 성전 건축에 관한 역대기 기록에서 신명 12장의 장소 해석은 본고의 첫머리에 언급한 증거를 고려할 필요가 있다. 이는 역대기가 작성될 당시(페르시아 후기 / 헬레니즘 시대 초기) 신명기의 중심 장소를 확인하는 일은 유다인과 사마리아인 사이에 논쟁 중인 쟁점이었음을 보여 준다.⁵⁰ 선택된 '장소'를 놓고 경쟁하던 유다와

---

49. 어떤 면에서 여기 소개된 관점은 다윗 왕조의 일부, 특히 히즈키야와 요시야의 통치에 대한 역대기의 기록에서 발전되었다. 2역대 30장과 35장은 특히 신명 16,1-18(자체는 신명 12장에 기초한) 법과 일치하여 예루살렘에서 중앙집중적 축제로 파스카의 '국가적'(모든 이스라엘인) 의식을 거행하는 데서, 비슷하게 두 임금의 역할을 강조한다. 이와 관련하여 두 임금의 활동은, 신명기의 일반적인 계획과 일치하여 예루살렘 성전에서 '모든 이스라엘'을 위한 중앙집중적 제의를 비슷하게 강조한다는 점에서 솔로몬과 연속선 상에 있다.
50. 본고 1장 앞부분, 특히 신명 27,4에서 "그리짐산"으로 읽기, 또한 고전적으로 가정했던 대로 명확하게 사마리아의 것으로 간주될 수 없는 변형으로 신명 12장의 바하르

사마리아를 배경으로, 역대기가 솔로몬의 성전 건립을 신명 12장 법의 성취로 묘사하는 것은, 시온산의 성전이 유일한 합법적 성소라는 유다인들의 주장에 강력한 지지를 제공했을 것이다. 이것은 그리짐산의 성소가 훨씬 더 최근(기원전 5세기 중반경)에 세워졌다는 사실과 예루살렘 성전과는 대조적으로 그 기원을 솔로몬과 같은 명망 있는 왕실 인물에게서 유래를 찾을 수 없다는 사실로 강화되었다. 독점권에 대한 주장은 2역대 7,12의 핵심 구절에서 절정에 달하는데, 거기서 예루살렘 성전은 야훼에게 선택된 중심 "장소"이며 "제사의 집"으로 동시에 정의된다. 이 명칭은 앞에서 논의한 대로 제2성전 시기에 그리짐산 성소를 포함하여(기원전 3세기 또는 2세기 비문에서) 다른 장소에도 적용되었는데, 여기서는 신명 12장 법을 토대로 솔로몬이 건립한 성전에만 제한된다. 이와 관련하여 솔로몬 성전 건립에 대한 역대기의 기록이 열왕기보다 신명기 법을 더 밀접하게 따른다는 사실은 단지 역대기사가 시대에 커져 가는 모세 법의 권위를 반영하는 것만은 아니다. 그것은 동시에, 솔로몬(나중에는 히즈키야와 요시야)과 같은 다윗 왕조의 주요 인물이 이 법에 대한 독특한 유다적 해석과 재전유를 승인하고 정당화하는 데 사용되는 특정 *의제*의 부분이기도 하다.

בחר(카탈형)로 읽기와 관련된 텍스트 증거에 관한 설명 참조.

3. 중심 장소와 중심 공간: 역대기에서 만남의 천막

하지만 신명 12장의 법은 역대기 저자가 솔로몬 성전 건립 개작 이야기에 사용한 오경의 모델 중의 하나일 뿐이다. 다른 중요한 본보기는 탈출 25-31장과 35-40장에 나오는 사제계의 성막 건립 기사인데, 그것과 함께 역대기 저자의 기록은 몇 가지 중요한 병행을 제시한다. 이 주제는 이미 여러 세부 연구에서 다뤄졌고, 여기서는 몇 가지 일반적인 설명으로 충분하다.

야훼가 성막의 "설계도תבנית"(역자주: 《성경》에는 "모형")를 모세에게 보여 주셨듯이(탈출 25,9.40; 27,8), 다윗은 아들 솔로몬에게 성전의 설계도תבנית를 제공하는데(1역대 28,11-19), 그는 야훼에게 쓰인 글로בכתב 받았다고 주장한다(1역대 28,19).[51] 성전이 건축되는 동안 솔로몬은 티로 임금이 보낸 "기술자" 후람 아비의 협조를 받는데, 그는 여러 주석가들이 지적한 대로 탈출 31장과 36-38장의 브찰엘의 모습을 연상시킨다. 2역대 2,13에서 후람 아비에게 부여된 기술은 특히 탈출 35,32-35의 브찰엘의 기술에 대한 묘사와 밀접하게 병행을 이룬다.[52] 그 외에

---

[51] 19절의 구문론은 어렵기로 악명이 높다. 몇몇 주석가는 히스킬השכיל과 함께 "나에게"(알라이עלי) 문구로 해석하고, 야훼가 성전의 모형을 다윗에게 분명하게 하셨으며, 다윗이 하느님의 영감을 받아 기록했다고 이해한다(Williamson, *Chronicles*, 183; Japhet, *Chronicles*, 498). 그러나 Knoppers가 주목한 대로 그런 구문은 히브리어에서 아주 특이하기에, 알라이עלי를 선행어인 미야드 아도나이מיד יהוה와 함께 취하는 것이 낫다 (Knoppers, *I Chronicles*, 923; Lynch, *Monotheism*, 118–119 n. 165과 비교할 것). 결과적으로 이 구절은 아마도 야훼가 다윗에게 주신 글(מכתב)을 가리키는 것으로 보이며 다음과 같이 번역될 수 있다. "모든 것이 야훼의 손으로부터 기록되어 나에게 왔다. 그분은 내가 그 계획의 모든 부분을 이해하게 하셨다"(Knoppers). 이 모티프는 성전 두루마리(11QT)에서 계속된다. 이에 대해서는 Swanson, "Use of Chronicles", 292–293 참조.

[52] 특히 Mosis, *Untersuchungen*, 136–137 참조. Mosis가 지적한 대로, 후람 아비가 "금, 은, 청동, 철, 돌, 나무"뿐만 아니라 다양한 종류의 직물에 숙련되어 있다는 언급은 1열왕 7,13-14의 병행 구절에 반영되지 않고 탈출 35,32-35에서 브찰엘의 기술을 열거하는

솔로몬(성전 프로젝트 책임자로서)과 그의 협조자 후람 아비 사이의 관계는 탈출 31장과 35장에서 브찰엘과 오홀리압 사이의 관계를 연상시킨다.[53] 2역대 3-4장의 성전 자체 건축 묘사는 선택적으로 1열왕 6-7장의 초기 기사를 따르나, 탈출 25-31장과 35-40장에 만남의 천막 묘사에서 파생한 몇몇 모티프와 그것을 결합시킨다.[54] 이 점을 특히 분명하게 보여 주는 예는 현관אולם에서 내부 성소를 구분하는 휘장에 대한 2역대 3,14의 묘사이다.[55] 열왕기처럼 2역대 5장에서도 건축 이야기에 바로 뒤이어 솔로몬의 성전에 궤와 만남의 천막을 설치하는데, 이로써 두 성소가 연속된다는 점을 분명히 인식하게 한다. 역대기는 여기서 1열왕 8,1-11의 병행 본문을 대체로 따르며 묘사하는 한편(2역대 5,1-11ㄱ.13ㄴ 참조), 이에 덧붙여 레위인 성가대와 나팔수 사제들이 행한

데 밀접한 유사점이 있다.
53. 이에 대해 Mosis, *Untersuchungen*, 138; Dillard, *2 Chronicles*, 4–5 참조. 브찰엘과 오홀리압같이 솔로몬과 후람 아비는 חכמים(이 문맥에서는 "유능한 기술자"으로 묘사된 이름이 알려지지 않은 다양한 기술자들을 감독한다. 그런데 이 문구는 이미 탈출 36,4에서 만남의 천막에서 일하는 이스라엘인들에게 사용되었다.
54. 이 현상에 대한 상세한 논의는 특히 Mosis, *Untersuchungen*, 136–147; Van Seters, "Continuity Theme"에 나오는 분석 참조. 그러나 내 생각에는 두 연구 모두 그들의 사례를 과장하는 경향이 있으며, 역대기의 성전 묘사에 대한 탈출 25-31장과 35-40장의 영향은 그들이 주장하는 것보다 훨씬 더 제한적이다. 게다가 그들의 비교는 오직 마소라 본문의 1열왕 6-7장과 2역대 3-4장에만 기초하고 두 이야기가 칠십인역과 마소라 본문 사이에 큰 차이가 있다는 사실에 주의를 충분히 기울이지 않는다. 그러므로 이 주제에 대한 포괄적인 논의는 1열왕 6-7장과 2역대 3-4장에 해당하는 마소라 본문과 칠십인역을 비교하는 작업을 포함하여야 한다. 더하여 마소라 본문과 칠십인역, 그리고 고대 라틴어 사본 중 하나(the *Monacensis*)에서 보존한 탈출 35-40장의 판본들 사이의 차이도 고려해야 한다. 거기에서도 비슷하게 몇 가지 중요한 차이점을 제시한다(Mosis와 Van Seters는 이 점도 간과했다). 이런 유보(조건)에도 불구하고, 열왕기의 성전 묘사와 탈출기의 만남의 천막 묘사를 결합하는 이런 연구들에서 확인된 경향은 역대기의 기록에 분명히 남아 있다.
55. 이 모티프는 내부 성소דביר와 현관אולם이 나무 문들로 분리된 열왕기의 기록(1열왕 6,31-32)과 공공연하게 모순되나, 마소라 본문의 탈출 26,31과 36,35에 실린 광야 성소의 묘사와는 일치한다. 거기서 내부 성소와 외부 성소는 비슷하게 케루빔으로 장식된 휘장으로 구분되었다. Mosis, *Untersuchungen*, 143–144; Van Seters, "Continuity Theme", 292–293 참조. 또 Williamson, *Chronicles*, 209; Johnstone, *Chronicles*, vol. 1, 320과 비교.

전례 봉헌에 대해 언급한다(11ㄴ-13ㄱ절). 그로 인해 솔로몬의 주도로 이루어진 궤와 만남의 천막의 설치가 다윗의 주도로 이루어진 예루살렘으로 궤의 이동 이야기(1역대 15-16장)와 새롭게 병행하게 된다. 그리하여 역대기 내러티브에서 이런 발전의 중요성을 강조한다.[56] 마지막이지만 중요한 사항으로, 역대기의 건축 이야기는 2역대 5,13ㄴ-14과 7,1-3에서 두 차례의 하느님 현현으로 마무리되는데, 둘 다 탈출 40장과 레위 9장의 하느님 현현과 밀접한 유사성을 드러낸다.[57]

간단히 말해, 여기 요약된 증거는 역대기에서 예루살렘 성전을 만남의 천막과 조화시키기 위해서, 그리고 두 제도 사이의 일반적인 연속성을 강조하기 위해서 다양한 전략을 가지고 있었음을 지적하는 것이다. 결과적으로 솔로몬이 건립한 성전은 역대기에서 광야 성소의 합법적 상속자이며 후계자로 표현되었다. 역대기 저자의 관점에서

---

56. 이에 대해 특히 Williamson, *Chronicles*, 214–215 참조. 2역대 5,11ㄴ-13ㄱ과 1역대 15-16장 사이의 상세한 병행 목록 참조. 두 기록 모두에서 레위인과 전례에서 그들의 역할에 대한 병행 묘사에 더하여, 2역대 5,13ㄱ은 이미 1역대 16,8-36(16,34 참조)의 대찬송(그 자체로 시편의 다양한 선집)의 끝부분에 나타나는 시편을 인용(כי לעולם חסדו)하며 끝난다는 것에 주목하라.
57. 2역대 5,13ㄴ-14(1열왕 8,11 참조)은 건물의 완성과 궤와 만남의 천막의 설치 후에 성전은 야훼의 구름(ענן)과 영광(כבוד)으로 가득 찼다(מלא)고 하느님의 첫 번째 현현을 이야기하여, 이 세 용어가 이미 함께 나타났던 탈출 40,34-35에 묘사된 하느님 현현을 분명히 연상시킨다. 같은 묘사가 2역대 7,1-3의 두 *번째* 하느님 현현에서 반복되는데 열왕기에는 이에 상응하는 부분이 없으나, 제단에 봉헌된 제물을 "삼키기אכל" 위해 하늘에서 내려오는 불אש을 언급함으로써 이제 강화된다. 반면에 야훼의 영광כבוד은 중앙 제단에 모인 전체 공동체 앞에 나타난다(2역대 7,3). 이 묘사는 그 부분에서, 분명히 이미 레위 9,23-24에서 발견되는 이야기를 연상시키는데, 이는 시나이산에서 희생 제의의 개시를 마무리하는 내용이다. 레위 9장과 2역대 7장 사이의 병행은 두 이야기에서 제단 둘레에 모인 온 공동체가 하느님의 영광을 본다는 사실로 강조되는데, 이는 열왕기에는 병행이 없는 개념이다(Williamson, *Chronicles*, 223). 이 방식으로 2역대 7장의 두 번째 하느님 현현은 Abadie, *David*, 365–366에서 지적한 대로, 탈출 40장과 레위 9장의 언급을 결합한 것이다. 마지막으로, 탈출 40장과 레위 9장의 하느님 현현들은 이미 사제계 이야기에서 중심을 구성하는 역할을 하기에 더욱 중요하다는 것에 주목할 수 있다. Nihan, *Priestly Torah*, 89–92의 논의 참조.

는 모세 시대에 이스라엘 백성의 제의가 드려지던 바로 그 장소, 광야 성소가 왕조 시대와 아마도 그 이후에도 효과적으로 지속되었던 것이다. 솔로몬의 성전과 만남의 천막을 연결하려는 역대기의 시도보다 앞서는 몇 가지 선례가 열왕기에 있지만,[58] 역대기에서 이 경향이 뻗어 간 범위는 열왕기의 기록을 훨씬 넘어선다. 이와 관련하여, 역대기에서 예루살렘 성전을 성막과 연속선 상에 있는 것으로 묘사한 부분은 성전 두루마리에서 더 완전하게 전개된 개념을 예견한다(11QT III-XIII과 XXX-XLVI).[59] 곧, 이스라엘 백성이 그 땅에 건립할 성전에 대한 하느님의 명령이 탈출 25-31장에서 성막 건립을 위해 모세에게 내린 명령과 비슷하게 만들어졌다는 개념이다.

이렇게 해서 역대기 저자는 오경에서 이스라엘 백성의 제의를 위해 제시한 두 가지 주요 모델, 또는 원형(한편으로는 신명기의 중심 장소 다른 한편으로는 사제계 성막)을 효과적으로 연결하는 이야기를 창안해 냄으로써 솔로몬이 건립한 예루살렘 성전의 적법성을 강조한다. 그러나 어떤 점에서 이 쟁점은 더 복잡한데, 사제계 성막에 관한 언급들이 역대기에 있는 중앙집중화 개념과 관련되어 있지만, 그것과 신명기의 해당 개념이 뚜렷하게 구별되기 때문이다. 이 쟁점은 학술 문헌에서 많은 관심을 받지는 못했으나, 본고에서는 매우 중요하기에

---

58. 예루살렘 성전을 사제계 성소와 조화시키려 하는 비슷한 관심은 특히 1열왕 8,1-11에서 궤와 만남의 천막을 설치하는 기사로 시사된다. 이것은 2역대 5,2-13(앞에서 지적한 대로, 11ㄴ-13ㄱ절에 첨가와, 약간의 수정과 함께)에 재현되었다. 1열왕 8,1-11은 종종 후대 사제계(그리고 신명기계 사가도 가능한데) 편집자들이 상당히 재작업하고 확장한 오래된 핵심을 지녔다고 간주된다. Würthwein, *Könige*, 84–91의 상세한 논의와 비교.
59. Yadin, *Temple Scroll*, vol. 1, 특히 178 이하에 있는 주석을 참조하라. 그런데 성전 두루마리에서 이 성전은 솔로몬이 건립한 성전과 결코 명시적으로 동일시되지 않는다는 점에 유의하라. 이는 역대기에 표현된 개념과는 상반된다.

짧게라도 논의할 만하다.

열왕기에서 만남의 천막은 단지 솔로몬이 건립한 성전에 설치되는 맥락에서만 언급된다(1열왕 8,1-11). 1사무 2,22ㄴ에 후대에 붙인 난외주gloss에서 실로에 있는 만남의 천막을 언급하는 것을 제외하고는, 사무엘기-열왕기에서 예루살렘으로 옮기기 전까지 성소의 이전 위치(들)에 대해 전혀 언급하지 않는다.[60] 대조적으로 역대기에서 이 모티프는 기브온에 있는 만남의 천막을 언급하는 두 가지 이야기(1역대 16,39-42과 2역대 1,2-6)에 의해 크게 발전했다. 어떤 의미에서 이 모티프는 제2성전 시대에 한층 광범위한 역사서술적 경향의 일부를 형성하는데, 다른 유배 이후 전승들도 시나이산 *이후* 이스라엘 땅에서 만남의 천막의 위치와 비슷하게 관련이 있는 것으로 나타나기 때문이다.[61] 그러나 역대기 기록의 독특한 특징은 기브온에 있는 만남의 천막 그 자리와 솔로몬이 예루살렘에 성전을 건립하기 *전부터* 행해졌던 정기적인 희생 제사 예식이 연관된다는 것이다.

특히 1역대 16,39-42에 따르면 궤를 예루살렘으로 옮긴 후에 다윗이 "차독 사제와 그의 형제 사제들을 기브온 산당에 있는 주님의

---

60. 1사무 2,22ㄴ은 고대 그리스어 사무엘기(칠십인역ᴮ)와 4QSamᵃ 모두에 없다. 따라서 사무엘기 전승에 아주 늦게 추가된 것으로 나타난다. 추가적으로 2사무 7,6-7은 사제계 만남의 천막을 암시할 수 있으나(이 점이 완전히 명백하지는 않을지라도), 이 구절은 천막이 예루살렘에 설치되기 전에 있었던 구체적인 위치에 관해 아무것도 말하지 않는다.
61. 특히, 다양한 유배 이후 전승들이 만남의 천막을 실로의 이스라엘 성소와 연결한다(여호 18,1; 마소라 본문 2사무 2,22ㄴ[앞의 주60 참조]; 시편 78,60), 이에 비해 판관기의 한 난외주석은 그것을 베텔에 위치한 것으로 나타낸다(판관 20,28). 그러나 만남의 천막과 기브온 장소의 연합은 역대기 저자에게 특수한 것이며, 아마도 예루살렘 성전의 건립 이전에 이미 주요 제사 장소로 기브온을 소개한 1열왕 3,4의 초기 이야기에서 유래했을 것이다; Knoppers, *I Chronicles*, 652 참조. 역대기의 기록이 여기서 고대 전승을 반영할 것이라는 대안적 관점은 내 의견으로는 보증되지 않은 것이다. 이 견해에 대해서는 Williamson, *Chronicles*, 130–131 참조(가능성 있는 것으로 언급); 최근에 다른 학자들을 참고한 Street, *Ark Narrative*, 28–29 참조.

성막משכן יהוה 앞에"(1역대 16,39) 세우고, 그들에게 올라 타미드עלה תמיד, 정기적인 번제물을 바치는 임무를 맡겼다(16,40).⁶² 미쉬칸 아도나이משכן יהוה 어구는 광야 성소(성막)를 언급하기 위해 이미 P(그리고 오직 거기에만)에서 사용되었다.⁶³ 이 동일함의 확인은 2역대 1장에 이어지는 이야기로 더 확증되는데, 거기서는 기브온에 "만남의 천막אהל מועד"이 있음을 언급하고 그것을 성막(משכן יהוה, 2역대 1,5)과 동일시한다. 올라 타미드עלה תמיד는 P의 희생 제의 개념의 기본적 특징이다.⁶⁴ 더욱이 역대기의 이야기는 정기적인 번제물이 "야훼가 이스라엘에게 명령하신 율법에 쓰인 그대로"(1역대 16,40ㄴ) 다윗이 세운 차독과 다른 사제들에 의해 바쳐졌고, 따라서 완전하게 합법적이라고 주장한다. 이 표현은 아마도 모세 법에 정의된 희생제물에 관한 의례 규정을 언급할 것이다(2역대 23,18과 비교).⁶⁵

이 개념은 2역대 1장 기브온으로 가는 솔로몬의 여정 이야기에서 계속된다. 솔로몬이 기브온으로 간 이유에 대해 1열왕 3장의 병행 이야기는 그곳이 그 시대에 이스라엘에서 큰 산당(כי היא הבמה הגדולה, 1열왕 3,4ㄱ)이었기 때문이라고 설명하는 반면에, 역대기는 기브온을 바마במה, "산당"으로 부르는 열왕기의 지칭을 유지하나, 기브온에서 희생

---

62. 이 구절은 후대에 삽입되었다거나, 아니면 역대기 저자가 여기서 별개의 원천을 사용했다는 주장이 가끔 제기되었다(최근 후자의 견해를 재평가하기 위해서는 Street, *Ark Narrative*, 28–29 참조). 내 의견으로는, 두 가지 견해 모두 뒷받침되지 않고 불필요하다. 이 구절의 언어와 의미는 역대기의 내러티브와 상당히 일맥상통한다.
63. 레위 17,4; 민수 16,9; 17,28; 19,13; 31,30.47 그리고 여호 22,19 참조. 후자의 구절은 여호 13–22장에 나오는 여호수아기의 '사제계' 편집의 일부이다. 용어 미쉬칸משכן은 탈출기, 레위기와 민수기의 사제계 부분에서 만남의 천막과 관련하여 자주 사용된다.
64. 탈출 29,38–42; 민수 28,3–8 참조; Milgrom, *Numbers*, 237–240; Knoppers, *I Chronicles*, 653 참조.
65. 러콜לכל 앞의 와우*waw*는 아마도 설명적인 와우*waw*로 받아들여야 할 것이다.

제사를 드리려는 솔로몬의 결정에 완전히 새로운 동기를 부여한다. "그곳에는 야훼의 종 모세가 광야에서 만든 하느님의 만남의 천막이 있었다"(3ㄴ절). 궤에 대한 부가적 언급(2역대 1,4) 후에 브찰엘이 제작한 청동 제단 위에 "번제물 천 마리"(1열왕 3,4ㄴ)를 봉헌했다는 설명으로 이어진다(2역대 1,5-6; 참조 탈출 38,1-8). 그러므로 역대기 이야기에서 기브온에서 솔로몬이 드린 제사들은 이제 2역대 1,3ㄴ의 공식화가 함축하는 대로, 그들이 만남의 천막이 일시적으로 위치하던 곳에서 제사를 드린다는 사실로 정당화된다.[66] 이 점은 솔로몬이 기브온에서 제사를 바친 일이 역대기에서는 1열왕 3장의 이야기처럼 더 이상 개인적 주도로 소개되지 않고, 전형적으로 역대기의 주요 사건들을 표시하는 "온 회중כל הקהל"의 존재가 자리하는 국가적 의미의 순례로서 소개된다는 사실로 더 강조된다.[67]

종합해 보면, 이 관찰들은 역대기에서 만남의 천막이 지니는 의미에 관해 몇 가지 중요한 증거를 제공한다. 열왕기에서 예루살렘 밖에서 바쳐진 희생 제사는 자동적으로 불법이라고 선언되고, 이 개념은 또한 1열왕 3,2의 선언이 명확히 하듯이 예루살렘에 성전이 건립되기 전 바쳐진 희생 제사들에도 적용된다. 역대기는 열왕기보다 산당들במות에서 바쳐진 희생 제사에 별로 중점을 두지 않지만, 성전 건축 *이후의* 시대에 관한 한 열왕기의 이 견해를 고수한다.[68] 그러나 성전

---

66. 예를 들어 Japhet이 지적한 대로, Japhet, *Ideology*, 227("솔로몬의 희생 제사는 더 이상 의문의 여지가 없다"); Knowles, *Centrality*, 37; Lynch, *Monotheism*, 98.
67. Dillard, *2 Chronicles*, 11; Japhet, *Chronicles*, 525. 이에 더하여 Williamson, *Chronicles*, 193–194은 역대기에서 다윗 통치의 시작과 병행하는 부분을 적절하게 지적하는데 그곳에서 다윗은 궤를 찾기 위해 "온 이스라엘"을 비슷하게 모은다(1역대 13,1-6).
68. Japhet, *Ideology*, 217–221 참조.

이 건축되기 *이전의* 시대 상황은 현저하게 달랐다.

역대기 저자의 관점에서 기브온은, 만남의 천막이 예루살렘으로 옮겨지기 전 일시적으로 그곳에 있었을 뿐만 아니라 기브온에서 드린 희생 제사는 토라에 정의된 의례의 규정들에 따라 바쳐졌기 때문에 합법적인 제의 장소였다(1역대 16,40). 이와는 대조적으로 역대기의 기록은 성전에 만남의 천막이 설치되기 전 예루살렘에서 정기적으로 희생 제사가 드려졌다고 *결코* 언급하지 않는다. 다윗 자신이 예루살렘에서 희생 제사를 드리는 두 번의 기회(1역대 16,1-2에서 궤를 옮긴 후, 1역대 21,26에서 솔로몬이 나중에 성전을 건립할 장소에 제단을 쌓은 후)가 있었다고 소개되었지만, 이 제사들은 분명히 예외적인 것들이고 반복될 일들이 아니다.[69] 더욱이 역대기 기사에서 다윗은 이미 레위 가문에서 예배 봉직자들을 임명하여 궤를 지키고 다양한 의식을 수행하게 했지만(1역대 15,16-24), 내러티브의 단계에서 그들의 역할은 엄격히 *전례적*이었다 이 점은 1역대 16,4에서 발견되는 선언에서 특히 분명한데, 거기서 다윗은 야훼를 "기리고(기념하고)"(זכר 히필형), "찬송/감사하며"(ידה 히필형), "찬양하는"(הלל 히필형) 직무자로 레위인들을 임명하였다.[70] 여기서는 도성에 존재하는 궤와 관련하여 예루살렘에서 실행할

---

69. 또한 1역대 16,1-2에서 다윗이 예루살렘에서의 드리는 제사를 언급한 내용은 2사무 6,17-18의 병행 기록을 따르며, 이 제사들은 아무튼 기브온에서 정기적 제사가 확립되기 *전에* 일어난다(16,39-42). 1역대 21,26의 경우, 이 구절 다음에 28-30절이 이어져 다윗이 그의 희생 제사를 기브온에 위치한 만남의 천막에서 드리지 않은 이유는 야훼의 천사와 그의 칼이 "무서웠기" 때문이라고 설명한다. 이 구절이 후대에 1역대 21장에 첨가된 것으로 간주할 충분한 이유가 있을지라도(Knoppers, *I Chronicles*, 759–760; 대조적인 Rudolph, *Chronikbücher*, 148–149; Williamson, *Chronicles*, 151), 이 주해는 솔로몬이 예루살렘에 성전을 건립하기 전에, 사실 기브온이 제사를 드리는 유일한 합법적 장소였다는 역대기에 제시된 일반적 견해와 일치한다.
70. 역대기 이야기의 이 측면에 대해 특히 Japhet, *Ideology*, 227–228; 나아가 Knoppers, *I Chronicles*, 641–642, 659("궤의 직무는 기본적으로 기념하고, 감사하고 찬양하는 데 있다

희생 제사에 대해 아무 언급도 하지 않는다. 대신에 이 희생 제사 봉헌은 기브온에서 성막 봉사를 위해 다윗이 임명한 사제들의 독점적인 특권으로 남아 있다. 그래서 역대기 저자에게 기브온은 만남의 천막이 그곳에 있는 한 정기적 희생 제사가 야훼에게 합법적으로 봉헌되는 유일한 장소로 나타난다.

자펫S. Japhet은 특히 성막을 기브온과 연결한 개념의 주된 목적은 "이스라엘의 제의 제도가 모세에 의해 시작된 후부터 다윗과 솔로몬의 왕국까지 끊이지 않는 연속성을 나타내는 것"이라고 주장했다.[71] 그러나 이 견해는 의문의 여지가 있다. 역대기에서 기브온 이전에 성막이 있었던 장소는 언급되지 않으며, 무엇보다도 역대기의 기록이, 성막이 시나이산과 예루살렘 사이 어디에 있든지 정기적인 희생 제사가 봉헌되었음을 함축하는지는 불명확하다. 반대로 1역대 16장은 "야훼의 토라에 쓰인 모든 것에 따라" 성막 앞에서 제사를 바치도록 기브온에서 사제들을 세운 다윗(16,39-40)의 역할을 강조한다.

그러므로 역대기에서 이 주제를 다룬 목적은 아들 솔로몬이 성전을 건립하기 전으로 *다윗까지 거슬러 가서* 정기적 희생 제사의 실행을 추적하여, 다윗 왕조의 시작을 광야에서 모세가 시작한 희생 제사의 재개와 일치시키는 데 있다는 것이 더 가능성 있는 설명이다.[72]

[16,4]"). 이 점은 이미 Rudolph, *Chronikbücher*, 121도 지적하였다.
71. Japhet, *Chronicles*, 323. 그는 나중에 "중앙 제의의 끊임없는 연속성은 예배의 역사에 대한 역대기 저자의 일반적인 견해에서 본질적 요소"라고 말했다. 같은 저자, *Ideology*, 226–227에 있는 논평도 비교. Japhet의 논문은 Kaufmann, *Religion*(1977), 471 이하에서 옹호한 이스라엘 역사에 대한 역대기의 관점에서 제의 중앙집중화의 장소에 대한 초기 해석을 따른다.
72. 이 개념은 이미 여러 학자가 지적한 역대기의 일반적인 경향, 특히 이스라엘 제의의 창시자로서 다윗의 역할과 관련해서 다윗을 제2의 모세로 표현하는 경향과 완전히 일치한다. De Vries, "Moses" 비교.

그러나 이 전개는 동시에 신명기에서 발견된 제의 중앙집중화 개념의 중요한 개정을 암시하는데,[73] 중앙집중화된 제의의 존재가 역대기에서 더 이상 *단 하나의* 장소와 배타적으로 연결되지 않기 때문이다. 크노퍼스G. Knoppers는 최근 주석에서 역대기의 제의 개념을 위해 성막과 기브온의 연관성이 중요함을 옳게 지적한다.[74] 그러나 그는 다음과 같이 제안하며 이 모티프를 신명기의 중앙집중화 이념과 조화시키려 노력한다. 즉 역대기 저자에게 "기브온은 적어도 수십 년 동안, '너희의 번제물과 희생 제물…들을 가져가는 … 야훼 너희 하느님께서 … 선택하시는 장소'"(신명 12,5-6)로 간주된다.[75] 그러나 이 견해는 기브온의 성막을 언급하는 역대기 구절들로 뒷받침되지 않으며, 아마도 신명 12장이 성경 전승에서 제의 중앙집중화에 대한 모든 담론의 초석이라는 고전적 이론에 여전히 너무 많은 영향을 받은 것일 수 있다.[76] 역대기에서 주목할 만한 점은 기브온의 정기적인 희생 제사를 묘사하는 구절들(1역대 16장과 2역대 1장)에 신명기의 중앙집중화 법에 대한 언급이 전혀 없다는 사실이다.[77] 대신에 기브온의 중앙집중화된 제의는 광야 성소(משכן יהוה 또는 אהל מועד),[78] 그 기물들(청동 제단),[79] 그리고 시나이

---

73. Japhet, *Chronicles*, 52이 잘 지적한 것은 역대기가 기브온의 성막 개념을 "잘 알려진 신명계 접근과 매우 반대되는 방식으로" 묘사한다는 것이다.
74. Knoppers, *I Chronicles*, 660. 특히 Knoppers는 이와 관련하여 역대기 저자가 "중앙집중화된 희생 제사가 처음 거행될 때 예루살렘에서 이루어져야 했다는 것을 당연하게 여기지 않는다"(같은 책)라고 적절하게 관찰한다.
75. 앞의 책.
76. 본고 1장 참조.
77. Knoppers, *I Chronicles*, 660은 1역대 16,40의 "야훼의 토라에 쓰인 모든 것에 따라" 바쳐지는 정기적인 번제물에 대한 언급들이 신명 12장의 법을 가리킬 것이라고 암시하는 듯하다. 그러나 앞에서 지적한 대로, 모세 법에서 번제물을 바치는 의식 규정들에 대한 언급일 가능성이 더 크다.
78. 1역대 16,39; 2역대 1,3.5.6.
79. 2역대 1,5.6.

산에서 야훼가 규정하신 상응하는 희생 제사העלה המזבח를 언급하는 것으로만 표현되었다.[80]

이 관찰은 차례로 오경과 역대기의 제의 중앙집중화에 대한 논의에서 중요한 의미를 갖는다. 본고의 첫머리에서 지적한 대로,[81] 많은 학자가 사제계의 만남의 천막은 희생 제사에 대한 보다 분산된 개념을 반영할 것이라고 주장했지만, 역대기에는 이 견해에 대한 근거가 확실히 없다. 반대로 역대기의 기록에서 성막은 항상 완전히 중앙집중화된 형태의 희생 제사 예배와만 관련되어 있다. 동물 희생 제사가 아닌 의례는 다른 장소에서 실행될 수 있는 반면에, 1역대 15-16장에서 예루살렘으로 궤를 이전하는 이야기가 암시하는 대로, 만남의 천막은 정기적 희생 제사를 하느님께 바칠 수 있는 합법적이며 유일한 장소이다.[82] 더군다나 만남의 천막과 중앙 제의에 대한 역대기의 연결은 사제계 개념과 신명기의 개념의 연결을 요구하지도 않았다. 역대기 저자에게 만남의 천막과 제의 중앙집중화 사이의 관계는 탈출기, 레위

---

80. 1역대 16,40; 2역대 1,6에서 솔로몬이 기브온에서 "번제물 천 마리"를 바친 것에 대한 언급은 1열왕 3,4의 병행 구절을 따른다.
81. 본고 1장에 주어진 참조 사항을 보라.
82. Knoppers, *I Chronicles*, 660–661은 이와 관련하여 "이스라엘 법과 전승적 지식에 대한 역대기의 이해에서, 야훼 예배의 장소는 여러 곳이 있을 수 있으나 (동물의) 희생 제사의 합법적인 장소는 오직 하나뿐이다"라고 지적한다. 그는 나아가 엘레판틴 왕래 서신에서 도달한 타협과 연결시킬 것을 제안하는데, 엘레판틴 제단 건립에 대한 유다와 사마리아의 행정관들의 지지는 명백히, 엘레판틴의 유다인 공동체는 제단에서 곡식 예물, 음료 예물, 향만을 바칠 것이라는 요구 조건에 달려 있다(TAD A4.9). 이것은 가치 있는 제시이며, 나는 엘레판틴 왕래 서신이 제의에 대한 역대기의 개념을 이해하기 위한 중요한 맥락을 제공한다는 것에 동의한다. 그러나 동시에 몇 가지 명확히 할 점이 있다. 첫째, 1역대 15-16장은 동물 희생 제사가 아닌 것에 대해 언급하지 않으며, 전례(기도들, 찬가와 음악)에만 국한된 예배 형식을 구상하는 것으로 보인다. 둘째, 2역대 26,16-20에서 우찌야 임금의 이야기는 예루살렘 성전에서 직무를 수행하는 사제들에게만 향을 바치는 일이 유보된 것으로 나타난다(18절 참조). 따라서 엘레판틴 왕래 서신에서 언급된 제의 중앙집중화 개념과 역대기에서 발전된 개념 사이에 중요한 몇 가지 연결점이 있을지라도, 두 개념은 결국 구별되는 것처럼 보인다.

기, 민수기에 나오는 성소의 묘사에서 명백하게 드러났다.

그러나 동시에 역대기에서 만남의 천막과 관련하여 분명히 표현된 제의 중앙집중화 개념은 신명기에서 표현된 개념과는 뚜렷하게 다르다. 역대기의 기록에서 만남의 천막과 연합된 중앙집중식 제의는 신명기에서처럼 단일 *장소*와 동일시하지 않고 특별한 *공간*, 기브온과 예루살렘 같은 다양한 제의 장소에 설치될 수 있는 천막 자체와 동일시된다.[83] 이런 식으로 역대기의 기록은 다윗과 솔로몬 치하의 이스라엘 제의에 대한 중앙집중화 관점을 촉진하는 일을 해냈다. 그러나 이 관점은 성전이 건립되기 전 예루살렘 *밖에서* 희생 제사가 합법적으로 바쳐질 수 있었다는 가능성을 인정하기 때문에, 신명기(아니면 열왕기)에서 표현된 개념보다 더 미묘하다. 결국 중앙집중적 공간(이동식 만남의 천막과 동일시)의 사제계 개념과 중심 장소(예루살렘 성전과 동일시)의 신명기적 개념은, 만남의 천막이 솔로몬이 세운 성전에 설치될 때(2역대 5,2-14), 역대기의 내러티브에서 결국 조화를 이룬다. 성전 자체는 신명기의 중심 장소와 동일시되었다(2역대 7,12-16). 그럼에도 불구하고 주목할 만한 점은, 토라에서 각각 사제계 전승과 신명기적 전승들과 연관된 제의 중앙집중화에 대한 개념의 특수성을 역대기가 여전히 많이 보존하고 있다는 것이다.

---

83. '장소place'와 '공간space'을 구분한 개념은 사회과학적 연구에서 잘 정립되어 있고, 심지어 인문지리학 분야의 발전에 도움이 되었다고 말할 수 있다. 이 주제에 대해 Tuan, *Space and Place*; Relph, *Place and Placelessness*, 8–28; 최근에는 Cresswell, *Place*, 특히 8–10 참조. 이 쟁점들에 대해 나와 토의하고 관련 자료를 제시한 나의 학생 줄리아 라이더에게 매우 감사한다.

4. 중앙집중화와 아론계 권력층: 북쪽 제의에 대한 2역대 13장의 논박들

마지막으로 2역대 13장에 나오는 아비야의 연설은 이 연구의 맥락에서 간단히 논의할 가치가 있는데, 그것이 역대기에서 제의 중앙집중화를 표현하기 위해 오경 전승들을 재사용하는 또 다른 양상을 보여 주기 때문이다.

2역대 13장의 기록은 열왕기에 병행 구절이 없고(1열왕 15,1-8에서 아비야의 통치를 공지한 바를 전제로 하고 있지만), 역대기 저자가 원래 작성했음을 나타낸다.[84] 미드라쉬 방식으로 역대기의 기록은 군사적(13,3) 전략적(13,13-14) 열세에도 불구하고 아비야의 후속 승리뿐만 아니라 두 임금 사이의 군사적 대결을 상세히 서술하기 위해서, 1열왕 15,7ㄴ(2역대 13,2ㄴ에서 반복됨)에서 "아비얌과 예로보암 사이에도 전쟁מחמה이 있었다"라는 짧은 통지에 의지한다.[85] 아비야(2역대 13,4-12)는 전투 전에 에프라임 산악 지방에서, "예로보암과 온 이스라엘"(4절)을 향해 연설했다. 그 연설은 5-7절과 8-11절의 두 부분과 이어지는 결론(12절)

---

84. 이 구절의 주요 연구는 Knoppers, "Battling" 참조; 최근 같은 저자, "Mt Gerizim", 315–321. 이외에도 Deboys, "History"; Abadie, "Identité"의 주석, 특히 194–199 참조. 비록 내 의견으로는 그럴 가능성이 거의 없을지라도, 역대기 저자가 여기서 일종의 역사적 원천에 접근할 수 있었던 가능성을 완전히 배제할 수는 없다(Dillard, *2 Chronicles*, 105–106; Deboys, "History"). 다음 논의는 아비야의 연설에 초점을 맞추고, 전형적인 역대기적 특징을 많이 드러내는 것으로 오랫동안 인식되어 왔기 때문에, 이 쟁점은 어떤 경우에도 중요하지 않다.
85. 2역대 13,13-14에 의하면, 예로보암의 용사 80만 명에 대항하기 위해 아비야의 군대는 용사 40만 명을 꾸린다. 추가적으로 2역대 13,13-14은 아비야의 군대가 예로보암에게 매복 습격을 당했다고 이야기한다. 이런 장치들은 기사의 일반적인 요점, 즉 유다의 승리가 군사력에 의해서가 아니라 제의 거행과 합법적인 의례 보존으로 야훼에게 보인 그들의 충성심에 의해 성취되었음을 강조하기 위한 것이다. 아래 참조.

으로 구성된다.[86]

첫 부분은 다윗 왕조가 *이스라엘*의 유일한 합법적 왕조임을 단언하며 시작한다. 야훼는 "이스라엘에 대한 왕권ממלכה על ישראל"을 다윗과 그의 후손에게 "영원히לעולם", "소금 계약covenant of salt"으로, 즉 영원한 계약으로 주셨다(5절). 이 기본 주장은 6-7절에서 분리 이야기를 간략히 말하면서 계속되는데, 예로보암을 부정적인 시각으로 묘사할 뿐만 아니라 예로보암이 야훼의 지지를 받을 것이라는 가정을 무효화한다.[87] 아비야 연설의 두 번째 부분은 북 왕국과 남 왕국에서 행해지는 왕실 제의를 반대하며, 북쪽 제의를 남쪽에서 유지되고 있는 합법적 제의의 타락한 형태로 묘사한다(자세한 내용은 아래 참조).

아비야의 연설에서 두 부분의 병치 상태는 이스라엘(단지 유다만이 아니라)을 통치하는 데에 다윗 가문의 특권과 예루살렘의 합법적이고 중앙집중된 제의의 유지가 밀접하게 연결된다는 점을 효과적으로 암시한다. 이는 8절에서 더욱 강조되는데, 야훼가 다윗과 그 자손에게 부여하신 왕권의 모티프로 돌아가서(5절에서 선언), 아비야 연설의

---

86. 아비야 연설을 구분하는 것은 복잡하다. 사실상 8절에서 흐름이 바뀌는데 연설의 둘째 부분을 도입하기 위해 5절의 주제(다윗에게 부여된 왕권)를 취하기 때문이다. 그럼에도 불구하고 8절의 시작에 워아타ועתה("지금")라고 수사학적 강조가 놓임으로써 5-7절과 8-11절 사이 구분은 분명하게 암시된다. 8-11절과 12절 사이의 구분은 Japhet, *Chronicles*, 690에서 지적한 대로, 12절의 시작 부분에 워힌네והנה("보라")라고 새로운 수사학적 강조의 등장으로 뒷받침된다. 그러나 Japhet은 12절을 아비야 연설의 셋째 부분으로 구분하기를 제안하나, 그 결과로 나타나는 구조는 이 셋째 부분(12절 하나뿐인)이 앞의 두 부분보다 상당히 짧기에 균형이 맞지 않는다. 내 생각으로는 12절을 연설의 결론으로 취하는 것이 더 나은 해결책이다. 12절은 주요 내용(야훼가 유다와 함께 계시고, 유다는 올바른 법령을 지켰기에 예로보암 군대의 패배는 피할 수 없다)을 요약하고 13-19절에 나온 전투의 후속 기사로 전환한다. 이와 관련하여 12ㄱ절에서 유다 군대 앞에서 사제들이 나팔을 불었다는 언급에 주목하라. 동시에 9-11절에 나오는 아론계 사제들에 대한 언급을 이어가며 다가올 전투에서 그들이 역할을 가리킨다.
87. 6-7절의 예로보암 묘사의 수사학에 대한 분석은 Ben-Zvi, "Secession", 128 참조.

둘째 부분을 소개하나, 지금은 "다윗 자손들의 손에 맡겨진 야훼의 왕권ממלכת יהוה ביד בני דויד"을 말한다. 이 표현은 다윗의 후손 임금들을 임금이신 야훼의 부副섭정(vice-regents)으로 자리매김함으로써,[88] 다윗 후손 임금들의 주된 임무가 제의에 있음을 효과적으로 암시한다. 여기에 드러나 있는 전체 개념은 아비야가 예로보암과 그의 군대에게 그들이 야훼를 대항하여 싸우고 있기 때문에 유다를 상대로 "이길 수 없다"고 경고하는 결론(12절)에서 절정에 달한다.

분리 이야기(2역대 10장) 직후에 위치한 아비야의 연설은 역대기에서 중심적인 프로그램 기능을 한다고 오랫동안 인식되어 왔다. 초기의 학자들은 이와 관련하여 유배 이후 시대에 유다와 사마리아 사이의 갈등을 반영하면서 아비야의 연설이 반사마리아 논박을 포함한다고 자주 가정해 왔으나[89] 이 접근은 이제 폐기되었다. 그 대신 아비야의 연설이 분명한 범-이스라엘적 관점을 보여 준다고 인정했다. 북부 사람들은 "그들의 조상들의 하느님"으로 야훼를 숭배하는 "이스라엘의 자손들"로 묘사된다(12절).[90] 게다가 크노퍼스가 설득력 있게 보여 준 대로, 이는 단순히 아비야의 연설을 특징짓는 것이 아니라 전투 기사로 확장될 수 있는데, 거기서 전투 기사는 이스라엘 내부의 갈등으로 제시된다.[91]

---

88. 이 개념과 8절에 나오는 진술은 역대기에서 발견되는 야훼의 왕권과 다윗 왕조의 관계에 대한 일반적인 견해와 완전히 일치한다. 이에 대한 포괄적인 토론은 Japhet, *Ideology*, 395–411 참조.
89. Rudolph, *Chronikbücher*, 238 참조; 또한 Welten, *Geschichte*, 127–129은 19절에서 유다가 점령한 도시들이 유배 이후의 영토 주장과 관련됨을 제안/암시한다. 초기 학문의 이런 경향에 대한 일반적 소개는 Knoppers, "Battling", 513 참조.
90. 특히 Williamson, *Israel*, 111–114 참조; Japhet, *Ideology*, 318–319, 325–334 비교. 이 견해에 대한 최근의 재진술은 Avadie, "Identité", 194–199 참조.
91. Knoppers, "Battling."

이런 관점으로 읽으면, 2역대 13장의 실제 주제는 남 왕국과 북 왕국의 분리가 아니라 같은 민족적 실체로 여겨진 두 왕국의 정치적 패권 투쟁이다. 게다가 2역대 13장에서 정치적 패권 투쟁이 결국은 전쟁터에서 나타났을지라도 이 기사는 유다의 승리가 그들의 군사력에서가 아니라, 오히려 제의적 정통성에 근거한다는 요점을 강조한다. 아비야의 연설은 북 왕국이 예로보암 치하에서 의례 규정을 "저버린 עזב"(2역대 13,9-11) 반면에, 유다는 의례 규정을 지켰기 때문에, 야훼가 이스라엘이 아니라 유다와 함께 계시다는 것을 분명히 하고 있다. 그에 따라 전투의 후속 기사에서, 아비야가 한 연설의 마무리 선언(12절)에서 예고한 대로, 그들의 군사적·전략적 약세에도 불구하고, 유다를 위해 싸우시고 그들에게 승리를 주시는 분은 야훼시다(2역대 13,15.16, 추가로 13,18). 그러므로 2역대 13장에서 유다와 이스라엘 사이에 정치적 패권을 위한 투쟁은 무엇보다도 북에서는 예로보암과 연결되고, 남에서는 다윗 왕조(여기서는 아비야로 대표되는)와 연결되는 두 제의 집단 사이의 투쟁으로 설명된다.

이 시점에서 유다 왕국과 북 왕국 제의 사이의 대립점이 아비야의 연설 둘째 부분(2역대 13,8-11.12)에서 표현되는 방식을 더 상세히 관찰할 필요가 있다. 이는 전체 기사의 핵심 구절을 형성한다.

8 지금 너희는 수많은 무리를 이루고, 예로보암이 신이라고 만들어 준 금송아지들이 너희와 함께 있다고 해서, 다윗 자손들의 손에 맡겨진 야훼의 나라에 맞설 힘이 있다고 생각하느냐? **9** 너희는 아론의 자손들인

야훼의 사제들과 레위인들을 쫓아내고, 다른 나라 민족들처럼[92] 너희 스스로 사제들을 만들지 않았느냐? 수송아지 한 마리나 숫양 일곱 마리를 끌고 오는 자마다 사제 직무를 맡는다면, 신이 아닌 것들의 사제가 되는 것이 아니냐? 10 그러나 우리는 야훼만이 우리의 하느님이시기에 그분을 저버리지 않았다. 야훼를 섬기는 사제들은 아론의 자손들이며, 레위인들이 그들을 돕는다.[93] 11 그들은 날마다 아침저녁으로 야훼께 번제물을 살라 바치고 향기로운 향을 피우며, 정결한 상 위에 빵을 차려 놓는다.[94] 금 등잔대에는 저녁마다 등불을 켜 놓는다. 우리는 이렇게 야훼 우리 하느님의 명령을 지키지만, 너희는 그분을 저버렸다. 12 보라, 우리 선

---

92. 칠십인역 "온 땅의 백성에게서".
93. 워할러위임 밤라킷 במלאכת והלוים 어구는 문법적으로 문제가 있는데, 밤라킷 במלאכת 형태가 히브리 성경에서 절대적 상태로 사용되는 일이 없기 때문이다. 따라서 이 본문의 히브리어는 훼손되었다. 가장 적절한 설명은 다음 단어인 우마크티림ומקטרים을 시작하며 겹치는 글자가 탈락haplography 되었기 때문에 접미사 와우-waw가 사라졌다는 것이다(Rudolph, Chronikbücher, 236, Ehrlich에 이어). 여기서 지시 대상은 아마도 야훼일 것이다. 1역대 26,30에서 멜레케트 아도나이מלאכת יהוה가 "야훼의 일" 전반에 대한 일반적인 명칭으로 사용되는 것과 비교하라. 그러므로 원문의 밤라킷Bamlä'ket은 레위인들이 그분(야훼)을 위해 "일한다"(그들의 임무를 수행한다)는 것을 의미했을 것이다. 그 대신에 일부 주석가는 직전에 언급된 아론의 자손 사제들이었을 것이라고 가정하지만, 접미사 대명사는 –yw(레위인들이 주어이기 때문에)이고, 용어 멀라카ml'kh의 사용을 가정해야 한다. 레위인들이 사제들을 위해 한 일을 언급하는 것은 이례적일 것이다. 다른 가능성은 칠십인역(ἐν ταῖς ἐφημερίαις αὐτῶν)의 "그들의 일을 하면서로" 읽는 것인데, 이것은 히브리어 밤라키티우-bmhlqwtyw 혹은 bmhlqwtm를 반영한다. 이 경우를 지지하는 확실한 논거에 대해 특히 Knoppers, "Mt Gerizim", 329–330 n. 29 참조. 그러나 원래 형태 밤라키티우-bmhlqwtyw가 어떻게 마소라 본문의 밤라킷bml'kt으로 발전했는지는 완전히 명확하지 않다. 그리고 원래 형태 *bml'ktw가 본문 전승의 초기 과정에서 훼손되었기 때문에 칠십인역이 이곳을 밤라키티우-bmhlqwtyw로 읽는다고 가정하는 것이 더 쉬워 보인다.
94. 히브리어 m'rkt는 용어 ma'ărākāh의 변형 형태인 것으로 보이는데, 이는 일반적으로 줄row을 말한다. 그러나 구절이 제사 빵에 대한 의식에 관심이 있는 것으로 나타나기 때문에, 여러 주석가들이 지적한 대로 이것은 여기서 거의 의미가 없다. 특별히 레위 24,6.7에 대한 Milgrom, *Leviticus 23–27*, 2001의 상세한 논의를 비교하라. 거기서 ma'áreket는 이미 제사 빵의 배열을 위해 사용되었다. 그리고 나아가 2역대 13,11에 대해 Dillard, *2 Chronicles*, 104도 비슷하게 여기서는 "열들"보다는 "쌓아 올린 더미"에 대한 언급이어야 한다고 관찰한다.

두에는 하느님께서 우리와 함께 계시다. 그분의 사제들이 너희를 공격하라는 전투 나팔을 불려고 서 있다. 이스라엘 자손들아, 야훼 너희 조상들의 하느님과 싸우려 하지 마라. 너희는 이기지 못한다!

8ㄴ절에서 예로보암의 금송아지를 언급하며 북쪽 제의를 비판하기 시작한다. 이는 북쪽 임금이 단과 베텔의 성소에 도입한 제의적 혁신에 대한 열왕기의 기록(1열왕 12,25-33; 13,1-3.31-34; 14,7-16)을 암시한다.[95] 그러나 9-12절에 이어 오는 해설은 2역대 13장에 성막(משכן)과 만남의 천막(אהל מועד)이란 표현이 나타나지 않을지라도, 만남의 천막에서 수행되는 사제직의 임무를 언급하는 오경의 다양한 구절에 거의 전적으로 근거하고 파생된다.[96] 특히 11절에서 드러나는데, 북쪽에 예로보암이 세운 불법적 제의에 반대되는 유다의 합법적 제의를 묘사한다.

실제로 이 절은 유다인 제의에서 규칙적으로 행해지는 네 가지 의례를 열거한다. 이 모두는 만남의 천막에서 사제들의 봉사를 언급하는 오경 본문에 이미 규정된 것이다. (1) 사제들은 번제물(עלה)을 "매일 아침과 저녁"에 바친다 (קטר 히필형). (2) 2역대 13,11에 향기로운 향(커토레트 싸밈 קטרת סמים)에 대한 내용은 탈출 30,7에 규정된 것으로서 규칙적으로 향을 바치는 맥락에서 언급된다. 덧붙여 역대기 밖에서 커토레트 싸밈 קטרת סמים이라는 표현은 P에만 독점적으로 나타난다.[97] (3) "정결한 상" 위에 놓은 "빵(לחם)"에 대한 언급은 내부 성소에 위치한 금 상

---

95. 또한 2역대 11,15와 비교하면 송아지 외에 예로보암이 만든 "염소"(שעירים, 아마도 여기서는 사티로스 *satyrs*를 가리키는 것 같다)도 언급되어 있다.
96. 이 구절과 사제계 성막 사이의 병행들에 대한 상세한 분석은 Knoppers, "Battling", 519–522 참조.
97. 탈출 30,7; 40,27; 레위 16,12.

위에 놓은 "제사 빵לחם פנים"에 해당한다(탈출 25,30; 나아가 레위 24,5-9). 2역대 13,11에서 "정결한 상השלחן הטהור"이란 표현은 이미 레위 24,6에서 발견된다(역자주: 《성경》은 "순금 상"으로 옮겼다). (4) 마지막으로 "매일 저녁" "등불נר"이 켜지는 금 등잔대מנורה는 오경의 사제계 전승에서 등잔대מנורה에 관한 규정과 일치한다.[98] 일부 저자들이 지적한 대로, 이 사례는 특히 중요한데, 단 하나의 등잔대에 대한 언급은 사제계 성막의 독특한 특징이기 때문이다. 다른 곳에서는 역대기가 열왕기를 따라 1개가 아니라 10개의 등잔대를 언급한다(1역대 28,15; 2역대 4,7.20; 참조 1열왕 7,49).[99]

역대기가 만남의 천막 임무 수행에 대한 사제계 묘사에 의존하는 것은, 2역대 13,11에 열거된 네 가지 의례가 사실상 오경의 사제 법령에 규정된 정기적인 매일의 주요 의례에 부합한다는 것을 관찰할 때 더욱 확실해진다.[100] 게다가 2역대 13,11의 묘사는 유다에서 직무를 수행하는 사제들이 야훼의 "직분을 지킨다שמר משמרת"라는 주장으로 마무리하는데, 이미 P에서 만남의 천막에서 아론 자손의 사제들이 수행했던 임무 전체를 표현하기 위해 사용했다.[101]

오경에서 만남의 천막과 관련된 의례와 병행되는 부분들이 2역

---

98. 탈출 25,31-40; 27,20-21; 나아가 탈출 40,24-25; 레위 24,1-4; 민수 8,1-4. "매일 저녁 בערב בערב"(문자적으로는 저녁에서 저녁까지) 타오르는 등불들에 대한 2역대 13,11의 언급은 탈출 27,20-21에서 발견된 규정에 부합하고(레위 24,1-4 참조), 이스라엘 백성에게 "영원한 법령"으로 제시된다.
99. Japhet, *Chronicles*, 694-695; Knoppers, "Battling", 520.
100. 추가로 Japhet, *Chronicles*, 694은 이곳 묘사와 마소라 본문 탈출 40,22-29 사이의 밀접한 병행을 지적하고, 이 본문은 성막을 세운 후에 모세가 수행하는 네 가지 의식을 비슷하게 언급한다. 모세는 빵을 가지런히 차리고(23절), 등잔대의 등불을 밝히고(25절), 황금 제단 위에 향을 피우고(27절), 청동 제단 위에서 번제물과 곡식 제물을 바친다(29절).
101. 특히 민수 18,3.4.5 참조; 레위 8,35 비교.

대 13,11에서 특히 의미가 있더라도, 그것들이 한 구절에 국한되지 않고 아비야의 연설 두 번째 부분 전체에 걸쳐 스며 있다는 것에 유의해야 한다. 특히 9절과 10절에서 남쪽과 북쪽 사제들 간의 대립은 아론의 자손임을 주장할 수 있는 사람만이 합법적으로 직무를 수행할 수 있음을 의미하며, 그 관념은 이미 사제계 전승에서 중심 역할을 하고 있다.[102] 9ㄴ절에 예로보암 치하에서 북쪽 사제들의 임명과 함께 사용된 말레 야드מלא יד 어구는 아론 자손 사제들의 성별聖別과 연관된 전형적인 사제직 관용어구이다.[103] 덧붙여 수송아지 한 마리와 숫양 일곱 마리가 관련되어 있다는 사실은 탈출 29장과 레위 8장에서 수송아지(역자주:《성경》에는 "황소") 한 마리와 숫양 두 마리를 사용하는 아론과 그의 아들들의 임직식 의례를 풍자한 것으로 보인다.[104] 마지막으로 12ㄴ절에서 사제들과 나팔חצצרות을 연결한 것은 역대기의 다른 구절들과 유사하지만,[105] 적과 전쟁하러 갈 때의 나팔 소리(להריע עליכם)는 특히 민수 10,9과 31,6을 연상시킨다. 2역대 13,12에 사용된 하초츠로트 하터루아흐חצצרות התרועה라는 표현은 그 외는 민수 31,6에만 나타나고 민수 10,9에 규정된 대로 사제들이 전쟁 때에 울려야만 하는 "비상

---

102. Watts, *Leviticus*, 104 진술과 비교. "P는 오직 아론의 자손만이 제단에서 사제 직무를 수행할 수 있다고 주장한다." 이 개념은 이미 탈출 28장(탈출 39,1-31 마소라 본문)의 사제복 묘사와, 레위 21-22장처럼 사제로서 아론의 특권과 임무에 관련하는 다른 많은 구절에서와 마찬가지로 탈출 29장과 레위 8장에서 아론과 그의 아들들을 야훼의 사제로 성별하는 묘사에서 드러났다. 또한 같은 관점에서 "아론의 아들들, 사제들"(בני אהרן הכהנים, 레위 1,5.8.11 등)을 레위기와 민수기에서 반복적으로 언급하는 것은 아론 후손들에게 사제직을 한정 짓는 것을 사실상 전제한다는 것에 유의하라.
103. 탈출 28,41; 29,9.29.33.35; 레위 8,33 참조. 성결법전에서 이 표현은 특별히 대사제를 묘사하는 데 사용된다(레위 16,32; 21,1); 그러나 민수 3,3에서는 탈출 28,41에서처럼 아론의 모든 자손을 언급하는 데 사용된다.
104. Knoppers, "마소라 본문 Gerizim", 319.
105. 1역대 15,24; 16,6; 2역대 5,12; 29,26 참조.

나팔"을 말하는 것이 분명하다.[106]

아비야의 연설 대목에서 성막과 관련되는 다양한 의례에 대한 언급들이 암시하는 일반적인 요점은 분명하다. 유다에서 다윗 왕조 임금들이 세운 제의만이 합법적인 제의인데, 광야에서 모세를 통해 이스라엘에게 처음으로 계시되었던 제의를 영속시키기 때문이다. 반대로 북쪽 지파들이 갈라져 나간 후에 예로보암이 세운 북쪽 제의는 더 이상 모세 법을 따르지 않으며, 오히려 이민족(그들의 사제들은 "그 땅의 백성들처럼" 세워졌다)의 것인 동시에 우상숭배(그 사제들은 "신이 아닌" 신들을 섬긴다: 9ㄴ절)로 묘사되었다.[107] 탈출기, 레위기, 민수기의 여러 토라 전승이 2역대 13장에서 남쪽과 북쪽 제의들을 합법적인 것과 비합법적인 것으로 나누는 일반적 구분에 따라 대조하기 위해서 재사용된 방식은 여러 면에서 흥미롭다. 이는 역대기가 유다인과 사마리아인들 사이에 제의와 관련한 모세 법의 해석을 두고 매우 치열한 논쟁을 벌였을 때의 역사적 맥락에서 기록되었다는 견해를 뒷받침하는 또 다른 증거를 제공한다.[108] 요컨대 아비야의 연설은 모세 법이 양쪽 공동체에 주어졌으나 오직 유다만이 법에 따라 제의 관습을 유지해 왔다고 주장한다.[109]

그러나 본고의 목적에서 중요한 것은 8-12절에 나타난 아비야

---

106. 이에 대한 상세한 주해는 Japhet, *Chronicles*, 695 참조.
107. 호세 8,6과 비교하는데, 거기에는 "사마리아의 송아지"와 관련하여 동일한 표현이 이미 사용되었다. 그래서 아마도 2역대 13,9에 언급된 "신이 아닌 것들"은, 여러 주석가가 지적한 대로(예를 들면, Williamson, *Chronicles*, 253) 8절에 언급된 예로보암의 송아지들을 비슷하게 가리킨다.
108. 이 양상은 Knoppers, "Mt Gerizim", 특히 317–321에서 상세히 논의되었다.
109. Knoppers, "Mt Gerizim", 319이 적절하게 표현한다. "북쪽과 남쪽 공동체 둘 다 이스라엘의 개국 시대에 연관되어 있다. 그러나 역대기 저자의 관점에서, 유다 당국이 옛 명령을 영속시키고, 해석하고 적용하는 권한을 위임받았다."

연설의 다른 측면인데, 일반적으로 거기에 별로 주의를 기울이지 않는다. 이 구절들에서 유다에서 영속된 합법적 제의를 묘사할 때 예루살렘 성전에 위치한 중앙 제의를 언급해야 한다는 것은 의심의 여지가 없다. 왜냐하면 그것이 솔로몬의 성전 건립 후 역대기 저자가 인식한 유일한 합법적 제의이기 때문이다. 그런데 이 구절들에 성소 자체에 대한 명시적 언급이 없다는 점은 놀라운 일이다. 아비야의 연설에는 만남의 천막도 예루살렘 성전도, 설사 둘 다 어느 정도 암시되어 있다 할지라도, 언급되지는 않는다. 비슷하게 '선택된 장소'라는 신명기 개념에 대한 언급이나 암시도 발견할 수 없고, 유다 제의의 합법성에 관한 아비야의 담화에서 아무 역할도 하지 않는다.

대신에 예루살렘 제의의 중심성은 완전히 다른 장치를 통해 확인된다. 즉 *아론 계열 사제들의 존재와 그들이 광야에서 이미 행해졌던 매일의 의례를 영속시킨다는 것*이다. 합법적 제의를 정의하는 데에서 아론계 사제직이 지닌 핵심적 중요성은 9-10절의 대조되는 내용을 통해 분명하게 표현되었다. 이스라엘인들이 "아론의 자손들"을 쫓아내고 우상을 숭배하는 사제들을 세웠다(9절)는 비난을 받는 데 비해, 유다인들은 "야훼"를 저버리지 않았다는 아비야의 주장은 다음의 선언으로 정확하게 정당화된다. "야훼의 직분을 지키는(משמרת; 역자주: 《성경》에는 "주님을 섬기는") 사제들은 아론의 자손들이다"(10절). 이 주장은 성소 내부에서 아론 사제들에 의해 수행되는 매일의 의례들에 대한 언급으로 11절에서 계속되고, 결국 일반적인 선언으로 마무리한다. "*우리는*אנחנו 야훼의 직분משמרת을 지키는 반면 *너희는*ואתם 그분을 저버렸다." 마지막 선언은 10절의 언어를 취하지만 11절에서 아론계의 직무를 묘사한 데에 비추어 그것을 재해석한다. 예로보암 치하의 이스라엘인들과는 대조적으로 유다가 야훼를 "저버리지" 않은 것은 아론계 사제들이 모세가 처음부터 규정한 매일의 의식을 수행하였기 때문이다. 아론계 사제들을 통해 유다인 모두는 어떤 의미에서 11절의 마지막 선언이 암시하는 것처럼 "야훼의 직분을 지킨다"라고 말할 수 있다.[110]

그러므로 여기 소개된 개념에서, 중심성은 *위치*가 아니라 누구와 관련해서 정의된다. 아비야의 담화 둘째 부분(2역대 13,8-12)에서 유다의 제의가 합법적임을 확인하는 표시는 모세 법의 의례들을 영속시킬 수 있는 아론계 사제들의 존재이다. 1역대 1-9장 족보 목록에서 확립된 유다계(즉, 차독) 사제직의 아론계의 승격을 분명히 전제하는 이 개념은 역대기 저자의 혁신이 아니다.[111] 오히려 그 혁신은 오경의 사제계 전승에서 이미 발견된 이 개념을 여러 방식으로 계속 이어 가고 있는데, 와트J. Watts가 관찰한 대로 그것이 발견되는 지점에서 합법적인 희생 제사는 중심 제단에서 적절한 의례를 수행하는 아론계 사제들의 존재로 정의된다.[112] 이와 관련하여 아비야의 담화 둘째 부

---

110. 샤마르 미쉬메레트משמרת שמר 표현은 특히 사제와 레위인의 의무와 관련해서 자주 언급되지만, 히브리 성경에서 더 넓은 의미에서 '야훼의 명령들을 지킨다'의 의미로 사용될 수 있다. 예컨대 창세 26,5과 비교해 보라. 이 구절에는 명백하게 두 가지 의미가 모두 포함되어 있다. 이스라엘 백성 전체가 야훼의 명령을 지킬 수 있는 것은(11절) 아론계 사제들이 성소에서 그들의 의무를 수행하고 있기 때문이다(10절). 샤마르 미쉬메레트משמרת שמר의 이중적 의미에 대한 유희는 야훼께 충성하는 공동체에서 아론계 사제들의 핵심적 역할을 강조한다(역자주:《성경》에서 이 어구는 "주님을 섬기는"으로 나온다).
111. 1역대 5,27–41; 6,34–38. 더 넓은 레위 족보 내에서 차독의 위치와 관련하여 두 목록의 관계는 여기서는 논의할 수 없는 (그리고 필요하지 않은) 어떤 중요한 문제를 제기한다. Knoppers, "Priestly Genealogies" 참조.
112. Watts, *Leviticus*, 특히 104–105. 같은 저자, "Scripturalization"에서 이 쟁점에 대한 그의 설명과 비교해 보라.

분인 2역대 13,8-12에서 예루살렘 제의를 묘사할 때, 앞에서 분석된[113] 솔로몬의 성전 건립에 대한 역대기의 기사에서 언급한 만남의 천막에 대한 내용을 발전시키고, 심지어 *보완한다*. 솔로몬이 세운 성전은 성막이 마지막으로 안치된 장소일 뿐만 아니라, 광야에서 모세에게 계시된 매일의 의례가 다윗 왕조 치하에서 아론의 상속자들과 후계자들에 의해 이스라엘에서 계속 수행되고 있는 바로 그 장소이다.

5. 결론: 오경과 역대기에서 제의 중앙집중화

첫머리에서 언급한 대로, 이 논고는 역대기에서 예루살렘 성전의 중심성을 표현하기 위해 오경 전승들을 재사용한 핵심적인 양상을 '상세히 계획'하려는 예비 시도일 뿐이다. 여기서 논의된 많은 쟁점은 더 심층적인 연구가 필요하다. 그럼에도 불구하고 앞의 분석은 오경과 역대기에서 예배의 중앙집중화와 관련해서 몇 가지 일반적인 결론을 이미 지적했는데, 여기서 다시 간략하게 요약할 수 있다.

먼저, 역대기가 예루살렘 성전의 중심성을 표현하기 위해 사용한 오경 전승의 *다양성*을 강조한다. 이 다양성은 그 자체로도 중요하고, 신명기의 중앙집중화 법이 역대기에서 차지하는 위치와 중요성에 대해 새로운 관점을 제공한다. 특히 이 연구 결과는 역대기 저자가 오경의 여러 다른 전승을 연결하고 묘사함으로써 예루살렘 성전의 중심성이 가장 잘 표현되었다는 것을 시사한다. 신명기의 '선택된 장소'

---

113. 이 논고 3장 논의 참조.

개념은 그런 전승의 하나일 뿐이고 가장 중요하거나 영향력 있는 것은 아니다. 실상 그것은 예루살렘과 성전의 중심성에 대한 역대기의 단언에서 전반적으로 제한된 역할을 하는 것으로 나타난다. 역대기는 다윗과 솔로몬 치하에서 성전 건립이 더 밀접하게 신명 12장과 일치되고, 예루살렘 성전이 신명기의 중심 장소와 뚜렷이 동일시되도록 내러티브를 다시 쓰고 있는데, 이는 주로 성전 건립 기사의 시작(1역대 22,7-10)과 끝(2역대 7,12-16)에 제한되어 있다. 대조적으로 역대기의 성전 건립 이야기에서 사제계 성막에 대한 언급은 사실 더 빈번하고 많다. 또한 광야에서 수행되었던 모세의 제의가 예루살렘에서 수행되는 왕실 곧 다윗 왕조의 제의로 합법적으로 이어지고 있다고 소개하기 위해서, 예루살렘 성전과 성막을 조화시키려는 일관된 관심을 나타낸다. 더욱이 이 관점은 아비야 연설의 두 번째 부분(2역대 13,8-12)에서 계속되는데, 예루살렘에서 수행된 다윗 왕조 제의의 합법성은 사제계 성막과 관련되는 매일의 의례에 대한 언급을 통하여 명시적으로 표현되었다. 반면에 신명기의 중심 장소는 이 연설에서 아무 역할도 하지 않는다. 이에 대해 역대기는 신명기가 유배 이후 시대에 제의 중앙집중화에 대한 사고의 주요 틀이었으리라는 고전적 견해를 눈에 띄게 수정한다(그리고 심지어 어떤 면에서는 반박한다). 역대기 저자는 신명기를 유효하게 이용하면서, 사제계 성막에서 제의 중앙집중화에 대한 자신의 견해를 표현하기 위한 훨씬 더 중요한 패턴을 제공받은 것으로 보인다.

두 번째, 앞의 논의는 마찬가지로 역대기 내에서, 항상 충분히 인식되지는 않았던 방식으로, 중앙집중화에 대한 신명기와 사제계의 개념 사이에 기본적인 차이점을 강조한다. 사실 역대기가 사제계 성막 전승들을 재사용한 것은 중앙집중화를 독특하게 이해했음을 나타낸다. 곧 신명기에서 표현한 개념과 달리, 중앙 제의는 더 이상 단일한 *장소*와 관련되어 정의되지 않고, 모세 법의 의례들이 항구하게 수행되는 예배 *공간*과 관련해서 정의된다. 사제계와 신명기가 이해한 제의 중앙집중화 개념의 차이는 역대기가 전하는 기브온에 있는 성막 이야기(1역대 16,39-42; 2역대 1,2-6)에서 분명하게 드러난다. 앞에서 지적한 대로 거기서는 성막의 존재와 "야훼의 법에 따른" 의례 수행이 예루살렘에서 성전 건축 *전에* 이미 다윗 치하에서 거행된 희생 제사를 합법화하기에 충분하다. 아비야의 연설에서도 같은 작업이 (비록 관점은 다르지만) 행해졌는데, 여기서 합법적 중심 제의는 *아론계* 사제들의 존재로 특징지어진다(2역대 13,9-10). 그리고 그들은 탈출기, 레위기, 민수기에서 정의된 모세의 의례를 수행한다(2역대 13,11-12ㄴ).

　이 관찰들은 사제계 성막과 제의 중앙집중화 사이 관계에 대한 현재 논의에 몇 가지 중요한 빛을 비춘다. 역대기 저자는 성막을 철저하게 중앙집중화된 제의의 본보기로 인식한다. 여러 학자가 목소리를 낸 견해대로 역대기에는 성막이 여러 성소를 합법화할 수 있다는 암시가 없다. 다른 한편, 역대기가 제공하는 정보는 오경의 성막 전승을 신명기의 개념과 현저히 다른 제의 집중화 개념을 표현하는 것으로 접근해야 하며, 그 자체의 용어로 이해해야 한다고 지적한다. 한층 정확하게, 이 연구는 성막과 관련된 '중심 공간' 개념이 주로 두 가지 요소에 의해 정의되는데, 특히 신명기의 중앙집중화 개념에는 그와 동등한 것이 없음을 효과적으로 나타낸다. (ㄱ) 아론계 사제직과 암묵적(1

역대 16,39)으로 또는 명시적(2역대 13,9-10)으로 동일시되는 합법적인 사제직의 존재. (…) 만남의 천막에서 모세의 의례를 계속 수행하는 것이다(1역대 16,40; 2역대 13,11).

마지막으로 여기서 연구된 다양한 구절은, 역대기 저자가 중앙 집중화에 대한 오경의 전승들을 재인용하는 데 사마리아인들과 그리짐산 제의 장소와의 경쟁이 중요한 역할을 했음을 나타낸다. 이 양상은 특히 아비야의 연설에서 분명히 드러난다. 거기서는 오직 유다만이 합법적인 모세의 제의를 보존하고 유지한 반면, 북 왕국은 아론계 사제들을 쫓아냄으로써 야훼를 저버렸다고 비난받는다(2역대 13,9). 또한, 비슷한 논쟁적 맥락이 솔로몬이 신명 12장의 법에 따라 성전을 건립했고 이 성전을 야훼가 당신의 "장소"이자 "희생 제사의 집"으로 받아들이셨다(2역대 7,12)는 역대기의 주장과 틀림없이 관련되어 있다. 앞에서 논의한 대로 그리짐산에 있는 자신들의 성소야말로 신명기의 중심 장소와 동일하다는 사마리아인의 주장을 효과적으로 무효화한다. 솔로몬이 건립한 성전만이 이스라엘인들이 희생 제물을 가져올 수 있는 합법적인 장소로 확인된다. 종합하면, 역대기 저자가 예루살렘과 그 성전의 중심성을 주장하기 위해 다양한 오경 전승을 재사용한 것이 역대기 작성 시기에 토라로서 부상하고 있는 오경의 권위를 단순히 반영하는 정도가 아님을 알 수 있다. 이 견해는 확실히 옳으나 또한 부분적이고 불완전하다. 역대기에서 시온산과 그리짐산과 연관된 성소들 사이에 제의적·경제적 경쟁의 배경으로 오경 전승들의 재사용을 배치한 것은 그것을 각기 이해하도록 돕는다. 만일 역대기 저자가 예루살렘 제의와 모세 법 사이의 일치를 그토록 강조한다면, 바로 그 자신의 시대에는 일치가 분명하지 *않았으나* 그리짐산에서 예배를 드리는 사마리아 야훼 숭배자들의 경쟁적 주장에 맞서기 위해서는 거듭 주장할 필요가 있었기 때문이다. 이러한 관점에서 볼 때, 모세 법에 대한 역대기 저자의 해석은 사실 일반적으로 인식되는 것보다 훨씬 더 실용적이고 심지어 정치적 차원을 가지고 있다.

참고문헌

ABADIE, P., *La figure de David dans les livres des Chroniques. De la figure historique à la figure symbolique. Contribution à l'étude de l'historiographie juive à l'époque postexilique*, Lille 1990.

_____, "L'identité d'Israël dans le livre des Chroniques", in: O. Artus / J. Ferry (eds.), *L'identité dans l'écriture, Hommage au professeur Jacques Briend* (LeDiv 228), Paris 2009, 185–202.

ALBERTZ, R., *Religionsgeschichte Israels in alttestamentlicher Zeit*, vol. 2, *Vom Exil bis zu den Makkabäern* (GAT 8.2), Göttingen 1992. (강성열 옮김, 이스라엘 종교사 II, 크리스천다이제스트, 2004)

BECKING, B., "Do the Earliest Samaritan Inscriptions Already Indicate a Parting of the Ways?", in: O. Lipschits et al. (eds.), *Judah and the Judeans in the Fourth Century B.C.E.*, Winona Lake 2007, 213–222.

BEENTJES, P., "Jerusalem in the Book of Chronicles", in: M. Poorthuis / C. Safrai (eds.), *The Centrality of Jerusalem: Historical Perspectives*, Kampen 1996, 15–28.

BEN ZVI, E., "The Secession of the Northern Kingdom in Chronicles: Accepted 'Facts' and New Meanings", in: idem, *History, Literature and Theology in the Book of Chronicles* (BibW), London / New York 2014, 117–143.

BLANCO WIßMANN, F., *"Er tat das Rechte…": Beurteilungskriterien und Deuteronomismus in 1Kön 12 – 2Kön 25* (AThANT 93), Zürich 2008.

BRAUN, R., "Solomon, the Chosen Temple Builder: The Significance of 1 Chronicles 22, 28, and 29 for the Theology of Chronicles", *JBL* 95 (1976) 581–590.

_____, *1 Chronicles* (WBC 14), Waco 1986. (김의원 옮김, 역대 상, 솔로몬, 2001)

CHARLESWORTH, J. H., "What Is a Variant? Announcing a Dead Sea Scroll Fragment of Deuteronomy", *Maarav* 16 (2009) 201–212, 273–274.

CRESSWELL, T., *Place: A Short Introduction*, Malden, MA 2004.

DEBOYS, D. G., "History and Theology in the Chronicler's Portrayal of Abijah", *Biblica* 71 (1990) 48–62.

DENNERLIN, N., *Die Bedeutung Jerusalems in den Chronikbüchern* (BEATAJ 46), New York 1999.
DE VRIES, S. J., "Moses and David as Cult Founders in Chronicles", *JBL* 107 (1988) 619–639.
DIEBNER, B.-J., "Gottes Welt, Moses Zelt und das salomonische Heiligtum",
 in: T. Römer (ed.), *Lectio difficilior probabilior? L'exégèse comme expérience de décloisonnement. Mélanges offerts à Françoise Smyth-Florentin* (BDBAT 12), Heidelberg 1991, 127–154.
DILLARD, R. B., "Reward and Punishment in Chronicles: The Theology of Immediate Retribution", *WTJ* 46 (1984) 164–172.
_____, *2 Chronicles* (WBC 15), Waco 1987. (정일오 옮김, 역대 하, 솔로몬, 2005)
DOUGLAS, M., *Leviticus as Literature*, Oxford 1999.
DUŠEK, J., *Aramaic and Hebrew Inscriptions from Mt Gerizim and Samaria between Antiochus III and Antiochus IV Epiphanes* (Culture and History of the Ancient Near East 54), Leiden 2012.
HARDMEIER, C., "König Joschija in der Klimax des DtrG (2Reg 22f.) und das vordtr Dokument einer Kultreform am Residenzort(23,4–15*). Quellenkritik, Vorstufenrekonstruktion und Geschichtstheologie in 2Reg 22f.",
 in: R. Lux (ed.), *Erzählte Geschichte. Beiträge zur narrativen Kultur im alten Israel* (BThSt 40), Neukirchen-Vluyn 2000, 81–145.
HJELM, I., "Northern Perspectives in Deuteronomy and its Relation to the Samaritan Pentateuch", *HebAI* 4 (2015) 184–204.
HURVITZ, A., "Terms and Epithets Relating to the Jerusalem Temple Compound in the Book of Chronicles: The Linguistic Aspect", in: D. P. Wright *et al.* (eds.), *Pomegranates and Golden Bells. Studies in Biblical, Jewish, and Near Eastern Ritual, Law, and Literature in Honor of Jacob Milgrom*, Winona Lake 1995, 165–183.
JAPHET, S., *I and II Chronicles. A Commentary* (OTL), London 1993.
_____, *The Ideology of the Book of Chronicles and Its Place in Biblical Thought* (BEATAJ 9), Frankfurt a.M. 1997.
JOHNSTONE, W., *1 and 2 Chronicles, vol. 1, 1Chronicles 1–2 Chronicles 9: Israel's Place among the Nations* (JSOT.S 253), Sheffield 1997.
_____, *1 and 2 Chronicles*, vol. 2, *2Chronicles 10–36: Guilt and Atonement* (JSOT.S 254), Sheffield 1997.
JONKER, L., "From Paraleipomenon to Early Reader: The Implications of Recent

Chronicles Studies for Pentateuchal Scholarship", in: C. M. Meier (ed.), *Congress Volume 2013* (VT.S 163), Leiden 2014, 217–254.

_____, "Within Hearing Distance? Recent Developments in Pentateuch and Chronicles Research", *OTE* 27 (2014) 123–146.

KALIMI, I., "Jerusalem – The Divine City: The Representation of Jerusalem in Chronicles Compared with Earlier and Later Jewish Compositions", in: M. P. Graham et al. (eds.), *The Chronicler as Theologian: Essays in Honor of Ralph W. Klein* (JSOT.S 371), London / New York 2003, 189–205.

KARTVEIT, M., "The Place That the Lord Your God Will Choose", *HebAI* 4 (2015) 205–218.

KAUFMANN, Y., *The Religion of Israel: From Its Beginnings to the Babylonian Exile*, Chicago 1960.

_____, *History of the Religion of Israel, vol. 4, From the Babylonian Captivity to the End of Prophecy*, New York / Jerusalem 1977.

KNOPPERS, G. N., "'Battling against Yahweh': Israel's War against Judah in 2 Chr. 13:2–20", *RB* 100 (1993) 511–532.

_____, "'The City Yhwh Has Chosen': The Chronicler's Promotion of Jerusalem in Light of Recent Archaeology", in: A. G. Vaughn / A. E. Killebrew (eds.), *Jerusalem in Bible and Archaeology: The First Temple Period* (SBL.SyS 18), Atlanta 2003, 307–326.

_____, "The Relationship of the Priestly Genealogies to the History of the High Priesthood in Jerusalem", in: O. Lipschits / J. Blenkinsopp (eds.), *Judah and the Judeans in the NeoBabylonian Period*, Winona Lake, IN 2003, 109–133.

_____, *I Chronicles 1–9: A New Translation with Introduction and Commentary* (AncB 12), New York 2004.

_____, *I Chronicles 10–29: A New Translation with Introduction and Commentary* (AncB 12A), New York 2004.

_____, "Mt Gerizim and Mt Zion: A Study in the Early History of the Samaritans and Jews", *Studies in Religion / Sciences Religieuses* 34 (2005) 309–338.

_____, "Parallel Torahs and Inner-Scriptural Interpretation: The Jewish and Samaritan Pentateuchs in Historical Perspective", in: T. Dozeman et al. (eds.), *The Pentateuch: International Perspectives on Current Research* (FAT 78), Tübingen 2011, 507–531.

_____, *Jews and Samaritans: The Origins and History of Their Early Relations*, Oxford / New York 2013.

_____, "The Northern Context of the Law-Code in Deuteronomy", *HeBAI* 4 (2015) 162–183.

KNOWLES, M., *Centrality Practiced: Jerusalem in the Religious Practice of Yehud and the Diaspora in the Persian Period* (Archaeology and Biblical Studies 16), Atlanta 2006.

KRATZ, R. G., "The Idea of Cultic Centralization and Its Supposed Ancient Near Eastern Analogies", in: R. G. Kratz / H. Spieckermann (eds.), *One God – One Cult – One Nation: Archaeological and Biblical Perspectives* (BZAW 405), Berlin 2010, 121–144.

LYNCH, M., *Monotheism and Institutions in the Book of Chronicles: Temple, Priesthood, and Kingship in Post-Exilic Perspective* (FAT II 64), Tübingen 2014.

MAGEN, Y., "Mount Gerizim – A Temple City", *Qadmoniot* 23/3–4 (1990) 70–96 (Hebrew).

_____, "Mount Gerizim – A Temple City", *Qadmoniot* 33/2 (2000) 74–118 (Hebrew).

_____, "The Dating of the First Phase of the Samaritan Temple on Mount Gerizim in Light of the Archaeological Evidence", in: O. Lipschits *et al.* (eds.), *Judah and the Judeans in the Fourth Century B.C.E.*, Winona Lake 2007, 157–211.

MAGEN, Y. et al., *Mount Gerizim Excavations,* vol. 1, *The Aramaic, Hebrew and Samaritan Inscriptions* (Judea and Samaria Publications 2), Jerusalem 2004.

MILGROM, J., Numbers (JPSTC), Philadelphia 1990.

_____, Leviticus 1–16: *A New Translation with Introduction and Commentary* (AncB 3), New York 1991.

_____, "Does H Advocate the Centralization of Worship?", *JSOT* 88 (2000) 59–76.

_____, Leviticus 23–27: *A New Translation with Introduction and Commentary* (AncB 3B), New York 2001.

MOSIS, R., *Untersuchungen zur Theologie des chronistischen Geschichtswerkes* (FThSt 92), Freiburg i.Br. 1973.

MURRAY, D. F., "Under YHWH's Veto: David as Shedder of Blood in Chronicles", *Biblica* 82 (2001) 457–476.

NIEHR, H., "Die Reform des Joschija. Methodische, historische und religionsgeschichtliche Aspekte", in: W. Gross (ed.), *Jeremia und die "deuteronomistische Bewegung"* (BBB 98), Weinheim 1995, 33–55.

NIHAN, C., *From Priestly Torah to Pentateuch: A Study in the Composition of Leviticus* (FAT II 25), Tübingen 2007.

_____, "The Torah between Samaria and Judah: Shechem and Gerizim in Deuteronomy and Joshua", in: G. N. Knoppers / B. M. Levinson (eds.),

The Pentateuch as Torah: New Models for Understanding Its Promulgation and Acceptance, Winona Lake 2007, 187–223.

_____, "Garizim et Ebal dans le Pentateuque. Quelques remarques en marge de la publication d'un nouveau fragment du Deutéronome", *Semitica* 54 (2012) 185–210.

_____, "Textual Fluidity and Rewriting in Parallel Traditions: The Case of Samuel and Chronicles", *JAJ* 4 (2013) 186–209.

_____, "Samuel, Chronicles, and 'Postchronistic' Revisions: Some Remarks of Method", in: U. Becker / H. Bezzel (eds.), *Rereading the Relecture? The Question of (Post)chronistic Influence in the Latest Redactions of the Books of Samuel* (FAT II 66), Tübingen 2014, 57–78.

NOTH, M., *The Deuteronomistic History* (JSOT.S 15), Sheffield 1981.

OTTO, E., *Das Deuteronomium. Politische Theologie und Rechtsreform in Juda und Assyrien* (BZAW 284), Berlin 1999.

RELPH, E., *Place and Placelessness*, London 1976. (김덕현 외 옮김, 장소와 장소상실, 논형, 2005)

RICHTER, S., *The Deuteronomistic History and the Name Theology: lešakkēn šemô šām in the Bible and the Ancient Near East* (BZAW 318), Berlin / New York 2002.

RÖMER, T. C., "Transformations in Deuteronomistic and Biblical Historiography. On 'Book-Finding' and other Literary Strategies", *ZAW* 109 (1997) 1–11.

_____, "Cult Centralization in Deuteronomy 12: Between Deuteronomistic History and Pentateuch", in: E. Otto / R. Achenbach (eds.), *Das Deuteronomium zwischen Pentateuch und Deuteronomistischem Geschichtswerk* (FRLANT 206), Göttingen 2004, 168–180.

RUDOLPH, W., *Chronikbücher* (HAT 21), Tübingen 1955.

SCHENKER, A., "Le Seigneur choisira-t-il le lieu de son nom ou l'a-t-il choisi? L'apport de la Bible grecque ancienne à l'histoire du texte samaritain et massorétique", in: A. Voitila / J. Jokiranta (eds.), *Scripture in Transition, Essays on Septuagint, Hebrew Bible, and Dead Sea Scrolls in Honour of Raija Sollamo* (JSJ.S 126), Leiden / Boston 2008, 339–351.

SCHMID, K., "Das Deuteronomium innerhalb der 'deuteronomistischen Geschichtswerke' in Gen – 2 Kön", in: E. Otto / R. Achenbach (eds.), *Das Deuteronomium zwischen Pentateuch und Deuteronomistischem Geschichtswerk* (FRLANT 206), Göttingen 2004, 193–211.

SELMAN, M. J., "Jerusalem in Chronicles", in: R. S. Hess / G. J. Wenham (eds.), *Zion, City of Our God*, Grand Rapids 1999, 43–56.

STREET, J. M., *The Significance of the Ark Narrative: Literary Formation and Artistry in the Book of Chronicles* (StBL 129), New York 2009.

SWANSON, D. D., "The Use of Chronicles in 11QT: Aspects of a Relationship", in: D. Dimant / U. Rappaport (eds.), *The Dead Sea Scrolls: Forty Years of Research*, Leiden 1992, 290–298.

THELLE, R. I., *Approaches to the "Chosen Place". Accessing a Biblical Concept* (LHB 564), London / New York 2012.

TREBOLLE BARRERA, J., "4QKgs", in: E. C. Ulrich et al. (eds.), *Deuteronomy, Joshua, Judges, Kings,* vol. 9 *of Qumran Cave 4* (DJD 14), Oxford 1995, 171–183 (+ Pl. XXXVII).

TUAN, Y., *Space and Place: The Perspective of Experience*, Minneapolis 1977.

UEHLINGER, C., "Was there a Cult Reform under King Josiah? The Case for a Well-Grounded Minimum", in: L. L. Grabbe (ed.), *Good Kings and Bad Kings* (ESHM 5 / LHB 393), London / New York 2005, 279–316.

ULRICH, E. C., *Dead Sea Scrolls and the Developmental Composition of the Bible*, Leiden 2015.

VAN SETERS, "The Chronicler's Account of Solomon's Temple-Building: A Continuity Theme", in: M. P. Graham / S. L. McKenzie (eds.), *The Chronicler as Historian* (JSOT.S 238), Sheffield 1997, 283–300.

WATTS, J., *Leviticus 1–10* (HCOT), Leuven 2013.

_____, "Scripturalization and the Aaronide Dynasties", *JHS* 13 (2013) 1–16 (http://www.jhsonline.org/Articles/article_186.pdf).

WELLHAUSEN, J., *Prolegomena to the History of Ancient Israel*, Cleveland / New York 1965.

WELTEN, P., *Geschichte und Geschichtsdarstellung in den Chronikbüchern* (WMANT 42), Neukirchen-Vluyn 1973.

WETTE, W. L. M. DE, *Beiträge zur Einleitung in das Alte Testament*, Halle 1806–1807.

WEYDE, K., *The Appointed Festivals of YHWH: The Festival Calendar in Leviticus 23 and the sukkôt Festival in Other Biblical Texts* (FAT II 4), Tübingen 2004.

WILLIAMSON, H., *Israel in the Books of Chronicles*, Cambridge 1977.

_____, *1 and 2 Chronicles* (NCBC), Grand Rapids / London 1987.

WÜRTHWEIN, E., *Das erste Buch der Könige: Kapitel 1–16* (ATD 11.1), Göttingen 1977.

YADIN, Y., *The Temple Scroll*, 3 vols., Jerusalem 1983.

IV

예언서의 변형

14장

예루살렘의 멸망을 잊지 마라!
예레미야서의 관점

게오르그 피셔

우리 학술회의의[1] 주제는 매우 흥미롭다. 이 주제는 아마도 '이스라엘'의 초기 역사에서 가장 파국적인 사건인 기원전 587년 예루살렘의 멸망과 어쩌면 이 공동체가 인류에게 내놓은 가장 가치 있고 중요한 공헌인 토라라는 선물이 유다교와 나중에는 그리스도교 및 다른 종교들의 기초가 되고, 이후 수천 년 동안 수많은 사람에게 영감을 준 일 사이의 연관성을 다룰 것이다. 어떻게 그렇게 끔찍하고 충격적인 경험이 그토록 놀라우리 만큼 긍정적인 결과를 낼 수 있었을까?

예레미야서는 이에 직접적으로 답하지 않으나 몇 가지 배경지식을 제공한다. 예레미야서는 예루살렘의 멸망을 더 명시적으로 다루려는 원의로 생겨났고, 이 점에서 다른 예언서들과 다를 뿐 아니라 성

---

[1]. 학술회의에 나를 초대해 준 주최 측에 감사한다. 성서 연구에서 나의 '모교Alma Mater'인 PIB(교황청립 성서대학)로 돌아와 예레미야와 그의 책에 대한 나의 연구에서 나온 몇 가지 생각을 발표하게 되어서 영광이다. 이 논고의 영어본을 수정해 준 Mrs Felicity Stephens에게도 감사드린다.

경의 어느 책에도 필적할 것이 없다. 나는 예레미야서의 독특함을 세 가지 방식으로 보여 주고, 우리 학술회의 주제, 더 구체적으로는 앞에서 제기된 문제에 공헌하는 바를 숙고하고자 한다.

1. 예레미야서의 출처, 열왕기 하권과의 비교

1.1. 열왕기 하권의 제시

열왕기 두 권은 대략 기원전 965년경 다윗 통치의 마지막 순간부터[2] 기원전 561년경 유배지에서 포로로 37년을 지낸 여호야킨 임금이 입은 은전까지[3] 이스라엘 역사를 개관한다. 따라서 거의 4세기의 기간을 다루며, 예루살렘 멸망이라는 '*부정적인*' 결말을 향한 역동성을 마지막 장인 2열왕 25장에서 상세히 서술한다. 제시된 내용은 대부분 사건의 연대순 보고로 구성되는데, 가끔 신학적 설명이 섞여 있다.[4]

예레 25,1-7은 예루살렘의 포위 공격과 멸망, 치드키야 임금에 대한 네부카드네자르의 심판을 서술한다. 이 역사의 서문인 2열왕 24,18-20은 바빌로니아 임금에 맞선 치드키야의 반역을 공격의 이유로 제시한다. 또 다른 이유는 유다 임금의 악한 행위로 빚어진 하느님

---

2. 열왕기 상·하권은 다윗이 후계자로 솔로몬을 세운 일과 그의 죽음을 기록한다. 연대 표기는 Keel *et al.*, *Orte*, 521에 나온 이스라엘 역사의 개요를 따르고, 사마리아와 예루살렘 멸망을 둘러싼 사건들에 대한 세부 사항은 Becking, *Fall*과 Lipschits, *Fall* 참조.
3. 2열왕 25,27-30; 연대는 Keel *et al.*, *Orte*, 576 참조.
4. 예를 들면 하느님은 솔로몬 임금에게 지혜를 주시거나(1열왕 5,9), 자주 나오는 "야훼의 눈에 드는 옳은 일 / 거슬리는 악한 짓을 하는 것"(1열왕 15,11.26)이라는 평가 공식, 그것의 마지막은 치드키야 임금에 대한 것이다(2열왕 24,19).

의 분노이다.[5] 이러한 '신학적' *이유*들은 이전에 이미 여러 번 언급한 내용과 *다르지 않다*. 그것들은 단순히 오랫동안 확립된 행동 양식에 대한 최종 인증일 뿐이다.

그런데 이번 결과는 더 비참하고, 2열왕 17장(아래 참조)의 예외를 제외하면 어느 곳에서보다 훨씬 더 길게 묘사되었다. 2열왕 25,8-17은 도성 함락 후, 도성과 성전이 불타고 파괴되며, 주민의 일부가 포로로 잡혀가고, 바빌론으로 가져가기 위해 성전에서 귀중품을 꺼내는 장면을 서술한다. 마지막으로 18-21절은 여러 직책에 있는 관리들이 압송되고[6] 네부카드네자르가 리블라에서 그들을 처형했다고 언급한다. 이 내용의 중요성은 20절이 넘는 분량을 통해서도 드러난다.[7] 흥미롭게도 25장 전체에서 하느님은 단지 네 번 나타나는데, 항상 그분의 성전과 연결되며,[8] 다른 곳이나 다른 맥락에서는 나타나지 않는다. 시종일관 냉정하게 묘사하고, 어떤 해석도 없고, 겉으로는 관련된 흔적도 없이, 사실들을 기록한다.[9]

기원전 722-720년 북이스라엘의 수도 사마리아의 멸망에 대한 2열왕 17장의 기사는 완전히 다른데, 1-6절은 역사적 사건을 서술한다. 7-23절에서 이 사건에 대한 주로 *신학적 해석*이 길게 이어진다. 그 여파로 인한 결과는 24-41절에 상세히 묘사된다.

사마리아와 예루살렘 두 수도의 파괴를 보고하는 두 병행 본문

---

5. 이것들이 공통된 신학적 모티프들이다(앞의 주석 참조); 야훼의 분노는 또한 1열왕 11,9; 16,7.26 등 참조.
6. 그들의 수효에 대해서는 Ziemer, "Jahr", 특히 198–199 참조.
7. 긴 설명에 다음의 작은 두 단위를 덧붙일 수도 있다. 행정관 그달야 에피소드인 22-26절, 그리고 이미 앞에서 언급한 여호야킨 왕이 입은 은전을 전하는 27-30절.
8. 참조 구절은 2열왕 25,9.13(2회).16, 항상 "야훼의 집".
9. Markl, "No Future", 725.

2열왕 17장과 25장 사이의 *대조*는 아주 놀랍다. 열왕기의 (암묵적인) 저자의 강조와 동정은 유다에 머물렀지만,[10] 그는 사마리아의 멸망에 더 많은 분량을 할애하고 그 일을 숙고하는 데에 에너지를 쏟는다. 반면, 예루살렘과 심지어 성전의 파괴가 지닌 의의에 대해서는 완전히 회피한다. 결과적으로 가장 중요한 사실의 의미와 영향, 그리고 열왕기의 절정은 대체로 누락되었고 사마리아의 멸망만큼 정교하게 숙고되지 못했다.[11]

1.2. 열왕기 하권 끝부분의 계속이며 심화인 예레미야서

이 맥락에서 예레미야서가 열왕기 하권에 없는 내용을 보충하는 책으로 이해될 수 있다. 얼핏 보기에 예레 52장은 단순히 2열왕 24,18-25,30의 주요 부분을 거의 글자 그대로 반복하면서 그 끝에 다다르는 것 같다.[12] 이런 이유로 52장은 자주 예레미야서의 '부록'처럼 간주되고,[13] 차이점은 대부분 무시된다.

그러나 예레 52장은 시작부터 목표로 삼았던, 그 책의 *필연적인*

---

10. 이것은 예를 들어 그가 1열왕 12장에서 북 왕국의 분리를 평가하는 방식과 그쪽 왕들에 대한 끊임없는 부정적 언급에서 분명히 드러난다.
11. 2역대 36,11-21에 있는 병행 기록과 비교해 보면 이런 인상은 더 확증된다. 거기서 평가와 숙고의 모티프(특히 12-16절과 21절)는 사건들의 서술(11절과 17-20절)에 비해 월등히 많다. 그럼에도 불구하고 열왕기 하권에서 사마리아의 멸망과 예루살렘의 멸망을 묘사한 것 사이에는 많은 연관성이 있다; 이 책에 실린 Dubovský의 논고 "의심스러운 유사성" 참조.
12. 일반적으로 예레 52장이 열왕기 하권에 의존한다고 가정한다. 그것을 수용하지 않는 이는 소수다. 일례로 Hobbs, *2 Kings*, 360을 들 수 있다. 예레 52장에 누락된 가장 긴 부분은 2열왕 25,22-26이다. 그런데 그달야 에피소드는 예레 40,7-43,7 또는 그 너머까지에서 극도로 확장되어 발견될 수 있다(뒤 2.4 참조).
13. 최근에는 Schmidt, *Jeremia*, 338: "Geschichtlicher Anhang"이 있다. 또한 Lundbom, *Jeremiah 37–52*, 511: "Postscript" 참조.

결론이다.[14] 예레 1,3의 마지막 날짜로 주어진 치드키야 임금 제십일년 "다섯째 달"에 예루살렘 주민들이 유배되었다는 표시는 오직 예레 52,12-15에서만 나타나고 예레미야서의 다른 어디에도 없다. 그 구절은 책의 틀로 기능하며 독자가 마지막 장에서 내용이 실현되는 데까지 계속 읽도록 자극한다. 같은 방식으로 성전의 기둥, 큰 바다 모형(수반), 받침대와 남아 있는 기물들이 바빌론으로 옮겨질 것이라고 예레미야를 통해 하신 주님의 말씀(예레 27,19-22)은 실현을 기다리고 있다. 그 실현은 예레 52,17-23에서만 보고된다.

후자 구절은 그 원천인 2열왕 25,13-17과 관련하여 *상당한 차이*를 보이는데, 훨씬 더 길고 더 많은 기물을 나열한다. 이를 위해 탈출기의 성소 본문과 1열왕 7장의 솔로몬 임금의 성전 건축 본문에서 흔히 쓰지 않는 표현을 가져왔다.[15] 예레 52,21-23에서는 기둥들을 묘사하는 데 특별한 강조를 둔다. 그 대목의 병행 구절이고 원천인 2열왕 25,17보다 기둥들의 아름다움과 귀함을 훨씬 더 강조하며, 예레미야서에서 이미 표현된 것을 단순히 반복하는 것이 아니라, 의도적으로 *소개 자체를 재구성*하려 했다는 의지를 보여 준다.

2열왕 25장과 예레 52장 사이에는 아직도 *더 많은 차이점*이 있다. 그중 일부를 여기에 소개한다.[16]

---

14. 예레미야서 내에서 52장의 기능과 열왕기 하권과의 관계에 대해서는 Fischer, "Jeremia 52 – ein Schlüssel" 참조. 짧은 영어판은 같은 저자, "Jeremiah 52: A Test Case"로 나타났다.
15. 예를 들면 "등잔대들המנרות", "대야들מספות" 그리고 "그릇들המנקיות"이다. 참고 문헌과 추가 표현은 Fischer, "Jeremia 52 – ein Schlüssel", 53–55.
16. "+"는 예레 52장에 추가된 본문을 가리킨다.

2열왕 25,3 "초아흐렛날"	예레 52,6 + "넷째 달"
4절 군사들의 움직임에 대한 언급(동사)이 없다	7절 + "군사들이 모두 달아났다 그리고 갔다"
5절 "임금을 … 그를"	8절 "임금 … 치드키야를"
6절 "리블라에"	9절 + "하맛 땅에 있는"
7절 관리들을 언급하지 않는다.	10절 + "그는 모든 대신들도 살해하였다"
11절 감옥살이 기간을 언급하지 않는다	11절 + "죽는 날까지"(34절에도)
11절 "나머지 백성"	15절 + "일부 가난한 이들과"
19절 "측근 다섯과"	25절 + "측근 일곱과"

이런 추가적 표현이나 다른 몇 가지 표현은 예레 52장의 그리스어 본문과 히브리어 본문에서 입증된다.[17] 이것은 그 원천 본문과 관련해서 예레미야서의 *확장 경향*을 분명히 지적한다. 예레미야서에서는 처벌이 더 가혹하게 나타나는 듯하며(52,10.11.25), 비겁한 군대의 도주가 부각된다(7절). 그들은 바빌론 군대를 저지하지 않으며, 종국에는 주민들을 보호하지 않고 내버려둔다.[18]

---

17. 이것은 오직 히브리어 본문에서만 발견되는, 예레 52,28-30에 나오는 세 차례 유배자 숫자와 같은 가장 길게 덧붙여진 구절의 경우는 아니다.
18. 엄중한 판결과 무책임한 지도자들, 이 두 가지가 예레미야서의 전형적 특징이다. 따라서 예레 52장의 이런 수정들은 책 전체에 존재하는 특성을 확증해 준다.

예레 52장은 예레미야서 안에 '잘못 놓여 있다'. 연대순으로 '올바른 위치'는 예레 38장에 소개된 치드키야 임금과 예레미야의 마지막 '회견'과 예레 40장에 소개된 추방에 대한 라마의 회의 진영 사이인 예레 39장이다. 예레 39,1-10은 예루살렘 멸망에 대한 다른 기록을 소개한다. 이것은 예레 52장의 *요약판*이며 여러 면에서 그것과 다르다.[19] 예레 39,3은 외국인들이 와서 그들의 왕좌를 예루살렘 성문에 세우리라고 예레 1,15에서 말씀하신 하느님의 선언의 실현으로 볼 수 있는데, 이보다 더 밀접한 다른 구절이 없기 때문이다.[20] 예루살렘 멸망을 두 가지 다른 모습으로 묘사한 점은 이 중요하고도 충격적인 사건을 대단히 크게 강조하며 그에 대한 '*입체적 시각*stereo vision'을 만들어 낸다.

적절한 위치에 있는 병행 기록의 존재는 *예레 52장*이 그 위치에서 갖는 *기능*에 의문을 제기한다. 시작 직전 51장의 끝에 주어진 실마리는 "여기까지가 예레미야의 말이다"(51,64)이다. 이는 이후에 기록된 말들이 그의 말이 아님을 분명히 한다. 그래서 예레 52장은 *외부의 증언*이면서 예언자의 선포가 진실함을 증언하고 그가 말한 것이 시간의 흐름 속에서 실현되고 있음을 보여 준다.[21]

예레미야서 저자는 의도적으로 2열왕 25장을 고르고, 52장에서 그만의 방식으로 형태를 만들고, 추가하고 변형했으며, 시작부터(1,3)

---

19. 예레 39장의 독특한 특징 및 그 장과 예레 52장의 관계는 Fischer, *Jeremia 26–52*, 349–357 참조.
20. 이것은 마치 예레 1,3이 52,13을 요구하는 것처럼, 예레 1,15이 예레 39장의 구체적인 묘사를 필요로 한다는 것을 의미한다. 예레 52장은 1,15의 실현으로 간주될 수 없다. 이 관찰들은 저자가 시작부터 예레 39장과 52장에서 예루살렘의 멸망을 이중으로 묘사할 것을 의도적으로 고안했음을 가리킬 수 있다.
21. 예레 52장은 또한 다른 기능들도 있다. Fischer, *Jeremia: Prophet*, 29–32 참조.

52장을 책의 마지막 정점으로 만들고자 의도한 것이 분명해 보인다.[22] 또한 적절한 순간에 단축되고 아주 뚜렷한 버전으로 예레 39장에 '예측'을 소개했다.[23] 게다가 거의 책 전체를 이 중요한 사건에 집중시켰다(이 점은 뒤 2.4. 참조). 그리하여 이 비참한 결과가[24] 예레미야서 전체에 걸쳐 잘 준비되도록 하고, 예루살렘의 멸망에서 행해졌다고 이해된 하느님의 심판이 정당한 것 이상으로 보이도록 한다. 2열왕 24,18-25을 집중적으로 활용한 점은 놀랍다. 그러나 예레미야서는 또한 열왕기의 다른 본문들과 요소들을 뽑아내어, 열왕기 전체가 하나의 토대로 쓰인다.[25]

2. 다른 예언서들과의 비교

모든 예언서의 최종 형태는 유배 이전이 아니라 더 후대에서 비롯된다는 의견이 일반적이다. 이것은 *모든 예언서가* 예루살렘의 멸망에

---

22. 예레 7,14에서 하느님이 경고/예고하신 예루살렘 성전의 멸망은 예레 52,13 이전에는 결코 보고되지 않았다. 이전에 언급된 경우(앞의 각주 20 참조), 예레 52장은 성취로서 "필요"하다. 성전 파괴의 다양한 측면은 Hahn (ed.), Zerstörungen 참조.
23. 39장은 예레미야의 운명에 주의를 기울이고 에티오피아 사람 에벳 멜렉에게 한 약속(39,11-18)에서도 52장과 다르다.
24. Wöhrle, "Rehabilitierung"은 여호야킨 임금에게 보인 은혜를 긍정적으로 해석한다. 하지만 예레 52장에는 부정적인 분위기가 우세하다고 본다. 마지막 구절에 다윗 왕조의 종말과도 같은 "그가 죽을 때까지"라는 어구를 덧붙여 이 점을 강조한 것으로 보인다.
25. 예레미야서에 나오는 유다의 마지막 임금들의 이름과 연대, 묘사된 사항들은 주로 열왕기 하권의 서술에 기초하고 있다. 여호야킨 임금의 유배(2열왕 24,8-17)는 예레 24장과 29장에 암시되어 있다. 요시야 임금의 개혁(2열왕 22-23장)은 예레 11,2과 예레 36장의 배경에 남아 있는데, 이는 개혁의 부정적 반전과 같다. 므나쎄 임금(2열왕 21장)은 예레 15,4에 명시적으로 드러난다. 2열왕 17장에 나오는, 사마리아의 멸망과 예레미야서 사이의 연관성도 주목할 만하다. Fischer, "Relationship" 참조.

대해서 '*알고 있었음*'을 함축한다. 그래서 이 결정적인 사건이 책들에 어떻게 반영되었는지가 흥미롭다. 여기서는 그것을 상세하게 또는 체계적으로 다루지는 않는다. 나의 의도는 단지 책들 안에 있는 다양한 접근 방식의 흔적을 제시하려는 것이다.

2.1. 열두 예언서

이 책들 사이에는 엄청난 차이가 있다. 호세아서, 요나서, 나훔서, 하바쿡서와 하까이서는 "예루살렘"을 *언급조차 않는다*.[26] 그 책들이 도성의 운명에 대해 모른다고 말하는 것이 아니다. 예를 들어 하바쿡서는 1,6에서 "심판하러" 와서 그물로 사람들을 끌어올리는(1,12.15) "칼데아인들"로 그것을 암시한다. 그러나 다섯 권의 책은 모두 기원전 587년 후에 쓰였고, 적어도 직접적으로 이 재앙을 다루지 않는다.

열두 예언서의 다른 책들은 *독자가 예루살렘의 멸망이라는 충격적 사건을 인지하도록 한다*. 요엘 2,1-11에 "야훼의 날"은 그의 "거룩한 산"(1절)과 연결된다. *요엘서*는 그들은 이전에 고통을 당했고, 그들의 자녀들이 팔려 가게 되었다고 가정하면서(6절), 나중에 하느님은 "유다와 예루살렘의 운명을 되돌려 줄"(4,1) 것이라고 말한다. *아모스서*에서 하느님은 "예루살렘의 성채들을" 불타오르게 할 것이라고 선언한다(2,4-5). 아모 9,1-10은 파괴와 유배를 묘사하나 건물이나 날짜

---

26. 기원전 8세기 북 왕국 예언자 호세아의 책에서는 이 점을 설명할 수 있다. 아시리아의 수도 니네베를 다루는 요나서와 나훔서에서는 초점이 다르다. 그래서 다른 책들의 경우 '예루살렘'이란 지명이 나타나지 않는 데에는 이유가 여럿 있다. 그것은 열둘 중에서 단지 요엘서, 오바드야서, 미카서, 스바니야서와 즈카르야서에만 나타나는 "시온"이라는 표현과 비슷하다. 이상하게도 하까이서는 예루살렘에서 이뤄지는 성전 재건에 집중할지라도 결코 도성 이름을 언급하지 않는다. 열두 예언서들에서 예루살렘의 기능에 대하여는 Bilić, *Jerusalem*, 184–196 참조.

에 대한 명확한 언급은 없다. 이 구절들이 예루살렘의 멸망을 염두에 둘 수도 있으나 증명하기는 어렵다.

*오바드야서*는 "예루살렘을 두고 그들이 제비를 뽑았다"라고 선언하고(11절), 오바 20절에는 "예루살렘 출신 유배자들"이란 어구가 들어 있다. *미카서*는 예루살렘에 닥쳐오는 재앙(1,9.12)과 유배(1,16)에 대하여 알고 있다. 미카 3,12은 도성이 폐허가 된다고, 6,9-13은 도성 주민들의 불의 때문에 도성을 칠 것이라고 선언한다.[27] *스바니야서*에서 하느님은 예루살렘을 향해 손을 뻗을 것이라고 말씀하시고(1,4), 첫째 장의 나머지는 이 심판을 "야훼의 날"에 마련된 "희생 제물זבח"(1,7-8)로 상징적으로 묘사하며, 나중에 "물고기 대문", "두 번째 구역"(역자 주: 《성경》에는 "신시가지")과 "막테스" 같은 구체적인 장소를 언급한다 (1,10-11).[28]

*즈카르야서*에서는 "예루살렘"이 28회나 나오는 것이 눈에 띄는데, 이 예언서가 특히 수도를 강조하고 있음을 가리킨다.[29] 즈카 1,12.16은 이미 이 방향을 가리키며, 그들의 질문과 하느님의 답을 통하여 예루살렘에 대한 하느님의 연민을 나타낸다. 즈카르야서는 다른 나라들이 예루살렘에 맞서 전쟁을 벌이는 것(12,3.9)에 대하여 알고 있으나, 실제로 일어났던 일을 묘사하는 경우는 한 번뿐이다. "… 이 도성은 함락되고 집들은 털리며, 여자들은 욕을 당하고 도성의 절반이 유배 갈 것이다. 그러나 남은 백성은 이 도성에서 잘려 나가지 않을 것

---

27. Decorzant, *Gericht*, 96과 n. 215, 미카 6,9에서 "도성"의 식별 가능성을 논의하고 예루살렘을 채택한다.
28. 스바니야서의 끝부분인 3,14-16에서 도성의 운명은 좋게 변화된다.
29. Bilić, *Jerusalem*, 282–308 참조.

이다"(즈카 14,2). 그 직후 다음 절에서 하느님은 그런 짓을 하는 그들에 맞서 싸우신다(14,3).[30]

열두 예언서의 마지막 책 *말라키서*는 예루살렘을 두 번 언급한다. 말라 2,11은 도성에 죄가 있다고 말하는데, 특별히 야훼의 성소를 모독하는 죄가 있다고 한다. 말라 3,4에서 하느님은 "유다와 예루살렘의 제물"을 다시 호의로 받아들이실 것이라고 한다. 이 책 어디에도 예루살렘의 멸망에 대한 명시적인 언급은 없다.

요약하면, 열두 '소'예언서 중에서 일곱 권은 예루살렘이란 지명을 언급하는 반면, 다섯 권은 결코 언급하지 않는다. 기원전 587년 예루살렘 멸망에 대한 구체적인 언급, 예를 들면 그 일과 관련된 임금의 이름이나 특정한 사건 같은 것이 없다. 어떤 책들은 일반적인 방식으로 심판을 예언하고(요엘 2장; 아모 9장), 다른 책들은 심판을 회고한다(오바; 하바 1장; 즈카). 전반적으로는 재앙에 대한 묘사들이 베일에 가려 있고 때로는 상징적으로 담겨 있다(즈카 1장). 또한 다양한 방식으로 명백히 *경시하는 경향*도 있다. 매우 간략하게 기록된 부분이 많으며, 막대한 손실과 전쟁의 잔혹성은 거의 묘사되지 않는다. 때로는 아주 빠르게 하느님의 구원으로 초점이 바뀌는데, 즈카 14,2-3이 좋은 예다.

---

30. 하느님의 그런 보호는 예루살렘을 위한 하느님의 유례없는 약속에 의해 책 서두에 이미 나타나 있다. "… 예루살렘을 둘러싼 불 벽이 되고"(즈카 2,9); Fischer, *Theologien*, 129–130 참조.

2.2. 이사야서에서 예루살렘의 멸망

이사야서는 예언자의 경력을 기원전 8세기 말로 추정하며 아시리아를 배경으로 확립한다(이사 1,1). 이것은 기원전 587년 사건의 언급을 배제했을 것이다. 그러나 일반적으로 수용하는 대로, 이사야서는 후대, 심지어 유배 이후의 자료도 포함한다. 결과적으로 정경 상태에서 이 책은 바빌로니아의 공격과 예루살렘의 파괴로 일어난 일을 *익히 알고 있음*을 명백하게 보여 준다.

책에는 "너희의 성읍들은 불에 탔으며"(이사 1,7)처럼 도입부를 비롯한 곳곳에 *예루살렘의 운명을 시사하는 몇 가지 실마리가* 있다.[31] 이사 1,21은 "충실하던 도성"이었던 예루살렘의 불성실을 고발하고, 1,25은 "나는 잿물로 씻어 내듯 너의 쇠 찌꺼기를 걸러 낼 것이다"라는 은유적인 방식으로 하느님의 심판을 소개한다. 비슷하게 이사야서의 다른 구절들도 재앙을 언급한다. 예를 들면 이사 3,1-3은 도성과 책임자들에게 어떠한 지원도 없다고, 3,8은 "예루살렘은 비틀거리고 유다는 쓰러졌"다고 선언한다. 이사 22,1-14은 가장 기탄없는 본문 중 하나인데, 바빌로니아인 정복에 대한 언급일 수도 있다.[32] 이사 22,3은 모든 지휘관이 도주했다고 전한다. 이는 2열왕 25,4-7에 묘사된 것과 가장 근접한 병행이다. 더 나아가 이사 49,14-26은 여러 번 황폐를 암시한다. 끝부분인 이사 64,9-10은 시온과 예루살렘의 황량함과 성전

---

31. Beuken, *Jesaja 1–12*, 69은 제1이사야를 유배 이후 상황을 배경으로 이해하기에, 바빌로니아인들에 의한 예루살렘과 유다의 파괴에 대해 언급할 수 있다. 그러나 Eck, *Jesaja 1*, 331–352은 이사 1,5-7ㄱ.8을 신아시리아 시대와 관련된 것으로 간주한다.
32. Beuken, *Jesaja 13–27*, 248에서 기원전 701년 예루살렘 포위 공격과 기원전 587/6년에 바빌로니아인의 점령의 연관성을 본다. 그는 이사 22,5에서 מקרקר קר를 "엄청난 소음의 von gewaltigem Krach"라고 번역했는데, 이것은 또한 기원전 587년에 도성 성벽이 뚫리기 때문에 "벽이 허물어지다"로 표현될 수 있다.

의 소실燒失을 명시적으로 언급한다.[33]

이사야서에서 예루살렘 멸망을 언급한 부분은 드물고 대부분 짧아서 가끔씩만 식별이 가능하다. 대조적으로, 기원전 701년 산헤립에 의한 아시리아의 예루살렘 포위 공격 중에 일어났다고 추정된 일에 대해서는 *길고 아주 정확한 보고*가 있다. 이사 36-39장은 2열왕 18,17-20,21을 원천으로 취했는데,[34] 예레 52장에서 2열왕 24,18-25,30과 관련하여 보이는 방식과 어느 정도 비교할 수 있다. 여기에 약간의 변화와 첨가들이 보이는데, 주된 첨가는 이사 38,9-20의 히즈키야 임금의 기도다. 이사 36-38장은 하느님의 개입으로 구원되는 예루살렘을 묘사한다.[35] 이상화된 판본은 사실과는 다른 '침범할 수 없는 시온'의 이미지를 제시한다.[36] 예루살렘은 공격받지만 함락되지 않는다.

열왕기 하권에서 가져온 긴 삽입 부분의 끝인 이사 39장에서 바빌로니아 임금 므로닥 발아단이[37] 히즈키야 임금의 치유를 축하하기 위해 보낸 사절단에 대한 묘사와 이에 대한 반응으로 히즈키야와 이사야가 나누는 대화(3-8절)를 볼 수 있다. 이야기된 시간은 연대기에서 *기원전 8세기 말*에 위치한다.

---

33. 예루살렘과 유다에 닥친 다른 암시들도 있다. 예를 들면 이사 44,28; 52,2.4-5.9; 54,3.
34. Berges, *Book*, 245–256에 긴 논의가 있다.
35. 실제로 일어난 일은 2열왕 18,13-16에 서술되어 있는데 아시리아 연대기와 일치한다. 히즈키야 임금은 예루살렘으로부터 아시리아 군대를 철수시키기 위해 조공을 많이 바쳐야 했고 유다 영토의 큰 부분을 잃었다. 이사야서는 이것을 언급하지 않는다.
36. Hardmeier, *Prophetie*은 다른 측면을 소개한다. 그에 의하면 2열왕 18-20장과 이사 36-38장에 나오는 이 서술들의 역사적 배경은 기원전 588년 바빌로니아 예루살렘 공격에서, 더 정확하게는 이집트 군대 급파로 아시리아의 공격이 중단된 시기에서 발견된다(예레 37,5; *Prophetie*, 283–299, 336–338 참조). 그는 이 서술들을 공격에 계속해서 저항하도록 이스라엘을 격려하는 것을 목적으로 하는 홍보용으로 본다.
37. 기록에 의하면 그는 기원전 721-710년과 704-703년 통치했다. Beuken, *Jesaja 28–39*, 451 참조. 2사무 7장에서 다윗에게 주신 약속을 배경으로 이사 39장에 대한 해석은 Janthial, *L'oracle*, 256–263 참조.

다음 절은 이사 40,1으로, 하느님이 백성에게 건네시는 위로의 이중 권면이다. 이것은 일반적으로 유배 후 회복의 시기에 대한 언급으로 보는데,[38] *기원전 6세기 후반* 또는 더 후대로 추정된다. 그 사이에 낀 시간이 모두 누락되었다. 따라서 이사야서는 이 결정적인 시점에서 이사 39장에서 40장으로 약 200년을 건너뛰는데, 이것은 분명히 기원전 1천년기에 있었던 이스라엘 역사의 *가장 중요한 사건을 의도적으로 생략*한 것이다.

그 결과 *커다란 격차*가 발생한다. 이사야서는 유다의 마지막 임금들과 기원전 6세기 초의 사건들에 대한 기록을 제시하지 않는다. 네부카드네자르에게 항거했던 여호야킴 임금과 기원전 597년 예루살렘 첫 포위 공격에 뒤이어 일어난 여호야킨 임금과 수천 명의 주민들이 유배된 사건, 바빌론에 대한 치드키야 임금의 새로운 항거로 예루살렘의 마지막 포위 공격이 18개월간 지속되어 기원전 587년 7월에 도성이 함락되고 파괴되며 많은 사람이 유배된 사건,[39] 파괴의 여파로 그달야가 행정관으로 지명되고 유다인들은 바빌로니아 통치를 피하기 위해 이집트로 내려간 사건이다.[40]

결과적으로 이사야서는 예루살렘과 그 운명에 대해 매우 *이상적이고 과장된 견해*를 제시한다. 기원전 587년의 재앙적 사건들과 그

---

38. Berges, *Jesaja 40–48*, 98–100.
39. 이 날짜에 대해서는 Hardmeier, *Prophetie*, 247–251 참조.
40. 이 공백을 채우기 위해, Schmid, *Buchgestalten*, 249–250과 315–319은 E. Bosshard-Nepustil, R. G. Kratz and O. H. Steck의 생각을 따라 다음의 방식으로 이사야서와 예레미야서를 결합하기를 제안했다. 제1이사야서(이사 1-39장) 다음에 예레미야서를, 그리고 계속되는 것으로 이사 40-66장을 놓는다. 이는 적어도 부분적으로는, '논리적 순서'에 따른 결과일 것이다. 그러나 이 책들이 전승된 형태는 그것들을 분리하고 다른 면모들을 드러낸다.

끔찍한 결과를 생략한 것은 의도적이었다. 책(들)의 저자(들)는 그 내용을 분명히 알고 있었다. 비교하자면, 이는 두 차례의 세계 대전을 말하지 않고 지나치면서 20세기 역사를 묘사하는 것과 같다.

2.3. 예루살렘의 멸망에 대한 에제키엘의 인식

에제키엘서는 이중의 배경을 지닌다. 에제키엘은 기원전 597년에 여호야킨 임금과 함께 유배된 예언자로서, 유배자들과 함께 메소포타미아에 산다.[41] 그러나 그는 영에 의해 들어 올려져 예루살렘이 멸망되기 전 얼마 동안(에제 8,3)과 도성이 함락된 지 14년째 되는 해에 예루살렘으로 옮겨진다(에제 40,1).[42] 그래서 에제키엘은 예레미야와 동시대 사람이고 기원전 6세기 초에 일어난 사건들과 관련이 있지만, 기원전 587년에 예루살렘에서 일어난 일을 *직접 경험하지 못했다.*

  이것이 그의 책에 반영되어 있다. 에제 24,1-2은 바빌로니아인들의 예루살렘 포위 공격의 시작을 언급하는데, 2열왕 25,1에 정해진 날짜와 동일하다. 에제 24,3-14은 *불 위에 올린 솥의 비유*(마샬משׁל)를 들어 계속 말하는데, 이는 정화될 수 없어 무자비한 심판을 받는 도성을 상징한다. 다음의 소단락 24,15-17은 예언자의 아내의 죽음을 예고하고 그에게 애도를 금지한다. 이것은 18-24절에서 하느님의 성소의 죽음과 "너희의 자랑스러운 힘"에[43] 대한 표징으로 해석되며, 그것

---

41. 에제 1,1이 언급하는 크바르강은 아마도 유프라테스강의 지류일 것이다. 에제 3,15은 정착지 중 하나인 텔-아비브를 언급한다.
42. 에제 11,24-25은 그가 메소포타미아의 유배자 공동체(골라)로 귀환하는 것을 묘사한다. 에제 40,1-2에서, 에제 8장에 나오는 비슷한 방법으로, 하느님은 그를 이스라엘 땅 ארץ ישראל에 있는 "도성"으로 데려가는데, 그곳은 예루살렘에 대한 언급으로 이해되어야 한다. Sedlmeier, *Ezechiel*, 271 참조.
43. 에제 24,21도 성전에 대한 언급일 것이다. Greenberg, *Ezekiel*, 510–511 참조. 본문이 명

들도 마찬가지로 애도되지 않을 것이다. 마지막 25-27절에서 하느님은 에제키엘에게 "도망자, 피난민ʊʕˤ", 여기서는 유배자라는 의미로 이해되는 사람에게 그 소식을 들어 알게 되리라고 말씀하신다.[44]

이 일은 에제 33,21에서 일어난다. '도성이 함락되었다'는 메시지가 반년 가까이 지연되어[45] 바빌로니아 유배자에게 도달한다. *공간적·시간적 거리*로 인해 에제키엘은 '목격 증인'이 될 수 없다. 예언자는 이 결정적인 사건을 멀리서 뒤늦게 듣게 되고, 그것은 그에게 전환점이 된다. 그의 입은 다시 열리고(22절), 이어지는 장들에서 그의 선언은 그 어느 때보다도 좋은 소식들로 가득 차게 될 것이다.[46] 그것은 마치 예루살렘의 멸망이 하느님의 예기치 않고 과분한 은총으로 축복받은 새 시대를 촉발하는 것과 같다.

에제 8-11장에 나오는 에제키엘의 예루살렘 '여정'과 에제 24장에 나오는 비유 사이에 놓인 두 구절이 유다의 수도인 예루살렘의 *마지막 날을 상징적으로 암시한다*. 에제 17,13-21은 유다의 마지막 임금 치드키야에 대하여 말하는데, 그의 이름은 언급하지 않는다. 문맥과[47] 20절의 "나는 그를 바빌론으로 끌고 가서"라는 구절은 이 일이 도성의 함락과 연결되어 있다는 것을 분명하게 한다. 두 장章 후에 나오는, 잡히거나 덫에 걸려 바빌론 임금에게 끌려가는 젊은 사자의 비유도

시적으로 도성의 파괴를 언급하지 않으나 문맥에서 아들딸들이 칼에 맞아 죽음으로써 이를 시사한다.
44. Sedlmeier, *Ezechiel*, 150.
45. 예레 52,6은 치드키야 제십일년 넷째 달 아홉째 날로 도성의 함락 일을 추정하는데, 이것이 아마도 에제 33,21의 "우리의 유배살이 제십이년"에 부합하며, 메시지는 "열째 달 초닷샛날"에 에제키엘에게 다다랐다.
46. 에제 34-48장은 이스라엘에 대한 희망의 메시지를 많이 담고 있다.
47. 에제 17,12은 이미 유다의 다른 임금 야호야킨의 바빌론 유배를 언급했고, 17절에는 포위를 가리키는 두 가지 표현이 들어 있다.

치드키야 임금의 운명을 묘사한다(에제 19,5-9).

따라서 에제키엘서는 이처럼 다양한 예화로 예루살렘의 멸망을 증언한다. 그것은 *쌍안경을 통해 보는 것*과 같은 방식으로 수행된다. 사건은 멀리 떨어져 있어, 멀리 있는 별의 빛이 지연되어 아주 늦게 도착하는 밤하늘의 별처럼 보인다. 관찰된 별은 심지어 더 이상 존재하지 않을 수도 있다. 기원전 587년에 대한 에제키엘의 소개는 주로 비유적이며,[48] 그 재앙은 하느님이 함께하는 이스라엘 역사에서 하나의 분수령으로 간주된다.

2.4. 예레미야서의 제시

예레미야서는 '동종同種' 예언서인 이사야서와 에제키엘서가 예루살렘 멸망을 다루는 방식과 반대는 아니지만 현저한 대조를 이룬다. 예레미야서는 여러 면에서 다르다.

(1) 빈도

도성의 이름은 예레미야서에서 102회 언급된다.[49] 히브리 성경의 다른 두루마리보다 훨씬 더 자주 언급되는데, 이는 특히 도성에 주의를 기울이고 있다는 표시다.

---

48. 에제 9장을 덧붙일 수도 있다. 거기에는 그 도성에서 악행을 저지르는 자들을 죽이라는 하느님의 명령이 나온다. 예루살렘의 멸망에 대해 에제키엘이 제시한 양상들을 더 보려면 Daschke, *City*, 61-102 참조.
49. 이것은 장章당 평균 2회에 해당한다. 통계는 *TDOT* 6 (1990) 348의 계산을 따랐다(BibleWorks와는 다르다). '예루살렘'은 히브리 성경에 660회 나온다. 예레미야서에서는 120회 이상 언급되어 역대기 하권에 이어 두 번째로 많다. 비교하면, 이사야서는 49회, 에제키엘서는 26회, 열왕기 상권과 하권은 함께 90회이다.

(2) 확대

이름에 대한 많은 언급과 함께 예레미야서는 예루살렘의 운명에 지속적으로 관심을 기울인다. 시작(예레 1,3.15; 2,2)부터 끝까지(예레 52장) 책 전반에 걸쳐 유다의 수도를 다룬다.[50] 예루살렘을 "시온" 또는 하느님의 성전으로 간접적으로 언급하는 경우까지 포함한다면,[51] 예루살렘을 볼 수 없는 장은 43장과 45-49장 등 여섯 장뿐이다. 이는 각 장의 서로 다른 방침으로 쉽게 설명될 수 있다. 43장은 나머지 유다 사람들이 이집트로 피신하는 장면을 묘사하고, 45장은 바룩을 위한 신탁을 담고 있으며, 이어지는 장들은 다른 나라들에 대한 신탁으로 구성된다. 예레미야서는 전적으로 예루살렘에 집중한다.

(3) 초점 맞추기

도성을 이렇게 강조하는 범주 안에서 예레미야는 유다의 다윗 왕조의 마지막 40년을 선택하는데, 이는 다윗 임금과 솔로몬 임금 치하의 왕조 시작과 부정적인 대조를 이룬다.[52] 연대기 표시는 책의 후반부에서 더 두드러지며, 주로 두 가지 아주 제한된 시간대 — 구조적 장치[53]로 사용된 여호야킴 임금의 제4년과 주로 치드키야 임금의 통치 마지

---

50. 이름 "예루살렘"이 나오지 않는 장들은 10장; 12장; 16장; 20-21장; 28장; 30-31장; 41장; 43장; 45-50장이다. 그러나 이 장들에서도 예루살렘은 자주 보이는데, 예를 들면 예레 10,17에서 유배 가기 위한 짐을 꾸리라는 권고와 함께; 예레 12,7에서는 예루살렘에 있는 그의 성전인 "내 집"에 대해 말씀하시는 하느님과 함께; 예레 16,2.9에서는 도성을 언급하는 "이곳에서"(예레 7,3-7에는 3번)와 함께 나온다.
51. "예루살렘"이 언급되지 않은 장에 대한 몇 가지 표시는 다음과 같다. "시온"은 예레 30,17; 50,5에 사용되고, "야훼의 집"은 예레 28,1; 41,5에 사용되었다.
52. Fischer, *Jeremia 1–25*, 128–129.
53. 예레 25,1; 36,1; 45,1; 46,2: 큰 부분을 여는 데 3회, 그리고 일종의 틀(예레 36-45장에 대한)로 1회(45,1에서).

막 단계 — 를 대체로 강조한다.⁵⁴ 후자의 시기에 대해, 예레미야는 많은 사건을 일종의 '클로즈업close-up'으로⁵⁵ 상세히 묘사하여 독자가 일어난 일에 대한 생생한 인상을 받는 동시에 몰입하게 한다. 이런 특징은 예루살렘 멸망에 대한 이사야서의 회피와 에제키엘서의 상징적 표현과는 거리가 멀다.

(4) 관점

이사야서는 39장 후부터 기원전 8세기 말로 *시간 여행*을 하는데, 대재앙이 끝난 오랜 후인 200년 후에 '안착'한다. 이사 40,2의 짧은 언급만이 예루살렘의 과거 심판을 회고한다. 에제키엘서는 예언자가 일시적으로 예루살렘과 그 성전으로 '들어 옮겨지는'(에제 8,3) *'헬리콥터'* 경험을 활용한다. 이것과는 별개로, 에제키엘서는 다른 사람의 정보에 의존하여 멀리서 도성의 운명을 바라본다.

    이는 예레미야서와 아주 다르다. 예레미야서는 대재앙 후 아주 오랜 후에 쓰였을지라도 책의 약 4분의 3은 그 이전 시대를 다룬다.⁵⁶ 예레미야서는 예루살렘의 멸망을 *동시대와 목격자의 관점에서* 예루살렘 멸망 전 이 마지막 시간을 소개한다. 예레미야 예언자 같은 주요 등장인물은 카메라 렌즈와 같은 기능을 하며 그와 그 주변 사회에서 일어나는 일을 실제와 같은 방식으로 묘사한다.⁵⁷

---

54. 예레 21장; 24장; 27–29장; 32–34장; 37–39장; 52장의 구절들은 이 시기로 추정된다.
55. Lundbom, *Jeremiah Closer Up*에 게재된 논고 중에 비슷한 제목 참조.
56. 도성의 멸망은 예레 39장에 가서야 서술되고, 이후의 사건들을 위해 13개 장(예레 52장까지)을 남겨 둔다.
57. 예레미야서가 특정한 표현 방식으로 제시하는 다른 은유적인 설명들은 예레미야가 돋보기를 사용하여 기원전 587년 전후의 시기를 분석하는 것이라고 말할 수 있다; 또는 현미경으로 시기를 조사하면서 태도들과 중요한 사건들의 박편들과 슬라이드를 제

(5) 직면

갈등은 예레미야서의 방대한 부분을 형성한다. 하느님은 예레 2장에서 공동체와 지도자들을 비난하시고, 여러 장에 걸쳐 그렇게 하신다.[58] 예레미야는 치드키야 임금(34,1-7; 37,17-21; 38,14-26), 관리(26,12-19; 37,11-16; 38,27), 사제(20,1-6; 26,7-11; 27,16-22; 29,29), 다른 예언자(26,7-11; 28,1-16) 들과 활발하게 만난다.[59] 논쟁은 청중(예레미야의 청취자들과 예레미야서의 독자들)이 연극을 보는 관객처럼 충돌과 상충되는 해석에 참여할 수 있도록, 세세하고 구체적인 방식으로 제시된다.[60]

이런 연출로 독자는 다양한 집단과 그 입장에 대해 상세하게 집중할 수 있다. 예를 들어 예레 26장의 분파들, 2장의 하느님에게서 시작하는 재앙을 피하기 위한 노력, 4,10.19.30-31과 다른 곳에서와 같은 즉각적인 반응 등이다. 예루살렘의 멸망으로 이어지는 이런 묘사의 *범위, 강도*와 *예리함*은 성경에 유례가 없다.[61] 그것들은 생동감 넘치고 다채로운 인상을 주며 책의 수신자들의 몰입도를 더욱 높인다.

작하고 있다고 말할 수도 있다. 일부 사진 '촬영'은 '정지 사진'이며(예: 예레 32,1-2; 33,1; 34,1), 일종의 짧은 동영상video clip이랄 수 있는 것과 결합될 수 있다(예레 32,3-5; 34,2-7).
58. 예레 2-9장; 11-19장; 22-27장 그리고 다른 장들은 책망으로 가득하다.
59. 예레 29장은 24-32절에서 "편지"와 다른 편지에 대한 반응(29절)을 통해, 바빌론의 예언자들에 대한 예레미야의 반대를 간접적으로 반영한다. 이것들은 직접적인 만남이 아니다.
60. 다양한 입장 사이의 투쟁으로 제시되는 이런 '대화체' 형태는 예레미야서의 수신자들에게 도전한다. 그들은 선택에 직면하고 그들이 따를 길을 스스로 결정해야 한다.
61. 적의 공격은 잔인하고 끔찍하게 묘사되었다; 예를 들어 5,16-17; 6,23; 9,20-21; 12,12 … 52,10-11 참조. 사용된 언어를 조금 인용하자면 "열린 무덤과 같으니/을 열고 … 그들은 네 아들딸들도 집어삼키리라"(5,16-17); "잔인하고 무자비하다"(6,23); "살해된 내 딸 내 백성"(8,23); "시체가 들판의 거름처럼"(9,21) 등.

(6) 효과

이런 종류의 표현은 또 다른 기능을 제시한다. 그것은 *명백한 죄책감을 드러낸다.* 이 점에서 예레미야서에 필적할 것은 없다. 성경의 어떤 두루마리보다도 이 측면을 강조하고 거의 모든 사람에게 죄책감을 퍼뜨린다.[62] '낮은 이'에서부터 '높은 이'에 이르기까지 누구나(예레 5,1-5), 가족 전체(예레 7,16-20), 영향력 있는 모든 집단(예를 들어 1,18; 2,8)과 심지어 지난 세대들(예레 16,11; 15,4에서는 므나쎄 임금)까지도 대재앙에 책임이 있다. 그들 모두가 예루살렘의 멸망에 책임이 있다.

(7) 혼합물

예레미야서는 아직 피할 수 있는 재난의 위협과 피할 수 없는 파괴의 선포 사이를 *오가고 있다.* 예레 15-19장이 한 예일 수 있다. 여기서 15,1-4과 비슷하게 16,1-9은 희망을 남기지 않는다. 그러나 17,7-8은 야훼를 신뢰하는 이를 축복한다. 또 17,19-27은 안식일을 지키는 이들에게 미래를 약속한다. 그리고 18,1-8에 나오는 예레미야의 옹기장이 방문과 그 일에 대한 하느님의 해석은 회개하면 파괴 없이 하느님에 의한 '재형성'으로 이어질 수 있다는 인상을 남긴다. 18,12에서 백성의 거절은 도성의 운명에 대한 상징으로 단지를 깨뜨리라는 하느님의 명령을 폭발시키는 전환점으로 볼 수 있다(19,10-11).[63]

---

62. 드문 예외들은 아히캄(예레 26,24), 에벳 멜렉(38,7-13; 39,15-18)과 바룩(예를 들어 36장과 45장에서)이다. 상당한 책임이 '거짓 예언자들'에게 부과되는데, 어느 곳에서보다 예레미야서에서 더 발전된 주제이다.
63. 이 구절조차도 결정적인 것은 아니다. 예레 26,3은 이 책의 뒷부분에서 회개를 위한 다른 기회를 제공하고, 이것은 도성의 함락 직전까지 계속된다. 예레미야는 예레 38,17에서 치드키야 임금에게 그의 목숨과 예루살렘을 구할 기회를 제공한다.

예레미야서는 관심을 유도하기 위해 흥미로운 기법을 사용한다. 그것은 산문 서술(예레 1장; 7장; 11장 등)과 이미지로 가득한 운문 구절들(예를 들면 예레 2-6장; 8-10장)을 뒤섞어, 해석적 틀과 풍부한 상징성을 지닌 내용과[64] 마치 만화경 같은 인상이 섞인 혼합물을 새롭게 만들어 낸다.

예레미야서의 구조와 연대기도[65] 예루살렘의 멸망으로 야기된 혼란의 인상을 전달하는 데 기여한다. 이는 예레 39장에서 불완전한 방식으로 처음 묘사된다.[66] 예레 42-44장에는 이 사건 날짜가 지났음에도 행해지는, 이집트로 도망가는 유다인들의 계속되는 불순종을 보여 주는 역동성이 있다.[67] 시간이 지남에 따라 야훼에 대한 백성의 거부를 예레미야서의 독자들에게로 더욱 확장한다. 아마 이 메시지가 책의 핵심 목표일 것이다. 그러나 예레미야서의 전반적인 전개는 52장에 가서야만 최종 지점에 달하는데, 일종의 '마지막 말'로 예루살렘의 멸망을 반복하고 연장하고 강화한다.

요약

기원전 587년경 사건을 다룬 예레미야서의 설명은 다른 예언자들의 두루마리뿐만 아니라 성경의 다른 모든 책과도 다르다. 예레미야서는 예루살렘의 멸망과 멸망에 이르게 한 사건들에 대해서 *가장 길고*

---

64. Stulman, *Order*는 예레미야서의 운문과 산문의 결합을 이해하는 데 기여했다.
65. 짧은 개요는 Fischer, *Jeremia 1–25*, 81 참조.
66. 예레 39장에서 가장 중요한 '공백'은 성전에 일어난 일을 제대로 묘사하지 못한 것이다.
67. 대재앙이 닥친 후에도 유다 백성은 변화하지 않았다. 그래서 예루살렘이 파괴되기 전과 그 후에 그들이 듣지 않는 것에는 상응하는 면이 있다.

*가장 예리하며 가장 상세한 묘사*를 담고 있다.[68] 이러한 초점, 강도強度 및 정교화 방식은 중요한 목적에 대해 증언한다. 예레미야서의 저자는 특별한 관심들을 염두에 두었을 것이다. 내 생각에 그는 일부 동료 예언자들의 책에 있는 들쭉날쭉하거나 불만족스러운 표현을 상쇄하거나 보완하고, 예루살렘 멸망의 중요성을 강조하고자 했다. 그리고 비슷한 재앙을 피하려는 목적으로 미래를 위한 교훈을 얻기 위해 그 일에 대해 적절하게 성찰해야 할 필요성을 강조하기를 원했다.

3. 신명기와 예레미야서의 관계

예루살렘의 멸망에 대한 예레미야서의 상세한 묘사를 적절히 이해하기 위해서는 주요 출처인 신명기, 특히 신명 28장을 참고할 필요가 있다.[69] 예레미야서가 신명기와 신명기계 문헌과 가까운 것은 종종 관찰되었다. 성경의 다른 어떤 책도 신명기보다 예레미야서에 가깝지 않다. 우리의 연구 범위에서, 신명 28장의 위협과 신명 13장의 변절한 도시에 대한 법규 부분은 특별한 주의를 기울일 가치가 있다.

---

68. 예레 6장의 상호본문적 암시는 기브아와 사마리아와 같은 도시들에 대한 비난과 연결되는데, 예레미야서의 이곳에서는 그것들이 요약되어 예루살렘으로 적용된다. Fischer, *Jeremia 1–25*, 285. 또한 니네베의 운명에 대한 마지막 구절인 나훔 3,19이 예레 30,12에서 예루살렘에 사용된 것 참조.
69. 예레미야서가 신명기에 전반적으로 의존하고 있음에 대해서 Fischer, "Einfluss"와 초기 연구에 대한 언급 참조. 예레미야서에서 신명 28장이 갖는 각별한 의미에 대해서는 같은 저자, "Fulfilment" 참조.

3.1. 신명 28장의 저주의 실현

신명 28장은 *예레미야서에서 가장 많이 언급되는* 장이며, 그보다 더 28장을 언급하는 성경은 전혀 없다. 이 점이 이미 그 장의 특별한 중요성을 강조한다. 여기서는 우리 주제와 관련된 신명 28장과 에레미야서의 관계에 대한 몇 가지 "독점적인 연결"과[70] 핵심 발견만을 언급할 것이다.[71]

"너희 주검이 하늘의 (모든) 새와 땅의 모든 짐승의 먹이가 되어도, (그것들을) 쫓아 줄 사람이 없을 것이다"라는 문장은 오직 신명 28,26과 예레 7,33에서만 발견된다. 예레 7장은 32절 바로 앞의 토펫 *Topheth*의 맥락에서 *예루살렘의 변절*에 대해 말하고, 신명기의 위협을 그 도성에 적용한다.

"목에 쇠 멍에를 씌운다"라는 어구는 신명 28,48과 예레미야가 *바빌론에게 복종함*을 두고 하난야와 대결하는 예레 28,14만을 전적으로 연결한다.

"먼 곳에서 한 민족", "너희가 알아듣지도 못하는 말을 하는 그 민족"이 오리라는 것은 신명 28,49에 나오는 저주이다. 예레 5,15은 그것을 고르고 확장하여 한 나라를 묘사한다. "너는 그들의 말을 모르기에 그들이 무슨 말을 하는지 알아듣지도 못하리라." 예레미야는 "샤마 러사노שמע לשון 혀를 듣는다"는[72] 모호한 표현을 확장하여 그 뜻을 *분명하게 한다*. 예레 5,16-18은 이민족이 일으킨 재앙의 영향을 더

---

70. 이 용어는 두 개의 문학작품, 이 경우에는 신명 28장과 예레미야서에서만 발견되는 표현을 가리킨다.
71. 추가적 측면에 대해서는 Fischer, "Fulfilment" 참조.
72. 가능한 의미는 '언어를 이해하다'인 것으로 보인다.

펼친다.

'내가 말한 / 이 토라의 모든 말은 … 이 두루마리에 쓰였다' 어구는 단지 신명 28,58(역자주: 《성경》에는 "이 책에 쓰인 율법의 모든 말씀")과 예레 25,13(역자주: 《성경》에는 "나는 … 모든 말을 … 이 책에 기록된 대로")에만 나타난다. 모세가 기록된 말씀의 적절함을 강조한 것처럼, 하느님도 예레미야서에 기록된 당신의 심판과 관련하여 예레 25장에서 그 점을 강조하신다.

하느님이 당신 백성에게 "잘되게 하는 일"에서 "기쁨"(동사 שׂושׂ)을 찾으신다는 것은 히필형 동사 이티브(יטב, 좋은 일을 하다)와 함께 신명 28,63과 예레 32,41 사이에 독점적인 연결을 형성한다.[73] 신명 28장에서 이 어구는 과거를 돌이켜 언급하고, 미래에 대해서는 그 반대가 선언된다. 즉, 하느님은 그들을 해치기를 좋아하실 것이다. 반대로 예레 32장에서 하느님은 다가오는 시간에 당신 백성을 *잘 되게 하는 일*로 *기뻐하겠다고 약속하신다.*

게다가 신명 28장과 예레미야서 사이에는 20개 이상의 긴밀한 연결이 있는데, 거의 모두 저주가 포함된 구절들이다.[74] 이것은 예레미야서 저자가 신명 28장의 저주를 기원전 587년 예루살렘의 멸망에서 실현된 것으로 보았고, 책 전체를 통하여 *모세가 예언한 것이 이 재앙*

---

73. 그러나 신명 30,9에 이미 비슷한 표현이 있다(לטוב "좋게, 풍성하게"): Ehrenreich, *Wähle*, 193–194 참조. 그는 그것을 신명 28,63의 '저주의 해결'로 이해한다.
74. 축복을 포함하고 있는 신명 28,1-14 대목은 예레미야서에는 훨씬 덜 나타난다. 몇 가지 예가 있다. 신명 28,7과 예레 32,39에서 발견되는 "한 길דרך אחד"; 신명 28,10과 예레 14,9을 연결하는 "(하느님의) 이름으로 불리는 것…" קרא 니팔형 + שׁם + על; 계명들의 맥락에서 '듣다שׁמע', '지키다שׁמר', '행하다עשׂה'의 조합은 신명 28,13과 예레 35,18 사이의 독특한 연결인데, 예레미야서에서 레캅인들과 연결된다.

에서 *성취되었다는 것*을 가리키기 위해 사용했음을 나타낸다.[75] 신명 28장의 저주는 바빌로니아인에 의한 정복에서 예루살렘의 멸망을 적절하게 묘사하는 데 환영받는 출전이 되었다.

예레미야서는 신명 28장과 *몇 가지 차이점*을 보여 준다. 신명기에서 말하는 사람은 모세인데 반해 예레미야서에서는 대부분의 구절에서 하느님이 말씀하신다. 이 점이 예레미야서에 더 높은 권위를 주는데, 특히 앞에서 언급된 반전의 경우(신명 28,63과 반대인 예레 32,41)와 관련하여 그렇다. 이로부터 하느님은 모세가 선언했던 것을 바꾸는 데 자유로우시다는 결론을 내릴 수 있다. 이 측면은 다음 3.2. 단락에서 다시 나타날 것이다. 신명 28,48-49과의 연관성은 예레미야서에서 확장되는 경향이 있는데, 예레 5,15에서 문자적으로, 예레 28장에서 극적으로 확장된다. 28장 전체는 멍에의 이미지 위에서 움직인다. 이는 신명기에서 예레미야서로 가는, 후자가 전자를 선택하고 발전시키는 의존성의 방향을 확인하는 것으로 해석될 수 있다. 예레미야서는 신명기를 넘어서 다양한 방식으로 더욱 뻗어 갔다.

3.2. 신명 13장에서 변절한 도시에 대한 법규

신명 13-19장은 세 가지 변절 사례 중에 마지막이자 최악의 경우를 포함하는데, 도시 전체가 "너희 가운데에서 … 나와מקרבך … יצאו"(13,14) 야훼로부터 떨어져 나가도록 선동하는 불량한 자에게 유혹을 당한

---

75. 신명 28장의 연대 추정에 대해 흥미로운 측면이 있다. 많은 학자들의 견해에서 이 장은 미래에 대한 선언이 아니라, 적어도 부분적으로는 예루살렘의 멸망으로 이미 일어난 일을 묘사한 것이다. 이 경우 예레미야서에서 (모세 저주의) 실현으로 글자 그대로 제시된 내용은 실제로 확증이고 심화이다.

다. 이 도시는 공격받고 불타고(16절), "영원히 텔/폐허 더미"가 될 것이고 "다시는 세워지지 않을 것이다 עוד תבנה לא עולם תל"(17절). 이 명령은 가려진 형태로 *예루살렘의 운명*에 대해서도 말한다는 데는 대부분의 의견이 일치한다.[76]

"위로의 두루마리 또는 소책자"(예레 30-31장)의 두 번째 시의 첫 번째 부분인 예레 30,18-21에는 신명 13장의 법과 독점적으로 연결되는 구절이 두 군데 있다. "가운데에서 나와"는 하느님이 당신께 가까이 오도록 허락하신, 공동체의 지도자에게 연결된다(예레 30,21). 같은 구절이 신명기에서는 그 도시가 다른 신들을 섬기도록 유혹하는 사람들을 소개했는데, 예레미야서에서는 하느님과 비범한 친밀감을 드러내는 한 *지도자를 모범적인 본보기로* 묘사한다.

"영원한 폐허 더미*tel*", "다시는 세워지지 않을" 도성이 두 번째 독점적인 연결 부분으로 이번에는 예레 30,18과 이어진다. "… 도시는 그 언덕*tel* 위에 세워진다." 이전의 사례와 같이 예레미야는 그 의미를 바꾸는데, 이번에는 더욱 반대되게 바꾼다. *하느님*은 신명 13장에서 모세가 그의 이름으로 준 율법을 *철회하신다*.[77] 영원히 폐허가 되는 대신에, 예루살렘으로 예정된 도시는 재건과 새로운 영광을 약속 받는다. 예레 30장에서 신명 13장의 반전은 예레미야서에서 그 장의 다른 구절들이 같은 의미를 유지하기 때문에 더욱 놀랍다.[78]

---

76. Christensen, *Deuteronomy*, 281 참조.
77. Otto, "Deuteronomium und Pentateuch", 특히 171–172은 예레 30장을 신명 13장의 '폐기'로 해석한다. 예레 3,1-4,4에서 상징적으로 다른 남자의 아내가 된 여인이 전 남편에게 돌아가는 것을 허락하는 것은, 신명 24,1-4의 신명기 법을 하느님이 폐기하는 것과 비슷한 사례이다. 또한 2열왕 17,20에서 하느님이 "온 이스라엘 후손"을 거부하신 것은 예레 31,37에서 야훼의 조건적인 맹세로 무효화된다.
78. 유혹적인 예언자들을 겨냥한 첫 율법은 דבר סרה(신명 13,6) 표현을 사용하는데, 문자적

따라서 예레미야서는 *감히 토라의 율법에 도전하고*,[79] 하느님은 토라에 명시된 것 이상의 자비를 베푸실 수 있음을 보여 주신다. 예레 32,41과 30,18-21에서 신명 28,63과 13,13-19이 역전된 것은 문학적 재작업 과정의 표시일 뿐만 아니라, 더 나아가 다른 메시지와 어떤 면에서는 독특한 신학적 사고방식의 표시이기도 하다.

요약하기

신명기, 특히 신명 13장과 28장에는 예루살렘과 그 운명에 대해 *가려진 언급*이 들어 있다.[80] 거기에 쓰인 특정한 표현들은 예레미야서에 다시 나타나며, 책 전체에 흩어져 있다.[81] 예레미야서의 저자는 의도적으로 이 구절들을 심지어 더 발전시킨 것으로 보인다. 그렇게 하며 그는 모세가 선포한 저주들(신명 28장)이 실현되었고 예루살렘은 신명 13장의 율법에 따라 합당한 심판을 받았음을 드러냈다. 그러나 거기서 멈추지 않고, *심판이 극복되고* 하느님이 다시 한번 은혜를 베푸시어 당신의 가혹한 율법을 폐지하시고, 당신 백성을 잘 되게 하심으로

으로 '배반을 말하다'라는 뜻이다. 이 표현은 오직 거짓 예언자들인 하난야와 스마야를 언급하는 예레 28,16과 29,32에서만 다시 만난다. 가족 구성원에 의한 유혹과 관계된 두 번째 율법은 이런 경우 두 동사 '불쌍히 여기다חום'와 '동정심을 가지다חמל'(신명 13,9)를 통해 같은 자비를 보이지 않도록 권고한다. 예레 13,14에서 하느님은 당신이 이 땅의 모든 주민에게 이런 방식으로 행동하실 것이라고 선언하시며, 세 번째 동사 '자비를 베풀다רחם'를 덧붙여 더욱 강조하신다. Fischer, "Einfluss", 260–261 참조.

79. 이것은 그렇게 하는 것에 대한 그 자체의 정당성 문제를 제기한다. 예레미야 예언자의 부르심, 특히 신명 18,18(모세와 같은 예언자에 대한 하느님의 약속)을 언급하는 예레 1,7.9이 그 답변의 일부이다. 예레미야는 처음부터, 모세와 동등하며 그가 공표했던 후계자로 제시되었다.

80. 예루살렘이라는 이름으로는 토라에서 결코 언급된 적이 없기 때문에, 그 정체성은 열린 채로 남아 있다. 예언서들에서 독특한 표현들을 살피고, 각각을 비교하며 비슷한 구절들을 연결해 보면 신명기의 이 특정한 본문들에서 예루살렘을 볼 수 있다는 가정이 허용된다.

81. Fischer, "Fulfilment", 46.

기뻐하시는 변화된 시대를 증언했다. 비록 예레미야서가 예루살렘의 멸망으로 끝날지라도, 멸망이 그 책의 마지막 말은 아니다.

4. 예레미야서와 토라의 등장

4.1. 토라 '이후' 예레미야서

내가 이해하기로 토라는 예루살렘 멸망 후 2세기 안에 대부분이 쓰였다. 예레미야서는 그보다 더 후대에 쓰였다. 예레미야서의 저자는 창세기에서 신명기까지 토라의 모든 책의 최종본을 알았으며, 거기서 중요한 본문을 인용하고 그 책들의 어떤 생각은 더 발전시킨다.[82] 토라의 마지막 장에 나오는 "이스라엘에는 모세와 같은 예언자가 다시는 일어나지 않았다"(신명 34,10)는 말은, 예레 1장에서 *하느님이* 예레미야를 *부르신 장면으로 대체되고* 파기되는데, 그를 모세의 후계자로 의도적으로 묘사하는 것이다. 따라서 예레미야서는 토라의 등장의 첫 단계, 즉 토라의 기원에 기여할 수 없다.

그러나 예레미야서는 토라의 가치가 점점 더 증대하는, *다음 단계를* 증언한다. 예레미야서에서 토라의 본문들을 인용하거나 암시하는 구절의 대부분은 메시지와 가치를 깊이 존중하며 그것들의 타당성과 권위를 전제한다. 예레 31,33에 "나는 그들의 가슴에 내 토라를 주고,[83] 그들의 마음에 그 법을 새겨 주겠다"라는 하느님의 약속은 이

---

82. Fischer, *Stand der theologischen Diskussion*, 134–136.
83. "내 토라תורה"는 또한 단순히 '나의 가르침'을 의미할 수 있다. 그러나 동사 '쓰다'와 함께 병행되고 예레미야서에서 토라תורה 단어의 전반적인 사용은 이를 다섯 권의 책에

책들에 있는 하느님의 가르침의 가치와, 하느님과의 좋은 관계를 위한 필수적인 기초로서 이 책들의 지속적인 기능을 나타낸다.

4.2. 토라를 지지하는 예레미야서

예레미야서는 토라의 책들을 전제로 광범위하게 사용한다. 많은 경우 그것은 토라, 특히 신명기와 *병행을 이룬다*. 신명 1,1 "이것은 모세가 … 한 말이다"와 신명 1,3 "모세는 야훼께서 이스라엘 자손들을 두고 자기에게 명령하신 그대로 그들에게 일렀다"의 조합은 예레미야서의 *도입부에* 반영된다. 예레 1,1 "… 예레미야의 말"은 예언서들에 보이는 고유한 방식인 예레 1,2 "야훼의 말씀이 예레미야에게 내렸다"로 보완된다. 따라서 두 책의 시작은 두 가지 수준의 연설이 합쳐져 있다고 소개한다. 하느님이 하시는 첫 말씀은 예언자를 통해 백성에게 전달되고, 두 차원은 하나로 합쳐진다.

하느님과 백성 관계의 *역동성*을 살펴보면, 신명기와 예레미야서 사이에 상당한 유사성이 있다. 하느님은 백성에게 당신 목소리를 듣고 당신 계명에 순종하라고 명령하신다. 이것은 일반적으로 행해지지 않았다.[84] 결과적으로 백성은 나라를 떠나 유배를 가야 했다. 만일 그들이 거기에 있는 동안 하느님께 돌아온다면, 그분은 다시 한번 자비를 베푸시고 그들을 고향으로 데려오실 것이다.[85] 따라서 예레미야서는 토라와 근본적인 신학 개념을 공유한다.

대한 언급으로 해석할 수 있음을 시사한다. Fischer, "וחפשי התורה לא ידעוני" 참조.
84. 신명 34,9의 주목할 만한 예외는 Sonnet, "Redefining" 참조.
85. 부분적으로는 신명 4,25-31에서, 더 진전된 형태로는 신명 29,17-30,5에서 나타난다. 언급된 모든 요소는 예레미야서에서 여러 차례 찾을 수 있다.

4.3. 토라와 긴장 관계에 있는 예레미야서

예레미야서에서 토라의 일반적 수용은 이야기의 한 측면일 뿐이다. 예레미야서는 다른 입장을 옹호하거나 심지어 일부 개념은 *상충되기도 한다*. 앞서 신명 28,63과 신명 13장을 다룰 때 그러한 두 가지 경우가 명백해졌다. 예레미야서가 토라를[86] 넘어선다는 또 다른 증거는 예레 16,14-15 / 23,7-8의 맹세이다. 여기 나오는 새로운 정식은 더 이상 이집트 탈출을 이끄신 하느님을 부르지 않고 유배된 나라에서 백성을 인도하시는 야훼를 부른다.

예레미야서의 두 구절은 '토라와 관련된 집단을 비평한다.' 예레 2,8 "율법을 다루는 자들이 나를 몰라보고"(워톱세 하토라 로 여다우니 תפשי התורה לא ידעוני)는 하느님과 인격적인 관계가 없는 사람들을 나무란다. 예레 8,8은 자기들이 야훼의 토라를 소유하고 있다고 확신하는 무리에게 응답한다. "사실은 서기관들의 거짓 철필이 거짓을 만들어 낸 것이다"(아켄 힌네 라쉐케르 아사 에트 쉐케르 소프림אכן הנה לשקר עשה עט שקר ספרים). 본문에서 서기관들은 토라와 연결되었고, 조직적으로 왜곡했다는 비난을 받는다.

예레 2,8과 8,8은 토라에 대한 *더 깊은 문제*를 드러내는데, 토라를 기록하고 해석하는 책임이 있는 사람들에 관한 것이다. 하느님 계시의 중재는 성서적 신앙에서 중대한 주제로, 신명기와 예레미야서는 두 가지 다른 선택을 나타낸다. 원천을 비교해 보면, 탈출 20,18-21; 신명 5,23-33은 중재자로서 모세의 역할을 높이고, 신의 응답과 승인으

---

86. 예레미야서가 토라와 차이점을 보여 주는 다른 사례는 예레 31,31-34에 나오는 "새 계약", 예레 3,16의 "계약 궤"에 대한 태도, 예레 7,21-22에 있는 희생 제사에 대한 비판들을 들 수 있다.

로 그것을 비준한다(신명 5,28-31).[87] 이러한 배경에서 예레 31,34은 특별한 의미를 지닌다. "그때에는 더 이상 아무도 자기 이웃에게, … '주님을 알아라' 하고 가르치지 않을 것이다. 그들이 낮은 사람부터 높은 사람까지 모두 나를 알게 될 것이기 때문이다." 하느님과 공동체 전체의 긴밀한 친교는 중재자의 필요성을 배제한다.[88]

4.4. 다양한 관점

토라와 예언서 모두 예루살렘 멸망 이후 정경의 형태를 갖추었지만, 이 핵심 사건을 다루는 관점은 매우 다르다. 토라의 책들은 '*이전으로부터*'의 관점을 선택하고, 가끔 가려지고 은밀한 시선으로 '미래'를 바라본다(신명 4,25-28; 29,18-27 등). 그리고 재앙에서 살아남은 사람들의 공동체를 위해 종교적·법적 토대를 마련하려고 노력한다.[89]

다른 한편에 대부분의 예언서는 다른 관점을 선택하여, 주로 과거에서 예루살렘의 멸망을 *되돌아본다*. 그들은 멸망을 가끔 되돌아보는데, 대개는 지나쳐 가면서 다른 관심사로 넘어간다. 그러나 예레미야서와 에제키엘서는 예외다. 둘 다 예루살렘의 멸망을 상세히 다루고 실제로는 이 시간을 개인적인 경험으로 소개하는 관점에서 다룬다. 그런데 예레미야서는 멀리 거리를 두고 바라본 에제키엘서와는 다르게 예언자가 사건을 가까이에서 관찰하고 충분히 초점을 맞추면서 거리를 두지 않고 표현한다는 점에서 두드러진다.

---

87. Otto, *Deuteronomium 4,44–11,32*, 758–762 참조.
88. 이것은 가르침과 배움에 대한 신명기의 주장과 대조를 이룬다. Braulik, "Deuteronomium" 참조.
89. Markl, "No Future", 727은 모압 계약이 어떻게 해결책을 제시하는지 보여 주는데, 2열왕 22-23장에서 언급된 내용에서 암시된다.

4.5. 범위

예레미야서는 예루살렘의 몰락에 집중하며, 몰락의 주요 원인으로 막대한 손실, 사회 내부 분쟁, 하느님 말씀에 대한 계속적인 거부를 든다. 그렇게 함으로써 재앙 후에 새로운 삶과 훨씬 더 큰 구원을 가져오시려는 하느님의 의도를 깨닫기 위해 *역설적인 하느님 계획 속으로 더 깊이 파고들어 간다*. 예레 29-33장이 이 점을 보여 주며, 이사야서에서 나온 사상을 이용하기도 한다.

예레미야와 다른 예언자들의 '예언적' 관점은 토라를 보완한다. 곧 멸망 이후 복원에 대해 직접적으로 증언하고, 희망을 촉진하며, 기원전 587년에 일어났던 일을 피하기 위해 따라야 할 새로운 길을 개발한다. 이러한 예언서들, 특히 예레미야서는[90] 트라우마적 재난과 그 이후 세기에 미친 재난의 *지극히 유익한 영향* 사이에서 드러나는 명백한 대조를 증언한다.

'예루살렘의 멸망을 잊지 마라!'는 이전의 실수를 반복하지 말라는 강렬한 권고이고, 생존하는 데 불가결한 것이다. 예레미야서는 이스라엘과 유다의 가장 어두운 시대를 잊지 말라고 *끊임없이 일깨우는* 도구다. 그 책은 청중에게 과거의 죄책을 직면시켜 재앙을 분석하고 회피하지 않음으로써, 영적으로 성장할 수 있도록 한다. 이는 참된 삶이라는 하느님의 선물을 발견하도록 그들을 재촉하기 위해서다.

---

90. 특히 예레 8,4-5에 나오는 질문을 참조하라.

참고문헌

BECKING, B., *The Fall of Samaria: An Historical and Archaeological Summary*, Leiden 1992.

BERGES, U., *Jesaja 40–48* (HThKAT), Freiburg 2008.

_____, *The Book of Isaiah: Its Composition and Final Form* (trans. M. C. Lind; HBM 46), Sheffield 2012.

BEUKEN, W. A. M., *Jesaja 1–12* (HThKAT), Freiburg 2003.

_____, *Jesaja 13–27* (HThKAT), Freiburg 2007.

_____, *Jesaja 28–39* (HThKAT), Freiburg 2010.

BILIĆ, N., *Jerusalem an jenem Tag: Text und Botschaft von Sach 12–14* (FzB 117), Würzburg 2008.

BRAULIK, G., "Das Deuteronomium und die Gedächtniskultur Israels. Redaktionsgeschichtliche Beobachtungen zur Verwendung von למד", in: *idem*, *Studien zum Buch Deuteronomium* (SBAB 24), Stuttgart 1997, 119–146.

CHRISTENSEN, D. L., *Deuteronomy 1:1–21:9* (WBC 6A), 2nd edn, Nashville 2001. (정일오 옮김, 신명기, 솔로몬, 2003)

DASCHKE, D., *City of Ruins. Mourning the Destruction of Jerusalem through Jewish Apocalypse* (BiInS 99), Leiden 2010.

DECORZANT, A., *Vom Gericht zum Erbarmen: Text und Theologie von Micha 6–7* (FzB 123), Würzburg 2010.

ECK, J., *Jesaja 1 – Eine Exegese der Eröffnung des Jesaja-Buches. Die Präsentation Jesajas und JHWHs, Israels und der Tochter Zion* (BZAW 473), Berlin 2015.

EHRENREICH, E., *Wähle das Leben! Deuteronomium 30 als hermeneutischer Schlüssel zur Tora* (BZAR 14), Wiesbaden 2010.

FISCHER, G., "Jeremia 52 – ein Schlüssel zum Jeremiabuch", *Bib* 79 (1998) 333–359 (repr. *idem, Der Prophet wie Mose: Studien zum Jeremiabuch* [BZAR 15], Wiesbaden 2011, 42–63).

_____, "Jeremiah 52: A Test Case for Jer LXX", in: B. A. Taylor (ed.), *X Congress of the International Organization for Septuagint and Cognate Studies. Oslo 1998* (SCSS 51), Atlanta 2001, 37–48.

_____, "The Relationship between 2Kings 17 and the Book of Jeremiah", in: M. Augustin / H. M. Niemann (eds.), *Basel und Bibel* (BEAT 51), Frankfurt a.M. 2004, 313–321 (repr. idem, *Prophet*, 180–187).

_____, *Jeremia 1–25* (HThKAT), Freiburg 2005.

_____, *Jeremia 26–52* (HThKAT), Freiburg 2005.

_____, *Jeremia: Der Stand der theologischen Diskussion*, Darmstadt 2007.

_____, "Der Einfluss des Deuteronomiums auf das Jeremiabuch", in: *idem et al.* (eds.), *Deuteronomium – Tora für eine neue Generation* (BZAR 17), Wiesbaden 2011, 247–269.

_____, "Fulfilment and reversal: the curses of Deuteronomy 28 as a foil for the Book of Jeremiah", *Semitica et Classica* 5 (2012) 43–49.

_____, *Theologien des Alten Testaments* (NSK.AT 31), Stuttgart 2012.

_____, *Jeremia: Prophet über Völker und Königreiche* (Biblische Gestalten 29), Leipzig 2015.

_____, "ישפטו הרותה אל ינועדי The Relationship of the Book of Jeremiah with the Torah", in: J. C. Gertz et al. (eds.), *The Formation of the Pentateuch: Bridging the Academic Cultures Between Europe, Israel and North America* (FAT), Tübingen, (forthcoming- 2016).

GREENBERG, M., *Ezekiel 21–37* (AncB 22A), New York 1997.

HAHN, J. (ed.), *Zerstörungen des Jerusalemer Tempels. Geschehen – Wahrnehmung – Bewältigung* (WUNT 147), Tübingen 2002.

HARDMEIER, C., *Prophetie im Streit vor dem Untergang Judas: Erzählkommunikative Studien zur Entstehungssituation der Jesaja- und Jeremiaerzählungen in II Reg 18–20 und Jer 37–40* (BZAW 187), Berlin 1990.

HOBBS, T. R., *2Kings* (WBC), Waco 1985. (김병하 옮김, 열왕기 하, 솔로몬, 2008)

JANTHIAL, D., *L'oracle de Nathan et l'unité du livre d'Isaïe* (BZAW 343), Berlin 2004.

KEEL, O. et al., *Orte und Landschaften der Bibel. Band 1: Geographisch - geschichtliche Landeskunde*, Zürich 1984.

LIPSCHITS, O., *The Fall and Rise of Jerusalem: Judah under Babylonian Rule*, Winona Lake 2005.

LUNDBOM, J. R., *Jeremiah 37–52* (AncB 21C), New York 2004.

_____, *Jeremiah Closer Up: The Prophet and the Book* (HBM 31), Sheffield 2010.

MARKL, D., "No Future without Moses: The Disastrous End of 2Kings 22–25 and the Chance of the Moab Covenant (Deuteronomy 29–30)", *JBL* 133 (2014) 711–728.

OTTO, E., "Deuteronomium und Pentateuch", in: idem, *Die Tora: Studien zum Pentateuch. Gesammelte Aufsätze* (BZAR 9), Wiesbaden 2009, 168–228.

_____, *Deuteronomium 4,44–11,32* (HThKAT), Freiburg 2012.

SCHMID, K., *Buchgestalten des Jeremiabuches* (WMANT 72), Neukirchen 1996.

SCHMIDT, W. H., *Das Buch Jeremia. Kapitel 21–52* (ATD 21), Göttingen 2013.

SEDLMEIER, F., *Das Buch Ezechiel. Kapitel 25–48* (NSK.AT 21/2), Stuttgart 2013.

SONNET, J.-P., "Redefining the Plot of Deuteronomy – From End to Beginning. The Import of Deut 34:9", in: G. Fischer *et al.* (eds.), *Deuteronomium – Tora für eine neue Generation* (BZAR 17), Wiesbaden 2011, 37–49.

STULMAN, L., *Order Amid Chaos: Jeremiah as Symbolic Tapestry* (BiSe 57), Sheffield 1998.

WÖHRLE, J., "Die Rehabilitierung Jojachins. Zur Entstehung und Intention von 2 Kön 24,17–25,30", in: I. Kottsieper *et al.* (eds.), *Berührungspunkte: Studien zur Sozial- und Religionsgeschichte Israels und seiner Umwelt* (FS R. Albertz; AOAT 350), Münster 2008, 213–238.

ZIEMER, B., "Das 23. Jahr Nebukadnezzars (Jer 52,30) und die '70 Jahre für Babel'", in: J. Kotjatko-Reeb *et al.* (eds.), *Nichts Neues unter der Sonne?* (FS E.-J. Waschke; BZAW 450), Berlin 2014, 187–212.

15장

바빌로니아인들의 예루살렘 포위 동안 치드키야의 종 해방
예레 34장과 오경의 형성

버나드 M. 레빈슨

1. 입문

이 책은 문학과 역사, '토라의 등장과 예루살렘의 멸망' 사이의 관계를 조사하는 데 초점을 맞춘다.[1] 바빌로니아 군대가 예루살렘을 포위했을 때 치드키야가 종들을 해방한 일을 담은 예레 34장의 내러티브가 이 주제를 다룰 귀중한 기회를 제공한다. 내러티브 배경은 파괴가 임박한 예루살렘이다. 그것은 이미 공기로도 느껴진다. 그런데 침략해 오는 바빌로니아 군대와 마찬가지로 명령하는 역할을 하면서 본문에 동등하게 존재하는 것이 토라이고, 이는 성경의 법에 대한 인용과 암

---

1. 이 책의 기반이 된 학술대회의 훌륭한 조직에 대해 도미니크 마클, 장 피에르 소네, 페테르 두보프스키에게 감사를 표하고 교황청립 성서연구소의 예수회 공동체의 관대한 환대에 감사드린다. 종 해방법의 해석학적 변형에 대해 많은 유익한 대화를 해 준 장 피에르 소네에게 특히 감사한다.

시의 촘촘한 짜임새를 통해 반복적으로 분명하게 드러난다. 유배 이전 유다의 마지막 날, 예루살렘이 함락되기 직전을 다룬 예레 34장의 표면상의 역사적 맥락과 토라에 대한 여러 암시는 문학과 역사 사이의 관계에 대한 결정적인 질문을 제기하며 양쪽을 모두 이해하기 복잡하게 만든다.

예레 34,8-22에 나오는 치드키야가 종들을 해방하는 내러티브의 문학적 배경은 기원전 589-588년 바빌로니아인들이 예루살렘을 포위한 맥락에 위치한다. 치드키야 임금은 도성의 파괴를 막기 위한 필사적인 노력으로 예루살렘 주민들과 종들의 전반적인 해방을 이행하기 위한 계약을 맺는다. 그러나 내러티브는 불완전하고, 치드키야가 종들을 해방하기로 결정하게 된 상황을 나타내지 않는다. 오히려 그것은 이야기의 중반부, 곧 치드키야 임금과 백성이 해방 계약을 맺은 후(8절), 백성이 어떤 구체적 이유 없이 해방된 사람들을 다시 종으로 삼아 계약을 파기한 후(11절)에 시작된다. 내러티브는 유다인들이 계약을 어긴 결정을 설명하는 데 거의 관심을 보이지 않는다. 대신에 본문은 결정의 결과에 초점을 맞춘다. 내러티브에 이어 나오는 예언적 심판에는 백성이 그들의 종들에게 취한 행동들이 하느님이 예루살렘의 백성에게 취하실 행동과 일치할 것이라는 동태복수법의 선언이 암시된다.[2] 17절에서 백성들이 그들의 종들을 다시 데려왔기 때문에 하느님은 바빌로니아인들에게 유다 주민들을 인질로 잡는 것을 허락하신다고 선언하신다.

성경 연구는 예루살렘 포위 이전의 내러티브 배경을 이 장 자체

---

2. Miller, "Sin and Judgment".

의 실제 역사적 맥락인 것처럼 구체화하려는 경향이 있었다. 게다가 이 장의 내용이 예언적 역사와 오경 법 모두와 관련된 요소를 결합하기 때문에, 예레 34장은 역사비평적 성경 연구의 초기부터 오경 연구와 예레미야서 연구 양쪽에서 특권적 위치를 차지했다. 한편 이 장은 신명 15장의 종 해방법을 인용한 것으로 보이며, 따라서 오경의 법적 원천의 순서를 확립하는 데 사용되었다. 다른 한편으로는 예레미야서의 편집사와 문학적 층들의 재구성에 있어서 동등하게 중요한 역할을 한다. 각 분야의 학자들은 두 경우 모두 1세기 전에 본질적으로 결정되었던, 비교적 고정된 예측 가능한 질문들의 관점으로 접근한다. 오경 이론의 경우, 기본 논거는 율리우스 벨하우젠이 *서문*에서 축제력의 발전에 대한 분석과 《육경의 구성》의 간략한 설명에서 확립했다.[3] 예레미야서 연구의 경우, 그 책의 층들에 대한 베른하르트 둠과 지그문트 모빙켈의 연구 결실이 대부분의 후속 연구의 기반을 제공했다.[4] 각 경우에 제기된 질문들은 너무나 깊이 뿌리 박고 있기에 본문의 윤곽과 지적이고 신학적인 삶의 실재는 가려져 있다. 이 내러티브의 연대와 구성에 관한 전통적 가정들은 심지어 본문비평 작업에도 영향을 미쳐서 어떤 자료를 원본으로 간주하고, 어떤 자료를 이차적 덧붙임으로 제거해야 하는지에 대한 순환논증을 생성한다. 모델이 증거를 설명하도록 밀어붙일수록 모순으로 더 많이 무너진다. 마침내 드러나는 것은 경험적 모델이 한번 화석화되면 본래 설명하려던 내용을 어떻게 모호하게 하는지 보여 주는 대표적 사례이다.

---

3. Wellhausen, *Prolegomena*, 114; ET: 119–120; 같은 저자, *Composition des Hexateuchs*, 167.
4. Duhm, *Jeremia*, xx–xxxiv; Mowinckel, *Komposition*, esp. 20–33; 원래 의견을 약간 수정한 것은 같은 저자, *Prophecy and Tradition*, 62–64이다.

예레 34장은 대안적 해결책을 제시한다. 이 장의 구성을 이해하기 위한 적절한 배경은 임박한 예루살렘의 멸망이 아니라 오경의 형성이다. 기존의 접근 방식은 내러티브 무대와 문학적 배경을 역사적이고 문학적인 기원과 혼동했다. 이러한 접근 방식과 반대로, 저자가 오경의 법적 출처를 알고, 그것을 활용하여 바빌로니아 유배의 원인에 대한 훌륭한 주석적 해설을 만들었다는 것을 인식할 때라야만 진정으로 이 장을 이해할 수 있다. 그의 *할라카식 미드라쉬*는 유배를 계약 위배, 토라 위반에 대한 책벌로 정당화하며, 신명기의 종 해방법과 성결법전의 주석적 혼합을 의미한다. 이는 오경의 형성뿐만 아니라 해석학의 정교한 과정을 전제로 하는 신정론神正論이다.

오경과 예레미야서 연구의 전통적 접근 방식에 대한 초기 논의는 지금까지 학계가 어떻게 이 본문에 대한 해설을 간과했는지 보여 줄 것이다. 이 논평은 저자가 자신의 신학적 메시지를 뒷받침하기 위해서 원천들을 주의 깊게 결합한 방식에 주목하면서, 본문 자체를 새로운 시각으로 살펴볼 것을 요구할 것이다. 마지막으로 결론 부분은 예레 34장과 오경의 형성에 대한 이해에 미치는 영향을 논할 것이다.

2. 예레 34장 연구에 대한 전통적 접근 방식

오경 연구에서 예레 34장의 역사를 검토하기 위한 논리적 시작점은 벨하우젠의 연구에 있다. 그는 예레 34장이 유배 이전과 유배 기간 사이에 매우 단순하지만 필요한 중심축을 제공한다고 주장한다. 일곱째 해에 남종들의 해방을 요구하는 계약법전이 먼저 나온다. 그리고 신명기가 나오는데, 특정한 세부 사항은 개정되지만 기본 숫자 체계는 신명기를 따른다. 다음 순서는 예레 34장인데, 치드키야의 종 해방이 신명기 법의 준수로 제시되고, 50년째 해를 희년으로 삼는 성결법전의 독특한 개념에 대한 증거는 없다. 따라서 성결법전은 통시적 순서에서 마지막이 된다.[5] 예언자로서 예레미야가 유다의 계약 위반에 대한 처벌로서 유배에 대한 결정적인 설명을 전달한다는 생각은 역대기의 마지막 장(2역대 36장)에 충분히 나타나 있다. 놀랍게도 이 구절에서 예레미야는 토라를 전제로 하는 신탁을 전하는 주석적 예언자로 변모되었다. 그의 유명한 70년 신탁은 성결법전(레위 26장)의 축복과 저주 부분에 맞춰 율법과 예언을 혼합한 새로운 본문을 만들어 냈으며 각각은 고유한 성취 공식으로 소개되었다.

למלאות דבר יהוה בפי ירמיהו עד רצתה הארץ

את שבתותיה כל ימי השמה שבתה למלאות שבעים שנה

… 주님께서 예레미야를 통하여 하신 말씀이 이루어졌다. "이 땅은 밀린 안식년을 다 갚을 때까지 줄곧 황폐해진 채 안식년을 지내며 일흔 해를 채울 것이다"(2역대 36,21).[6]

드라이버S. R. Driver는 정확하게 벨하우젠과 같은 모델을 따르면서,

---

5. Wellhausen, *Prolegomena*, 114; ET: 119–120.
6. 이 장에 인용된 성경 구절의 영어 번역은 *NRSV*역자주: 우리말 번역본은 《성경》을 따름)를 따르고, 히브리어 원문의 관련된 어휘적 혹은 문법적 특징을 강조하기 위해서는 필요에 따라 수정했다.

예레 34장에 나오는 치드키야 치세 제7년에 종 해방의 참혹한 실패는 계약법전과 신명기의 사회 법률이 너무 이상적이고 지금까지 이어진 인간의 이기심에 어긋나 성공할 수 없었다는 것을 확인시킨다는 뉘앙스만 더한다. 그러므로 그러한 역사적 경험을 기반으로 하여 성결법전은 50년이 되는 해로 종의 해방을 연기한다.[7]

이 분석의 기본 개요는 수십 년간 유지되었다. 몇 가지 도전은 널리 수용되지 않았다.[8] 역설적이게도 오경 이론 학자들은 예레 34장이 마치 단순한 역사적 출처이고 중심점인 것처럼 계속해서 탐구하는데, 실제로 본문을 읽는 것보다 더 많이 이를 연구한다. 그러한 일반화는 지난 40년간 문헌 가설의 표준 모델에 도전하기 위해 종 해방법을 사용하고자 시도한 일련의 연구에도 해당한다. 제이콥 밀그롬과 사라 야펫Sara Japhet처럼 성결법전이 유배 이전 것이라고 주장하든지[9] 혹은 존 반 세터스John Van Seters같이 계약법전을 신명기 다음에 두려고 시도하든지[10] 말이다. 벨하우젠의 모델에 대한 도전은 벨하우

---

7. Driver, *Deuteronomy*, 181–185.
8. 독일과 이스라엘 양측의 주요 과제는 문학적 의존성을 전면적으로 논박하는 것이다. 즉 오경의 세 가지 종 해방법들을 입법의 발전을 나타내는 것이 아니라, 공통된 법 체계의 독립된 결정체로 보는 것이다. 이 주장은 이스라엘의 학자 예헤즈켈 카우프만에 의해 가장 포괄적으로 제시되었다(*Toledot*, 1:113–142, 201–203 [in Hebrew]; abridged as *The Religion of Israel*, 205). 칼 스토이에르나겔은 초기에 중요한 시도를 했는데, 탈출 21,3-4의 규정이 신명 15,12-18과 일치하지 않는다는 점을 근거로 계약법전에 대한 신명기의 종 해방법의 의존성을 부인했다(*Deuteronomium*, 110). 스토이에르나겔의 입장과의 동일성을 간과하면서 언어적 기초 위에서 동일한 반대에 대한 최근의 성찰은 Morrow, *Scribing the Center*, 116 참조. 두 저자에 반대하고 실질적인 쟁점에 응답하는 것은 Otto, *Deuteronomium*, 310 n. 467 참조.
9. Japhet, "Laws of Manumission" 참조. 야펫의 논고는 다양한 종 해방법들 사이에서 문학적 관계의 문제를 명시적으로 다루고 그들의 올바른 순서를 확립하기 위한 기준을 개발하려고 노력한다. 또한 Milgrom, *Leviticus 23–27*, 2254–2258 참조.
10. Van Seters, *Law Book for the Diaspora*, esp. 82–95. 이 논고는 종 해방법 연구를 포함하여 일련의 초기 연구들에 의지한다: 같은 저자, "Law of the Hebrew Slave". 최근 몇 년 간 신명기와 성결법전의 종 해방법들의 문학적 관계에 대한 가장 지속적인 연구에 대

젠의 주장을 정확히 전환점까지 따르는 것으로 보인다. 그들은 예레 34장을 역사적 출처로 읽기를 계속한다. 그들은 본문을 그 자체로 읽지 않고 다른 어떤 것을 얻기 위해서, 즉 신명기와 성결법전의 상대적인 순서를 확립하려고 예레 34장을 단지 받침점으로 간주한다.[11]

동일하나 반대되는 쟁점은 예레미야 학문의 관점에서 예레 34장 연구에 적용된다. 예레 34장을 역사적 출처로 오경의 법적 원천의 통시적 순서를 확립하는 오경 학자들과는 대조적으로 예레미야서 학자들은 본문 내에서 역사적 출처를 얻기 위해 예레 34장에서 다양한 구성 층을 분리하거나 구성한다.[12] 8-22절은 대체로 합성물로 간주되며 첫 서문과 긴 설교와 함께 잠재적인 역사적 핵심에 대한 신명기계의 첨가로 때로는 왕실 연대기를 반영하는 것으로 해석된다. 그 예언자의 *고유한 말들ipsissima verba*이 얼마나 복구될 수 있는지 결정하는 것이 목표다. 주요 질문은 8-22절의 산문 자료가 바룩의 소위 예언적 전기(이전 연구에서 출전 B로 간주됨)에 기인하는지 여부, 혹은 바룩 핵심(8-11절)이 있든지 없든지 주로 신명기계의 설교(다시, 연구에서 출전 C로 알려진)인지 여부이다. 사실 예레 34장에 대한 일련의 질문은 이 장

해서는 Lohfink, "Fortschreibung?" 참조. 반 세터스가 디아스포라를 위한 율법 연구에서 간과한 이 중요한 연구는 신명기의 종 해방법이 성결법전에서 발견된 법의 상당한 문학적 재작업으로서만 이해될 수 있는 한도를 보여 준다. 로핑크는 속기*Fortschreibung* 개념을 문학적 재작업의 대안 모델들과 구별하기 위한 중요한 방법적 기준을 개발한다. 반 세터스의 주장과 야펫 및 밀그롬의 주장에 대한 더 자세한 평가에 대해서는 Levinson, "Manumission", 285–304 참조.
11. H가 레위 25,8-55의 희년 법 제정의 원천으로서 예레 34,8-22을 활용한다는 주장에 대한 최근 발표는 Leuchter, "Manumission Laws" 참조.
12. Weippert, *Prosareden*, 86–106; Thiel, *Deuteronomistische Redaktion*, 38–43; Mckane, *Jeremiah II*, 878–882; 그리고 Nicholson은 예레 34,8-22을 신명기계적 구성으로 보지만 그럼에도 불구하고 기록의 역사성에 의문을 제기하지 않는다(*Preaching to the Exiles*, 63–65).

에서 신뢰할 수 있는 자료를 얼마나 많이 회수할 수 있는지에 대한 큰 문제와 관련이 있다. 여기서 '신뢰할 수 있는'이란 맥락상 유배 이전으로 정의되며, 그래서 역사적으로 신뢰할 수 있다. 유효한 신명기계 이전 핵심이 복구될 수 있다면 예언자의 삶에 대한 유배 이전 증거를 생성하게 되는 것이다.

예레 34장에 대해 제안된 특정 이론들 가운데, 빌헬름 루돌프Wilhelm Rudolph와 닐스 피터 렘체Niels Peter Lemche는 오래전에 본문에 문학적 긴장이 있음을 보았다.[13] 8절에서와 같이 전쟁의 새로운 위협을 해결하기 위한 이례적이고 임시적인 사건으로서 종들의 보편적 해방은 13-14절에서처럼 모든 종의 규칙적이고 정기적인 해방을 요구하는 영속적인 법과 쉽게 공존할 수 없다. 이러한 구절을 나중에 덧붙여진 것으로 삭제하는 보통의 대응으로는 문제가 전혀 해결되지 않는다. 역설적으로 이 표준 모델은 예레 34장의 구성에서 일련의 문제들을 설명하지 못한다. 어떤 경우에는 문제를 정확하게 보는 데도 실패한다. 토라를 이 장의 초점으로 삼아 문제를 적절하게 구성한 크리스틀 마이어Christl Maier에 의해 개방된 패러다임의 잠재적 전환조차도 여전히 논의를 전통적 접근으로 제한한다. 그것은 연대기적 출처가 먼저 이 장을 신명기의 입법에 인위적으로 관련짓는 확장과, 두 번째로 기본 핵심 본문을 설교조의 열변으로 바꾸는 유배 이후 개정을 거쳤기 때문이다.[14]

따라서 예레 34장에 대한 다양한 입장은 단일 영역 안에서 움

---

13. Rudolph, *Jeremia*, 203–206; 그리고 Lemche, "Manumission", 51–53.
14. Maier, *Jeremia*, 249–281(esp. 260–265).

직이는 것으로 보인다. 편집 문제들은 어떤 절들이 예레미야의 것이고, 어떤 절들이 신명기계의 것인가 하는 단일한 질문에 따라 정의된다.[15] 전제는 신명기와 그 문학사만이 유일하게 관련된 고려 사항이라는 것이다. 모든 중요한 도전이나 수정 사항은 아직 이 모델 내에서 움직이고 전제들을 확인한다. 이런 접근 방식의 문제는 그것들이 작동하지 않는다는 것이다. 그들 대부분이 자신들의 설명에 도움이 되는 모델에 도전한다는 증거를 둘러대고, 모델에 맞지 않는 자료를 구문론, 본문비평 혹은 이차적 확장의 문제로 분류한다. 마치 지층의 연대를 연구하는 고고학자가 지층 전체에 걸쳐 분포되어 있으나 이 층이 고대 것이라는 가정을 방해하는 후기의 증거 다발 전체의 명백한 영향을 무시하는 것과 같다. 예레 34장을 제대로 이해하려면, 그 자체의 근거로 어떻게 작용하는지 검토하기 위해서 본문을 새롭게 보는 시각이 요구된다. 분석의 통시적이고 본문 비평적인 함의를 찾는 것이 본문에 대한 새로운 설명이 필요함을 나타낼 수 있다.

3. 본문 분석

앞에서 논한 바와 같이, 학자들은 본문의 핵심은 치드키야가 포고하고 유다인들이 폐지한 실제 종 해방을 기록한 연대기적 출처라고 오랫동안 주장해 왔다. 원래 이 역사적 기록 다음에는 종 해방의 번복

---

15. 그러나 중요한 예외는 게오르그 피셔의 논고로 대표되는데, 그는 예레미야서를 하나의 통일체로 보고 다른 많은 예언서와 전체 토라에 대한 상호텍스트적 암시를 밀접하게 엮어 놓았다. 예레 34장의 논의는 Fischer, *Jeremia 26–52*, 242–260 참조.

을 비난하는 판결 신탁이 이어진다. 끝으로, 본문의 후기 편집은 처음에는 신명기적 용어로, 나중에는 성결법전 용어로 사건의 해석들을 첨가하였다. 기본적인 접근 방식은 루돌프Rudolph에게서 나타나고 가장 최근에는 크리스틀 마이어Christl Maier에 의해 유지되었다.[16]

그러나 이 이론이 불안정한 점은 본문이 가정된 구성 층으로 깔끔하게 나누어지지 않는다는 것이다. 8-11절에서 역사적 요약을 수반한 원래 예레미야의 심판 신탁을 재구성하려는 시도들은 특히 문제가 된다. 학자들은 12-22절은 예레미야서에서 기인할 수 없고,[17] 예레미야의 *고유한 말들*을 그로부터 재구성할 수도 없다고 주장한다.[18] 심판 신탁이 없으면 예레미야서의 종 해방과 반전 기록을 포함한 전체 근거는 무너진다. 다시 말해, 이 기록에 서술된 사건에 대한 유배 이전 예레미야의 단죄를 구절 내에서 분명하게 확인할 수 없다는 사실 자체가 예레미야서에 그런 사건이 포함된 근거에 대한 의문을 제기하기 시작해야 함을 드러낸다. 그러한 상황은 이 사건이 처음부터 토라를 어긴 일로 구성되었을 가능성과, 장 전체의 구성 전에 이 이야기가 예레미야서에 결코 존재하지 않았을 가능성을 고찰할 것을 요구한다.

---

16. Rudolph, *Jeremia*, 203–204; 그리고 Maier, *Jeremia*, 264–265.
17. 이 구절들의 '문학적 일관성'에 대한 논의는 Mckane, *Jeremiah II*, 878–882 참조. 빈프리트 틸은 8ㄴ-11절에서 취한 연대기적 기록과 12-13ㄱ절을 연결하여, 18절에서 하느님께서 말씀하신 심판에 대한 짧은 선언으로 이어지는 본문의 출처 구분을 제공한다. 18절: "나는 내 앞에서 그들이 맺은 나의 계약을 어긴 자들을 그들이 둘로 자르고 그 사이로 지나간 송아지 같이 만들겠다"(*Deuteronomistische Redaktion*, 39–42). 그러나 신명기 이전 신탁의 재구성은 틸이 18ㄱ절에서 신명기로 귀속시킨 구절 "계약의 말들을 지키지 않은 אשר לא־הקימו את־דברי הברית"을 삭제해야 한다는 사실로 인해 복잡해진다(같은 책, 41).
18. Nicholson, *Preaching to the Exiles*, 64.

게다가 본문에서 유배 이전 연대기적 핵심과 심판 신탁을 회복할 수 없다는 점은 오경 자료들의 상대적 연대 측정에서 예레 34장을 '아르키메데스 점Archimedean point'(역자주: 연구자가 탐구 주제를 총체적 관점에서 객관적으로 지각할 수 있는 유리한 가설적 지점)으로 가정한 입장에도 의문을 제기한다. 34장 내에서 예레미야에 관한 본문 층을 가정해야 하는 필요성에서 벗어나면, 본문을 다시 검토하여 그 내용을 계층화할 정당성이 있는지 확인할 수 있다. 검토 결과들은 예레 34장이 구성적 단일성을 나타낸다는 것을 가리킨다. 즉 그것은 신명기의 종 해방법과 성결법전을 신명기의 빚 탕감 법과 성결법전의 희년 법에 연결한다. 달리 말하면 이 본문은 오경의 법적 출처에 대한 *응답*이지 그들 사이의 *전환점*이 아니다.[19]

예레 34장에 대한 주장들과 관련된 증거들을 재검토하기 위한 최상의 접근 방식은 예레 34장의 내러티브와 설교 사이에서 문학적 중심축으로 작용하는 14절의 전문적인 법적 공식으로 시작하여 본문의 내러티브 틀로 확장해 나가는 것일 수 있다. 표 1과 그 이하는 예레 34,14 본문과 함께 신명기의 빚 탕감과 종 해방법을 보여 준다.

---

19. 모세 바인펠트는 예레 34장에서 신명기와 성결법전의 언어적 특성을 참조하면서, 예레 34장은 양쪽 법 출처들을 모두 활용해야만 한다고 주장하지만, 자신의 분석 결과를 고찰하는 데 실패했다. 그는 성결법전과 신명기를 유배 이전 연대로 가정하여 둘을 동시대라고 보고, 예레 34장의 역사적 성격도 주장한다("Sabbatical Year", 41-42). 존 버그스는 예레 34장이 성결법전과 신명기 양쪽을 활용하는 방식을 인정하며 바인펠트를 그대로 따르나 예레 34장을 역사적 기록으로 주장하는 방법으로 관찰을 활용한다. Bergsma, "Manumission Laws", 88-89; 같은 저자, *Jubilee*, 160-170.

신명기 법	치드키야의 종 해방
신명 15,1 מקץ שבע שנים תעשה שמטה	예레 34,14 מקץ שבע שנים
신명 15,12 כי ימכר לך אחיך העברו או העבריה ועבדך שש שנים ובשנה השביעית תשלחנו חפשי מעמך	שלחו איש את אחיו העברי אשר ימכר לך ועבדך שש שנים ושלחתו חפשי מעמך ולא שמעו אבותיכם אלי ולא הטו את אזנם
신명 15,1 일곱 해마다 너희는 빚 탕감을 실천해야 한다.	예레 34,14 일곱 해마다 너희는 저마다 해방해야 한다.
신명 15,12 히브리 남종이든 히브리 여종이든 너희 형제가 너희에게 그 자신을[20] 팔면, 그는 여섯 해 동안 너를 섬기지만 일곱째 해에는 너희는 그를 너희에게서 풀어 자유로이 보내야만 한다.	너희에게 자신을 팔아서 여섯 해 동안 너를 섬긴 히브리인 형제; 너희는 그를 너희에게서 풀어 자유로이 보내야만 한다. 그러나 너희 조상들은 내 말을 듣지 않고 귀를 기울이지도 않았다.

표 1: 신명기의 빚 탕감과 종 해방법의 주석적 혼합인 예레 34장

예레 34장의 저자는 신명 15장의 두 가지 다른 법률을 인용하여 새로운 주석적 혼합물을 만들었고, 이를 고대 법적 전통을 인용한 것으로 제시한다. 그는 표 1에서 두 줄 밑줄이 쳐진 신명 15,1의 빚 탕감에 대한 신명기 법의 시간 조항을(מקץ שבע שנים) 신명 15,12의 종 해방법에 삽입했다. 예레 34,14로 옮겨온 신명기의 종 해방법 조항은 표에서 한

---

20. Pace NRSV; NRSV margin 참조.

줄 밑줄로 표시된다. 여기에는 자신을 종으로 판 동족 히브리인에 대한 언급과 종살이 기간을 6년으로 제한해야 한다는 요구 사항이 다뤄진다. 원래 독립적인 신명기의 빚 탕감과 종 해방 규정들을 결합한 법이 예레 34,13에서 고대의 것으로 제시되어 있지만, 실제로는 혁신적인 법이 탄생한다. 예레 34장의 저자는 하느님이 실제로 존재하지 않았던 법, 일곱째 해에 보편적인 종 해방에 대한 규정을 인용하는 것으로 그린다. 재사용은 이미 예레 34장 저자가 이전의 법률 제정(과 이어지는 위반)을 수동적으로 묘사하는 데 관심이 없었다는 점을 분명하게 한다.[21]

신명 15장의 재작업은 예레 34,8-22 전체에 걸쳐 나타난 유사한 주석적 혼합의 한 사례일 뿐이다. 다른 예는 단락의 서두에 나타난다. 8절은 치드키야가 "예루살렘 모든 백성들과 그들에게 해방을 선언하기로 계약을 맺었다כרת המלך צדקיהו ברית את כל העם אשר בירושלם לקרא להם דרור"라고 청중에게 알린다. 9절은 치드키야의 종 해방법의 세부 사항을 알려 주는데, 해방은 모든 종이 아니라 히브리 종들에게만 국한된 것 같다.

---

21. 예레 34,14ㄱ이 겉으로는 신명 15,12ㄱ을 인용하나 남종만을 언급한다는 사실은 신명 15,12의 초기 형태가 법의 조건부에서 "혹은 히브리 여종אוֹ הָעִבְרִיָּה" 구를 생략했다는 증거로 받아들여졌다. "혹은 히브리 여종"을 이차적인 것으로 다루는 재구성은 지지될 수 없다. 그들은 신명기에서 강조한 주석의 의도를 놓치고 있다. 그 구는 여종의 처우에 대한 완전히 별도의 법률이 있는 계약법전의 이전 법률을 구체적으로 거부하는 데 사용된다(탈출 21,7-11; 그 이상의 논의는 Levinson, "Manumission", 301–304 참조). 예레 34,14이 신명기 율법을 해석하고 재구성하기 때문에(신명 15,1에서 안식년에 빚 탕감의 시간 공식을 신명 15,12 종 해방법의 지속과 결합하는 것으로), 14ㄱ은 어떤 원형Vorlage을 재구성하기 위한 기초라기보다는 신명기에서의 공식화를 단순화한 것을 나타낸다는 것이 더 개연성이 있다. David, "The Manumission of Slaves under Zedekiah", 72–73과 대조; Merendino, *Das deuteronomische Gesetz*, 113(남성과 여성에 대한 언급 삭제); Cardellini, "Sklaven"-Gesetze, 272–276, 318; Fishbane, *Biblical Interpretation*, 211 n. 99; Chavel, "'Let My People Go'!", 90–91; Lal Wijesinghe, *Jeremiah 34,8–22*, 92.

לשלח איש את עבדו ואיש את שפחתו העברי והעבריה חפשים

לבלתי עבד בם ביהודי אחיהו איש

모든 이가, 자신의 종이 남종이든 여종이든 히브리인이면 누구나 자유롭게 풀어 주어야 하는데, 각자가 그의 동족 유다인을 속박하지 않기 위해서이다(예레 34,9).

종 해방의 명시된 근거는 "그들을 속박하지 않기 위해서"였으며,[22] 히브리인들은 애초에 결코 종이 되어서는 안 되기 때문에 그들이 해방되어야 했음을 암시한다. 표 2는 레위 25,39-46에 있는 성결법전의 종 해방법에 대한 신중하게 구성된 요약을 레위 34,9ㄴ이 어떻게 담고 있는지 보여 준다.

예레 34장 저자는 레위 25,39 서두의 금지 규정(표 2에서 한 줄 밑줄)을 레위 25,46의 종결 관계어(두 줄 밑줄)와 결합한다. 표 2에서 오른쪽 하단에 있는 번역이 강조하려고 한 예레 34,9ㄴ의 결과 구절의 문제 구문도 주목하라. 어색한 표현에도 불구하고 예레 34,9ㄴ에서 레위기 구절들의 시작 구절과 종결 구절을 연결하는 것은 치드키야의 종 해방법을 위한 동기를 만들어 내는데, 이는 성결법전의 이념과 일치한다. 종들은 그들이 히브리인이기 때문에 해방되어야 하고, 레위 25

---

22. 예레 34,9ㄴ에 사용된 종 관용구(עבד + ב)는 이스라엘인 주인이 동족 이스라엘인에게 부과할 수 없는 종의 유형을 묘사하기 위해 H(레위 25,39-46)의 종 해방법에서 사용되었다. 관용구는 전치사 ב와 칼형 동사를 결합하여, 기능적으로는 인과적 동사가 되었고, 의미적으로는 같은 동사의 히필형과 동일하게 된다. 그것은 '일하게 하다' 또는 사람을 주어로 하여 '종이 되게 하다'를 뜻한다"(탈출 1,14; 신명 15,17; 21,3[puʿal]; 이사 14,3[puʿal]; 예레 22,13; 25,14; 27,7; 30,8; 에제 34,27). 그 이상의 논의는 Levinson, "Birth of the Lemma", 622 n. 12 참조. 사용법을 명확하게 인식하고 추가 문헌 제공하는 것은 Ringgren et al., "עָבַד" 참조.

장에 의하면 다른 민족 사람들이 종이 되는 것과 같은 방식으로 종이 되어서는 안 된다.

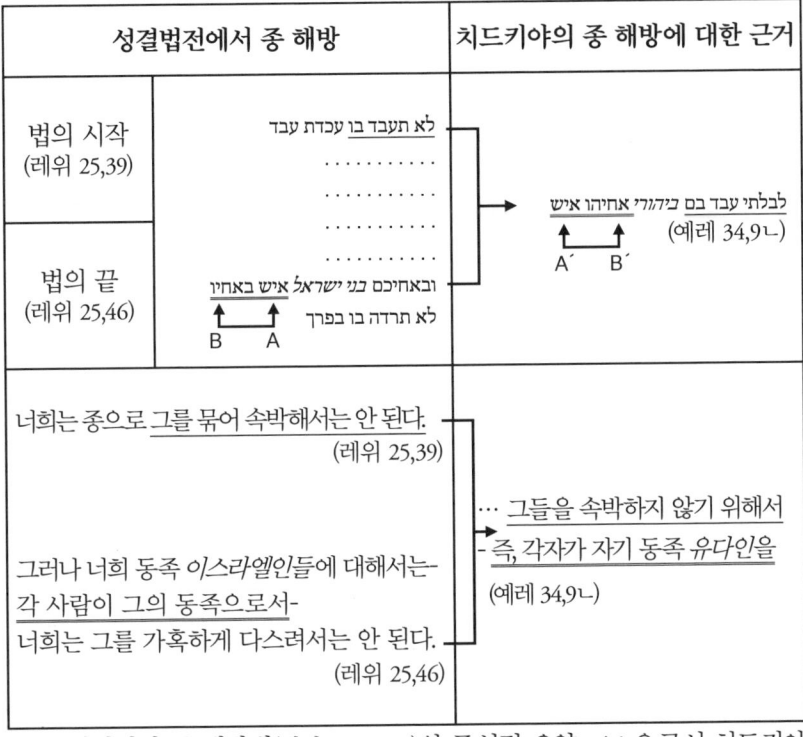

표 2: 성결법전 종 해방법(레위 25,39-46)의 주석적 요약 précis으로서 치드키야의 종 해방

불운하게도 예레 34,8-22의 더 큰 내러티브 내에서 34,9ㄴ에 드러난 치드키야의 종 해방에 대한 동기는 34,14의 동기 절과 명백히 충돌한다. 14절은 신명 15장을 인용하여 7년마다 요구되는 보편적인 종 해방법을 준수하는 것으로 합리화하지만, 9ㄴ절은 동족 히브리인을 종으로 삼지 말라는 성결법전의 요구 사항을 암시하는 것으로 종 해방의 동기를 부여한다. 성결법전(H)을 예레미야서의 주요 신명기본보다

15장 바빌로니아인들의 예루살렘 포위 동안 치드키야의 종 해방   549

후대로 보는 표준 모델은 예레 34,9ㄴ의 H에 대한 언급이 후대 필사자가 첨가한 내용이라고 주장함으로써 명백한 단절을 피한다. 그런데 이 추론은 저자가 제시한 내적 논리를 밝히지는 못한다. 여기서 14절에 만들어진 법의 근거는 9ㄴ의 구성을 밝혀 줄 수 있다.

이와 관련해서 예레 34,14에서 구성된 새 법에 대해 어떤 전례가 있었는지 질문할 수 있다. 계약법전과 신명기는 이스라엘 사람의 계약 기간은 6년이어야 하며, 그 기간이 끝나면 계약을 이행하고 자유의 몸이 된다는 것에 이미 동의한다. 이는 개별적인 계약이었을 것이다. 그러므로 계약을 시작한 시기에 따라서 해방되는 날짜는 개인마다 달랐을 것이다. 신명 15장의 주석적 재구성을 통해 예레 34,14에 구성된 그림은 아주 다른데, 곧 해방은 7년마다 전국에서 동시에 일어난다. 보편적인 해방을 상상하는 성경의 법은 레위 25,39-46의 희년법 규정뿐이다. 예레 34장의 저자가 무에서*ex nihilo* 보편적인 종 해방 개념을 발전시켰다고 가정하기보다는 H를 문학적 선례로 작업을 했다는 것이 더 합리적으로 보인다. 달리 말하면 14절의 '신명기적' 법을 쓴 저자도 영감을 얻기 위해 H에 의존했을 것이다.

다음 질문은 예레 34,9ㄴ과 14절에서 해방에 대한 두 가지 뚜렷한 정당성을 어떻게 설명할 것인가이다. 대답은 이 단일체를 오경의 법적 원천들의 주석적 조화로 보는 데 있다. 레위 25장은 히브리인이 아닌 종은 영구히 붙잡아 두는 것을 명시적으로 허용하는 반면에, 자신을 판 히브리인은 종살이가 끝나는 희년까지만 계약이 유지되는 계약 관계의 종으로 다루어져야만 한다고 한다. 예레 34장은 9ㄴ절에서 히브리인의 영구적인 노예화를 거부하고, 14절에서 보편적인 해방을 만들어서 다시 H를 따른다. 하지만 법적 원천들을 조화시키기 위해서 저자는 14절에서 히브리인을 위한 신명기의 히브리인 6년 종살이 기간도 수용한다.[23]

단지 예레 34장과 레위 25장만 보편적 종 해방을 구상한다는 점을 감안할 때 반대 의견을 예측하기 위해 의존의 방향이 반대쪽으로 갈 수 있는지 물어볼 가치가 있다. 즉 H은 예레미야서의 보편적 해방 개념을 받아들일 수 있었는가? 그럴 것 같지 않다. 구문론적으로 어려운 예레 34,9ㄴ의 공식화(לבלתי עבד בם ביהודי אחיהו איש)는 계약법전의 종 해방법의 시작과 끝에 대한 주석적 요약précis을 나타내면서 핵심 구성 요소를 요약하고 통합한다. 이는 예레 34장을 성결법전의 수용 역사에 포함하는 것으로 그 반대는 아니다.

마이어Maier가 주장한 바와[24] 같이, 마지막 주장 중 하나는 예레 34장이 두 단계의 이차적 추가(신명기계와 성결법전)로 역사적 내용을 포함한다는 생각에 반대하는 증거를 논의할 때 언급할 가치가 있다. 이 장은 분명히 이전의 문학적·법적 원천들에 의존하면서도 극적인 문학적·신학적 일관성을 지니고 있어 이 구절에 놀라움과 날카로

---

23. 문학적 의존성을 뚜렷하게 확립하기에는 이용 가능한 증거가 불충분하지만, 예레 34장의 법적 조화는 신명기와 H보다 훨씬 더 확장된 것으로 보인다. 이 장은 계약법전을 인용한 것일 수도 있다. 더 구체적으로 예레 34,9에서 명사 에베드עבד는 동족 유다 시민들에게만 적용되는데, 계약법전의 종 해방법의 명목상의 공식화를 반영하는 것일 수 있다: כי תקנה עבד עברי שש שנים יעבד ובשבעת יצא לחפשי חנם (출 21,2). 신명기는 에베드 올람עבד עולם "영구적인 종"이 되는 영구 계약의 가능성을 논할 때(신명 15,16-17ㄱ)를 제외하고는 이스라엘인 종을 에베드עבד로 부르는 것을 피한다. 반면에 H는 비이스라엘인에게만 명사 형태를 적용하고 공동체 구성원에게는 명사를 적용하는 것을 금지한다(레위 25,39.42.46ㄴ). 따라서 예레 34장이, 동족 시민에게 명사 형태 "종"을 사용한 것은 신명기와 H의 종 해방법에서 사용하는 용어와 다른 방식이며 그것은 계약법전의 종 해방법에 접근할 수 있었다는 것을 가리킬 수 있다.

24. Maier, *Jeremia*, 264–265.

움을 더한다. 8절에서 리크로 라헴 더로르(לקרא להם דרור) 구는 치드키야의 종 해방 선언을 표현하기 위해 사용되었고, 17절에서는 같은 구가 예루살렘이 종 해방 계약을 뒤집고 존중하지 않은 것에 대한 징벌을 가리키는 데 사용된다. 하느님이 이제 유다에 대한 세 가지 징벌인 칼, 역병, 기근을 풀어 주고 유다 주민에게 더로르(דרור 해방)하신다는 신탁이 선포된다. 마치 하느님께서 "너희가 *더로르*(해방)를 실천하지 않느냐? 내가 *더로르*를 너희에게 보여 주마"라고 말씀하시는 것과 같다. 여기에서 유배는 종 해방법의 위반에 대한 "눈에는 눈 이에는 이"라는 탈리온 법에 따른 처벌로 우아하게 제시된다.[25] 해방한 사람들을 다시 종으로 삼은 사람들은 그들 자신이 바빌론 유배에서 노예가 될 것이다. 게다가 이 무리는 앞에서 언급한 바와 같이 희년 기간(587-539/8=49년) 동안 노예로 남아 있을 것이다.

이 장을 구성한 주요 개념은 오경에 직접적인 선례가 없다. 당연히 신명기와 성결법전은 계약의 일반적인 조건으로 율법 전체의 충실한 준수를 다룬다(신명 7,12; 레위 26,14-15). 그런데도 어느 원천의 종 해방법도 그것의 침해에 대한 처벌을 명시하지 않는다. 신명기도 H도 종 해방을 계약과 명시적으로 연결하지 않으며, 종 해방을 이행하지 못한 일을 유배의 원인으로 정의하지도 않는다. 달리 말해, 예레 34장의 더 넓은 신학적, 개념적, 사법적 관점은 신명기나 H의 용어로 간단히 설명될 수 없다. 문학적 원천들을 광범위하게 의지하고 인용하는 것처럼 보일지라도, 본문은 그 출처들의 새로운 종합이고 창조적 변형이다.

---

25. Maier, "Sin and Judgment".

4. 제2성전 시대 유다인의 법 해석학을 반영하는 예레 34장

앞선 분석들에서는 예레 34장을 신명기와 H 사이의 전환점으로 여기는 모델이 핵심 문제들을 설명하지 않은 채 남겨 둔다고 주장했다. 이런 문제들은 이 장이 무엇보다도 신명기와 H 양쪽의 수용사에 속한다고 여기고, 신학적·설교적 목적으로 일관된 전체로 통합하여 유배의 원인론을 제공하려는 시도로 간주하면 오히려 더 잘 해결된다. 최종 결과는 오경의 종 해방법을 연구한 요약précis을 표현한 본문이다. 이 조합은 치드키야의 종 해방 내러티브에서 읽히고, 일관되게 동기절로 제시된다. 그것은 독립적이거나 독창적인 법적 선언과는 관련이 없다. 오히려 그 목표는 순종을 위한 치드키야의 마지막 필사적 노력과 그에 따른 하느님의 징벌 선언을 고대 이스라엘의 법적 전통을 존중하는 방식으로 묘사하는 것이다.

이 대목의 역사서술은 신학적으로 유리한 관점에서 유래했으며, 이 내러티브는 원래 해석적이다. 유배에 대한 신학적 설명은 내러티브의 역사적 계기를 나타낸다. 내러티브는 논리적으로 즉각적인 상황에 의해 촉발되었다고 읽을 수 없다. 이미 H의 렌즈를 통해 그런 상황을 보고 있는 것이다. 역설적이게도 전통을 증언하려는 시도는 그것에서 벗어나야 한다. 일곱째 해의 보편적인 종 해방은 성경의 율법에서 입증되지 않는다. 예레미야서의 예언적 신탁은 하느님을 실제로 존재하지 않았던 법을 인용하는 모습으로 제시하고, 동시에 유다인들은 결코 알 수 없었던 법령을 위반하는 것으로 묘사한다.

루돌프의 낙관주의에도 불구하고,[26] 예레 34장은 유배 이전 후기 유다의 사회적·법적 또는 종교적 역사에 대한 어떤 접근법도 제공하지 않는 듯하다.[27] 이 장의 생생한 내러티브는 바빌로니아 군대의 손에 예루살렘이 파괴된 상황에 대한 신뢰할 만한 역사적 증거를 구성하지 않는다. 대신에 페르시아 시대 숙련된 서기관들이 주석 활동을 했음을 확인할 수 있다. 토라의 해석과 토라와 예언의 결합은 유배 이후 유다인들(예후드 사람들)이 과거를 이해하고 미래를 계획할 방법을 제공했다.

서로 다른 법률 체계에서 관련된 법률을 조화시키기 위해 법적 혼합물을 만드는 정교한 기술은 성전 두루마리를 떠오르게 한다.[28] 사회적 평등을 실현하고 현 상태를 변화시키기 위한 수단으로서 종 해방과 더로르דרור의 종교적 중요성에 대한 광범위한 관심은 사해 두루마리 11Q 멜키체덱*Melchizedek*에서 더욱 강화되어 마침내 종말론적 구원의 수단으로 변형되었다.[29] 따라서 예레 34장은 제2성전 시대의 유다교 법 해석학의 창의성을 들여다볼 수 있는 창을 제공한다.

---

26. Rudolph, *Jeremia*, 205.
27. 예레 34장이 문학적 배경과 예루살렘의 파괴에 대한 신학적 설명을 제공하기 위한 시도와는 연대기적 거리를 두고 있음을 분명히 지적한다. Fischer, *Jeremia 26–52*, 253, 261 참조.
28. *성전 두루마리*의 독특한 구성 기술로서의 문학적 재배치와 재배열에 대해서는 Yadin, *Temple Scroll*, 1:73–77 참조.
29. Bartos / Levinson, "Manner of the Remission".

참고 문헌

BARTOS, M. / LEVINSON, B. M., "'This is the Manner of the Remission': Legal Exegesis and Eschatological Syntax in 11QMelchizedek", *JBL* 132 (2013) 351–371.

BERGSMA, J., *The Jubilee from Leviticus to Qumran: A History of Interpretation* (VT.S 115), Leiden 2007.

_____, "The Biblical Manumission Laws: Has the Literary Dependence of H on D Been Demonstrated?" in: E. F. Mason *et al.* (eds.), *A Teacher for All Generations: Essays in Honor of James C. VanderKam* (2 vols., JSJ.S 153), Leiden 2012, 1:65–91.

CARDELLINI, I., *Die biblischen "Sklaven"-Gesetze im Lichte des keilschriftlichen Sklavenrechts: Ein Beitrag zur Tradition, Überlieferung und Redaktion der alttestamentlichen Rechtstexte* (BBB 55), Königstein 1981.

CHAVEL, S., "'Let My People Go'! Emancipation, Revelation, and Scribal Activity in Jeremiah 34.8–14", *JSOT* 76 (1997) 71–95.

DAVID, M., "The Manumission of Slaves under Zedekiah", *OTS* 5 (1948) 63–79.

DRIVER, S. R., *A Critical and Exegetical Commentary on Deuteronomy*, 3rd edn (ICC), Edinburgh 1902.

DUHM, B., *Das Buch Jeremia* (KHC 11), Tübingen 1903.

FISCHER, G., *Jeremia 26–52* (HThKAT), Freiburg 2005.

FISHBANE, M., *Biblical Interpretation in Ancient Israel*, 2nd edn, Oxford 1988.

JAPHET, S., "The Laws of Manumission of Slaves", in: I. Avishur / J. Blau (eds.), *Studies in Bible and the Ancient Near East: Presented to Samuel E. Loewenstamm on his Seventieth Birthday*, 2 vols., Jerusalem 1978, 2:231–249 (Hebrew). ET: "The Relationship between the Legal Corpora in the Pentateuch in Light of Manumission Laws", in: S. Japhet (ed.), *Studies in Bible*, 1986 (ScrHie 31), Jerusalem 1986, 63–89.

KAUFMANN, Y., *Toledot ha-'emuna ha-yiśre'elit*, 8 vols. in 4, Jerusalem / Tel Aviv 1937–1956 (Hebrew). (Abridged as *The Religion of Israel: From Its Beginnings to the Babylonian Exile* [trans. M. Greenberg], Chicago 1960.)

LAL WIJESINGHE, S., *Jeremiah 34,8–22: Structure, and Redactional History of the Masoretic Text and of the Septuagint Hebrew Vorlage* (Logos 37.1-2), Colombo, Sri Lanka 1999.

LEMCHE, N. P., "The Manumission of Slaves: The Fallow Year, the Sabbatical Year, the Jobel Year", *VT* 26 (1976) 38–59.

LEUCHTER, M., "The Manumission Laws in Leviticus and Deuteronomy: The Jeremiah Connection", *JBL* 127 (2008) 635–653.

LEVINSON, B. M., "The Birth of the Lemma: The Restrictive Reinterpretation of the Covenant Code's Manumission Law by the Holiness Code (Leviticus 25:44–46)", *JBL* 124 (2005) 617–639.

_____, "The Manumission of Hermeneutics: The Slave Laws of the Pentateuch as a Challenge to Contemporary Pentateuchal Theory", in: A. Lemaire (ed.), *Congress Volume Leiden 2004* (VT.S 109), Leiden 2006, 281–324.

LOHFINK, N., "Fortschreibung? Zur Technik von Rechtsrevisionen im deuteronomischen Bereich, erörtert an Deuteronomium 12, Ex 21,2–11, und Dtn 15,12–18", in: T. Veijola (ed.), *Das Deuteronomium und seine Querbeziehungen* (Schriften der Finnischen Exegetischen Gesellschaft 62), Göttingen 1996, 133–181 (repr., *idem*, *Studien zum Deuteronomium und zur deuteronomistischen Literatur, IV* [SBAB 31] Stuttgart 2000, 163–203).

MAIER, C., *Jeremia als Lehrer der Tora: Soziale Gebote des Deuteronomiums in Fortschreibungen des Jeremiabuches* (FRLANT 196), Göttingen 2002.

MCKANE, W., *A Critical and Exegetical Commentary on Jeremiah II* (ICC), Edinburgh 1996.

MERENDINO, R. P., *Das deuteronomische Gesetz: Eine literarkritische, gattungs- und überlieferungsgeschichtliche Untersuchung zu Dt 12–26* (BBB 31), Bonn 1969.

MILGROM, J., *Leviticus 23–27: A New Translation with Introduction and Commentary* (AncB 3B), New York 2001.

MILLER, P. D., "Sin and Judgment in Jeremiah 34:17–19", *JBL* 103 (1984) 611–613.

MORROW, W. S., *Scribing the Center: Organization and Redaction in Deuteronomy 14:1–17:13* (SBL.MS 49), Atlanta 1995.

MOWINCKEL, S., *Zur Komposition des Buches Jeremia*, Kristiania 1914.

_____, *Prophecy and Tradition: The Prophetic Books in Light of the Study of the Growth and History of the Tradition*, Oslo 1946.

NICHOLSON, E. W., *Preaching to the Exiles: A Study of the Prose Tradition in the Book of Jeremiah*, Oxford 1970.

OTTO, E., *Das Deuteronomium: Politische Theologie und Rechtsreform in Juda und Assyrien* (BZAW 284), Berlin 1999.

RINGGREN, H. et al., "עָבַד *'ābaḏ*", *ThWAT* 5 (1986) 982–1011.

RUDOLPH, W., *Jeremia* (HAT I 12), 2nd edn, Tübingen 1958.

STEUERNAGEL, C., *Das Deuteronomium* (HAT I 3.1), 2nd edn, Göttingen 1923.

THIEL, W., *Die deuteronomistische Redaktion von Jeremia 26–45* (WMANT 52), NeukirchenVluyn 1981.

VAN SETERS, J., "The Law of the Hebrew Slave", *ZAW* 108 (1996) 534–546.

_____, *A Law Book for the Diaspora: Revision in the Study of the Covenant Code*, New York 2003.

WEINFELD, M., "Sabbatical Year and Jubilee in the Pentateuchal Laws and Their Ancient Near Eastern Background", in: T. Veijola (ed.), *Law in the Bible and Its Environment*, Helsinki / Göttingen 1990, 39–62.

WEIPPERT, H., *Die Prosareden des Jeremiabuches* (BZAW 132), Berlin 1973.

WELLHAUSEN, J., *Prolegomena zur Geschichte Israels*, 2nd edn, Berlin 1883 (repr. from 6th edn [1927], with an index of biblical references, Berlin / New York 2001). ET: *Prolegomena to the History of Israel* (trans. J. S. Black and A. Menzies), Edinburgh 1885 (repr., with a foreword by D. A. Knight [Scholars Press Reprints and Translation Series 17], Atlanta 1994).

_____, *Die Composition des Hexateuchs und der historischen Bücher des Alten Testaments*, 3rd edn, Berlin 1899. Repr., as 4th edn, Berlin 1963 (first published as "Die Composition des Hexateuchs", *JDTh* 21 [1876] 392–450, 531–602; and 22 [1877] 407–479).

YADIN, Y., *The Temple Scroll*, 3 vols., Jerusalem 1977–1983.

16장

대재앙의 여파 속에서 탈출을 기억하다

로널드 헨델

기원전 597년과 586년에 바빌로니아가 유다를 정복하고, 그로 인해 일어난 대규모 유배는 고대 이스라엘의 집단 기억에 근본적인 변화를 초래했다. 유배 저작물 및 유배와 유배 이후의 오래된 성경 본문들의 개정에서 볼 수 있듯이, 한때는 비교적 승리한 국가적 내러티브가 비극으로 변했다. 이사 6장의 보충 자료는 이런 상황을 강력하게 상기시킨다.

שאו ערים מאין יושב	11 주민 없이 황폐한 성읍들
ובתים מאין אדם	사람 없는 집들이 되고
האדמה תשאה שממה:	땅은 황폐한 황무지가 되리라
וורחק יהוה את־האדם	12 주님이 사람들을 멀리 쫓아내
ורבה העזובה בקרב הארץ:	이 땅에는 황량함이 그득하리라

(이사 6,11-12)

이 본문의 빛나는 시적 수사법은 풀어 볼 가치가 있다. 3행 시구를 시작하는 주어인 아림 메엔 요세브(ערים מאין יושב, '주민 없이 황폐한 성읍들')는 문장의 구성 단위인 바팀 메엔 아담(בתים מאין אדם, '사람 없는 집들')과 평행을 이룬다. 마치 영화의 클로즈업처럼 도시에서 개별 집으로, 보편적인 것("주민")에서 구체적인 것("사람")으로 초점이 좁혀진다. 메엔 아담(מאין אדם, '사람 없이')이라는 구는 마치 홍수에 완전히 파괴된 것처럼 비극적인 울림을 품고 있다. 3행 시구의 셋째 행에서 본문은 파괴된 문명에서 파괴된 자연으로 다음과 같이 전환된다. 하아다마 티쌰에 셔마마(האדמה תשאה שממה, '땅은 황폐한 황무지다'). 교차 평행을 이루는 아담과 아다마("사람"과 "땅, 흙")의 언어유희는 인간과 흙 사이의 원초적 연결을 상기시키며 강한 울림을 갖는다(에덴 동산 이야기 참조).[1] 아담אדם의 없음은 하아마다האדמה의 황폐함으로 강화된다. 이 진행은 티쌰 셔마마תשאה שממה('황폐한 황무지가 되다')에서 서두의 동사 샤우שאו(성읍들과 집들에 적용된 동사, …을 초토화하다)를 반복하며 시를 둘러싸고, 자연과 문명의 파괴를 함께 묶는다.

이어지는 2행 시구는 파괴의 원인과 사람들이 있는 장소에 초점을 맞춘 다음 황폐해진 땅(조국)으로 돌아간다. 서두의 동사 워리하크[רחק], (그는) '거리를 둘 것이다'; 역자주: 피엘형으로 '멀리 보낼 것이다']는 본문을 예언적 신탁으로 표시하는 미래형이다. 이런 행동의 수사적 거리 두기는 황폐의 배후에 있는 주체를 식별하는 무대를 마련한다. '야훼가 사람들을 멀리 보내실 것이다.' 행동 주체가 지상 군대가 아니라 하느님이라는 점은 묘사를 형이상학적 차원으로 끌어올리며, 사건들

---

1. 예를 들면 Hendel, "Leitwort Style", 99, 104-105 참조.

이 하느님의 뜻에서 비롯한 결과임을 드러낸다.

야훼의 행동 대상인 하아담(האדם, "사람")은 아담אדם과 하아다마 האדמה의 핵심어 Leitwort의 연속을 확장한다. 그것은 여기서 바빌론 유배에 뒤이어 사람이 고향에서 추방되는 고대 모티프(다시 에덴 이야기 참조)를 되살린다. 마지막 행에서 초점은 주변부에서 유다로 돌아가는데, 유다는 이제 케레브 하아레츠(קרב הארץ, '땅의 한가운데')로 특징지어진다. 그러나 중심부에는 단지 하아쭈바(העזובה, '버려진 장소들' 혹은 간단히 '버림받음')만 그득할 것이다. 고향은 버려진 소굴이다.

이 절들의 수사법은 추방의 조건을 로버트 알터Robert Alter가 "의미의 두 번째 힘"이라² 부르는 것으로 끌어올린다. 문명과 자연을 텅 비게 하고, 야훼가 사람들을 땅의 중심에서 추방함에 따라, 파괴와 유배는 준-신화적 사건으로 묘사된다. 대재앙 후, 유다는 신에게 버림받은 황무지로 다시 묘사된다. 유배의 형이상학에 대한 초상은 탈출기의 문화적 기억의 개정을 포함하여 히브리어 성경에 나오는 이 재앙에 대한 많은 반응을 알려 준다.

집단적 트라우마는 문화적 기억의 전승 내용을 재검토하고 개정할 필요성을 만들어 낸다. 호세아서, 아모스서 등 유배 이전의 저작물들로 판단해 보면, 이집트 탈출은 이스라엘의 문화적 기억에서 중심적인 내러티브였다.³ 문화적 조건이 근본적으로 변하면 문화적 기억 또한 변하기 마련이다. 이 측면에서 과거에 대한 문화적 기억은 어느

---

2. Alter, *Art*, 182: "이 구절과 성경 예언에 나오는 시의 언어 대부분은 … 구체적인 역사적 상황에 대한 진술을 전형적인 지평과 일치시키면서 발언을 두 번째 의미의 힘으로 끌어올리는 경향이 있다."
3. Hendel, "Exodus," 87–97 참조.

정도 '만들어진' 전승이다. 왜냐하면 변화된 상황에서 한 집단은 전승을 수정하여 현재에 의미 있게 만들어야 하기 때문이다. 그에 따라 집단은 현재 상황과 무관하거나 반대되는 측면을 간과하거나 신중히 반박해야 한다.

위기의 시기에 문화적 기억을 수정하는 일은 생존을 위한 전략이다. 자연 생태계처럼 그들의 문화적 적소適所가 변한다면 집단의 생존 메커니즘은 적응해야 한다. 그렇지 않으면 사멸할 것이다. '문화 사멸'의 운명은 바빌로니아인에게 정복된 다른 국가들, 예를 들면 필리스티인들에게서 발생했다.[4] 문화의 복원력은 문화적 기억에 매여 있다. 과거가 변화해야 집단이 현재의 변천에서 살아남을 수 있다. 대재앙에 뒤이어 문화적 기억을 수정하는 일은 서사학적·사회학적 특징을 지닌다. (1) 다른 목적에 맞게 과거를 고치는 데에 따르는 세부 사항의 유동성. (2) 권위 있는 해석가들의 해설에 따라 달라지는 여러 집단의 다른 기억들.

첫째, 현재의 긴요한 사정에 알맞게 과거를 재구성하는 작업에서 내러티브의 세부 사항은 놀라울 정도로 유동적일 수 있다. 완전히 새로운 사건과 주제, 관계가 고안되고 부각될 수 있다. 이전 세부 사항 몇몇은 전면에 내세우는 반면, 다른 사항들은 감추거나 간과된다. 다음 탈출기의 수정 사항에서 그런 혁신을 볼 것이다. 예를 들어 에제키엘서는 탈출기를 비극적 모델로 만들기 위해 이스라엘의 우상숭배를 이집트로 들여온다. 반면 제2이사야서는 탈출기를 순전히 구속救贖의 모델로 만들기 위해 바다를 통과하는 길을 전면에 내세운다. 창

---

4. Stager, "Biblical Philistines", 375–384 참조.

세기의 추가 편집자는 탈출기를 심원한 예언으로 만들기 위해 아브라함 이야기에 세부 사항을 더하여 *장구한longue durée* 야훼의 계획을 폭로한다. 과거 내러티브의 목적 변경에는 다양한 변형이 가능하다.

둘째, 과거의 목적 변경에 따라 각각의 집단은 저마다 다른 기억을 만들어 낸다. 하위 집단들의 이해관계는 필연적으로 상충되기 때문에, '반기억'(counter-memories; 역자주: 미셸 푸코가 만든 개념으로 역사를 완전히 다른 형태의 시간으로 변형시키는 것)이라 부를 수 있는 것의 충돌이 사회적 담론에서 끊임없이 일어난다. 위기의 시기에는 집단들이 과거를 다르게 동원함에 따라 그런 충돌이 심화된다. 어느 집단이 과거를 '소유하는지'의 문제는 새로운 표현의 갈등을 유발한다. 바빌론 유배의 결과로, 탈출은 여러 집단과 권위 있는 해석가들에 의해 다르게 수정되었다. 앞으로 보겠지만 에제키엘은 유배 공동체를 나무라고 양면적 미래를 예언하기 위해 수정된 탈출기를 사용하는 반면, 제2이사야는 절망적인 시기에 그의 청중에게 희망을 심어 주기 위해서 미래 유토피아의 모델로서 탈출기를 동원한다. 둘 다 직무에 수반되는 사회적 카리스마를 지닌 예언자였기 때문에, 그들이 재구성한 탈출의 기억은 유배 청중들에게 기쁨이든 경악이든 권위가 있었다.

최근 달리트 롬 실로니Dalit Rom-Shiloni가 강조했듯이, 유배된 유다인들과 유다에 남은 유다인들은 누가 '진정한' 이스라엘인가를 포함하여 많은 문제에서 충돌했다.[5] 각 집단은 자기들의 우위를 증명하기 위해 과거를 다르게 동원했다. 에제키엘서와 제2이사야서가 탈출과 미래 상속인 지정을 다르게 표현한 데서 유배 공동체 내의 분열

---

5. Rom-Shiloni, *Exclusive Inclusivity*.

을 볼 수 있다. 문화적 기억은 유다 내부와 외부 모두에서 다양하게 수정되어 페르시아 시대와 헬레니즘 시대에 문화적 정체성에 대한 추가적 갈등의 씨앗을 뿌렸다. 위기는 필연적으로 문화적 특질과 경계를 수정하게 하고, 새로운 문화적 종합과 때로는 종파주의의 조건을 만든다. 둘 다 대재앙의 여파로 발생한다.

앞으로 살펴볼 세 본문 에제 20,1-44; 이사 43,16-21; 창세 15장은 유배와 그 이후 시기에 독특한 방법으로 탈출을 수정하고 목적을 변경한다. 각각은 상황을 이해하고 현재를 형성하는 인과관계를 명확히 하려는 시도의 일환으로 탈출을 재구성한다. 나는 각각이 신정론, 즉 역사에서 하느님의 정의를 설명하는 방법으로 탈출을 다시 그린다고 주장할 것이다. 현재가 혼란스러워 보이는 상황에서 재구성된 이런 문화적 기억들은 난제aporia를 극복하는 모델, 구모델이 무너진 듯할 때 어떻게 생각하고 행동해야 할지 알려 주는 모델을 제공한다.

그러나 수정된 모델들은 연속성의 의식도 확립한다. 수정된 탈출기는 여전히 탈출기로 인식되지만 세부 사항과 효과들이 변경된 더 풍부한 판(版, version)이다. 그것은 새롭고 개선된 탈출기이다. 문화적 기억의 수정은 모든 것이 진정으로 변했다는 인식을 무디게 한다. 어쨌든 권위 있는 해석가들에 의해 전파되고 같은 의식들로 기념되는 동일한 이야기이기 때문이다. 과거의 재구성은 현재가 변했다는 사실을 가리고, 위기가 초래한 거친 지점과 균열들을 진정시킨다.

나는 비극적, 희극적 그리고 난해한 것[6]으로 특징지어지는 서로 다른 종류의 신정론을 구성하기 위해 세 본문이 탈출기를 재해석하

---

6. 이 용어는 Ricoeur, *Symbolism*에서 간접적으로 파생한 것이다.

고 목적을 변경했다고 주장할 것이다. 탈출기의 이런 개정은 유배와 이후 공동체에 새로운 개념적·정서적 모델을 제공한다. 결국 오경과 예언서의 문학적 구체화Crystallization에서 탈출의 새로운 기억은 유배 이전의 옛 본문과 재결합하여 모순적이고(서로 경합하는) 다의적인 탈출 기억의 변증법을 낳는다.

1. 에제 20장: 비극적 신정론

에제키엘은 가장 이상한 예언자이고, 20장은 아마도 이 책에서 가장 불안한 장일 것이다. 예언자는 탈출 이야기를 현재 재난의 어둡고 비극적인 원형으로 재구성하는데, 야훼의 목적과 이스라엘의 죄가 역사에서 충돌하는 힘으로 드러난다. 이 장은 거의 틀림없이 원로들이 에제키엘에게 하는 문의로 짜인 20,1-31의 원구성(27-29절에서 2차 확장 가능성이 있는)과 층을 이룬 구성 역사를 가지고 있다. 본래 층은 탈출과 광야 세대 사이에 사악한 반역자로 이스라엘을 재구성하며, 현재 죄 많은 세대에게 비극적 거울을 제공한다. 예언적 설교의 후반부인 32-44절은 탈출의 유산을 미래의 모호한 회복으로 확장한다. 발터 짐멀리Walther Zimmerli 등이 주장한 대로, 후반부는 아마도 기원전 586년에 예루살렘 파괴와 두 번째 유배의 여파로, 예언적 관점이 비판에서 회복으로 전환됨에 따른 후기 확장일 것이다.[7] 전반부와 후반부의 언어와 비유에 에제키엘적 특징이 뚜렷하기 때문에 양쪽에서 같

---

7. Zimmerli, *Ezekiel 1*, 404–406; 그리고 최근 Rom-Shiloni, "Facing Destruction", 194–202.

은 손길을 보는 것은 흥미롭다. 간결함을 위해, 해석의 관대함을 고려하여, 두 부분을 모두 에제키엘서에 귀속시키겠다. 적어도 그러한 기이함은 에제키엘이라고 부르는 독특한 예언적 상상력과 일치한다.

에제키엘은 야훼의 예언적 명령인 에트-토아보트 아보탐 호디엠(את־תועבת אבותם הודיעם, "그들에게 조상들의 역겨운 짓들을 알려 주어라": 에제 20,4)에 대한 응답으로 탈출을 불러낸다. 탈출은 현재 이스라엘의 역겨운 행위의 실례다. 이것은 탈출에서 기대되는 반향의 극적 전환이다. 에제키엘은 탈출을 야훼에 의한 이스라엘의 구원보다는 야훼에 대한 이스라엘의 범죄 이야기로 재구성하는 데에 상당히 자유로워 보인다. 모세 그린버그Moshe Greenberg는 다음과 같이 주석한다. "에제키엘은 현재의 죄를 다시 백성의 기원으로 투영한다. 그가 묘사하는 것처럼, 이스라엘이 그 땅에 사는 내내 예배는 그릇되고, 우상에 심취했으며, 야훼께 대한 모욕이었다. 동시대인들은 조상들의 부정한 관습만을 이어 갈 뿐이다."[8] 에제키엘은 과거의 재구성에서 "과거를 현재의 거울"로 읽는다.[9] 에제키엘의 탈출기 개정은 문화적 기억의 재창조를 예증한다.

에제키엘은 야훼가 이스라엘을 이집트로부터 구원하시겠다는 계획을 선언하신 날(탈출 6장의 언어를 사용하여), 그분이 이스라엘에게 이집트의 신들을 숭배하기를 그만두라고 어떻게 명령하셨는지 회상한다. 이 세부 사항은 오경이나 다른 성경 본문에는 알려지지 않았다.

---

8. Greenberg, *Ezekiel 1–20*, 385.
9. Greenberg, "Notes", 37.

ואמר אלהם	그리고 그들에게 이렇게 말하였다
איש שקוצי עיניו השליכו	'저마다 너희는 눈을 홀리는 그 혐오스러운 것들을 내던지고
ובגלולי מצרים אל-תטמאו	이집트의 우상들로 자신을 부정하게 만들지 마라
אני יהוה אלהיכם:	나는 주 너희 하느님이다'
וימרו-בי	그러나 그들은 나에게 반항하고
ולא אבו לשמע אלי	내 말을 들으려 하지 않았다
איש את-שקוצי עיניהם	아무도 눈을 홀리는 그 혐오스러운 것들을
לא השליכו	내던지지 않고
ואת-גלולי מצרים לא עזבו	이집트의 우상들을 내버리지 않았다

(에제 20,7-8)

조상들의 죄의 결과로 야훼는 이집트 땅에서 이스라엘을 멸망시키기로 결정하셨고, (이야기의 더 오래된 판본에서) 이집트보다도 이스라엘에 분노를 터뜨리셨다고 에제키엘은 말한다. 이집트에서 야훼의 적대자는 이스라엘이다. 이집트의 종살이는 전략적으로 간과되는데, 현재 상황이 이스라엘에 대한 야훼의 진노와 관련되어 있기 때문이다. 이집트는 이스라엘의 원래 죄를 재구성한 기억을 위한 배경과 소품(이집트 신과 우상들)을 제공한다.

비극적 신정론에서 야훼는 이스라엘을 위해서가 아니라(이스라엘은 돌이킬 수 없는 죄를 지었기 때문에) 야훼 자신의 이름을 위해 진노를 참으신다.

ואמר לשפך חמתי עליהם	나는 그들에게 내 분노를 다 쏟겠다고 생각하였다
לכלות אפי בהם	그들에게 내 화를 퍼붓고
בתוך ארץ מצרים:	이집트 땅 한가운데에서
ואעש למען שמי	그러나 나는 내 이름 때문에 달리 행동하여
לבלתי החל לעיני	그것이(내 이름이) 보는 앞에서 더럽혀지지 않도록
הגוים אשר־המה בתוכם	그들이 함께 살던 민족들이 (보는 앞에서 더럽혀지지 않도록)
אשר נודעתי	그들이(민족들이) 보는 앞에서 나 자신을 알려 주었다
אליהם לעיניהם	그들에게(이스라엘에게)
להוציאם מארץ מצרים:	내가 그들을 이집트 땅에서 이끌어 내어

(에제 20,8-9)

분노를 쏟겠다는 야훼의 계획은 자신의 명예(문자 그대로는 자신의 이름)에 의해 꺾였는데, 만일 이스라엘을 이집트에서 끌어낸다는 약속을 지키지 않으면 명예는 손상될 것이었다. 명예는 공적으로 부여된 특징(따라서 다른 민족들의 목격이 언급됨)으로, 개인의 가치를 정의한다. 정의의 원칙은 야훼가 이집트에서 이스라엘을 멸망시킬 것을 요구하지만, 야훼의 명예의 원칙이 그것을 제지한다. 야훼는 이스라엘이 그럴 가치가 없음에도 불구하고 이스라엘을 구원하신다. 그분은 이스라엘에 대한 동정심이 아니라 단순히 자신의 이익을 위해 그렇게 하신다.

탈출에서 하느님의 행동은 그분의 명예심에서 비롯되었으며, 이스라엘의 (부족한) 가치와는 아무 관련이 없다. 하느님께서 이스라엘을 위해 행동하셨다면 그들을 멸망시키셨을 것이다.[10]

탈출의 이 신정론은 같은 표현으로 현재 상황에도 적용된다. 버데렉 아보테켐 아템 니트머임 워아하레 쉬쿠체헴 아템 쪼님(בדרך אבותיכם אתם נטמאים ואחרי שקוציהם אתם זנים, "너희도 조상들의 길을 걸어 자신을 부정하게 만들고, 그들이 받들던 혐오스러운 것들을 따르며 불륜을 저지르려느냐?": 에제 20,30). 바빌론 유배는 이집트 유배의 재현이다. 이스라엘은 죄짓기를 계속하고, 그 반응으로 야훼는 그들을 유배 보내지만, 자신의 이름 때문에 그들을 멸망시키지는 않는다. 그들은 마땅히 멸망되어야 하나 야훼의 명예가 그것을 제지한다.

본문의 두 번째 부분에서 에제키엘은 이스라엘의 죄와 야훼의 명예라는 동일한 신정론을 기반으로 모호한 회복을 선언한다. 미래의 탈출에서 야훼는 맹세하신다. 하이-아니 너움 아도나이 야훼 임-로 버야드 하짜카 우비쯔로 너투야 우버헤마 셔푸카 엠록 알레켐(עליכם חי-אני נאם אדני יהוה אם-לא ביד חזקה ובזרוע נטויה ובחמה שפוכה אמלוך, "내가 살아있는 한, 나는 강한 손과 뻗은 팔로, 퍼붓는 분노로 너희를 다스리겠다": 에제 20,33). 이 선언은 탈출기의 언어("강한 손과 뻗은 팔")를 상기시키나,[11] "퍼붓는 분노로"라는 제3의 신적 특성을 눈에 띄게 추가한다. 야훼의 대단한 분노는 지금 이집트가 아니라 이스라엘로 향해 있다. 이스라엘에 대한 야훼의 통치는 분노로 물들 것이다. 하느님의 전사의 적은 이스라엘이다.

---

10. 이 이슈에 대해서는 Schwartz, "View", 43–67 참조.
11. 본문에서 사제계와 신명기계 언어 사용은 Levitt Kohn, "Mighty Hand", 159–168 참조.

이것은 신정론, 역사 속에서 하느님의 행동을 정의로 정당화하는 것이다. 그러나 하느님의 정의는 어떤 의미에서 이스라엘의 가치와 상반된다. 하느님이 그들을 분노로 다스리시기 때문에 이스라엘은 그들의 무가치함을 영원히 연상하게 될 것이다. 우쩌카르템-샴 에트-다르케켐 워에트 콜-아릴로테켐 아쉐르 니트머템 밤 우너코토템 비크네켐 버콜-라오테켐 아쉐르 아시템(אשר עשיתם: וזכרתם־שם את־דרכיכם ואת כל־עלילותיכם אשר נטמאתם בם ונקטתם בפניכם בכל־רעותיכם, "그곳에서 너희 자신을 부정하게 만든 너희의 길과 모든 행실을 기억하고, 너희가 저지른 그 모든 악행 때문에 자신이 혐오스러워질 것이다": 에제 20,43). 이스라엘의 미래의 문화적 기억은 집단적 자기혐오로 둘러싸여 있다.

이것이 에제키엘의 비극적 신정론에 기반한 암울한 회복인데, 에제키엘이 근본적으로 탈출을 수정한 기억에서 파생한 것이다. 이는 탈출 전승의 일반적인 윤곽과 아주 비슷해서 흡인력을 얻는데, 더 오래된 판에서는 금송아지와 다른 반역 이야기들이 탈출의 여파로 생기기 때문이다. 그러나 에제키엘은 반역 내러티브를 이집트 종살이라는 설정으로 무너뜨림으로써 탈출 이야기의 가치를 뒤집어 버린다. 자기들의 죄 때문에, 이스라엘은 구속과 구원을 받을 자격이 없다. 이스라엘은 과거에도 현재에도 구원받을 수 없다. 그러나 야훼의 정의는 우리의 것이 아니다. 그분은 이스라엘의 선과 악을 초월하는 자신의 이름을 위해 행동하신다. 그 결과는 추방과 진노이며, 궁극적으로는 자기혐오로 물든 미래의 회복이다. 에제키엘이 재구성한 탈출의 비극적 신정론을 통해 이집트의 처벌은 마치 카뮈나 카프카가 만들어 낸 것처럼 다른 종류의 재앙으로 변질되고, 이스라엘의 유배와 회복은 하느님이 쏟아부은 진노와 이스라엘의 돌이킬 수 없는 죄악으로 시달리게 된다.

2. 이사 43장: 희극적 신정론

'희극적 신정론'은 에제키엘의 비극적 신정론의 분규紛糾와는 반대로, 행복한 결말로 끝나는 하느님 정의에 대한 설명을 말한다. 제2이사야에게 파괴와 유배라는 대재앙은 이스라엘의 이전 범죄를 상쇄할 만큼 무거웠고, 실제로 상쇄하고도 남았다. 이사야서 이 대목의 시작 부분에 나오는 야훼의 선언에서 예언자는 이를 알린다. 니르차 아요나 키 라카 미야드 아도나이 키플라임 버콜-하또테하(נרצה עונה כי לקחה מיד יהוה כפלים בכל־חטאתיה, "죗값이 치러졌으며 자기의 모든 죄악에 대하여 주님 손에서 갑절의 벌을 받았다": 이사 40,2). 에제키엘서의 신정론과 달리, 제2이사야서는 죄와 형벌의 계산이 상쇄된 것으로 인식한다. 야훼의 정의는 완전히 성취되었고 백성은 이제 백지상태다. 야훼의 에차(עצה, "계획") — 제1이사야서와 제2이사야서의 핵심어[12] — 는 새로이 시작할 수 있다.

'새로운 탈출'은 제2이사야서에서 반복되는 모티프로, 유배살이로부터 임박한 귀환과 약속된 땅에서의 기쁜 회복을 불러일으킨다.[13] 이는 이집트인의 종살이 집과 같은 바빌론 유배 외에는 첫 번째 탈출

---

12. 이사 5,19; 14,24-27; 28,29; 40,13-14; 46,9-11; Werner, *Studien*, 11-129 참조.
13. Anderson, "Exodus Typology", 177-195 참조.

의 내러티브 플롯을 되풀이한다. 미래의 바빌론을 물리치는 일은 명백히 수월하다. 전염병도 없고 적군의 격퇴도 없다. 새로운 탈출은 자연의 변모를 통해 시온의 황금시대를 향해 가는 초자연적 여정으로 전망된다. 시온에서는 "끝없는 즐거움이 그들의 머리 위에 넘치고 … 슬픔과 탄식이 사라지다"(이사 51,11 = 35,10). 이것이 제2이사야서 신정론의 행복한 결말이다. 하느님의 정의는 유토피아를 가져온다.

탈출의 문화적 기억은 제2이사야의 독특한 전망에 따라 재구성된다. 옛 탈출과 새로운 탈출의 관계를 가장 광범위하게 다루는 곳은 이사 43,16-21이다.[14]

כה אמר יהוה	16 주님께서 말씀하신다
הנותן בים דרך	바다에 길을 내신 분
במים עזים נתיבה:	거센 물속에 큰길을 내시고
המוציא רכב־וסוס	17 병거와 병마를 나오게 하신 분
חיל ועזוז	군대와 용사들을
יחדו ישכבו בל־יקומו	함께 그들은 쓰러져 다시는 일어나지 못하고
דעכו כפשתה כבו:	그들은 꺼져 가는 심지처럼 사그라졌다
אל־תזכרו ראשנות	18 이전의 일들을 기억하지 말고
וקדמניות אל־תתבננו:	옛날의 일들을 생각하지 마라
הנני עשה חדשה	19 보라, 내가 새 일을 하려 한다

---

14. 이 본문에 대해서 최근 Paul, *Isaiah 40–66*, 215–218; Macchi, "Choses," 225–241 참조. (이 본문이 후기 해석 보충 자료, 지연遲延적 재설교라는 후자의 주장에 반대하나, 이것이 내 토론에 크게 영향을 미치지 않는다.)

עתה תצמח הלוא תדעוה	이미 드러나고 있는데 너희는 그것을 알지 못하느냐?
אף אשים במדבר דרך	정녕 나는 광야에 길을 내리라
בישמון [נתיבות]:	사막에 강을
תכבדני חית השדה	20 들짐승들이 나를 공경하리니
תנים ובנות יענה	승냥이와 타조들이
כי־נתתי במדבר מים	내가 광야에 샘을 내기 때문이다
נהרות בישימן	광야에 강을
להשקות עמי בחירי:	선택된 나의 백성에게 물을 마시게 하려고
עם־זו יצרתי לי	21 내가 나를 위하여 빚어 만든 백성
תהלתי יספרו	이들이 나에 대한 찬양을 전하리라

(이사 43,16-21)

이 운문 대목은 두 부분으로 구성되어 있으며, 두 가지 목소리로 구분된다. 16-17절은 예언자의 목소리이고, 18-21절은 예언자가 인용한 야훼의 목소리다. 두 부분이 옛 탈출과 새 탈출의 개념을 어떻게 병치하는지 풀어 보겠다.

첫 부분에서 예언자는 "주님께서 말씀하신다"라는 예상된 신탁 공식으로 야훼를 소개한다. 그런 다음 세 시행(각각 두 시구가 대응 bicolon)으로 탈출에서 야훼의 작용을 묘사하며 소개를 확장한다. 그런데 한정 분사 — 한노텐(הנותן, "내신 분")과 함모치(המוציא, "나오게 하신 분") — 를 사용하여 야훼의 행동 시제는 과거로 국한되지 않고 지속적이거나 진행 중이다. 탈출에 대한 이런 언급은 바다의 노래(탈출 15

장)의 언어에서 끌어온 것이다. 주석가들이 알아본 것처럼 레케브-와수스(רכב־וסוס, "병거와 병마") 구는 탈출 15,1의 수스 워로크보(סוס ורכבו, "말과 기병")의 역전된 반향이며, 패배한 군대의 배치는 탈출 15,4-10의 파멸한 적에 대한 반복된 묘사를 환기한다. 탈출 15장 본문과의 관련성이 마지막 시행에서 다시 활성화된다. 거기서 암-쭈 야차르티(עם זו יצרתי, "내가 빚어 만든/창조한 백성") 구는 같은 구조와 고대 관계대명사로 탈출 15,16의 암-쭈 카니타(עם זו קנית, "당신께서 얻으신/창조한 백성")를 반향한다. 탈출을 환기하는 것이 확실하다.

그러나 탈출의 기억은 미묘하게 미래의 탈출 가능성으로 변한다. '이 일을 하는 이'가 야훼이기 때문에 그분은 틀림없이 그 일을 다시 하실 수 있다. 패배하는 적군이 이집트인이라고 명시되지 않았기 때문에, 적의 신원은 잠재적으로 열려 있다. 의도적 공란에는 바빌로니아인과 같은 어느 적이라도 삽입할 수 있다. 야훼의 행동을 간접적이고 지속되는 상태로 표현함으로써 예언자는 탈출을 현재나 미래에 잠재적으로 되풀이될 수 있는 전형적인 사건으로 재구성한다. 탈출은 몇 번이고 다시 일어날 수 있고 임박할 수도 있다. 탈출에서 야훼의 중개를 의도적으로 비시간화함으로써 과거는 원하는 미래를 위한 모형이 된다.

탈출의 기억을 활성화하고 미묘하게 재구성하여 야훼의 신탁을 위한 무대를 설정한 본문의 둘째 부분은 야훼의 새로운 탈출 선언이다. 극적인 아이러니로 야훼는 의도적으로 이스라엘에 예언자가 방금 언급한 과거를 잊으라고 명령한다. 잊힌 과거는 새로운 시작으로 제시되는 새 미래를 돋보이게 한다. 기억과 망각의 변증법은 놀랍다.

אל־תזכרו ראשנות	18 예전의 일들을 기억하지 말고
וקדמניות אל־תתבננו:	옛날의 일들을 생각하지 마라
הנני עשה חדשה	19 보라, 내가 새 일을 하려 한다
עתה תצמח הלוא תדעוה	이미 드러나고 있는데 너희는 그것을 알지 못하느냐?

(이사 43,18-19)

무언가를 잊으라는 명령은 항상 이상하다. 잊어야 하는 일을 필연적으로 기억하게 하기 때문이다.[15] (아말렉에 대한 기억을 잊으라는 탈출 17,14의 명령과 비교하라.) 이 기억의 수사법으로 예언적 신탁은 겉으로는 과거를 지우고 그 자리에 미래를 새기는 것처럼 보인다. 그러나 호출된 과거는 한 번 쓴 양피지처럼 스며들어 과거와 미래가 공통으로 표현되는 이중 기록을 만든다. 알-티쯔커루 리소노트(אל־תזכרו ראשנות, "예전의 일들을 기억하지 마라", 즉각적이고 지체 없는 금지)라는 명령은, 완수할 수 없지만 곧이어 일어날 극적 변화를 표시한다. 과거와 미래의 이런 대조는 야훼가 "보라, 내가 새 일을 하려 한다" 하고 말씀하실 때 더욱 뚜렷해진다. 게다가 그것은 이미 시작되었다. "이미 드러나고 있는데 너희는 그것을 알지 못하느냐?"

청중의 초점은 새로운 신적 행위로 향한다. 이스라엘의 운명에 휴지休止가 생겼다. 이전의 탈출은 지워지고 새 탈출이 겹쳐 쓰인다. 이는 기억의 변형으로, 과거가 새로운 현재/미래로 바뀐다. 탈출의 문화적 기억은 새 탈출로 극적으로 수정되고, 그 징조는 갑자기 알아볼

---

15. 제2이사야서에서 이 역동에 대하여는 Levin, "Days", 105-124 참조.

수 있다.

새 탈출의 세부 사항은 19ㄴ-21절 신탁의 나머지 부분에 불완전하고 암시적으로 소개되었다. 새 탈출과 옛 탈출의 몇 가지 인상적인 대조가 의도적으로 묘사되었다. 16절에서 야훼는 바다에 길을 내시며, 홍해의 기억을 활성화한다. 바얌 다렉 / 우버마임 아찜(ובמים עזים / בים דרך, "바다 가운데에 길을 내시고 / 거센 물속에 큰길을 내신 분"). 새 탈출에서 장소는 바다에서 광야로 이동한다. 야훼는 광야에 길을 내실 것이다. 밤미드바르 데렉 / 비쉬몬 너티보트(במדבר דרך / בישמון נתיבות, "광야에 길을 / 사막에"). 과거는 잊히지 않고 시리아 사막으로 재배치되었다.

17절에서는 파멸된 이집트 군대 사이에도 대조가 그려지는데, 그들은 움직일 수 없고 죽었다("그들은 쓰러져 다시는 일어나지 못하고"). 그리고 새 탈출에서 들짐승들은 적극적으로 야훼를 찬양한다. "들짐승들과 / 승냥이와 타조들도 나를 공경하리니." 파멸된 문화적 원수들이 변화된 자연으로 대체되고, 들짐승들이 하느님을 찬양한다. 새 탈출에 전투나 패배한 군대가 없는 것이 인상적이다. 인간 적의 패배는 지워지고, 기뻐하는 동물 관객들로 겹쳐 쓰인다. 인간 문화의 비극적 사건은 목가적 자연으로 대체된다. 이것은 잊힌 과거가 이상적인 미래로 수정되는 다른 지점이다.

새 탈출의 신탁은 옛것과 새것의 언어에 대한 또 다른 전환으로 끝난다. 야훼가 "바다 가운데에 길"을 내신 옛 탈출과, 야훼가 "광야에 길"을 내신 새 탈출은 새로운 공간적 합성으로 융화되는데, 거기서 야훼는 광야에 물을 창조하신다. 키-나탓티 밤미드바르 마임 / 너하로트 비쉬몬(כי-נתתי במדבר מים / נהרות בישימן, "내가 … 광야에는 샘을 내고 /

사막에는 강을 내기 때문이다"). 사막의 이 새로운 수로는 적어도 부분적으로는 들짐승들이 하느님을 찬양하게 한다. 야훼가 이스라엘을 다시 한번 당신이 선택하신 백성으로 선포하신 것처럼, 물은 광야에서 이스라엘을 되살리기 위한 것이다. "내가 나를 위하여 빚어 만든 백성"이라는 묘사는 바다의 노래를 다시 활성화하며, 백성은 첫 탈출 후에 그랬던 것처럼 기쁜 미래에 하느님을 찬양할 것이다.

이사 43,16-21의 예언-시적 언어에서 탈출의 문화적 기억은 환기되고 잊히며 임박한 구원으로 재구성된다. "예전의 일들"은 인식할 수 있는 "새 일"로 바뀌고 재앙은 물러간다. 새 탈출은 유례없는 옛것을 대체하는 완전히 새로운 기억이다. 희극적 신정론에서 하느님의 정의는 전적으로 구원적이고, 유배라는 멸망의 재앙은 완전히 상쇄된다. 어둠의 날들은 지나갔다. 자연조차도 새 탈출의 봄을 기뻐한다. 임박한 변화는 새 탈출을 경축하며 하느님께 찬양시를 노래하는 새 백성을 낳을 것인데, 이 예언적 신탁과 다르지 않다. 본문은 근본적으로 수정된 탈출에 비추어 유배의 현재를 재구성하고, 이스라엘의 자의식과 상상된 운명을 둘러싼 새 틀을 세우는 것을 목표한다.

3. 창세 15장: 난해한 신정론으로서의 탈출

창세 15장은 에제키엘이나 제2이사야와는 다른 방식으로 탈출을 재구성한다. 오경 본문 자체에 신정론을 세우고 탈출과 귀환에서 정점에 달하는 하느님 계획의 개요를 채운다. 이것은 새 탈출이 아니라 옛 탈출의 보충인데, 거기서 하느님의 정의에 관한 열린 질문들이 해결된다. 본문은 특히 이스라엘이 겪은 오랜 외국 종살이와 유배 문제를 다룬다. 해결책은 "아모리족의 죄악"에 대처하는 하느님 정의의 계산을 포함한다. 본문은 이스라엘을 위한 하느님의 장기 계획의 비밀을 때로는 난해한 방식으로 설명하는 세부 사항도 얼마간 제시한다.

본문의 연대가 명확하지는 않으나 다수의 증거가 유배 또는 유배 이후 배경을 가리킨다.[16] 본문은 사제계, 엘로히스트, 신명기계 언어와 상투적 표현 *topoi*을 인용하거나 이용했으며, 후기 성경 히브리어의 흔적이 일부 있을 수 있다.[17] 그런데 언어는 대부분 고전적이다. 만일 보이는 것처럼 본문이 유배 또는 유배 이후 초기 것이라면, 탈출과 유배의 장기 계획에서 하느님의 정의 문제는 저자 시대의 불안에 대한 반응일 수 있다. 탈출의 오랜 기간에서 하느님 정의에 대한 설명은 주로 주석적 질문에 대답하지만, 대재앙의 결과로 하느님 정의의 문제를 반영하거나 해결할 수 있다.

창세 15장에서 문화적 기억의 수정은 20,7(엘로히스트 혹은 비사제계)에 나타나는 아브라함을 예언자로 보는 개념에 기초한다. 그러나 예언자로서 아브라함의 역할은 중재자로 정의되었다. 키-나비 후 워이

---

16. 최근 Ska, "Groundwork", 67–81; Schmid, *Genesis*, 158–171; Römer, "Abraham", 91–101; Levin, "Jahwe", 80–102 참조.
17. 후대 언어나 고전 이후 시대 언어의 힌트는 다음과 같다. (1) 서두 공식에 와얍톨의 부재(창세 20,1에는 와얍톨이 있고, 에스 2,1; 3,1; 7,1에는 없음을 참조하라). (2) 절 첫 어절의 비변환 과거 시제 워카탈*we-qatal* (6절에 והאמן); Joosten, "Diachronic Aspects", 226–227. 사제계 언어는 רכוש와 כשדים אור에 있다. 유프라테스강의 경계는 다른 세부 사항과 마찬가지로 거의 틀림없이 신명기계(신명 1,7; 11,24; 여호 1,4)이고, 산문에서는 신명기계 본문들에서만 발견되는 하느님의 호칭 야훼와 아도나이를 포함한다(그러나 예언서들에서는 일반적이다). 일곱 민족의 이름에 의성어 3인조인 에트-하케니 את הקיני, 워에트-하케니찌 ואת הקנזי, 워에트 하카드모니 ואת הקדמני "카인족, 크나즈족, 카드몬족")의 추가 또한 지나치게 장식적이고 비교적 후대의 손질로 보인다.

트팔렐 바아드카 웨허예(כי־נביא הוא ויתפלל בעדך וחיה, "그 사람은 예언자이니, 그가 너를 위하여 기도하면 너는 살 것이다"). 15장에서 아브라함의 예언자 소명은 에제키엘의 소명에 더 가깝다. 그는 하느님의 요구에 따라 상징적 행동들을 수행하는데 하느님이 그것을 해석하신다. 상징적 행위들이 상당히 불분명하고 난해해서 이를 해독하기 위해서는 신적인 해석자가 필요하다.

탈출의 정교한 암시와 설명은 창세 15,7-21 후반부에 나타난다. 탈출이라는 주제는 하느님의 자기-묘사에서 본문 간의 암시로 미묘하게 선포된다. 아니 아도나이 아쉐르 호체티카 메우르 카스딤(אני יהוה אשר הוצאתיך מאור כשדים, "나는 주님이다. 너를 칼데아의 우르에서 이끌어 낸 이다": 창세 15,7). 이 자기-묘사는 십계명의 시작을 반향한다. 아노키 아도나이 엘로헤카 아쉐르 호체티카 메에레츠 미츠라임(אנכי יהוה אלהיך אשר הוצאתיך מארץ מצרים, "나는 너를 이집트 땅, 종살이하던 집에서 이끌어 낸 주 너의 하느님이다": 탈출 20,2 = 신명 5,6). 이런 어휘 선택은 본문 간 관계를 활성화할 만큼 독특하다. 그러나 창세 15장에서 탈출 공식은 "이집트 땅"이 "칼데아의 우르"로 대체될 때 어떤 의미에서 과거로 거슬러 올라가 수정되었다. 창세 15,7의 암시적 구조에서 야훼가 아브라함을 메소포타미아에서 구원하신 일은 이스라엘을 이집트에서 구원하신 일과 암시적으로 융합한다. 탈출을 위한 야훼의 계획은 이미 아브라함 시대에 넌지시 알려졌다. 하느님의 장기 계획이라는 개념은 이곳에 섬세하게 심어져, 아브라함의 상징적 예언 행위의 수행과 해석에서 더욱 확고하게 발전된다.

밤마 에다(במה אדע, "제가 … 무엇으로 알 수 있겠습니까?")라는 아브라함의 질문에 응답하며, 야훼는 이상한 의식을 행하라는 지시를 내리고, 야도아 테다(ידע תדע, "너는 잘 알아 두어라": 창세 15,13)라는 강력한 명령으로 해독하신다. 의식의 구성 요소는 3년 된 암송아지 1마리, 3년 된 암염소 1마리, 3년 된 숫양 1마리와 새 2마리(아마도 비둘기 2종)이다. 이들은 모두 전형적인 희생 제사 동물들이다. 아브라함은 육지 동물 3마리를 둘로 갈라서 서로 마주 보게 놓고 새 2마리를 나란히 놓았다. 그리고 동물 사체에 날아드는 맹금들을 쫓아낸다. 해 질 무렵 아브라함은 잠에 떨어지고 에마 하쉐카 거돌라(אימה חשכה גדלה, "공포와 짙은 암흑")가 그에게 떨어졌다[동사 나팔נפל('떨어지다')이 여기 두 번의 떨어짐에 각각 나타난다]. 이것은 이상하고 혼란스러운 장면이다. 아브라함이 동물들을 제단 위에서 불사르거나 삶지 않기에, 전통적인 희생 제사가 아니다.

이 장면은 복잡하고 상징적인 거행이며, 꿈에 야훼가 행동의 신탁적 의미를 설명하는 신 현현으로 이어진다. 신 현현에서 야훼는 이집트 종살이와 탈출을 예고하는데, 특히 기간에 주의를 기울인다.

דע תדע כי־גר יהיה זרעך	13 잘 알아 두어라. 너의 후손은 나그네살이하며
בארץ לא להם	남의 나라에서
ועבדום וענו אתם	그들의 종살이를 하고 학대를 받을 것이다
ארבע מאות שנה	사백 년 동안
ודור רביעי ישובו הנה	16 그들은 사 대째가 되어서야 여기로 돌아올 것이다

> אמוריס כי לא־שלם עון האמרי 아모리족의 죄악이 아직 다 차지 않았기 때문이다
>
> עד־הנה: 그때까지는
>
> (창세 15,13-16)

야훼의 예언과 상징적 행동 사이의 대응이 명시적이지 않지만, 많은 주석가가 동물을 4줄로 차린 것이 400년과 4대를 상징하는 숫자라는 것에 동의한다.[18] 이 상징적인 시나리오는 동물들을 자르는 것으로 성립되는데, 이것은 본문이 후기 진술에서 암시하는 바와 같이 '계약을 자르는' 상징적 실행이다. 바욤 하후 카라트 아도나이 에트-아브람 버리트[ביום ההוא כרת יהוה את־אברם ברית, "그날 주님께서는 아브람과 계약을 맺으시며(자르시며)": 창세 15,18]. 계약의 실행은 야훼의 계획을 수수께끼같이 소개한다.

야훼는 이집트 종살이와 탈출 기간이 아온 하에모리(עון האמרי, "아모리족의 죄악")와 함께 작용한다고 밝힌다. 죄악이 무엇인지는 언급되지 않으나, 시간이 지나면서 축적되다가 만기가 되는 것 같다.[19] 이 모호한 세부 사항은 신정론의 질문에 답하는 것으로 보인다. 야훼는 왜 이스라엘이 그렇게 오랫동안 종살이를 하도록 내버려 두시는가? 어째서 그분은 구원을 지체하시는가? 아모리족의 누적된 죄악이 그 답이다. 죄악의 내용이 밝혀지지 않았을지라도 답이 있다는 것으로 충분한 듯하다. 그래서 이스라엘의 과거, 좀 더 확장해서 어쩌면 현재도 이

---

18. 예를 들면 Zakovitch, "And You Shall Tell," 59–60. 이 장면에서 상징을 최대한 활용한 것은 Jacob, *Genesis*, 404–406.
19. 여기서 죄의 축적은 빚의 축적을 모델로 한다. Anderson, *Sin*, 85–89.

해할 수 있게 한다. 야훼의 계획은 이스라엘의 운명을 둘러싼 대규모 계획이지만, 우리에게는 희미하게 보일 뿐이다.

마지막 상징적 행동은 야훼가 말씀을 마칠 때 일어난다. 이상한 두 가지 대상이 나타나 움직인다. 워힌네 탄누르 아샨 워라피드 에쉬 아쉐르 아바르 벤 학거짜림 하엘레(והנה תנור עשן ולפיד אש אשר עבר בין הגזרים האלה, '보라, 연기 뿜는 화덕과 타오르는 횃불이 이 조각들 사이로 지나갔다': 창세 15,17). 이 장면은 해독되지 않았고 수수께끼로 남았다. 대부분의 주석가는 여기서 시나이산 야훼 현현의 불과 연기의 시각적 상징을 본다. 워하르 시나이 아샨 쿨로 밉퍼네 아쉐르 야라드 알라이우 아도나이 바에쉬 와야알 아샤노 커에쉔 학키브샨(והר סיני עשן כלו מפני אשר ירד עליו יהוה באש ויעל עשנו כעשן הכבשן), "그때 시나이산에 온통 연기가 자욱하였다. 주님께서 불 속에서 그 위로 내려오셨기 때문이다. 마치 가마에서 나오는 것처럼 연기가 솟아오르며…": 탈출 19,18). 이 계약 장면의 맥락에서 이러한 대응은 매력적이다. 그러나 연기 뿜는 화덕과 타오르는 횃불은 다른 대상이기 때문에, 나는 이 대응이 이집트와 광야에서 야훼가 이스라엘인들을 인도하는 수단인 연기 기둥과 구름 기둥(탈출 13,21-22 등)이라고 생각하는 편이다. 그러나 여기에는 큰 차이가 없다. 연기 뿜는 화덕과 타오르는 횃불은 야훼 현존의 '객관적 상관물'이다. 쪼개 놓은 짐승들 사이를 지나가는 그것들의 움직임은 야훼와 아브라함 사이에 계약을 체결하고, 아마도 이스라엘이 이집트의 종살이에서 나와 약속된 땅으로 가는 움직임을 간접적으로 예언했을 것이다.

이 에피소드의 기괴한 상징성에서 한 가지 세부 사항은 여전히 불분명하다. 아브라함이 맹금들을 쫓아내는 의미는 무엇인가? 위협의 순간은 명백해 보인다. "맹금들이 죽은 짐승들 위로 날아들자, 아브람은 그것들을 쫓아냈다"(창세 15,11). 추측건대 이 장 전체에 예언자로 묘사된 이브라함은 이스라엘을 이집트에서 구원해 내도록 야훼에게 부름을 받은 예언자 모세를 예고한다. 맹금들은 미래의 적, 이스라엘의 시체를 삼키려 하는 무자비한 이집트인들에 해당한다. 어느 경우이든 '맹금류'는 부정한 동물이며, 이와는 대조적으로 양, 염소, 숫양과 비둘기는 정결한 동물이다. 여기서 일종의 도덕적 대립이 나타나는 듯하지만 의미는 모호하다. 이는 야훼가 그 깊은 의미를 부분적으로만 드러내시는 난해한 상징적 행위이다. 창세 15장은 탈출에 대한 예언적 전조와 부분적 주석을 시도한다. 전조의 방식으로, 사건들은 아마도 필연적으로 모호할 것이다.[20] 아브라함은 어떤 면에서 에제키엘과 비슷한 복잡한 유형의 예언자이다. 그의 이상한 상징적 행동과 환시들은 자주 야훼에 의해 설명되었으나, 세부 사항은 설명되지 않은 채 남아 있다. 이것은 후기 또는 고전 이후 예언자의 초상으로, 기괴하고 난해한 상징성으로 가득 차 있다. 탈출에 대한 수행적 예언 행위의 일반적 목표는 그것이 야훼의 장기 계획과 계약의 일부라는 점과 계획의 정의에 관한 불안을 완화할 수 있음을 알리는 것이다. 성조들의 계약은 이제 명시적으로 탈출을 포함한다. 아브라함의 예언적 행위들은 이스라엘의 미래 운명을 막연하게 밝힌다. 다가올 재앙에도 불구하고, 야훼의 손은 사건 뒤에 있다. 그 손이 숨겨져 있거나 우리의 이해를 넘어서는 것처럼 보일지라도.

---

20. 장 피에르 소네Jean-Pierre Sonnet가 관찰한 바와 같이(사적 의사소통으로), 상징적 행위들은 "탈출기에서 서사적으로 밝혀질 때까지 세부 사항들을 예견하지 않기 위해 의도적으로 가려졌을" 수 있다.

4. 결론

헤라클레이토스가 말한 대로, 인간은 갈대 바다(같은 강물)에 발을 두 번 담글 수는 없다. 물은 항상 변하고, 심지어 사람의 발도 미세하게 달라진다. 마찬가지로, 히브리 성경에서 탈출 사건에 대한 문화적 기억은 움직이고 변화한다. 각 판版은 과거의 세부 사항과 의미에 대하여 다른 주장을 하고, 현재와 미래의 실재와 종교에 대해 각기 다른 주장을 한다. 바빌로니아의 정복과 유배의 위기는 이스라엘 역사에서 중요한 중간 휴지休止였으며, 마찬가지로 성서적 기억에 있는 탈출의 삶에서도 중간 휴지였다.

앞에서 본 바와 같이, 탈출 사건은 에제 20장, 이사 43장, 창세 15장에서 다르게 재해석되어 다양한 유형의 신정론, 곧 비극적, 희극적, 난해한 신정론을 활성화했다. 에제키엘서에서 탈출은 이스라엘의 영원한 죄의 모델을 제공하는데, 야훼의 신적 명예 유지와 충돌한다. 새로운 탈출은 이스라엘의 돌이킬 수 없는 죄에도 불구하고 일어나며 이스라엘의 미래 자기 혐오를 수반할 것이다. 여기서 에제키엘은 사실상 묵시 사상과 독특한 유다적(혹은 유다-그리스도교적) 죄책감을 만든다. 옛 탈출은 미래의 탈출을 수반하지만, 이스라엘은 그것을 받을 자격이 없다. 에제키엘의 신정론에서 하느님은 정의로우시나, 윤리적 분열은 도덕적 하느님을 그분의 부도덕한 백성에게서 분리한다. 이것이 비극적 신정론인데 세상에서의 하느님 정의라는 긍정적 결과가 이스라엘을 죄책감에 시달리게 한다는 점에서 그렇다. 대재앙의 미래 해결은 아직도 어떤 면에서는 비참하다.

제2이사야서에서 탈출은 희극적 신정론으로 재구성되는데, 하느님 정의의 결과는 순수하게 행복한 결말이다. 새로운 탈출의 끝*telos*은 영원한 기쁨의 화관을 쓴 시온으로의 귀환이다. 새 탈출의 이 '미래 기억'은 에제키엘의 경우처럼 묵시 사상의 씨앗을 심지만 유토피아적 방식이다. 완벽한 회복에 대한 비전으로서 이 모델은 유배 이후 시대 동안 더 영속성 있는 것으로 판명될 것이다. 제2이사야서에서 새 탈출은 동시에 새 창조이고, 새 시대의 여명에 야훼가 혼돈을 물리치시는 것을 수반한다. 원시의 낙원이 돌아올 것이다. 헤르만 궁켈Hermann Gunkel의 공식에 따르면, *원시 시대가 종말 시대가 된다 Urzeit wird Endzeit.*[21] 죽음마저 영원히 삼켜질 것이다. 이것은 에제키엘서의 양면적 개정과는 아주 다른 새 탈출의 비전이다. 희극적 신정론의 회귀에는 죄의식이 없다.

이것이 제2이사야의 새 탈출이 제2성전 시대 동안의 묵시 사상의 부흥에 더 결정적 역할을 하는 이유다. 시온의 실제 회복이 완전하지 않았기 때문에 유토피아적 새 탈출 또는 새 창조는 다른 미래로 보내져야 했다. 에제키엘의 양면적인 새 탈출은 불완전한 현실을 수용한 반면, 제2이사야의 탈출은 그렇지 않았다. 희극적 신정론과 결함이 있는 현실 사이의 부조화는 그것을 미래로 투사할 것을 요구했다. 유배 이후의 불완전한 현실은 하느님 정의의 희극적 모델을 유예하면서 더 영구적인 종말의 창안을 필요로 했다.

창세 15장은 탈출 그 자체보다 더 먼 과거의 일부로 탈출을 재

---

21. Gunkel, *Schöpfung*, 370: "마지막 때에는 원시 시대에 일어났던 일이 반복될 것이다In der Endzeit wird sich wiederholen, was in der Urzeit gewesen ist."

구성하기 때문에 다른 종류의 예언이고 신정론이다. 이 개정은 예언자 아브라함의 상징적 드라마에서 선포된 야훼의 장기 계획을 재구성한 것이다. 에제키엘처럼 아브라함은 이상한 행동들을 수행하라는 명령을 받았고, 난해한 의미는 하느님에 의해 설명된다. 아브라함은 이상한 계약 예식에 참여하는데, 그 의미는 꿈에서 야훼의 현현으로 부분적으로 계시된다. 그러나 의미는 완전히 밝혀지지 않았다. 탈출에 대한 난해한 예언은 하느님이 아브라함에게 하신 약속이 정확한 시간 후에 탈출과 귀환에서 성취될 것임을 분명히 한다. 오랜 유배 생활의 이유는 "아모리족의 죄악"으로 모호하게 설명되는데, 그 내용은 근거의 사실보다 덜 중요해 보인다. 다시 말해, 하느님의 정의는 보장되나 우연한 사건들은 하느님의 계획이 완성될 때까지 오랜 시간이 걸린다는 말이다.

창세 15장에서 탈출 예언은 이스라엘의 과거 운명에 대한 틀을 제공하지만, 난해한 신정론은 이스라엘의 미래 운명에도 영향을 미칠 가능성이 있다. 이 장이 유배 이후 창세기에 보충된 자료로 보인다면, 과거에 대한 확고한 기초를 제공하여 미래에 대한 하느님의 계획도 확정되었음을 시사할 수 있다. 진행 중인 신정론의 세부 사항은 성조들의 시대와 마찬가지로 모호하거나 난해할 수 있다. 그러나 창세 15장의 난해한 신정론은 더 많은 추론을 부추긴다.

유배/유배 이후의 세 가지 탈출 수정에서, 우리는 권위 있는 해석가들이 대재앙의 여파로 이스라엘의 문화적 기억을 어떻게 재구성했는지를 확인한다. 근본적으로 변화된 환경, 집단적 트라우마 상황에서 한 집단이 적응하고 생존하기 위해 과거에 대한 집단의 의식은 변화해야만 한다. 과거와 현재를 설명하는 인과관계가 무너졌을 때, 그것은 회복되어야만 한다. 이것이 에제키엘과 제2이사야가 비극적·희극적 신징론으로 탈출을 재구성하여 성취한 것이다. 다른 방식으로, 창세 15장은 과거의 연결 고리에 명확성과 그에 대항하는 난해한 모호성을 도입하는데, 현재와 미래로 파급될 수 있다.

각각의 본문들은 설득력 있는 하느님 정의의 모델을 제공하기 위해 구성적 과거를 다르게 기억한다. 반기억들은 이스라엘의 과거를 예언적으로 재구성하는 데 있어서 비극적, 희극적, 난해한 신정론을 따라간다. 각 본문은 탈출에 대한 문화적 기억을 독특하게 수정하여 과거를 현재와 미래의 새로운 구성으로 가져온다. 핵심적 측면에서 이러한 개정, 특히 에제키엘과 제2이사야의 개정은 서로 맞지 않는다. 그러나 결국 다른 판본들은 히브리 성경의 상호텍스트적 공간에서 탈출에 대한 희극적, 비극적 그리고 난해한 기억들이 뒤섞이고 충돌하고 재결합되며, 복잡한 변증법을 만들어 낸다.

참고문헌

ALTER, R., *The Art of Biblical Poetry*, 2nd edn, New York 2011.
ANDERSON, B. W., "Exodus Typology in Second Isaiah", in: B. Anderson / W. Harrelson (eds.), *Israel's Prophetic Heritage: Essays in Honor of James Muilenburg*, New York 1962, 177–195.
ANDERSON, G. A., *Sin: A History*, New Haven 2009.
GREENBERG, M., *Ezekiel 1–20* (AncB 22), New York 1983.
_____, "Notes on the Influence of Tradition on Ezekiel", *JANES* 22 (1993) 29–37.
GUNKEL, H., *Schöpfung und Chaos in Urzeit und Endzeit: Eine religionsgeschichtliche Untersuchung über Gen 1 und Ap Joh 12*, Göttingen 1895.
HENDEL, R., "Leitwort Style and Literary Structure in the J Primeval Narrative", in: S. Dolanksy (ed.), *Sacred History, Sacred Literature: Essays on Ancient Israel, the Bible, and Religion in Honor of R. E. Friedman*, Winona Lake, IN 2008, 93–109.
_____, "The Exodus and the Poetics of Memory", in: M. L. Chaney et al. (eds.), *Reading a Tendentious Bible: Essays in Honor of Robert B. Coote* (HBM 66), Sheffield 2014, 87–97.
JACOB, B., *Das erste Buch der Tora: Genesis*, New York 1975 [1934].
JOOSTEN, J., "Diachronic Aspects of Narrative Wayhi in Biblical Hebrew", *JNSL* 35 (2009) 45–64.
_____, *The Verbal System of Biblical Hebrew: A New Synthesis Elaborated on the Basis of Classical Prose*, Jerusalem 2012.
LEVIN, C., "Days are Coming, When It Shall No Longer Be Said", in: E. Ben Zvi / C. Levin (eds.), *Remembering and Forgetting in Early Second Temple Judah* (FAT 85), Tübingen 2012, 105–124.
_____, "Jahwe und Abraham im Dialog: Genesis 15", in: *idem, Verheißung und Rechtfertigung: Gesammelte Studien zum Alten Testament II* (BZAW 431), Berlin 2013, 80–102.

LEVITT KOHN, R., "'With a Mighty Hand and an Outstretched Arm': The Prophet and the Torah in Ezekiel 20", in: S. L. Cooke / C. L. Patton (eds.), *Ezekiel's Hierarchical World: Wrestling with a Tiered Reality* (SBLSymS 31), Atlanta 2004, 159–168.

MACCHI, J.-D., "'Ne ressassez plus les choses d'autrefois': Esaïe 43,16–21, un surprenant regard deutéro-ésaïen sur le passé", *ZAW* 121 (2009) 225–241.

PAUL, S. M., *Isaiah 40–66: Translation and Commentary*, Grand Rapids, MI 2015.

RICOEUR, P., *The Symbolism of Evil*, Boston 1967.

RÖMER, T., "Abraham and the 'Law and the Prophets'", in: P. Carstens / N. P. Lemche (eds.), *The Reception and Remembrance of Abraham*, Piscataway, NJ 2011, 91–101.

ROM-SHILONI, D., "Facing Destruction and Exile: Inner-Biblical Exegesis in Jeremiah and Ezekiel", *ZAW* 117 (2005) 194–202.

_____, *Exclusive Inclusivity: Identity Conflicts between the Exiles and the People Who Remained (6th–5th Centuries BCE)* (LHB 543), London 2013.

SCHMID, K., *Genesis and the Moses Story: Israel's Dual Origins in the Hebrew Bible* (Siphrut 3), Winona Lake, IN 2010.

SCHWARTZ, B., "Ezekiel's Dim View of Israel's Restoration", in: M. S. Odell / J. T. Strong (eds.), *The Book of Ezekiel: Theological and Anthropological Perspectives* (SBLSymS 9), Atlanta 2000, 43–67.

SKA, J. L., "Some Groundwork on Genesis 15", in: *idem*, *The Exegesis of the Pentateuch: Exegetical Studies and Basic Questions* (FAT 66), Tübingen 2009, 67–81.

STAGER, L. E., "Biblical Philistines: A Hellenistic Literary Creation?" in: A. M. Maeir / P. de Miroschedji (eds.), *"I Will Speak the Riddles of Ancient Times": Archaeological and Historical Studies in Honor of Amihai Mazar*, Winona Lake, IN 2006, 375–384.

WERNER, W., *Studien zur alttestamentlichen Vorstellung vom Plan Jahwes* (BZAW 173), Berlin 1988.

ZAKOVITCH, Y., *"And You Shall Tell Your Son …": The Concept of Exodus in the Bible*, Jerusalem 1991.

ZIMMERLI, W., *Ezekiel 1* (Hermeneia), Philadelphia 1979.

재난:

성찰과 전망

17장

재난을 쓰다
트라우마, 회복력과 속기

장 피에르 소네

이 책이 접근한 주제는 전례 없는 회복력의 사건, 즉 예루살렘 멸망 후 토라를 형성하는데 기여한 글쓰기의 회복력이다. 이 책에 적합한 다른 제목은 모리스 블랑쇼Maurice Blanchot의 유명한 에세이 《재난의 글쓰기L'écriture du désastre》(1980)를 반영하여 '*재난을 쓰다*'가 될 수 있다. 이스라엘 백성에게 거룩한 도성의 몰락과 그 거룩한 장소인 성전의 파괴는 문자 그대로 재난dis-aster[별(aster)의 반대(dis-)], 즉 하늘의 나쁜 영향과 관련된 엄청난 참사였다. 그만큼 재난은 말로 다 표현하지 못한다. 그것은 언어를 파괴하고 침묵하게 한다. 블랑쇼는 "말해야 할 것이 남아 있는 것은 재앙이다. 말의 붕괴, 글쓰기의 죽음, 희미하게 웅얼거리는 소리. 즉 남지 않고 남은 것"이라고[1] 말한다. 히브리 성경의 놀라운 점은 재난이 애도와 문학적 창의성의 과정을 결

---

1. Blanchot, *Writing*, 33.

합한 예외적인 문학적 정교함을 일으켰다는 것이다.² 결론에서는 트라우마 이론의 렌즈를 통해 이중 과정을 검토할 것이다. 데이비드 카David M. Carr의 최근 저서인 《거룩한 회복탄력성: 트라우마로 읽는 성경Holy Resilience: The Bible's Traumatic Origins》은 히브리 성경의 기원을 이해하는 데 트라우마 범주와의 관련성을 보여 주었다.³ 카와 함께 내러티브와 역사 속 트라우마에 관한 여러 에세이를 쓴 캐시 카루스Cathy Caruth와 대화하면서, 이 글은 유배된 이스라엘이 예루살렘 멸망이라는 트라우마적 경험을 극복한 문학적 방식을 간략히 살펴볼 것이다. 트라우마라는 범주가 이 책에서 접근한 역사적·문학적 현상의 여러 실마리 중 하나가 되기를 기대한다.

어떻게? 트라우마 시로서의 애가

"트라우마는 예상치 못한 일이나 공포로 인해 사전 지식의 체계 안에 포함될 수 없는 사건과의 직면"이라고 카루스는 썼다.⁴ 애가는 에카(איכה, "어떻게?": 애가 1,1; 참조 2,2; 4,1.2)라는 질문으로 시작하고, 키나(קינה, 비가悲歌, 만가挽歌)의 느린 리듬으로 진행되는데, 예루살렘의 멸망

---

2. 기원전 597년과 587년의 사건들에 대한 성경의 응답은 다양한 관련 요소를 사용하여 여러 가지 비판적 발표를 이끌어 냈다. 특히 Cohn, "Biblical Responses"는 이스라엘의 과거, 현재, 미래를 언급하는 방식을 향상시킨다. 그리고 더 최근에 Römer, "Hebrew Bible". Max Weber와 Armin Steil의 작품에서 영감을 받은 Thomas Römer는 예루살렘의 멸망과 유배의 위기에 대한 세 가지 유형의 태도, 곧 사제, 예언자, '관료官僚'의 태도(이 경우에 역사가)를 식별한다. 이 분류는 이스라엘 트라우마의 심리적·문학적 흔적에 초점을 맞추는 현 논고를 보완한다.
3. Carr, Holy Resilience; 참조 the papers collected in Becker et al. (eds.), Trauma.
4. Caruth, "Introduction", 153.

과 바빌론 유배로 절정에 달한 사건의 엄청난 성격을 보여 주는 성경의 지표다. 이 시를 떠받치는 알파벳 형태는, 역설적으로 어떤 언어로도 표현할 수 없는 상황에 직면한 백성의 완전한 절망을 표현한다. 예루살렘의 상황은 비교할 수도 없고 이치에도 맞지 않는다. "딸 예루살렘아 나 네게 무엇을 말하며 너를 무엇에 비기리오? 처녀 딸 시온아 너를 무엇에다 견주며 위로하리오? 네 파멸이 바다처럼 큰데 누가 너를 낫게 하리오?"(애가 2,13). 3장이 하느님이 자애로 당신 백성을 변호하시리라는 희망을 제기하지만(3,21-26), 4장과 5장의 대부분은 실망이 가득하고, 상황에 대한 걱정을 *강조point d'orgue*하며 책은 끝난다. "정녕 저희를 물리쳐 버리셨습니까? 저희 때문에 너무도 화가 나셨습니까?"(5,22).

특히 눈에 띄는 점은 애가가 트라우마 경험을 시연하는 방식이다. 마치 예루살렘의 마지막 날들이 이 책의 연이은 화자들의 뇌리에서 떠나지 않은 것처럼 말이다. 카루스는 "트라우마를 입는다는 것은 정확히 어떤 이미지나 사건에 사로잡히는 것이다"라고 쓴다.[5] 비극은 시적으로 재연되었고, 성경의 다른 책들(2열왕 25장과 예레 52장)의 내러티브보다 애가에서 더 생생하다. 침략자의 함성은 공격 당일처럼 울려 퍼진다. "그래, 오늘은 우리가 기다리던 날, 마침내 이날을 보게 되는군!"(애가 2,16). 운명적인 날을 엿봄은 애도에 마침표를 찍는다. "자식들을 앗아 가고 집 안에는 죽음이 자리 잡고 있습니다"(애가 1,20); "젖먹이는 목말라 혀가 입천장에 달라붙고 어린것들은 빵을 달라고 애원하건만 그들에게 한 조각 주는 이가 없구나"(애가 4,4; 참조 2,12.20-

---

5. Caruth, "Introduction", 5.

21; 4,7-10.17-18). 감금의 은유는 특히 생생한데, 무엇보다도 예루살렘의 적으로서 행동하시며 구속하시는 분이 하느님이시기 때문이다(2,6 참조). "내 둘레에 빠져나갈 수 없는 담을 쌓으시고 쇠사슬로 나를 무겁게 채우셨네. 내가 소리 지르며 도움을 청해도 내 기도 소리에 귀를 막아 버리시고 내 길에 마름돌로 담을 쌓으시며 내 앞길을 막아 버리셨네"(애가 3,7-9). 이 구절의 구문 자체가 종말의 불가항력을 그대로 드러낸다. "우리의 끝(키체누קִצֵּנוּ)이 가까웠구나, 우리의 날수가 찼어. 그래, 우리의 끝(키체누קִצֵּנוּ)이 다가왔구나"(애가 4,18). 카루스는 "일단 죽음의 가능성에 직면하면, [의식은] 파괴적인 사건을 반복할 수밖에는 없다"고[6] 하며 트라우마 사건은 "마치 정신 공간에서 여전히 일어나고 있는 것처럼 반복적 기억으로 자리잡기 때문이다"라고[7] 한다.

　　애가는 여하튼 복합적이고 장기화된 역사적 긴장의 최종 지점, 곧 단절의 지점이다. 이스라엘과 유다의 예언적 목소리를 반향하고 신명 28장의 저주를 떠올리게 하는 방식으로,[8] 경고와 배우지 못한 교훈의 역사의 운명적인 절정처럼 들린다. "당신께서 선언하신 날이 오게 하소서"라는 애가 1,21의 진술에서, 우리는 아모 5,18-20에서 "어둠일 뿐 빛이 아니지 않으냐? 불빛이라고는 전혀 없이 캄캄할 뿐"(20절)인 날에 대한 하느님의 첫 선언을 듣는다. 따라서 애가에서 구체화된 트라우마는 "성경적 규모"이며, 애가를 그러한 책들을 한데 모아 놓은 정경의 한 부분으로 분류되는 사소한 책이라고 간주하는

---

6. Caruth, *Unclaimed Experience*, 63.
7. O'Connor, "Trauma Studies", 212에서 Caruth, *Unclaimed Experience*를 언급한다.
8. 애가 1,14 / 신명 28,48; 애가 2,2 / 신명 28,52; 애가 2,17 / 신명 28,15; 애가 3,45 / 신명 28,37; 애가 4,10 / 신명 28,56ㅁ 참조.

것은 적절하지 않다. 그리스어 성경 순서에서 애가는 예레 52장의 예루살렘 멸망 기록에 이어지며, 2열왕 25장에 거의 동일한 기록이 나온 이후로도 그것을 유추하여 들을 수 있다. 에카(איכה, 어떻게?)로 시작하는 5중의 비탄은 히브리 성경에 자주 등장한다. 그것은 모세가 선언한 유배(신명 4,25-31)와 신명 28,47-67에서 공식화한 저주의 지평에 있다. 이는 이스라엘의 역사에 남은 주요 트라우마의 표시이며 히브리 성경 전반에서 울려 퍼진다.

지연되다

트라우마 이론은 다양한 방식으로 성경에 새로운 빛을 비추어 연구자들이 성경을 통해 예루살렘 멸망의 트라우마가 확산된 과정을 더욱 효과적으로 추적하게 했다. 이는 대재앙을 직면한 단계를 식별하는 데 도움이 되었다. 그것은 말할 수 없는 내용을 말하려는 도전, 설명을 공식화해야 할 필요성, 재앙 너머의 삶을 가리키라는 요청이다. 이 같은 해석학적 탐구의 훌륭한 사례로 캐슬린 오코너Kathleen M. O'Connor의 예레미야서에 대한 최근 에세이를 들 수 있다.[9] 오코너는 다음과 같이 설명한다.

> 예레미야서는 문학적 혼란, 유형, 목소리, 관점의 혼합, 연대기 결여, 깊은 여성 혐오, 그리고 징벌하시는 하느님에 대한 폭력적인 묘사로 인해

---

9. O'Connor, *Jeremiah*.

까다롭기로 유명한 본문이다. 그러나 트라우마와 재난 이론들은 이 책의 이 곤란한 특징들이 파괴된 사회의 문학적 생존 전략임을 보여 준다. 이 책은 재난에 대응하여 강력한 상징적 언어를 생성함으로써 생존을 돕는다.[10]

시간은 트라우마를 정교화하는 데 결정적인 요소이다. 카루스가 쓴 것처럼 "트라우마 사건의 영향은 뒤늦게belatedness 나타나며"[11] 개인, 세대 그리고 세대를 초월한 역사에 걸쳐 "나중에"(프로이트의 *지연된 행동Nachträglichkeit*) 드러나기 때문이다. 통시적 연구로서 편집비평은 트라우마 연구에서 가려낸 인지적·정서적·해석학적 쟁점들에서 많은 것을 배울 수 있을 것이다. 문제의 쟁점들은 전통적인 연구에 새롭고 중요한 관점을 제시할 수 있다.[12] 다음 단락에서는 예루살렘 상실의 트라우마와 관련된 몇 가지 핵심 쟁점을 다루고, 오경의 구성과 연관된 가능성을 탐구할 것이다.

트라우마, 생존 그리고 선택

"우리의 끝이 왔다." 애가 4장의 화자는 그의 운명의 날을 회상하며 말한다. 이 진술의 역설은, 이 말을 하기 위해 "우리의 끝에서" 누군가

---

10. O'Connor, "Trauma Studies", 212.
11. Caruth, "Introduction", 9.
12. Smith-Christopher, "Trauma", 234–238은 세대를 초월한 트라우마와 편집비평의 쟁점을 다루고 있다.

살아남아야 한다는 것이다. 카루스는 통찰력 있게 주장한다. "트라우마는 단순히 파괴의 결과가 아니라 근본적으로 생존의 수수께끼이다. 파괴성과 생존 사이의 역설적 관계로서 트라우마 경험을 인식해야만 파국적 경험의 중심에 있는 이해할 수 없는 유산도 인식할 수 있다."[13] 생존자가 경험한 놀라움은 실제로 성경의 기초 경험에 속한다. 그것은 몇몇 웅변적 구절에 함축된 은유 중 하나를 나타낸다. "우리는 사냥꾼의 그물에서 새처럼 벗어났네(님러타נמלטה). 그물은 찢어지고 우리는 벗어났네(님라터누נמלטנו)"(시편 124,7); "주님께서 나를 그토록 벌하셨어도 죽음에 내버리지는 않으셨네"(시편 118,18); "만군의 주님께서 우리에게 생존자들(사리드שריד)을 조금이나마 남겨 주지 않으셨더라면 우리는 소돔처럼 되고 고모라같이 되고 말았으리라"(이사 1,9). 잘 알려진 대로, '남은 자' 신학은 이사야서를 시작으로 예언 문학에서 정교화되었고, 유배 동안 특별한 (그리고 매우 대조적인) 구성을 받아들였다.[14] 이런 면밀한 솜씨는 파괴의 트라우마에 뒤따르는 역설적인 생존 경험을 다양한 방식으로 반향한다. 애가가 전멸의 징후["야훼의 진노의 날에는 살아나거나 도망한 자가 아무도 없습니다"(워로 하야ולא היה … 팔리트 워사리드ושריד פליט), 직역: 애가 2,22]를 표현하는 반면에, 당대 에제키엘서는 정반대의 사실을 다음과 같이 표현한다. "그러나 그 안에 살아남은 자들(노트라הנותרה)이 있어서, 아들딸들을 데리고 나올(팔레타הפלטה) 것이다"(에

---

13. Caruth, *Unclaimed Experience*, 58: "트라우마 이론은 종종 두 가지 기본 방향으로 나뉜다. 즉 이전 자아 전체를 '파괴하는' 트라우마에 초점을 맞추는 것과 압도적인 경험을 무감각하게 함으로써 그것을 극복하게 하는 트라우마의 생존 기능에 초점을 맞추는 것이다"(131쪽). 후자의 경향에 대해서는 특히 Lifton의 "Survivor" 참조.
14. Clements, "שָׁאַר", 277-285. Hasel, *Remnant* 참조.

제 14,22).¹⁵ 생존 여부를 하느님의 개입에 돌리는 신학적 주장("주님께서 우리에게 생존자들을 조금이나마 남겨 주지 않으셨더라면")은 트라우마에 따르는 실존적 대립, 카루스가 말했듯 "자신의 생존을 주장하기 위한 시도에" 접목되었다.

트라우마는 죽음에 직면했다는 것뿐만 아니라, 정확히는 *살아남았다는 것도 모른 채 살아남*는 것이다. 과거 회상 장면에서 돌아오는 것은 자신의 죽음 체험의 불가해함이 아니라 생존에 대한 불가해함이다. 다시 말해 기억의 재생은 한 사람이 거의 죽을 뻔했음을 파악하려는 시도가 아니라, 더 근본적으로 그리고 묘하게도 한 사람이 자신의 생존을 정당화하려는 시도 자체다. 역사를 트라우마의 역사로서 이해해야 한다면, 그것은 자신의 생존을 자기 것으로 취하려는 끝없는 시도로 경험되는 역사이다.¹⁶

카루스는 계속해서 유다인의 경험이 생존자의 실존적 도전에 특별한 빛을 비춘다고 말한다. 지그문트 프로이트의 저술 《쾌락의 원칙 너머 *Beyond the Pleasure Principle*》와 《모세와 유일신교 *Moses and Monotheism*》와의 대화에서 카루스는 생존과 선택을 묶는 친밀한 관계에 대해 숙고한다. 유다인의 경험이 전형적으로 나타내는 것은 "생존자의 이해를 넘어서는 생존의 역사적 경험은 개개인의 유대를 넘어서는 역사관을 보증한다"는¹⁷ 것이다. 더 정확히 말하면, 그것은 "집단

---

15. 또한 에제 6,8–10; 12,16 참조.
16. Caruth, *Unclaimed Experience*, 64; 이탤릭체는 저자 표현.
17. Caruth, *Unclaimed Experience*, 66. 시편의 모티브는 "나는 정녕 죽지 않고 살리라. 주님께서 하신 일을 선포하리라"(시편 118,17). 다음 세대에게 재앙과 그 반전을 넘어 이야기하는 것에 대해서는 시편 22,31–32; 48,14; 71,18; 78편; 6편; 102,19 참조.

적, 초세대적 그리고 종교적 역사이다".[18] 이러한 전망에서 자신의 신비로운 생존 이유에 대한 끊임없는 질문인 "나는 왜 살아남았을까?"는 유다인의 경험에서 선택에 대한 질문의 형태를 취했다.

> 《쾌락의 원칙 너머》에서 개인의 이야기를 지배하는 질문 — *살아남는다는 것은 무엇을 의미하는가?* — 은 그래서 유다인의 역사에서 결정적이고 불가사의한 문의가 된다. *선택된다는 것은 무엇을 의미하는가?*[19]

선택 개념이 성경 전체에 퍼져 있는 것은 사실이며, 그것을 유배 시대의 이스라엘의 파괴와 생존이라는 트라우마 경험과 관련짓는 것은 참으로 유혹적이다. 특히 오경에서 그런 해석을 요구한다. 성조들과 이스라엘의 선택을 이야기하는 방식에서 오경은 유배의 위기 속에서 선택받는 이스라엘의 경험을 정교하게 각색한 것으로 보인다.

은폐 기억으로서의 오경

오코너는 "일단 트라우마와 재난 이론을 연구하면, 트라우마적 폭력과 그 영향의 증거를 어디에서나 볼 수 있게 된다"라고 말한다.[20] 오코너는 자신이 "생존 매뉴얼"이라고[21] 묘사한 예레미야서에서 벗어나, 창

---

18. Caruth, *Unclaimed Experience*, 67.
19. Caruth, *Unclaimed Experience*, 68. CARR, *Holy Resilience*, 121–127의 통찰력 있는 주석 참조.
20. O'Connor, "Trauma Studies", 221.
21. O'Connor, "Trauma Studies", 218.

세기를 해설하면서 다음과 같은 비유를 하지 않을 수 없었다.

> 창세기는 재창조를 위한 창조를 말한다. 신화적이고 인간적인 재앙 이야기가 이어지고, 그 재앙에서 단지 소수만이 살아남는다. 창세기는 아브라함 가족에게 인간적 관점으로는, 마치 유배 이후에 유다의 생존과 회복처럼 완전히 실현 불가능한 미래 약속을 제시한다. 외부와 내부 재난에 직면할 때 생존은 창세기에서 무엇보다 중요한 관심사이다. 아케다 *Akedah*(창세 22장)에서 가족의 미래는 하느님의 명령에 따라 몰살 직전에 놓인 한 아이의 생명에 달려 있으며, 하느님께서 그 희생 제사를 철회할 때 살아남는다. 여기에는 바빌론 이후 시대에 유다 백성이 직면한 도전이 내용만이 아니라 구조에도 요약되어 있다.[22]

예레미야서 못지않게 창세기도 생존 문제를 다루고 있다. 창세기의 모티프는 쟁점의 핵심, 즉 성조들의 부르심과 여정을 요약한다.

비평적 주석이 지적하는 대로 선택된 성조의 인물과 구성plots은 유배 시대의 문학적 창의성에서 기인할 수 있다. 애가의 화자가 "저희는 아비 없는יתומים היינו אין אב 고아들"이 되었다고(애가 5,3) 호소하는 반면에, 유배 기간 이스라엘은 선택 대상이고 약속의 수혜자들인 조상의 족보를 제공받았다. 이를 위해 과거의 인물과 전승은 재조명되어 기민하게 "훈습薰習되었다worked through".[23] 특히 하느님께서 "칼데

---

22. O'Connor, "Trauma Studies", 221.
23. 프로이트가 그의 에세이 *Erinnern, Wiederholen und Durcharbeiten* (1914)에서 설명한 것처럼, 과거는 직면하고 처리되어 "훈습"되어야 한다; Freud, "Remembering" 참조.

아의 우르"(창세 15,7)에서 데려오신 아브라함의 경우가 그러하다.[24] 창세 11,29-25,11에서 묘사된 아브라함의 모습은 "골라(Gôlâ, 유배)의 여러 특성을 취한다"라고 장 루이 스카Jean Louis Ska는 썼다.[25] 아브라함은 "유배자들의 귀환을 예표하는 메소포타미아에서 오는 첫 '순례자'로" 재해석되었다.[26] 이는 "야훼의 말씀에 순종하여 고향으로 돌아가는 유배자들의 모델"로[27] 변모한 야곱의 경우도 마찬가지다. 따라서 유배된 이들의 회복력은 서기관의 재작성, 특히 "하가다식 주석"의 형태를 띠었다.[28] 카Carr가 쓴 것처럼, 투사된 과거의 인물들은 이스라엘의 "은폐 기억Screen memory" 역할을 했다.

유배된 유다인들은 이전 세대들보다 이국 땅에서 살면서 그들의 지배를 받았던 아브라함, 야곱, 모세 그리고 다른 인물들 안에서 자신을 보았다. 다른 한편 아브라함과 다른 인물들에 관한 이야기는 그들의 유배 경험과는 충분히 구별되었기 때문에 안전했다. 그래서 그것은 현재 조건에 대한 직접적 언급을 회피하는 유다인 유배자들에게 일종의 "은폐 기억" 역할을 했다. 유배된 현재와 과거에 대한 집단적 기억 상실에 빠진 바빌론의 이 유다인들은 대신 고대 조상들의 이야기에 집중했다. 그들은 아브라함과 사라처럼 땅이 없는 선조들을 '바라보며' 그들의 투쟁과 관련

---

24. 이 쟁점에 대해서는 Carr, *Holy Resilience*, 91–109 참조.
25. Ska, "Essay", 43.
26. Ska, "Essay", 43; 또한 Fishbane, *Biblical Interpretation*, 375–376 참조.
27. Ska, "Call", 66. 창세 28,15과 31,3의 하느님의 신탁은 "유배 이후 공동체가 선조들에게서 그들 자신을 인식할 수 있도록 독자의 안내자가 된다"(66쪽).
28. Fishbane, *Biblical Interpretation*, 435. 고대 본문들이나 전승들은 "현재를 평가하고, 미래를 구상하며, 현실을 구성하고(미완성, 부정, 가능성), 심지어 공유된 상징들과 의사소통의 언어를 위한 상상의 기반(매트릭스)"을 제공했다.

짓고, 그들의 약속에서 희망을 찾았다.[29]

따라서 오경은 창세기에서 선택의 이야기로 시작하며, 그 땅으로 들어가도록 부름을 받는 인물(아브라함)이나 다시 들어가도록 부름을 받는 인물(야곱) 이야기를 한다. 게다가 창세기와 신명기에서 이스라엘 백성이 이전에 그 땅에서 떠난 것에 뒤이어 귀환을 알린다. 창세 15장에서 하느님이 아브라함에게 계시하신 귀환으로 표현된 것은 탈출 사건이다. "그들은 사 대째가 되어서야 여기로 돌아올(ישׁוב) 것이다"(16절).[30] 신명 4장과 30장에서 모세가 한 연설의 지평 위에 불안하게 다가오는 것은 유배 자체다. "주님께서 너희를 다른 민족들 사이에 흩어 버리실 것이며, 주님께서 너희를 쫓아 보내실 그곳 백성들 가운데에서 살아남을 사람이 얼마 되지 않을 것이다"(신명 4,27). "주 너희 하느님께서 너희의 운명을 되돌려 주실 것이다. 또 너희를 가엾이 여기시어, 주 너희 하느님께서 너희를 흩어 버리신 모든 민족에게서 너희를 다시 모아들이실 것이다"(신명 30,3). 유배 경험은 억압되기는커녕 오경에 내재화되었고, 이는 이스라엘이 가장 극적인 트라우마에 대해 얼마나 깊이 있게 대답했는지를 보여 준다.

---

29. Carr, *Holy Resilience*, 96.
30. Ska, "Groundwork", 80 참조. 그는 창세 15,13-16에서 창세 15장의 기본 본문에 대한 "'신학적' 수정"을 보는데, 이는 '유다에 남아 있던 주민'에 대한 그의 견해에서 비롯된 것으로 '유배자들의 대표자들'이 첨가된 것이다.

"나는 죽이기도 하고 살리기도 한다"

방금 살펴본 대로 오경에서 유배에 대한 언급은, 이스라엘이 주요 트라우마를 정교하게 다듬는 데에 가장 큰 업적이 될 수 있는 것이 무엇인지를 가리킨다. "나는 죽이기도 하고 살리기도 한다. 나는 치기도 하고 고쳐 주기도 한다"(신명 32,39)라고 주장할 수 있는 신적인 인물을 구성하는 것이다. 문학적·신학적 창작에서 예언자들은 중요한 역할을 하여, "하느님은 바빌론 신들과의 전쟁에서 패한 것이 아니라, 오히려 그들에게 명령을 내리셨다. 하느님은 벨과 마르둑보다 더 큰 힘을 가지고 계시며 완전히 주관하신다"라는 극적인 신정론을 구축한다.[31] 오경의 시도는 처벌자와 치유자라는 상반되는 규칙을 떠맡는 문제의 하느님에 대한 근본적인 특성을 제공해야 했기 때문에 결정적이다. 레위 26장이 상기하듯, 징벌은 도성과 성소의 파괴, 백성을 민족들 사이로 흩어 버림에서 절정에 달한다(27-39절). 치유는 성조들에게 하신 약속에 대한 충실함으로 이집트 탈출을 재연하는 귀환에서 절정에 달한다(40-46절). 토라에서 나오는 이야기 전반에 걸쳐 오경의 하느님은, 홍수 내러티브에서 전형적으로 드러난 상반된 역할에 대한 증거를 제시한다. 문제의 긴장으로 하느님의 모습persona은 분열된 지점에 이르나, 실제로 그런 일은 일어나지 않는다. 특성의 통일성은 하느님의 유일성과 고유성을 주장하는 내러티브적, 수사적 그리고 시적 방안들 덕분에 놀랍게도 유지된다. 신들이 각자의 영역과 특수한 기

---

31. O'Connor, "Trauma Studies", 15.

능을 가지고 있었던 메소포타미아의 만신전과 이스라엘의 종교적 대비는 이보다 더 큰 대조를 이룰 수 없다.

오경이 문제의 만신전과 관련하여 차별적인 역할을 하는 두 편의 서사시로 구성되었다는 점은 주목할 가치가 있다. 창세 1장은 〈에누마 엘리쉬〉의 신정론을 약화하는 일신론적 선언문이다. 신명 32장은 역사 전반에 걸쳐 야훼의 독점적인 리더십을 주장하는 데 단호하다. "주님 홀로 그를(이스라엘을) 인도하시고 그 곁에 낯선 신은 하나도 없었다"(12절). "이제 너희는 보아라! 나, 바로 내가 그다. 나 말고는 하느님이 없다. 나는 죽이기도 하고 살리기도 한다. 나는 치기도 하고 고쳐 주기도 한다. 내 손에서 빠져나갈 자 하나도 없다"(39절).[32] 신명 32장에 나오는 모세의 노래의 기원 문제는 토론의 여지가 있으며, 리처드 넬슨Richard D. Nelson은 이를 적절하게 요약했다. "적의 정체성이나 언어적 증거에 근거하여 노래의 연대를 추정하려는 시도는 결론이 나지 않았다. 고대 혹은 고풍스러운 언어는 적어도 유배를 나타내는 재난 이후 상황과 어긋난다."[33] 우리가 보기에 방금 언급한 문맥은 고려해 볼 가치가 있다. 오경의 하느님은 말하자면 "나는 죽이기도 하고 살리기도 한다. 나는 치기도 하고 고쳐 주기도 한다"며 내면에 가장 반대되는 속성들을 결합한 '재난 이후' 하느님이다. 오경의 하느님은 이스라엘의 역사를 특징짓는 트라우마에서 대조되는 정체성을 획득

---

32. 신명 32장의 하느님에 대해 상반되는 은유와 진술에 대해서는 Claassens, "I Kill and I Give Life", 35–46 참조.
33. Nelson, *Deuteronomy*, 369. 최근 에세이에서 Eckart Otto는 신명 32,1-43의 시에서 "신명기의 지향점뿐만 아니라 오경 전체의 지향점"을 인식했다(Otto, "Singing Moses", 177). 오토의 분석에 의하면, 노래는 "시편, 예언과 지혜 문학에 대한 암시와 인용의 세련된 쪽매붙임"이기 때문에, 그 시의 역할은 실제로 오경 너머로 확장된다(177; 참조 the survey 174–177).

했으며, 예루살렘의 멸망과 유배의 트라우마에서 절정에 달한다. 그러나 오직 그러한 트라우마 후 하느님만이 — "나는 치기도 하고 고쳐 주기도 한다"는 신적인 자기-재언명에서 — 실제로 역사의 주권자가 될 수 있고, 역사의 우발적 폭력에 의해 판단되지 않고 그것을 판단할 수 있다.

참고문헌

BECKER, E.-M. et al. (eds.), *Trauma and Traumatization in Individual and Collective Dimensions: Insights from Biblical Studies and Beyond* (SANt2), Göttingen 2014.
BLANCHOT, M., *The Writing of the Disaster*, Lincoln, NE 1995.
CARR, D. M., *Holy Resilience: The Bible's Traumatic Origins*, New Haven 2014.
CARUTH, C., "Introduction", in: *eadem* (ed.), *Trauma: Explorations in Memory*, Baltimore 1995, 151–157.
_____, *Unclaimed Experience: Trauma, Narrative, and History*, Baltimore 1996.
CLAASSENS, L.J. M., "'I Kill and I Give Life':Contrasting Depictions for God in Deuteronomy 32", *OTE* 18 (2005) 35–46.
CLEMENTS, R. E., "שַׁעַר šā'ar", *TDOT* 14 (2004) 272–286.
COHN, R. L., "Biblical Responses to Catastrophe", *Judaism* 35 (1986) 263–276.
FISHBANE, M., *Biblical Interpretation in Ancient Israel*, Oxford 1985.
FREUD, S., "Remembering, Repeating and Working Through", in: *The Standard Edition of the Complete Psychological Works of Sigmund Freud*, vol. 12 (ed. J. Strachey), London 1958, 145–156.
HASEL, G. F., *The Remnant: The History and Theology of the Remnant Idea from Genesis to Isaiah* (Andrews University Monographs 5), Berrien Springs, MI 1972.
LIFTON, R. J., "Survivor Experience and Traumatic Syndrome", in: *idem, The Broken Connection: On Death and the Continuity of Life*, New York 1979, 163–178.
NELSON, R. D., *Deuteronomy* (OTL), Louisville 2002.
O'CONNOR, K. M., *Jeremiah: Pain and Promise*, Minneapolis 2011.
_____, "How Trauma Studies Can Contribute to Old Testament Studies", in: E.-M. Becker et al. (eds.), *Trauma and Traumatization* (SANt 2), Göttingen 2014, 210–222.
OTTO, E., "Singing Moses: His Farewell Song in Deuteronomy 32", in: D. Human (ed.), *Psalmody and Poetry in Old Testament Ethics* (LHB 572), New York 2012, 169–180.

RÖMER, T., "The Hebrew Bible as Crisis Literature", in: A. Berlejung (ed.), *Disaster and Relief Management / Katastrophen und ihre Bewältigung* (FAT 81), Tübingen 2012, 159–177.

SKA, J. L., "Essay on the Nature and Meaning of the Abraham Cycle (Gen 11:29–25:11)", in: *idem, The Exegesis of the Pentateuch: Exegetical Studies and Basic Questions* (FAT 66), Tübingen 2009, 23–45.

_____, "The Call of Abraham and Israel's Birth-Certificate (Gen 12:1–4a)", in: *idem, The Exegesis of the Pentateuch*, 46–66.

_____, "Some Groundwork on Genesis 15", in: *idem, The Exegesis of the Pentateuch*, 67–81.

SMITH-CHRISTOPHER, D. L., "Trauma and the Old Testament: Some Problems and Prospects", in: E.-M. Becker *et al.* (eds.), *Trauma and Traumatization*, 223–243.

기고자 명단

안젤리카 베를레융 Angelika Berlejung

독일 라이프치히 대학교 구약학 교수이자

남아프리카 스텔렌보스 대학교 고대근동학 특별 교수

페테르 두보프스키 Peter Dubovsk

로마 교황청립 성서 연구소 히브리어 성경 교수이자 성서학장

이스라엘 핑켈스타인 Israel Finkelstein

텔 아비브 대학교 청동기 및 철기 시대의 이스라엘 고고학 교수

게오르그 피셔 Georg Fischer

오스트리아 인스브루크 대학교 구약학 교수

레스터 그라베 Lester Grabbe

영국 헐 대학교 히브리어 성경 및 초기 유다교 명예 교수

로널드 헨델 Ronald Hendel
캘리포니아 대학교 버클리 히브리어 성경 및
유다교 분야 노마 앤 샘 대비 재단 교수

버나드 M. 레빈슨 Bernard M. Levinson
미네소타 대학교 고전 및 고대근동학 및 법학 교수이자
유다교 연구 및 히브리어 성경 분야의 Berman Family 의장

네이선 맥도널드 Nathan MacDonald
케임브리지 대학교 구약성경 주석학 강사이자, 세인트 존스 칼리지 펠로우

도미니크 마클 Dominik Markl
로마 교황청립 성서 연구소 히브리어 성경 부교수 겸 연구원
남아프리카 공화국 프리토리아 대학교 부교수

크리스토프 니한 Christophe Nihan
스위스 로잔 대학교 히브리어 성경 및 고대 이스라엘 역사 부교수

에카르트 오토 Eckart Otto
독일 뮌헨 루드비히-막시밀리안 대학교 구약학 명예 교수이자
남아프리카 프리토리아 대학교 명예 교수

콘라트 슈미트 Konrad Schmid
스위스 취리히 대학교 히브리어 성경 및 고대 유다교 교수

장 루이 스카 Jean Louis Ska
로마 교황청립 성서연구소 히브리어 성경 교수

장 피에르 소네 Jean-Pierre Sonnet
로마 교황청 그레고리오 대학교 히브리어 성경 교수

제프리 스테커트 Jeffrey Stackert
시카고 대학교 히브리어 성경 부교수

닐리 와자나 Nili Wazana
예루살렘 히브리 대학교 성서학과 및
유대인 인종과 현대 유대교 역사학과의 선임 강사

예루살렘의 멸망과
토라의 등장

서울대교구 인가: 2024년 4월 8일
초판 1쇄 펴낸날: 2025년 2월 18일

엮은이: 페테르 두보프스키 S.J. / 도미니크 마클 S.J. / 장 피에르 소네
옮긴이: 최안나
펴낸이: 나현오
펴낸곳: 성서와함께

주소: 06910 서울특별시 동작구 흑석로13길 7
전화: (02) 822-0125~7/ 팩스: (02) 822-0128
인터넷서점: http://www.withbible.com
전자우편: order@withbible.com
등록번호 14-44(1987년 11월 25일)

ⓒ 성서와함께 2025
성경 ⓒ 한국천주교중앙협의회, 2025.

ISBN 978-89-7635-444-0   93230